dtv
premium

Ausführliche Informationen
über unsere Autoren und Bücher
finden Sie auf unserer Website
www.dtv.de

DIE MAUER

Errichtung, Überwindung, Erinnerung

Herausgegeben von
Klaus-Dietmar Henke

Deutscher Taschenbuch Verlag

Von Klaus-Dietmar Henke ebenfalls bei dtv herausgegeben:
Revolution und Vereinigung 1989/90.
Als in Deutschland die Realität die Phantasie überholte (24736)

Originalausgabe 2011

Umschlaggestaltung und -konzept: David Löhr und Lutz Henke
Satz: Greiner & Reichel, Köln
Gesetzt aus der Concorde 9/11,75˙
Druck und Bindung: Kösel, Krugzell
Gedruckt auf säurefreiem, chlorfrei gebleichtem Papier
Printed in Germany · ISBN 978-3-423-24877-8

INHALT

VORWORT

Irgendwann während einer dieser enthusiastischen Debatten über die richtige Gestaltung der Erinnerung an die Berliner Mauer entstand der Gedanke, die wichtigsten Aspekte der Mauergeschichte und ihrer Veranschaulichung in einer Gedenkstätte in einem einzigen Buch zu behandeln. Das Ergebnis liegt hier vor.

Unter den Autorinnen und Autoren findet sich fast das gesamte wundervolle Team, das sich seit Jahren der keineswegs im Elfenbeinturm zu erledigenden Aufgabe widmet, bei der Ausgestaltung der Gedenkstätte Berliner Mauer so viel Klarheit und Gediegenheit wie möglich zu erreichen – darunter Pfarrer Manfred Fischer und Rainer E. Klemke, ohne die es an der berühmten Bernauer Straße vielleicht eine üppigere Straßenbahntrasse, aber gewiss keine Mauergedenkstätte von dem Format gäbe, das dort sichtbar wird. Diese Gemeinschaftsarbeit ist eine ungewöhnliche intellektuelle und menschliche Erfahrung, für die ich dankbar bin.

Dankbar bin ich auch meinem Dresdner Team unter der Leitung meiner umsichtigen wissenschaftlichen Mitarbeiterin Jana Wolf. Ohne ihre, wieder einmal, perfekte Mittäterschaft wäre das kompliziert zu produzierende Buch unterwegs zweifelsohne versackt. Ronny Heidenreich, Hagen Markwardt, Tina Schaller und Thomas Wolf haben ebenfalls sehr engagiert mitgeholfen. Bei ihnen bedanke ich mich für die Unterstützung ebenso wie bei dem Direktor der Stiftung Berliner Mauer, Dr. Axel Klausmeier.

Die Mauerzeit war einer der bedrückendsten und spektakulärsten Abschnitte in der Geschichte der Hauptstadt. Auch wenn das Land Berlin und der Bund die angemessene Erinnerung daran finanziell überhaupt erst ermöglichen, so war und bleibt sie doch vor allem ein bürgerschaftliches Anliegen.

Klaus-Dietmar Henke
Berlin, 4. Februar 2011

KLAUS-DIETMAR HENKE

DIE BERLINER MAUER

Die Mauer sollte den diktatorischen Sozialismus in Europa auf Dauer sichern. Die Erinnerung an die Mauer sichert nun, dass er dauerhaft im Gedächtnis der Welt verankert bleibt[1].

Was Bestand hat, nachdem die Mauer abgerissen, in bunte Bröckchen zerklopft und auf einigen Metern für die Nachwelt bewahrt ist, sind die Bilder der unbändigen Begeisterung über ihren Fall und der massenhaften Erleichterung über das Ende politischer Abschottung und persönlicher Einschnürung. Schon überlagern die tausendfach gesendeten Farbsequenzen die düsteren Fotos aufgerissener Straßen, vermauerter Bahnhöfe und des verblutenden Flüchtlings im Todesstreifen.

Obwohl es im einstigen Machtbereich Stalins, Chruschtschows und Breschnews Orte gibt, die viel stärker von der Mordenergie und dem Disziplinierungswahn des Staatssozialismus getränkt sind als der einstige Grenzstreifen durch Berlin, hat die Mauer in dieser Diktaturerinnerung doch einsame Prominenz erlangt. Mit Hiroshima, Auschwitz oder der Freiheitsstatue gehört sie zu den großen politischen Ikonen der Menschheit.

Wie die Bastille hat die Berliner Mauer eine dunkle und eine helle Seite. Ausgeburt des zerrissenen 20. Jahrhunderts, ist die Mauer heute die symbolische Verdichtung von staatlicher Willkür und Entmündigung einerseits, von politischer Freiheit und Selbstbefreiung andererseits. Nicht zuletzt ist sie ein globaler Erinnerungsort, der von der Konfrontation der Supermächte, der Überwindung des Kalten Krieges und der Rückkehr Europas zeugt – von nichts weniger als von Freiheit, Einheit und Frieden.

Für die Deutschen sind die Jahre der Teilung, des Mauerbaus und des Mauerfalls mit der unverhofften Wiedervereinigung im Gefolge Geschichte, die endlich einmal gut ausging. Das erleichtert die Zustimmung zu einem schwierigen Vaterland. Der Zivilisationsbruch der NS-Zeit kann von diesem 9. November 1989, als ein »Antifaschistischer Schutzwall« fiel, den es ohne den 30. Januar 1933 gar nicht gegeben hätte, aber nicht überdeckt oder gar geheilt werden, auch wenn davon die Versuchung ausgehen mag, die Geschichte von der Friedlichen Revolution an rückwärts – um Jacob Burckhardt abzuwandeln – zwar nicht »siegesdeutsch«, aber doch ein bisschen gefälliger anzustreichen.

Die eminente Prominenz der Berliner Mauer, die, Hitler beiseite, die bekannteste deutsche »Marke« überhaupt sein dürfte, speist sich nicht allein aus der historischen Signifikanz ihrer Errichtung und Überwindung oder aus der ikonografischen Wucht ihrer Dokumentation. Die »Mauer« berührt noch andere Vorstellungsräume.

Mauern sind jedermann geläufige Kulturzeugen, Schutz verheißende Umfriedungen. Die Stadtmauer von Babylon zählte ursprünglich zu den Sieben Weltwundern. Die Bastionen des Limes oder der Großen Mauer in China zogen die Grenze zwischen Barbarentum und Zivilisation. Die Mauer von Jericho gewann ihren mythischen Rang überhaupt erst durch ihren wundersamen Fall. Unzählige Mauern wurden im Laufe der Jahrtausende im Namen dieser oder jener Sache von innen oder von außen, tatsächlich oder metaphorisch, erstürmt, eingerissen oder geschleift.

»A mury runą, runą, runą/I pogrzebią stary świat!« Die Mauern werden fallen und sie werden die alte Welt unter sich begraben, heißt es in einem Kampflied der Solidarność. Unter den Kräften, die die Mauern des Staatssozialismus zum Einsturz brachten, ist die polnische Gewerkschaftsbewegung die bedeutendste gewesen. Als in Berlin die Mauer fiel, hatten Lech Wałęsa und seine Mitstreiter am Runden Tisch in Warschau den Weg aus der Diktatur bereits geebnet. Doch was ist in der Sprache der Bilder schon ein Möbelstück, an dem fünf Dutzend korrekt gekleidete Herren Platz genommen haben, gegen eine pioniertechnisch perfektionierte Grenzbarriere, die von einer beflügelten Menschenmenge eingerissen wird?

Die Symbolik des topografischen Mauerverlaufs ist ebenfalls beträchtlich. Denn immerhin ging er zwischen dem Brandenburger Tor und dem Reichstag hindurch, der 1933 in Flammen gestanden hatte und auf dem ein Soldat der Roten Armee im Mai 1945 die Flagge der Sowjetunion aufpflanzte. Die demütigende Lädierung der Hauptstadt gescheiterten Herrenmenschentums durch eine Baumaßnahme der DDR erschien als sinnfällige Nemesis der Geschichte. Die hier von Nahem zu beobachtende Auseinandersetzung zwischen den einstigen Kriegsalliierten galt als Ausdruck unversöhnlicher Gesellschaftsentwürfe und Menetekel einer nuklearen Katastrophe. Die Mauer bot und bietet eine breite Projektionsfläche. Nur die Behauptung der SED-Führung, es handele sich bei ihr um einen »Antifaschistischen Schutzwall«, entbehrte nie der Albernheit.

Dass eine Metropole wie Berlin überhaupt zerschnitten und hälftig ummauert werden konnte, war genauso unwahrscheinlich, als wenn Buckingham Palace und Westminster Abbey von einem Tag auf den anderen auf zwei verschiedenen Kontinenten gelegen hätten. Für den größeren Teil der Weltbevölkerung, die heute in Metropolen und Megacitys lebt, ist eine solche spektakuläre Anomalie gut nachzuempfinden. Sich nachträglich in das Schicksal Berlins einzufühlen, fällt umso leichter, als sich die schlagartige Trennung von Stadtvierteln, Hausgemeinschaften und Familien in unzähligen, breit dokumentierten und jeden Betrachter berührenden persönlichen Tragödien und Bedrückungen niederschlug.

So plötzlich der Spuk am 13. August 1961 über die Stadt hereinbrach, so überraschend verschwand er 28 Jahre später wieder. Wie stark die historische Unwahrscheinlichkeit des Mauerbaus und des Mauerfalls die Menschen beschäftigt, zeigt sich daran, dass sich die Mauer als Metapher längst verselbstständigt und universalisiert hat. Um auf sie zurückzugreifen, ist es gleichgültig, ob ein böser Nachbar bis an die eigene Grundstücksgrenze baut, ob zwischen Indien und Pakistan erstmals seit Jahrzehnten eine Buslinie eingerichtet wird oder ob ein Nobelpreisträger seine These in das Diktum kleidet, der Fall der Mauer habe für den Kommunismus dieselben verheerenden Konsequenzen gehabt wie 2008 der Absturz der Wall Street für den Marktradikalismus.

Historisch gesehen war der Bau der Mauer das Nebenprodukt einer politischen Großoffensive, mit der sich die Sowjetunion bis zum Sommer 1961 endgültig in eine Sackgasse manövriert hatte. Ähnlich wie bei der Berlin-Blockade Stalins 1948/49 hatte auch sein Nachfolger Nikita Chruschtschow den Hebel an der leicht verwundbaren Vier-Mächte-Stadt angesetzt, um diesen Fremdkörper in seinem Machtbereich zu neutralisieren, nach und nach zu adaptieren und schließlich zu liquidieren. Im festen Glauben an die Überlegenheit des Sozialismus forderte der Kreml-Chef daher seine ehemaligen Verbündeten im November 1958 ultimativ dazu auf, einer grundstürzenden Veränderung des einst einvernehmlich festgelegten Status der früheren Reichshauptstadt zuzustimmen.

Der Vorstoß war mit allerlei plausibel klingenden Argumenten und überlegenswert scheinenden Vorschlägen versehen, wie dem der Umwandlung West-Berlins in eine entmilitarisierte »Freie Stadt« mit eigener innerer Ordnung. Eingebettet in seine Ideen für eine friedensvertragliche Regelung für ganz Deutschland, sprach Moskau publikumswirksam von der Beseitigung der letzten diplomatischen Überreste des Krieges, von einer »Stadt des Friedens« und »selbstständigen politischen Einheit«.

Für die Westmächte liefen diese Vorschläge darauf hinaus, ihre Vier-Mächte-Verantwortung für Berlin als Ganzes, die Hoheit in ihren Sektoren und ihr Recht auf ungehinderten Zugang nach West-Berlin aufzugeben. Die Krise wurde noch dadurch verschärft, dass der Kreml seine Initiative mit der Drohung versah, das Berlin-Problem gegebenenfalls durch einen separaten Friedensvertrag mit der DDR zu lösen. Dem SED-Staat wären damit sämtliche Kontrollrechte auf seinem Territorium zugefallen, auf dem, wie herausgestrichen wurde, die alliierte Enklave schließlich lag. Damit hätte die West-Berlin-Passage für die Flüchtlingsströme aus der DDR zwar geschlossen werden können. Allerdings wäre dadurch der für die westlichen Garnisonen lebenswichtige Transit-Verkehr in die Zuständigkeit von Behörden eines »Gebildes« gefallen, dem der Westen die völkerrechtliche Anerkennung verweigerte. Das konnte leicht zu einer nicht beherrschbaren Eskalation auf den Transitrouten führen. Denn zogen die Westmächte ihre Soldaten nicht aus West-Berlin ab und legten sich gar mit der Grenzpolizei der DDR an, dann musste der bilaterale Friedensvertrag zu einem Pferdefuß für die UdSSR werden: Chruschtschow hätte die Kontrolle über den Berlin-Konflikt und über das Gebaren einer souverän gewordenen DDR weitgehend verloren.

Es bedurfte im Verlaufe dieser Zweiten Berlin-Krise vielfältiger Erörterungen, ehe Großbritannien, Frankreich und namentlich die USA sich darauf festlegten, ihren Außenposten nicht preiszugeben, und zu erkennen gaben, dass sie bei der Verteidigung West-Berlins sogar das Risiko eines Atomkrieges nicht scheuten. Das überraschte den um keinen politischen Kraftspruch verlegenen Nikita Sergejewitsch Chruschtschow, der als schwächerer Mitspieler in der Weltmachtkonkurrenz mit den Vereinigten Staaten auf eine Politik des Bluffs gesetzt hatte und in zweieinhalb Jahren Disput und Propaganda seiner strategischen Vision trotzdem keinen Schritt näher gekommen war.

Neben der Liquidierung des Berlin-Problems und der deutschen Frage zielte die sowjetische Strategie auf nichts weniger als auf eine Verschiebung der Machtbalance in Europa. Das Ende der Vier-Mächte-Verwaltung Berlins würde nicht nur die sichtbarste Reminiszenz einstiger Reichseinheit tilgen und die Verheilung der deutschen Wunde ohne diesen Pfahl im Fleische sehr fördern; mit dem Ende der amerikanischen Präsenz in Berlin wäre auch das hervorstechendste Symbol des Engagements der Vereinigten Staaten in Europa beseitigt. Mehr noch: Gelang es der UdSSR, die Westmächte zum Abzug aus einer Stadt zu drängen, die militärisch gar nicht zu halten war, dann würde dieses Disengagement zu einem derart massiven Vertrauensverlust führen, dass die Westintegration der Bundesrepublik wieder in Frage stehen, das junge Bündnis sogar auseinanderfallen und die U.S. Army sich womöglich ganz aus Europa zurückziehen könnte – die Wunschvorstellung Moskaus seit 1945.

Da die ständig wiederholten sowjetischen Drohungen nicht fruchteten, hatte Chruschtschow, der unter keinen Umständen einen bewaffneten Konflikt riskieren wollte, seine Politik des Bluffs schließlich erschöpft und das große Spiel um Berlin verloren. Das wurde spätestens bei seinem Treffen mit dem neuen amerikanischen Präsidenten Anfang Juni 1961 in Wien deutlich, wo John F. Kennedy auf den Anwesenheits- und Zugangsrechten der Westmächte in West-Berlin beharrte. Es wurde Zeit für eine halbwegs Gesicht wahrende Notlösung.

Der Fehlschlag Nikita Chruschtschows war Walter Ulbrichts Chance. Der starke Mann der DDR hatte den Kreml-Chef schon immer von einer hermetischen Abdichtung seines Herrschaftsgebietes zu überzeugen versucht, denn bis zum Mauerbau wanderten ungefähr drei Millionen Menschen nach Westen ab. Zuletzt nahmen die meisten von ihnen den Weg über West-Berlin. Bis 1961 hatte die SED das eigene Land in eine derart hoffnungslose Lage gebracht, dass Ulbricht den sowjetischen Staats- und Parteichef mehrmals mit dem Offenbarungseid konfrontierte, bei offener Sektorengrenze sei die Existenz der DDR nicht länger zu garantieren.

Bis Jahresmitte blieb Chruschtschow gegenüber dieser Nötigung zum Handeln taub. Er allein bestimmte in der von ihm höchstpersönlich vom Zaun gebrochenen Kraftprobe mit dem Westen den Kurs der sowjetischen Außenpolitik und des Warschauer Pakts. Erst als er sich nicht länger darüber hinwegtäuschen konnte, dass seine Offensive zum Scheitern verurteilt war, entstand Spielraum für eine Grenzschließung in Berlin, die sich mittlerweile zur Gretchenfrage kommunistischer Machtbehauptung ausgewachsen hatte.

Obwohl Ulbricht den Westteil der Stadt schließlich abriegeln durfte, war der Verlauf der Berlin-Krise, die mit dem Mauerbau und der sowjetisch-amerikanischen Panzerkonfrontation am Checkpoint Charlie Ende Oktober 1961 ihren Höhepunkt überschritt, für den SED-Chef eine herbe Enttäuschung. Auch für ihn war drei Jahre zuvor die Machtprobe um Berlin überraschend gekommen, er konnte sich davon aber einen besonders üppigen Krisengewinn erhoffen. Der Abschluss eines Friedensvertrages für Deutschland einschließlich der Neutralisierung West-Berlins würde die Teilung und damit die Existenz der DDR festschreiben. Ein separater Friedensvertrag mit der Sowjetunion als zweitbeste Variante hätte immerhin die volle Kontrolle über das eigene Territorium bedeutet, also auch die Möglichkeit zur Unterbindung der massenhaften »Republikflucht« eröffnet. Es schien eine fulminante Aufwertung des außerhalb des Ostblocks noch immer geächteten Teilstaates zu winken. Als die Stunde der Wahrheit schlug und Chruschtschow am 20. Juli 1961 endlich grünes Licht für die Abriegelung West-Berlins gab, blieb von diesen Träumen nichts als eine Mauer.

Bald nach dem Coup in Berlin nahm Chruschtschow mit dem Entschluss zur Stationierung sowjetischer Nuklearraketen auf Kuba einen weiteren Anlauf, um die global-strategische Machtbalance zu seinen Gunsten zu verändern. Die Krise konnte Ende Oktober 1962 entschärft werden, ohne dass dabei das leicht verwundbare West-Berlin als Pfand oder Geisel einbezogen worden wäre. Es blieb ruhig in der Stadt. Mit dem Abenteuer in der Karibik scheiterte auch der zweite Versuch der UdSSR, ihre Position in der Blockkonfrontation zu verbessern. Die Machtsphären in Europa waren abgesteckt, Versuche, die Ergebnisse des Zweiten Weltkrieges zu korrigieren, obsolet geworden.

Führt man sich die unwahrscheinliche Aufgabe vor Augen, die Bürger einer Metropole mitten im Frieden schlagartig daran zu hindern, von der einen Hälfte der Stadt in die andere zu gelangen, so muss man sagen, dass sie der verantwortliche ZK-Sekretär für Sicherheitsfragen Erich Honecker recht erfolgreich gelöst hat. Die in der Nacht zum 13. August gestartete Aktion »Rose« sollte als souveräner Schritt der SED-Führung erscheinen und wie eine im Schulterschluss mit der mobilisierten Arbeiterschaft durchgeführte Sicherungsmaßnahme aussehen. Die eigentliche Kontrolle lag jedoch bei dem reaktivierten Weltkriegsheroen Marschall Konew; die sowjetischen Streitkräfte in Mitteleuropa waren im Vorfeld immerhin um 25 Prozent aufgestockt worden. Auf Betreiben Ulbrichts stufte der Warschauer Pakt die Grenzschließung als Abwehr kriegstreiberischer Subversion und damit als Bündnisfall ein – die Geburt der Legende vom Schutzwall.

Die Abriegelung der innerstädtischen Demarkationslinie, bei der die Rechte der Westmächte unter keinen Umständen verletzt werden sollten, und die Lückenschließung am »Außenring« – insgesamt eine Grenzlänge von 143,6 Kilometern – erforderten einen immensen Aufwand: 473 Tonnen Stacheldraht (den man vorwiegend aus der Bundesrepublik bezog), 32 Tonnen Maschendraht, beinahe sieben Tonnen Bindedraht und 48 000 Betonsäulen[2]. Neben Einheiten der NVA, die sich im Hintergrund hielten, kamen über 20 000 Sicherheitskräfte zum Einsatz, um das Pflaster entlang der innerstädtischen Demarkationslinie aufzureißen, den Stacheldraht auszurollen, 200 Straßen, S- und U-Bahn-Linien sowie Dutzende von Bahnhöfen zu sperren.

Was jetzt geschieht, ist oft beschrieben worden. Ein Mann geht aus dem Haus und kommt ohne Schrippen zurück, weil sein Bäckerladen jetzt auf einem anderen Stern liegt; Großeltern kehren um, da man sie nicht zur Taufe ihres Enkelkindes lässt; zwei ältere Damen, die sich über einer Stacheldrahtrolle vorsichtig die Hand reichen; ein ratloser Bräutigam; ein Pfarrer mit einer halbierten Gemeinde. Im Notaufnahmelager Marienfelde lassen sich sofort Tausende registrieren, die nicht mehr in den sowjetischen Sektor zurückwollen.

Fassungslosigkeit, Wut, Schmerz, Trauer und Tränen beherrschen die Stadt. Nach einem Bombenkrieg mit 50 000 Toten, einer wüsten Besetzung zu Kriegsende, der Aufteilung in vier Sektoren und einer monatelangen Blockade bleibt Berlin nicht einmal die endgültige Zerreißung erspart. Der Ministerrat der DDR spricht von einem notwendigen Schlag gegen die Wühltätigkeit revanchistischer und militaristischer Kräfte. In einer Rededisposition für SED-Kreisaktivtagungen am 13. August gibt die Partei ein Beispiel für die propagierte Nähe zu *ihren* Menschen. Es gehe nicht darum, »ob Onkel Max Tante Trude besuchen kann oder nicht, sondern darum, wie wir den Frieden sichern, weil das nämlich die Voraussetzung dafür ist, daß Onkel Max und Tante Trude lebendig und auf blühender Erde zueinander kommen können, statt sich im atomaren Massengrab wiederzufinden«[3].

Immer wenn die DDR-Bürger der Monopolpartei SED die Macht per Abstimmung mit den Füßen zu entziehen drohten, zeigte sich ihre Volksferne am schönsten. Das war im August 1961 nicht anders als im Oktober 1989, als Erich Honecker seinen Landsleuten empfahl, ihren Kindern, Freunden und Kollegen, die der DDR zu Zehntausenden den Rücken kehrten, keine Träne nachzuweinen. Ein hoher SED-Funktionär, Jude, KZ-Häftling und Emigrant, der im Holocaust alle Verwandten mütterlicherseits verloren hatte, sah die Trennung der Familien durch den Mauerbau aus einer anderen Perspektive. »Wissen Sie, unsere Familie hat man noch ganz anders getrennt!«, pflegte er zu sagen[4].

Der fiktive Onkel Max und die fiktive Tante Trude glaubten der SED-Propaganda allerdings kein Wort und fanden sich nicht so schnell mit der neuen Lage ab. Es gab Unmut in den Betrieben, Menschenansammlungen an den Drahtsperren und über 6000 Verhaftungen allein in den ersten drei Wochen nach Grenzschließung. Noch Ende September berichtete der Staatssicherheitsdienst von einer starken Zunahme des Protests. Das verheerendste Dementi der offiziellen Schutz- und Friedensrhetorik kam von den knapp 130 000 Flüchtlingen im ersten Jahrzehnt nach dem Bau der Mauer; beinahe ein Viertel von ihnen waren so genannte »Sperrbrecher«. Für den Rest des Jahres 1961 wies die Statistik 51 624 Fluchten aus, 8507 davon durch die Sperranlagen.

Anfangs glücken viele Fluchten noch. Man schlüpft durch den Drahtverhau oder entkommt über die Kanalisation. An der innerstädtischen Bernauer Straße werden bald die Fenster und Türen der Mietshäuser vermauert. Sie stehen genau auf der Sektorengrenze. Wer den Bürgersteig betritt, ist im Westen. Bald werden die

Bewohner vertrieben und die Grenzhäuser abgerissen, um Platz für den Todesstreifen zu schaffen. Den Schlusspunkt setzt die Sprengung der unmittelbar an der Mauer stehenden Versöhnungskirche im Januar 1985.

Von Beginn an sterben Menschen. Als etwa die alleinstehende Ida Siekmann in der Bernauer Straße 48 bemerkt, dass der Hauseingang verbarrikadiert wird und sie ihre Schwester nicht mehr wird besuchen können, wirft sie einen Tag vor ihrem 59. Geburtstag Bettzeug aus dem 3. Stock, springt und stirbt. Zwei Tage später trifft die erste Kugel einen Flüchtenden, den jungen Schneider Günter Litfin aus dem Ost-Berliner Weißensee, der in einem West-Berliner Modeatelier arbeitet. Am Nachmittag des 24. August schwimmt er durch den Humboldthafen, doch kurz vor dem rettenden Ufer durchschlägt ein Geschoss seinen Hinterkopf. Die Teilung Berlins hat tödliche Dimensionen angenommen. Die SED-Führung zementiert sie auch sogleich mit mehrfach bekräftigten Befehlen zum Schusswaffengebrauch gegen sogenannte »Grenzverletzer«. Von der Obduktion bis zur Einäscherung der Getöteten nimmt die ostdeutsche Geheimpolizei die Vertuschung solcher »Zwischenfälle« bald so perfekt in ihre Regie, dass viele Familien von dem Schicksal ihrer vermissten Angehörigen erst nach dem Sturz des Regimes erfuhren. 136 Todesopfer fordert die Berliner Mauer bis 1989 insgesamt. Die Mehrzahl, zumeist handelt es sich um junge Männer, stirbt in den ersten fünf Jahren nach der Grenzschließung.

Der Einfallsreichtum, trotz Mauer in den Westen zu gelangen, kannte keine Grenzen. Das eine Mal durchbrach ein Lokführer mit einem Vorortzug die Absperrungen, das andere Mal brachte ein Ausflugsdampfer ein Dutzend Passagiere im Kugelhagel nach West-Berlin, ein drittes Mal wurde ein Flüchtling einfach von einem Leichtflugzeug aufgegabelt und über die Mauer befördert. Fluchten durch heimlich gegrabene Stollen waren ein anderer Weg nach drüben. Es gab an die 70 Tunnelprojekte, von denen allerdings drei Viertel scheiterten. Durch zwei Tunnel unter der Bernauer Straße etwa entkamen in der ersten Hälfte der sechziger Jahre 86 Menschen. Sehr erfolgreich waren zur selben Zeit auch studentische Fluchthilfegruppen, die Hunderte in den Westen schmuggeln konnten. Ab Mitte der sechziger Jahre wurden Ausschleusungen schwieriger und immer gefährlicher, das Milieu der

Fluchthelfer professionalisierte und kommerzialisierte sich und geriet im Klima der Entspannungspolitik ins Abseits.

Die meisten DDR-Flüchtlinge bekamen die Sperranlagen allerdings gar nicht erst zu Gesicht. Viele Fluchtpläne flogen noch während der Vorbereitungen auf oder man verhaftete die Fluchtwilligen unterwegs. Auf 80 Prozent belief sich diese Erfolgsquote der Behörden zum Schluss. 100 Fluggeräte und 60 Heißluftballons entdeckte die Staatssicherheit in den achtziger Jahren; über 2000 Personen hatten einen Grenzdurchbruch mit einem Kraftfahrzeug geplant. 60 000 Fluchtvorhaben konnte die Geheimpolizei insgesamt aufdecken. Zwei Drittel der nach Zehntausenden zählenden politischen Gefangenen in der DDR waren fluchtwillige Bürger. Das Grundgebrechen des zweiten deutschen Staates heilte auch in den Mauerjahren nicht, denn nach wie vor versuchten zu viele Menschen das Land zu verlassen. Der Druck auf die Grenze hielt an.

Mit der Abriegelung der Westsektoren Berlins zog die SED-Führung die Notbremse auf dem Weg ihres Staates in den Untergang. Die Garantie-Mächte West-Berlins erkannten deren defensiven Charakter sofort und bewerteten sie als ein »vernichtendes Eingeständnis der Unfähigkeit der kommunistischen Gesellschaft, mit einer freien Gesellschaft in Wettbewerb zu treten«[5]. Für Kennedy hatte die UdSSR ihre Offensive jetzt endgültig abgeblasen, denn wer eine Mauer quer durch Berlin baue, strebe nicht die Vereinnahmung der ganzen Stadt an. Die östliche Seite hatte die Rechte der Westalliierten nicht beeinträchtigt, die westliche Seite hätte die Grenzsperren auf Ost-Berliner Boden nur um den Preis eines Krieges beseitigen können. Eine Mauer sei verdammt viel besser als ein Krieg, befand der Präsident denn auch gegenüber seinen Beratern.

Mit der Zementierung des Status quo verlor Berlin als Krisenherd seine Bedeutung für die Weltpolitik. Die Tage einer aktiven, seit Jahren ergebnislosen Wiedervereinigungspolitik waren ebenfalls gezählt. Das eröffnete die Chance, sich von der Illusion eines Roll back des Kommunismus zu verabschieden und zwischen den hoch gerüsteten Blöcken im Nuklearzeitalter wenigstens in Mitteleuropa zu einem Modus vivendi zu gelangen. Auch das erkannten die Westmächte, nicht ohne Erleichterung. Die Adenauer'sche Nichtanerkennungspolitik war zum Entspannungshindernis geworden.

In Berlin war die Perspektive freilich eine andere als in den westlichen Hauptstädten. Es herrschte allergrößte Bestürzung und die Befürchtung, der 13. August sei nur der Auftakt zur Strangulierung West-Berlins. Hilflose Empörung ergriff Senat und Bevölkerung gleichermaßen. Der Regierende Bürgermeister Willy Brandt sprach von den Mächten der Finsternis, welche die Sperrwand eines Konzentrationslagers hochgezogen hätten. Ein freidemokratischer Vorkämpfer der späteren Entspannungspolitik notierte, Ulbricht habe »die Zone in ein riesiges Konzentrationslager verwandelt«[6]. Obwohl oder gerade weil seit Ende 1963 die in Auschwitz begangenen Verbrechen vor einem deutschen Gericht verhandelt wurden, dauerte es Jahre, ehe die KZ-Metapher aus den Zeitungen und Politikerreden verschwand.

Anfangs entfaltete sich die West-Berliner Volkswut so bedrohlich, dass der West-Berliner Polizei manchmal nichts anderes übrigblieb, als die verhassten Sperranlagen zu schützen. 300 000 Menschen versammelten sich am 16. August vor dem Schöneberger Rathaus, wo Brandt einen rhetorischen Spagat zwischen kämpferischer Zuversicht und dämpfender Besonnenheit zu vollführen hatte. Die als Wiedervereinigungspolitik ausgegebene Deutschlandpolitik Bonns hatte gerade ihr Waterloo erlebt. Von dort kam wenig Ermunterung. Im Gegenteil, da gerade Bundestagswahlkampf war, gefiel es Konrad Adenauer, Brandt als unehelichen Bastard und emigrierten Widerständler zu schmähen. Berlin hin, Mauer her, der Kanzler wollte den SPD-Kanzlerkandidaten »nicht durch einen Schulterschluss aufwerten«[7].

Die Hoffnungen der Berliner richteten sich aber nicht auf Bonn, sondern auf Washington. Willy Brandt bedrängte den amerikanischen Präsidenten sogar, seine vermeintliche Untätigkeit aufzugeben. Doch neuerlich musste man einsehen, dass es nicht in der Macht der Vereinigten Staaten stand, in der sowjetischen Hegemonialsphäre zu intervenieren. Als sich aber zeigte, dass die Amerikaner die Stellung hielten und neben dem Vizepräsidenten Lyndon B. Johnson und General Lucius D. Clay, der Luftbrücken-Legende, Truppen über die Transit-Autobahn in die Stadt schickten, bereiteten ihnen über eine Million erleichterte West-Berliner eine Woche nach dem Ulbricht-Coup einen begeisterten Empfang.

Obwohl der Westen die Existenz der Halbstadt garantierte, blieb die Tatsache, dass Hunderttausende Familien getrennt und die innerdeutschen Beziehungen hoffnungslos erstarrt waren. Im Sommer 1962 kam es sogar zu einer »psychologischen Krise«, als der auf der Flucht angeschossene Peter Fechter im Todesstreifen um Hilfe schreiend verblutete und amerikanische Soldaten trotz dringlicher Aufforderung durch eine wachsende Menschenmenge nicht eingriffen. Daraufhin bewarf man sie mit Steinen. Der Volkszorn schonte sogar die Schutzmacht nicht mehr. Blitzartig wurde klar, dass die Vier-Mächte-Rechte »nur noch Sprachhülsen waren«[8], erinnert sich Egon Bahr, Brandts engster Mitarbeiter.

Der Mauerbau war die Geburtsstunde der Neuen Ostpolitik. Die Berliner Erfahrung führte ihre beiden Hauptarchitekten, Bahr und Brandt, zu der ein Jahrzehnt später durchgesetzten Vision, die Konfrontation in Berlin, Deutschland und möglichst auch zwischen den Blöcken zu entschärfen, die »Mauer durchlässiger zu machen«, die Teilungsfolgen durch »menschliche Erleichterungen« zu mildern und den Zusammenhalt der Nation trotz staatlicher Teilung wahren zu helfen. »Wandel durch Annäherung« lautete bekanntlich Egon Bahrs Schlüsselformel von 1963. In West-Berlin (wo dem sozialdemokratischen Antikommunismus mit menschlichem Antlitz bei den Abgeordnetenhauswahlen mehr als 61 Prozent der Stimmen beschert wurden) hatte zu der Zeit mit den Passierscheinabkommen, die den West-Berlinern Verwandtenbesuche jenseits der Mauer ermöglichten, die »Politik der kleinen Schritte« bereits begonnen. Diese Abkommen begründeten trotz gegensätzlicher politischer Grundauffassungen das Schema, das die Beziehungen der Bundesrepublik und der DDR seit den siebziger Jahren bestimmte, nämlich die Gewährung humanitärer Erleichterungen gegen die Gewährung von Anerkennungsgewinnen.

Natürlich gewöhnte man sich an die Mauer, so wie man sich wohl an einen Klumpfuß gewöhnen muss. Abgefunden hat man sich mit ihr nicht. Die Verurteilung ihrer tödlichen Bewehrung hielt an, doch selbst wer die Mauer für ein mörderisches Schandmal des Kommunismus hielt, konnte es über 28 Jahre hinweg nicht mit gleichbleibender Empörung geißeln. Politiker in Regierungsverantwortung wären rasch an die Grenzen ihrer Handlungsfähigkeit gestoßen, wenn sie ihre Gesprächspartner in der DDR, mit denen sie im Interesse nicht nur ihrer Wähler, sondern auch der Ostdeutschen reden mussten, vor allem mit Anklagen traktiert hätten. Die Konsequenzen einer demonstrativen Rhetorik der Stärke bekamen vor allem die Menschen in der DDR zu spüren.

Und natürlich hatte manch aufrüttelnde Rede wenig mit dem Zeitgeist oder den eigenen politischen Absichten gemein. Das gilt für John F. Kennedy im Juni 1963 wie für Ronald Reagan beinahe ein Vierteljahrhundert später. Neben seinem gefeierten Bekenntnis, auch er sei ein Berliner, griff Kennedy die Mauer und die kommunistische Gesellschaftsordnung zum Entsetzen seiner Berater scharf an, obwohl er längst darum bemüht war, das Verhältnis zur Sowjetunion zu entspannen und ihr gegenüber an sich immer den gemeinsamen Wunsch nach Frieden herausstrich. Auch Reagans Forderung, Michail Gorbatschow möge die Mauer niederreißen, löste im Juni 1987 überwiegend Ablehnung aus und zielte stark auf die Besänftigung heimischer Kritiker, die ihm zu große sicherheitspolitische Nachgiebigkeit ankreideten. 24 Jahre später brachte ihm diese Rede vor dem Brandenburger Tor das Lob eines Berliner Lokalpolitikers ein, »mutiger Vorkämpfer der deutsch-deutschen Vereinigung« gewesen zu sein[9].

Je mehr im Westen das Gefühl der Bedrohung durch die Sowjetunion nachließ, desto alltäglicher musste der außeralltägliche Sperrwall erscheinen. Diese Wirkung der von der Regierung Brandt/Scheel abgeschlossenen Verträge, die den Status quo in Europa und damit auch die Berliner Mauer als Sinnbild der verfestigten Verhältnisse anerkannten, war unvermeidlich. Doch es blieb ein Zwiespalt. Einerseits war die Mauer eine institutionalisierte Menschenrechtsverletzung, andererseits eine Voraussetzung der späteren Entspannungspolitik. Diese zwei Wahrheiten standen nebeneinander, und so standen die Verurteilung der Mauer und die Gewöhnung an sie ebenfalls nebeneinander[10]. Beides war je nach Standpunkt und Zweck vorwerfbar und instrumentalisierbar. Galt dem einen das Insistieren auf der mörderischen Qualität der Mauer als Torpedierung der Entspannungsbemühungen, so bewies das Bemühen um Entspannung dem anderen Prinzipienlosigkeit beim Umgang mit dem SED-Regime. Dieser Befund ließe sich an vielen Beispielen aus der Mauerzeit illustrieren, es ließe sich auch manche Gedankenlosigkeit, Blauäugigkeit und Verharmlosung anführen. Die von Grund auf veränderte Sicht auf die Berliner Mauer nach dem Sturz des Staatssozialismus in Europa kann jedenfalls kein historisch gerechter Maßstab für die Beurteilung des Umgangs mit der Mauer vor ihrem Fall sein.

Das gilt erst recht für den überhaupt nicht auf einen Nenner zu bringenden Alltag der Mauer-Halbstadt. Fröhliche Menschen auf Abiturfahrt waren willkommen, und mutige Politikerreden hörten die Insassen des »surrealistischen Käfigs« West-Berlin gern, wo nur die Eingesperrten frei seien (György Ligeti)[11]. Beides war eine erbauliche Abwechslung im Leben mit der Mauer, in deren Schatten auch das oft fotografierte kleine Glück gedieh – Kinderspiel im verkehrsberuhigten Winkel, Grillen ohne störenden Luftzug, der Haken im Sperrelement für die Wäscheleine im Schrebergarten. Das subkulturelle Milieu mit seinen genialischen oder spintösen Manifestationen florierte. Manchem bot die Mauer Schutz vor übertriebenem Realitätsbezug. Noch 1994 verwahrte sich eine Kreuzberger Demo gegen die Störung der Kiezruhe durch die Öffnung der ins einst Ost-Berliner Friedrichshain hinüber führenden Oberbaumbrücke für den Durchgangsverkehr.

Alltag an der Mauer war aber auch die bürgerschaftliche Selbstverpflichtung, dem Monstrum Mahnmale gegenüberzustellen und den Mauertoten Gedenkzeichen zu setzen. Ungefähr drei Dutzend davon standen mit Holzkreuzen, Feldsteinen, Gedenktafeln, gestalteten Denkmalen oder etwa den Weißen Kreuzen des »Berliner Bürger-Vereins« gegen die Brutalität des Gewohnten. Zum Maueralltag gehörte darüber hinaus die jederzeitige Bereitschaft, die Volkswut aufflammen zu lassen, wenn sich am Todesstreifen wieder ein Drama vollzog. Als im Mai 1975 der kleine Cetin Mert an seinem Geburtstag nahe der Oberbaumbrücke ertrank – dort schon das vierte Kind in drei Jahren –, weil er seinen Ball aus der ganz zu Ost-Berlin gehörenden Spree fischen wollte und ihm deshalb niemand zur Hilfe kommen konnte, kam es zu tagelangem heftigen Protest (»Nieder mit dem Mörderkommunismus«). Als Grenzsoldaten Anfang 1989 Chris Gueffroy erschossen, wurde auf West-Berliner Seite sofort ein Mahnkreuz errichtet.

Hartnäckigster Mahner in West-Berlin war Rainer Hildebrandt, der Gründer der Arbeitsgemeinschaft 13. August, von dem die Öffentlichkeit unverwandt mit dem SED-Unrecht konfrontiert wurde. Sein »Haus am Checkpoint Charlie« mit seiner Sammlung abenteuerlicher Fluchtfahrzeuge entwickelte sich zum Touristenmagneten, es war und ist ein eindrückliches Zeugnis West-Berliner Mauerprotests. Und dann gab es da das nie verstummende Dauerrauschen einer Art Alltagswut, die von den Grenztruppen der DDR seismografisch registriert wurde, jene »Grenzprovokationen«, zu denen vom Sprengstoffanschlag über Kunstaktionen von »Demonstrativtätern«, »Hetzkundgebungen am Mahnkreuz«, Aufforderungen zur Fahnenflucht, allerlei Beschimpfungen, »öffentlichem Mauerpissen« bis zu den über die Mauer geworfenen Knallkörpern und Bananenschalen alles und jedes gerechnet wurde. 1701 solcher Zwischenfälle ereigneten sich beispielsweise von Mitte Mai bis Mitte Juni 1982, von April bis Oktober 1987 waren es 4177 in den Akten festgehaltene Ereignisse[12] – »Kommt doch rüber, bei uns ist es besser«, »Polen hat jetzt freie Wahlen«, »Kommunistenschweine, in der Endabrechnung geht es euch schlecht«. Die West-Berliner hatten sich an die Mauer gewöhnt, sich aber nicht mit ihr abgefunden.

Eigentlich war der Mauerbau am 13. August 1961 gar kein Mauerbau gewesen, sondern eine Abriegelung der Sektorengrenze mit beweglichen Sperren, die erst nach und nach durch die »Mauer« ersetzt wurden. Die Mauer war auch keine Mauer. Sie war ein langgestrecktes militärisches Sperrgebiet mit allen Schikanen der modernen Alarm-, Blockier-, Verletzungs- und Tötungstechnik. Die Regimenter des für Berlin zuständigen Grenzkommandos Mitte verfügten über 13 000 Mann, die in Flüchtenden »Republikfeinde« zu sehen hatten und sie mit militärischen Mitteln bekämpften.

Die Berliner Mauer, die in der charakteristischen Form der rohrbekrönten »Grenzmauer 75« in die Erinnerung der Welt eingegangen ist, durchlief von der primitiv vermörtelten Barriere zum weiß getünchten Betonband mehrere Metamorphosen. Das hatte praktische Gründe, doch mehr noch spiegelte der Wandel der Erscheinungsform die Rolle der Mauer im Wechsel der politischen Rahmenbedingungen. Er verriet die nach außen gekehrten »unterschiedlichen Gemütszustände der DDR«[13]: anfangs die barbarische Rauheit der klassenkämpferischen Drohgebärde, dann die »kulturvolle« Variante der Abschottung während des hoffnungsvollen Aufbaus des Sozialismus bis zum Ende der Ulbricht-Zeit und schließlich der »formschöne« Ausbau einer der Hauptstadt zu Gesicht stehenden ganz normalen Grenze seit Ende der siebziger Jahre. Damit hoffte man nach der internationalen Anerkennung den Imageschaden einer tödlichen Sperrzone in Rufweite des Regierungssitzes einzugrenzen.

Obwohl die Mauer neben der sowjetischen Armee und dem Staatssicherheitsdienst die Existenz der SED sicherte, tat sich die Partei schwer mit ihr. Schon die Erläuterung ihres Daseinszwecks war keine beneidenswerte Aufgabe. Dass der Sperrwall errichtet worden war, um die Menschen am Fortlaufen zu hindern, war kein vorzeigbares Argument und obendrein nur schwer in das marxistisch-leninistische Weltbild einzupassen. Ging es in den internen Beratungen ausschließlich darum, wie das Ausbluten des Landes gestoppt werden konnte, drehte die Propaganda die Bewegungsrichtung einfach um 180 Grad und erklärte, der (auf seiner Ostseite gut camouflierte) »Antifaschistische Schutzwall« solle das Einsickern von Kriegstreibern, Faschisten, Revanchisten, Kapitalisten, Agenten, Diversanten, Saboteuren, Menschenhändlern, Kriminellen usw. verhindern. Vor allem aber habe man die Reißleine ziehen müssen, bevor das imperialistische Ausfalltor West-Berlin zu einem zweiten, den Dritten Weltkrieg auslösenden Sarajewo werden konnte. In diesem unwirklichen Tenor ging es weiter mit Feierlichkeiten zu den Jahrestagen der Errichtung der »Friedensgrenze«, der Heroisierung des Grenzdienstes und der Mythisierung erschossener Grenzsoldaten in Denkmälern, Straßennamen und Lesebüchern. Für die Staatspartei war der Mauerbau nachgerade die Aufgipfelung der Geschichte, der Höhepunkt der Klassenauseinandersetzung zwischen Sozialismus und Imperialismus.

Solches Pathos klang schon damals hohl, denn die Menschen in der DDR wussten sehr gut, dass die Mauer nicht »feindwärts«, sondern »freundwärts« ausgerichtet war. Dennoch blieb die mit der Propaganda einhergehende Sicht nicht ohne Wirkung, wie sich nach 1989 zeigte, beispielsweise in der Lesart, die Mauer sei ein Schutzwall gegen soziale Unsicherheit gewesen, oder in der verbreiteten Meinung, ihre Existenz gehe weniger auf eine bewusste politische Entscheidung zurück, sondern sei die unausweichliche Konsequenz des Kalten Krieges gewesen. Wie immer der Einzelne die Mauer sehen mochte, sie existierte. Sie erzwang eine »mentale Grenzziehung im Innern«[14], und sie zwang die Menschen in der DDR zu individueller Umorientierung, zu einem Arrangement mit dem Regime oder zu einer gefährlichen persönlichen Entscheidung.

Der Mauerbau war eine Notmaßnahme gewesen, doch folgte er auch der Logik kommunistischer Gesellschaftspolitik, die älter war als die DDR. Seit Stalins Wende zum »Aufbau des Sozialismus in einem Land« 1926 wurden die zum Ausland hin nun abgeriegelten Grenzregionen zum Frontgebiet gegenüber dem Klassenfeind und zu Modellregionen des Sozialismus proklamiert. Durch die Abschottung ihres Herrschaftsgebietes 1961 gewann die SED-Führung (die ebenfalls eine solche Wende und eine Abkehr von der Hoffnung auf ein sozialistisches Gesamtdeutschland vollzogen hatte) »zusätzliche Möglichkeiten, den gesellschaftspolitischen Raum im Innern dieses ‚Schutzwalls' auf spezifisch staatssozialistische Weise neu zu gestalten«[15]. Das geschah durch umfassend regulierte räumliche und politisch-soziale Mobilitätsbeschränkungen. Zwar wurden die Bürger angefeuert, beim Aufbau des Sozialismus mitzumachen, viele taten das auch, doch man stieß dabei unweigerlich »an die vom Parteistaat gesteckten Grenzen«, blieb in den starren Strukturen des Disziplinierungsstaates eingebunden, in die unsichtbare, doch jedermann vertraute innere Grenzziehung eingeengt – im zugespitzten Fazit: Die ganze DDR war eine Mauer.

In dieser »Diktatur der Grenzen« (Thomas Lindenberger) musste es zu vielfältigen Grenzübertritten im Innern und nach außen kommen. Die »räumliche und soziale Selbstbegrenzung« legte die individuellen und gesellschaftlichen Gestaltungsmöglichkeiten lahm und frustrierte besonders die nach dem Mauerbau aufgewachsene Generation. Ihre Unzufriedenheit mit den Verhältnissen und ihren eigenen Perspektiven wuchs in dem Maße, in dem die ummantelte DDR poröser wurde. Je durchlässiger die Mauer, desto mehr Energie musste das SED-Regime für die eigene Stabilisierung aufwenden.

Von ihrer historischen Mission überzeugt und gut eingesessen in ihrer überragenden Stellung, war die Behauptung der Macht immer das eigentliche Credo der Staatspartei. Hatte es unter Walter Ulbricht noch Anläufe gegeben, die Leistungsschwäche der Zentralverwaltungswirtschaft zu beheben und die Gängelung der Kultur zu lockern – Reformansätze, die regelmäßig abgebrochen wurden, sobald sie zu Abstrichen an der Allmacht der Partei zu führen drohten –, verlegte sich der 1971 an die Spitze der SED gelangte Erich Honecker auf die Konservierung des real existierenden Sozialismus. Wegen der fehlenden demokratischen und der nachlassenden historisch-ideologischen Legitimation setzte er, um die Bevölkerung an die DDR und ihre innere Ordnung zu binden, ganz auf soziale Legitimation. Soziale Sicherheit gegen politisches Wohlverhalten war der Kerngedanke dieses ungeschriebenen Gesellschaftsvertrags.

Die Nachtseite dieser Art Herrschaftssicherung bestand in der Ausweitung von Repression, Überwachung und Disziplinierung durch die gängelnden, steuernden und strafenden Tentakel der Partei. Im mauergeschützten Honecker/Mielke-Sozialismus mussten Repression und Gesellschaftskontrolle allerdings subtiler vonstatten gehen als in den ruppigen Aufbaujahren, denn nun war die DDR als Unterzeichnerin der KSZE-Schlussakte und UNO-Mitglied mannigfache Selbstverpflichtungen auf die zivilisatorischen Standards der Staatengemeinschaft eingegangen. Das verlieh der Virulenz des menschenrechtlichen Virus in der DDR einen kräftigen Schub.

Das SED-Regime musste die Fassade eines ganz normalen Staates aufrechterhalten, weil es die Unterstützung der kapitalistischen Staaten und namentlich der Bundesrepublik brauchte, von der die DDR ökonomisch zunehmend abhängig wurde. Die steil ansteigende Auslandsverschuldung, die ihre Ursache in der ausufernden Sozialpolitik und der rückläufigen Wettbewerbsfähigkeit hatte, war die empfindlichste Druckstelle des Honecker-Staates, der wiederholt an den Rand der Zahlungsunfähigkeit geriet und Ende der achtziger Jahre endgültig in der Sackgasse steckte.

Aus diesem Teufelskreis (der erst nach 1989 voll erkennbar wurde) fand die DDR nicht mehr heraus. Der SED-Chef war an sich auf größtmögliche Abgrenzung zur Bundesrepublik aus, doch den Forderungen der Bonner Regierungen nach einer Ausweitung der menschlichen Erleichterungen in den deutsch-deutschen Beziehungen musste er nolens volens nachkommen. Obwohl sein Außenminister die Entspannungspolitik als eine »Aggression auf Filzlatschen« und der Staatssicherheitsminister die westliche »Kontaktpolitik« als eine Feindmethode zur Zersetzung der sozialistischen Gesellschaftsordnung identifiziert hatte, gab es für die DDR-Regierung keine Alternative zur Ausweitung humanitärer Zugeständnisse.

Über die Westmedien und das Westpaket war der Westen als Sehnsuchtsort im Osten immer gegenwärtig gewesen. Mit den neuen Besuchsregelungen vervielfachten sich seit Anfang der siebziger Jahre die persönlichen Begegnungen, in denen das Wohlstands- und Freiheitsgefälle zwischen den beiden deutschen Staaten noch gründlicher erkundet werden konnte. Die Anzahl der Westbesuche verfünffachte sich in wenigen Jahren auf etwa sechs Millionen jährlich und stieg später noch weiter an. Für DDR-Bürger diesseits des Rentenalters wurde der Spalt in der Mauer erst ab der zweiten Hälfte der achtziger Jahre etwas breiter. Konnten 1982 nur gut 100 000 von ihnen in »dringenden Familienangelegenheiten« (das war die Voraussetzung) in die Bundesrepublik fahren, so waren es 1988 fünfzehn Mal so viele. Menschliche Erleichterungen wie diese waren der humanitäre Preis, den die DDR für die Wirtschaftshilfe der Bundesrepublik zu entrichten hatte. Finanziell war die Regulierung der Menschenströme für die SED-Führung eine lukrative Angelegenheit, denn als Schleusenwärter am Grenzdamm verbuchte sie mit all den Gebühren, Pauschalen und Kopfprämien für herausgekaufte politische Häftlinge Milliarden dringendst benötigter Devisen. Der Fall der Mauer verdarb auch dieses Geschäft.

Das Ende des diktatorischen Sozialismus in Europa hatte viele Ursachen, vor allem auch die, dass es ihm nie gelang (und gelingen konnte), sich ausreichend von der westlichen Welt abzuschotten; er blieb gezwungen, mit dem Angebot ihrer Waren und Werte zu konkurrieren. Die Annäherung der Blöcke führte überall zu einem Wandel in den kommunistischen Gesellschaften und Regimen, und damit genau zu jener Erodierung der Einparteienherrschaft, vor der ihre Sicherheitsorgane und die Hardliner immer gewarnt hatten. Der Sturz der alten Regime und der Übergang von der ideologisch begründeten Diktatur zum demokratisch legitimierten Verfassungsstaat vollzogen sich ebenfalls verschieden. In Deutschland war es die Friedliche Revolution in Ostdeutschland[16], die den Weg zum Fall der Berliner Mauer am 9. November 1989 frei machte und damit die Voraussetzung für die rasche Wiedervereinigung am 3. Oktober 1990 schuf.

Der Bau der Mauer und der Fall der Mauer hatten eine gemeinsame Wurzel: die Entschlossenheit allzu vieler Bürger, eher das Land zu verlassen als sich mit den Verhältnissen abzufinden. Der im Klima der Entspannungspolitik immer stärker werdende Wunsch nach »ständiger Ausreise« erzeugte trotz immer aufwändigerer

Gegenmaßnahmen einen kaum mehr beherrschbaren Druck auf die Grenze. Im Sommer 1989 geriet der Exodus der nach Zehntausenden zählenden »Ausreiser« außer Kontrolle und fachte zugleich den oppositionellen Massenprotest im Innern an. Die in die Enge getriebene SED-Spitze suchte fieberhaft nach einer gesetzlichen Reise- und Ausreiseregelung, mit der die revoltierende Bevölkerung besänftigt und das Blatt vielleicht doch noch gewendet werden konnte.

Bekanntlich gelang es der zerfallenden SED unter dem Honecker-Nachfolger Egon Krenz nicht, einen geordneten Übergang zu mehr Freizügigkeit zuwege zu bringen. Die Partei, die den Sperrwall um West-Berlin gezogen hatte, musste in der Nacht des 9. November 1989 hilflos mit ansehen, wie die Bevölkerung an der Bornholmer Straße die Mauer aufdrückte und dem SED-Staat die letzte verbliebene Existenzabsicherung entzog. In nachgerade dialektischer Manier war der Beweis erbracht, dass die Mauer die DDR-Gesellschaft »nur äußerlich stabilisiert«[17] hatte. Im Innern erzeugte sie jene pathologische Stabilisierung, welche die Parteiherrschaft garantierte, aber Leben einengte und Freiheit erstickte.

»Wie ein Haftentlassener sich die Sträflingskleidung vom Leibe reißt, so entledigten sich die Berliner nach dem Fall der Mauer in einem Furor, der Bürger und Politiker einte, des Monstrums aus Beton und Stahl.«[18] Die symbolträchtige Zerstörung der Mauer begann am Tag nach ihrer Öffnung. Schwärme von »Mauerspechten« ließen sich wie verlebendigte Alltagswut an dem zum Denkmal gewordenen Monster nieder und pickten gut verkäufliche bunte Bröckchen heraus. Der eigentliche Abriss erfolgte rasch und im Einvernehmen zwischen den beiden Berliner Stadtregierungen und der DDR als Eigentümerin. Einige ihrer prachtvollsten Elemente stehen heute in Seoul oder in Las Vegas, in Gdańsk, im Vatikan oder im Museum of Modern Art.

Die Bildkraft der bemalten Mauer und die in farbige Bilder gefasste Erinnerung an ihren Fall suggerierten fast, die Kunst selbst habe am Ruin des Kommunismus mitgewirkt. Zu Mauerzeiten meinte man eher, die bunte Sichtblende verharmlose das tödliche Grenzregime. Wäre die Mauer der West-Berliner Stadtreinigung nicht entzogen gewesen, die Hauptstadt-Vermarktung heute wäre um eine imageträchtige Variante ärmer. »Mauerkunst« rieb sich als

Performance, Graffiti oder Wandgemälde beinahe fünf Jahrzehnte lang an der vollkommen unwahrscheinlichen Manifestation von Historie. Seit die künstlerische Auseinandersetzung mit dieser Schnittwunde (die zwei Jahrzehnte über 1989 hinaus anhielt) in institutionalisierte Narbenpflege überzugehen begann, büßte »die Mauer« ihre Anziehungskraft als künstlerische Reibungsfläche ein. Das Thema lebt fort in Film und Literatur, die schon immer einen Faible für den Schauplatz des besetzten und geteilten Berlin hatten.

Das immaterielle Nachleben der Mauer und ihrer kaum glaublichen Geschichte wird unendlich viel länger währen als ihre materielle Existenz. Es gibt inzwischen eine Vielzahl sorgfältig aufbereiteter Orte und Fragmente des einstigen Grenzstreifens, an die der Besucher seine Phantasie heften oder von denen er seine Erinnerung anstoßen lassen kann. Zu verdanken ist das zu allererst dem bürgerschaftlichen Engagement Einzelner, die in einem Klima des Abräumens, oft nur unterstützt von Denkmalpflegern und kleinen Initiativkreisen, nicht nur ein Stück Vorderlandmauer oder einen Beobachtungsturm vor den Baggern und Stadtplanern retteten, sondern die Schaffung angemessener Gedenk- und Erinnerungsorte letztlich auch durchsetzten.

Diese über zehn Jahre und mehr durchgehaltene Entschlossenheit schuf überhaupt erst die Voraussetzung für die allmählich einsetzende staatliche Förderung. Sie basiert auf dem »Gesamtkonzept Berliner Mauer«, das 2006 vom PDS-Kultursenator vorgelegt und vom Senat gebilligt wurde. Nach einiger Zeit verstummten die schrillen Debatten darüber, ob die Nachfolgerin der Mauerbaupartei SED überhaupt an der Mauererinnerung teilhaben, gar maßgeblich an ihrer Verankerung in der Stadt mitarbeiten dürfe. Viele Vorhaben längs des ehemaligen Mauerstreifens sind inzwischen umgesetzt, die Gedenkstätte Berliner Mauer an der berühmten Bernauer Straße wurde zum »Zentrum der Erzählung der Mauergeschichte und der Erinnerung an die Maueropfer«.

Die Mauer ist nach ihrem Fall fast ganz verschwunden, als eine der großen politischen Ikonen der Menschheit ist sie gegenwärtiger denn je.

MICHAEL LEMKE
DIE BERLIN-KRISE 1958 BIS 1963

Nirgendwo im Europa der Nachkriegszeit gingen nationale und internationale Geschichte so enge Verbindungen ein wie im Raum Berlin. Und ebenso einmalig standen Politik und Gesellschaft dieses Verflechtungs- und Teilungsgebietes für den Kalten Krieg und den Ost-West-Konflikt, sowohl für seine »klassischen« Konfrontationen als auch für Tendenzen zu Deeskalation und Entspannung. Mauerbau und Mauerfall sind dafür allgemeinster wie konkretester Ausdruck, sind »Inkarnation« und Symbol.

Der folgende Beitrag thematisiert die Zweite Berlin-Krise als eine Bedingung für den 13. August 1961. Er fragt nach den Wechselwirkungen zwischen den außenpolitischen und inneren Ursachen des Konfliktes sowie nach dessen Einflüssen auf den Mauerbau. Während der hier zu berücksichtigende politisch-diplomatische Kontext und der Verlauf der Berlin-Krise insgesamt gut untersucht sind[1], hat sie die zeitgeschichtliche Forschung unter Gesamtberliner Aspekten – politischen wie soziokulturellen und anderen – bislang vernachlässigt. Wie nahmen sie die Berliner »sektoralen« Gesellschaften wahr? So bleibt auch das im Folgenden angeschnittene Problem weiter zu klären, inwiefern der äußere Konflikt auf die etwa zeitgleiche realsozialistische Systemkrise in der östlichen Teilstadt einwirkte und er dort verschiedene politische und soziale Gruppen zu Handlungen ermutigte, die von der SED ebenfalls als Zwang zum »Mauern« wahrgenommen wurden.

Östliche Interessenlagen im Vorfeld des sowjetischen Berlin-Ultimatums, Chruschtschows Ziele und SED-Spekulationen

Wie zu keiner anderen Zeit des Ost-West-Konflikts bildete sich in den fünfziger Jahren eine bipolare Weltlage heraus, die auch die Deutsche und Berliner Frage bestimmte. Unter den Bedingungen des fortschreitenden Kalten Krieges wurde die Wiedervereinigung Deutschlands und seiner Hauptstadt von beiden Seiten faktisch als unrealistisch angesehen. Obwohl von der Propaganda immer wieder heraufbeschworen, hatten die Sowjetunion und die DDR das Einheitsziel spätestens mit der Verkündung der Zwei-Staaten-Theorie (1955) aufgegeben. Der Westen betrachtete es bestenfalls als politische Langzeitaufgabe. Die beiden deutschen Staaten und das zweigeteilte Berlin standen freilich in einem umfassenden Konkurrenzverhältnis zueinander – in gewisser Weise eine verkleinerte Kopie der globalen Rivalität zwischen dem System parlamentarisch-demokratischer Staaten und der Diktatur nach sowjetischem Modell. Die Bundesrepublik hatte sich in ihrem Bündnis zu einem wirtschaftlich und politisch starken Staatswesen gemausert, dessen Stabilität und Anziehungskraft im »Wirtschaftswunder« seinen beredten Ausdruck fand. Hingegen erlebte die DDR nach ihrer »Urkatastrophe« vom 17. Juni 1953 zwar eine relative politische Beruhigung, aber keine durch wirtschaftliche Prosperität gestützte nachhaltige Stabilisierung. Im Kampf um ihre völkerrechtliche Souveränität sah sie sich seit Mitte der fünfziger Jahre massiv mit dem Alleinvertretungsanspruch und der Hallstein-Doktrin der Bundesrepublik konfrontiert.

Warum genau Chruschtschow im Spätherbst 1958 die Zweite Berlin-Krise[2] vom Zaun brach, ist im Unterschied zu Stalins Motiven von 1948 nicht hinlänglich klar. Sah er die Verhältnisse in Berlin für die Sowjetunion allgemein als unzumutbar an (wofür es eigentlich keine Anzeichen gab)? Oder befürchtete er eine Destabilisierung speziell der DDR, ihrer westlichen Flanke, durch Republikflucht und offene Grenzen? Wie es scheint, waren seine Beweggründe eher »positiver« Art: Die Sowjetunion gewann allmählich an wirtschaftlicher Kraft und politischem Einfluss. Auch militärstrategisch holte sie auf[3]. Die UdSSR besaß die Wasserstoffbombe, der Sputnik und neue Raketen ließen erkennen, dass sie Kernwaffen auch über Tausende von Meilen zu transportieren vermochte. Der gerade in Dienst gestellte erste Atomeisbrecher der Welt symbolisierte sowjetische Kraft, und auch die DDR erlebte eine Phase relativer Stabilisierung und nicht der Schwäche. Offenbar wagte Chruschtschow das Risiko nicht etwa darum, weil eine Verschlechterung der Lage drohte, sondern weil er sich stark fühlte und eine Verbesserung aussichtsreich schien. Überdies war der Westen in der Sicht Chruschtschows unentschlossen und innerlich zerstritten. In der Tat begann London die westliche Bündnisdisziplin in der Deutschlandpolitik infrage zu stellen. Und ob die USA hier »hart« bleiben würden, wie sich nicht nur der skeptische Bundeskanzler Adenauer fragte, schien so klar nicht.

Chruschtschows Position Ende 1958 stellte sich weder ihm selbst noch der übrigen Welt als instabil dar[4]. Nach Ausschaltung seiner Gegner stand er innenpolitisch weniger unter Druck als einige Zeit zuvor. Ein Erfolg in Berlin erschien geeignet, nicht nur das Prestige der UdSSR, sondern auch seine persönliche Position weiter zu stärken. Berlin war eine Achillesferse des Westens. Zogen sich die Westmächte aus der Stadt zurück, so verloren sie mehr Ansehen, als die Sowjetunion strategische Gewinne erzielte. Denn der Besitz Berlins erweiterte Moskaus Machtbereich weniger, als dass er ein Element seiner Sicherung darstellte. Eine Politik zur Durchsetzung der Kontrolle über West-Berlin ist deshalb als das offensive Moment eines insgesamt eher defensiven Konzeptes zu verstehen. Sah Chruschtschow die Möglichkeit, in Berlin den sowjetischen Nachkriegsbesitzstand offensiv zu konsolidieren? Letztlich wollte die Sowjetunion endlich sein, was sie seit Langem von sich behauptete und doch nicht war: die zweite, gleichberechtigte Supermacht.

Im Unterschied zu Stalin, der mit der Verhängung der Blockade praktisch handelte, drohte Chruschtschow nur. Immerhin brachte seine Ankündigung am 27. November 1958, der DDR alle sowjetischen Hoheitsrechte in und um Berlin zu übertragen, wenn die Westmächte der Umwandlung West-Berlins in eine »Freie Stadt« nicht binnen sechs Monaten zustimmten, diese in Schwierigkeiten. Wie das Ultimatum genau zustande kam und welche sowjetischen Politiker und Gremien zur entsprechenden Entscheidungsfindung beitrugen, ist unklar. Hingegen erscheint gesichert, dass die DDR die UdSSR zur Aufkündigung des alliierten Status von Berlin drängte und der sowjetische Beschluss relativ plötzlich gefasst wurde.

Dass die Führung der SED West-Berlin bereits 1958 als ein akutes Existenzproblem wahrnahm, ist eher unwahrscheinlich. Zwar blieb die Republikflucht auch in einer Phase relativer Stabilisierung des ostdeutschen Staates schwerwiegend, doch drängte sie noch nicht zu einer radikalen Lösung, wie immer diese aussehen mochte. West-Berlin war für die SED ein universeller Störfaktor, der aber kaum kritische Dimensionen annehmen würde. Die Ausschaltung der als Frontstadt, Agentenzentrale, moralischer Sumpf sowie Paradies für Schieber und Spekulanten geschmähten Enklave war ein zwar verständliches, aber bei der Bevölkerung der DDR unpopuläres Ziel kommunistischer Machtsicherung. Mit der Billigung einer solchen Politik durch die Ostdeutschen war nach Lage der Dinge nicht zu rechnen, und letztlich erschien es als unwahrscheinlich, dass es zu einem Konsens zwischen ihnen und der SED über die Berlinpolitik kommen und dieser dann eine innenpolitische Stabilisierung nach sich ziehen würde. Eine politische Ausschaltung West-Berlins war 1958 keineswegs die Maximalvorstellung des SED-Politbüros. Zwar wollte sie diesen Störfaktor für die Stabilisierung der DDR beseitigen, doch entsprach nur eine ostdeutsche Kontrolle der Westsektoren bzw. die Übernahme von Hoheitsrechten in der Stadt und auf deren Zufahrtswegen dem Anerkennungskonzept der SED optimal.

Allerdings verfügte sie bei der Realisierung dieses Zieles weder über innere Stabilität und auswärtige Handlungsspielräume noch über hinreichenden Einfluss auf die UdSSR. Dafür spricht auch, dass die sowjetische Diplomatie den seit 1957 ständig wiederholten Anspruch der SED auf das ganze Berlin und ihre Angriffe auf das Berlinstatut im Herbst 1958 erneut zurückwies[5] und offenbar noch Anfang November zumindest formal an den alliierten Abmachungen festhielt[6].

So war das Chruschtschow-Ultimatum mit der Ankündigung, die UdSSR werde der DDR alle Rechte bezüglich Berlins übertragen, wenn der Westen nicht binnen sechs Monaten dem sowjetischen Vorschlag einer Umwandlung der Westsektoren in eine »Freie Stadt« zustimme, für das SED-Politbüro frohe Verheißung und aktuelles Programm zugleich. Plötzlich bot sich die Möglichkeit, das negative West-Berlin in etwas Positives zu verwandeln. Was bislang Störfaktor gewesen war, konnte nunmehr dem Ziel einer weltweiten Aufwertung der DDR und ihrer Staatspartei dienen. Gelangten die von den Alliierten ausgeübten Hoheitsrechte über die Stadt, vor allem die Kontrolle über die Zufahrtswege, auch nur teilweise in die Hände der Ost-Berliner Führung, so musste deren Autorität im Inneren und nach außen beträchtlich wachsen. Der eigenen Bevölkerung konnte dann der sozialistische Staat als stark und solide vorgeführt werden – ein Eindruck, der sie vielleicht zu Solidarität und Schulterschluss mit der SED-Führung veranlassen würde. Es erschien den ostdeutschen Machthabern verlockend und möglich, in Berlin das Brecheisen zur Aushebelung des Bonner Alleinvertretungsanspruchs und der Hallstein-Doktrin anzusetzen. Die internationale Isolierung der im Westen als »Pankower Regime« apostrophierten DDR würde dann von Berlin aus durchbrochen werden.

Nichts hatte auf die Vorbereitung einer Offensivhandlung gegen die Westmächte in Berlin und auch nichts auf eine Neuauflage der Blockade hingewiesen. Offenbar setzte Chruschtschow auf Überraschung und Schock. Dabei vertraute er – Stalin sehr ähnlich – den Widersprüchen im »imperialistischen Lager«. Sie mögen dazu beigetragen haben, dass es Chruschtschow unterließ, die Verbündeten der UdSSR über den geplanten Schritt rechtzeitig zu informieren[7] oder gar vorher ihren Rat einzuholen. Es ist augenscheinlich, dass auch der Warschauer Pakt insgesamt in seiner Rechnung kaum eine Rolle spielte, was der sowjetischen Geringschätzung dieser nur formal kollektiven Militärkoalition entsprach. Auch trug Chruschtschow seine Vorstellung über eine Aufkündigung der alliierten Berlinregelung dem ZK-Präsidium erst am 6. November 1958 vor. Nur das Präsidiumsmitglied Mikojan sprach sich dagegen aus, weil er eine »drastische Verschärfung des Ost-West-Konflikts« befürchtete[8]. Inwiefern er von einflussreichen Kräften seiner Umgebung – etwa von Militärs – zu einer Kraftprobe mit den Amerikanern gedrängt oder zumindest ermuntert wurde, lässt sich derzeit nicht sagen.

Die Reaktion des Westens

Für die USA und die NATO war es offenbar, dass die sowjetischen Raketenstellungen in der DDR »das wohl wichtigste Druckmittel der UdSSR hinsichtlich des Berlin-Ultimatums«[9] darstellten. Doch hier handelte es sich um ein militärisches Instrumentarium, das über die Motive dieses Schrittes bestenfalls indirekt Auskunft gab. In den diesbezüglichen Analysen des State Department widerspiegelten sich Vermutungen, die als Beweggründe für das Ultimatum durchaus infrage kamen. Dazu gehörten erstrangig die Verhinderung der atomaren Bewaffnung der Bundeswehr und der Abzug der Truppen der Westmächte aus der Bundesrepublik sowie die

Anerkennung der DDR. Überdies wollte Moskau aus der Sicht der amerikanischen Diplomatie die Entschlossenheit der Westmächte testen, ihre Berliner Positionen zu halten[10].

Alle drei Westmächte wiesen das Ultimatum mit Hinweis auf ihre Berlin-Rechte zurück. Die Bundesregierung artikulierte ebenfalls Ablehnung. Die Moskauer Forderung sei der Versuch, sich einseitig von internationalen Abmachungen loszusagen. Das Ultimatum komme – so Bonn – einem Bruch des Völkerrechts gleich und ziehe die deutsch-sowjetischen Beziehungen in Mitleidenschaft. Zudem könne es die weltpolitischen Spannungen verschärfen. Der Regierende Bürgermeister von Berlin, Willy Brandt, betonte am 20. November 1958 die Zugehörigkeit West-Berlins zum freien Westen, von dem sich die Bewohner der Stadt nicht trennen ließen[11]. Der Reigen kämpferischer Ablehnung wurde vom NATO-Ministerrat geschlossen. Das war auch ein Akt demonstrativer Bündnistreue. Man war sich prinzipiell darüber einig, dass ein Zurückweichen vor der Sowjetunion in Berlin nicht in erster Linie eine sicherheitspolitische, sondern eine Imagefrage sei. So kristallisierte sich – ähnlich der Krise von 1948/49 – Glaubwürdigkeit als die zentrale Konfliktkategorie heraus.

Über die Einmütigkeit der westlichen Reaktion war die sowjetische Regierung überrascht. Wollte sie ihren »Test« fortsetzen, blieb ihr nichts anderes übrig, als nun auch ihrerseits Entschlossenheit zu unterstreichen und die Drohgebärden zu verstärken. Der sowjetische Außenminister Gromyko erklärte, dass eine Ablehnung der sowjetischen Vorstellungen dazu führen könnte, dass West-Berlin zu einem »zweiten Sarajewo« gerate[12]. Auch das spitzte die Krise zu, ohne dass Chruschtschow daran gedacht hätte, das Risiko eines bewaffneten Konflikts um Berlin auf sich zu nehmen. Das wollten – analog zum Konflikt 1948/49 – auch die Westmächte nicht, wenngleich sie auch jetzt den Ernstfall einkalkulierten.

Zwar identifizierten viele westliche Politiker Berlin, wie es in einer Analyse des amerikanischen Nationalen Sicherheitsrates vom August 1961 hieß, mit einem »vorgeschobenen Posten im Kalten Krieg«, mit einer »Basis für offene Aktivitäten gegen Ostdeutschland« sowie mit einem »Schaufenster ökonomischer und politischer Errungenschaften«[13]. Doch sahen häufig die gleichen Politiker gerade diese »magnetische« Funktion der Westsektoren als für die Sowjetunion eigentlich unzumutbar an, weil sie die Flucht der Ostdeutschen nach West-Berlin antrieb und die DDR destabilisierte. Auch blieb deren kompromisslose Nichtanerkennung für sie auf Dauer zweifelhaft.

So entwickelten sich in den Metropolen des Westens durchaus Neigungen, mit der UdSSR über Berlin zu verhandeln, wenn diese auf ultimative Forderungen verzichtete. Während die Außenminister der USA[14] und Großbritanniens[15] über Kompromisse und Alternativen nachdachten, war es Frankreich, das gegenüber Moskau konsequent und erfolgreich die Linie der Unnachgiebigkeit vertrat. Auch insofern sah Adenauer in de Gaulle einen neuen Freund. Angesichts insbesondere der englischen Kompromissvorstellungen beschwor der Bundeskanzler bei den drei Westmächten Einheit und Stärke der freien Welt. Man müsse in Berlin den Anfängen wehren[16]. So galt er, ohne die Krise eskalieren oder gar bewaffnete Gewalt befürworten zu wollen, als Exponent der »Politik der Stärke«, und er baute auf Abschreckung. Eigentlich argumentierte er nicht anders als die oppositionelle SPD, vertrat aber nach außen noch schärfer als sie den Bonner Alleinvertretungsanspruch und die Hallstein-Doktrin. Kurz: Adenauer galt vielen als ein »Falke«, der er jedoch nicht war. Als ihn Dulles im Februar 1959 in Bonn besuchte und den Einsatz von Atomwaffen bei einem Ernstfall in Berlin als letzte Konsequenz befürwortete, erschrak er. Der Kanzler wollte sie unter keinen Umständen angewendet wissen, was den bereits todkranken Dulles erstaunte. War es nicht folgerichtig, dass sein dem Kanzler erläuterter Verteidigungsplan auch die Möglichkeit eines Kernwaffeneinsatzes enthielt? »Überraschend war, daß diese Logik [...], auf der das ganze Prinzip der Abschreckung beruhte, von Adenauer genau in dem Augenblick zurückgewiesen wurde, als in der Berlin-Krise die Eventualität – nichts weiter als das – am Horizont auftauchte.«[17]

Offenbar war diese wichtige Episode für Adenauer ein Anlass, über seine Deutschland- und Berlinpolitik nachzudenken. Das hinderte ihn allerdings nicht daran, konsequent an seinem Kurs westlicher Einheit und Geschlossenheit gegenüber der UdSSR festzuhalten und der Gesprächsbereitschaft der Regierungen in London und Washington zu misstrauen[18]. Davon unbenommen fehlte es im westlichen Bündnis zwar nicht an prinzipieller Übereinstimmung und Festigkeit; doch waren Meinungsverschiedenheiten über den Modus und das Instrumentarium gegenüber der sowjetischen Drohpolitik an der Tagesordnung[19]. Das trug in gewissem Maß zur Vergrößerung der Handlungsspielräume des Bundeskanzlers bei, schien aber die Berlin-Krise auch durch interne Faktoren zu verfestigen. Denn auch Dulles meinte nun, »daß ein Nachgeben gegenüber den sowjetischen Drohungen der Anfang vom Ende wäre«. Bliebe man hingegen fest, stünden die Chancen nicht einmal 1 zu 1000, »daß die Sowjets es bis zum Krieg treiben.«[20] Der NATO-Oberbefehlshaber General Norstad zeigte sich ebenfalls entschlossen, im Fall einer sowjetischen Blockierung die Verbindungswege nach West-Berlin freizukämpfen[21]. Doch setzte sich politisches Augenmaß durch, wenn etwa Präsident Eisenhower, aber auch Dulles, die Möglichkeit eines Präventivschlags gegen die UdSSR zurückwiesen. Der Westen griff schließlich einen Wunsch Chruschtschows auf und stimmte einer Außenministerkonferenz der vier Mächte in Genf zu – allerdings, wie verlangt, nach der Aufhebung des Ultimatums, das Chruschtschow am 19. März 1959 faktisch zurücknahm.

Nachdem die Krise allmählich, also in keinem beunruhigenden Tempo, verschärft worden war, trug das zur Deeskalation der Auseinandersetzung bei, aus der bislang auch noch keine militärpolitischen Konsequenzen Moskaus resultiert hatten. Sie scheinen für die von Chruschtschow gewählte Drohpolitik auch nicht als nötig erachtet worden zu sein. Im Gegenteil ging der sowjetische Staatsmann in seinem vom »historischen Optimismus« geprägten Handeln von der Überlegenheit und Durchsetzungskraft des Weltsozialismus in der Systemkonkurrenz aus, die er nach der 1956 verkündeten und von ihm tief verinnerlichten »Politik der friedlichen Koexistenz« gerade wirtschaftlich und sozial relativ bald zugunsten der Sowjetunion entschieden sah. Ebenfalls neigte er zur »Überbewertung verbaler Konzessionen« durch die Westmächte und zu euphorischen Bewertungen amerikanischer Kompromissbereitschaft und kleiner eigener Erfolge – wie die westliche Zustimmung zu einer Gipfelkonferenz[22]. Das mag dazu beigetragen haben, dass Chruschtschow die militärische Stärke der Sowjetunion weniger hoch bewertete als andere Politiker und Militärs in seinem Führungszirkel und er auch in der Berlin-Krise einen unversöhnlichen Kurs gegenüber dem Westen vermied. Nicht nur bei Militärs und KGB verbreitete sich darüber »Unzufriedenheit, ja Empörung«; seine optimistische Sicht »stieß in den Moskauer

Führungskreisen weithin nicht auf Zustimmung. Viele sahen darin eine unbegründete Sorglosigkeit gegenüber dem Westen.« So wurde Chruschtschows Absicht, »den Konsens mit dem ›imperialistischen Hauptfeind‹ zu einem wesentlichen Ziel der Politik zu machen, weithin abgelehnt«. Anfang April 1960 sah er sich im ZK-Präsidium einer geschlossenen Front von Kritikern gegenüber[23]. Offenbar nahm die Kritik in dem Maße zu, wie der Erfolg in Berlin ausblieb. So erscheint es plausibel, dass er auch noch nach der Verkündung seines faktisch zweiten Ultimatums gegenüber Kennedy im Juni 1961 stärker unter den Druck seiner Militärs geriet[24].

Sonderinteressen der SED im internen Konflikt mit der sowjetischen Führung

Zwar begrüßte die SED-Führung einen Friedensvertrag mit beiden deutschen Staaten, wie ihn die Sowjetunion im Januar 1959 konkret vorgeschlagen hatte. Doch bildete ein separater Friedensvertrag der DDR mit der Sowjetunion für das Politbüro die bessere Variante, denn nur er bot die Aussicht auf die Übertragung der sowjetischen Hoheitsrechte in Berlin und auf die Kontrolle seiner Zufahrtswege. Ulbricht stimmte dem Plan der Umwandlung West-Berlins in eine »Freie Stadt« natürlich zu. Doch schien er von Anfang an nicht an die Möglichkeit eines Eingehens des Westens zu glauben. Auch sah er in der »Freien Stadt« keineswegs die optimale Lösung. Denn ein derartiger, vertraglich abgesicherter Stadtstaat hätte eine erhebliche Einschränkung der von der DDR angestrebten Kontrolle bedeutet. Wie Ulbricht Chruschtschow im Januar 1959 deutlich machte, fürchtete er, dass die »Freie Stadt« ihre äußeren Beziehungen Bonn übertragen und dass sich der Flüchtlingsstrom fortan in diese ergießen werde[25].

Schon zu Beginn der Krise hatte sich in der ostdeutsch-sowjetischen Beziehung ein Grundmuster herausgebildet: Die SED nahm Chruschtschow in der Frage der Übertragung von Hoheitsrechten an die DDR beim Wort, und sie verhielt sich immer so, als bestünden keine Zweifel an dieser sowjetischen Absicht. So verfolgte das SED-Politbüro seit 1958 einen Kurs, der auf der Erwartung aufbaute, dass die Übertragung der sowjetischen Berlin-Rechte an die DDR unmittelbar bevorstehe und konfrontative Maßnahmen der ostdeutschen Seite geeignet seien, dies zu beschleunigen. Die Schikanen der DDR von Reisenden an den Grenzen verstärkten sich, und die SED-Führung suchte vor allem die Bestandteile alliierten Rechts, wie etwa das Wirken der Militärmissionen, scheibchenweise zu beseitigen[26]. Der Konflikt wurde vor allem durch die Praxis der SED geschürt, westalliierten Militärangehörigen den Zutritt in den Ostsektor von Zeit zu Zeit zu verweigern, wenn sie sich nicht legitimierten. Diese von der Volkspolizei an der Sektorengrenze eingeforderte Legitimationspflicht widersprach jedoch alliiertem Berlin-Recht und zog die Proteste der West-Berliner Stadtkommandanten bei der über das Vorgehen der DDR verärgerten sowjetischen Militärbehörde nach sich.

Die Sowjetunion sah sich erstmalig mit der Notwendigkeit konfrontiert, ostdeutschen Maßnahmen, die mit ihr weder abgesprochen noch gebilligt worden waren, gegenzusteuern. Doch auch nach dem Mauerbau kam es weiterhin zu Eigenmächtigkeiten und Provokationen der DDR[27], die zu zeitweilig gefährlichen Situationen an der Sektorengrenze führten[28].

Das Berlin-Problem, das in Moskau nur eine wichtige Frage unter anderen war, besaß für die SED-Führung existenzielle Bedeutung. Die Sowjetunion agierte jedoch als Weltmacht, betrieb globale Politik und musste Rücksicht nehmen – dies alles erlaubte es ihr nicht, auf ungebremste Konfrontation in Berlin zu setzen. Das entscheidende Handicap der ostdeutschen Führung bei der Auseinandersetzung mit Moskau war jedoch das Fehlen eigener Handlungsspielräume: Die akute Entscheidung über die Berlin-Politik fiel 1961 mit dem Moment größter innerer Schwäche der DDR zusammen. Diese Schwäche ließ sich zwar als Druckmittel verwenden, um die UdSSR schließlich zur Erlaubnis für den Bau der Mauer zu nötigen, aber sie schloss zugleich ein Handeln der DDR als Subjekt der Politik weitgehend aus. Vor diesem Hintergrund entwickelte sich das typische Interaktionsmuster: Die DDR drängte die UdSSR immer wieder zu politischen Offensiven in Berlin, und die Sowjetunion suchte die ostdeutschen Vorstöße zu mäßigen. Zum ersten Mal in der Geschichte der DDR, so erscheint es bislang, unternahm die SED-Führung eigenmächtige Schritte mit dem Ziel, die UdSSR unter Zugzwang zu setzen. Es entwickelte sich ein signifikanter Konflikt zwischen sowjetischer und ostdeutscher Führung. Die ostdeutsche Seite bemühte sich darum, die östlichen »Trümpfe« auszuspielen, und scheute dabei – anders als der Kreml – Zuspitzungen im Verhältnis zum Westen nicht. Sie riskierte faktisch eine bewaffnete Auseinandersetzung, ohne diese freilich wirklich zu wollen. Die Sowjetunion dagegen scheute das Risiko eines ernsten Konfliktes, der wesentlich von ihr auszutragen gewesen wäre und durchaus außer Kontrolle geraten konnte. Dass er die SED-Führung mit ihren riskanten Forderungen im Zaum hielt, ist faktisch ein Verdienst Chruschtschows[29]. Die bis 1963 andauernde Interessenkollision[30] kann als ein typischer Konflikt zwischen Zentrale und Peripherie gelten, wie er in der Geschichte von Bündnissen häufig auftritt. In den Beziehungen zwischen Moskau und Ost-Berlin aber war das insofern ungewöhnlich, als es sich um eine hegemonial-imperiale Beziehung handelte, in der die Sowjetunion mit widerspruchsloser Unterordnung rechnen konnte.

Die Berliner Gesellschaften im internationalen Konflikt

Mit der Verkündung des Berlin-Ultimatums regten sich im Westteil der Stadt Empörung und Protest, nicht etwa resignative Stimmungen. »Woher Chruschtschow den Glauben nahm, die Berliner würden massenhaft aus der Stadt fliehen und diese wie eine faule Frucht der DDR zufallen, habe ich nie erfahren«, wunderte sich Willy Brandt noch Jahre später[31]. Am 1. Mai 1959, wenige Wochen vor dem Ablauf des Ultimatums, demonstrierten an die 600 000 West-Berliner Einheit und Geschlossenheit mit dem Senat und den Alliierten. Während sich die West-Berliner in ihrer Existenz unmittelbar bedroht fühlten, nahm die Ost-Berliner Bevölkerung das Ultimatum aus einer anderen Position wahr. Zwar stellte sie eine Gesamtberliner Solidarität nicht infrage, und ihre überwiegende Mehrheit wollte weder eine »Freie Stadt« noch eine andere Ordnung in West-Berlin. Doch betrafen sie die sowjetischen Forderungen nicht direkt, und angesichts der offenbar starken sowjetischen Position war sie sich auch nicht sicher, ob sich Chruschtschow am Ende nicht doch durchsetzte. Bei vielen spielte nach wie vor die Hoffnung auf eine baldige Wiederherstellung der Einheit Berlins eine Rolle. Konnte der sowjetische Vorschlag nicht dabei eine Diskussionsgrundlage sein? Die von der Berliner SED-Leitung akribisch beobachteten Reaktionen der Ost-Berliner Bevölkerung auf das Ultimatum vermitteln ein zunächst differenziertes Stimmungsbild. Deutlich war die zunehmend ablehnende Haltung der Arbeiter in den Großbetrieben: Durch die Moskauer Forderung könne ein Krieg entstehen, »der Amerikaner« würde sich das nicht gefallen lassen. Wenn die Sowjetunion der DDR »jetzt die ganze Macht gibt, führe das nicht zur Entspannung«, es würde die Lage nur verschärfen[32]. Anders äußerten sich die in den staatlichen Verwaltungen befragten Mitarbeiter, unter ihnen viele Parteimitglieder. Bei dieser Minderheit, die zudem in der Regel unter Disziplinierungsdruck stand, reichte das Spektrum grundsätzlicher Zustimmung zum Ultimatum von der Zuversicht, den Westen damit zu Verhandlungen mit der DDR zu zwingen, bis hin zur Hoffnung auf die Beseitigung der »Pestbeule« West-Berlin »mit Gewalt«[33]. Doch wuchs binnen weniger Wochen der Unglaube an die Realisierbarkeit der sowjetischen Ziele, die von der Bevölkerungsmehrheit beider Teile Berlins mit ähnlichen Argumenten kritisiert wurden. So war in den zahlreichen Lageberichten der SED – parallel zu denen aus den Westsektoren – vom »starken Zweifel« an der Moskauer Ehrlichkeit die Rede und von großer Skepsis hinsichtlich der Aufrichtigkeit der sowjetischen Vorschläge[34]. Die Argumente glichen sich einander noch mehr an, als Chruschtschow die von ihm initiierte Pariser Gipfelkonferenz im Mai 1960 mit Hinweis auf einen amerikanischen Spionageflug über der Sowjetunion scheitern ließ (U-2-Affäre). Die überwiegende Mehrheit der von den östlichen SED-Interviewern im gesamten Berlin systematisch Angesprochenen – Arbeiter, Angestellte, Zeitungsfrauen, Straßenpassanten und andere – fragte, warum er eigentlich nach Paris fahre, wenn er gar nicht die Absicht habe, zu verhandeln. Die Informanten der SED registrierten aber auch eine anwachsende (bislang von der Forschung wenig beachtete) Kriegsfurcht auf beiden Seiten[35].

Die ab Mitte 1960 sichtbaren akuten Schwierigkeiten des DDR-Sozialismus trugen in Ost-Berlin eindeutig zur wachsenden Ablehnung der östlichen Berlin-Politik bei. Zum einen mehrten sich die »Ausfälle gegen Chruschtschow« und zum anderen die Stimmen in den Betrieben und im Ost-Berliner Alltag, dass freie Wahlen die beste Lösung für alle Berlin-Probleme sein würden[36]. Als der von Oberbürgermeister Ebert geleitete Magistrat West-Berlin anbot, die künftige »Freie Stadt« mit Milch zu versorgen, stieß das unter den

Bedingungen der tiefgreifenden Versorgungskrise in Ost-Berlin auf die entschiedene Ablehnung der Arbeiter, vor allem wiederum in den Großbetrieben: Wichtiger als ein separater Friedensvertrag sei doch, »daß wir 16 Jahre nach Kriegsende [so wie in West-Berlin] endlich kaufen können, was wir möchten«[37]. Solche Stimmungen machten selbst vor den Ost-Berliner Sicherheitsorganen nicht halt[38]. Die Bereitschaft der Ost-Berliner, sich für ihren Staat und dessen Berlin-Politik einzusetzen, verringerte sich bis zum Sommer 1961 signifikant, zeitweilig sogar dramatisch. Die Kritik an der SED-Herrschaft erreichte eine seit Jahren, eigentlich seit dem Volksaufstand 1953, nicht mehr beobachtete Schärfe. Sie ging weit über die Ablehnung des sowjetischen Berlin-Kurses hinaus, die der allgemeinen politischen und sozialen Unzufriedenheit jedoch einen starken Impuls verlieh[39]. In der Verquickung der akuten Krise des realen Sozialismus mit dem internationalen Berlin-Konflikt entstand sowohl eine neue Qualität der Existenzbedrohung für die DDR und ihre Staatspartei als auch eine neue Qualität von Opposition in der Bevölkerung.

Im Verlauf der Zweiten Berlin-Krise übten die Verhältnisse im Westteil der Stadt einen zunehmenden Einfluss auf das Leben in der DDR-Hauptstadt aus, etwa wenn Ost-Berliner Arbeiter mit dem Verweis auf in West-Berlin erkämpfte höhere Löhne und mit Hinweis auf die Krisengefahr tatsächlich eine Aufbesserung der eigenen Bezüge ertrotzten[40].

Im Herbst 1960 verlangten »Werktätige« in verschiedenen volkseigenen Betrieben nach dem Beispiel West-Berlins die Einführung der Fünf-Tage-Woche. Als die SED dieses Verlangen zurückwies, führten sie die Beschäftigten einiger Ost-Berliner Baustellen »illegal« ein[41]. Zwar sah die alarmierte Parteiführung dies als Arbeit des »Klassengegners«, musste jedoch konstatieren, dass diese und andere Aktionen als Ausdruck der »Unzufriedenheit« unter Gruppen von Werktätigen eine Bewegung auslösten, »die sowohl an Breite als auch an Intensität« zunehme[42]. Seit dem Herbst 1960 wurde der SED aus Ost-Berliner Betrieben – bei strenger Vermeidung des Wortes »Streik« – ein bedrohliches Anwachsen von »Arbeitsniederlegungen« gemeldet[43]. Diese Entwicklung förderte die Berlin-Krise offenbar auch deshalb, weil sie in der Wahrnehmung vieler zugunsten des Westens entschieden wurde und diejenigen Gegner der SED-Herrschaft unterstützte, die sie als geschwächt und potentiell handlungsunfähig sahen. In Berlin zeigte die vorrangig kulturell und alltagspolitisch determinierte Berliner Verflechtungsgesellschaft gegenüber den konfrontativen Zuspitzungen Flexibilität und eine gewisse Resistenz. So war sie bis zum zerstörerischen Mauerbau erstaunlich schnell in der Lage, die Folgen der Zweiten Berlin-Krise wirksam begrenzen bzw. überwinden zu helfen.

Verläufe, Mechanismen und Ergebnisse der Zweiten Berlin-Krise

Die Zweite Berlin-Krise verlief nicht kontinuierlich. Es gab Eskalationsmomente, aber auch Zeiten der Beruhigung. Hatten sich im Vorfeld der Genfer Vier-Mächte-Außenministerkonferenz 1959 (erstmals unter der Beteiligung beider deutscher Staaten in beratender Funktion) gewisse Kompromisse angedeutet und trug auch der USA-Besuch Chruschtschows zu einer gewissen Entspannung bei, dominierte seit dem zweiten Halbjahr 1960 wieder eine konfrontative Tendenz. Sie war einerseits die Folge der »geplatzten« Pariser Gipfelkonferenz und andererseits der DDR-Systemkrise. Während Chruschtschow im ersten Fall die Affäre um ein amerikanisches Spionageflugzeug zum Anlass nahm, eine Konferenz zu verlassen, die er doch gewünscht hatte, destabilisierte die eskalierende Republikflucht zahlreicher Ostdeutscher Wirtschaft und Politik der DDR. Das war ein Problem, das von den internationalen Spannungen tangiert wurde, aber eigentlich ein realsozialistisches Systemsyndrom war, das in der akuten Krise eine kritische Größe annahm. Der Berlin-Konflikt verschärfte sich, als Chruschtschow bei seinem Treffen mit dem neuen Präsidenten John F. Kennedy Anfang Juni 1961 in Wien mit außerordentlicher Härte erneut das Ende des alliierten Berlinstatus verlangte. Kennedy wies dieses Ansinnen höflich, aber mit Bestimmtheit zurück. Zwar schien das Wiener Treffen die Wahrscheinlichkeit eines militärischen Konflikts zu vergrößern, doch minderte es das Kriegsrisiko gleichzeitig durch die Markierung von beiderseits nicht zu überschreitenden Grenzen. Die Kontrahenten mussten eine Eskalation auch deshalb vermeiden, weil einer denkbaren bewaffneten Auseinandersetzung ein gefährliches atomares Risiko innewohnte. Vor allem sie ließ einige Führer der kommunistischen »Bruderparteien« vor

Experimenten in Berlin zurückschrecken[44]. Die Berlin-Krise stand in ihrem Zenit, als Kennedys »Three Essentials« dem Osten die amerikanischen Bedingungen für eine Berlinlösung signalisierten, was nach Lage der Dinge nur ein Wall quer durch Berlin und entlang seines Brandenburger Umlandes sein konnte. Diese radikale Lösung war für das Überlegenheits- und »Schaufenster«-Konzept des Ostens[45] ideologisch zwar verheerend, beendete aber dessen Kardinalproblem – die Destabilisierung der DDR durch die Massenflucht ihrer Bürger. Der »antifaschistische Schutzwall« stoppte die trotz der Berlin-Krise intensivierte Tendenz »von unten«, den kulturell und alltagspolitisch geprägten Verflechtungsraum zu erhalten. Diese für die SED nur zweitbeste (Mauer-)Variante – das Politbüro strebte weiterhin nach der besten[46] – sicherte die Westgrenze des sowjetischen Herrschaftsbereichs. Die machtpolitischen Claims in Berlin waren abgesteckt, und es setzte – zumindest tendenziell – eine Beruhigung der internationalen Lage ein. Das konnte auch das mörderische Innerberliner Grenzregime der DDR nicht infrage stellen. Doch das Risiko eines bewaffneten Konflikts war nicht völlig gebannt. Die berühmte Konfrontation amerikanischer und sowjetischer Panzer Ende Oktober 1961 am »Checkpoint Charlie« war eine Kraftprobe. Sie signalisierte der Welt aber durchaus eine reale Kriegsgefahr.

Bedrohlicher wurde es, als die UdSSR im Herbst 1962 in Kuba die Raketenkrise auslöste. Zwar sehen einige Historiker zwischen den Problemfeldern Kuba und Berlin nur einen lockeren Zusammenhang. Dass sich hier wohl doch eine gefährliche »Doppelkrise« mit starken Wechselwirkungen entwickelte, bezeugt unter anderem eine Äußerung Kennedys gegenüber Macmillan: »Nimmt er [Chruschtschow] Berlin, nehmen wir Kuba. Wenn wir jetzt Kuba nehmen […], werden wir mit Sicherheit das Problem haben, daß Berlin genommen wird.«[47]

Die Zweite Berlin-Krise endete trotz des Minimalergebnisses DDR-Sicherung wie der erste Konflikt um die ehemalige deutsche Hauptstadt 1948/49 mit einer empfindlichen Niederlage für die Sowjetunion. Demgegenüber war das Ansehen der Westmächte gestiegen – international und bei der deutschen Bevölkerung. In der Zweiten Berlin-Krise verfügte die Bundesregierung im Rahmen des westlichen Konzepts bereits über Handlungsspielräume, die ihr einen begrenzten Einfluss auf Entscheidungen ermöglichten;

die SED besaß diese weder außen- noch innenpolitisch. Die Auseinandersetzung um Berlin trug seit dem Chruschtschow-Ultimatum auf beiden Seiten erheblich zur Koalitionsräson bei. Der demokratische Westen verstand Glaubwürdigkeit und Bündnisfähigkeit als unauflösbare Wechselbeziehung. Hatte Bündnisräson bei Stalin 1948 noch keine Rolle gespielt, forderte sie Chruschtschow nun im aufgewerteten Warschauer Pakt definitiv ein.

Auch die Zweite Berlin-Krise entstand im globalen Kalten Krieg und in einem bilateral strukturierten europäischen Konfliktkontext, der auch die nationalen Gesellschaften erfasste. Indirekt war er auch eine deutschlandpolitische Folge des Zweiten Weltkrieges und der gescheiterten Versuche der Alliierten, eine stabile europäische Nachkriegsordnung zu schaffen. Natürlich war der Konflikt um Berlin durch die strategische und politische Lage der Stadt vorprogrammiert: »Eine halbe Weltstadt im Osten barg eine Verführung für beide Seiten. Von der Insel aus konnten die Westmächte auf die Ostzone und die DDR einwirken, von der Ostzone und der DDR aus konnte die Sowjetunion auf West-Berlin drücken.«[48] So wäre es eine sehr einseitige Betrachtungsweise, wenn man im Handeln der östlichen Konfliktseite eine rein »expansionistische« Berlinpolitik erkennen würde. Zum einen ging es der Sowjetunion nicht um die Einverleibung West-Berlins »an sich«, sondern vor allem darum, einen Störfaktor inmitten des eigenen Imperiums auszuschalten, insbesondere die von ihm ausgehende Gefährdung für die DDR. Zum anderen enthielt das westliche Berlin-Konzept sehr offensiv wirkende Elemente: die Attraktivität des freiheitlich-demokratischen Systems und dessen wirtschaftlichen Magnetismus sowie die Ambition, die Präsenz der Bundesrepublik in West-Berlin zu verstärken. Doch auch dabei zeigten sich die Grenzen des Kampfes um die ehemalige Reichshauptstadt: Zum einen waren sich die Antagonisten darüber im Klaren, dass die »Achillesferse« des jeweiligen Gegners die Prestigefrage war und ein Verlust an Reputation und Glaubwürdigkeit von keiner Partei hingenommen werden würde. Zum anderen stimmte man im Prinzip darin überein, nicht einen Konflikt zu eskalieren, der zum Krieg führen konnte und atomar zu entarten drohte.

So entwickelten beide Hegemonialmächte ein flexibleres Konfliktmanagement, das die Gefahr eines atomaren Vernichtungskrieges in Rechnung stellte und dem Verständnis für den Kontrahenten mehr Raum bot. Das Gegeneinander wandelte sich allmählich zu einem toleranteren Nebeneinander. Obwohl dieses »Vorspiel zum Wandel« gleichzeitig zur Militarisierung der sowjetischen Politik sowie zu einer neuen Runde des Wettrüstens beitrug, entstanden in der Zweiten Berlin-Krise Entspannungschancen. Peter Bender hat sie deshalb als »Geburtsstunde der neuen Ostpolitik« bezeichnet.

MANFRED WILKE

ULBRICHT UND DER MAUERBAU

Die kollektiven Erinnerungen an den Mauerbau sind vielschichtig, generationsspezifisch und interessengeleitet. Es gibt mithin sehr unterschiedliche Wahrnehmungen der Strategie der SED und der Gründe für den Mauerbau.

Für die Erlebnisgeneration war 1961 alles klar: Um die Macht der Diktatur zu behaupten, musste in Berlin das Tor zum Westen geschlossen werden. Umgekehrt war für die Aktivisten der DDR die Grenzschließung zur Sicherung des Sozialismus in Deutschland eine unbedingte Notwendigkeit. In diese Urteile eingeschlossen war der Schock über die unerbittliche Realität der Teilung Deutschlands auf unabsehbare Zeit. Die nächste Generation, die in der DDR im Schatten der Mauer aufwuchs, musste sich mit den Verhältnissen abfinden, ohne sie mehrheitlich zu billigen. Der Entzug der Freizügigkeit durch die SED schuf ein Gefühl einer Freiheitsberaubung, das 1989 eruptiv zum Ausdruck kam. Im Westen dagegen wurde die Mauer zunehmend als Symbol des Scheiterns der Wiedervereinigungspolitik Konrad Adenauers gesehen und als Ausgangspunkt für eine neue realistische Ostpolitik verstanden, die von den Realitäten deutscher Zweistaatlichkeit ausging. Die Hoffnung auf die Einheit der Nation schwand im demokratischen Kernstaat Bundesrepublik.

Erst der Mauerfall 1989[1] erlaubte und erzwang eine historische Ortsbestimmung der beiden Zäsuren, die mit dieser Grenzbefestigung verbunden sind: 1961, als die Mauer Symbol der Repression und der Teilung wurde; 1989, als sie zum Denkmal der deutschen Wiedervereinigung wurde. Warum sie gebaut wurde und wer diese Entscheidung verantwortete, das ist das Thema dieses Beitrags.

Walter Ulbricht und die Politik der SED

In der kollektiven Erinnerung der Deutschen ist Walter Ulbricht der Baumeister der Berliner Mauer. Der Erste Sekretär der Sozialistischen Einheitspartei Deutschlands und Staatsratsvorsitzende der DDR erklärte am 15. Juni 1961 vor laufenden Kameras: »Niemand hat die Absicht, eine Mauer zu errichten!«[2] Nach dem 13. August galt dieser Satz als dreiste Lüge, um die Vorbereitungen auf die Absperrung der Berliner Sektorengrenze zu vertuschen.

Seit 1958 war Walter Ulbricht der unbestrittene Führer von Partei und Staat. Sein Aufstieg begann 1945, als ihn Josef W. Stalin in die Führung der KPD berief und ihn damit beauftragte, den »demokratischen Neuanfang« in der sowjetischen Besatzungszone zu organisieren. Seine Karriere beruhte vor allem auf der strikten Befolgung der häufig wechselnden »Generallinie« der KPdSU. Hinter Ulbricht verschwindet im Geschichtsbild die Gestalt, die ihm überhaupt erst gestattete, Berlin mit Stacheldraht zu teilen: der Erste Sekretär des ZK der KPdSU und Ministerpräsident der Sowjetunion Nikita S. Chruschtschow.

Denn als am 15. Juni Ulbrichts ominöser Satz fiel, war der durchaus noch im Ungewissen darüber, wie sich Chruschtschow schließlich entscheiden würde. Dieser hatte dem amerikanischen Präsidenten John F. Kennedy bei dem Gipfeltreffen in Wien wenige Tage zuvor nämlich ein Ultimatum übergeben, in dem die sowjetische Regierung verlangte, das Berlin-Problem bis Ende 1961 zwischen der Sowjetunion und den Westmächten durch einen Friedensvertrag zu lösen. Über eine Sperrung der Sektorengrenze war zu diesem Zeitpunkt in Moskau also noch nicht entschieden. Ulbricht bewegte sich daher auf der Linie des Wiener Ultimatums und vertrat vor der Presse siegesgewiss die Linie, der Friedensvertrag werde kommen und das Notaufnahmelager Marienfelde in West-Berlin für DDR-Flüchtlinge dann geschlossen.

Ulbricht und Chruschtschow waren ungleiche Partner. Die SED konnte ihre politischen Ziele nur im Kontext der sowjetischen Politik durchsetzen. Für Chruschtschow hatten zwischen der Verkündung des Berlin-Ultimatums im November 1958[3] und dem Wiener Gipfeltreffen im Juni 1961 Verhandlungen mit den USA absolute Priorität, da er das West-Berlin-Problem im Rahmen eines deutschen Friedensvertrages lösen wollte, der auf eine permanente Dreiteilung Deutschlands hinausgelaufen wäre: Bundesrepublik, DDR und eine »Freie entmilitarisierte Stadt Westberlin«.

Für die Sowjetunion war Berlin der Hebel, um den Einfluss der Amerikaner in Europa zu schwächen, und der geforderte deutsche Friedensvertrag ein Mittel, um die NATO zu »zerreißen«, wie es

Chruschtschow gegenüber Ulbricht im März 1961 ausdrückte[4]. SED und KPdSU hatten ein gemeinsames Interesse daran, die Präsenz der Westmächte in Berlin zu beseitigen und West-Berlin in eine »Freie Stadt« umzuwandeln, die auf dem Territorium der DDR lag. Gegenüber der Sowjetunion verfolgte Ulbricht das Ziel, die »volle Souveränität« der DDR über ihr Territorium zu erreichen. Chruschtschow hatte 1958 den Westmächten in seinem Ultimatum, mit dem er die Lösung des Berlin-Problems binnen sechs Monaten forderte, massiv gedroht: Sollten sie sich weigern, den Friedensvertrag abzuschließen, dann werde die Sowjetunion ihn separat mit der DDR vereinbaren und dem SED-Staat die Kontrollrechte auf den Transitstrecken und in den Luftkorridoren von der Bundesrepublik nach West-Berlin übertragen. Die Ankündigung, einseitig den Vier-Mächte-Status von Berlin aufzuheben, löste die Zweite Berlin-Krise aus und war weltpolitisch eine Frage von Krieg und Frieden.

Für Ulbricht dagegen schien das Ultimatum die Chance zu bieten, die volle Souveränität der DDR über ihr Territorium einschließlich ihrer Hauptstadt Ost-Berlin zu erlangen sowie die internationale Anerkennung durchzusetzen.

Auftakt zur Krise: V. Parteitag der SED 1958

»Niemand hat die Absicht, eine Mauer zu errichten!« Daran dachten die beiden Akteure in Moskau und Ost-Berlin in der Tat nicht, als Ulbricht auf dem V. Parteitag der SED Mitte Juni 1958 einen Friedensvertrag für Deutschland und die Umwandlung von West-Berlin in eine entmilitarisierte »Freie Stadt« forderte. Das war der Auftakt zur Zweiten Berlin-Krise. Chruschtschow unterstützte Ulbrichts Forderungen auf dem Parteitag und gab demonstrativ eine Existenzgarantie für den sozialistischen Kernstaat in Deutschland ab. Massiv griff der KPdSU-Chef in seiner Rede die Deutschlandpolitik der Bundesregierung an. Diese glaube offenbar, dass die Sowjetunion »ihr Einverständnis dazu geben und sich auf die Liquidierung der Deutschen Demokratischen Republik einlassen könnte«[5]. Unter dem Beifall der SED-Funktionäre stellte er die rhetorische Frage: »Aber können denn Kommunisten zur Beseitigung einer sozialistischen Ordnung beitragen? Können wir denn dazu beitragen, daß das ganze deutsche Volk zu Kanonenfutter für die amerikanischen Generale gemacht wird?«[6] Chruschtschow lobte die SED für die Unterstützung des sowjetischen Friedensprogramms und ihre »Mitarbeit bei der Ausarbeitung der Grundsätze eines Friedensvertrages mit Deutschland; [...] Berlin gilt es zu einer Stadt des Friedens und des Fortschritts zu machen; im Zusammenhang mit der Schaffung einer atomwaffenfreien Zone in Europa gilt es, die Frontstadtpolitik in Westberlin zu beseitigen, normale friedliche und demokratische Verhältnisse in ganz Berlin zu schaffen und dadurch auch die Normalisierung des Verhältnisses von Westberlin zur Deutschen Demokratischen Republik zu ermöglichen.«[7] Letztlich sollte das auf einen Abzug der Westmächte aus Berlin hinauslaufen.

In der Ersten Berlin-Krise 1948/49 hatte schon Stalin versucht, die Westmächte aus Berlin zu vertreiben und die deutsche Hauptstadt in das Territorium der sowjetischen Besatzungszone zu integrieren. Das scheiterte jedoch an der amerikanischen Luftbrücke und dem vom Regierenden Bürgermeister Ernst Reuter (SPD) organisierten Widerstandswillen der West-Berliner. Zehn Jahre später wiederholte Chruschtschow Stalins Versuch, nur sollte West-Berlin diesmal nicht sofort in die DDR integriert werden; als Konzession an die Westmächte bot man ihnen eine unabhängige »Freie Stadt« an.

Krisenverlauf

Im Verlauf der Zweiten Berlin-Krise von 1958 bis 1963 lassen sich zwei Phasen deutlich unterscheiden: Bis zum Wiener Gipfel im Juni 1961 dominierten die internationalen Verhandlungen zwischen den Westmächten und der Sowjetunion. Erst die Krise der DDR ab Herbst 1960 stellte die Weichen für die Sperrung der Sektorengrenze zwischen Ost- und West-Berlin.

Die Diskussionen zwischen Ost-Berlin und Moskau über die dringliche Lösung der »Westberlinfrage« begannen im Herbst 1960. Auf dem V. Parteitag hatte Ulbricht als »ökonomische Hauptaufgabe« der DDR sehr selbstbewusst noch eine Art Überholkonzept propagiert: »Die Volkswirtschaft der Deutschen Demokratischen Republik ist innerhalb weniger Jahre so zu entwickeln«, forderte er, »daß die Überlegenheit der sozialistischen Gesellschaftsordnung der DDR gegenüber der Herrschaft der imperialistischen Kräfte im Bonner Staat eindeutig bewiesen wird und infolgedessen der Pro-Kopf-Verbrauch unserer werktätigen Bevölkerung mit allen wichtigen Lebensmitteln und Konsumgütern den Pro-Kopf-Verbrauch der Gesamtbevölkerung in Westdeutschland erreicht und übertrifft (Lebhafter Beifall).«[8]

Das Überholkonzept war freilich unrealistisch, die ökonomische Basis der DDR dafür viel zu schmal, wie die SED-Führung sehr wohl wusste. Dieser Plan mündete denn auch in eine ökonomische Krise, welche die SED durch ihre unrealistische ökonomische Zielsetzung und die forcierte Kollektivierung der Landwirtschaft selbst herbeigeführt hatte. Ulbricht musste Chruschtschow im November 1960 über die krisenhafte Situation in der DDR berichten und bat um Wirtschaftshilfe. Er thematisierte auch die Rolle West-Berlins als destabilisierender Faktor für die DDR und die Deutschlandpolitik der Bundesregierung, vor allem mit Blick auf die »Republikflucht«. Die Linie, die Chruschtschow gegenüber Ulbricht in Moskau festlegte, bestimmte die Reihenfolge des sowjetischen Vorgehens in der Berlin-Frage. Für Chruschtschow hatte das erwähnte Treffen mit Kennedy Vorrang, da dort klar werden würde, »ob die Regierung der USA gewillt sein wird, gegenseitig annehmbare Beschlüsse zu erzielen«[9]. Erst wenn diese Frage geklärt sei und man nicht zu einer Einigung gelange, sei der Zeitpunkt gekommen, weitere Maßnahmen mit der DDR zu vereinbaren.

Im Januar 1961 informierte Ulbricht den sowjetischen Führer über die dramatischen Ausmaße der »Republikflucht« und über die Altersstruktur der Flüchtenden. Demnach waren 75 Prozent von ihnen unter 25 Jahre alt, vor allem Angehörige der Intelligenz und qualifizierte Facharbeiter. Das verstärkte die wirtschaftlichen Probleme der DDR noch. Der konjunkturelle Aufschwung in der Bundesrepublik, der »für jeden Einwohner in der DDR sichtbar war, ist der Hauptgrund dafür, daß im Verlauf von zehn Jahren rund zwei Millionen Menschen unsere Republik verlassen haben«[10], meinte Ulbricht. Die entscheidende Voraussetzung für diese Abwanderung erwähnte er wiederum nicht: die offene Sektorengrenze in Berlin. Doch gerade sie war für die SED der schmerzliche Kern des West-Berlin-Problems. Ulbricht drängte nachdrücklich auf dessen Lösung noch im Jahr 1961.

Der Brief Ulbrichts kam einem Offenbarungseid der SED gleich und stellte im Ablauf der Berlin-Krise eine wichtige, vielleicht sogar die entscheidende Zäsur dar. Die Existenzsicherung der DDR durch die Schließung der Sektorengrenze rückte nun in den Vordergrund der Gespräche zwischen Moskau und Ost-Berlin und bestimmte den weiteren Verlauf der Ereignisse. Zunächst änderte Chruschtschow seine Linie jedoch nicht. Absolute Priorität hatte nach wie vor der Wiener Gipfel. Bei ihrem nächsten Gespräch im März 1961 forderte Chruschtschow von Ulbricht, er möge mit irgendwelchen Maßnahmen bis nach seinem Zusammentreffen mit Kennedy warten. Er wolle den Friedensvertrag über Deutschland mit den Amerikanern abschließen. Sein politisches Kalkül skizzierte er ganz unverblümt: »In den Gesprächen mit Kennedy wird der Friedensvertrag eine zentrale Frage sein. Wenn wir ihm den Friedensvertrag abringen, reißen wir die NATO in Stücke, denn die deutsche Frage zementiert die NATO.«[11]

In diesem Moskauer Gespräch traten die Differenzen in den Prioritäten zwischen der Großmacht und ihrem Satelliten offen zutage. Wollte die SED mit dem Friedensvertrag vordringlich ihr West-Berlin-Problem lösen, so verfolgte Chruschtschow damit nichts weniger als eine Verschiebung des weltpolitischen Kräfteverhältnisses. Aus den unterschiedlichen Zielprojektionen ergab sich auch eine Differenz in der Einschätzung der Bedeutung der »Republikflucht« über Berlin. Chruschtschow spielte sie in ihrer Bedeutung für die Stabilität des SED-Staates herunter. Noch im März dachte er nicht daran, das Berliner Schlupfloch zu schließen. Die Zahlen[12] gaben Ulbricht zwar recht, aber sie waren für Chruschtschow nicht entscheidend. Ulbricht musste weiter warten. Eine Alternative dazu hatte er nicht.

Konfrontation in Wien

Das Ergebnis des Wiener Gipfels im Juni 1961 fiel für die Sowjetunion sehr enttäuschend aus: Auf dem Verhandlungswege konnte sie die Westmächte nicht zur Aufgabe ihrer Präsenz in West-Berlin zwingen. Es kam zu einer Konfrontation zwischen den beiden Staatsmännern, denn Kennedy stellte klar, dass ein separater Friedensvertrag mit der DDR, der den Amerikanern ihre Rechte in Berlin nehme, einen »kriegerischen Akt« darstellen würde: »Wie können die USA damit einverstanden sein«, sagte der amerikanische Präsident, »daß Ostdeutschland uns den Zugang verwehrt, den wir erkämpft haben? Wenn wir diese Bedingung akzeptieren, dann wird das, ich wiederhole, zur völligen politischen Isolierung der USA führen, aber ich bin nicht deshalb Präsident der USA geworden, um bei einem solchen Prozess der Isolierung meines Landes zu präsidieren, ebenso wie auch Sie, dessen bin ich sicher, dem niemals bezüglich Ihres Landes zustimmen würden.« Chruschtschow fragte daraufhin: »Heißt das, daß Sie den Friedensvertrag nicht unterzeichnen wollen?« Kennedy: »Wir sind daran interessiert, unser Zugangsrecht und unsere Rechte in West-Berlin insgesamt aufrechtzuerhalten.« Er appelliere angesichts der gegenwärtigen Weltlage an Chruschtschow, das »Gleichgewicht der Kräfte nicht zu verändern.« Daraufhin kam Chruschtschow auf seine Drohung zurück, am Ende des Jahres den Friedensvertrag zu unterzeichnen. Kennedy stellte klar, dass nicht der Abschluss eines Friedensvertrages mit der DDR ein Problem sei. »Aber ein Friedensvertrag, der uns unsere Rechte nimmt, ist ein Akt des Krieges.«[13]

Aus sowjetischer Sicht war die Lage ziemlich verfahren. Eine formale Übertragung der Berliner Statusrechte der Sowjetunion an die DDR war riskant, denn deren Versuch, diese Rechte gegenüber den Westmächten auch wirklich durchzusetzen, würde sehr leicht einen militärischen Konflikt heraufbeschwören können. Kennedy hatte die Schwachstelle in der Drohung mit dem separaten Friedensvertrag gefunden und Chruschtschow gegenüber klar markiert. Erst nach Wien entschied sich Chruschtschow denn auch dafür, Ulbricht die Erlaubnis zu erteilen, die Sektorengrenzen zwischen West- und Ost-Berlin zu sperren.

Schon vor dem Gipfel hatte die Krise der DDR die sowjetische Verhandlungsposition gegenüber den USA dramatisch verändert. Chruschtschow kam unter Zeitdruck. Die zweite Phase der Krise ab Frühjahr 1961 wurde daher von der Existenzsicherung der DDR als Teil des sowjetischen Imperiums diktiert. Festzuhalten bleibt dabei jedoch: Nicht die SED, sondern die ostdeutsche Bevölkerung ist es gewesen, die durch ihre Massenflucht die strategischen Terminpläne der beiden kommunistischen Parteiführer zu Fall brachte.

Der »Deutsche Friedensplan« der SED

Walter Ulbricht stimmte seine Führungskader Anfang Juli 1961 auf den Abschluss eines separaten Friedensvertrages zwischen der UdSSR und den verbündeten sozialistischen Staaten ein. An diesem Ziel hielt er auch parteiintern unverrückbar fest, zumal Wien ihm gezeigt hatte, dass Chruschtschow den angestrebten Friedensvertrag im Wege von Verhandlungen nicht durchsetzen konnte. Das Wort Grenzschließung fiel gegenüber dem Zentralkomitee aber nicht, obwohl Ulbricht das Ende Juni/Anfang Juli bereits angesprochen hatte. Er ließ Chruschtschow durch den sowjetischen Botschafter nämlich mitteilen, dass er ohne eine Schließung der Grenze in Berlin die Existenz der DDR nicht mehr garantieren könne[14]. Unbeirrt orientierte der SED-Chef seine Spitzenkader weiterhin auf den Abschluss eines Friedensvertrages, der »eine neue völkerrechtliche und politische Situation in Deutschland und auch in Berlin« schaffe, die »eine ganze Reihe Konsequenzen haben wird. Eine dieser Konsequenzen wird zum Beispiel sein, daß jeglicher Transitverkehr über die DDR nach Westberlin zu Lande, zu Wasser und in der Luft künftig der Kontrolle der souveränen DDR unterliegen wird.«[15] Damit dies geschehen konnte, musste die Sowjetunion ihre Statusrechte in Berlin auf die DDR übertragen, die Grenze zu West-Berlin musste gesichert und die völkerrechtliche Anerkennung der DDR durch die Westmächte vollzogen sein.

Die SED verband diese Strategie mit einer Propagandaoffensive für einen »Deutschen Friedensplan«. Danach sollte sofort eine deutsche Friedenskommission aus beiden deutschen Regierungen sowie aus Bundestag und Volkskammer gebildet werden. Der »Friedensplan« aber hatte tatsächlich den »Charakter einer Offensive in letzter Stunde, da er versuchte, den Kurs auf das sowjetische Maximalziel eines Friedensvertrages und einer Freien Stadt noch einmal propagandistisch zu untermauern und zu einem plötzlichen Nachgeben des unter Druck stehenden Westens beizutragen«[16]. Dieses Vorgehen hatte das Politbüro der SED im Januar beschlossen. Chruschtschow war im März mit dem Start einer solchen Aktion nach seinem Treffen mit Kennedy einverstanden gewesen. Der »Friedensplan« enthielt bereits eine prophylaktische Rechtfertigung für den Mauerbau. Die SED spitzte ihn in den folgenden Wochen auf eine »falsche und primitive Argumentationskette zu: Die SED wollte den Frieden. Die Bundesregierung lehnte alle Vorschläge dazu ab, rüstete im Gegenteil die unter nazistischer Führung stehende Bundeswehr auf. Und sie plante einen Angriff gegen die DDR. Diese musste sich wappnen.«[17] Für Ulbricht blieb die alles entscheidende Frage bestehen: Wann und wie handelt Chruschtschow?

Die Entscheidung

Bevor sich Chruschtschow in seinem Urlaub auf der Krim am 20. Juli 1961 endgültig dafür entschied, die Berliner Sektorengrenze abzuriegeln, zog er Erkenntnisse und Berichte des militärischen Geheimdienstes (GRU) sowie des KGB vor allem über die amerikanische Politik zurate. Sie haben offenbar eine ebenso zentrale Rolle für Chruschtschows Entscheidungen gespielt wie die negativen Antwortnoten der auf ihren Rechten beharrenden drei Westmächte vom 17. Juli auf das sowjetische Memorandum vom 4. Juni und Ulbrichts alarmierende Mitteilung, er könne bei offener Grenze die Existenz der DDR nicht länger garantieren.

An jenem 20. Juli beließ es Chruschtschow nicht bei seiner weitreichenden politischen Entscheidung, sondern er traf auch Festlegungen über deren Durchführung. Der Oberbefehlshaber der Gruppe der Sowjetischen Streitkräfte in Deutschland (GSSD) erhielt den Befehl, den Plan für die Grenzsperrung auszuarbeiten. Der damalige stellvertretende Chef der operativen Abteilung des Stabes der GSSD, Oberst Anatolij Grigorjewitsch Mereschko, wurde damit beauftragt, den Plan zur »Absicherung der Grenzkontrollsperre zwischen Ost- und Westberlin« durchzuführen[18].

Bereits am 1. Juli hatte die Führung der KPdSU den von den Militärs im Zusammenhang mit dem »Wiener Ultimatum« ausgearbeiteten Einsatzplan »Maßnahmen zur Durchführung einer verstärkten Kontrolle und Bewachung an den Außen- und Sektorengrenzen Groß-Berlins« bestätigt[19]. Der Plan sah massive Truppenverstärkungen an der Westgrenze des Imperiums vor. Zwischen Mai und August wurden die sowjetischen Truppen in der DDR um 37 500 Soldaten auf insgesamt 380 000 Mann verstärkt. An der polnischen Westgrenze wurden weitere 70 000 Soldaten stationiert, die Truppen in Ungarn um 10000 Mann aufgestockt. »Damit war die Mannschaftsstärke der sowjetischen Truppen in Mitteleuropa im Vorfeld des Mauerbaus um etwa 25 Prozent auf mehr als 545000 Mann erhöht worden. Die Sowjetunion hatte fast ein Drittel ihrer gesamten Landstreitkräfte für die militärische Absicherung der Grenzschließung in Berlin in der DDR, Polen und Ungarn konzentriert.« Auch die Luftstreitkräfte wurden in der DDR verstärkt und verfügten erstmals über »Spezialmunition«. »Hinter diesem Begriff verbargen sich in der sowjetischen Militärsprache Atomwaffen.«[20] Die Truppen lagen außerdem in Bereitschaft für den Fall, dass sich über die Kontrolle der Transitwege nach West-Berlin ein militärischer Konflikt mit der NATO entwickelte.

Das sowjetische Vorgehen in Berlin achtete genau auf die Interessen der Westmächte. Besonders sensibel waren die Flugverbindungen von und nach West-Berlin, die nicht gestört werden sollten.

Ulbricht und Chruschtschow trafen am 1. August 1961 in Moskau zusammen, um neben den wirtschaftlichen Problemen der DDR Einzelheiten der Sperrung der Sektorengrenze in Berlin zu besprechen. Das Protokoll dieses Gesprächs gehört zu den Schlüsseldokumenten in der Geschichte des Mauerbaus. Es wurde in Moskau kürzlich für die nunmehr edierten Gespräche des KPdSU-Chefs freigegeben[21]. Chruschtschow: »Ich habe eine technische Frage: Wie wird die Kontrolle an den Straßen verwirklicht, deren eine Seite sich in der DDR befindet und die andere in West-Berlin?« Ulbricht: »Wir haben einen bestimmten Plan. In den Häusern, die einen Ausgang nach West-Berlin haben, werden wir diesen Ausgang zumauern. An den anderen Orten werden wir Sperren aus Stacheldraht errichten. Der Draht ist schon herangeschafft worden. Das alles kann man sehr schnell machen. Schwieriger ist es mit dem Transportwesen. Wir bauen die Bahnsteige der S- und U-Bahn um für das Umsteigen nach West-Berlin.« Chruschtschow: »Aber wer wird dann denn umsteigen?« Ulbricht: »Jener Teil der Bevölkerung, der die Genehmigung zum Überschreiten [der Grenze] erhält. Beispielsweise wohnen etwa 14 Tausend Leute, unter ihnen viele Vertreter der Intelligenz, in West-Berlin, arbeiten aber bei uns.« Chruschtschow: »Ich habe noch eine Frage. Wenn Sie Ihren Leuten erlauben, in West-Berlin zu wohnen, werden dann dort Personen, die bei Ihnen wohnen, arbeiten können?« Ulbricht: »Nein, das wird nicht erlaubt, das ist etwas anderes. Jedoch gibt es bei uns einige Tausend Kinder, vor allem aus kleinbürgerlichen Familien, die in Ost-Berlin wohnen und in West-Berliner Schulen lernen.« Chruschtschow: »Das ist zu unterbinden.« Ulbricht: »Ja, wir werden sie nicht mehr lassen.« Dann wollte Chruschtschow von Ulbricht wissen, wie ernst die Gefahr innerer Unruhen in der DDR wohl sein würde: »Ich habe noch eine Frage. Ich lese vertrauenswürdige Geheimberichte aus dem Westen, und sie schätzen die Lage so ein, dass in der DDR die Bedingungen für einen Aufstand herangereift sind. Gemäß ihrer politischen Linie geben sie die Anweisung, die Sache nicht bis zu einem Aufstand kommen zu lassen, weil dies zu nichts Gutem führe. Sie sagen: ›Wir werden nicht helfen können, und die Russen werden alles mit Panzern niederschlagen‹. Darum rufen sie zum Abwarten auf, bis die Bedingungen herangereift seien. Ist dem wirklich so? Ich weiß das nicht genau und berufe mich lediglich auf westliche Berichte.« Ulbricht: »Wir haben Informationen darüber, dass die Bonner Regierung durch Anwerbungen und die Organisation von Widerstand Schritt für Schritt Bedingungen für die Organisation eines Aufstandes vorbereitet, damit der Aufstand im Herbst 1961 stattfinden kann. Wir sehen die Arbeitsmethoden des Gegners: Die Kirche organisiert den Austritt der Bauern aus den Genossenschaften, obwohl die Resultate auch nicht groß sind. Es gibt auch Sabotageakte. Ist dies alles real? Ein Aufstand ist nicht realistisch. Aber es sind Aktionen möglich, die uns großen internationalen Schaden zufügen könnten.«[22]

Die sowjetische Armee in der DDR arbeitete nicht nur die Pläne mithilfe der drei von Ulbricht bestimmten Minister für Inneres, für Staatssicherheit und für Verteidigung aus, sondern der Oberkommandierende der GSSD, der reaktivierte Marschall der Sowjetunion Iwan S. Konew, besaß die Kontrolle über alle geplanten Operationen. Auch die Arbeitsteilung zwischen den sowjetischen Streitkräften und der NVA war genau festgelegt. Die Volksarmee sicherte die Aktion außer Sichtweite der Grenze, und die sowjetischen Truppen hielten »sich in voller Kampfbereitschaft in der zweiten Reihe«[23] bereit.

Die Grenzabriegelung in Berlin selbst war Aufgabe des Ministeriums des Innern, dem die Grenzpolizei und die »Kampfgruppen der Arbeiterklasse«, die Parteiarmee der SED, unterstanden. Nur sie sollten zusammen mit der Volkspolizei in Berlin eingesetzt werden, um der ganzen Aktion den Charakter eines »Polizeieinsatzes« zu geben. Konew übernahm sein Kommando am 10. August, an dem er auch die Befehlsausgabe an die drei DDR-Minister Karl Maron, Erich Mielke und Armeegeneral Heinz Hoffmann in Wünsdorf, dem Sitz des Oberkommandos der GSSD, vornahm[24].

Legitimierung des Gewaltaktes

Vom 3. bis 5. August 1961 berieten die Parteiführer der Staaten des Warschauer Paktes in Moskau die Lage der DDR. Ulbricht trug dort seinen Plan zur Schließung der Sektorengrenzen vor und erklärte, die schwierige Situation mache es »notwendig, daß zu gegebener Zeit die Staatsgrenze der Deutschen Demokratischen Republik (die mitten durch Berlin geht) für Bürger der Deutschen Demokratischen Republik nur mit besonderer Ausreisegenehmigung passiert werden darf, oder, soweit das einen Besuch von Bürgern der Hauptstadt der DDR in Westberlin betrifft, mit besonderer Bescheinigung erlaubt wird«[25].

Der wahre Grund für die Grenzschließung, obwohl offensichtlich, konnte und durfte nicht genannt werden. Der Warschauer Pakt benötigte für den Bündnisfall propagandistisch die äußere Bedrohung eines Mitgliedsstaates. Und Ulbricht lieferte sie[26]. Mit einer historischen Analogie zum Volksaufstand vom 17. Juni 1953 konstruierte Ulbricht die äußere Bedrohung der DDR durch die Bundesrepublik: »Sowohl Adenauer als auch Brandt hatten bei ihren Gesprächen mit führenden Politikern der USA behauptet, es müsse möglich sein, mit Hilfe von außen Aufstände in der Deutschen Demokratischen Republik mit dem Ziel des Sturzes der Arbeiter- und Bauern-Macht zu organisieren.« Die beiden Politiker porträtierte Ulbricht als Kriegstreiber, die mit dem »Gedanken spielen«, einen »Bürgerkrieg in Deutschland« zu entfachen, um »die Westmächte in kriegerische Abenteuer gegen das sozialistische Lager hineinreißen zu können«. Ausdrücklich hob er in diesem Szenario die Bedrohung der DDR durch West-Berlin »als vorgeschobenen Posten« für die Bonner »Revanchepolitik« hervor, um die Notwendigkeit der Schließung der Sektorengrenze als Bündnisfall des Warschauer Paktes darzustellen.

Die auf dieser Ratssitzung ohne Diskussion beschlossene Erklärung diente den Staatsorganen der DDR gegenüber den eigenen Bürgern als Legitimation für die Begründung ihrer Verordnungen zur Grenzschließung in Berlin. Volkskammer und Regierung der DDR wurde darin empfohlen, »an der Westberliner Grenze eine solche Ordnung einzuführen, durch die der Wühltätigkeit gegen die Länder des sozialistischen Lagers der Weg verlegt und rings um das ganze Gebiet Westberlins, einschließlich seiner Grenze mit dem demokratischen Berlin, eine verläßliche Bewachung und eine wirksame Kontrolle gewährleistet wird«[27].

Die SED setzte die Moskauer Empfehlung auf einer außerordentlichen Politbüro-Sitzung am 7. August um. Die Erklärung der Staaten des Warschauer Paktes wurde zum Basistext für die dort verabschiedeten Beschlüsse, die dann von Volkskammer und Ministerrat verabschiedet wurden. In Bezug auf den Ministerrat legte das Politbüro fest: »Der Beginn der vorgesehenen Maßnahmen zur Kontrolle erfolgt in der Nacht vom Sonnabend zum Sonntag aufgrund eines Beschlusses des Ministerrates. Genosse Ulbricht wird den Ministerrat am Wochenende zu einem Beisammensein einladen.«[28] Am Abend des 12. August beendete Ulbricht in seiner Funktion als Staatsratsvorsitzender gegenüber dem DDR-Ministerrat die konspirative Vorbereitung der Grenzsperrung. Es galt, den Beschluss des Politbüros in staatliches Handeln zu überführen, denn die Grenzschließung sollte auf Basis eines Beschlusses des Ministerrates erfolgen. Diese Sitzung begann als Sommerfest in Ulbrichts Landhaus am Döllnsee.

»Nach dem Essen wurde gegen 9:00 oder 9:30 Uhr abgeräumt. Ulbricht sagte: ›Wir machen jetzt noch eine kleine Sitzung‹. [...] Dann trug Ulbricht vor, daß die Maßnahmen am 13. August durchzuführen waren. Ins Detail ging er nicht, sondern er las nur die zu fassende Entschließung vor, der allgemein zugestimmt wurde. Nur wenige sagten ein paar Worte dazu. Nachts gegen 22:30 oder 23:00 Uhr wurde der Beschluß angenommen. Als die Gesellschaft ungefähr gegen 23:30 Uhr oder etwas später aufgehoben wurde und nach Hause fuhr, war die Chaussee nach Berlin bereits mit sowjetischen Panzern voll. Die Entscheidung war also bereits vorher gefallen.«[29] Der Beschluss des DDR-Ministerrates und die Erklärung der Staaten des Warschauer Paktes hatten eines gemeinsam: Sie dienten der Legitimation der endgültigen Teilung Berlins.

Der 13. August: Grenzkontrollen, Grenzregime

Am 13. August 1961 um 0.00 Uhr wurde, wie festgelegt, die Aktion »Rose« ausgelöst, bis 3.00 Uhr sollten an der Berliner Sektorengrenze die Verbände von Grenz- und Bereitschaftspolizei und Kampfgruppen postiert sein. »Innerhalb dieser Zeit waren die meisten innerstädtischen Grenzkontrollpunkte zu schließen und durch Pioniermaßnahmen zu versperren. Zugleich wurde der S- und U-Bahnverkehr von und nach Berlin unterbrochen.«[30] Mit einem Personalaufwand von über 5000 Grenz-, 5000 Schutz- und Bereitschaftspolizisten sowie 4500 Angehörigen der Kampfgruppen gelang es bis zum Morgen des 13. August, die Sektorengrenze in und um West-Berlin abzusperren[31]. Innenminister Maron gab den Truppen des Innenministeriums am 12. August acht Tage Zeit, um den pioniertechnischen Ausbau des westlichen Außenrings um Berlin abzuschließen.

Erich Honecker, ZK-Sekretär für Sicherheit, leitete den Zentralen Stab für die Operation, seine weiteren Mitglieder waren die Minister Hoffmann, Kramer, Maron und Mielke. »Bei den Besprechungen des Stabes waren zudem je ein Vertreter der sowjetischen Botschaft und der GSSD anwesend.«[32] Vom 13. bis 21. August kam dieser Stab zu 15 Lagebesprechungen zusammen, drei leitete Ulbricht persönlich; so auch am 17. August, als man feststellte, »daß der Westen nichts besonderes unternehmen wird«[33].

Die wichtigste Konsequenz der Grenzsperrung war die Schließung des Tors zum Westen für DDR-Bürger. Sie durften diese Grenze nur noch mit ausdrücklicher Genehmigung der Staatsorgane überqueren. Innenminister Maron ordnete dies ebenso an wie die Festlegung auf bestimmte Grenz-Übergangsstellen für den Straßenverkehr. Von den insgesamt 13 Übergängen waren zwölf für Westdeutsche und West-Berliner vorgesehen, »Checkpoint Charlie« in der Friedrichstraße für die Angehörigen der Westmächte, Diplomaten und Ausländer[34]. Die ursprünglichen zwölf Übergänge wurden noch im Laufe des August auf sieben reduziert.

Der Oberbürgermeister von Ost-Berlin gab am gleichen Tag eine Anordnung des Magistrats bekannt, eine Arbeit in West-Berlin sei für die Bewohner von Ost-Berlin nicht mehr möglich[35]. Damit war das leidige Grenzgänger-Problem[36] für die SED gelöst. Am selben Tag teilte der Verkehrsminister mit, »der direkte S-Bahn-Verkehr zwischen den Randgebieten DDR und Westberlin« werde eingestellt. Die Streckentrennung zwischen Ost- und West-Berlin wurde ebenso vorgenommen wie die Schließung von Bahnhöfen. Der gleiche Vorgang wiederholte sich bei der U-Bahn[37].

Der Besuch von West-Berlinern in anderen Teilen der Stadt entwickelte sich zu einem Drama. Zunächst begnügte sich die Grenzpolizei mit scharfen Personenkontrollen beim Grenzübertritt. Am 15. August wurde für West-Berliner Kraftfahrzeuge eine Genehmigungspflicht verfügt und auf Anordnung des DDR-Innenministeriums am 22. August eine Aufenthaltsgenehmigung zum Besuch des Ost-Sektors eingeführt. »Zugleich wurde bestimmt, daß entsprechende Anträge in zwei Zweigstellen des DDR-Reisebüros in West-Berlin gestellt werden könnten.« Noch am gleichen Tag stellte der Berliner Senat klar, »daß er auf West-Berliner Gebiet keine Institutionen dulden werde, die Anordnungen von DDR-Behörden durchführen. Drei Tage später erließ die Alliierte Kommandantur mit BK/O (61)11 ein Verbot für Einrichtung und Betrieb von DDR-Büros zur Ausgabe von Aufenthaltsgenehmigungen und wies die West-Berliner Behörden an, die notwendigen Maßnahmen zur Durchführung dieser Anordnungen zu treffen.«[38]

Für die normalen West-Berliner waren von nun an »Verwandtenbesuche nicht mehr möglich. Nur solche Einwohner der Westsektoren, deren Besuche im Interesse der DDR und der SED lagen (Kaufleute, Künstler, SEW-Funktionäre), konnten weiterhin Ost-Berlin betreten.«[39] Die Position der SED blieb hart: entweder Ausgabe von Passierscheinen in Büros der Reichsbahn oder als Ergebnis von Verhandlungen mit dem Berliner Senat. Erst Weihnachten 1963 kam es zum ersten Passierschein-Abkommen[40].

Die SED errichtete ein Grenzsystem, das auf bewaffneter Gewalt beruhte[41]. Ein »Schießbefehl« erging zumindest indirekt schon am 22. August 1961, als Albert Norden, Mitglied des Politbüros und ZK-Sekretär für Agitation und Propaganda, den Auftrag erhielt, »bei der NVA und VP zu veranlassen, daß von Gruppen, Zügen und Kompanien ›schriftliche Erklärungen‹ u.a. darüber abgegeben werden, ›daß jeder, der die Gesetze unserer Deutschen Demokratischen Republik verletzt, auch – wenn erforderlich – durch Anwendung der Waffe zur Ordnung gerufen wird.‹«[42]

Der Regierende Bürgermeister von Berlin Willy Brandt richtete am 16. August von West-Berlin aus einen Appell an die Soldaten und Offiziere der Grenzpolizei und der Kampfgruppen, sich nicht zu »Lumpen« machen zu lassen, ihre Menschlichkeit zu bewahren und vor allem nicht auf die eigenen Landsleute zu schießen. Auf diesen Appell antwortete am 23. August das SED-Zentralorgan Neues Deutschland: »Und was die ›Landsleute‹ angeht, auf die wir ›nicht schießen‹ sollen: Seit wann sind Einbrecher, Strauchdiebe und Mörder ›Landsleute‹? [...] Wir wissen Freund und Feind zu unterscheiden! Die Feinde unseres Volkes beißen bei uns auf Granit und lassen – je nachdem, wie frech sie es treiben – Zähne, Haare oder das Leben.«[43] Der SED-Staat hatte die Sprache gefunden, mit der er das Grenzregime fortan propagandistisch zu rechtfertigen suchte.

Eine Mauer in Berlin zur Existenzsicherung der DDR

Weltpolitisch war der Stacheldraht quer durch Berlin der Rückzug aus der sowjetischen Offensive zur Veränderung des Status quo in Deutschland und Europa. Der Mauerbau war die Anerkennung der Gegebenheiten in Berlin, die auch die drei Westmächte im sowjetischen Sektor respektierten. Die Mauer war nicht nur das Ende des Versuchs der Sowjetunion, die 1945 in Deutschland entstandene Lage zu verändern, sondern auch der Anfang einer Entspannungspolitik zwischen West und Ost auf der Basis der »gesicherten Grenzen« beider Einflusssphären in Europa.

Mit dem 13. August war für Ulbricht die Berlin-Krise aber noch nicht beendet. Der SED-Chef drängte weiter auf einen separaten Friedensvertrag zwischen der Sowjetunion und der DDR. Durch diesen Vertrag sollten die sowjetischen Statusrechte in Berlin auf die DDR übertragen werden. Ulbricht wollte die Anerkennung der vollen Souveränität seines Staates, einschließlich der Hoheitsrechte über die Transitwege zu Lande, zu Wasser und in der Luft zwischen der Bundesrepublik und West-Berlin. Doch schon einen Monat nach dem Mauerbau einigten sich Moskau und Washington auf Verhandlungen, während ihre Militärs noch den nuklearen Krieg um Berlin durchspielten. Einen Krieg um Berlin wollte aber keine der beiden Seiten. Mit der Aufnahme der sowjetisch-amerikanischen Verhandlungen war Ulbrichts Hoffnung auf den separaten Friedensvertrag erledigt. Die Sowjetunion behielt ihre

Statusrechte in Berlin bis zum Ende der DDR. Als Kompensation ließ Chruschtschow dem SED-Chef freie Hand, den Stacheldraht in Berlin durch eine Mauer zu ersetzen.

Der Zentrale Stab, der die Grenzabsperrung am 13. August koordinierte, trat auf Beschluss des SED-Politbüros am 20. September noch einmal zusammen, um eine erste Zwischenbilanz der Grenzsperrung zu ziehen. Dabei beließ man es nicht beim Rückblick, sondern richtete den Blick bereits in die Zukunft: »Alle Durchbruchversuche müssen unmöglich gemacht werden.«[44] Schon vier Tage vor der Sitzung des Zentralen Stabes informierte Ulbricht Chruschtschow über seine weiteren Pläne: »Jetzt wird an der weiteren Befestigung der Grenze gebaut. Die Taktik, schrittweise die Maßnahmen durchzuführen, hat es dem Gegner erschwert sich über das Ausmaß unserer Maßnahmen zu orientieren, und uns erleichtert, die schwachen Stellen an der Grenze zu finden.«[45]

Generalmajor Willi Seifert vom Ministerium des Inneren erläuterte die nötigen Maßnahmen, um die Grenzsicherung zu stabilisieren. Für die innerstädtische Grenze plante das Ministerium, »18 bis 20 km Grenzmauer zu errichten. Bis zur Fertigstellung sollen Gräben gezogen werden«. In der Kanalisation müssten Sperren errichtet werden. »Entschiedene Maßnahmen« seien unter anderem in der Bernauer Straße zu treffen, »wo die Grenzlinie entlang der Hausgrundstücke verläuft«. Hier müsse eine »vollständige Räumung oder schnellere Räumung unzuverlässiger Elemente erfolgen«. Auf Nachfrage erklärte er, die Mauer solle zwei Meter hoch gebaut werden.

Als sich die Delegationen von SED und KPdSU am 2. November 1961 trafen, hatte Ulbricht abschließend noch »eine kleine Frage« an Chruschtschow: »Sie haben uns mitgeteilt, daß es richtig wäre, die Grenze in Berlin so zu verstärken, daß keine Panzer durchbrechen können. Gegenwärtig sind da Stacheldrahtsperren, und an einigen Stellen haben schwere Lastwagen sie durchbrechen können. Wir haben jetzt Anti-Panzer-Höcker vorbereitet. Wir könnten sie in zwei Nächten errichten. Die Frage ist nur, ob man das jetzt machen sollte.« Chruschtschow antwortete: »Das an den Stellen, an denen der Übergang geschlossen ist? Aber warum sollte man das nicht tun?«[46]

Dieser Dialog in Moskau führt erneut zu der Frage, ob die Grenzschließung in Berlin und das Grenzregime existenzielle Bedeutung für die SED und ihre DDR hatten? Für Ulbricht war die Antwort bereits 1962 völlig klar: »Die wirtschaftliche Kraft der DDR und des sozialistischen Lagers reichten nicht aus, die Wirtschaft in West Berlin zu beeinflussen, sondern umgekehrt: viele Bürger der DDR kauften in West-Berlin die Waren, die sie in der DDR nicht bekamen oder die wir nach Westdeutschland exportieren müssen. Es kommt hinzu, daß schon seit längerer Zeit sichtbar war, dass es nicht möglich war, bis Ende 1961 Westdeutschland und West-Berlin in Bezug auf den Lebensstandard einzuholen.«[47] Das passte nicht recht zu der Siegerpose, mit der Ulbricht nach dem 13. August auftrat. Augenscheinlich hatte der Sozialismus in den Farben der DDR den Systemwettbewerb mit der Bundesrepublik – nicht nur ökonomisch – bereits verloren.

Resümierend wird man festhalten können, dass die Berliner Mauer in vielfacher Hinsicht ein Symbol für drei strategische Niederlagen der SED war: Erstens konnte die DDR nur mit hermetisch abgesicherten Grenzen und einer lückenlosen Kontrolle der Aus- und Einreisen existieren. Zweitens: Die Sowjetunion hatte der DDR ihre Statusrechte in Berlin und damit die uneingeschränkte Kontrolle über die Transitwege nach West-Berlin nicht übertragen, obwohl sie dies mehrfach angekündigt hatte. Damit hatte sich Ulbrichts Ziel, in der Berlin-Krise die volle Souveränität der DDR auch gegenüber der Vormacht zu erreichen, als Illusion erwiesen. Der SED-Staat blieb ein Vasall der Sowjetunion. Und schließlich: Die »Westberlin-Frage« konnte nicht im Sinne der SED gelöst werden. Vor allem dieser erratische Block in der Normalität der deutschen Zweistaatlichkeit wurde nicht entsorgt und erinnerte fortlaufend an das Unnormale der deutschen Teilung in einem nationalstaatlich strukturierten Europa[48].

DANIELA MÜNKEL

CIA, BND, MFS UND DER MAUERBAU

»Zu den ungerechtfertigten Vorwürfen, die vorübergehend auch von Politikern gegen den BND erhoben wurden, gehört vor allem das angebliche Versagen bei der Errichtung der Berliner Mauer. [...] In zahlreichen Einzelmeldungen vor dem 13. August war auf die außerordentliche Zuspitzung der Situation an den Übergängen in Berlin hingewiesen worden. [...] Viele Informationen zeigen in aller Deutlichkeit auf, daß der Zeitpunkt für rigorose Maßnahmen zur Abschnürung nicht mehr lange auf sich warten lassen würde. Als schließlich aus zuverlässigen Quellen berichtet wurde, daß Ulbricht von sowjetischer Seite freie Hand für die Unterbindung der Fluchtwelle gegeben war, blieb nur der Stichtag offen.«[1] So beschreibt Reinhard Gehlen, der erste, langjährige Chef des seit 1956 unter dem Namen Bundesnachrichtendienst (BND) firmierenden bundesdeutschen Geheimdienstes, die Informationstätigkeit seines Hauses im Vorfeld des Mauerbaus. Die Rolle der Geheimdienste, besonders in den zahlreichen sich zuspitzenden Krisen seit Ende des Zweiten Weltkrieges, war für die Regierungen in Ost und West zentral, um die wahren Absichten des jeweiligen politischen Kontrahenten diesseits und jenseits des Eisernen Vorhanges zu erkennen und das eigene politische Handeln gegebenenfalls darauf auszurichten. Denn gerade in heiklen Phasen der Blockkonfrontation standen öffentliche Bekundungen nicht selten im Gegensatz zur realen Politik beziehungsweise politischen Absicht. Dies gilt sowohl für die Sowjetunion und die DDR als auch für die Bundesrepublik und die Westalliierten. Insofern ist die Frage »Was wussten die Geheimdienste, und welche Rolle spielten sie in der Phase vor und nach dem Mauerbau?« von großem Interesse. Daran schließen sich weitergehende Fragen an: Was meldeten sie ihren jeweiligen Regierungen und ihren Verbündeten? Hatte dies Auswirkungen auf die politischen Handlungen?

Informiert wurden die Regierungsspitzen durch die Geheimdienste vor allem durch ein regelmäßiges Berichtswesen, welches allgemeine Lageeinschätzungen, Stimmungsberichte und Berichte über Einzelvorkommnisse enthielt. Grundlage dieser Berichte waren nicht selten Agenteninformationen, aber auch allgemeine Analysen der politischen Aktivitäten des »Gegners« sowie die Auswertung von öffentlich zugänglichen Quellen.

Im Folgenden wird ein Zeitraum betrachtet, der in zwei Phasen zerfällt: die Monate vor dem Mauerbau und die ersten Wochen nach dem Mauerbau. Beide Phasen waren durch vielfältige Unsicherheiten in Bezug auf das weitere Vorgehen der jeweiligen Gegenseite gekennzeichnet. Darüber hinaus war die Entwicklung der Situation in der DDR von Bedeutung. Die Betrachtungen konzentrieren sich auf die Berichterstattung von CIA und BND vor sowie auf die des MfS nach dem Mauerbau. Bei Letzterem spielt die Berichterstattung über Stimmungen und Reaktionen der eigenen Bevölkerung naturgemäß eine besondere Rolle. Die Stimmungslage der DDR-Bevölkerung war in der vorliegenden angespannten Situation während und nach dem Mauerbau aber nicht nur für die Machthaber im Osten, sondern natürlich auch für die westlichen Nachrichtendienste von großem Interesse.

Verunsicherung und wachsende Gewissheit im Vorfeld

Im November 1958 löste Chruschtschow mit der Verkündung des Berlin-Ultimatums, welches unter anderem die Aufhebung des Vier-Mächte-Status von Berlin und die Übertragung der sowjetischen Rechte an die DDR beinhaltete, die zweite große Berlin-Krise der Nachkriegszeit aus[2]. Dies und die Erkenntnis, dass der anhaltende Exodus von DDR-Bürgern mittelfristig zu einem Zusammenbruch der DDR führen würde, rief die westlichen Geheimdienste auf den Plan. Ziel war es, die möglichen Reaktionen von Sowjetunion und DDR rechtzeitig zu erkennen und die eigenen Regierungen darüber in Kenntnis zu setzen. Der feste Wille der Sowjetunion, die DDR nicht aufzugeben, weil das die Existenz des gesamten Ostblocks gefährdet hätte, stand dabei außer Frage. Offen war nur, auf welche Weise und mit welchen Mitteln die Massenflucht gestoppt werden würde und ob die alliierten Rechte dabei von der Sowjetunion angetastet werden würden. Zwar hatte die CIA bereits 1957 darüber spekuliert, dass eine Abriegelung West-Berlins durch die DDR bevorstehen könne[3], seit Beginn des Jahres 1961 verdichteten sich jedoch die Anzeichen in diese Richtung. Zum Schluss war der Mauerbau am 13. August weder für die CIA noch für den BND eine wirkliche Überraschung.

Die CIA meldete in drei regelmäßigen Berichtsreihen – »National Intelligence Estimate« (NIE), »Special National Intelligence Estimate« (SNIE) sowie den »Current Intelligence Weekly Summaries« – ans Weiße Haus und das State Department ihre Einschätzungen der Lage und die Informationen von Spitzenagenten[4]. Dass die politisch Verantwortlichen diese Berichte zur Kenntnis nahmen und ihr Inhalt in die dortigen Analysen einfloss, ist gesichert.

~~TOP SECRET~~

58

TS 142317-h
Limited distribution
SNIE 2-61
13 June 1961

SPECIAL NATIONAL INTELLIGENCE ESTIMATE

SOVIET AND OTHER REACTIONS TO VARIOUS COURSES OF ACTION REGARDING BERLIN

** ACCOUNTABLE DOCUMENT **

Central Intelligence Agency

CIA-Studie vom 13. Juni 1961

Die CIA-Berichte im Zeitraum von April bis August 1961 kreisen um die Frage, wie die Sowjetunion das Flüchtlingsproblem der DDR lösen würde. Dabei wurden Hintergründe der sowjetischen Friedensvertragsinitiative, die möglichen Strategien Chruschtschows, die Westmächte aus Berlin herauszudrängen, und die Abriegelung der Grenzen genauso erörtert wie die ganz konkrete Frage, wie im Falle einer Behinderung des Zugangs der Westalliierten nach Berlin seitens der US-Regierung zu reagieren sei[5]. Die CIA hielt radikale Maßnahmen gegen die westalliierte Präsenz, etwa die massive Behinderung des Zugangs nach West-Berlin, durchaus für möglich, ja lange Zeit für wahrscheinlicher als eine Abriegelung der Sektorengrenze. Im Jahr 1959 hatte sie eine solche Maßnahme noch als undurchführbar bezeichnet[6]. Noch Mitte Juni 1961 konzentrierten sich die Befürchtungen der CIA auf die sowjetischen Angriffe auf den Status von West-Berlin und die damit verbundene Kriegsgefahr: »Wir sind sicher, dass die Führung der Sowjetunion nicht beabsichtigt, einen allgemeinen Krieg herbeizuführen, um den Status von Berlin zu verändern. Gleichzeitig ist der sowjetischen Führung jedoch noch nicht klar, dass die USA einen allgemeinen Krieg führen würden, um eine Änderung dieses Status' zu verhindern. [...] Die Sowjets wären wahrscheinlich geneigt zu glauben, dass eine Krise in einen allgemeinen Krieg führen könnte, obwohl keine der Seiten ursprünglich so weit gehen wollte. Sie beabsichtigen sicherlich, solche unkontrollierbaren Situationen zu vermeiden. Es ist jedoch unmöglich vorauszusehen, an welchem Punkt sie bereit wären, ihre Berlin-Politik zu ändern, um die Lage zu beruhigen, beziehungsweise wann sie einschätzen würden, dass bereits zu viel auf dem Spiel steht, um sich einen Kompromiss leisten zu können.«[7]

Zwar gab es auch Meldungen über das Vorhalten von Stacheldraht und anderer Baumaterialien. Diese wiesen aber nicht eindeutig auf eine unmittelbar bevorstehende Grenzschließung hin, sie finden sich bereits regelmäßig in den fünfziger Jahren[8].

Der Bundesnachrichtendienst berichtete vor allem in zwei größeren Serien über die Entwicklungen in der Sowjetunion und besonders der DDR im Vorfeld des Mauerbaus[9]: zum einen in den ›Militärischen Lageberichten OST‹, bei denen sich allerdings weder die Ursprungsquellen noch der genaue Verteiler rekonstruieren lassen, zum anderen in den tagesaktuellen Meldungen der politischen Auswertung des BND. Diese gingen an das Bundeskanzleramt, das Auswärtige Amt, die Bundesministerien für Verteidigung und Gesamtdeutsche Fragen sowie in einigen Fällen unter dem Pseudonym »Fleurop« an andere westliche Geheimdienste. Die verarbeiteten Informationen stammten von »zuverlässigen Quellen« aus dem SED-Apparat und den DDR-Ministerien. Für den BND war ebenfalls klar, dass die Sowjetunion die DDR nicht aufgeben würde. Im Unterschied zur Einschätzung der CIA, soweit man diese anhand der Literatur nachvollziehen kann, hielt der BND eine Schließung der Grenze zu West-Berlin spätestens Ende Juli 1961 für die wahrscheinlichste Option. Er meldete in einem umfassenden Lagebericht[10]: »Nachdem in der SBZ seit langem systematisch die technisch-organisatorischen Voraussetzungen zur Abriegelung bzw. Überwachung der Zugänge aus Ost-BERLIN und der SBZ nach West-BERLIN geschaffen worden sind, scheint sich das SED-Regime nunmehr darauf vorzubereiten […] entsprechende Maßnahmen zur Sperrung der Zugänge nach West-BERLIN wirksam werden zu lassen. […] Sie böte dem SED-Regime […] zudem den Vorteil, dass keine unmittelbaren Interessen der Westalliierten berührt würden und dass etwaige westliche Repressalien nur schwer Anwendungen finden könnten.«[11]

Der bundesdeutsche Nachrichtendienst betonte: »Erst mit der Unterbindung der Fluchtwege nach West-BERLIN könnte das SBZ-Regime seine volle innerpolitische Bewegungsfreiheit gewinnen und unter Ausnutzung der in der Zonenbevölkerung mit Sicherheit zu erwartenden Resignation und Enttäuschung drängende Probleme […] ohne die bisherige Rücksichtnahme energisch in Angriff nehmen und erst hiermit die gleichen Existenzbedingungen wie die übrigen Satellitenstaaten erlangen.«[12]

Geheim

487/I - 144 889 v.8.8.6
mit Fleurop

PA-90172-k vom 9.8.1961 Ktr.-Nr.: 685/1/G

Zur Moskauer Konferenz der KP-Führer der Warschauer-Pakt-Staaten vom 3. - 5.8.1961
Z.d.F.: 7.8.1961 /Bew.: C - 3

Aus Ostberlin:

Ein sowjetischer Funktionär gab folgende Erklärung ab:

1. Ursprünglich war um diese Zeit lediglich eine Zusammenkunft sowjetischer Diplomaten in Moskau geplant. Im Zusammenhang damit oder kurz danahh war eine Außenministerkonferenz der Staaten des Warschauer Paktes mit asiatischen Beobachtern geplant. Diese Konferenz ist vorerst aufgegeben worden, - es besteht aber die Möglichkeit, daß sie im Zusammenhang mit der Vorbereitung der in Aussicht stehenden Verhandlungen mit den Westmächten später stattfinden wird.
2. Das Treffen der ersten Sekretäre der KPen war ursprünglich erst im Zusammenhang mit dem Parteitag der KPdSU vorgesehen.

Der Hauptanlass für das Zustandekommen der Konferenz zum jetzigen Zeitpunkt war ULBRICHTs Drängen auf eine totale Absperrung Westberlins. Bereits vor der Konferenz, eigentlich schon ab 1.8.1961, wollte ULBRICHT eine radikale Absperrung der gesamten SBZ einschließlich Ostberlins von Westberlin schlagartig durchführen, um das Grenzgänger-Problem zu lösen und den Flüchtlingsstrom zu stoppen.
Diese Absicht wurde zunächst von sowjetischer Seite gebremst, was aber noch keinen Stop der harten Maßnahmen gegen die Grenzgänger bedeutet. In Moskau ist nuh jeder allzu offenkundige Versuch, Sperr- und Terrormaßnahmen innerhalb Berlins durchzuführen, als in der gegenwärtigen Situation unzweckmäßig abgelehnt worden.

Information des Bundesnachrichtendienstes vom 9. August 1961

Seit Anfang August 1961 präzisierten sich die Beobachtungen sowohl hinsichtlich der Analysen der Fluchtbewegung aus der DDR und deren Folgen als auch bezüglich der Pläne der SED-Regierung im Hinblick auf ihre verstärkten Bemühungen, von der sowjetischen Führung grünes Licht für die Abriegelung der Grenze zu bekommen[13]. Am 9. August berichtete der BND über die vom 3. bis 5. August 1961 in Moskau stattgefundene Konferenz auf der Grundlage einer Quelle, die als »sowjetischer Funktionär« bezeichnet wird: »Den vorliegenden Hinweisen zufolge kann angenommen werden, dass ULBRICHT in Moskau versucht hat, die Genehmigung für die Sperrung der Sektorengrenze zu erhalten, da alle anderen Maßnahmen sich als unwirksam zur Verminderung des Flüchtlingsstroms erwiesen haben.«[14]

Was der BND nicht wusste und wahrscheinlich auch nicht wissen konnte, war, dass die Entscheidung zur Abriegelung der Grenze zu diesem Zeitpunkt bereits gefallen war[15]. Am 13. August verschickte er dann ein »dringendes Fernschreiben«, in dem über die Volkskammersitzung am 11. August berichtet wurde. Dort hieß es: »Auch der Auftrag an die Regierung der SBZ, ›geeignete Maßnahmen einzuleiten‹, um Grenzgängertum und ›Menschenhandel‹ zu bekämpfen, wurde ohne sachliche Präzisierung getroffen, um der SBZ-Regierung ein zeitliches Überraschungsmoment zu sichern.«[16]

Angesichts der relativ präzisen Berichterstattung von BND und CIA, die an die jeweilig politisch Verantwortlichen übermittelt wurde, konnten diese spätestens in der zweiten Augustwoche davon ausgehen, dass die Grenzschließung zu West-Berlin unmittelbar bevorstand – den genauen Zeitpunkt kannten sie aber nicht. Konrad Adenauer und Willy Brandt befanden sich am 13. August mitten im Bundestagswahlkampf. Brandt kehrte umgehend nach Berlin zurück und sah sich nicht nur einer angespannten Situation in der Stadt, sondern auch dem in seinen Augen gleichgültigen Verhalten der Westalliierten gegenüber. Der berühmte Brief Brandts an John F. Kennedy, quer zu allen diplomatischen Usancen, ist ein beredtes Zeugnis dieser Verunsicherung. Die Westalliierten, vor allem die Amerikaner, waren eher erleichtert, weil sie den Mauerbau als eine defensive Maßnahme des Ostens einschätzten. Sie waren nicht bereit, einzugreifen, solange die alliierten Rechte in West-Berlin gewahrt blieben, und beschränkten sich zunächst auf symbolische Politik und einige kleine Drohgebärden. Im Lichte der neuen amerikanischen Außen- und Deutschlandpolitik unter Kennedy, die auf eine Anerkennung und Sicherung des Status quo hinauslief[17], war die Grenzschließung hinnehmbar. Die CIA hatte immerhin Szenarien für möglich gehalten, die für die USA viel bedrohlicher gewesen wären. Auch wenn diese nicht eingetreten sind, so waren die betreffenden Geheimdienstinformationen wichtig, um die eigenen Optionen und deren mögliche Folgen auszuloten.

Auch für die Ostseite war es wichtig, die Handlungsoptionen des Gegners zu durchdenken, allerdings kam hier noch ein anderer wichtiger Akteur hinzu, dessen Reaktion es einzuschätzen galt: die eigene Bevölkerung. Insofern war es für die SED durchaus funktional, dass sie mit dem Ministerium für Staatssicherheit (MfS) über einen Inlands- und einen Auslandsgeheimdienst unter einem Dach verfügte. Das MfS berichtete seit dem Juni-Aufstand 1953 regelmäßig an die Staats- und Parteiführung[18]. In aller Regel waren in dieser Berichterstattung Inlands- und Auslandsinformationen scharf getrennt. Die Berichte der Auslandsaufklärung, also der HV A, wurden von der Zentralen Informationsgruppe an die politische Führung im Grunde nur weitergereicht. Dies gilt auch für die Phase vor dem Mauerbau. Wie einer entsprechenden

Auflistung zu entnehmen ist, handelte die West-Berichterstattung des MfS in dieser Zeit unter anderem von »Differenzen zwischen den Westmächten im Zusammenhang mit der Beantwortung des sowjetischen Deutschland-Memorandums« oder »Maßnahmen gegen die DDR im Zusammenhang mit den Bonner Manövern gegen den Abschluß eines Friedensvertrages und gegen die Regelung der Berlinfrage und zum Abschluß eines Friedensvertrages«. Diese Berichte sind leider nicht überliefert. Man kann aber davon ausgehen, dass die DDR-Führung im Vorfeld des Mauerbaus gut über die Strategien des Westens informiert war: Zum einen deuten die Überschriften der Berichte darauf hin, zum anderen hatte der KGB entscheidende Erkenntnisse über die Politik der Westalliierten und der Bundesregierung und tauschte dieses Wissen mit dem MfS aus[19].

Die Grenzschließung – Reaktionen in West und Ost

In der besonderen sicherheitspolitischen Lage unmittelbar nach der Grenzsperrung, als die innenpolitische Situation und die Reaktion des Westens in einem engen Zusammenhang standen, ging das MfS von der Trennung seiner Berichterstattung in In- und Auslandsberichte ab. Die Berichte weisen zumeist eine thematische Dreiteilung auf: westliche Reaktionen, gegnerische Tätigkeit (unter dieser Rubrik sind Meldungen aus dem Westen und dem Osten gemischt) sowie Bevölkerungsstimmung in der DDR. Die Staatssicherheit verfasste über die Aktion »Rose« – so der Codename für die Grenzschließung am 13. August 1961 – und die »Reaktion auf die Maßnahmen zur Sicherung der DDR« bis zum 16. August zwölf Berichte, davon allein fünf am 13. und vier am 14. August[20]. Von da an wurde bis zum 3. September zu diesem Thema nur noch einmal täglich berichtet. Wichtigste externe Adressaten waren – neben den sowjetischen Verbindungsoffizieren – der sogenannte Zentrale Einsatzstab, der für die Umsetzung der Abriegelungsmaßnahmen zuständig war und unter der Leitung von Erich Honecker (ZK-Sekretär für Sicherheitsfragen) stand[21]. SED-Chef Walter Ulbricht steht nur selten im Verteiler, ihm dürften die Berichte aber von Honecker oder Mielke, dem oftmals mehrere Exemplare zur Verfügung standen, zugänglich gemacht worden sein.

Die Themenschwerpunkte der Berichterstattung variieren je nach Zeitphase. Noch während der ersten »Grenzsicherungsmaßnahmen« versäumte es die Staatssicherheit nicht, ihre eigene Rolle ins rechte Licht zu rücken. Dabei kam ihr eine ernste Panne gleich in der Nacht der Grenzschließung entgegen: »Der Gesamtverlauf der Aktion«, die um ein Uhr nachts ausgelöst wurde, sei »bisher zufriedenstellend, bis auf den Einsatz der Transportpolizei, die wegen falscher Einsatzzeit (X+4) ausfiel«[22], heißt es im ersten Bericht vom frühen Morgen des 13. August. Im zweiten Bericht des Tages – wenige Stunden später – schob das MfS die Information nach: »Der Einsatz der Trapo erfolgte auf mehreren Bahnhöfen später als der Einsatz des MfS. Wodurch die Maßnahmen in den meisten Fällen vom MfS allein durchgeführt wurden.«[23] Diese Formulierung ist fast schon unterkühlt, denn die Kappung des U-Bahn-, S-Bahn- und Fernbahnverkehrs war eine der zentralen Maßnahmen zur Sperrung der Grenze. Als die Einheiten der Transportpolizei nach 5 Uhr endlich an ihren Einsatzorten eintrafen, war die Arbeit im Wesentlichen getan. Zwölf S- und U-Bahnlinien zwischen Ost- und West-Berlin wurden unterbrochen, die Bahnhöfe der »Westlinien«, die durch den Ostsektor fuhren, geschlossen.

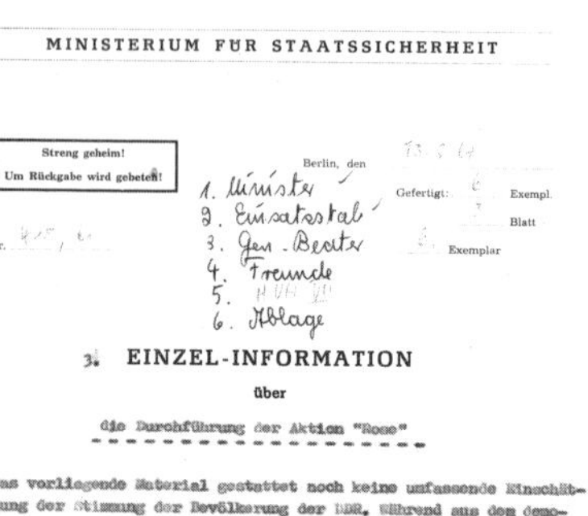

MINISTERIUM FÜR STAATSSICHERHEIT

Streng geheim!
Um Rückgabe wird gebeten!

Berlin, den 13.8.61

1. Minister
2. Einsatzstab
3. Gen. Beater
4. Freunde
5. HVA III
6. Ablage

Gefertigt: 6 Exempl.
Blatt
Exemplar

Nr.

3. EINZEL-INFORMATION

über

die Durchführung der Aktion "Rose"

Das vorliegende Material gestattet noch keine umfassende Einschätzung der Stimmung der Bevölkerung der DDR. Während aus dem demokratischen Berlin bereits eine größere Zahl Stellungnahmen vorliegt, sind aus den Bezirken der DDR bisher nur wenig Reaktionen bekannt.

Wie von verschiedenen Seiten berichtet wird, sind die Maßnahmen der Regierung der DDR von vielen Bürgern begrüßt worden. Derartige Äußerungen kamen vor allem aus verschiedenen Betrieben des demokratischen Berlin, in denen heute gearbeitet wird. Wiederholt wird unterstrichen, es sei Zeit, daß diese Maßnahmen getroffen worden seien. Teilweise wird in diesem Zusammenhang erklärt, diese Schritte hätten schon eher erfolgen sollen. Besonders begrüßt wird, daß durch die durchgeführten Aktionen den Grenzgängern und Schiebern das Handwerk gelegt wird.

Die Herstellung der Einsatzbereitschaft der Kampfgruppen ist unterschiedlich. Es gibt eine Reihe von Beispielen aus Berliner Betrieben, in denen die Einsatzbereitschaft reibungslos und schnell hergestellt wurde und in denen die Kampfgruppen-Mitglieder ohne Aufforderung an den vereinbarten Sammelplätzen erschienen. Dagegen gab es in

Information des Ministeriums für Staatssicherheit vom 13. August 1961

Die Staatssicherheit hob jedoch nicht nur ihre Fähigkeit hervor, Versäumnisse anderer Sicherheitsorgane zu kompensieren, sondern empfahl sich auch als übergeordnete Kontrollinstanz, die in jeder Situation den Überblick behielt und die richtigen Entscheidungen traf. So wusste sie zu berichten: »Gegen 3.00 Uhr kam es im Raum Mahlow auf Westberliner Boden zu einer Konzentration von Bürgern aus der DDR, die sich in Westberlin aufgehalten hatten und zunächst von der VP [Volkspolizei] an der Rückkehr in die DDR gehindert wurden. Lage wurde durch entsprechende Anweisungen des MfS, diese Personen sofort in die DDR einzulassen, normalisiert.«[24]

BND und CIA taten sich nach der Schließung der Grenze in West-Berlin zunächst schwer, die weitere Strategie Moskaus und der DDR-Führung zu ermitteln[25]. Besonders der BND hatte große Probleme, den künftigen politischen Kurs der Sowjets und der Ostberliner Regierung einzuschätzen. Durch einen Agenten, der Zugang zu hohen SED-Funktionären hatte, konnte man immerhin die Stimmungslage in der DDR-Führung am Abend des 13. August melden. In einem Fernschreiben vom 15. August hieß es dazu unter anderem: »Die ersten Reaktionen des Westens haben erkennen lassen, dass lediglich mit westlichen Protesten zu rechnen ist. Damit sei eine entscheidende Kraftprobe zugunsten der SBZ entschieden worden. [...] Es herrschte in der SED-Führung eine Siegesstimmung wie nie zuvor.«[26]

Wenn dieser Bericht zutreffen sollte, war die SED-Führung sich ihrer Sache schon am Tage der Grenzschließung sicherer, als es die Berichte des MfS nahelegen. Die Staatssicherheit war zeitnah über die interne Meinungsbildung sowohl bei den Westalliierten als auch in der West-Berliner und Bonner Politik informiert. In den Berichten werden zum einen die offiziellen Verlautbarungen bundesdeutscher, britischer, amerikanischer oder französischer Politiker sowie ein Teil der Berichterstattung der Westmedien zusammengefasst. Zum anderen werden Informationen aus, wie es hieß, »internen« oder »verlässlichen« Quellen, also von Agenten beschafftes Material, präsentiert.

Am 13. August war die Stasi hinsichtlich einer möglichen westlichen Antwort noch vorsichtig: »In der ersten offiziellen Reaktion führender politischer Kreise Bonns, Westberlins und der Westmächte wird von schärfsten Protesten gegen die Maßnahmen der DDR und von sogenannten Gegenmaßnahmen gesprochen, jedoch zugleich vor ›Unbesonnenheit‹ gewarnt.«[27] Auch in »führenden Westberliner CDU-Kreisen« herrsche, so das MfS, »eine gewisse Unsicherheit. Man glaube einerseits nicht mehr daran, daß die ›Berlinkrise‹ mit friedlichen Mitteln beigelegt werden kann. [...] Andererseits glaube man nicht daran, daß die USA in ihrer Politik in der Westberlinfrage bis zum äußersten gehen würden.« Ein »Offizier des Bundesnachrichtendienst« wird von einer »zuverlässigen Quelle« mit der Aussage zitiert, »die Amerikaner in

Westberlin müssten jetzt zeigen, was ihre Versprechen wert sind. Man müsse jetzt auf alles vorbereitet sein.«[28]

Erst im Laufe des 14. Augusts wurde die Berichterstattung entspannter. Jetzt stellte das MfS die Bereitschaft der Westmächte infrage, Forderungen der Bundesregierung und des Berliner Senats nach entschlossenen Gegenmaßnahmen und Rückgängigmachung der Grenzschließung nachzukommen. Mitarbeiter des englischen Geheimdienstes hätten die Auffassung geäußert, »daß man sich mit den gegebenen Tatsachen abfinden müsse. Einen Krieg würden die Westmächte auf Grund der Maßnahmen der DDR keinesfalls riskieren«[29]. In einem weiteren Bericht wurde die Information nachgeschoben, dass der amerikanische Stadtkommandant von Berlin, Albert Watson, bereits am 13. August bei führenden CDU-Politikern (unter anderem Ernst Lemmer und Franz Anrehm) mit einer zynischen Äußerung für Empörung gesorgt hatte: Bei der Grenzschließung – so Watson laut MfS – handle es sich »nur um eine Verkehrsbehinderung innerhalb Berlins«, »von der die Freiheit der Bevölkerung Westberlins nicht betroffen werde«[30]. Das MfS vermutete, dass in diesem Zusammenhang »möglicherweise auch die verschiedenen widersprüchlichen Meldungen über den Grad der Einsatzbereitschaft der amerikanischen Streitkräfte in Westberlin zu sehen«[31] seien. Bald verdichteten sich in den Berichten der Staatssicherheit die Hinweise, dass mit keiner für die DDR in irgendeiner Form bedrohlichen Situation zu rechnen sei. Dass das MfS »Entwarnung« geben konnte, lag nicht zuletzt an Top-Meldungen aus »führenden Westberliner SPD-Kreisen«. Bereits am 15. August wusste die Staatssicherheit zu berichten, »Brandt habe sich mit den westlichen Kommandanten darüber geeinigt, daß alles unternommen werden soll, um von Westberlin aus keinerlei Anlaß für weitere Komplikationen zu geben«[32]. Aus gleicher Quelle meldete das MfS am 17. August, »daß Brandt erstmalig seit längerer Zeit zum Sitz der westlichen Militärkommandanten bestellt und ihm dabei klargemacht wurde, wer in Westberlin zu bestimmen hat. Brandt sei noch einmal darauf hingewiesen worden, daß die Westmächte ›nur ihre Rechte‹ in Westberlin verteidigen würden.«[33]

Sowohl CIA und BND als auch die Staatssicherheit befassten sich in dieser Phase mit der Bevölkerungsstimmung in der DDR. Aus einer sowjetischen Quelle meldete der BND am 18. August, dass »die Möglichkeit eines Aufstandes [...] CHRUSCHTSCHEW immer wieder abgehalten [habe], einer totalen Abriegelung Ost-Berlins zuzustimmen. Auch unter den Sowjets in Ostberlin fürchtet man, dass ein Funke das Pulverfass zur Explosion bringen kann. Die zahlreichen sowjetzonalen Truppen sollen einschüchtern und eine Explosion verhindern.«[34]

Offenbar befürchteten gerade auch die Amerikaner, es könne zu einem zweiten 17. Juni kommen. Ein solcher Volksaufstand wäre nicht in ihrem Sinn gewesen. Eine Unterstützung der Aufständischen, zu der es schon 1953 nicht gekommen war, wurde kategorisch ausgeschlossen. In einem solchen Fall hätte das Risiko eines Krieges mit der Sowjetunion bestanden, das man keinesfalls eingehen wollte. Auch die Stimmungslage in West-Berlin in den Tagen nach dem Mauerbau schien nicht berechenbar zu sein und beunruhigte die USA im Hinblick auf eine mögliche Eskalation einschließlich der damit verbundenen militärischen Risiken. Letztlich scheint man bei der CIA und in der Kennedy-Administration überrascht gewesen zu sein, dass es zu keinen großangelegten Protestbewegungen kam[35].

Auch die SED befürchtete eine heftige Reaktion der DDR-Bevölkerung. Ulbricht hatte den Beginn der Aktion »Rose« nicht zufällig auf die Nacht von einem Samstag auf einen Sonntag gelegt. Als die Kunde von der Grenzschließung die Runde machte, waren die meisten »Werktätigen« zuhause. Ein von Betriebsbelegschaften ausgehender Aufruhr wie am 17. Juni 1953 war an diesem Tag auszuschließen. Noch saß das »Juni-Trauma« beim SED-Chef tief, was auch dem BND nicht verborgen blieb: »Der ›17. Juni Komplex‹ ist unter den führenden Ostberliner Funktionären größer denn je«[36], wurde am 18. August gemeldet. Dies entspricht auch den Erinnerungen des sowjetischen Diplomaten Jurij A. Kwizinskij, wonach Ulbricht einige Wochen zuvor gegenüber Botschafter Michail G. Perwuchin geäußert hatte, »man müsse mit Massenaufläufen, offenen Versuchen des Ungehorsams, Schlägereien und vielleicht sogar mit Schießereien«[37] rechnen. Es lag somit auf der Hand, dass die Staatssicherheit Stimmungen und aufkeimende Proteste in der Phase unmittelbar nach der Grenzschließung genauestens in den Blick nahm.

Am Morgen des 13. Augusts meldete das MfS zunächst: »Nach der bisherigen Übersicht ist die Lage an den Grenzübergängen als ruhig einzuschätzen. Es ist sogar auffällig, daß bis zu diesem Zeitpunkt noch keine oder kaum neugierige Passanten sich von den eingeleiteten Maßnahmen überzeugten.«[38] Diese »abwartende Haltung« der Bevölkerung wurde von Erkenntnissen aus abgehörten Telefonaten bestätigt. Doch schon wenige Stunden später musste die Geheimpolizei berichten: »An einer Reihe von Grenzübergängen zwischen dem demokratischen Berlin und Westberlin gab es Ansammlungen von ca. 50 bis 100 Personen, die sich teilweise negativ über die von der Regierung der DDR getroffenen Maßnahmen äußerten. Vielfach wird dabei erklärt, daß der Westen diese Schritte nicht hinnehmen werde. Deshalb würden die Maßnahmen der DDR nur kurze Zeit aufrechterhalten werden können.«[39] Um 9.30 Uhr bildete sich auf dem Bahnhof Friedrichstraße eine Traube von 20 bis 30 Personen, die versuchte, auf den Bahnsteig A zu gelangen, der seit den frühen Morgenstunden für Ost-Berliner nicht mehr zugänglich war[40].

Einen besonderen Unruheherd bildeten naturgemäß die sogenannten Grenzgänger – Ost-Berliner, die bisher in West-Berlin arbeiteten und die jetzt nicht mehr zu ihren Arbeitsstellen gelangen konnten. Bereits am Morgen des 13. Augusts bildete sich vor dem Rathaus Pankow eine »Zusammenrottung von Westgängern«, die, obwohl es Sonntag war, »Auskunft über neue Arbeitsverhältnisse im demokratischen Berlin forderten«[41]. Auch Protesthandlungen, die sich bereits in den frühen Morgenstunden ereignet hatten, wurden nachträglich von der Staatssicherheit gemeldet. So hatte der Tankwart der Tankstelle Grünau (im äußersten Süden des Ostberliner Bezirks Treptow) »einem Mitarbeiter der Sicherheitsorgane« den Verkauf von Benzin mit den Worten verweigert, »wenn alle streiken, streike er auch«. »Die Schließung der Grenzen nach Westberlin richte sich gegen die Arbeiter.«[42] Aus dem östlich von Berlin gelegenen Kreis Straußberg wurde das »Anschmieren von Hetzlosungen« und die Festnahme von Jugendlichen gemeldet, »die gegenüber Angehörigen der Grenzpolizei provokatorisch auftraten«[43].

Im letzten, noch am 13. August verfassten Bericht stellte die Staatssicherheit fest, »die Maßnahmen der Regierung« würden »in allen Bevölkerungskreisen lebhaft diskutiert«, und versuchte die Stimmung zu bilanzieren. Es sei zwar nicht möglich, das Verhältnis zwischen positiven und negativen Stimmen umfassend einzuschätzen, doch »aufgrund der bisher vorliegenden Informationen« würden »die positiven Stellungnahmen weit überwiegen«[44]. Diese rituelle Feststellung einer zustimmenden Haltung der Bevölkerungsmehrheit zur Politik der Führung ist typisch für MfS-Stimmungsberichte. Ebenso typisch für diese Textgattung ist, dass zuerst die »positiven Stimmen« wiedergegeben werden. Es werde begrüßt, dass der »Republikflucht ein Riegel vorgeschoben« und den »Grenzgängern und Schiebern das Handwerk gelegt«[45] worden sei. Die Maßnahmen seien »ein Schlag gegen die Agententätigkeit und gegen die von Westberlin ausgehende Unterminierung der DDR«. Hier wurden offensichtlich die Äußerungen von Funktionären und SED-Mitgliedern wiedergegeben, die auf Geheiß der Ost-Berliner Parteileitungen den ganzen Tag zu »Agitationseinsätzen« ausgeschwärmt waren, um an den Hauptbrennpunkten die Stimmung zu beeinflussen. Wie so oft dienten dem Regime die eigenen Inszenierungen als Beleg für einen Konsens, den es in Wirklichkeit nicht gab.

Doch ungeachtet dieses obligatorischen, diktaturimmanenten Selbstbetrugs nehmen die »negativen« Äußerungen in der MfS-Berichterstattung einen deutlich breiteren Raum ein. An erster Stelle stehen »Vergleiche mit der Situation am 17. Juni 1953«, die in Berlin unter anderem in »Ansammlungen« an S- und U-Bahnhöfen und an »mehreren Grenzübergängen« angestellt würden[46]. Es fiel auch der Begriff KZ. Das scheint kein Einzelfall gewesen zu sein, denn in einem Bericht des Folgetages heißt es, »Provokateure« würden »in einer Reihe von Fällen die Maßnahmen der DDR mit faschistischen Maßnahmen vergleichen«. Vielfach wurde geäußert, durch diesen Schritt werde die »Spaltung vertieft«. Auch der Ruf nach freien Wahlen wurde immer wieder laut. Vereinzelt kam es zu »Aufforderungen an Arbeiter, am Montag den Betrieben fernzubleiben«.

Wie stark die Befürchtungen waren, dass es zu Streiks kommen könnte, zeigt die Berichterstattung des 14. Augusts, bei der vor allem die Ost-Berliner Großbetriebe unter verstärkter Beobachtung standen[47]. Die Staatssicherheit stellte umgehend fest, »daß Beschäftigte volkseigener Betriebe zu Beginn der Arbeitsaufnahme unentschuldigt fehlten«. Beim VEB Bergmann-Borsig waren zum Beispiel nur 60 Prozent der Belegschaft erschienen. Zwar konnte das MfS Entwarnung geben. Es ermittelte, dass »die fehlenden Arbeitskräfte aus den Randgebieten Berlins, vorwiegend aus dem Kreis Oranienburg«, stammten und wegen Schwierigkeiten im S-Bahnverkehr und verschärfter Kontrollen (als Begleiterscheinungen der Grenzschließung) nicht pünktlich zur Arbeit kommen konnten. Gleichwohl blieb es in den Betrieben nicht durchgängig ruhig: Im Betonwerk Berlin-Grünau versuchten Arbeiter gleich zu Schichtbeginn »eine Resolution gegen den Regierungsbeschluß zu verfassen«. Im Ost-Berliner VEB Kühlautomat wurde der Parteisekretär nach einer Diskussion niedergeschlagen, »bei der er positiv aufklärend auftrat«. Im Oranienburger VEB Holzbau streikten Arbeiter gar mit der Forderung »Rückgängigmachung der Maßnahmen um Berlin«.

Das MfS kam schon am Tag nach der Grenzsperrung nicht umhin, zu bilanzieren: »Allgemein ist festzustellen, daß bei negativen Erscheinungen in der DDR und im demokratischen Berlin die Jugendlichen eine besondere Rolle spielen.« Viele ostdeutsche Jugendliche orientierten sich an der westlichen Freizeitkultur und konnten, zumindest wenn sie in Ost-Berlin und im Berliner Umland wohnten, bei ihren Besuchen in West-Berlin daran noch direkt teilhaben. Als dieser Weg versperrt war, reagierten sie vielfach wütend. Aus dem nördlich von West-Berlin liegenden Hennigsdorf berichtete die Staatssicherheit am 14. August etwa, Jugendliche hätten gedroht, »sie würden einen Grenzdurchbruch unternehmen, wenn sie nicht mehr nach Westberlin gelassen werden«. Andere beließen es nicht bei Drohungen. Unter denjenigen, die die Flucht durch die noch keineswegs hermetisch abgesperrte Grenze wagten, waren viele jüngere Menschen. Vor allem das Durchschwimmen der Berliner Grenzgewässer war anfangs ein aussichtsreicher Fluchtweg. Am 17. August meldete die Staatssicherheit gleich mehrere solche Fluchten durch die Spree und den Teltowkanal. Sie war in diesem Zusammenhang auch darüber beunruhigt, dass »ein verstärkter Ankauf von Sporttaucherausrüstungen erfolgt«.

Großes Kopfzerbrechen machte den MfS-Verantwortlichen auch die Tatsache, dass die Flucht mithilfe von falschen oder gefälschten West-Berliner Personalausweisen zunächst offenbar nicht besonders schwierig war. Bei einer stichprobenmäßigen Überprüfung von sieben Personen, die am 15. August zwischen 5 und 7 Uhr den Ostsektor am Übergang Brunnenstraße mit einem West-Berliner Ausweis verlassen hatten, erwies sich, dass vier von ihnen auf diese Weise geflohen waren »und bei der Befragung nach dem Aufenthalt falsche Angaben machten«[48]. Das Amt für Zoll und Kontrolle des Warenverkehrs, zu dieser Zeit noch für die Passkontrolle zuständig, war offenbar vollkommen überfordert. Wenig später wurde dieses Aufgabenfeld vom MfS übernommen.

Besorgniserregend für die Verantwortlichen waren auch die zahlreichen Fahnenfluchten von Polizisten, die an den Berliner Grenzsperren eingesetzt waren. Am 17. August schreibt die Geheimpolizei in Stasi-typischer Dialektik: »Obwohl die Kampfmoral und Disziplin der am Einsatz beteiligten Sicherungskräfte insgesamt als gut eingeschätzt werden muß, weisen doch die weiter ansteigenden Desertionen auf einige Mängel hin.«[49] Täglich musste sie über diese Fahnenfluchten berichten, die sich in der ersten Woche auf nicht weniger als 24 Fälle summierten. Bis zum Jahresende war die Zahl der Desertionen aus den um West-Berlin eingesetzten Grenzbrigaden auf 152 angewachsen. Die Grenzpolizisten erwiesen sich als erstaunlich unzuverlässig[50], was dem Überwachungsanspruch des MfS gegenüber den »bewaffneten Organen« zusätzliche Nahrung gab.

Schlussbemerkungen

Die Rolle der geheimdienstlichen Berichterstattung in der Phase vor und nach dem Mauerbau ist nicht leicht einzuschätzen. Festzuhalten bleibt, dass Ost wie West durch ihre Geheimdienste weitgehend zutreffend und zeitnah über die Absichten und das Vorgehen der jeweils anderen Seite informiert waren. Dies war nicht zuletzt durch ein funktionierendes Agentennetz gewährleistet. Dass die Adressaten der Berichte in den engen politischen Führungszirkeln diese auch zur Kenntnis genommen haben, ist zweifelsfrei nachgewiesen. Wie sich die Erkenntnisse der Geheimdienste allerdings auf die praktische Politik bzw. die konzeptionellen Überlegungen auswirkten, ist schwerer zu fassen. Führende Geheimdienstmitarbeiter haben immer wieder die Ignoranz der Regierungen gegenüber ihren Erkenntnissen beklagt, die insbesondere dann als besonders ärgerlich empfunden wurde, wenn ihnen unberechtigterweise auch noch die Schuld für eine angeblich schlechte Informationslage in die Schuhe geschoben wurde. Die eingangs zitierte Klage Reinhard Gehlens wegen der Versagensvorwürfe an die Adresse des BND nach dem Mauerbau ist hierfür ein besonders markantes Beispiel. Zum Beweis des Gegenteils ließ Gehlen noch

1961 eine Dokumentation zum Thema anfertigen[51]. Das entspricht ebenfalls dem berühmten (und auch nicht vollkommen unzutreffenden) Lamento von Erich Mielke am 13. November 1989 vor der Volkskammer, die Staatssicherheit habe doch über Probleme und Missstände immer korrekt berichtet, die Partei- und Staatsführung aber nicht angemessen reagiert.

Dennoch kann man die These vertreten, dass die nachrichtendienstlichen Erkenntnisse – dies gilt für Ost und West – den Regierungen im Jahr 1961 halfen, ihre Handlungsspielräume auszuloten und genauer zu bestimmen. Für die DDR im Speziellen bedeutete das, dass sie die Grenzschließung mehr oder weniger ungestört aufrechterhalten und die Befestigung der Grenze nach Plan umsetzen konnte.

Und wie wirkte sich der Mauerbau auf die Arbeit der Geheimdienste aus? Die Schließung des »Berliner Grenzlochs« stoppte nicht nur den Exodus aus der DDR, sondern erschwerte auch den Fluss von Informationen über die Demarkationslinie. CIA und BND mussten sich neue, der geänderten Situation angepasste Kommunikationswege erschließen und aufbauen[52]. Damit lassen sich auch die anfänglichen Schwierigkeiten beider Dienste erklären, eine genaue Positionsbestimmung der sowjetischen Politik nach dem Mauerbau vorzunehmen. Beim MfS lagen die Dinge etwas anders. Markus Wolf, der Chef der Auslandsaufklärung, schreibt zwar in seinen Memoiren, dass »durch die Grenzschließung [eine] völlig veränderte Lage, auf die wir nicht vorbereitet waren,« entstanden sei. »Ab sofort war der Grenzübertritt innerhalb Berlins in beide Richtungen nicht mehr ohne weiteres möglich.«[53] Dennoch ist der Informationsfluss aus West-Berlin und Bonn in die DDR ohne größere Störungen weitergelaufen, denn wie gezeigt werden konnte, war die Stasi sehr gut und schnell über die Pläne des Westens orientiert.

Entscheidend für die zukünftige Rolle der Staatssicherheit war der Mauerbau in einer anderen Hinsicht. In den folgenden Jahren übernahm der Geheimdienst immer mehr Aufgaben bei der konkreten Grenzsicherung wie auch auf dem Gebiet der (vorbeugenden) Fluchtverhinderung sowie der Überwachung und Repression flucht- und ausreisewilliger DDR-Bürger. Die »geschlossene« DDR stärkte auf diese Weise den Allzuständigkeitsanspruch der Staatssicherheit, die jetzt in ihre große Expansionsphase eintrat[54].

MICHAEL KUBINA

DIE SED UND IHRE MAUER

»Was wurde am 13. August erreicht?«, so die rhetorische Frage der SED im Dezember 1961 in einer an Westdeutsche gerichteten Broschüre: »An der Staatsgrenze der DDR gegenüber Westberlin wurde ein antifaschistischer Schutzwall errichtet und der Kriegsbrandherd Westberlin unter Kontrolle gebracht. Es wurde dafür gesorgt, daß der Aufbau des Sozialismus in der DDR friedlich weitergehen kann. Der Menschenhandel und die Ausplünderung der Bürger der DDR durch die westdeutschen Militaristen wurden gestoppt. Den Politikern und der Bevölkerung Westdeutschlands wurde das wirkliche Kräfteverhältnis in Deutschland und in der Welt ins Bewußtsein gebracht. Eingemauert wurden in Westberlin all jene Kräfte und Organisationen, die seit Jahren in immer stärkerem Maße den friedlichen Aufbau in der DDR störten und den heißen Krieg vorbereiteten.«[1]

Wie konnten die Führer eines Landes, das sich als »demokratische Republik« bezeichnete, auf die Idee kommen, die eigene Bevölkerung einzumauern, sie mit Stacheldraht und Maschinenpistolen daran zu hindern, in die andere Hälfte des Landes oder der Hauptstadt zu kommen? Und wie konnten sie darauf verfallen, eine solche offenkundig nach innen gerichtete Befestigungsanlage »antifaschistischen Schutzwall« zu nennen, wo doch das äußere Erscheinungsbild damals jeden an die Umzäunungen der nationalsozialistischen Konzentrations- und Vernichtungslager oder der Ghettos erinnern musste?

Bei der Antwort der SED auf die von ihr selbst gestellte Frage nach dem Zweck der Mauer handelt es sich natürlich um Propaganda, was aber nicht heißt, dass hier einfach nur gelogen wurde. Die Mauerbauer sahen die Welt durch die Brille des Marxismus-Leninismus, ja waren überzeugt, als Marxisten-Leninisten über die einzig »wissenschaftliche Weltanschauung« zu verfügen und daher die Dinge besonders klar zu erkennen, beispielsweise das Wesen imperialistischer Staaten allgemein und das des westdeutschen im Besonderen. Zudem schien ihr eigenes Erleben ihre »wissenschaftliche Lehre« bestätigt zu haben. An der Spitze der Kommunistischen Partei in Deutschland standen seit 1945 die »Moskau-Kader« – in der Sowjetunion geschulte und auf ihre Aufgaben im Nachkriegsdeutschland vorbereitete kommunistische Exilanten. Ihr Weltbild war nicht nur von der marxistisch-leninistischen Lehre, sondern auch von den Niederlagen des deutschen Proletariats einerseits und den vermeintlichen Erfolgen der Kommunisten beim Aufbau des Sozialismus in Russland andererseits geprägt. Der Kapitalismus, so meinten sie mit der Sicherheit wissenschaftlicher Erkenntnis behaupten zu können, führe zwangsläufig zu Wirtschaftskrisen, Kriegen und einer zunehmenden Verelendung der arbeitenden Massen. Die Entwicklung nach der wegen des »Verrats« der Sozialdemokratie gescheiterten Revolution 1918/1919 bestätigte aus ihrer Sicht ihre »wissenschaftliche Lehre«. Wenige Jahre später erlebte die Welt eine Wirtschaftskrise bisher ungekannten Ausmaßes, in deren Folge die Nationalsozialisten an die Macht kamen – ein Rückfall in tiefste Barbarei. Rosa Luxemburgs während des Ersten Weltkrieges aufgerichtetes Menetekel, die Menschheit stehe vor der Alternative »Sozialismus oder Barbarei«, schien auf schrecklichste Art bestätigt worden zu sein[2].

Die SED sah ihre Herrschaft in Deutschland historisch legitimiert: Sie war die »Vorhut« der Arbeiterklasse und des ganzen Volkes. Sie wies den Weg in eine glückliche Zukunft. Sie würde sich die Macht nie wieder nehmen lassen, auch nicht durch die Forderung nach angeblich »freien Wahlen«, in denen die Menschen jedoch nur die »Freiheit« haben würden, »für Revanchepolitik, für die Reaktion, für den Krieg gegen den Osten, für die Wiederherstellung der Herrschaft der Großgrundbesitzer und Monopolkapitalisten stimmen [zu] können«[3]. 1961 drohte aus Sicht der Kommunisten in Deutschland der »Aufbau des Sozialismus« erneut zu scheitern, jetzt, weil die Menschen sich unter der Parole der »sozialen Marktwirtschaft« vom »westdeutschen Imperialismus« ihre »historische Mission« abkaufen ließen[4].

Von der Zukunftsgewissheit, die die SED-Führung noch im Herbst 1958 beflügelte, als der neue Siebenjahrplan auf den Weg gebracht wurde, war nun nicht mehr viel übrig. Hatte sie damals noch prophezeit, das »wahre Wirtschaftswunder« würde 1961 in der DDR zu besichtigen sein, da die sozialistische Gesellschaftsordnung »den sichtbaren Beweis ihrer absoluten Überlegenheit über die kapitalistische Ausbeuterordnung in Westdeutschland antreten«[5] werde, musste Staats- und Parteichef Walter Ulbricht in einem Bittschreiben an den sowjetischen Staats- und Parteichef Nikita Chruschtschow Anfang 1961 eingestehen: Helfe die Sowjetunion jetzt nicht der DDR massiv wirtschaftlich, sei mit einem weiteren Anwachsen der Fluchtzahlen zu rechnen, und die DDR werde »vor ernste Krisenerscheinungen gestellt« sein[6]. Der führende sowjetische Politiker Anastas Mikojan brachte kurz vor der Entscheidung zum Mauerbau gegenüber der SED-Führung zwar klar zum Ausdruck, welche Bedeutung Deutschland für die Sache des Weltkommunismus habe: »Die DDR, Deutschland, ist das Land, in dem sich entscheiden muß, daß der Marxismus-Leninismus richtig ist, daß der Kommunismus auch für Industriestaaten die höhere, bessere Gesellschaftsordnung ist. Und weil das so ist, deshalb ist die Bewährung des Sozialismus in Deutschland nicht nur Eure Sache allein. [...] Der Marxismus ist in Deutschland geboren worden und hier, in einem hochentwickelten Industrieland, muß er seine Richtigkeit und Bewährung beweisen. [...] Wenn der Sozialismus in der DDR nicht siegt, wenn der Kommunismus sich nicht hier als überlegen und lebensfähig erweist, dann haben *wir* nicht gesiegt. So grundsätzlich steht für uns die Frage.«[7] Doch die Sowjetunion konnte und wollte die DDR nicht massiv subventionieren, nur um die Grenze weiter offen halten zu können. So blieb nur, das »Schlupfloch« Berlin zu schließen.

In den internen SED-Dokumenten des Jahres 1961 spielen propagandistische Schlagworte wie in den eingangs zitierten Propagandabroschüren praktisch keine Rolle. Hier geht es fast ausschließlich um die Gefahr des »Ausblutens« der DDR, die auf die wirtschaftliche Überlegenheit des Westens und den höheren Lebensstandard in Westdeutschland sowie auf die westliche Propaganda zurückgeführt wird. Die Verhältnisse in Westdeutschland und West-Berlin konnten die Kommunisten allerdings auch nicht so ohne Weiteres ändern, und insofern spiegeln die internen Dokumente auch schlicht den Handlungsspielraum Moskaus und der SED-Führung wider: Die Massenflucht konnten sie stoppen, wenn auch nur mit einer Gefängnismauer – einer Gefängnismauer zur Rettung des sozialistischen Experiments. Zudem war eine geschlossene Grenze der Normalzustand der Warschauer-Pakt-Staaten, die offene Grenze in Berlin die Ausnahme[8]. Die Einsicht, dass es sich um eine Gefängnismauer handelte, half die Ideologie zu verdrängen:

»Rauschgiftsüchtige werden bekanntlich in ihrem eigenen Interesse und zu ihrer Gesundung vom Rauschgift isoliert. Ebenso haben wir manche vom Frontstadtsumpf benebelten Bürger unserer Republik in ihrem eigenen Interesse und zu ihrer Gesundung von diesem Sumpf Westberlin getrennt. Und ich bin der Überzeugung, daß bei der Mehrzahl von ihnen die Krankheit noch heilbar sein wird. In der sauberen Luft der DDR werden sie zur Vernunft kommen und einsehen, daß sie auf gefährlichem Wege waren, daß sie mit anständiger und ehrlicher Arbeit am besten fahren. Wir haben also mit dem Gesundungsgürtel um Westberlin unsere Atmosphäre geschützt und gereinigt«, so Ulbricht im September 1961 in einer Fernsehansprache an seine Bürger[9]. Glaubt man den Aussagen der Politbüromitglieder nach dem Mauerfall, funktionierte solcherart ideologische Verdrängung bis zum Schluss. Allerdings ging Ulbricht nicht davon aus, dass die Mauer 28 Jahre lang Berlin und Deutschland spalten würde – wie wohl auch sonst damals niemand. Doch die Bedingungen, die zum Bau der Mauer geführt hatten, änderten sich in den folgenden Jahren nur wenig. Der Westdrang vieler Ostdeutscher erwies sich als hartnäckig. Der SED gelang es kaum, die vermeintliche historische Legitimation ihrer Herrschaft in eine politische zu überführen.

Die deutschen Kommunisten waren aber aller Probleme zum Trotz nicht nur überzeugt, die Zukunft auf ihrer Seite zu haben, sondern sie hatten mit der DDR nun auch einen Staat. Die Befestigung seiner Grenzen ist das Recht eines jeden Staates. Unnormal war, so die SED, nicht die Mauer als materieller Ausdruck der politischen Realitäten in Berlin, sondern die Existenz des rechtlich-politischen Gebildes West-Berlin als Relikt des Zweiten Weltkrieges mitten auf dem Territorium des Staates DDR. Mit dem Mauerbau erkannte die SED-Führung zunächst einmal schlicht politische Realitäten an, die sie nicht so ohne Weiteres zu ändern in der Lage sein würde: die Rechte der westlichen Siegermächte des Zweiten Weltkrieges in der Hauptstadt des untergegangenen Deutschen Reiches. Sie erwartete ihrerseits, dass auch der Westen Realitäten anerkannte, die dieser nicht so ohne Weiteres zu ändern in der Lage war, nämlich das rechtlich-politische Gebilde namens DDR – »eine sehr reale Macht«[10].

Für die SED-Führung waren die grundlegenden politischen Entscheidungen 1961 mit der Schließung der Sektorengrenzen und dem anschließenden sukzessiven Ausbau der »Mauer« zu einer militärischen Befestigungsanlage gefallen. Bereits in Zusammenhang mit einer Propagandakampagne anlässlich des ersten Jahrestages des Mauerbaus gegen »politische Kräfte in Westberlin und Westdeutschland« legte das SED-Politbüro die auf Horst Sindermann zurückgehende Bezeichnung »antifaschistischer Schutzwall« als verbindliche Bezeichnung für die Mauer fest und blieb dabei bis zum Schluss[11]. Das Politbüro sah, betrachtet man sich dessen Sitzungsprotokolle, ab 1963 kaum noch Anlass, sich politisch mit der Mauer zu befassen. Was noch zu regeln war, waren Fragen »technischer« Art. Und die wurden dort behandelt, wo solche Fragen eben behandelt wurden. »Militärische« im Nationalen Verteidigungsrat (NVR) und im Ministerium für Staatssicherheit (MfS), hier vor allem solche der operativen Kontrolle. Diskutiert wurden diese Fragen stets unter dem Gesichtspunkt der Effektivität, sowohl was die Fluchtverhinderung, als auch was die Kosten von Bau und Unterhalt betrifft[12]. Städtebauliche Fragen wurden in der Berliner Parteileitung, den Stadtbezirken, im Bau- oder Verkehrsministerium etc. behandelt[13]. Dort hatten die Fachleute und vor Ort politisch Verantwortlichen die Mauer schlicht wie eine geologische Gegebenheit zu nehmen. Sie musste bei allen Planungen berücksichtigt werden, wie man anderswo auch Bodenbeschaffenheit, Flussläufe oder Gebirge berücksichtigen musste. Den Kostenfaktor Mauer wieder zu beseitigen, kam bis zum Herbst 1989 anscheinend niemandem in der SED-Führung in den Sinn, obwohl sie ihre hauptsächliche Funktion, die (West-)Süchtigen zu isolieren, mit den Jahren immer mehr verloren hatte. Für das Jahr 2000 träumte die SED-Führung vielmehr von einer Hightech-Mauer mit hoher Effizienz und möglichst geringen politischen Nebenwirkungen[14].

Wie die Menschen in Berlin und der DDR mit ihrem Eingesperrtsein zurechtkommen würden, welche Sehnsüchte oder Komplexe sie entwickeln würden, was es für die Ost-Berliner langfristig heißen könnte, tagtäglich mitten in ihrer Stadt an für sie unüberwindbare Mauern zu stoßen, während sie tagtäglich über die Funkmedien am Leben jenseits der Mauer »teilnahmen«, wurde im obersten Führungsgremium der SED nie behandelt. Der einst einflussreiche Gesundheitspolitiker und Neuropsychiater Prof. Dietfried Müller-Hegemann, der 1955 noch eine »Psychologie des deutschen Faschisten«[15] vorgelegt und sich am Leipziger Universitätsklinikum unter anderem mit dem KZ-Syndrom befasst hatte, diagnostizierte nach seiner Versetzung an das Griesinger-Krankenhaus in Ost-Berlin 1964 gar bei immer mehr Patienten eine »Mauer-Krankheit«. 1971 ging er in den Westen und publizierte dort einige Fallstudien[16]. Doch das war nicht die Perspektive der SED-Führer. Dem republikflüchtigen Genossen wurde der Status des Verfolgten des Naziregimes aberkannt (VdN), darüber hinaus aber gab es anscheinend keinen Grund, sich mit seiner These von einer »Mauer-Krankheit« zu befassen. Waren sie selbst in ihrer Jugend nicht auch ständig an unsichtbare Mauern gestoßen, hatten nicht reisen können, wohin sie wollten, oder kaufen können, was sie begehrten, da ihnen das Geld fehlte? Ja, ging es vielen im Kapitalismus nicht immer noch so? Und lebte der Arbeiter in der DDR nicht um ein Vielfaches besser und sicherer als sie in ihrer Jugend? So oder ähnlich argumentierten nach dem Mauerfall die gestürzten »Arbeiterführer«, und so haben sie sich wohl ihre Welt auch vor ihrem Sturz schöngeredet[17]. Der Westteil der Stadt war seit dem Mauerbau auf den Stadtplänen Berlins einfach ein weißer Fleck[18], und mehr sollte er auch in den Köpfen der DDR-Bürger nicht sein. MfS, Parteiinformation und ab 1964 sogar ein beim ZK angesiedeltes Institut für Meinungsforschung ließen die Führung jedoch nicht im Dunkeln über Volkes Meinung. Nach einer kurzen Zeit des Schocks und der Resignation unmittelbar nach dem Mauerbau schienen sich die Menschen in der DDR tatsächlich wieder beruhigt und mit der Situation mehr oder weniger abgefunden zu haben[19]. Dies änderte sich jedoch, von der SED-Führung weitgehend ignoriert, bald wieder[20], bis eine neue Art »Mauer-Krankheit« 1989 zu einem allgemeinen gesellschaftlichen Phänomen wurde.

Allerdings wurde die Mauer, die anfangs als Drohkulisse möglichst abstoßend wirken sollte, von der Führung relativ bald als imageschädigend wahrgenommen, verstärkt, als die DDR Anfang der siebziger Jahre eines ihrer wesentlichen, mit dem Bau der Mauer verfolgten Ziele erreicht hatte, nämlich die internationale Anerkennung als zweiter deutscher Staat. Jetzt sollten immer mehr auch »ästhetische« Gesichtspunkte beachtet werden[21]. Bereits 1964 hatte Verteidigungsminister Heinz Hoffmann neue Planungen für die Gestaltung der Mauer mit den Worten gepriesen: »Mauer und Grenzzaun sind sehr kulturvoll. Mauer gefällt sehr, besonders durch die aufgesetzten Kanalisationselemente. Überwindung durch einzelne Personen nicht möglich […].«[22]

Zwar waren Grenzfragen auch in den folgenden Jahren noch Thema im Politbüro, aber kaum die Berliner Mauer im eigentlichen Sinne, schon gar nicht die Opfer dort. Anfang der siebziger Jahre waren Grenze und Mauer gelegentlich wieder Thema im Politbüro, als mit dem Grundlagenvertrag mit der Bundesrepublik das Feindbild aufzuweichen drohte und mit dem Transitabkommen sich 1972 kurzzeitig für DDR-Bürger die Fluchtmöglichkeiten etwas verbesserten[23]. Aber Notwendigkeit oder Legitimität von Mauer und Schießbefehl wurden nie infrage gestellt, Alternativen nie gesucht. Selbst als nach dem Helsinki-Abkommen von 1975 der »Ausreiseantrag« nach und nach zur gängigen Methode wurde, die DDR in Richtung Westen zu verlassen, und die befestigte Grenze damit mehr oder weniger umgangen werden konnte, wurde im Nationalen Verteidigungsrat unbeirrt weiter an der Perfektionierung der Grenze gearbeitet. Die Bekämpfung von Flucht und Ausreiseantragstellern übernahm eine 1976 eigens gegründete Diensteinheit des MfS. Eines Politbürobeschlusses bedurfte es dafür nicht[24]. Honecker vermied es, das Thema »Antragsteller« auf die Tagesordnung des Politbüros zu setzen. Im Nachgang zur Politbürositzung am 26. Oktober 1976 wies er in einem Rundschreiben an alle 1. Sekretäre der Bezirks- und Kreisleitungen der SED an, künftig alle Anträge abzulehnen, »die unter Berufung auf die Schlußakte von Helsinki oder andere Begründungen den Antrag auf Entlassung aus der Staatsbürgerschaft und Ausreise in die BRD stellen«. Die Bürger seien »auf das Ungesetzliche ihrer Handlungen hinzuweisen«. Ob es zuvor eine Diskussion darüber im Politbüro gegeben hat, geht aus dem Protokoll der Sitzung nicht hervor[25]. Die DDR ohne Grenze und Mauer war für die SED-Führer offenbar undenkbar.

1977 begannen die Planungen für ein spezielles Grenzgesetz der DDR. Dies diente jedoch nicht dem Zweck, das brutale Regime an der Grenze zu humanisieren, sondern ihm lediglich den Anschein von Recht und Gesetz zu geben. Zu Diskussionen im Politbüro war auch dies kein Anlass. Der vom NVR vorgelegte Entwurf wurde am 3. Mai 1981 vom Politbüro zustimmend zur Kenntnis genommen und an die Volkskammer weitergeleitet. Beraten wurde auch im DDR-Pseudo-Parlament nichts, das Gesetz vielmehr einstimmig angenommen[26].

In den Vernehmungen der politischen und militärischen Führung der DDR wegen der Verantwortung für die Todesschüsse an der Grenze interessierte die Staatsanwaltschaft auch, ob und gegebenenfalls wie im Politbüro Grenzfragen beraten wurden. Harry Tisch, ehemals Chef der DDR-»Gewerkschaft« sowie seit 1971 Kandidat und ab 1975 Vollmitglied des Politbüros, äußerte sich vergleichsweise offen. Alle grundsätzlichen Fragen seien im Politbüro entschieden worden, das entgegen landläufigen Vorstellungen kein »schweigendes Kollektiv« gewesen sei: »Jedes P[olit]B[üro]-Mitglied und jeder Kandidat konnte zu jedem Tagesordnungspunkt seine Meinung kundtun. Man konnte auch extreme Meinungen äußern, dies auch in entsprechender Form zum Ausdruck bringen«, was auch vorgekommen sei. Auch die »Beschlußfassung zu Grenzsicherungsmaßnahmen« so Tisch, »wäre im allgemeinen grundsätzlich Aufgabe des PB gewesen. In der Zeit, in der ich dem PB angehört habe, wurden dazu aber keinerlei Beschlüsse gefällt. Jedenfalls erinnere ich mich nicht daran. Natürlich hat sich und mußte sich das PB für alles verantwortlich fühlen. Aber es gab so etwas wie eine Arbeitsverteilung. Grenzsicherungsfragen werden im NVR behandelt worden sein. Hier müssen Sie auch sehen, daß der Generalsekretär der SED und ein Teil der Mitglieder des PB auch im NVR waren.« Nachdem Tisch mit konkreten Beschlussfassungen des Politbüros zu Grenzsicherungsfragen konfrontiert wurde, räumte er ein, dass sich das Gremium ganz offensichtlich mit Grenzsicherungsfragen befasst hatte. Nur habe er sich daran eben nicht erinnern können. Erich Mückenberger, bereits seit 1950 Kandidat und seit 1958 Vollmitglied des Politbüros, verwies in seiner Vernehmung auch auf den NVR, in dem Grenzfragen primär besprochen worden seien, meinte aber, die Frage der Republikflucht habe die »Politbüromitglieder vom ersten Tag an beschäftigt«. Der Widerspruch zwischen beiden Aussagen lässt sich schnell auflösen. Mückenbergers Erinnerung an die omnipräsente Republikfluchtfrage betrifft offensichtlich hauptsächlich die fünfziger und beginnenden sechziger Jahre. Der NVR wurde erst 1960 gebildet. Nach dem Mauerbau war die Republikflucht für das SED-Politbüro kein politisches Thema mehr. Aus der Republikfluchtfrage waren »Grenzdurchbrüche« irregeleiteter oder unbelehrbarer Einzelner geworden. »Grenzdurchbrüche nicht zuzulassen« war Aufgabe der Sicherheitsorgane, letztlich des

NVR. Grenzfragen standen deshalb zu Tischs Zeit nur noch selten auf der Tagesordnung des obersten politischen Machtorgans und waren dann kein Anlass zu Diskussionen mehr[27].

Wie auch in anderen sensiblen Bereichen hatten Walter Ulbricht und dann ab 1971 Erich Honecker den Komplex Grenze an sich gezogen und wohl meist außerhalb des »kollektiven Führungsgremiums« behandelt. Aus der Honecker-Zeit ist bekannt, dass dieser sich nach den Politbürositzungen stets noch separat mit Stasi-Chef und Politbüromitglied Erich Mielke beriet. Wie diese Besprechungen abliefen, ist nicht bekannt. Auch über den Inhalt liegen keine Informationen vor. Es ist aber davon auszugehen, dass auch hier bald nur noch rein technokratisch gedacht wurde.

Bereits unmittelbar nach dem Mauerbau begannen Ost-West-Kontakte, um die Mauer wenigstens für West-Berliner wieder etwas durchlässiger zu machen. Sie wurden von der SED primär mit dem Ziel geführt, zum einen sukzessive den Status West-Berlins zu verändern, zum anderen die DDR-Regierung als Verhandlungspartner zu etablieren, und sie scheiterten lange Zeit genau deshalb. Deutlich wird in diesen Verhandlungen aber auch, dass zumindest in Teilen der SED-Führung noch erkannt wurde, welch eine Zumutung der Mauerbau für die Menschen in Berlin war und kurzfristig zumindest partielle Lösungen gefunden werden sollten[28]. Gerhart Eisler, stellvertretender Chef des staatlichen Rundfunkkomitees, wandte sich am 14. November 1962 vom Krankenbett aus in einem streng vertraulichen Brief an Ulbricht. Er schlug ihm vor, bei den ins Stocken geratenen Gesprächen über die Ausgabe von Passierscheinen für West-Berliner die Initiative zu übernehmen, um einem begrenzten Kreis noch zu Weihnachten den Besuch ihrer Verwandten in Ost-Berlin zu ermöglichen. Als viertes und letztes Argument hielt er es immerhin noch für sinnvoll, Ulbricht gegenüber »den Schmerz aller Bürger der DDR, die Verwandte haben und sie nicht sehen können« zu erwähnen. Durch eine solche Initiative würde deren Schmerz »gemildert und ihr Vertrauen in Dich und unsere Partei würde gestärkt«[29]. Der Brief macht deutlich, dass der Mauerbau wohl zwar von allen in der SED-Spitze für alternativlos gehalten wurde, um die 1961 akute Gefahr des völligen Ausblutens der DDR zu beseitigen, jedoch zugleich als relativ kurzfristig wirksam werdendes Druckmittel in den nachfolgenden Verhandlungen mit der anderen Seite gesehen wurde. Man hatte offenbar nicht erwartet, dass der Westen sich in den Statusfragen und unter zumindest mittelfristiger Inkaufnahme menschlicher Härten derart unnachgiebig zeigen würde. Im Zuge der Kuba-Krise Ende Oktober 1962 zeichnete sich eine Art Pattsituation zwischen den Supermächten ab[30], und es wurde langsam klar, dass die Übernahme der Kontrolle der Zufahrtswege von und nach West-Berlin durch die DDR oder gar ein Abzug der westlichen Alliierten aus West-Berlin in absehbarer Zeit nicht zu erreichen war. Erst nach dieser Erfahrung und wohl auch unter sowjetischem Druck führten die sogenannten »Passierscheinverhandlungen« zu einem ersten Erfolg. Zum Jahresende 1963 konnten 1,2 Millionen Besuche von West-Berlinern in Ost-Berlin stattfinden. Die DDR-Seite trat in dem Passierscheinverfahren auf West-Berliner Gebiet lediglich mit Angestellten der DDR-Post in Erscheinung[31]. Zwar folgten weitere Passierscheinverhandlungen und führten 1965 und 1966 zu ähnlichen Ergebnissen[32], die Mauer wurde als Conditio sine qua non der eigenen Macht aber nicht einmal mehr andeutungsweise infrage gestellt.

Der 1971 ins Amt gelangte Erich Honecker ließ sich noch intensiver als sein Vorgänger über sogenannte »Grenzzwischenfälle« auf dem Laufenden halten, war er dies als Sekretär für Sicherheitsfragen unter Ulbricht ohnehin gewesen. Die Lage an innerdeutscher Grenze und Berliner Mauer war ihm vollständig präsent, was aber nicht bedeutete, dass diese Lage von ihm auch reflektiert wurde. Aus den Anstreichungen von Honecker auf solchen Informationen kann man schließen, dass er auch hier in rein technischen Dimensionen dachte. Er hob stets hervor, wenn Berichte Hinweise auf Verletzungen von Vorschriften enthielten. Honecker beruhigte dies anscheinend: Der Plan war richtig, nur an der Umsetzung mangelte es, Schulung sollte Abhilfe schaffen. Ursachen oder Anlässe für Fluchten, etwa von Grenzsoldaten, wurden gerne im persönlichen Umfeld gesucht. Wenn der »Republikflüchtige« Probleme im privaten oder beruflichen Bereich hatte oder dort »negativen« Einflüssen ausgesetzt war, dann ersparte das offenbar ein grundsätzlicheres Nachdenken[33]. Einer Erkrankung von Verteidigungsminister Heinz Keßler im Mai 1974 verdanken wir einen seltenen Einblick in die Denkweise Honeckers, die sich kaum von der der meisten anderen SED-Spitzenfunktionäre unterschieden haben dürfte. Der verhinderte Minister ließ sich von General Fritz

Streletz nämlich eine Niederschrift der Sitzung des NVR anfertigen. Demnach habe Honecker in einer »Aussprache« dargelegt, dass jeder Grenzdurchbruch »politischen Schaden für die DDR« bringe. Die »Grenzsicherungsanlagen« müssten daher »so angelegt werden, daß sie dem Ansehen der DDR nicht schaden«, was »besonders für einige Abschnitte der Mauer in Berlin« zutreffe. Doch auch 13 Jahre nach dem Bau der Mauer und ein Jahr nach Inkrafttreten des Grundlagenvertrages sah er keine Alternative zum Schusswaffengebrauch. Überall müsse weiterhin ein »einwandfreies Schußfeld gewährleistet sein«. »Nach wie vor«, so Honecker, »muß bei Grenzdurchbruchsversuchen von der Schußwaffe rücksichtslos Gebrauch gemacht werden, und es sind Genossen, die die Schußwaffe erfolgreich angewandt haben, zu belobigen«. An den geltenden Bestimmungen werde sich »diesbezüglich weder heute noch in Zukunft etwas ändern«[34].

Für Honecker wurde die Mauer ein wirkliches »Pfund«, mit dem er in Bonn wuchern konnte. Für das Kalkül, dass die kostspielige Mauer[35], wenn sie schon nicht die Westalliierten aus Berlin vertrieb, wenigstens Devisen einbringen könnte, gab es schon früh Anzeichen. Ein Vorstoß des damaligen Leiters des Kieler Weltwirtschaftsinstituts und SPD-Bundestagsabgeordneten Fritz Baade bei seinem DDR-Fachkollegen und prominenten Kommunisten Jürgen Kuczynski war zunächst nicht mehr als eine Idee. Er schlug bereits 1962 vor, dass Bonn Ost-Berlin die Mauer als Entschädigung für von der DDR für Deutschland geleistete Reparationen »abkaufen« sollte. Er würde in seiner Partei dafür werben. 20 Milliarden Mark sollten in die DDR-Wirtschaft fließen und den Lebensstandard im Osten so anheben, »daß keiner mehr nach Westdeutschland gehen will«. Kuczynski informierte Ulbricht, der gab das Schreiben immerhin an die unter anderem für Westdeutschland zuständigen Politbüromitglieder Albert Norden und Hermann Matern weiter. Noch stellte Baades Partei nicht die Regierung, und Baade kam nicht im Auftrag seines Parteivorstandes. Er hatte jedoch betont, dass Willy Brandt von seinem Besuch unterrichtet sei[36]. Brandt hatte ein Jahr zuvor als Kanzlerkandidat der SPD zwar keine eigene Mehrheit gewonnen, aber der CDU/CSU immerhin die absolute Mehrheit genommen. Baades Vorschlag war schließlich nicht als schlichte Finanztransaktion zu verwirklichen, sondern setzte einen radikalen Wandel der Bonner Deutschlandpolitik voraus. So weit war es noch nicht. Doch wenn man schon nicht die Mauer verkaufen konnte, so doch die Eingemauerten[37]. Ab 1963 kaufte Bonn Jahr für Jahr Hunderte von politischen Häftlingen, in der Mehrzahl gescheiterte »Republikflüchtige«, ab, über 30000 bis 1989. Von nun an gab es den »organisierten Menschenhandel«, dessen die Propaganda der SED den Westen seit Jahren bezichtigte, unter ihrer aktiven Beteiligung tatsächlich. 3,5 Milliarden DM brachte die Bundesregierung bis 1989 dafür auf[38].

Honecker gefiel sich dabei offenkundig in der Art absolutistischer Fürstenherrlichkeit, die Gnade gewährt. Sein »Beauftragter für humanitäre Angelegenheiten« und Vertrauter, Rechtsanwalt Wolfgang Vogel, sagte 1990 auf die Frage, ob Honecker denn nie auf die Idee gekommen sei, dass der Menschenhandel mit Häftlingen die internationale Reputation der DDR beschädigen könnte: »Nein, ich hab' das bei Honecker kaum erlebt.« Sowohl die westreisenden DDR-Politiker als auch die in die DDR kommenden westlichen Politiker, die oft Listen mit Namen übergaben, hätten ihn ja in seiner Auffassung bestärkt, dass ein solches Ventil begrüßt werde: »Die Besucher waren noch gar nicht richtig weg, da hielt hier vor meinem Büro schon ein Wagen mit der Liste.«[39]

Seit Beginn der achtziger Jahre zeichnete sich der wirtschaftliche Zusammenbruch der DDR ab. Die Sowjetunion konnte nicht mehr helfen, war wirtschaftlich selbst am Ende. Die Westverschuldung der DDR war kaum noch zu bewältigen. Die SED handhabte das Instrument Mauer jetzt geradezu virtuos, handelte Grenzbegradigungen mit dem West-Berliner Senat aus, bot neue Grenzübergänge an und entsorgte den Wohlstandsmüll der eingemauerten West-Berliner. All dies ließ sich die SED üppig bezahlen. Die Grenzanlage wurde dabei nun auch vom Westen mehr oder weniger als gegeben hingenommen, sie sollte lediglich durchlässiger werden. So war es für den Berliner Senat Ende der achtziger Jahre beispielsweise besonders wichtig, dass West-Berlinern die Einreise in die DDR auch mit dem Fahrrad gestattet würde[40].

An sich war die Mauer für die DDR ein Bombengeschäft: Insgesamt ist von etwa 91 Milliarden DM auszugehen, die bis 1989 aus privater und öffentlicher Hand infolge der deutschen Teilung und Mauer aus der Bundesrepublik in den anderen deutschen Staat flossen, der größte Teil seit den siebziger Jahren. Darunter waren 45 Milliarden an privaten Geschenken[41], aber auch beispielsweise

4,5 Milliarden in Form des Zwangsumtausches für westdeutsche DDR-Besucher und 7,8 Milliarden als Transitpauschale, die direkt dem ostdeutschen Staat zugutekamen. Dieses Geld konnte jedoch von der SED kaum noch produktiv eingesetzt werden, da es wegen der chronischen Exportschwäche der DDR-Wirtschaft für die Bedienung der in den siebziger Jahren massiv angewachsenen Auslandsschulden benötigt wurde[42]. Allerdings konnten als Ost-Berliner Gegenleistung in den achtziger Jahren immer mehr Menschen auf legalem Weg die Mauer überwinden – zur dauernden Ausreise oder auch nur zu Verwandtenbesuchen. Bald gab es jährlich mehrere Millionen Westreisen von Ostdeutschen. Nur ein verschwindend geringer Teil kehrte nicht zurück, allerdings wohl auch, weil fast immer ein Ehepartner oder Kind nicht mitreisen durfte. Die von jenseits der Mauer Zurückkehrenden brachten nicht nur »Westgeschenke« mit, sondern auch Bilder von der Welt außerhalb des »realexistierenden Sozialismus«, die für die meisten nun erstmals auf eigener Anschauung beruhten.

Aber auch international kündigten sich grundlegende politische Veränderungen an. Die Sowjetunion war nicht mehr in der Lage, im Systemwettbewerb mitzuhalten, und unter Michail Gorbatschow zu einer atemberaubenden Kurskorrektur nach innen und außen bereit. Die vergreiste SED-Führung suchte ihr Heil jedoch allen weltpolitischen Veränderungen zum Trotz nicht in Reformen, sondern im maßlosen Ausbau ihres Sicherheitsapparates und in einer Perfektionierung der Grenzanlage. Am 19. Januar 1989 erklärte Honecker: Die Mauer werde »so lange bleiben, wie die Bedingungen nicht geändert werden, die zu ihrer Errichtung geführt haben. Sie wird in 50 und auch in 100 Jahren noch bestehen bleiben, wenn die dazu vorhandenen Gründe nicht beseitigt sind. Das ist schon erforderlich, um unsere Republik vor Räubern zu schützen [...].«[43] Wenige Tage später wurde Chris Gueffroy beim Versuch, die Mauer zu überwinden, von Grenzern erschossen. Im April wies Honecker an, »die Schußwaffe [...] zur Verhinderung von Grenzdurchbrüchen« nicht länger anzuwenden: »Lieber einen Menschen abhauen lassen, als in der jetzigen politischen Situation die Schußwaffe anzuwenden.«[44] Kurz darauf begannen die Massenfluchten von Ostdeutschen über Ungarn und die Tschechoslowakei. Einige Monate später fiel die Berliner Mauer unter dem Druck des Massenprotests in Ostdeutschland.

ELENA DEMKE

»ANTIFASCHISTISCHER SCHUTZWALL« – »ULBRICHTS KZ« KALTER KRIEG DER MAUER-BILDER

»Antifaschistischer Schutzwall« als offizielle DDR-Sprachregelung für Mauer und Todesstreifen gehört zu den notorischen Reminiszenzen an die SED-Diktatur: angesichts des rücksichtslos gegen die eigene Bevölkerung gerichteten Grenzregimes ein Wort-Ungetüm nicht nur für die Zunge, sondern auch für den Verstand. Dem historisch-martialisch stilisierten stand ein technokratischer Euphemismus gegenüber. Das Ereignis der Abriegelung lief schlicht unter »Die Maßnahmen vom 13. August«[1]. Die Berliner Mauer konfrontierte den DDR-Bürger mit einer Ballung von Tabus: Sie durfte nicht passiert, nicht fotografiert, in ihrer Funktion nicht hinterfragt und zumeist auch nicht so genannt werden. Der Gebrauch der Formel vom »Antifaschistischen Schutzwall« funktionierte in der sozialen Praxis als Signal politischen Wohlverhaltens auch dann noch, als ihr semantischer Gehalt zunehmend verblasste. Semantisch entleert und historisch überwunden, muss dieses Produkt des SED-»Neusprechs« den Nachgeborenen be-

West-Berliner Broschüre, 1961

Ost-Berliner Plakat, 1961

sonders befremdlich erscheinen. Es ist jedoch Teil umfassender Stilisierungen der Mauer im Kontext der SED-Propaganda, aber auch ein belangvoller Topos deutsch-deutscher Verflechtung im Kalten Krieg der Mauer-Bilder.

Der Begriff »Antifaschistischer Schutzwall« avancierte nach und nach zur verbindlichen Formel[2]. Dass die Grenzabriegelung als angebliche Folge von »Menschenhandel« und »Sabotage« Schutz gegen Faschisten, Revanchisten und Kriegstreiber biete, war von Anbeginn Kernargument. Presse und Fernsehen der DDR flankierten die Deklarationen der Parteiführung mit einem Bildprogramm, das wie ein Prototyp der SED-Ideologie die verschiedenen Narrative ihres Geschichts-, Feind- und Selbstbildes miteinander verflocht. Semantisch und in einigen Aspekten medialer Praxis war es zugleich eng auf das Gegenbild westlicher Mauerstilisierungen bezogen[3]. Beide Komplexe sollen im Folgenden namentlich für die sechziger Jahre beleuchtet werden.

Bildprogramme im Spannungsfeld von Selbst- und Fremdentwurf

Der Mauerbau war ein Medienereignis vor allem der westlichen Welt. »Freiheit« und »Einheit« verbanden als zugrunde liegende Narrative die verschiedenen Bildmotive, die den 13. August 1961 in Presse, Fernsehen und Filmen des Westens repräsentierten und nachhaltig in der Erinnerung verankerten. Gesichter und Gesten, vom Abwischen der Tränen bis zum Hochhalten neugeborener Kinder, zeugen von schmerzlicher Trennung. Bilder einer unnatürlich zerrissenen Gemeinschaft, etwa Brautpaare, die denen, die ihre Gäste hätten sein sollen, nur noch zuwinken können, implizieren Einheit als Voraussetzung von Glück und als Normalzustand.

Die zahlreichen Fluchtszenen setzten Freiheit als Willensäußerung der Ostdeutschen und als ein Gut, für das Menschen ihr Leben riskieren, in Szene und unterstrichen damit zugleich dramatisch den Gewaltcharakter und die Illegitimität des SED-Regimes[4]. Dies thematisierte auch ein drittes populäres Bildmotiv: Uniformierte, die in zwei Varianten diktatorische Gewalt visualisieren, entweder als Exekutoren, Schergen, deren Brutalität durch den

Kommentar noch unterstrichen wird, oder als Verführte, die nach dem Motto »... denn sie wissen nicht, was sie tun«[5] als erlösungsbedürftig Schuldverstrickte erscheinen. Sehr häufig werden auch prominente Besucher an der Mauer abgebildet. Der Bildbetrachter kann deren Blick in den Todesstreifen nachvollziehen und wird so aufgefordert, sich der Verurteilung des SED-Grenzregimes anzuschließen.

Unter den SED-Pressefotos findet sich das analoge Bildmotiv: ausländische Staatsbesucher, die zumeist von einer Plattform vor dem Brandenburger Tor, auf DDR-Seite, auf die Grenze blicken. Allerdings wurden sie dabei stets so abgelichtet, dass der Bildbetrachter nur auf sie, aber nicht auf die Grenzanlagen sehen kann. Die hohen Gäste werden so als Vertreter einer internationalen Öffentlichkeit inszeniert, die die martialische Grenze billigt. Dieses Motiv ist das häufigste, aber nicht das einzige Beispiel von Visualisierungen des »Antifaschistischen Schutzwalls« in der SED-Propaganda. In den sechziger Jahren verfolgte die gelenkte Presse- und Filmproduktion deutlich offensivere Darstellungsstrategien als in den späteren Jahren. Dazu gehört ein beständig wiederkehrendes Set von Szenen rund um die Absicherung der Grenze, manchmal auch der Blick auf diese selbst[6].

Im Zentrum standen vor allem die »Kampfgruppen der Arbeiterklasse«, die in einer Haltung bewaffneter Wachsamkeit gelegentlich auch beim Errichten des Stacheldrahtzauns gezeigt wurden. Kampfgruppenangehörige, die als menschliche Mauer das Brandenburger Tor mit ihren Körpern verschließen, präsentiert auch die DDR-Foto-Ikone des »Antifaschistischen Schutzwalls« schlechthin.

In späteren Bildern erscheinen Grenzsoldaten als diejenigen, die das Werk der Kampfgruppen fortführen. Dies war nicht nur impliziert, sondern wurde oft genug auch konkret inszeniert. Beispiele sind die Fotos von am 13. August 1961 beteiligten Kampfgruppenangehörigen, die Jahre später Soldaten an der Berliner Grenze besuchen. Das Nebeneinanderstellen von Bildausschnitten, etwa auf einem Plakat Kampfgruppen 1961/Grenzsoldaten 1981, oder die stilisierte Waffenübergabe von Kampfgruppen an die Grenztruppen auf einer Sondermarke von 1988 verdeutlicht das. Mit den »zu ihren Waffen geeilten Arbeitern« in Kampfgruppenuniform wird so die vorgeblich herrschende Klasse zum zentralen Akteur der Grenzabriegelung. Hohe Parteifunktionäre danken ihnen auf vielen Fotos mit kameradschaftlichem Handschlag. Etwas anders wurde der Dank von Frauen, Kindern und Künstlern in Szene gesetzt. Sie winken, schwenken Blumen oder überbringen Erfri-

Die Fotoikone des Antifaschistischen Schutzwalls wirbt für den Kampfappell 1981

Inszenierung mit den in die Jahre gekommenen Akteuren zur 750-Jahr-Feier Berlins 1987

schungen. Kulturschaffende heben mit Auftritten und Lesungen während der Dienstpausen die kulturelle Bildung der Uniformierten. Grenzabriegelung und Grenzbewachung werden also als Angelegenheit eines sozialistischen Volkswillens überhöht, einer Gemeinschaft, in der, wie im Märchen, ein jedes herbeibringt, was ihm als Attribut gemäß ist. Spätere Fotos zeigen Sportler, die den Grenzsoldaten zum Dank Fußbälle schenken, oder Kinder, die Selbstgebasteltes überreichen. Zum Schutz einer solch großartigen familiären Gemeinschaft müssen die Grenzanlagen natür-

Steinewerfer an der Bernauer Straße, 1961

lich massiv ausgebaut und überwacht werden, lautet die Botschaft.

Lange Erläuterungen begleiten die Bilder und erklären, wovor die heile Welt des Sozialismus geschützt werden muss, nämlich vor Aggressionen, die von Anschlägen bis zu Kriegsplänen reichen, vor der Unmoral des Westens, die die harmonische Ordnung der Geschlechter, der Generationen und des sozialen Rollengefüges bedrohen; dieses Feindbild beherrschte ohnehin die Medien. Besonders umfangreich und intensiv war die filmische Aufbereitung. Kombiniert wurden dafür gerne Bilder von NATO-Manövern, Spionage-Utensilien, Verwüstungen durch Sprengstoff-Anschläge, von Pornografie und Armut im Westen sowie Aufnahmen der Wehrmacht[7]. Kurzversionen finden sich in Bildbroschüren[8] und Geschichtslehrbüchern für die Schule. Dabei wurden zwei Fotos immer wieder verwendet.

Eins zeigt Steine werfende junge Männer aus West-Berlin an der Mauer, wobei der DDR-Wasserwerfer (auf dem gleichen Foto in West-Publikationen deutlich erkennbar) meist mittels Retusche in einer bedrohlichen dunklen Wolke verschwindet. Das andere Foto zeigt die Brandruine des Berliner Zentralviehhofs, die als Werk von Agenten hingestellt wird[9]. Solche Bildzusammenstellungen verwoben Selbst- und Feindbilder zur Rechtfertigung des Mauerbaus: Gewalt und Zerstörung dort, heile Familien- und Arbeitswelten hier. Zu dieser Art inneren Rechtfertigung der Grenzabriegelung treten Bilder, die ihre äußere Anerkennung suggerieren. Hierzu gehören Aufnahmen westdeutscher oder amerikanischer Politiker und Militärs, die von DDR-Grenzern kontrolliert oder in Gesten der Ohnmacht vor dieser Barriere gezeigt werden. Bildunterschriften sollten dabei für Eindeutigkeit sorgen. Dies ist bei der Kommentierung von Fotos, die identisch in westlichen Publikationen erschienen, besonders augenfällig. Macht Lucius D. Clay am 27. November 1962 an der Mauer einen hilflosen Klimmzug[10], oder verschafft sich der legendäre »Blockadebrecher« einen kurzen Überblick[11]?

Wachsamkeit, Dank, Anerkennung – das waren die zentralen Motive in dem Propaganda-Gewebe, das durch die Gegenüberstellung von heiler sozialistischer Innenwelt und dekadenter faschistischer Außenwelt die Absperrung der DDR-Bevölkerung als einen Akt der Friedenssicherung und des Antifaschismus hinzustellen versuchte. Die Bilder inszenierten das ideologisch-propagandistische Wunschbild einer Realität, deren Anschein erst durch diktatorischen Zwang erzeugt worden war. Dies galt nicht nur für den Einsatz der Kampfgruppen. Auch Künstler standen unter Druck, sich zu Auftritten im Zuge der Grenzsicherung zu verpflichten[12]. Versatzstücke der Bilderzählung »Antifaschistischer Schutzwall« verselbständigten sich im Laufe von beinahe drei Jahrzehnten dabei derart, dass ein ADN-Fotograf im November 1989 die Freude der Bevölkerung über die Grenzöffnung tatsächlich ganz im Stile der gewohnten Dankes-Szenen inszenierte.

Die visuellen Strategien in Ost und West entwickelten sich in mancher Hinsicht beinahe spiegelbildlich[13], beispielsweise beim Gebrauch fotografischer Bildikonen des Mauerbaus. Das Bild der erwähnten Kampfgruppenmänner am Brandenburger Tor ist nicht nur der semantische Gegenentwurf zu dem über den Stacheldraht springenden Soldaten Conrad Schumann, mit beiden Fotos entwickelten sich in Ost und West auch parallele Praktiken. Diese betreffen die Medialisierung der abgebildeten Personen in Interviews und in Gegenüberstellungen eines Damals und Heute. Die Perso-

Ein Foto – zwei Bildunterschriften:

»US-Sonderbeauftragter Lucius D. Clay wollte Panzer rollen lassen. Ihm blieben nur die Klimmzüge.«

»US-General Lucius D. Clay, 1948/49 als Blockadebrecher berühmt geworden, riskiert am Potsdamer Platz einen Blick über das erste Stück Mauer.«

nen wurden jeweils auch in die 750-Jahr-Feier der beiden Stadthälften einbezogen und die Bildmotive auf Briefmarken, Plakaten, Tellern, Tassen und anderem Allerlei reproduziert, zitiert und variiert. Die bildlichen Inszenierungen folgten zumeist den vorangegangenen realen Inszenierungen. Dies gilt etwa für den Versuch der SED, ein ritualisiertes Opfergedenken für »ihre« Maueropfer – die getöteten oder verunglückten Grenzsoldaten – zu popularisieren[14]. In anderen Bezügen sind Gegenpropaganda und der geteilte kulturelle Horizont eng miteinander verwoben. So war das Weihnachtsfest in Ost und West bis Ende der siebziger Jahre ein fester Termin für die Thematisierung der Mauer. Die in der West-Berliner Presse gezeigten Weihnachtsbäume waren Teil der Aktion »Licht an die Mauer«, die von der SED-Presse als »Mummenschanz« und potenzielle »Brandstiftung« angegriffen wurde[15]. Die Ostseite stellte am Brandenburger Tor aber auch Weihnachtsbäume auf, die dann mit der obligatorischen Geschenkübergabe an die Grenzsoldaten in Bildern und Berichten ihrerseits in Szene gesetzt wurden (»auf Friedenswacht für die Friedensweihnacht«)[16]. Das Beschwören moralischer und patriotischer Argumente verweist dabei auf den gemeinsamen nationalen Bezug. Dem in westlichen Bildkommentaren artikulierten Entsetzen, dass Deutsche auf Deutsche schössen, und dem schweren Wort von der »Schandmauer« stand der östliche Bildkommentar gegenüber, die Grenzbewacher seien »gute Deutsche«[17]. Die Mauer wurde so zu einer Scheidemauer zwischen Gut und Böse überhöht. Das spiegelte natürlich auch den wechselseitigen Vorwurf nationalsozialistischer Kontinuitäten.

»Schutzwall« und »KZ-Mauer«

Die Qualifizierung der Mauer als »antifaschistisch« steht in der bis in die zwanziger Jahre zurückreichenden Tradition kommunistischer Faschismus-Konstruktionen, nach der beinahe jegliche den kommunistischen Interessen entgegenstehende Kraft pauschal als eine Variante von »Faschismus« gebrandmarkt werden konnte[18]. Die SED, die aus dem kommunistischen Widerstand gegen die NS-Herrschaft eines ihrer zentralen Legitimationsmuster gewann, aktualisierte das gewohnte Schema im Interesse ihrer Machtsicherung unter sich wandelnden historischen Bedingungen immer wieder neu. Nach der Niederschlagung des »faschistischen Putsches« am 17. Juni 1953 wurden die »Maßnahmen gegen Faschisten und Kriegstreiber« am 13. August 1961 zu einem Kulminationspunkt dieser Rhetorik. Die unter Regie des Propaganda-Chefs im Politbüro, Albert Norden, gegen Persönlichkeiten in der Bundesrepublik geführten Braunbuch-Kampagnen, deren Vorläufer bis 1956 zurückreichen und die ihren Höhepunkt in den Jahren nach dem Mauerbau hatten, schienen der Verortung des »Faschismus« außerhalb der nun rigoros gesicherten Grenze Plausibilität zu verleihen[19]. Die tatsächlich vorhandene personelle Kontinuität zur NS-Zeit und erst recht ihre Deutung als systemtypisch waren allerdings nicht ganz leicht zu visualisieren. Collagen, Montagen, Karikaturen mussten die bildliche Assoziation mit der gewünschten Botschaft verknüpfen und erlaubten es den Propagandisten zugleich, den Vorwurf personeller Kontinuität unabhängig von der indivi-

KZ-Analogie, Der Tagesspiegel 1961

duellen Biografie zu generalisieren. So wurde auf verschiedenen Plakaten der fünfziger Jahre durch Grafiken und Foto-Montagen Konrad Adenauer als der »Hitler von heute« dargestellt[20]. Als es um die Verbildlichung des Mauerbaus als »antifaschistisch« ging, verfiel die SED-Propaganda auf die Lösung, Fotos aus dem Völkischen Beobachter neben ähnliche Bilder aus der West-Berliner Presse zu stellen. Ähnlichkeit diente als Argument historischer Analogie (»Wie sich die Bilder gleichen!«). Der Mauerbau wurde so zur rechtzeitigen Verhinderung eines drohenden Krieges[21].

Wiederholt wurde mit Foto-Reihen der Marinebrigade Ehrhart, die beim Kapp-Putsch 1920, und von SA-Kolonnen, die 1933 durch das Brandenburger Tor marschierten, eine Fortsetzungsgeschichte revanchistischer Aggression und »Kontinuität deutschen Unheils«[22] konstruiert. Doch, so suggerierte die Propaganda, diese fatale Kontinuität konnte von den in ihre Kampfgruppenanzüge geschlüpften Werktätigen der DDR im Sinne einer zivilisatorischen Selbstverteidigung gebrochen werden; dies alles obendrein mit Stoppschildern grafisch plakativ bekräftigt. Diese im August 1961 aus der Taufe gehobene Bildstrategie blieb ein beliebtes Stilmittel: in Zeitungen, illustrierten Broschüren und Dokumentarfilmen, besonders breit in dem 82-minütigen Mauer-Rechtfertigungsfilm »Schaut auf diese Stadt« von 1962[23]. Bilder setzten dabei in Szene, was Walter Ulbricht zuvor sprachlich ausgemalt hatte: »Die Herren Adenauer und Strauß und ihre Hitler-Generale und Helfershelfer« hätten »keinen besonderen Einfallsreichtum bewiesen. [...] Damals brachten Rundfunk, der ›Völkische Beobachter‹ und die ganze Meute der Nazipresse wochen- und tagelang Meldungen von den armen bejammernswerten Flüchtlingen [...]. Dazu kam eine verlogene Propaganda über Selbstbestimmung«, fuhr er fort. »[M]it wortwörtlich genau denselben Schlagzeilen in der militaristischen westdeutschen Presse [...] wurde 1961 versucht, die Deutsche Demokratische Republik zu diffamieren.«[24]

»Ulbrichts SS« erläuterte am 22. August 1961 die Zeitung Die Welt, die seit dem Mauerbau täglich vom »KZ DDR« berichtete, ein Foto von Grenzpolizisten am Stacheldraht. Der Telegraf stellte ins Zentrum einer Foto-Seite vom 21. August die Worte: »BERLIN. Im Osten: KZ, Im Westen: Frei«; »Immer höher wird Ulbrichts KZ-Mauer« hieß es eine Woche später. Mit einer Zeichnung zerlumpter Gestalten hinter Stacheldraht setzte der Tagesspiegel einen eindeutigen Bezugsrahmen, in dem Ulbricht sarkastisch zitiert werden konnte.

Auf diese Weise untermauerten die Zeitungen mehrerer Verlagshäuser im Bild, was Politiker zuvor formuliert hatten und was seinerzeit breiten Konsens genoss: Die vom Ulbricht-Regime eingeleiteten Maßnahmen bedeuteten, dass »mitten durch Berlin nicht nur eine Art Staatsgrenze, sondern die Sperrwand eines Konzentrationslagers gezogen wird«, erklärte Willy Brandt am Nachmittag des 13. August auf der Sondersitzung des Berliner Abgeordnetenhauses. Der CDU-Landesvorsitzende Franz Amrehn gebrauchte bei der Großkundgebung vor dem Schöneberger Rathaus am 16. August eine ähnliche NS-Analogie: »Das ist ein Verbrechen am deutschen Volk! Wir wissen schon lange, daß Hitler in der Zone weiterlebt ...«

Auch die westlichen Kontinuitätsbehauptungen hatten eine Vorgeschichte. So war Anfang der fünfziger Jahre in der westdeutschen Presse von »Bautzener KZ-Häftlingen«, vom »Roten KZ« oder »Ostzonen-KZ« die Rede[25]. Die Nutzung vormals nationalsozialistischer Konzentrationslager und Haftanstalten als sowjetische Speziallager begünstigte diesen Vergleich, der Teil einer gebräuchlichen Zuschreibung war[26]. Lange vor dem Bau der Mauer setzten insbesondere Fotografien von Stacheldraht und Wachtürmen an der innerdeutschen Grenze das »KZ DDR« ins Bild[27]. Diese Bezugnahmen bildeten in der frühen Bundesrepublik einen »visuell ikonografischen Subtext [...] des Bemühens um eine öffentliche Akzeptanz einer Demokratie, die sich besonders auf die Freiheitssicherung gegenüber totalitärer Gewalt stützte«[28]. Sie »machten implizit aber auch das Angebot, in der Abgrenzung zu einem anderen Deutschland die eigene nationalsozialistische Vergangenheit zu exterritorialisieren«[29]. Dem von Osten ausgehenden Vorwurf personeller Kontinuität stand der vom Westen ausgehende Vorwurf struktureller Kontinuität entgegen. Diese deutsch-deutschen Anklagen spiegelten sich, freilich unter höchst unterschiedlichen Voraussetzungen, auch in inneren Auseinandersetzungen wider.

»KZ-DDR«-Konstruktionen, auf vielfältige Weise augenfällig gemacht und am unmittelbarsten aktualisiert als »KZ-Mauer Ulbrichts«, boten nach dem 13. August einen vertrauten Deutungsrahmen für die schockierenden Ereignisse und erlaubten es, der Wut und der Verbitterung freien Lauf zu lassen. Unter der Oberfläche der Übereinstimmung, mit der in Reden, Bildern, Filmen[30] nach dem Mauerbau die NS-DDR-Analogie bemüht wurde, zeigten sich jedoch erhebliche Divergenzen.

Der Schriftsteller Wolfdietrich Schnurre formulierte am 19. September 1961 in einem ersten Resümee des Austausches offener Briefe zwischen ost- und westdeutschen Autoren: »Erinnern sich die Schriftsteller der Zone wirklich nicht mehr daran, wie die gleichen höhnisch-brutalen Gesichter, die jetzt die Offiziersmützen der Volkspolizei und der Volksarmee überschatten, sich einst erbost vor KZ-Insassen verzerrten, [...] daß sie Ulbrichts Panzersoldaten nicht als dieselben ölverschmierten Todbringer wiedererkennen, die einst, in Hitlers Panzern zusammengekrümmt, Europa zu Glutstaub und Asche zermahlten?«[31] Die Passage wirkt wie eine sprachliche Evokation der Vergleiche in den Zeitungsbildern. Im Dezember desselben Jahres gebrauchte Schnurre jedoch bei seinen knapp 100 Bildkommentaren für ein Fotobuch über den Mauerbau diesen Vergleich kein einziges Mal mehr. Hingegen sagte er, das durch die NS-Vergangenheit beschädigte nationale Selbstbewusstsein sei der Grund für den nur verhaltenen Protest der West-Berliner und Westdeutschen[32]. Auch die viel zitierte, dem gängigen Vergleichsschema folgende Bemerkung von Günter Grass in einem offenen Brief an Anna Seghers, Ulbricht gleiche einem KZ-Kommandanten, war mit einer unüblichen Wendung verbunden, denn er bescheinigte Seghers im gleichen Satz, sie hätte ihn dazu befähigt, »heute die Globke und Schröder in jeder Verkleidung [zu] erkennen«[33].

Kritik an dem Vergleich konnte aus ganz unterschiedlichen Überlegungen und Motiven heraus erfolgen. So erschien er dem Mitbegründer des Tagesspiegels, Walther Karsch, als eine Verharmlosung der SED-Diktatur. Die NS-Diktatur sei zwar hart und unerbittlich gewesen, schrieb er, doch habe es Dutzende von Schriftstellern und Journalisten gegeben, die ihr »manches Schnippchen« schlagen konnten. »Der Kommunismus hingegen ist wirklich totalitär; er entwürdigt die Menschen zu willenlosen Werkzeugen oder zu Bejahern jedes Verbrechens, das im Namen der heiligen Ideologie (richtiger: der Machtpolitik) begangen wird.«[34] Ganz anders dagegen Marcel Reich-Ranicki: »Als im Namen des deutschen Volkes Millionen gemordet wurden, hat Anna Seghers in Amerika – mitten im Krieg – ihr *Siebtes Kreuz* veröffentlicht, in dem sie um Verständnis für die Deutschen unter der Diktatur warb. Darf man sie heute als eine ›Stallmagd‹ bezeichnen, auch wenn sie morgen, vielleicht, die Errichtung der Mauer begrüßen sollte?«[35] Subtil thematisierte Reich-Ranicki die NS-Verstrickung als gemeinsames Problem von Ost und West, indem er von seiner »Beunruhigung« über die LTI-Anklänge in der Sprache der Schriftsteller beider Seiten sprach.

Die Stilisierung der Berliner Mauer als KZ-Mauer, als Ghetto-Mauer und ihrer Bewacher als Nazi-Schergen stellte einen Höhepunkt, zugleich aber auch den Endpunkt der Anprangerung und Abgrenzungen durch NS-DDR-Analogien im Stile der fünfziger Jahre dar. Verschiedene Prozesse griffen dabei ineinander. Die Entspannungspolitik bzw. Neue Ostpolitik veränderte die Sicht auf die DDR. Langfristige Entwicklungen und sich verdichtende Schlüsselereignisse einer sich allmählich intensivierenden Auseinandersetzung mit der Vergangenheit mündeten in einer konkreter werdenden öffentlichen Wahrnehmung des Nationalsozialismus und seiner Verbrechen. Das untergrub die mehr oder weniger pauschale oder sorglose bildliche und rhetorische Stilisierung der Berliner Mauer zu einer »KZ-Mauer«. Hinzu kam, dass in dem Maße, in dem der Vorwurf von Nazi-Praktiken aus gegensätzlichen Perspektiven auf das aktuelle politische Handeln in der Bundesrepublik Anwendung fand, ihr Bezug auf das andere politische System der SED-Diktatur an Eindeutigkeit verlor. Darüber hinaus sorgten das Fernsehen, Foto-Seiten in Zeitungen und zahlreiche Bildbroschüren für eine Verbreitung der sich ähnelnden, immer gleichen Bilder, deren Attraktivität mit ihrem Verbreitungsgrad allmählich nachließ[36]. So entstanden Ungleichzeitigkeiten, die in der Rückschau frappierend wirken und die abschließend an drei Beispielen verdeutlicht seien.

Helmut Newtons Modefoto an der Mauer, 1963

NERSTAG, 13. AUGUST 1964

Der dritte Jahrestag

»Auschwitz«-Gleise, Der Tagesspiegel 1964

Im Frühjahr 1963 stellte die dem Tagesspiegel zugehörige Illustrierte Berliner Zeitung Fotos von der Niederschlagung des Aufstandes im Warschauer Ghetto 1943 und einer Flucht an der Mauer im selben Jahr, bei der ein Flüchtling durch Schüsse schwer verletzt wurde, einander direkt gegenüber[37]. Die Überschrift »Bilddokumente deutscher Schande« diente als Sinnklammer, die durch Bildunterschriften noch bekräftigt wurde: »Als ein furchtbares Zeichen menschlicher Barbarei wurde die Ghettomauer in Warschau gebaut. Ulbrichts Schandmauer in Berlin wiederholt – nach den Worten von Bürgermeister Albertz – den gleichen Vorgang«; »In der KZ-Mauer in der Elsenstraße war der Schützenpanzerwagen hängengeblieben. Unter dem Feuer der Ulbrichtschen KZ-Wärter setzte Wolfgang Engels seine dramatische Flucht fort«. Die wachsende mediale Präsentation von NS-Verbrechen erlaubte einerseits den visuellen Ausbau der KZ-DDR-Vergleiche, doch provozierte das zugleich immer dringlicher die Frage, ob diese wirklich angemessen seien.

Dabei wurden Grenzen der Angemessenheit von Mauer-Inszenierungen an anderer Stelle nach Art eines »gesunden Volksempfindens« thematisiert. Mit Helmut Newton traf solche Kritik ausgerechnet einen Berliner, der als Jude 1938 emigrieren musste. Als die Zeitschrift Vogue die Produkte Berliner Modemacher mit seiner an der Mauer inszenierten Foto-Reihe »Mata Hari, 1963« bewarb, reproduzierte die Illustrierte Berliner Zeitung unter der Schlagzeile »KZ-Mauer als Mode-Gag« fünf der Aufnahmen mit Bildunterschriften, in denen von Dummheit, Instinktlosigkeit und Verantwortungslosigkeit die Rede ist. Im Kommentar führte sie an, dass sich auf Nachfrage alle beteiligten Berliner Modehäuser von dem Vorgang distanziert hätten, und forderte die Berliner öffentliche Meinung dazu auf, ein faktisches Berufsverbot in Berlin für das Model durchzusetzen. »Die Berliner sind hart im Nehmen«, resümierte die Zeitschrift. »Aber Geschäfte machen […] mit ihrem größten Kummer […], das vertragen sie nicht.« Dem Vogue-Fotografen Helmut Newton sei es vorbehalten geblieben, sich »als besonderen ›Gag‹ die KZ-Mauer des Zonenregimes einfallen zu lassen […]. Das ist schon keine Geschmacklosigkeit mehr, das ist eine Ungeheuerlichkeit.«

Stresemannstraße, ca. 1980

Der Versuch, vertraute Aussagen neuartig darzustellen, führte den Tagesspiegel 1964 dazu, die vormals mit den Buchstaben »KZ« auf der Mauer visualisierte Analogie nun durch eine fotografische Anspielung auf Auschwitz in Szene zu setzen[38].

Das funktionierte nur wegen der wachsenden, wesentlich durch die Frankfurter Prozesse beförderten medialen Präsenz von Auschwitz.

Zur gleichen Zeit diskutierte man bereits einen möglichen »Wandel durch Annäherung«. In Berlin kam damit die Sorge auf, die unentwegte Skandalisierung der Mauer könne die Teilung womöglich vertiefen. So betitelte 1964 der Journalist Dieter Hildebrandt kurz nach dem ersten Passierscheinabkommen sein Buch mit Reiseberichten geradezu beschwörend-programmatisch mit »Die Mauer ist keine Grenze« und führte aus: »Man kann es sich gar nicht mehr vorstellen, wie das zugeht, daß die hier Einkäufe machen, Kinderwagen schieben, ein Bier trinken, diese ganz normale Vorstellung verschwimmt, wenn man immer […] von Ulbricht-Terror, von der Schandmauer und vom KZ DDR« liest. »Wir machen uns ja mit unseren Phrasen die Anschauung kaputt.«[39]

Die weitere visuelle Behandlung der Mauer in Ost und West kann hier nicht mehr nachgezeichnet werden. Die großen Linien sind bekannt[40]. Es ist noch nicht recht klar, worin die oft erwähnte Gewöhnung an die Mauer eigentlich bestand und welche Rolle insbesondere die Bilder dabei spielten. Inwiefern waren etwa die zunehmend ästhetisierenden Bilder im Westen Agenten dieses Prozesses? Es ist ein Paradox, dass das Gebot, sich nicht an die Mauer zu gewöhnen, gerade durch ein Fortsetzen der Skandalisierungs-Strategien der frühen sechziger Jahre nicht hatte erfüllt werden können. Im Kontrast zu den in ihrer gleichbleibenden Formelhaftigkeit erstarrten Mauer-Stilisierungen in den DDR-Medien scheint die Stärke einer zunehmend pluralistischen Öffnung der Mauer-Darstellung im Westen darin zu liegen, dieses Paradox in der überlegenen Vielfalt der Demokratie auflösen zu können. Axel Springer führte zum 15. Jahrestag des Baus der von ihm nun »Gulag-Wall« genannten Mauer aus: »Diese Mauer aber wirkt nur, solange wir sie fürchten und respektieren. Wenn wir sie verachten, wenn wir sie täglich als Beleidigung und Herausforderung empfinden, helfen alle Kalaschnikows und Todesautomaten nichts.«[41] In der Rückschau könnten die bunten Graffiti, mögen die irritierenden West-Berliner Mauer-Idyllen in Nachbarschaft zum Todesstreifen sogar als ein Aspekt solch produktiver Verachtung erscheinen. Ganz verschwanden die KZ-Vergleiche aber nicht. Ein Graffito-Schreiber musste Anfang der achtziger Jahre mit einem mathematischen Symbol jedoch eine zusätzliche Erläuterung liefern, um noch verstanden zu werden. Es genügte nicht mehr, nur die Buchstaben »KZ« auf die Mauer zu schreiben.

THOMAS LINDENBERGER

GRENZREGIME UND GESELLSCHAFTSKONSTRUKTION IM SED-STAAT

Auf den ersten Blick scheint der Fall klar: Der Mauerbau 1961 war defensiver Natur. Die SED-Führung baute diese Absperrung, um angesichts einer sich dramatisch zuspitzenden Krise das Gemeinwesen, das sie mit sowjetischer Hilfe gegründet und in sowjetischem Auftrag auf den Weg des Sozialismus zu bringen hatte, noch irgendwie am Leben zu erhalten. Seit Monaten nahm die Abwanderung gerade unter der von ihr umworbenen Arbeiterschaft dramatisch zu. Es war nur eine Frage der Zeit, bis die Herrschaft der Partei an der inneren Auszehrung des Wirtschaftskreislaufs zerbrechen würde. Um dem Einhalt zu gebieten, musste das für viele Undenkbare geschehen: Die Millionenstadt Berlin wurde in die bereits seit 1952 vorangetriebene Abschottung vom anderen, größeren Teil Deutschlands und damit von der westlichen Welt einbezogen.

Vielfach ist das von Westen her als eine faktische Bankrotterklärung interpretiert worden. Demnach zeigte sich im Mauerbau als letztem Mittel des Machterhalts, dass die hochtrabende Utopie einer von gesellschaftlichem Konsens getragenen, in der vorgeblichen »Einheit« von Volk und Partei gegründeten Entwicklung hin zu einer gerechteren Gesellschaft gescheitert war. Das Volk der DDR hatte dieselbe Utopie schon einmal, im Juni 1953, durch einen Aufstand scheitern lassen. Damals bedurfte es eines militärischen Ausnahmezustands, um dem de facto bereits entmachteten SED-Regime wieder auf die Beine zu helfen. Gerade einmal acht Jahre später war es nun die Abstimmung mit den Füßen, die die SED zu einer Ultima Ratio ganz anderer Art zwang.

»Undenkbar« und bis dahin »unvorstellbar« war eine solche Maßnahme aber nur in den Augen Außenstehender. Sie als Zeichen einer uneingestandenen Niederlage und damit defensiv zu deuten, verkennt die der kommunistischen Gesellschaftspolitik zugrunde liegende Vorstellung von der staatspolitischen Souveränität der Sowjetmacht. Die SED-Führung feierte die »Errichtung des antifaschistischen Schutzwalls« als Etappensieg auf dem Weg zum Sozialismus. Gerade mal drei Jahre zuvor hatte sie sich in einem voluntaristischen Akt der Selbstüberredung das Ziel gesetzt, die DDR binnen weniger Jahre zur sozialistischen Gesellschaft zu entwickeln. Mit der auf dem V. Parteitag im April 1958 beschlossenen »ökonomischen Hauptaufgabe« und der zugleich ausgerufenen »sozialistischen Kulturrevolution« inszenierte Ulbricht eine deutsche Variante des »großen Sprungs nach vorn«: Es galt alle Kräfte auf ein überspanntes Nahziel, das Ein- und Überholen der Bundesrepublik innerhalb von sieben Jahren, zu mobilisieren und zu bündeln. Damit war dem eigenen Staatsvolk viel versprochen worden – zu viel, wie sich recht bald herausstellen sollte. Der erste unmittelbar greifbare »Erfolg« dieser Politik der beschleunigten gesellschaftlichen Transformation war die »Vollendung« der den Bauern aufgezwungenen Kollektivierung der Landwirtschaft im Frühjahr 1960. Sie führte geradewegs in eine umfassende Krise der agrarischen Produktion und zu dramatischen Versorgungsengpässen.

Den weiteren Aufbau des Sozialismus nun mit der konsequenten physisch-räumlichen Abschottung vom Klassengegner zu verbinden, stand im besten Einklang mit den Erfahrungen des großen Vorbilds Sowjetunion. Der Schutz der Staatsgrenze zu den westlichen Nachbarn war dort unverrückbare Staatsdoktrin, und blieb es auch, nachdem sich diese Nachbarn als Ergebnis des Zweiten Weltkrieges von Feindstaaten in »Bruderstaaten« verwandelt hatten[1]. Neben den Piloten und Polarforschern verkörperten in der Ära der Stalinherrschaft die Grenztruppen das sowjetische Heldentum[2]. Auch der SED-Führung galt die Durchlässigkeit der innerdeutschen Grenze zum Imperialismus als unerträglicher Sonderfall, mit dem sie sich nicht abfinden *wollte* und nicht nur bei Strafe ihres Untergangs nicht abfinden *konnte*. Die Maßnahmen des 13. August 1961, die den unmittelbar bevorstehenden Staatsbankrott abwendeten, standen daher für mehr. Mithilfe des Mauerbaus und seiner Folgen im Innern der DDR lässt sich wie durch ein Prisma beobachten, wie Kommunisten sich die Konstruktion einer neuen Gesellschaft vorstellten und wie sie diese Vorstellung in die Tat umsetzten. Er war nicht nur eine kurzfristige Antwort auf eine Notsituation, die man selbst heraufbeschworen hatte, er war zugleich ein notwendiger Durchgangspunkt kommunistischer Gesellschaftspolitik.

Das Prinzip der undurchlässigen Staatsgrenze, deren »Verletzung« dem Eindringen in ein militärisches Sperrgebiet gleichkam, hatte sich bereits im Laufe des ersten Jahrzehnts ihrer Existenz als Überlebensprinzip der Sowjetmacht herausgebildet. Mit der von Stalin 1926 durchgesetzten Wende zum Aufbau des »Sozialismus in einem Land«, also dem vorläufigen Verzicht auf den Export der Revolution in das angrenzende Europa, erhielten die Staatsgrenze und mit ihr die Grenzgebiete Richtung Westen eine neue strategische Funktion und Bedeutung. In den ersten Jahren nach Ende des Bürgerkrieges hatten die Bolschewiki zunächst das sogenannte Piemont-Prinzip angewandt: Demnach sollte etwa die sowjetische Ukraine als neuer nationalstaatlicher Kern für den Zusammenschluss mit den in den Nachbarstaaten Polen, Tschechoslowakei und Rumänien lebenden Ukrainern dienen, ähnlich der Vorreiterrolle, die das Königreich Piemont ein halbes Jahrhundert zuvor beim italienischen Einigungsprozess gespielt hatte[3]. Eine ähnliche Rolle war dem von Finnen besiedelten Karelien im Verhältnis zum erst seit kurzem vom Zarenreich emanzipierten Finnland zugedacht. Die Bolschewiki suchten ethnische Gemeinsamkeiten der Bewohner beiderseits der Staatsgrenze als Hebel zur Destabilisierung benachbarter antikommunistischer Regime zu nutzen und tolerierten daher die von alters her praktizierte Durchlässigkeit der Grenze in den gemeinsamen Verkehrsräumen.

Das Ende der Politik des Revolutionsexports nahm der durchlässigen Grenze ihren Sinn. Mit ihrer Abschottung gegen die gefährlichen Einflüsse des Gegners entwickelten die Bolschewiki erstmals jene uns aus der Geschichte des Eisernen Vorhangs vertraute Infrastruktur eines durch mehrfach gestaffelte Aufenthalts- und Zugangsberechtigungen gegliederten Grenzgebiets, in dem die Sicherheitsorgane des Zentralstaates das politische, wirtschaftliche und soziale Leben bis ins Kleinste regelten. Diese Unterstellung ganzer Gemeinden und Gebiete unter die Kontrolle von Geheimdienst und Parteispitze verwandelte die Grenzgebiete in Modellregionen für den Aufbau des Sozialismus. Hier führte die Sowjetmacht die gesellschaftliche Transformation in besonderer Reinheit und Konsequenz durch. Dazu gehörten nicht nur die Zwangsumsiedelung »gefährlicher Elemente«, und später, während der Massenoperationen 1937/38, deren tausendfache Erschießung, sondern auch die raschere und brutalere Durchsetzung der Kollektivierung zu Beginn der dreißiger Jahre und die Ansiedlung strategisch bedeutsamer Industriebetriebe in einem bis dahin unterentwickelten Gebiet. Die Grenze und die ihr vorgelagerten Territorien wurden im mehrfachen Sinn zur Front: zum Frontgebiet gegenüber dem Klassenfeind, aber auch zum bislang von der Moderne kaum berührten Grenzland, ähnlich der nordamerikanischen *frontier*, in der in scharfer Abgrenzung vom »Anderen« jenseits der Grenze eine neue Zivilisation errichtet wurde[4]. Dieses spezielle, vom Landesinneren unterschiedene Regime der intensivierten parteistaatlichen Durchdringung lässt sich als konsequente Ver-Räumlichung der obsessiven Vorstellung vom »objektiven« Gegner beschreiben, ein Begriff, dem nach Hannah Arendt eine zentrale Stellung im »Rechtsdenken der totalitären Herrschaftsform« zukam[5].

Als nun deutsche Kommunisten, in Moskau geschult und dem sowjetischen Modell verpflichtet, sich mit der Aufgabe konfrontiert sahen, an der Nahtstelle der verfeindeten Weltsysteme ein separates deutsches Staatswesen zu errichten, griffen sie auf diese erprobten Prinzipien zurück und passten das sowjetische Vorbild nationalen Bedingungen so gut es eben ging an. Bereits die Einführung des Grenzregimes an der innerdeutschen Demarkationslinie 1952 war aufs Engste mit dem Parteikonferenzbeschluss, sofort die »Grundlagen des Aufbaus des Sozialismus« zu schaffen, verknüpft gewesen. In den Wochen nach dem 13. August 1961 wurde nicht nur die Grenze um Westberlin herum dicht gemacht und das Grenzgebiet von »asozialen Elementen« gesäubert. Das Gleiche erfolgte nun schon zum zweiten Mal nach dem Frühsommer 1952 an der innerdeutschen Grenze[6]. Sie war im Vergleich zu späteren Jahren bis dahin immer noch relativ »porös« geblieben[7]. Die SED-Führung hatte in den Propagandaschlachten gegen die Bundesrepublik während der fünfziger Jahre immer wieder versucht, die nationale Karte zu spielen und damit in abgeschwächter Form das Piemont-Prinzip auf die deutschen Nachkriegsverhältnisse anzuwenden: Demnach repräsentierte die DDR den einzigen zukunftsträchtigen Staat der Deutschen nach 1945, dem sich die in der amerikanisch-imperialistischen Kolonie Westdeutschland lebenden Bürger anschließen sollten. Im Sommer 1961 war auch im äußersten Westen des sowjetischen Imperiums der Kurswechsel in Richtung auf den Aufbau des »Sozialismus in einem Land« mit nahezu undurchdringlicher Grenze endgültig vollzogen. Zwar litt dieses kühne Projekt unter dem Geburtsfehler, sich im Unterschied zu den benachbarten Volksrepubliken mit der wenig glaubhaften Vision eines »Sozialismus in einem halben Land« (Dietrich Staritz)[8] begnügen zu müssen. Dennoch gewann die SED-Führung durch die Abriegelung ihres Herrschaftsbereichs vom Westen zusätzliche Möglichkeiten, den gesellschaftspolitischen Raum im Innern dieses »Schutzwalls« auf spezifisch staatssozialistische Weise neu zu gestalten.

Auch nach der Abschottung lauerte der Klassengegner immer noch überall – nicht nur im Grenzgebiet, sondern auch weiter entfernt, im Hinterland. Im Grunde genommen war die DDR rein räumlich gesehen so klein, dass sein Arm überallhin reichte. Zum Ungemach der SED vervielfachte die bloße Existenz Westberlins die schädlichen Kontaktmöglichkeiten mehr oder weniger im ganzen Herrschaftsgebiet. Das galt es überwachend und verbotene Kontakte unterbindend im Griff zu behalten. Und das ging am besten durch Mobilitätsverbote: Dazu gehörten nicht nur die Regulierung aller Reisetätigkeit, ob West oder Ost, und das Regime der Grenzgebiete mit seinen speziellen Aufenthaltsgenehmigungen für die Ortsansässigen, Pendler und Besucher. Dazu gehörten auch von Gerichten ausgesprochene Aufenthaltsauflagen gegen sogenannte »Asoziale« und andere dem Regime missliebige Personen, die bestimmte Teile des Territoriums der DDR nicht verlassen bzw. betreten durften; eine bis zum Ende ihrer Existenz in bestimmten Situationen angewandte Methode polizeistaatlicher Gefahrenabwehr[9]. Das entsprach insgesamt der kommunistischen Regimen eigenen Regierungstechnik, allen Gesellschaftsmitgliedern ihren festen Platz, durchaus auch im räumlichen Sinne, zuzuweisen. Hinter dem westlichen Transitreisenden beim Besuch in den Mitropa-Restaurants so fremd anmutenden Hinweisschild »Sie werden platziert« verbarg sich mehr als der Ordnungssinn des Bedienungspersonals. Es handelte sich um einen Sinnspruch für die eine Mobilität systematisch einschränkende Seite staatssozialistischer Gesellschaftspolitik.

Auf der anderen Seite jedoch wollte dieser Staat seine Bürger und Bürgerinnen in Bewegung setzen. Keiner durfte zurückbleiben. Die auf dem V. Parteitag 1958 beschlossene ökonomische Hauptaufgabe und die sie begleitende »Kulturrevolution« stellten den Versuch dar, die Gesellschaft in ihrer ganzen Breite auf den Weg des Sozialismus zu bringen: »Arbeite mit! Plane mit! Regiere mit!« war die Parole dieser Jahre. Eine Reihe von Politbürobeschlüssen und Initiativen jener Jahre standen ganz im Zeichen der gezielten Aktivierung bestimmter Sozialgruppen: Die Kampagne der »Brigaden sozialistischer Arbeit« richtete sich an Arbeiter, vor allem an die jüngeren unter diesen. Das Kommuniqué »Die Frau, der Frieden und der Sozialismus« zielte auf einen Durchbruch der jahrelangen Bemühungen um berufliche Qualifizierung von Frauen, die Aufwertung ihrer Stellung am Arbeitsplatz und die Bereitstellung einer entsprechenden Infrastruktur an Kinderbetreuungseinrichtungen. Auch das zwei Jahre nach dem Mauerbau verkündete Kommuniqué des Politbüros »Der Jugend Vertrauen und Verantwortung« ist als eine kalkulierte Mobilisierung der nachwachsenden Generationen zum selbstbewussten Aufbegehren gegen verkrustete Strukturen in den Betrieben, Massenorganisationen und staatlichen Institutionen zu interpretieren – selbstverständlich im Rahmen der von der obersten Parteiführung gesteckten Grenzen.

Es fällt im Rückblick nicht schwer, diese Kampagnen als künstlich erzeugte Mitmacherei abzutun, die oberflächlich betrachtet kaum mehr als Lippenbekenntnisse und äußerliches Wohlverhalten zeitigten: Vor allem bei staatlich inszenierten Festlichkeiten und den die Einheit von Volk und Partei beschwörenden Ritualen auf Kongressen, bei Volksbefragungen und Wahlen ist das kaum zu übersehen. Forschungen zum DDR-Alltag haben jedoch gezeigt, dass auf der untersten Ebene des Gesellschaftsaufbaus viele DDR-Bürger und -Bürgerinnen durchaus von ernsthaftem Eifer beseelt zu Werke gingen. Sie »machten mit«, indem sie sich auf die vom SED-Staat angeordneten und zugleich angebotenen Möglichkeiten, die eigenen Lebensverhältnisse mitzugestalten und dabei vom SED-Staat übertragene Verantwortung zu übernehmen, einließen. Das traf keineswegs nur auf parteinahe Idealisten oder autoritätsgläubige Biedermänner und -frauen zu – im Gegenteil: Auch kritische Geister suchten nach Möglichkeiten, aus und in den vorhandenen Strukturen das Bestmögliche herauszuholen, sei es ganz persönlich für sich selbst, oder für ihr unmittelbares soziales Umfeld, oder weil sie im Rahmen des Sozialismus, wie sie ihn nun einmal vorfanden, etwas zum Besseren verändern wollten. Ein nach Millionen zählendes Netz von freiwilligen Aktivitäten und Ehrenämtern, im Bürokratendeutsch der Kaderakten meist unter der Rubrik »gesellschaftliche Tätigkeit« aufgeführt, war über das ganze (halbe) Land geworfen: von den gewerkschaftlichen Vertrauensleuten, den »freiwilligen Helfern der Volkspolizei«, über die Umweltschützer in der »Gesellschaft für Natur und Umwelt«, die Pflege von »Volkskultur« im Kulturbund, bis hin zur Beteiligung an den Mach-mit!-Kampagnen der Nationalen Front unter dem Motto »Unser Dorf soll schöner werden!«. Überall waren der DDR-»Bürger« und die DDR-»Bürgerin« – bewusst als solche und nicht als »Genosse« oder »Genossin« angesprochen – aufgefordert, sich zum Wohl aller und damit ihrer selbst einzubringen[10].

Viele – daran kann mittlerweile kein Zweifel bestehen – folgten der Einladung, setzten sich ein Stück weit in Bewegung – und stießen dabei rasch an die vom Parteistaat gesteckten *Grenzen*. Will man die prekäre Stabilität der DDR als politisches Gemeinwesen verstehen, so muss dieses Neben- und Ineinander von rigider äußerer Begrenzung des territorialen Bewegungsraums und fortwährender Mobilisierung zur »gesellschaftlichen Tätigkeit« immer mitgedacht werden. Die Motive und politischen Einstellungen derjenigen, die sich in der eigenen Lebenswelt, im Betrieb und im Wohngebiet engagierten, konnten recht unterschiedlich sein: Die einen taten es trotz ihrer – negativen –, die anderen wegen ihrer – positiven – Einstellung zum SED-Staat, die einen, um dem Siegeszug des Sozialismus nach bestem Wissen und Gewissen auch in ihrem Dorf oder in ihrer Stadt zum Durchbruch zu verhelfen, die anderen, um den schlimmsten Auswüchsen staatlicher Gängelei und Fehlplanung wenigstens vor Ort, in ihrem Hinterhof gewissermaßen, die Spitze zu nehmen, wieder andere hatten »nur« ihre persönlichen Interessen im Blick, vielen unter diesen ging es vor allem auch um Geselligkeit, Selbstverwirklichung und soziale Anerkennung, oder, despektierlich ausgedrückt, um Gschaftlhuberei und Wichtigtuerei.

Allen gemeinsam war aber, dass ihr Engagement in die rigiden zentralistischen Kommandostrukturen der DDR als »Organisationsgesellschaft« (Detlef Pollack)[11] eingebunden war. Jede der Großorganisationen, die für die Anleitung und materielle Absicherung der verschiedenen Bereiche »gesellschaftlicher Tätigkeit« zuständig waren, hatte ihren eigenen Hauptamtlichen-Apparat, von der zentralen über die Bezirks- bis hinunter auf die Kreis- und gegebenenfalls auch Gemeindeebene. Diese Berufsfunktionäre von

Partei, Staatsapparat und Massenorganisationen unterlagen einer zuallererst am Machterhalt der Partei ausgerichteten Amtsdisziplin. Ihre Rekrutierung und Platzierung ausschließlich durch die Staatspartei war deren vornehmstes Herrschaftsprivileg, genannt Nomenklaturprinzip. Ihre Verwaltungsstäbe und Entscheidungsgremien bildeten eine nach unten hin abgeschlossene Arkansphäre der Herrschaftsausübung.

Diese Einteilung des Sozialraums DDR-Gesellschaft in die unzähligen Nahbereiche individueller Lebensführung und die direkt darüber beginnenden Arkansphären der Herrschaftsapparate bildete eine Grenze im Alltagsleben, die die allermeisten DDR-Bürger und -Bürgerinnen nur um den Preis von »Schwierigkeiten« in Gestalt von Vorladungen zur Beseitigung »ideologischer Unklarheiten« bis hin zu sicherheitspolizeilichem Auffällig-Werden eigen-sinnig überschreiten, mithin »verletzen« konnten. Um ein einfaches Beispiel zu nennen: Als Heimatschützer-Kollektiv Wanderwege zu markieren und Naturschönheiten zu dokumentieren blieb »harmlos«, die dabei beobachteten Waldschäden öffentlich zu diskutieren und in Eingaben an übergeordnete Stellen mit Fehlleistungen der Industriepolitik in Verbindung zu bringen konnte bereits als eine solche unbotmäßige Grenzverletzung gewertet werden. Das Wissen um die Existenz dieser unsichtbaren Grenze und um die Risiken, sie unbedacht oder wissentlich zu »verletzen«, war praktisches DDR-Bürgerwissen. Im eigenen und weniger im obrigkeitlichen Interesse »gesellschaftlich Tätige« mussten wissen, »wie weit« sie gehen konnten. Gelegentliches »Zu-weit-Gehen« musste immer wieder riskiert werden, um Handlungsräume auszuloten und neu auszuhandeln. Nur sehr wenige widerwillig geduldete »Hofnarren« konnten es sich erlauben, aus Prinzip und fortgesetzt »Zu-weit-zu-weit-zu-gehen«, ohne eingesperrt zu werden; Wolf Biermann hat dieses »zu weit Zu-weit-Gehen« stellvertretend für viele virtuos auf die Spitze getrieben und wurde folgerichtig bei sich bietender Gelegenheit – ausgesperrt[12].

Immer wieder begegnen wir bei unseren Streifzügen durch den DDR-Alltag diesen ehernen, die Lebenswelt in vielfacher Weise gliedernden und zerklüftenden Grenzziehungen. Jeder DDR-Bürger musste mit der Gegenwart der Kontroll- und Regulierungsansprüche der SED umzugehen wissen, um seinen Alltag zu bewältigen. Die möglichen Folgekosten eines »ungesetzlichen

Grenzübertritts« auch vor Ort waren allen bewusst. Angesichts der Durchgängigkeit dieser Strukturierung des sozialen Raumes der DDR halte ich es für angemessen, den SED-Staat als eine »Diktatur der Grenzen« zu charakterisieren[13]. Diese Diktatur bezog ihre Wirksamkeit zunächst aus der mit Tötungsgewalt und Justizterror geschützten Existenz der einen, uns allen sofort in den Sinn kommenden Grenze, der sogenannten »Staatsgrenze« zum Westen. Innerhalb dieser Grenze konnte und sollte jeder und jede an dem Platz, dort, wo ihn oder sie die allwissende Partei hingestellt hatte, seinen und ihren Beitrag zum Aufbau des Sozialismus leisten – aber auch bitte nur dort. Jenseits von Brigade und Arbeitskollektiv, jenseits des sozialistischen Dorfs oder Wohngebiets, jenseits der Schulklasse oder der örtlichen Kulturbundsparte und so weiter gab es so gut wie keine Institutionen, die sich für Aushandlungen materieller Interessen wie für die Artikulation sozialer und kultureller Bedürfnisse geeignet hätten. Das war nur *in den Grenzen* dieser Basisstrukturen zulässig und getreu der Parole »Arbeite mit! Plane mit! Regiere mit!« auch gewünscht.

Dabei blieben die DDR-Bürger keineswegs in politikferner Idylle sich selbst überlassen. Kaum ein Begriff hat die Beziehungen zwischen DDR-Bürgern und »ihrem« Staat irreführender gefasst als der der »Nische«[14]. Natürlich trachtete die SED danach, in diesen untersten, dem Horizont der Lebenswelten angepassten Struktureinheiten ihrer Herrschaft durch eigene Vertreter präsent zu sein. Überall sollte die führende Rolle der Partei zu sehen sein, auch wenn diese Genossen dabei oft genug eine schlechte Figur machten.

Im staatssozialistischen Alltag fungierten solche Menschen häufig als »Grenzwächter«, die für die weniger auf das Regime verpflichteten Bürger Drohung und Assistenz in einem bedeuten konnten. Im günstigsten Fall gelang es dem »Kollektiv«, seine Grenzwächter, etwa den ehrenamtlichen Parteisekretär oder die gewerkschaftliche Vertrauensfrau, so weit auf seine Interessen zu verpflichten, dass sie unerwartete und chaotisierende Eingriffe »von oben« abfederten, und sei es nur, um die für die Planerfüllung und den Verdienst erforderliche Kontinuität und Ruhe am Arbeitsplatz zu gewährleisten. Im schlimmsten Falle fungierten sie als Aufpasser vor Ort, die das Kollektiv möglichst zu isolieren trachtete. Irgendwo in der Mitte zwischen den Extrempolen ist das Verhalten der Mehrheit dieser zahllosen beruflichen wie ehrenamtlichen Basisfunktionäre der SED-Herrschaft zu verorten, jener hunderttausenden von Parteisekretären, gewerkschaftlichen Vertrauensleuten, Hausobleuten, Gemeinde-Bürgermeister und Konfliktkommissionsmitglieder[15].

In dieser Eigenschaft als Grenzwächter konnten sie durchaus im Interesse ihrer Klientel handeln, da sie natürlich – parteilich geschult – ein genaues Gespür für die ungeschriebenen Regeln im Umgang mit den Prärogativen der Partei entwickelt hatten. Jan Palmowski berichtet in einem Porträt eines Kulturbundkreissekretärs im thüringischen Mühlhausen von den »drei Prinzipien«, die dieser laut Selbstauskunft zu beherzigen gelernt hatte, um den Interessen der ihm anvertrauten Briefmarkensammler, Hobbyastronomen und anderen Idealisten zu entsprechen: »Erstens: keine Kritik an der Partei, aber nicht die geringste. Auf deutsch gesagt: Arschleckerei bis zum geht nicht mehr. Auch in fachlichen Fragen, man könnte zig Beispiele erzählen, wo's nicht um politische Fragen sondern [um] fachliche Fragen ging: die hatten immer Recht. Und diesen Auseinandersetzungen mußte man aus dem Wege gehen. Die brachten gar nischt.«[16]

Das zweite Prinzip bestand darin, im Namen des Kulturbundes keinerlei Kontakte mit Personen oder Organisationen im Ausland, einschließlich der sozialistischen »Bruderstaaten«, zu unterhalten, und zum dritten waren auch institutionelle Kontakte zur Kirche tabu[17].

Diese der kruden Praxis des organisatorischen Kleinkleins im Kulturbund der Honeckerjahre entnommenen Handlungsmaximen veranschaulichen das Ineinandergreifen der politischen, räumlichen und weltanschaulichen Grenzziehungen der Diktatur: Die eigene Zuständigkeit für die ihm anvertrauten »Sparten« von Numismatikern, Briefmarkensammlern, Volkstanzgruppen und Malgruppen über den zugewiesenen und anvertrauten Raum hinaus auszudehnen, war identisch mit dem Eingriff in herrschaftliche Vorrechte und konnte nur in der Beschädigung der Zuständigkeit münden. Das hätte wiederum die bescheidenen Entfaltungsmöglichkeiten der angeführten Hobbyisten geschmälert. Die Diktatur der Grenzen war in die *der* Grenze gewissermaßen eingehängt.

Wenn wir Palmowskis beeindruckender Studie über die Heimatarbeit in der DDR[18] als letztlich missglückten Versuch, eine

»sozialistische Nation« zu erfinden, folgen, dann nötigte diese Verschränkung von aufgeherrschter räumlicher und sozialer Selbstbegrenzung ihren Bewohnern eine auf die Gestaltung ihrer lebensweltlichen Nahbereiche fixierte Soziabilität auf. Die daraus gewonnenen lokalen und regionalen Identitäten kehrten sie einerseits – mitunter durchaus erfolgreich – gegen den arroganten Vorranganspruch des autoritären und im Namen des Sozialismus nivellierenden Zentralismus. Palmowski schildert einige beeindruckende Beispiele dieses eigen-sinnigen Lokalismus und seiner Wirksamkeit in den Grenzen der SED-Herrschaft. Zugleich aber hieß es im Lied von Udo Lindenberg, dem unter den DDR-Bürgern beliebtesten aller westdeutschen »Schlagerfuzzis«: »Hinterm Horizont geht's weiter«[19]. Das dank der Teilhabe an der westlichen Medienkommunikation tagaus, tagein erneuerte Wissen um die zutiefst prekäre Souveränität des SED-Staats ließ den Blick immer wieder über die inneren und äußeren Grenzen hinausschweifen. Dem musste die Partei- und Staatsführung irgendwann ihren Tribut zollen: Im Zuge von internationaler wie innerdeutscher Entspannungspolitik wurde die Staatsgrenze dank der großzügigeren Genehmigung von Westreisen wieder porös. Während der achtziger Jahre fanden immer mehr DDR-Bürger und -Bürgerinnen Gelegenheit, den Westen zu besuchen und mit allen sieben Sinnen zu erkunden und zu erleben. Die Rückkehr in die Heimat führte Zehntausenden die bittere Kehrseite dieses Realitätsschocks vor Augen. Massenhaft kam die Zuversicht, in den Grenzen der ostdeutschen Diktatur ein sinnvolles Leben zu verbringen, abhanden. Folgerichtig begannen auch im Innern der DDR die institutionellen und ideologischen Mauern zu bröckeln. Mit der äußeren Grenze stürzte auch das ausgeklügelte System innergesellschaftlicher Schottenkammern, Schleusen und Sonderzonen wie ein Kartenhaus zusammen und machte einem Aufbruch freier Assoziationen Platz.

GERHARD SÄLTER
DIE SPERRANLAGEN, ODER: DER UNENDLICHE MAUERBAU

Der Mauerbau begann am 13. August 1961, ohne dass überhaupt Mauern errichtet wurden: Zunächst wurde nur Stacheldraht ausgelegt, und bewaffnete Einheiten der Kampfgruppen, der Volkspolizei und der Grenzpolizei bewachten die Grenze. Der Stacheldraht erwies sich jedoch bald als Provisorium. Seitdem waren Mauern und Grenzanlagen einem Prozess ständiger Veränderung und Vervollkommnung unterworfen, um ihre »Sperrsicherheit« zu gewährleisten und sie veränderten Sicherheitsanforderungen anzupassen.

Bisher wurden gelegentlich verschiedene »Generationen« der Mauer unterschieden, wobei als Unterscheidungsmerkmal vor allem die dem Westen zugewandte Grenzmauer diente, die dem Grenzstreifen für westliche Beobachter sein jeweils typisches Gesicht verlieh[1]. Die zunächst errichtete Mauer aus großen Betonquadern und Hohlblocksteinen mit Y-förmigen »Abweisern« wurde 1963 an den früheren Straßenübergängen durch Mauern aus Straßenbauplatten ergänzt. Seit 1965 kam dazu als »dritte Generation« eine Mauer aus Betonplatten, auf die als Letzte die seit 1977 errichtete »Grenzmauer 75« folgte[2]. Da Letztere bis 1990 stand und deshalb mit der medialen Wahrnehmung des Mauerfalls im November 1989 verknüpft ist, wurde sie zum Symbol für die Berliner Mauer schlechthin.

Die Veränderung der Grenzmauer ist im Westen intensiv beobachtet und dokumentiert worden. Die Ausbaumaßnahmen hinter der Mauer dagegen, die für die Abwehr von Fluchtversuchen ausschlaggebend waren, wurden weniger akribisch festgehalten. Die Differenzierung nach vier »Generationen« repräsentiert demnach eine genuin westliche und vor Öffnung der Archive entstandene Sichtweise. Sie vernachlässigt die Veränderungen der komplexen Sperranlagen hinter dieser Mauer. Demgegenüber scheint es sinnvoller, von drei sich überlagernden Ausbauphasen zu sprechen: Die erste Phase der Improvisation, in der die ersten Mauern errichtet wurden, eine zweite Phase ab Mitte der sechziger Jahre, in der die »moderne Grenze« mit ihrem tief gestaffelten Grenzstreifen entstand, und die letzte Phase, die mit den Planungen für die »Grenzmauer 75« einsetzte[3]. Allerdings ist der Mauerbau von Ungleichzeitigkeiten geprägt. Die Ausbauphasen überlagerten sich, und einige Elemente der Grenzanlagen aus der jeweils vorhergehenden Phase wurden weiterverwendet.

Mauerbau an der Grenze zu Kreuzberg, August 1961

Der Ausbau der Grenzanlagen war durch vier verschiedene Planungsmodalitäten bestimmt: erstens planvolles Bauen nach politischen Vorgaben der SED-Führung und konkreter Planung durch die Stäbe der Grenztruppen; zweitens der stetige kleinteilige Ausbau vor Ort entsprechend den lokalen Gegebenheiten; drittens das ständige Ersetzen schadhaft gewordener Elemente, wobei teilweise modernere Anlagen solche älteren Typs ersetzten; und viertens schließlich die Veränderung der Grenzsperren aufgrund der systematischen Auswertung der gelungenen Fluchten und unterbundenen Fluchtversuche durch die Grenztruppen und die Staatssicherheit. Während in den ersten Jahren der kleinteilige und teilweise behelfsmäßige Ausbau mit örtlichem Bezug vorherrschte, folgte der Grenzausbau seit Mitte der sechziger Jahre mehr zentralen Planungsvorgaben, die eine Uniformität der Sperranlagen bewirkten.

Die erste Ausbauphase bis 1965

Am 13. August war an der Grenze zwischen den beiden Stadthälften zumeist nur Stacheldraht in Rollen lose ausgebracht worden. Vielerorts wurde das Pflaster der Straßen aufgebrochen, um sie für Fahrzeuge unpassierbar zu machen, und die ersten Stacheldrahtzäune errichtet[4]. Erst als klar wurde, dass die Westalliierten die Absperrung des Ostteils der Stadt hinnehmen würden, ließ die SED sie verfestigen. Seit dem 14. August ersetzten Bauarbeiter den Stacheldraht durch Mauern. Bereits im September war die gesamte Grenze zwischen Ost- und West-Berlin mit Mauern bewehrt, soweit die topografischen und baulichen Gegebenheiten dies zuließen. Häufig wurden vorhandene Baulichkeiten in diese Mauer integriert. Ende Oktober bildete die Staatssicherheit, die weder der Volkspolizei noch dem Militär ausreichend vertraute, eine Kommission, die die Grenzanlagen in Augenschein nahm und Vorschläge für den »Endausbau« vorbereitete[5].

Ende des Jahres kamen weitere Sperrelemente hinter der Grenzmauer hinzu: An einigen auf die Mauer zuführenden Straßen wurden Betonplatten ausgelegt oder Stahligel aus Eisenbahnschwellen aufgestellt, um Fluchten mit Autos zu verhindern. Vielerorts begannen Grenzer, in einem Abstand von mehreren Metern hinter der Mauer einen Zaun zu errichten oder direkt Stacheldraht lose auszulegen, damit niemand mehr an sie herankam[6]. Seit September 1961 wurden zudem in einem gewissen Abstand von der Mauer Sichtblenden errichtet, um Kontakte zwischen Ost und West durch Rufen und Winken zu unterbinden und die Einsicht in das Ost-Berliner Hinterland vom Westen aus zu erschweren. Alle Häuser, die direkt an der Grenzlinie standen, wurden zwangsweise geräumt und die Fenster und Türen vermauert. Mitte Dezember 1961 zog die Staatssicherheit eine positive Bilanz des Grenzausbaus[7].

Anders als an der Sektorengrenze zwischen den Stadthälften sah es am Außenring aus, der Grenze zwischen West-Berlin und dem heute zu Brandenburg gehörenden Umland. Dort bestanden vielerorts schon Stacheldrahtzäune, die seit Januar 1961 verstärkt worden waren. Innerhalb einer Woche wurden im August weitere Zäune gesetzt, um noch vorhandene Lücken zu schließen[8]. Bis Ende 1961 war eine Grenzsperre aus zwei bis drei Reihen Stacheldraht entstanden, die in der Folge weiter ausgebaut wurde und 1962 eine breite, mit Zäunen bewehrte Schneise bildete[9].

1962 setzte sich der Ausbau der Grenzanlagen kleinteilig fort. In der Innenstadt wurden steinerne Postenstände gebaut, die den Grenzern eine erhöhte Blickposition boten. Es handelte sich um provisorische, drei und fünf Meter hohe Türme, die über kleine Fenster, Sehschlitze und Schießscharten verfügten. Diese Unterstände wurden in den folgenden Jahren um ein zweites Stockwerk aufgestockt, von dem aus ein besserer Überblick über die Grenzanlagen und das Hinterland möglich war[10]. Gleichzeitig dehnten sich Grenzsperren als örtliche Verstärkungen in das hinter der Grenzmauer liegende Gelände aus, in dem aber noch kein einheitlicher Grenzstreifen entstand. Grenzbeleuchtung erhellte nachts die Mauer und das dahinter liegende Gebiet. Dächer von grenznahen Häusern wurden mit Stacheldraht abgesichert. Einzelne Sperrgräben verhinderten Fluchtversuche mit Kraftfahrzeugen[11].

Nachdem der SED-Führung deutlich geworden war, dass die Sowjetunion keinen gesonderten Friedensvertrag mit der DDR abschließen und sie deshalb auch nicht die Kontrolle über die Verkehrswege von und nach Berlin einschließlich der Luftkorridore erlangen würde, begannen Planungen für den weiteren Ausbau der Grenzanlagen[12]. Grundlage dafür wurde ein Beschluss des Nationalen Verteidigungsrats vom 30. Mai 1962, der die Ausdehnung der Grenzanlagen auf einen zehn bis hundert Meter breiten Streifen hinter der Mauer vorsah. In fluchtgefährdeten Abschnitten sollten zusätzliche Zaunsperren aus Stacheldraht angebracht und die Grenzmauer verstärkt werden. Außerdem ordnete der Verteidigungsrat an, auch die Wassergrenze mit Sperren zu sichern und – nach der bereits 1961 mit Sperren versehenen Kanalisation – die Wasserleitungen gegen Flucht zu sichern[13]. Der seit August 1962 für die Grenztruppen und die Berliner Mauer zuständige Stadtkommandant, General Poppe, bewertete die Sperranlagen im September 1962 als unzureichend, da sie »durch Grenzverletzer ohne besondere Hilfsmittel überwunden werden« könnten. Die vom Verteidigungsrat angewiesenen Ausbaumaßnahmen sollten in zwei Etappen bis 31. Dezember 1962 und bis 30. April 1963 erfolgen[14].

Auch nachdem diese Baumaßnahmen im Mai 1963 abgeschlossen waren, waren die Verantwortlichen Grenzoffiziere damit noch unzufrieden. Mittlerweile war hinter der Grenzmauer eine Vielfalt ergänzender Sperren entstanden, die weit nach Ost-Berlin hineinreichten. Trotzdem sei es, so ein Oberst, Flüchtlingen noch immer möglich, »bis an das vordere Sperrsystem heranzukommen und bei ungenügender Wachsamkeit der Grenzposten« die Mauer zu überwinden. Der unzureichende Ausbau hindere »die 1. Grenzbrigade, eine 100 %ige Garantie für die Verhinderung von Grenzdurchbrüchen zu schaffen, soweit diese durch das System der Pioniersperren zu schaffen ist«[15]. Hier wird eine Handlungslogik sichtbar, die bis in die achtziger Jahre fortwirkte, als finanzielle Aspekte zunehmend relevant wurden. Die Grenzoffiziere, die sich für jede gelungene Flucht persönlich zu verantworten hatten, beschrieben den jeweiligen Ausbauzustand der Grenzanlagen als kritisch, so schon im Vorhinein eine Entschuldigung für jede erfolgreiche Flucht vorbringend. Ihre Vorgesetzten und die SED-Führung lasen solche Berichte als Alarmmeldung und beauftragten daraufhin weitere Ausbaumaßnahmen.

Behelfsmäßiger Wachturm am Potsdamer Platz, 1962

Im Sommer 1963 war hinter den Grenzanlagen ein Sperrgebiet geschaffen worden, das nur mit besonderer Erlaubnis betreten werden durfte. Davon waren etwa 16 000 Bewohner und weitere 16 000 Beschäftigte betroffen[16]. In Zusammenhang damit setzten im Juli 1963 weitere Baumaßnahmen ein, die bis Ende des Jahres die Sperranlagen komplettieren sollten. An besonders fluchtgefährdeten Stellen sollten sie so ausgebaut werden, »daß ein Kfz.-Durchbruch durch die Staatsgrenze nach Westberlin unmöglich ist«. In einer Entfernung von bis zu 75 Metern waren hinter der Mauer Vorfeldsperren aus Maschendraht anzulegen, »um eine Annäherung von Personen an die Staatsgrenze zu verhindern«. Außerdem wurden die unter Ost-Berlin durchführenden Strecken der U- und S-Bahn, die von West-Berlin nach West-Berlin fuhren, mit Sperren versehen, um sie als Fluchtwege unbrauchbar zu machen[17]. Diesem Plan wurde erstmals ein Prinzipienschema für die Gestaltung von Grenzanlagen beigegeben. Solche Planskizzen normierten, differenziert nach offenem und bebautem Gelände, in der Folgezeit das Anlegen des Grenzstreifens und die Situierung der verschiedenen Sperren darin[18].

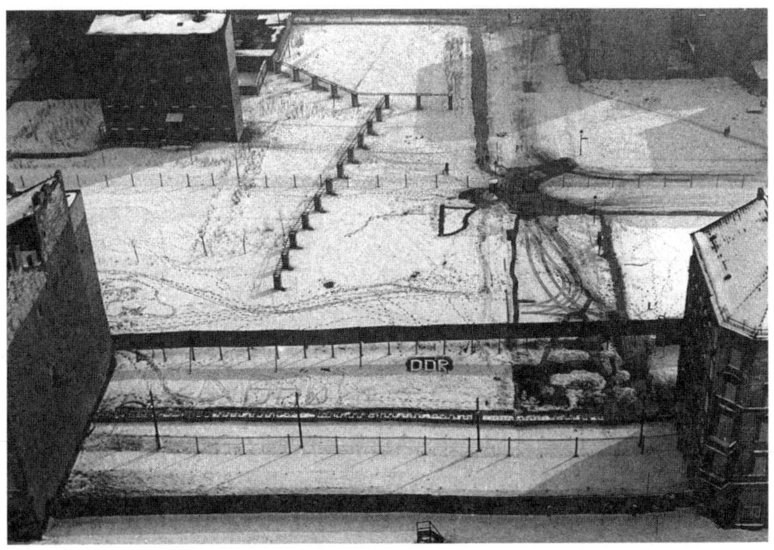

Ecke Bernauer Straße/Ruppiner Straße, 1962

1964 und 1965 waren die Ausbaumaßnahmen im Wesentlichen darauf gerichtet, durch kleinteiligen Ausbau die »Sperrfähigkeit« der vorhandenen Anlagen zu erhöhen, die Wassersperren auszubauen und weitere Sperrelemente zu entwickeln[19].

Die Errichtung der »modernen Grenze« seit Mitte der sechziger Jahre

Planungen des Berliner Stadtkommandanten, die eine umfassende Erneuerung der seit 1961 mehr oder weniger provisorisch angelegten und seit 1962/63 etwas vereinheitlichten Grenzsperren bis 1970 vorsahen, leiteten die zweite Ausbauphase ein. Die seit 1966 als »moderne Grenze« errichteten Grenzanlagen waren die erste zentral konzipierte und systematisch geplante Grenzbefestigung[20].

Grundgedanke der jetzt einsetzenden zentralen Ausbauplanung für alle Grenzabschnitte war, »den weiteren Ausbau der Sperranlagen nach einheitlichen Gesichtspunkten durchzuführen«. Die Grenzanlagen wurden zuvor getestet und nach Kriterien der Sperr-

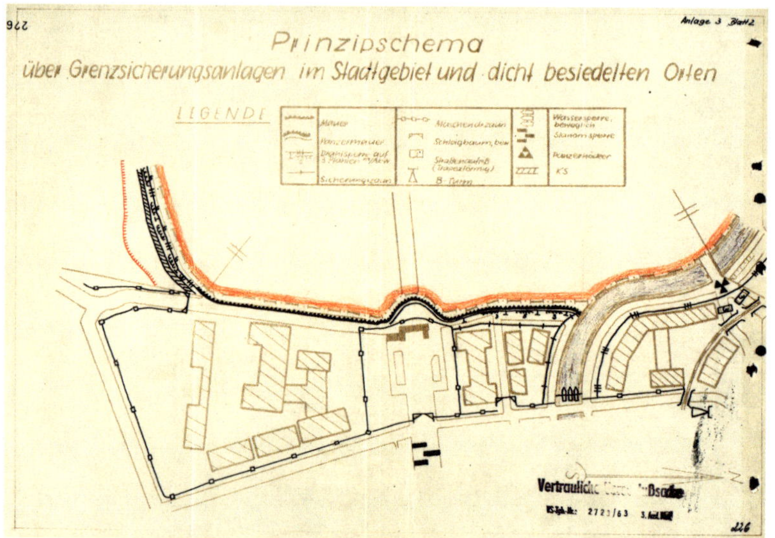

Sicherung am Brandenburger Tor: Skizze der Grenztruppen, 1963

wirkung und der Wirtschaftlichkeit zusammengestellt. Die Stadtkommandantur ließ mehrere Varianten als Mustergrenzstreifen im Truppenübungsplatz Streganz testen, um »die Zweckmäßigkeit, die Funktionstüchtigkeit und die taktische Anordnung der Elemente« im Grenzstreifen »zu beweisen«[21].

Als Ergebnis der Tests wurde ein Konzept für den Grenzstreifen in zwei Varianten festgelegt: für bebautes Gelände in der Innenstadt und für unbebautes Gelände vor allem am Außenring. Wesentliche Elemente bildeten die beiden Sperren, die den Grenzstreifen einfassten. Die nach West-Berlin weisende Grenzmauer bestand aus Betonplatten, die von in den Boden eingelassenen Stahlträgern gehalten wurden, und war von einem mit Stahlbändern befestigten Rohr bekrönt. In Richtung Ost-Berlin wurde der Grenzstreifen mit einem Zaun gesperrt. Der Grenzstreifen bestand seitdem in der Innenstadt aus folgenden Elementen:

1. Hinterlandsicherungszaun aus Streckmetall (Typ Spremberg), der den Zugang zum Grenzstreifen verwehrte;
2. in zwei bis fünf Metern Entfernung vom Sperrzaun einem Signalzaun (Typ SZ 64), der Flüchtlinge beim Übersteigen durch akustische und optische Signale anzeigte (Signalhorn und Rundumleuchte);
3. in fluchtgefährdeten Bereichen (»Schwerpunktrichtungen«) Signalgeräte »mit Schußwaffencharakter« (Typ SG 5), wobei es sich nicht um Selbstschussanlagen, sondern um Stolperdrähte handelte, die mit Signalgebern verbunden waren;
4. in solchen Bereichen dazu einer »Flächensperre« (Typ FS 64) in sechs Meter Tiefe, die aus Metallgittern bestand, auf denen nach oben weisende Metallzinken angebracht waren; sie sollten etwa ein Abspringen vom Zaun in den Grenzstreifen entweder verhindern oder dabei schwere Verletzungen verursachen;
5. einem Kolonnenweg von etwa 3,50 Meter Breite aus Gussbeton, auf dem sich die Grenztruppen im Grenzstreifen bewegten;
6. Führungstürmen für die Kommandeure, von denen aus die Grenzüberwachung gesteuert und überwacht wurde, sowie Beobachtungstürmen für Grenzposten (Rundumblicktürme vom Typ BT-64 und P-64) mit einem bis zu zwanzig Meter breiten Grenzstreifen;
7. Grenzbeleuchtung (Lichttrasse) mit hellen Lampen zur Ausleuchtung des Grenzstreifens;
8. einem durchgehenden Kontrollstreifen von sechs Meter Breite (sogenannter K 6) zur Spurensicherung, um erfolgreiche Fluchten im Nachhinein dokumentieren zu können;
9. in Beton eingelassenen Stahligeln als Kraftfahrzeugsperre, alternativ dazu Sperrgraben;
10. einem unterirdisch verlegten Telefonnetz für die Kommunikation der Grenzposten mit ihren Vorgesetzten;
11. einem weiteren Geländestreifen mit einer Breite von bis zu 40 Metern, der gegen West-Berlin mit einer letzten Sperrmauer von drei Meter Höhe begrenzt war. Die Grenzmauer sollte eine Distanz von zwei bis fünf Meter zur Staatsgrenze einhalten.

In der Variante »Innenstadt« betrug der getestete Mittelwert für die Überwindung der Sperranlagen 100 Sekunden, wobei dieser Wert allerdings »ohne Einflußnahme der Grenzposten« ermittelt worden war. Die Erprobungskommission wies darauf hin, dass

Todesstreifen über den Friedhof der Ev. Sophien-Gemeinde an der Bernauer Straße, 1969

die vorgeschlagenen Sperranlagen ihre Wirksamkeit letztlich nur durch die bewaffnete Bewachung durch die Grenztruppen erhalten würden und »ohne ausreichende Sicherung durch Feuer« relativ leicht zu überwinden seien[22].

Bei der Umsetzung der Planungen gab der tatsächliche Grenzverlauf zunehmend weniger den Ausschlag für den Verlauf der Sperranlagen, der nun der Maßgabe folgte, den Grenzposten ausreichendes Sicht- und Schussfeld zu bieten. Deshalb wurden nach West-Berlin hineinragende Geländeabschnitte gelegentlich abgeschnitten. Für den Grenzausbau wurden in erheblichem Ausmaß Stadtstrukturen vernichtet: Wohngebäude, Betriebe, Kleingärten und sogar Friedhöfe mussten der Grenze weichen.

Die neuen Grenzanlagen sollten bis zum 20. Jahrestag der Staatsgründung 1969 fertig sein[23]. Ein erster Grenzabschnitt wurde 1965 zur praktischen Erprobung auf sechs Kilometer Länge am Außenring gebaut. 1966 begann der flächendeckende Ausbau des neuen Grenzstreifens. Einige Elemente wurden gegenüber den geplanten ausgetauscht. Beispielsweise gehörten nunmehr Signalzäune vom Typ »Grenzsignalzaun II«, der mit Stacheldraht und Signaldrähten bestückt war, zum Standard der Sperranlagen, mit dem bis Ende 1970 98 Kilometer versehen waren[24]. Im Dezember 1970 meldete der Stadtkommandant die Erfüllung des Plans: Die »moderne Grenze« war fertig. Seitdem wurde der Ausbau des Grenzstreifens zunächst mit verminderter Intensität weitergeführt. Für den Zeitraum bis 1975 plante der Stadtkommandant keine größeren Baumaßnahmen mehr[25].

Das Grenzkommando Mitte, seit 1971 für die Mauer in Berlin zuständig, differenzierte den Zustand des Grenzstreifens 1975 nach zwei Ausbaustufen. Ein Grenzstreifen der ersten Ausbaustufe bestand aus der Grenzmauer, Kfz-Sperre aus Graben oder Höckersperre, Kolonnenweg, Kontrollstreifen, Beobachtungstürmen und Führungsstellen sowie dem Grenzsignalzaun. In der zweiten Ausbaustufe kamen hinzu: Beleuchtungsanlagen, Hinterlandzaun, Hundelaufanlagen und gegebenenfalls Wassersperren. Die Beobachtungstürme waren so postiert, dass sich das Sicht- und Schussfeld ihrer Besatzungen überschnitt. Der Hinterlandzaun war zu dieser Zeit nur in »gefährdeten Abschnitten« als erstes Sperrelement vorgesehen, eine Hinterlandmauer sollte statt des Zaunes nur in besonderen »Schwerpunktabschnitten« gebaut werden. Auch eine Lichttrasse war offensichtlich noch nicht überall installiert. Zum ausschließlich von den Grenztruppen zu benutzenden Telefonnetz gehörten Sprechstellen in allen Türmen und Bunkern sowie etwa alle 250 Meter entlang des Kolonnenweges[26].

Die letzte Ausbauphase von Mitte der siebziger Jahre bis 1989

Mit der Aufnahme in die UNO, der Aufnahme von diplomatischen Beziehungen mit der Bundesrepublik und der wachsenden internationalen Anerkennung der DDR als zweitem deutschem Staat begann die Parteiführung kritischer über die Außenwirkung ihrer Grenze nachzudenken. Seit Mitte der siebziger Jahre wurden solche Überlegungen bei den Planungen, Grenzmauer und Sperranlagen zu erneuern, zunehmend berücksichtigt. Den Baumaßnahmen gingen wiederum Tests voraus, in denen verschiedene Mauertypen auf ihre Sperrwirkung hin überprüft wurden. Hierbei waren neben funktionalen auch andere Gesichtspunkte zu berücksichtigen. Einerseits musste die Mauer nun billiger werden, weshalb Elemente zu verwenden waren, die ohnehin produziert würden und die nicht besonders für die Grenztruppen angefertigt werden mussten. Andererseits sollte die Grenzmauer nunmehr auch ästhetischen Vorstellungen entsprechen. General Peter, der Kommandeur der Grenztruppen, verlangte: »Das äußere Bild der Mauer muß den Ansprüchen zum Ausbau der Staatsgrenze im Abschnitt der Hauptstadt der DDR entsprechen.«[27]

Im Mai 1974 wurden verschiedene Typen von Fertigbauelementen für den Grenzausbau getestet. Die Mauer sollte drei Meter hoch und schwer zu übersteigen oder zu unterkriechen sein; einzelne Elemente sollten nicht herausgebrochen werden können. Die Mauer sollte vom äußeren Bild her möglichst wenig martialisch aussehen und unter allen Geländebedingungen aufzustellen sein. Die Elemente sollten aus der industriellen Baufertigung stammen, standfest, witterungsbeständig, wartungsfrei und einfach zu montieren sein, sodass sie von den Grenztruppen selbst ohne zusätzliches Personal aufzubauen wären[28]. Um diese Kriterien zu erfüllen, wurden Experimente mit verschiedenen Mauertypen durchgeführt[29]. Hierbei wurde unter anderem das Übersteigen durch eine oder mehrere Personen mit und ohne Hilfsmittel getestet. Bei diesen Tests wurden Sportler eingesetzt, die versuchten, die Mauer einzeln, zu zweit und zu dritt zu übersteigen, wobei sie in den sukzessiven Versuchen zunächst keine Hilfsmittel, dann Bohlen, Rundhölzer, Wurfanker und Leitern verwenden durften. Nur mit einer Leiter konnte eine einzelne Person sie übersteigen. Bei einem Versuch mit zwei Personen gelang das Übersteigen ohne Hilfsmittel nur einer von zweien; selbst zwei auf der Mauerkrone sitzende Menschen konnten einen Dritten nicht hinaufziehen[30].

Die Errichtung des neuen Mauertyps verzögerte sich allerdings. 1975 wurden zunächst am Außenring noch nicht fertige Grenzabschnitte in der zweiten Ausbaustufe fertig gestellt. 1976 und 1977 wurde am Außenring Grenzzaun durch Grenzmauer ersetzt und in der Innenstadt ein Grenzabschnitt für »Erprobungszwecke« mit der neuen Grenzmauer ausgebaut, ansonsten lag der Schwerpunkt auf der Instandhaltung[31]. Im Januar 1977 begannen die Grenztruppen damit, die Grenze mit der »Grenzmauer 75« zu versehen, die bis 1980 fertigzustellen war. Der Chef der Grenztruppen erhoffte sich davon, die »Wirksamkeit [...] des vorderen Sperrelementes« zu erhöhen[32]. In den folgenden Jahren konzentrierten sich die Grenztruppen auf den Bau dieser Mauer, allerdings waren sie deutlich langsamer als geplant[33]. Erst Mitte der achtziger Jahre war dieser Mauertyp wenigstens in der Innenstadt fast überall installiert, auf dem Gelände des früheren Stettiner Bahnhofs etwa wurde er erst 1985 errichtet.

Seit Mitte der siebziger Jahre wurden die Grenzanlagen zunehmend mit der parallel zur Grenzmauer verlaufenden Hinterlandmauer ausgestattet, mit denen aus der Mauer von 1961 ein von zwei Mauern eingeschlossener hermetischer Grenzstreifen wurde[34]. Ab 1975 forderten die Grenztruppen den forcierten Bau von Hinterlandmauern. Der Kommandeur des Grenzkommandos Mitte, General Geier, begründete dies damit, dass in den Abschnitten, wo diese bereits errichtet worden waren, die Fluchten drastisch abgenommen hätten[35]. Seit 1976 wurden weitere Abschnitte der Hinterlandmauer errichtet. Geplant wurde sie von den Grenztruppen, gebaut aber in Regie der Stadtbezirke. Sie ersetzte nach und nach den Hinterlandzaun als Grenzsperre. Zur gleichen Zeit wurden außerdem die Postenstände durch Beobachtungstürme eines neuen Typs (BT 6 und BT 11) ersetzt, was bis März 1977 allerdings noch nicht weit vorangeschritten war. Zu diesem Zeitpunkt war die Grenze weitgehend mit Signalzaun ausgebaut[36].

Größere Ausbaumaßnahmen fanden neben der neuen Grenzmauer angesichts der in der DDR knapper werdenden Finanzmittel bis Mitte der achtziger Jahre kaum noch statt. Im April 1980 wies der Chef der Grenztruppen den Kommandeur des Grenzkommandos Mitte an, sich bei Planungen für die Jahre 1981 bis 1985 zurückzuhalten und sich auf »das Schließen vorhandener Lücken im System der Sperranlagen« zu beschränken[37]. Die erst in den siebziger Jahren errichteten Türme vom Typ BT 6 und BT 11 mussten allerdings ersetzt werden, weil sie sich als wenig zweckmäßig erwiesen hatten. Sie waren nicht sturmsicher und mussten bei stärkerem Wind von den Grenzposten geräumt werden, die dann ihren Überblick über Grenzstreifen und Hinterland verloren. Sie wurden sukzessive durch den Typ BT 9 ersetzt[38].

In den frühen achtziger Jahren waren die Grenzanlagen durch die »Grenzmauer 75« zum Westen und durch die Hinterland-

Bernauer Straße, 1984

mauer gen Osten hermetisch abgedichtet. In dieser Zeit prägten zahlreiche weitere Sperranlagen das Bild der Mauer. Dazu gehörten Höckersperren aus Eisenbahnschienen oder Sperrgräben zur Verhinderung von Flucht mit Kraftfahrzeugen, Zweimann- oder Erdbunker, die oben beschriebenen »Flächensperren« und Hundelaufanlagen. Solche Sperren wurden von der auf ihre Außenwirkung bedachten Staats- und Parteiführung zunehmend als unpassend empfunden[39]. Einer auf internationale Anerkennung ausgerichteten SED war, auch im Hinblick auf das Stadtjubiläum Berlins 1987, bei dem sich Ost-Berlin von einer schönen Seite zeigen sollte, das optische Erscheinungsbild des Grenzstreifens zunehmend unangenehm. Mitte der achtziger Jahre wurden deshalb auch die nach Westen weisenden Hausfassaden nahe der Grenze modernisiert und noch im Grenzstreifen stehende Gebäude wie das Hotel Adlon oder die Versöhnungskirche in Wedding abgerissen bzw. gesprengt. Gleichzeitig erhielten die Grenztruppen den Auftrag, den Grenzsperren ein freundlicheres Erscheinungsbild zu verleihen, ohne allerdings ihre Funktion zu beeinträchtigen. In diesem Zusammenhang sind wahrscheinlich auch seit 1983 die an der innerdeutschen Grenze installierten Erd- und Splitterminen abgebaut worden – zusätzlich unterstützt durch den von Franz Josef Strauß vermittelten Milliardenkredit[40]. 1983 begann in einigen Grenzabschnitten, zum Beispiel zwischen Chausseestraße und Brandenburger Tor, langsam der Rückbau von Höcker- und Flächensperren und Bunkern. Seit 1984 wurden sie großflächig abgebaut, was bis 1986 abgeschlossen sein sollte. Auch die Hundelaufanlagen sollten zumindest aus der Innenstadt weitgehend verschwinden, obwohl hierbei Ausnahmen vorkamen, wie auch einige Sperrgräben anscheinend erhalten blieben[41].

Um die Wirksamkeit der Grenzsperren durch diese Rückbauten nicht zu vermindern, erneuerten die Grenztruppen gleichzeitig den Grenzsignalzaun. Der seit Mitte der achtziger Jahre installierte neue Typ, der GSZ 80, bestand aus Streckmetall, an dem zusätzlich mehrere Reihen Stacheldraht und Signaldrähte angebracht waren. Am Fuß des Zaunes waren Betonlochplatten eingelassen, die einerseits ein Untergraben des Zaunes verhindern sollten und andererseits einen Durchlass für Kleinwild ließ. Im Gegensatz zu den Vorläufermodellen (GSZ 55, 70, 74) löste dieser Signalzaun keine offen wahrnehmbaren akustischen und optischen Signale (Alarmgeräusch und Rundumleuchte) mehr aus, sondern nur noch einen stillen Alarm in Form einer Kontrolllampe im Führungsturm, von dem aus Grenzsoldaten zur Festnahme in Marsch gesetzt wurden[42]. Reichte der Platz im Grenzstreifen nicht für die Errichtung eines Signalzaunes aus, konnten Signalelemente auf die Hinterlandmauer aufgebaut werden. Da der Rückbau von Sperrelementen besonders Fahrzeugsperren betraf, wurden zusätzliche Sperren im Hinterland der Grenze errichtet. Seit Mitte bis zum Ende der achtziger Jahre gehörten deshalb Blumenkästen aus Beton als Hindernis für die Flucht mit Kraftfahrzeugen zum Erscheinungsbild des Grenzgebiets[43]. Wie einem Bericht der Staatssicherheit zu entnehmen ist, sollten sie selbst Lastwagen oder andere schwere Fahrzeuge aufhalten können. Damit waren nahezu alle auf den Grenzstreifen zuführenden Straßen im innerstädtischen Grenzgebiet versehen[44].

Seit Mitte der achtziger Jahre ging die Bautätigkeit an der Mauer deutlich zurück. Die noch nicht fertig gewordenen Grenzabschnitte wurden mit »Grenzmauer 75« und Hinterlandmauer bzw. Grenzzaun II vervollständigt und die Grenzsignalzäune entweder ergänzt oder durch den moderneren »Grenzsignalzaun 83« ersetzt. Außerdem wurden weiterhin ältere Wachtürme durch den Typ BT 9 ersetzt[45]. Mauer und Grenzstreifen blieben in Berlin seit 1985 in den Grundzügen unverändert.

Der Mauerbau als endloses Projekt

Nachdem die Führung der SED und ihre Ratgeber in der Sowjetunion sich im August 1961 sicher waren, dass die Westmächte die Teilung Berlins hinnehmen würden, ließ sie die provisorischen Stacheldrahtsperren zu einer Mauer verfestigen. Aus dem vermeintlichen Sieg im Kalten Krieg wurde jedoch bald eine doppelte Niederlage: Einerseits ging Chruschtschow von seiner Drohung ab, mit der DDR einen separaten Friedensvertrag zu schließen, von dem sich die SED-Führung eine Kontrolle aller Zufahrtswege nach West-Berlin einschließlich der Luftkorridore erhofft hatte. Andererseits ließ der Fluchtdruck in der DDR kaum nach, erhöhte sich sogar noch durch den Mauerbau, da durch ihn viele Beziehungen getrennt worden waren. Die Führung der DDR nahm die fortgesetzte Fluchtbewegung als Beeinträchtigung ihrer Souveränität nach innen und außen wahr und reagierte mit einem ununterbrochenen Ausbau der Sperranlagen, die jeden Fluchtversuch in den Westen stoppen sollten.

In drei ineinander übergehenden Ausbaustufen entstand ein breiter und mit zahlreichen Sperranlagen versehener Grenzstreifen, der sehr viel mehr war als eine Mauer, nämlich »eine komplexe, sich kontinuierlich ändernde und weiterentwickelnde Struktur, die viele bauliche und andere Elemente enthielt«[46]. Während in der ersten und zweiten Bauphase die Planungen darauf abzielten, den Sperrwall hermetisch zu schließen, wobei jeder einzelne Fluchtversuch analysiert wurde und weitere Baumaßnahmen nach sich zog, kamen im letzten Ausbauprogramm weitere Gesichtspunkte hinzu: einerseits ökonomische Gesichtspunkte, andererseits eine zunehmende Relevanz der Außenwirkung der Grenzsperren, die international wie eine Visitenkarte des ostdeutschen Staates gelesen wurden. Auch weil die Absicherung des Grenzvorfeldes und die Überwachung der Bevölkerung in der gesamten DDR seit den siebziger Jahren deutlich effizienter geworden waren, konnte sich die DDR-Regierung einen partiellen Rückbau der Grenzanlagen in Berlin erlauben.

Auch wenn zunehmend darauf geachtet wurde, dass die Grenzsperren weniger martialisch aussahen, wollte man sie dauerhaft keineswegs abschaffen. Es bestanden Planungen, sie über das Jahr 2000 hinaus weiterzuentwickeln. Die Grenzanlagen sollten, vor allem vom Westen aus, weniger sichtbar sein und dennoch effizienter als Mauer und Stacheldraht Flucht vereiteln, ohne dass geschossen werden müsste. Ein Plan aus dem Jahr 1988 sah versteckte Anlagen vor, kombiniert aus Lichtschranken, seismischen und akustischen Bodensensoren, Mikrowellen- und Vibrationsdetektoren im Wasser, die jede Annäherung an die Grenze meldeten und zur Verhaftung der Flüchtlinge führten; Stacheldraht sollte durch dichte Hecken ersetzt werden[47]. Ungeachtet solcher Planungen wurde dieses komplexe Bauwerk im November 1989 funktionslos und seit 1990 nahezu vollständig abgebaut[48].

WINFRIED HEINEMANN
DIE SICHERUNG DER GRENZE

Grenzpolizei und Grenztruppen

Es ist ein alter militärischer Grundsatz: Sperren nutzen nur, wenn sie überwacht werden. Ohne die Menschen, die als Grenzpolizisten oder Grenzsoldaten an der Berliner Mauer Dienst taten, wäre die Mauer lediglich ein Bauwerk gewesen. Zum tödlichen Hindernis wurde sie erst durch die Überwachung.

Der Schutz der Grenzen ist in der Regel eine polizeiliche Aufgabe; die Grenztruppen der DDR hingegen hatten immer zugleich eine militärische Funktion. Das eigentümliche Spannungsverhältnis zwischen einer grenzpolizeilichen und einer militärischen Rolle ist das Charakteristikum der Grenztruppen[1]. Es wäre daher zu kurz gegriffen, sie nur in ihrer polizeilichen Rolle darzustellen, vielmehr sind sie nur in dieser charakteristischen Doppelfunktion zu verstehen.

Die Untersuchung und Darstellung des Grenzregimes hat sich zunächst auf die Besonderheiten in zeitlicher und räumlicher Hinsicht fokussiert. Entstehung und Überwindung der Mauer standen im Vordergrund, und über die Grenzübergangsstellen war sehr schnell mehr bekannt als über die vielen Kilometer »schlichter« Mauer. So ist auch relativ bald bekannt geworden, dass die an den Grenzübergangsstellen »mit Feindkontakt« eingesetzten Kräfte zwar in der Uniform der Grenztruppen Dienst taten, dass sie aber in Wirklichkeit dem MfS angehörten. Dieser Beitrag will sich auf das »Normale« des Grenzregimes konzentrieren (soweit dort angesichts der Anomalität einer solchen Grenzbefestigung überhaupt etwas normal sein konnte); er betrachtet also das Alltagsgeschehen an jenen Grenzanlagen, an denen die Grenztruppen selbst das Sagen hatten.

Nach DDR-Verständnis war die Berliner Mauer Teil der »Staatsgrenze der DDR«; sie unterschied sich insofern nicht von der Grenze zwischen der DDR und West-Berlin oder der innerdeutschen Grenze (und nur bedingt von den Grenzen zu Polen, zur Tschechoslowakei und entlang der Ostsee). Die in Berlin eingesetzten Kräfte waren organisatorisch Teil der an den übrigen Grenzen eingesetzten »bewaffneten Organe«; das Verständnis für deren Dienst erfordert daher zunächst eine knappe Darstellung der DDR-Grenzpolizei und -Grenztruppen.

Wie die Nationale Volksarmee (NVA) auch, entstanden die Grenztruppen aus der Polizei. 1947/48 hatte die Deutsche Verwaltung des Innern (das spätere Ministerium des Innern, MdI) die bis dahin von den Ländern aufgestellten Grenzpolizeien vereinheitlicht, unter ihre zentrale Führung gestellt und mit ihrer Kasernierung begonnen. Während der Blockade von West-Berlin spielten sie eine wichtige Rolle bei der Sicherung des »Rings um Berlin«, der illegale Warenflüsse zwischen dem Umland und den Westsektoren der Hauptstadt unterbinden sollte. Nach mehreren kurzfristigen Wechseln der Zuordnung wurde die nunmehr als »Deutsche Grenzpolizei« (DGP) bezeichnete Formation mit ihren inzwischen gut 20 000 Mann im Verlauf des Jahres 1950 der Hauptverwaltung Deutsche Volkspolizei im MdI unterstellt; zum 1. Januar 1951 wurden die Abteilungen Grenzpolizei der Länder endgültig aufgelöst. Mit der Staatlichkeit der DDR ging die Verantwortung für die Grenzsicherung auf die zentrale Ebene über. Das bedeutete zugleich einen Beitrag zur Aufhebung der föderalen Struktur insgesamt.

1952 wurden die an der Grenze eingesetzten Kräfte dem neu geschaffenen Ministerium für Staatssicherheit unterstellt. Ihre Aufgabe verlagerte sich damit von der Sicherung der DDR-Volkswirtschaft gegen Schmuggel hin zu militärischen Aufgaben und zur Verhinderung von Fluchten. Auf sowjetische Weisung riegelten sie die Grenze zur Bundesrepublik ab; ein Kontrollstreifen entstand, der nur mit besonderer Genehmigung betreten werden durfte. In dem berüchtigten Unternehmen »Ungeziefer« wurden vermeintlich unzuverlässige Bewohner des Grenzgebiets zwangsweise umgesiedelt. In ähnlicher Weise wurde der Grenzbereich zwischen dem Umland und West-Berlin (»Ring um Berlin«) befestigt, lediglich die Demarkationslinie zwischen den Westsektoren und dem sowjetischen Sektor blieb offen.

Nach dem Volksaufstand vom 17. Juni 1953 wurde das MfS zum Staatssekretariat herabgestuft und (bis 1961) dem MdI unterstellt. Das galt auch für die ihm zugeordnete Grenzpolizei. Allerdings übernahm diese jetzt zunehmend auch eine militärische Rolle und wurde entsprechend ausgebildet. 1957 in Brigaden gegliedert, erhielt die DGP Kampfpanzer, Artillerie und andere schwere Waffen. Es kam zu ersten Manövern gemeinsam mit der neu gegründeten NVA. Ursprünglich hatte die Sowjetarmee die Demarkationslinie gesichert und die DDR-Truppen lediglich als Unterstützung eingesetzt. Aus dieser Aufgabe zog sie sich Mitte der fünfziger Jahre weitgehend zurück und überließ sie den DDR-Organen, auch als Demonstration der Souveränität des ostdeutschen Teilstaates. Allein die Kontrolle der Westalliierten an den Grenzübergangsstellen behielten sich die Sowjets weiterhin vor.

In seiner Sitzung vom 15. Juni 1960 legte der Nationale Verteidigungsrat (NVR) erstmals verbindlich fest, dass zur Verhinderung von »Grenzverletzungen« die Schusswaffe einzusetzen war[2]. Die Führung der DGP mit ihren nunmehr gut 30 000 Mann lag ab 1960 bei Oberst Erich Peter, der bis 1979 – zuletzt als Generaloberst – an der Spitze des »Kommandos der Grenztruppen« in Pätz bei Königs Wusterhausen stand. Sein Nachfolger war bis 1990 Generaloberst Klaus Dieter Baumgarten.

Nach der Abriegelung West-Berlins am 13. August 1961, bei der die DGP mit etwa 5000 eingesetzten Polizisten eine zentrale Rolle gespielt hatte[3], entschied der NVR im September desselben Jahres, das »Kommando Grenze« dem Ministerium für Nationale Verteidigung (MfNV) zu unterstellen. Damit wurden aus der Grenzpolizei die Grenztruppen, aber der Namenswechsel bestätigte nur noch die vorangegangene Militarisierung. Allerdings stand der Unterstellungswechsel auch im Zusammenhang mit sich ständig wiederholenden Klagen im NVR über die Häufigkeit der Fahnenfluchten unter den Grenzsoldaten[4].

Die Zuordnung zur Nationalen Volksarmee charakterisierte den Dienst in den Grenztruppen. Zwar firmierten sie ab 1974 erneut nicht mehr als Teil der Nationalen Volksarmee, unterstanden aber gleichwohl weiter dem MfNV. Mit dieser Umbenennung sollte offensichtlich verhindert werden, dass die Verbände der Grenztruppen auf die Truppenstärken im Rahmen der Abrüstungsverhandlungen in Europa angerechnet werden würden. Auch weiterhin konnten die jungen Männer der DDR ihren Wehrdienst in den Grenztruppen ebenso wie in der NVA oder der Bereitschaftspolizei ableisten. Die Kombination von grenzpolizeilichem Alltagsauftrag und vorgesehener Verwendung als militärischer Großverband im Krieg bestimmte Struktur, Ausbildung und Ausrüstung, und Aporien waren unvermeidbar. Dabei darf nicht übersehen werden, dass die Grenztruppen nur einer von vielen Bestandteilen des Grenzregimes der DDR waren. Zu diesem gehörten auch jene

Grenzsoldaten

Nachbarn, die das MfS frühzeitig von bevorstehenden Fluchtversuchen unterrichteten, ein Teil der grenznahen Bevölkerung, die in den Freiwilligen Helfern der Grenztruppen zusammengefasst waren und das Vorfeld des Sperrstreifens beobachteten, oder Angehörige der Volks- und Transportpolizei[5].

Die DDR hatte sich Zeit ihrer Existenz durch Abgrenzung definiert. Mit dem Ende des Grenzregimes am 9. November 1989 war ihr Ende absehbar, und damit auch das Ende der Grenztruppen, die bis dahin auf rund 47 000 Soldaten angewachsen waren. Ebenso wie die NVA wurden die Grenztruppen mit dem 2. Oktober 1990 aufgelöst, nachdem das Grenzregime bereits zum 1. Juli aufgehoben worden war. Anders als die Angehörigen der NVA allerdings konnten sich Angehörige der Grenztruppen grundsätzlich nicht um eine Übernahme in die Bundeswehr bewerben[6]. Dagegen wurden in erheblichem Umfang ehemalige Grenzer in den damaligen Bundesgrenzschutz, die heutige Bundespolizei, übernommen, darunter auch ehemalige Politoffiziere[7]. Dagegen wurden die politischen Verantwortlichen für das Grenzregime und die militärischen Spitzen der Grenztruppen (vor allem Generaloberst Baumgarten, Chef der Grenztruppen 1981–1989, und seine engsten Mitarbeiter) teilweise noch von der untergehenden DDR, teilweise von bundesdeutschen Staatsanwaltschaften strafrechtlich verfolgt. Die Prozesse endeten – soweit sie nicht wegen alters- oder krankheitsbedingter Verhandlungsunfähigkeit eingestellt wurden – mit rechtskräftigen Verurteilungen zu Freiheitsstrafen wegen Totschlagsdelikten. Prozesse gegen Angehörige der Grenztruppen, die selbst geschossen hatten, endeten dagegen zumeist mit auf Bewährung ausgesetzten Freiheitsstrafen, weil die Gerichte des vereinten Deutschland den Tätern Befehlsnotstand zugutehielten[8].

Rekrutierung und Absicherung

Von Anfang an richtete sich die größte Sorge der SED-Führung im Umgang mit den Grenztruppen darauf, die als Elite dargestellten Grenzer könnten ihrerseits sich bietende Gelegenheiten zur Flucht gen Westen nutzen[9]; Fluchten von Grenzsoldaten wurden regelmäßig als Fahnenflucht eingestuft und entsprechend schwer strafrechtlich geahndet. So kam es darauf an, einerseits eine hinreichende Zahl von Grenzsoldaten zu rekrutieren, andererseits aber zu verhindern, dass politisch unzuverlässige junge Männer an der Grenze Dienst taten. Genaue Zahlen lassen sich aus den Akten nicht eruieren, aber es lässt sich doch sagen, dass die unmittelbar nach dem Mauerbau recht hohe Zahl geflüchteter Grenzsoldaten bis Anfang der achtziger Jahre zurückging, dann aber wieder leicht anstieg. Auffallen muss auch, dass bis zu einem Drittel der Geflüchteten Unteroffiziere, im Einzelfall sogar Offiziere, waren. Die Klagen über Fluchten von Grenzsoldaten rissen bis zum Ende der DDR nicht ab. Allein für das erste Halbjahr 1963 konstatierte der Nationale Verteidigungsrat 158 Fluchten an der innerdeutschen Grenze und 38 an der ungleich kürzeren Grenze rund um Berlin. Fast alle Geflohenen waren Mitglieder der Partei oder der FDJ gewesen[10]. Während die Fahnenfluchten an der innerdeutschen Grenze ein Problem blieben, gingen die Zahlen an der innerstädtischen Grenze zwischen West- und Ost-Berlin in den sechziger Jahren zunehmend zurück, vermutlich infolge des zunehmend besseren Ausbaus der Grenzanlagen[11]. Einzelne Fälle waren besonders spektakulär: Am 18. April 1962 wurde der Gefreite Jörgen Schmidtchen bei einem Schusswechsel in der Nähe des Grenzübergangs Griebnitzsee getötet, als zwei Offiziersschüler der NVA zu flüchten versuchten, von denen einer ebenfalls zu Tode kam. Der einzige bekannte Fall, bei dem im Berliner Grenzgebiet ein fahnenflüchtiger Grenzsoldat einen Kameraden tötete, ereignete sich am 4. November 1980. Bei Staaken erschoss der Grenzsoldat Egon Bunge den mit ihm zur Streife eingeteilten Gefreiten Ulrich Steinhauer und flüchtete dann nach West-Berlin. Da noch Jugendstrafrecht anzuwenden war, wurde er letztlich zu vier Jahren und neun Monaten Jugendhaft verurteilt, weil auch die West-Berliner Gerichte davon ausgingen, dass die Absicht, in die Freiheit zu fliehen, die gezielte Tötung von Menschen nicht rechtfertigt[12].

Das MfS unternahm erhebliche Anstrengungen, um in den Westen gelangte Grenzsoldaten zur Rückkehr in die DDR zu bewegen; die dabei regelmäßig versprochene Straffreiheit erwies sich allerdings in fast allen Fällen als Täuschung[13].

Die Lösung lag in einer scharfen Überwachung sowohl des Rekrutierungs- und Ausbildungsprozesses als auch des eigentlichen Dienstes an der Grenze[14]. Hinter den Kulissen zog daher das MfS im Auftrag der Partei innerhalb und außerhalb des Sperrstreifens die Fäden. Die Grenztruppen waren besonders stark mit Inoffiziellen Mitarbeitern des MfS durchsetzt. Im Durchschnitt war jeder vierzehnte wehrpflichtige Soldat, jeder achte Unteroffizier/Fähnrich und jeder fünfte Offizier im Grenzkommando Mitte, also in Berlin und seinem Umfeld, als Spitzel für das MfS tätig. Wenn auch, wie dargestellt, die Wehrpflicht bei den Grenztruppen erfüllt werden konnte, so gab es nie eine Zwangsverpflichtung zum Dienst an der Grenze. Im Gegenteil: Wer als unzuverlässig galt, der wurde von der Mauer von vornherein ferngehalten. Dafür reichte es völlig aus, auf die Frage, ob man beim Dienst an der Grenze gegebenenfalls auf einen Flüchtling schießen werde, mit »Nein« zu antworten.

Die Offiziere der Grenztruppen wurden an der Offiziershochschule in Suhl (bis 1982 in Plauen) ausgebildet. Höhere Offiziere erhielten eine weiterführende Ausbildung an der Militärakademie »Friedrich Engels« in Dresden, bei der auch ein eigener Lehrstuhl der Grenztruppen existierte. Einen erheblichen Teil des Personals machten die auf drei Jahre verpflichteten Unteroffiziere aus.

Die Grenztruppen waren der insbesondere nach außen offen erkennbare Wille der Partei, die bestehende gesellschaftliche Ordnung der DDR auch mit dem Mittel der Gewalt beizubehalten. Ihre offiziöse Legitimation bestand darin, an der vordersten Front gegen den Klassenfeind zu kämpfen: die »Erfüllung des von der Sozialistischen Einheitspartei im Namen des Volkes erteilten Klassenauftrages, die Unverletzlichkeit der Staatsgrenze, unserer sozialistischen Ordnung und das friedliche Leben der Bürger gegen jeden Feind zu schützen«[15]. Dagegen stand die tägliche Erfahrung, dass der eigentliche Dienstbetrieb auf die Verhinderung von Fluchten aus dem Staatsgebiet der DDR nach Westen gerichtet war.

Ein weiterer Widerspruch, vor allem für die Vorgesetzten in den Grenztruppen, bestand darin, dass sie einerseits als eine absolute Elite gesellschaftlich anerkannt werden sollten, weil sie an vorderster Front gegen den Feind standen (und die letzte Sicherungslinie gegen Fluchten bildeten), andererseits aber Objekt ständigen Misstrauens ihrer Führung und des MfS waren.

Das Hauptproblem der vorwiegend militärischen Ausbildung bestand jedoch in dem Widerspruch zwischen den Anforderungen für die beiden Hauptaufträge. Polizeibeamte lernen, so zu schießen, dass der Getroffene kampfunfähig wird. Die Grenztruppen lernten nur das militärische Schießen; mit der bei ihnen verwendeten Kalaschnikow war ein anderes Schießen ohnehin nicht möglich. Dass sie keine Grenzpolizei waren, zeigte schon die Ausrüstung und Ausbildung des Einzelschützen. Das galt aber auch für den inneren Zusammenhalt der Truppe. Für den Krieg bildet jedes Militär zur Kameradschaft aus. Für den Friedensdienst aber mussten die Grenztruppen ihre Soldaten dazu erziehen, sich gegenseitig zu misstrauen und zu überwachen.

Grenzkommando Mitte

Nach der grundlegenden Umorganisation der Grenztruppen Anfang der siebziger Jahre unterstanden dem Kommando Grenztruppen in Pätz bei Bestensee drei Grenzkommandos; die Grenzkommandos Nord (in Stendal) und Süd (in Erfurt) waren für die Absicherung der innerdeutschen Grenze zuständig; das

Grenzkommando Mitte in Berlin-Karlshorst (GKM) für die Grenze rund um Berlin.

Ihm unterstanden zunächst sechs[16], ab Mitte der achtziger Jahre sieben Grenzregimenter, die in Ost-Berlin oder rund um West-Berlin stationiert waren:

GR-33 Berlin-Treptow
GR-34 Groß Glienicke
GR-35 Berlin-Rummelsburg (ab 1985 Berlin-Niederschönhausen)
GR-36 (ab 1985) Berlin-Rummelsburg
GR-38 Henningsdorf
GR-42 Kleinmachnow
GR-44 Potsdam

Das Grenzübergangsstellen-Sicherungsregiment 26, das bis 1985 für die Bereitstellung des Personals an allen »GÜSt« rund um Berlin sowie am Brandenburger Tor zuständig gewesen war, wurde dagegen 1985 aufgelöst.

Hinzu kamen die Grenzausbildungsregimenter 39 (Berlin-Wilhelmshagen) und 40 (Oranienburg) sowie das Artillerieregiment 26 in Berlin-Johannisthal, die Geschosswerfer-Abteilung 26 in Schildow, dazu die üblichen logistischen und Führungstruppen, wie sie für einen divisionsstarken Kampfverband typisch waren. Insgesamt betrug die Personalstärke des GKM im Frieden gut 13 000 Mann[17].

Der Dienstbetrieb an der Mauer war seit den frühen siebziger Jahren durch eine kompanieweise Sicherung der Abschnitte eines jeden der beiden in diesem Bereich eingesetzten Regimenter geprägt. Für die innerstädtische Grenze bedeutete das den Einsatz von zwei Kompanien gleichzeitig, jeweils eine im Bereich der Grenzregimenter 33 und 34, wobei das Grenzregiment 33, vereinfacht dargestellt, den Abschnitt vom Brandenburger Tor nach Norden bis zur Grenze zum Berliner Umland und das Grenzregiment 34 vom Brandenburger Tor nach Süden zu sichern hatte. Jede Kompanie übernahm dabei mit ihren rund 100 Mann (von denen etwa zwei Drittel im tatsächlichen Grenzdienst eingesetzt waren) eine Schicht von acht Stunden; da die Regimenter in der Regel vier Kompanien einsetzten, bedeutete das, dass die Tageszeit des Einsatzes jeweils wechselte. Vor jedem Einsatz an der Grenze wurden die eingeteilten Soldaten »vergattert« – die in der deutschen Militärgeschichte traditionelle Herauslösung von Soldaten aus ihrem üblichen Unterstellungsverhältnis für Zwecke des Wachdienstes. Bei der Vergatterung der Grenzkompanien jedoch fiel täglich der ominöse Satz, wonach »Grenzverletzer [...] vorläufig festzuneh-

Grenzsoldaten machen sich ein Bild vom Westen.

men oder zu vernichten« seien[18]. Angesichts der Schwierigkeiten einer Festnahme war das ein verklausulierter, aber hinreichend deutlicher Schießbefehl.

Wenn für den ständigen Grenzdienst von knapp 70 Soldaten der Unterhalt eines gesamten Regiments benötigt wurde, dann illustriert das augenfällig, wie personalintensiv das Grenzregime der DDR wirklich war. Alle Anstrengungen der Grenztruppen richteten sich daher darauf, Personal durch geeignete technische und organisatorische Mittel einzusparen. Das stieß an der Berliner Mauer jedoch auf gewisse praktische sowie auf politisch gewollte Schranken. So waren im Bereich der Grenze zwischen Ost- und Westteil der Stadt weder Minen noch gar die berüchtigten »Selbstschussanlagen« (SM-70) verlegt worden – wohl offensichtlich, weil die häufigen Fehlzündungen von westlicher Seite registriert und propagandistisch gegen das Grenzregime der DDR verwendet werden würden.

Insgesamt ging das Bemühen der DDR-Oberen dahin, Schusswechsel an der Grenze selbst sowie Festnahmen dort, wo sie von westlicher Seite bemerkt werden konnten, weiterhin zur Abschreckung anzudrohen, sie aber möglichst zu vermeiden. Vielmehr

gelang es weitgehend erfolgreich, die allermeisten Fluchtversuche bereits weit vor der Mauer selbst zu unterbinden. Dazu war jedoch eine erhebliche Tiefenstaffelung der Grenzbefestigungen zweckmäßig. Während am »Ring um Berlin«, also an der Grenze zwischen Berlin und dem Umland, in dieser Hinsicht Bedingungen herrschten, wie sie auch für die innerdeutsche Grenze charakteristisch waren, lagen die Verhältnisse an der innerstädtischen Grenze anders. Hier ließ sich die für eine effiziente Grenzsicherung wünschenswerte Tiefe der Grenzanlagen nicht durchgängig erreichen. Zum Teil grenzten Betriebe fast unmittelbar an die Mauer, zum Teil verliefen Straßen oder S-Bahn-Gleise näher an den Grenzbefestigungen, als es den »Grenzern« lieb sein konnte.

Die in den Grenzanlagen eingesetzten Soldaten versahen ihren Dienst fast ausschließlich in den ortsfesten Beobachtungstürmen; das System der Grenzsicherung war deutlich statischer, als das im Westen seinerzeit angenommen wurde. Streifen zwischen den Posten waren die Ausnahme und zumeist den in ihren jeweiligen Abschnitten Dienstaufsicht übenden Zugführeroffizieren oder Gruppenführerunteroffizieren vorbehalten. Lediglich im Ausnahmefall eines versuchten Grenzdurchbruchs durften die Grenzposten den befohlenen Beobachtungsstand verlassen[19].

Zum GKM gehörten drei Bootskompanien, die den Grenzverlauf entlang der Spree sowie entlang einiger Kanäle und Fließe im Berliner Norden überwachten. Die Spree gehörte in ihrer ganzen Breite zu Ost-Berlin; Flüchtlinge waren daher erst sicher, wenn sie das West-Berliner Ufer erreicht hatten.

Vor den Grenzanlagen operierten gelegentlich »Grenzaufklärer«, die ebenfalls den Grenztruppen angehörten[20]. Zudem besaß die Mauer an einigen Stellen Durchlässe, die das MfS nutzte, um ihre Mitarbeiterinnen und Mitarbeiter unbemerkt in den Westen zu schleusen oder wieder aufzunehmen; die Grenztruppen wurden dann jeweils angewiesen, den entsprechenden Abschnitt nicht zu besetzen.

Es blieb die Angst der Vorgesetzten aller Ebenen vor ihren eigenen Soldaten. Jährlich verzeichneten NVA und Grenztruppen eine erhebliche Anzahl Fahnenfluchten. Die Traditionspflege als Teil der intensiven Politarbeit stellte die Grenzregimenter in glorreiche Traditionen – das Grenzregiment 35, das im Südabschnitt der Berliner Mauer Dienst leistete, war beispielsweise nach Nikolai Bersarin, dem ersten sowjetischen Stadtkommandanten von Berlin nach Kriegsende 1945, benannt. Der im Oktober 1964 bei einem Schusswechsel mit Fluchthelfern getötete Unteroffizier der Grenztruppen Egon Schultz wurde als leuchtendes Vorbild hochgehalten und sogar in der Kunst verewigt, obwohl der DDR-Führung bekannt war, dass Schultz durch die verirrte Kugel eines Kameraden getötet worden war.

Da die politische Agitation allein offensichtlich nicht ausreichte, solche Fluchten zu verhindern, waren stetig verfeinerte organisatorische Vorkehrungen vonnöten. Ausgeklügelte Verfahren wie etwa die Bekanntgabe der Streifen- und Posteneinteilung in letzter Minute oder die immer wieder wechselnde Zusammensetzung der Zweierstreifen sollten verhindern, dass sich Kameraden für eine Flucht absprechen konnten. Dabei wurde auch diese Einteilung wiederum vom MfS im Vorhinein überprüft und gebilligt.

Dem GKM unterstand zudem der Truppenübungsplatz Streganz,

der immer wieder zur Erprobung neuer Technologien und Verfahren zur Optimierung der Grenzsicherung, aber auch für Vorführungen vor ausgewähltem Publikum genutzt wurde[21]. So hatte das GKM am 1. September 1977 eine »Lehrvorführung zu den The-

Im Grenzstreifen

men: I. Methoden des Überwindens der Grenzsicherungsanlagen, II. Varianten des Forcierens von Wasserhindernissen mit Steilufern auf dem Truppenübungsplatz Streganz« durchzuführen[22]. Naturgemäß war dabei aber auch darauf zu achten, dass die an der Lehrvorführung beteiligten Soldaten später keine Gelegenheit bekamen, ihr erworbenes und demonstriertes Können an der wirklichen Grenze auszunutzen.

Militärische Planungen

Diese Ausbildungsvorhaben – ebenso wie etwa die Unterstellung eines Artillerieregiments unter das Grenzkommando Mitte – lassen erkennen, dass die quasi grenzpolizeilichen Überwachungsaufgaben im Frieden nur einen Teil der dem GKM übertragenen Funktionen darstellten.

Der andere Teil war die Vorbereitung auf die militärische Eroberung West-Berlins im Falle eines bewaffneten Konflikts in Europa[23]. Anfang der siebziger Jahre hatte der Warschauer Pakt der NVA die Aufgabe übertragen, im Kriegsfall das quer zu den strategischen Verbindungslinien zwischen der mitteleuropäischen Front und der sowjetischen Basis liegende West-Berlin durch einen konzentrischen Angriff von allen Richtungen einzunehmen. Für diese Operation sollte das 1971 aufgestellte »Kommando Landstreitkräfte« in Potsdam den Führungsstab einer »Besonderen Gruppierung« aufstellen. Zu der »Besonderen Gruppierung« sollten neben der 1. mot.-Schützendivision, einer selbstständigen sowjetischen Brigade, dem Luftsturmregiment 40 aus Lehnin sowie Teilen der Kampfgruppen und der Volkspolizei das GKM als divisionsstarker Kampfverband gehören[24].

Fluchttests an der neuen Grenzmauer, 1974

Dazu sollte das GKM nach Auslösung der entsprechenden Alarmstufe seine Regimenter in Ost-Berlin konzentrieren. Eine neu aufzustellende 56. Grenzbrigade sollte währenddessen die ja weiterhin erforderliche Grenzsicherung am »Ring um Berlin« sicherstellen[25]. Nach dem Überwinden der Berliner Mauer (der auch im Rahmen dieser Operation ein erheblicher Hinderniswert zugerechnet wurde) sollte das GKM mit Schwerpunkt entlang der Ost-West-Achse (Straße des 17. Juni) nach Westen vorstoßen, zügig den Raum um die Kaiserdammbrücke gewinnen und auf die von Westen angreifende 1. mot.-Schützendivision stoßen, sodass West-Berlin in einen Nord- und einen Südbereich geteilt würde, bevor die drei Westalliierten ihre im gesamten Stadtgebiet dislozierten Kräfte heranführen konnten.

Das GKM nahm daher regelmäßig an den »Kommandostabsübungen« (=Planspielen) der »Besonderen Gruppierung« teil – sogar als einziger Verband mit Klarnamen, wogegen die NVA-Truppenteile aus Gründen der militärischen Geheimhaltung mit systematisch veränderten Ordnungsnummern bezeichnet wurden. Die Übungen liefen in den siebziger Jahren unter dem Decknamen »Turnier«, in den achtziger Jahren unter dem Namen »Bordkante«. Ebenfalls aus Tarngründen spielten die Übungen nie in Berlin, sondern in Städten wie Leipzig oder Magdeburg. Allerdings verfügte Magdeburg dann in »Bordkante-86« über solche Einrichtungen wie eine französische Kommandantur, ein Abgeordnetenhaus mit einem Regierenden Bürgermeister und eine Alliierte Kommandantur[26]. Der Kampfwert der Grenztruppen scheint dabei unterschiedlich bewertet worden zu sein. An sich handelte es sich ja um leichte Infanterie mit Artillerieunterstützung, aber ohne schwere Panzer – also für den Kampf im bebauten Gelände durchaus geeignet. Andererseits aber machten sich wohl bei den Grenztruppen Ausbildungsmängel bemerkbar, die darauf zurückzuführen waren, dass sie durch den Grenzdienst in erheblichem Umfang zeitlich gebunden waren.

Diese militärischen Ausbildungsvorhaben gehören nicht nur der Vollständigkeit halber zu einer Schilderung der an der Berliner Mauer eingesetzten Truppen dazu. Sie charakterisieren diese Grenztruppen, weil sie wiederum Rückwirkungen auf den Grenzdienst selbst hatten. Die an der Mauer eingesetzten Grenzsoldaten waren eben vorwiegend militärisch ausgebildet und auch entsprechend ausgerüstet. Dass das Grenzregime so viele Tote gefordert hat, liegt nicht zuletzt daran, dass die DDR »Republikflüchtlinge« als »Republikfeinde« verstanden und wie Feinde mit militärischen Mitteln bekämpft hat.

GERHARD SÄLTER

FLUCHTVERHINDERUNG ALS GESAMTGESELLSCHAFTLICHE AUFGABE

Mit dem Bau der Berliner Mauer reagierte die in der SED formierte Herrschaftselite der DDR auf ein in ihrer Wahrnehmung bestehendes Souveränitätsdefizit[1]. Dieses resultierte unter anderem aus dem fehlenden gesellschaftlichen Konsens über die in der DDR etablierte soziale Ordnung und im Zusammenhang damit aus der anwachsenden Fluchtbewegung, durch die die DDR bis zum Mauerbau etwa ein Sechstel ihrer Bevölkerung verloren hatte[2]. Schon die Möglichkeit zur Flucht beschränkte den Zugriff der SED-Führung auf die Bürger der DDR[3]. Mit dem Mauerbau wollte sie dieses Problem lösen. Sie hoffte darauf, die fehlende Zustimmung der Ostdeutschen zu ihren Ordnungsvorstellungen im durch die Mauer geschützten und nach innen befriedeten sozialen Raum der DDR nachträglich durch Erziehung und Propaganda erlangen zu können. Nachdem sich die euphorische Siegesstimmung, die nach dem Mauerbau in der SED um sich griff, gelegt hatte, registrierte deren Führung, dass die Fluchtbewegung zwar deutlich reduziert, aber trotz der mit einer Flucht verbundenen Gefahren nicht vollständig beendet worden war – die Tendenz zur Westwanderung hielt an. Deshalb blieb die Bekämpfung von Flucht im Zentrum ihrer Aufmerksamkeit. Sie ließ die Grenzanlagen bis 1989 kontinuierlich ausbauen, integrierte die Grenzpolizei in das Militär, verschärfte die seit 1952 bestehenden Anweisungen zum Schießen und ließ sie den Grenzsoldaten propagandistisch einschärfen[4]. Die zur Eindämmung der fortbestehenden Fluchtbewegung seit 1961 betriebene Ausweitung des Grenzregimes auf die gesamte DDR und die damit einhergehende landesweite Intensivierung der Überwachung sind Gegenstand dieses Kapitels.

Die Wahrnehmung der Fluchtbewegung nach dem Mauerbau

Als Konsequenz von Mauerbau und anhaltendem Fluchtdruck waren an den zunehmend stärker befestigten Grenzen nach Westen – der innerdeutschen Grenze und der Berliner Mauer – Soldaten eingesetzt, um die Fluchtbewegung zu stoppen. Der Einsatz von Militär gegen die eigene Bevölkerung ist in der Moderne jedoch zumeist auf die Ausnahmesituation von Aufstand und bewaffneter Revolte beschränkt[5]. Die Reaktionen der Partei- und Staatsführung (Militarisierung des Grenzregimes und Schießbefehl) deuten darauf hin, dass sie die Fluchtbewegung der fünfziger Jahre nicht nur als Verlust von dringend benötigten Arbeitskräften und vor allem eines Teils der Jugend wahrgenommen, sondern den massenhaften Versuch, sich dem staatlichen Zugriff zu entziehen, letztlich als Rebellion gegen die Herrschaft der SED in der DDR begriffen hatte[6]. Schon die Bereitschaft zur Abwanderung und die damit einhergehende unterstellte »Verherrlichung westlicher Lebensweise« fasste sie als stillschweigende Form der Verweigerung auf.

Die Reaktionen im Westen und die weltweite mediale Wirkung der Fluchtversuche wurden im Repressionsapparat aufmerksam registriert und als Beeinträchtigung des Souveränitätsstrebens gedeutet. Erfolgreiche Flüchtlinge, so der MfS-General Bruno Beater im Dezember 1961, unterstützten und munitionierten die Propagandastrategien des Westens. Auf keinen Fall dürfe die mit dem Mauerbau eingeleitete »Festigung« der DDR durch weitere Fluchten untergraben werden. Er betonte, dass »unser antifaschistischer Schutzwall für jegliche, noch so raffiniert ausgeklügelte Anschläge des Feindes undurchdringlich« werden müsse. Insbesondere spektakuläre und deshalb medienwirksame Fluchten seien zu verhindern[7].

Die Konstruktion von Feindbildern

Diese Wahrnehmung ließ potenzielle Flüchtlinge immer mehr zu Feinden des Staates werden. In der Kommunikation zwischen Parteigremien und Sicherheitsbehörden entstand in der Wechselwirkung zwischen der Analyse der Fluchtbewegung und der auf diese

Analysen zurückwirkenden Propaganda ein Feindbild, das Flüchtlinge als außerhalb der Gesellschaft stehend beschrieb. In der Konstruktion dieses Feindbildes waren zwei Merkmale relevant: zunächst die Konnotation mit Asozialität, die mit der bereits in den fünfziger Jahren vollzogenen Kriminalisierung zusammenhing und, vor allem in der Propaganda, als Selbstausschluss vom kollektiv zu erarbeitenden nationalen Fortschritt definiert wurde. Vor dem Mauerbau hatte es gegenüber den Grenzpolizisten keine nennenswerte Propaganda gegeben, die Flüchtlinge dämonisierte – das wäre angesichts der Massivität der Fluchtbewegung von vornherein unglaubwürdig gewesen. Eine solche Dämonisierung setzte erst mit dem Mauerbau ein, beispielsweise, und noch etwas unbeholfen, im Befehl eines Grenzoffiziers: »Grenzverletzer sind Agenten, Spione, Personen, die unsere Republik verraten wollen und andere verbrecherische Elemente. Sie werden durch noch vorhandene feindliche Elemente im eigenen Grenzgebiet unterstützt.«[8] Diese Darstellung verfestigte sich und wurde zu einem Stereotyp der Propaganda, etwa bei der Durchsetzung des Schießbefehls: »Ihr schießt also nicht auf Bruder oder Schwester, wenn ihr mit der Waffe den Grenzverletzer zum Halten bringt. Wie kann der euer Bruder sein, der die Republik verrät, der die Macht des Volkes verrät, der die Macht des Volkes antastet! Auch der ist nicht euer Bruder, der zum Feinde desertieren will. Mit Verrätern muß man sehr ernst sprechen. Verrätern gegenüber menschliche Gnade zu üben, heißt unmenschlich am ganzen Volk handeln.«[9] Noch in den achtziger Jahren galt jede Flucht als Niederlage des Staates, wie ein Offizier des MfS 1982 formulierte: »Jeder Angriff auf unsere Sicherheitsanlagen ist ein Akt, der als Verunglimpfung gegen die DDR gewertet werden muß.« Flüchtlinge seien »als Feinde zu identifizieren und zu liquidieren«[10].

Das zweite Merkmal war ebenso wichtig für das entstehende Feindbild: die enge Verbindung zum äußeren Feind. Als Motiv einer Flucht galt eine Westorientierung, die aus einem unterentwickelten politischen Bewusstsein entstand. Neben unzureichenden Propagandabemühungen des eigenen Parteiapparats und fortwirkenden bürgerlichen Traditionen war es vor allem die vermeintliche zielgerichtete »Zersetzung« durch westliche Politiker und Medien, die »zurückgebliebene und schwankende Elemente« vom rechten Weg abbrachte. Dieser Zusammenhang kommt in einem

Grenzlagebericht des MfS Magdeburg zum Ausdruck: »Neben die Angriffe von außen auf die Staatsgrenze der DDR gehören die vom Gegner organisierten Angriffe auf die Staatsgrenze der DDR von innen heraus durch feindliche und kriminelle Elemente. Dabei spielt die zielgerichtete politisch-ideologische Beeinflussung dieser Personenkreise eine wesentliche Rolle. Das West-Fernsehen, westliche Rundfunkstationen u.a. Propagandamittel arbeiten sehr zielgerichtet auf die politisch-ideologische Beeinflussung, besonders junger Menschen, hin.«[11]

Aus den Elementen Asozialität und Steuerung durch die westliche Systemkonkurrenz entstand ein Bild von Verrätern an der sozialen Utopie, das nach der Unterzeichnung der KSZE-Schlussakte in Helsinki 1975, als die Antragstellung auf Ausreise erheblich zunahm, auf die Antragsteller übertragen wurde. Wiederum galt als Ursache der Zunahme von Ausreiseanträgen die vom Westen gesteuerte »ideologische Diversion«, deren Ziel es sei, »den Entschluß zum Verlassen der DDR zu wecken«[12]. Damit galten Flüchtlinge und Antragsteller als willfährige Helfershelfer und nahezu als Agenten der Bundesrepublik. Außerdem wurden Antragsteller seit Ende der siebziger Jahre zunehmend in die Nähe der Opposition gerückt, da sie begannen, »feindlich-negative Gruppen« zu bilden[13]. 1976 warnte das MfS, die Ausreisebewegung erhielte durch Abstimmung der Antragsteller untereinander und der Suche nach Öffentlichkeit Züge einer »Bürgerrechtsbewegung«[14]. Das Zusammenspiel von beginnender Vernetzung untereinander und vermeintlichen wie tatsächlichen Westkontakten ließen sie in der Wahrnehmung des MfS zu einer erheblichen Gefahr für den ostdeutschen Staat werden.

Ende der siebziger Jahre erhielt das Feindbild eine dritte Komponente, da es sich seitdem, wie in einem Befehl des MfS von 1977 betont wurde, nicht »schlechthin um Personen mit Übersiedlungsabsichten, sondern meistens auch um Personen mit verfestigter feindlich-negativer Grundeinstellung zur DDR« handele, die zudem eine hohe Risikobereitschaft erkennen ließen und selbst Haftstrafen einkalkulierten. Diese Aspekte fügten sich zu einem kohärenten Gefährdungsbild der inneren Sicherheit: »Das besondere besteht darin, daß sich diese Personen einerseits offiziell mit ihren Übersiedlungsabsichten an Organe der DDR wenden und in vielen Fällen offen ihre feindlich-negative Grundeinstellung zur

DDR kundtun und andererseits oft mit raffinierten, konspirativen Methoden und Verhaltensweisen – teilweise direkt von feindlichen Organisationen gesteuert – organisierte Untergrundtätigkeit betreiben bzw. dies beabsichtigen.«[15] Damit war in der DDR ein neuer Typ von Oppositionellen konstruiert und als Feindbild der Sicherheitsorgane etabliert worden. Vor allem das MfS scheint Antragsteller in den achtziger Jahren zunehmend als Teil der sich langsam formierenden Opposition wahrgenommen zu haben.

Die Vernetzung der Sicherheitsbehörden

Um die in ihrer Wahrnehmung bestehende Gefährdung einzudämmen, arbeitete die Parteiführung seit November 1961 an einer engeren Zusammenarbeit der Grenztruppen mit Volkspolizei und Staatssicherheit. Seitdem war das konzertierte Vorgehen gegen Flucht Gegenstand von förmlichen Vereinbarungen der drei Sicherheitsministerien. Diese sollten die Fluchtverhinderung unter Vermeidung von Kompetenzkonflikten koordinieren und darüber hinaus einen Informationsfluss zur Überwachung des Grenzgebietes und seiner Bevölkerung etablieren. Die Grenztruppen waren 1968 für »die zuverlässige militärische Sicherung der Staatsgrenze [...] in der Tiefe des Schutzstreifens« zuständig. Der Staatssicherheit oblag die »Erfassung, Analysierung und Bekämpfung der gesamten Feindtätigkeit in Richtung Staatsgrenze mit spezifischen Mitteln im Grenzgebiet, dem grenznahen Hinterland und in der Tiefe der Republik.« Das Innenministerium und die Volkspolizei waren im Grenzgebiet für die »Durchsetzung der Grenzordnung« und landesweit in Konkurrenz zum MfS für die »vorbeugende operative Arbeit zur Verhinderung von Angriffen auf die Staatsgrenze aus der Tiefe« zuständig[16]. Die Maxime war, in den Worten eines MfS-Offiziers: »Keinem Grenzverletzer darf es gelingen, bis in die Nähe der Staatsgrenze vorzudringen.«[17] Das hatte zur Konsequenz, dass die Maßnahmen zur Verhinderung von Flucht sich zunehmend von der Grenze entfernten und zunächst die Grenzregionen und dann das ganze Territorium der DDR einbezogen.

Ziel der Zusammenarbeit war spätestens seit Ende der sechziger Jahre, Flüchtlinge schon im Vorfeld der Grenze, möglichst vor Erreichen des Grenzgebietes, zu verhaften. Jeder Fluchtversuch sei nach Möglichkeit »an den Ausgangsorten aufzudecken und zu verhindern«[18]. Das Konzept, Fluchtversuche schon vor ihrem Begehen aufzudecken und zu ahnden, führte zu einem erheblichen Ausbau der fluchtbezogenen Überwachungsmaßnahmen. Folgerichtig ordnete Minister Mielke 1975 und erneut 1981 an, die Bekämpfung von Fluchtvorbereitungen zur zentralen Aufgabe des MfS zu machen: »Für die politisch-operative Sicherung der Staatsgrenze der DDR haben alle Diensteinheiten des MfS Verantwortung zu tragen. Sie haben [...] durch zielgerichtete Nutzung aller geeigneten, insbesondere der inoffiziellen Möglichkeiten wirksam zur zuverlässigen politisch-operativen Sicherung der Staatsgrenze der DDR beizutragen.«[19] Dasselbe galt seit 1977 für die Ausreisebewegung. Durch verdeckte Überwachung sollten Hinweise auf Personen gesammelt werden, »die eine Übersiedlung beabsichtigen«, also auch auf solche, die noch gar keinen Antrag gestellt hatten. Zum »rechtzeitigen Erkennen« solcher Absichten solle das gesamte Spitzelnetz des MfS »allseitig genutzt und zielgerichtet eingesetzt« werden. Außerdem waren alle Überwachungsmaßnahmen, unabhängig von ihrem Anlass, daraufhin zu prüfen, ob eine Übersiedlungsabsicht erkennbar war[20].

Seitdem waren in allen Vorgängen des MfS die Möglichkeit einer Flucht oder Übersiedlung und ihre Verhinderung systematisch zu berücksichtigen. Damit verbunden war eine Wandlung und Ausdehnung des Sicherheitskonzepts, in dem nun neben der Unterbindung von konkreten Handlungen die präventive Verhinderung jedes Versuchs zur Abwanderung größeren Raum einnahm. Folglich erstreckte sich die Überwachung nicht mehr nur auf Antragsteller und Fluchtverdächtige; sie musste theoretisch die gesamte Bevölkerung der DDR erfassen, um Flucht- und Übersiedlungsabsichten frühzeitig erkennen zu können. Das so entstandene Programm war erschöpfend. Da es eine umfassende, dauerhafte und detaillierte Überwachung aller Bürger einschloss, war es in der befohlenen Form trotz Einbeziehung der Volkspolizei gar nicht umzusetzen. Es zeigt aber, wie groß die Gefährdung des Staates war, die aus Sicht der Parteiführung von Flucht und Ausreise ausging.

Die Integration der zivilen Verwaltung und die Mobilisierung der Bevölkerung

Je umfassender das Sicherheitskonzept zur Verhinderung von Abwanderung wurde, desto notwendiger erschien die Einbeziehung der zivilen Verwaltung und der Bevölkerung[21]. Eine enge Kooperation der Sicherheitsbehörden mit der örtlichen Verwaltung war schon vor dem Mauerbau angemahnt worden. Sie sollte die Fluchtrate im Grenzgebiet senken und eine größere Unterstützung der Grenzbevölkerung bei der Eindämmung der Fluchtbewegung bewirken. Die Politverwaltung der Stadtkommandantur Berlin benannte für die Zusammenarbeit der Grenztruppen mit lokalen Instanzen 1965 zwei Ziele: engere Zusammenarbeit und gegenseitige Unterstützung bei der »erzieherischen« Beeinflussung der Grenzbevölkerung[22].

Seit 1961 wurden die Kontakte der Grenztruppen zur Verwaltung enger. Die Politabteilung der Stadtkommandantur Berlin bewertete 1964 die Zusammenarbeit mit lokalen Behörden und Organisationen positiv. Sie sah es als Erfolg, dass immer mehr Grenzoffiziere leitende Funktionen in örtlichen Gliederungen der Partei und der Massenorganisationen einnahmen. Allerdings gab es angesichts der zahlreichen Einschränkungen des Alltagslebens im Grenzgebiet bei lokalen Instanzen noch einige Vorbehalte zu überwinden. Örtliche Parteileitungen hätten zwar Beschlüsse zur Unterstützung der Grenztruppen gefasst, deren Umsetzung sei allerdings noch defizitär. Auch gebe es noch »Unklarheiten über die Rolle des antifaschistischen Schutzwalls« und des Grenzregimes. Allerdings sei die tägliche Zusammenarbeit mit den Behörden vor Ort bei der »Durchsetzung der Grenzordnung« grundsätzlich gut[23]. Diese Zusammenarbeit erstreckte sich 1969 auf die Wohnraumlenkung, vor allem auf den Ausschluss verdächtiger Personen vom Zuzug ins Grenzgebiet, die Bewilligung von Passierscheinen zu dessen Betreten, die Informierung der Sicherheitsbehörden über verdächtige Fremde, die Berücksichtigung von Belangen der Grenzsicherheit bei Verwaltungsakten und die Propagierung der Fluchtabwehr als gemeinschaftliche Aufgabe aller Bürger[24].

Als Folge des Grenzgesetzes von 1982 und einer Direktive des ZK der SED verdichtete sich die Zusammenarbeit im Grenzgebiet. Auf allen Ebenen der Verwaltung wurden sogenannte »ständige

Kommissionen für Ordnung und Sicherheit« gebildet. Sie sollten die Bevölkerung dazu bringen, die zahlreichen Sonderbestimmungen und Auflagen im Grenzgebiet einzuhalten und sich an der Überwachung aktiv zu beteiligen. Darüber konnten fluchtverdächtige Personen frühzeitig identifiziert und erfasst werden, um sie auszuweisen[25]. Die Kreisverwaltungen bildeten auf kommunaler Ebene und »in Betrieben, Schulen, Einrichtungen, Kleingartenanlagen, Bungalowsiedlungen und Wassersportverbänden« sogenannte Grenzsicherheitsaktive, um Grenztruppen und Volkspolizei in der Durchsetzung des Grenzregimes zu unterstützen. Die Kreis- und Gemeinderäte bildeten mit der Volkspolizei und anderen Instanzen Arbeitsgruppen »Grenze«, um ihre Anstrengungen in der Fluchtverhinderung zu koordinieren[26]. Zu zentralen Figuren in diesem Geflecht neuer Institutionen wurden die Stellvertreter der Bezirks- und Kreisratsvorsitzenden für Inneres und seit 1985 deren Mitarbeiter für Grenzfragen[27]. Sie funktionierten als Scharnier zwischen Sicherheitsbehörden und Verwaltung, und sie koordinierten die Maßnahmen der zivilen Behörden[28]. Bei Letzteren galt es, das Grenzregime dauerhaft im Bewusstsein der Mitarbeiter zu etablieren, damit sie dessen Belange in ihrem alltäglichen Verwaltungshandeln regelmäßig berücksichtigten.

Darüber hinaus wurden bald nach dem Mauerbau Kampagnen zur Mobilisierung der Bevölkerung inszeniert[29]. Vor allem seit Mitte der achtziger Jahre betonten Parteigremien und Sicherheitsministerien, wie wichtig es sei, die Bürger in das Grenzregime einzubeziehen. Fluchtverhinderung war nicht mehr nur Tätigkeit der Sicherheitsbehörden, sondern wurde als gesellschaftliche Aufgabe definiert, in der zivile Behörden, Massenorganisationen und Bürger aktiv werden sollten[30]. Eine breite Mobilisierung war auch gegen die Ausreisebewegung erwünscht. Die Regierung der DDR stellte 1977 klar, dass die »Unterbindung rechtswidriger Versuche«, eine Aussiedlung zu beantragen oder durchzusetzen, gemeinsame Anstrengungen aller Behörden, Organisationen, Betriebe und Einrichtungen in der DDR erfordere, und wies sie an, ihre Anstrengungen auf die Zurückweisung solcher Anträge zu konzentrieren. Selbst die Leiter privater Betriebe hatten sich daran zu beteiligen[31]. Offensichtlich war eine breite Mobilisierung gegen den inneren Feind erwünscht.

Im Ergebnis der Mobilisierungskampagnen fanden sich einige

Bewohner der DDR und vor allem des Grenzgebietes zur Unterstützung bereit. Dies hat unter anderem damit zu tun, dass die SED die Macht besaß, Reputation zuzuweisen. Diese war in einem System, in dem alle materiellen und immateriellen Güter vom Auto bis zur Wohnung und von Bildungschancen bis zum Arbeitsplatz zentral zugewiesen wurden, enorm wichtig. Jede Beteiligung an einer von der SED gewünschten gesellschaftlichen Aktivität erbrachte individuelle Bonuspunkte bzw. symbolisches Kapital, das beispielsweise im Eingabewesen wieder realisiert und in konkreten Nutzen umgemünzt werden konnte[32]. Im Grenzgebiet kam noch die permanente Drohung mit Ausweisung und die selbst für die Verhältnisse in der DDR sehr hohe Überwachungsintensität dazu, die es dem einen oder anderen geraten erscheinen ließ, sich an der gegenseitigen Überwachung mehr oder weniger aktiv zu beteiligen.

An der Absicherung der Grenze waren Zivilisten bereits seit 1952 als »freiwillige Helfer der Grenzpolizei« bzw. seit 1961 als Helfer der Grenztruppen beteiligt. Ihre Aufgaben waren die Überwachung von Nachbarn, das Anzeigen von Ortsfremden und die Bestreifung des Grenzhinterlands[33]. Auch die Volkspolizei unterhielt Netze von Freiwilligen Helfern, die im Grenzgebiet für Streifendienst und als Informanten bereitstanden und in der gesamten Republik die Volkspolizei bei der fluchtbezogenen Überwachung unterstützten. Seit den sechziger Jahren wurden sie an der Grenze auch bei Fluchtalarm eingesetzt[34]. Das MfS unterhielt Grenz-IM, um Grenzbewohner und Ortsfremde zu überwachen[35].

Allerdings gab es erhebliche Probleme, eine breite Unterstützung zu erlangen. Es waren vor allem Aktivisten und Sympathisanten der SED, die sich beteiligten – dieselben, die sich auch in den Komitees der Nationalen Front und anderen Organisationen engagierten. Propaganda und Überwachung hatten im Grenzgebiet zwar ein Klima schweigender Duldung geschaffen, aber kein Klima der Wachsamkeit und keine breite Bereitschaft herstellen können, sich mit Denunziationen an der Grenzüberwachung zu beteiligen. Darauf verweist schon die Notwendigkeit, in Bezug auf Flucht- und Übersiedlungsabsichten Anzeigepflichten einzuführen[36].

Hinter den Kampagnen stand eine eng mit ihrer Selbstwahrnehmung verbundene Idealvorstellung der SED: eine breite Mobilisierung der Bevölkerung, die sich in einigen Papieren liest wie eine *levée en masse* der von der SED und ihrem Grenzregime begeisterten Bürger. Sosehr der Begriff aus der Französischen Revolution hier irritieren mag, so sehr standen die Parteistrategen der SED in deren Tradition. Wie bei der oben zitierten Propaganda für den Schießbefehl bedienten sie sich in den Mobilisierungskampagnen einer Rhetorik, die auf Rousseau und die Jakobinerherrschaft verweist und an deren Sprachgebrauch von der Einheit des Volkes gegen seine Feinde anknüpft. Bei den Schwierigkeiten, die Bevölkerung zu mobilisieren, zeigt sich jedoch eine der Paradoxien in der Beziehung der SED zum Staatsvolk. Einerseits war sie auf dessen Unterstützung dringend angewiesen, andererseits begegnete sie ihm mit stetem Misstrauen, weshalb sich – trotz der proklamierten Einheit von Staat, Partei und Werktätigen – nur ein Teil der Bevölkerung zu aktiver Teilhabe bereitfand. Schließlich standen gerade die Bewohner der Grenzregion generell unter Fluchtverdacht.

Das ubiquitäre Grenzregime und die Herrschaft der SED

Die Verhinderung von Flucht verlor mit dem Mauerbau 1961 keineswegs an Bedeutung, sondern wurde paradoxerweise zunehmend wichtiger. Dazu kam seit Mitte der siebziger Jahre eine steigende Aufmerksamkeit für die Antragsteller auf Ausreise. In der Wahrnehmung der SED hatte sich das Problem seit 1961 verschoben. Hatte sie die Abwanderung vorher als massenhafte Rebellion gegen ihre Autorität in der DDR begriffen, wurden Flucht und Ausreise seit den siebziger Jahren als Teil der vom Westen beeinflussten Opposition im Lande verstanden. Ihre Bekämpfung wurde zu so etwas wie dem heimlichen Staatszweck der DDR, für den die SED einen ständig wachsenden Teil der Ressourcen aufzuwenden bereit war. Sie band in zunehmendem Ausmaß Personal und Ressourcen der Sicherheitsbehörden. Sie war insofern erfolgreich, als in den achtziger Jahren etwa 80 Prozent der Flüchtlinge vor Erreichen der Grenze verhaftet wurden[37]. Die meisten Flüchtlinge sahen die Mauer nie.

Durch die Ausweitung der Maßnahmen zur Fluchtverhinderung erstreckte sich das Grenzregime schließlich auf das gesamte Territorium der DDR. Es führte zu einer Intensivierung der ohnehin schon gegen die echten und vermeintlichen Feinde im Inneren etablierten Überwachung, drang durch die gegenseitige Bespitzelung in die gesellschaftlichen Beziehungen ein und prägte den Umgang des Staates mit den Bürgern. Das grundsätzliche Misstrauen des Staates, das in der Frage von Flucht und Ausreise offenbar wurde, beeinträchtigte die Loyalität gerade jener, die sich nur mit erheblichem Selbstzwang in die neue Ordnung eingefügt hatten. Es löste Empörung aus, dass ein Staat, dessen Ordnung sie nicht vorbehaltlos akzeptierten, dem sie dennoch Loyalität entgegenbrachten und in dem sie sich engagierten, sie im Rahmen des Grenzregimes überwachte und damit diese Loyalität brüskierte.

Der Versuch, durch Erziehung, respektive Propaganda nachträglich einen gesellschaftlichen Konsens über die soziale Ordnung in der DDR herzustellen, misslang. Die SED konnte ihre Ordnungsvorstellungen zwar durchsetzen, allerdings ohne breite Zustimmung zu finden. Diese Diskrepanz blieb gerade wegen der ausufernden Bemühungen um die Verhinderung von Flucht und Ausreise als Problem dauerhaft im gesellschaftlichen Diskurs und wurde in den achtziger Jahren sowohl im Apparat als auch in der Bevölkerung immer deutlicher erkannt. Somit haben die Bemühungen der SED, die Leute im Land zu halten, zur inneren Abkehr eines wachsenden Teils der Bevölkerung von der von ihr etablierten Ordnung beigetragen.

MARIA NOOKE

GEGLÜCKTE UND GESCHEITERTE FLUCHTEN NACH DEM MAUERBAU

Selten ist ein Satz so oft zitiert worden wie der Walter Ulbrichts auf der internationalen Pressekonferenz am 15. Juni 1961: »Niemand hat die Absicht, eine Mauer zu errichten.« Es überstieg jegliche Vorstellungskraft, dass die darin verneinte Absurdität schon zwei Monate später schreckliche Realität sein würde. Im Bau der Mauer sah die SED-Führung die einzige Möglichkeit, die massenhafte Abwanderung von DDR-Bürgern in den Westen zu unterbinden und damit die Krise in der DDR zu stoppen[1]. Fast drei Millionen Menschen hatten das Land seit seiner Gründung 1949 da bereits verlassen[2]. Auch die Abriegelung der innerdeutschen Grenze im Juni 1952 bot der Massenabwanderung keinen Einhalt. Jahr für Jahr verließen weit mehr als hunderttausend Menschen ihre Heimat, um im Westen einen Neubeginn zu wagen. Die größte Zahl von Zuwanderungen wurde dort im Jahr 1953 mit 331 390 Flüchtlingen verzeichnet[3]. Im Frühsommer 1961 war angesichts der verhärteten Positionen in der Berlin-Frage wiederum ein sprunghaftes Anwachsen der Flüchtlingszahlen zu beobachten. Von Jahresbeginn bis zum Tag vor dem Mauerbau durchliefen 155 402 Personen die bundesdeutschen Notaufnahmeverfahren. Allein im Juli wurden 30 415 Flüchtlinge registriert. In den ersten zwölf Tagen des August meldeten sich 21 828 Personen[4]. Erst mit der Schließung des Schlupflochs zwischen Ost- und West-Berlin am 13. August 1961 konnte der Massenexodus gestoppt werden. Doch trotz militärisch gesicherter Grenze und tödlicher Bedrohung durch den Schießbefehl versuchten in den 28 Jahren, in denen die Mauer das Land teilte, Zehntausende die Sperranlagen zu überwinden.

Mauerbau und Zwangsaussiedlung

Mit dem Mauerbau änderte sich das Alltagsleben der Stadt und ihrer Bewohner schlagartig. Familien wurden auseinandergerissen, Liebespaare getrennt, Freundschaften zerstört und Nachbarschaften beendet. Etwa 56000 Grenzgänger[5], die als Bewohner von Ost-Berlin oder dem Berliner Umland in West-Berlin arbeiteten, studierten oder zur Schule gingen, verloren ihren Arbeitsplatz und jegliche Perspektive. Sie wurden gezwungen, sich registrie-

DDR-Flüchtlinge vor dem Notaufnahmelager Marienfelde in West-Berlin, 1. Juli 1961

ren zu lassen, und bekamen eine neue Beschäftigung zugewiesen. Die meisten von ihnen wurden zur Bewährung in die Produktion geschickt und hatten Hilfsarbeiterjobs oder niedrig qualifizierte Tätigkeiten auszuführen. Am 16. August wandte sich der Zentralrat der SED-Jugendorganisation FDJ mit dem Aufruf »Das Vaterland ruft! Schützt die sozialistische Republik!« an die jungen Männer, sich freiwillig zum Dienst an der Waffe zu melden. Die Bereitschaft wurde systematisch erpresst, da bei Ablehnung der Unterschrift mit Sanktionen gedroht wurde[6]. Innerhalb kurzer Zeit gelang es der SED und ihren Sicherheitsorganen, durch gezielte Propaganda und repressive Maßnahmen Empörung und Protest gegen den Mauerbau in der Bevölkerung einzudämmen[7]. Auch mithilfe von Zwangsaussiedlungen sollte die Grenzbevölkerung, in der sich besonders häufig Widerstand regte, eingeschüchtert werden. In Berlin erfolgte – auch wegen der zahlreichen Fluchtsprünge aus den Grenzhäusern – die Zwangsräumung ihrer Bewohner. Allein in der Bernauer Straße wurden am 25./26. September etwa 2000 Menschen aus ihren Wohnungen vertrieben. An der innerdeutschen Grenze traf im Rahmen der Aktion »Festigung« am 3. Oktober 1961 etwa 3000 als »politisch unzuverlässig« eingestufte Personen das gleiche Schicksal[8]. Schon harmlose Meinungsäußerungen konnten zur Festnahme und Verurteilung zu hohen Strafen führen. Vom 13. August bis zum 4. September kam es zu über 6000 Festnahmen, die in über der Hälfte der Fälle mit einer Inhaftierung endeten[9]. Die Verhaftungswelle nahm solche Ausmaße an, dass Erich Mielke bereits im Spätherbst das Tempo drosseln ließ[10]. Am 13. Dezember 1961 befahl er, dass es nicht bei einer so hohen Zahl von Festnahmen bleiben dürfe[11]. Im Januar 1962 bilanzierte das MfS neben den zahlreichen gelungenen Fluchten ungefähr 4000 politische Delikte und Festnahmen im Zusammenhang mit dem Grenzregime[12]. Bis Ende 1961 gab es darüber hinaus etwa 3700 Verhaftungen wegen Verstößen gegen das Passgesetz[13].

Spektakuläre Fluchten

Viele DDR-Bürger entschlossen sich dennoch zur Flucht. Nicht nur die Sperrung der Grenze, auch die nach innen gerichteten, durch Indoktrination und Massenmobilisierung verstärkten restriktiven Maßnahmen waren häufig Ursache einer Fluchtentscheidung[14]. Wo es noch möglich war, überwanden Ortskundige die Stacheldrahtsperren, durchbrachen Flüchtlinge mit Fahrzeugen die Sperranlagen oder sprangen aus den Grenzhäusern in die Sprungtücher der West-Berliner Feuerwehr.

Zahlreiche spektakuläre Fluchten erregten in den folgenden Monaten und Jahren das Interesse der westlichen Öffentlichkeit[15]. Dem Lokführer Harry Deterling etwa gelang es am 5. Dezember 1961, kurz bevor die Schienen auf dieser Strecke abgebaut wurden, mit einem Vorortzug bei Berlin-Spandau unter Beschuss die

Grenze zu durchbrechen. Er hatte sich geweigert, seine Unterschrift unter die »Zustimmung zu den Maßnahmen vom 13. August« zu setzen, und seinem Heizer Unterstützung gegeben, sich gegen die Einberufung zur Armee zu wehren. In letzter Minute

Flucht durch die Sperranlagen zwischen Berlin-Pankow und Berlin-Reinickendorf, August/September 1961

entkam er mit Familie und Verwandten der Staatssicherheit, die durch sein Agieren auf ihn aufmerksam geworden war. Einige Passagiere, die bei dieser Flucht ohne ihr Zutun in den Westen gerieten, gingen zurück, andere nutzten die Chance und blieben[16]. Am 8. Juni 1962 sollte, um ein anderes Beispiel zu nehmen, das Fahrgastschiff der Weißen Flotte »Friedrich Wolf« zu Reparaturarbeiten in den Osthafen gebracht werden, der direkt im Grenzgebiet lag. Eine rasch zusammengetrommelte Crew steuerte das Schiff – während Kapitän und Steuermann volltrunken in der Kajüte lagen – kurz vor dem Ziel jedoch in den Landwehrkanal nach West-Berlin. Trotz heftigen Beschusses konnten die 14 Flüchtlinge ihre abenteuerliche Fahrt unbeschadet beenden[17]. Ein anderes Husarenstück glückte am 3. März 1965. Ein 26-jähriger Maschinenbauingenieur aus Görlitz befestigte an einem Grenzhaus in Treptow eine vierfach verknüpfte Wäscheleine an einem Fensterkreuz in der 4. Etage, kletterte am Seil hinunter, stieß sich ab und schwang sich über die Grenzsperren hinweg in den Westen[18]. Im Mai 1989, ein letztes Beispiel, starteten die Gebrüder Bethge mit zwei Ultraleichtflugzeugen einen Flug über den Todesstreifen, um ihren im Osten lebenden Bruder aufzugabeln. Eines landete im Treptower Park und nahm den Bruder tatsächlich auf. Danach drehten beide Flugzeuge in Richtung Westen ab, umrundeten das Brandenburger Tor, landeten auf der Wiese vor dem Reichstag und verschwanden. Sie scheuten den Ärger mit der Polizei und den Alliierten, denn Fliegen mit Privatflugzeugen war in West-Berlin verboten. Am nächsten Tag meldeten sie sich dann aber doch bei der Polizei, die von der abenteuerlichen Flucht so beeindruckt war, dass sie die Brüder nach eingehenden Befragungen ziehen ließ[19].

Fluchten auf eigene Faust und mit Fluchthilfegruppen in den ersten Jahren

Weniger spektakulär und weitgehend unbekannt geblieben sind jedoch zahlreiche erfolgreiche Fluchten, die von Einzelnen allein und unbeachtet bewerkstelligt wurden. Das MfS registrierte vom Mauerbau bis Ende 1961, dass 73 Prozent der gelungenen Fluchten zu Fuß über die Grenzanlagen erfolgt seien, 11 Prozent mit der Bahn, 8 Prozent mit Kraftfahrzeugen, 4 Prozent über den Seeweg, 3 Prozent schwimmend durch Grenzgewässer und 1 Prozent durch die Kanalisation[20]. Nach ihrer Ankunft im Westen durchliefen die Flüchtlinge meist das Notaufnahmeverfahren in einem der Notaufnahmelager. Wurden sie bei ihrem Fluchtversuch jedoch gefasst, so brachte sie die Staatssicherheit in eine ihrer Untersuchungshaftanstalten; danach wurden sie zumeist nach § 213 des DDR-Strafgesetzbuches zu mehrjährigen Haftstrafen verurteilt.

Von West-Berlin aus bekamen Fluchtwillige vielfältige Hilfe. In den ersten Tagen nach dem Mauerbau durften Bewohner von West-Berlin den Ostteil der Stadt noch betreten. Diese Möglichkeit nutzten sie oftmals spontan, um Freunde und Verwandte mit West-

Berliner Ausweisen durch die Kontrollen an den verbliebenen Übergängen zu schleusen. Von Ende August 1961 bis zum ersten Passierscheinabkommen im Dezember 1963 gab es für die Bewohner der beiden Stadthälften dann keine direkten Kontaktmöglich-

Gescheiterter Fluchtversuch, 5. September 1971

keiten mehr. Nur noch Besitzer von westdeutschen Pässen oder Ausländer konnten die Grenzübergänge passieren. Diesen Umstand machten sich die in West-Berlin entstehenden Fluchthilfegruppen zunutze[21]. Eine der bekanntesten Gruppen, die ab dem 14. August von der Freien Universität in West-Berlin aus mit der Organisation von Fluchthilfe begann, bildete sich um die Mitarbeiter des Studentenwerkes Detlef Girrmann und Dieter Thieme und den Leiter des »Hauses der Zukunft«, Bodo Köhler[22]. Girrmann und Thieme hatten Zugang zur Kartei der Grenzgängerstudenten und begannen systematisch, Fluchtmöglichkeiten für sie zu organisieren. Voraussetzung dafür waren bald westdeutsche oder ausländische Pässe. Sie wurden entweder nach »Ähnlichkeit« mit den Fluchtwilligen ausgesucht, oder es erfolgte ein Austausch der Bilder. Mit genauen Instruktionen zu ihrer »geliehenen« Identität und genau über den Ablauf der Kontrollen informiert, begaben sie sich an die Grenzübergänge[23]. Als günstiger Fluchtzeitpunkt galten die Stoßzeiten, an denen wegen des hohen Rückreiseandrangs weniger intensive Kontrollen erfolgten.

Ein anderer Fluchtweg führte durch die Kanalisation. Über mehrere Wochen konnten täglich Gruppen von Flüchtlingen durch die unterirdischen Verbindungskanäle geschleust werden, bis Mitte Oktober 1961 die noch zugänglichen Kanäle durch den Einbau von Sperrgittern und verschärfte Kontrollen unpassierbar wurden. Auch die Transitwege nach Skandinavien wurden genutzt. Vom Ost-Berliner Ostbahnhof fuhren Züge nach Warnemünde und Saßnitz zu den Fähren nach Gedser oder Trelleborg. Ein Zubringerzug vom Bahnhof Zoo brachte die Passagiere aus West-Berlin zum Ostbahnhof. Die Fluchthelfer nutzten diese Verbindung. Sie statteten die Flüchtlinge mit ausländischen Pässen und entsprechenden Utensilien wie Wechselgeld in ihrer »heimatlichen« Währung, West-Berliner S-Bahnfahrkarten vom Vortag, Theaterkarten oder Quittungen aus. Diese »Skandinavientour« war bis Mitte Februar 1962 erfolgreich. Die »Passmethode« an den Berliner Grenzübergängen musste allerdings schon Anfang Januar des Jahres aufgegeben werden, nachdem die Registrierung von Ausländern bei der Einreise eingeführt worden war. Bis Mitte Februar hatte die Gruppe mehr als 500 Flüchtlinge in den Westen geholt[24]. Danach erfolgten Ausschleusungen in umgebauten Autos oder Diplomatenwagen. Als die Fluchthelfer Ende 1964 ihre Aktivitäten einstellten, hatten sie mehr als 1000 Menschen in den Westen gebracht. Andere Fluchthelfer arbeiteten weiter und fanden immer neue Wege und Methoden der Ausschleusung.

Tunnelfluchten

Besonders spektakulär waren die unter den Grenzanlagen gegrabenen Fluchttunnel[25]. Erste Grabungsversuche erfolgten bereits im Herbst 1961, der erste erfolgreiche Tunnel führte von West-Berlin auf den Pankower Friedhof Schönholz. Er war im Gegensatz zu späteren Fluchttunneln über einen längeren Zeitraum in Betrieb. Es handelte sich in diesem Fall um zwei Stollen von ungefähr 30 Meter Länge. Ein Einstieg lag unmittelbar hinter der Friedhofsmauer, der andere hinter einem Grabstein. Am 21. Dezember 1961 entdeckte das MfS den Tunnel und liquidierte ihn. Die Zahl der hier geglückten Fluchten ist nicht bekannt[26]. Im Norden Berlins gelangten am 24. Januar 1962 28 Flüchtlinge in den Westen. Aus ihrem unmittelbar an der Grenze gelegenen Grundstück hatte eine Familie einen Tunnel vorangetrieben und war mit ihren Freunden und Bekannten geflüchtet[27]. Wenige Monate später gelang ganz in der Nähe einer weiteren Gruppe die Flucht. Initiator dieses Tunnels war ein 81-jähriger Anwohner, die Grabungen bewerkstelligten ebenfalls hauptsächlich Rentner. Ihr 25 Meter langer Tunnel ging als »Seniorentunnel« in die Geschichte der Mauer ein[28]. Viele Tunnelgrabungen mussten jedoch aus technischen Gründen oder wegen Sicherheitsbedenken abgebrochen werden.

Fluchtversteck in einer Kabeltrommel, Januar 1965

Unter den erfolgreichen Tunneln sind insbesondere zwei Fluchttunnel in der Bernauer Straße berühmt geworden. Initiatoren des sogenannten »Tunnel 29« waren zwei Italiener. Gemeinsam mit etwa 40 Studenten, unter ihnen der spätere Profi-Fluchthelfer Hasso Herschel, gruben sie für ihren Freund und seine Familie aus dem Keller einer Fabrik an der Bernauer Straße in Richtung Ost-Berlin. Am 14. September 1962 wurde der 125 Meter lange Tunnel geöffnet, an zwei Tagen gelangten 29 Flüchtlinge – daher der Name – in die Freiheit. Tunnelbau und Flucht wurden durch ein Team des amerikanischen Senders NBC gefilmt, die Bilder weltweit verbreitet[29].

Der zweite, 145 Meter lange »Tunnel 57« wurde von einer Gruppe um den Fluchthelfer Wolfgang Fuchs gegraben. Im Oktober 1964 ermöglichten diese Studenten 57 DDR-Bürgern die Flucht. Dabei kam der Grenztruppen-Unteroffizier Egon Schultz ums Leben. Er wurde versehentlich von einem Kameraden erschossen, als der Staatssicherheitsdienst der Fluchtaktion auf die Spur gekommen war. Der Stasi-Legende zufolge sei einer der Fluchthelfer der Mörder gewesen. Egon Schultz wurde daher zum heldenhaften Opfer stilisiert und sein Tod von der DDR-Propaganda nach

Kräften instrumentalisiert. Erst nach Öffnung der MfS-Akten kam die Wahrheit ans Licht[30]. Die Blütezeit der Tunnelgrabungen lag in den Jahren 1962/63, der letzte Tunnel stammt von 1982. Insgesamt umfasste die unterirdische Wühltätigkeit nicht weniger als 70 Tunnelprojekte, von denen jedoch nur ein Viertel erfolgreich genutzt werden konnte[31]. Es gab Verhaftungen und Todesopfer unter den Fluchthelfern[32]. Jeder bekannt gewordene Fluchtweg führte zur Verschärfung der Kontrollen oder zur Perfektionierung der Grenzanlagen.

Flucht durch den Tunnel 57

Fahnenfluchten

Am 15. August 1961 sprang der 19-jährige Grenzpolizist Conrad Schumann an der Bernauer Straße in voller Uniform und mit geschulterter Waffe über den Stacheldraht in den Westen – das Foto seiner Flucht sollte weltberühmt werden. Schumann, ein Schäfer aus Sachsen, war der erste Grenzsoldat, der sich dem Grenzdienst durch eine Flucht entzog und damit den Einsatz der Schusswaffe gegen sogenannte »Grenzverletzer« verweigerte. Bis 1989 waren laut MfS 2433 Fahnenfluchten von Grenzsoldaten und NVA-Angehörigen zu verzeichnen. Allein bis Ende 1963 gab es mehr als 1300[33], die meisten mit 531 Fällen erfolgten im Jahr 1962. Wegen der Perfektionierung des Grenzsystems und der gründlicheren Überprüfung der Grenzsoldaten gingen die Fahnenfluchten von Mitte 1965 bis Ende der siebziger Jahre zurück. Ab 1969 blieben sie jährlich unter 100, in der ersten Hälfte des folgenden Jahrzehnts bei unter 50, in der zweiten unter zehn Fällen jährlich. Eine Statistik für 1963 zeigt, dass 90 Prozent der Fahnenflüchtigen Grenzsoldaten waren, 78 Prozent davon einfache Soldaten, 20 Prozent Unteroffiziere und nur zwei Prozent Offiziere. Im gleichen Jahr gab es nach Ermittlungen des MfS 496 beabsichtigte bzw. geplante Fahnenfluchten, die verhindert wurden; gut 100 mehr als geglückte. Für die Jahre 1965 bis 1976 finden sich 570 Fälle in der Deliktkartei. Gegen Ende der achtziger Jahre stieg die

Zahl der geplanten Fahnenfluchten wieder an, allein für 1989 sind 50 Versuche verzeichnet. Insgesamt gab es mindestens 2500 misslungene Fahnenfluchten, etwa so viele wie gelungene.

Todesopfer und Vertuschungen der Vorfälle durch den Staatssicherheitsdienst

Mit dem Ausbau der Mauer zu einem ausgeklügelten Sperrsystem und der Perfektionierung des Grenzregimes wurde eine Flucht nicht nur für Grenzsoldaten immer riskanter. Schon am 24. August 1961 kam es am Humboldthafen nahe der Charité zum ersten Schusswaffeneinsatz nach dem Mauerbau, als der 24-jährige Günter Litfin schwimmend West-Berlin zu erreichen versuchte. Der gelernte Schneider stammte aus dem Ost-Berliner Stadtbezirk Weißensee, wohnte und arbeitete aber in West-Berlin und war durch den Mauerbau überrascht worden. Bei seinem Versuch, die Spree am Humboldthafen zu durchschwimmen, wurde er von der Transportpolizei entdeckt und beschossen. Am Kopf getroffen, versank er im Wasser[34]. Große Aufmerksamkeit und Empörung weckten auch die Fluchtsprünge in der Bernauer Straße, bei denen sich allein 1961 vier Menschen tödlich verletzten[35]. Der Tod des 18-jährigen Bauarbeiters Peter Fechter, der am 17. August 1962 gemeinsam mit einem Arbeitskollegen in der Nähe des Checkpoint Charlie zu flüchten versuchte, wurde zu einem öffentlichen Skandalon. Während es seinem Fluchtpartner gelang, die Grenzsperren unter Beschuss zu überwinden, blieb Peter Fechter verletzt hinter der Mauer liegen. Trotz des Protests der Menge, die von West-Berlin aus das Geschehen verfolgte, wagte es niemand, dem Sterbenden Hilfe zu leisten. Noch am selben Tag errichteten West-Berliner ein Mahnkreuz mit der Aufschrift »Wir klagen an«. Es war von Dieter Beilig gezimmert worden, der Jahre später selbst Opfer des Grenzregimes wurde.

Dieter Beilig kletterte am 2. Oktober 1971 auf die Grenzmauer vor dem Brandenburger Tor. Von West-Berliner Polizisten gedrängt, herunterzukommen, sprang Dieter Beilig auf die Ostseite der Mauer in den Grenzstreifen. Dabei soll er »Freiheit für Deutschland, Willy ist der Größte« gerufen haben[36]. Nach seiner Festnahme wurde er zu einem Führungspunkt der Grenztruppen in der ehemaligen Akademie der Künste gebracht. Als er in dem engen Raum aufstand und sich zum Fenster wandte, erschoss ihn einer der Bewacher aus nächster Nähe. Angesichts der zahlreichen Besucher auf beiden Seiten des Brandenburger Tors, die die

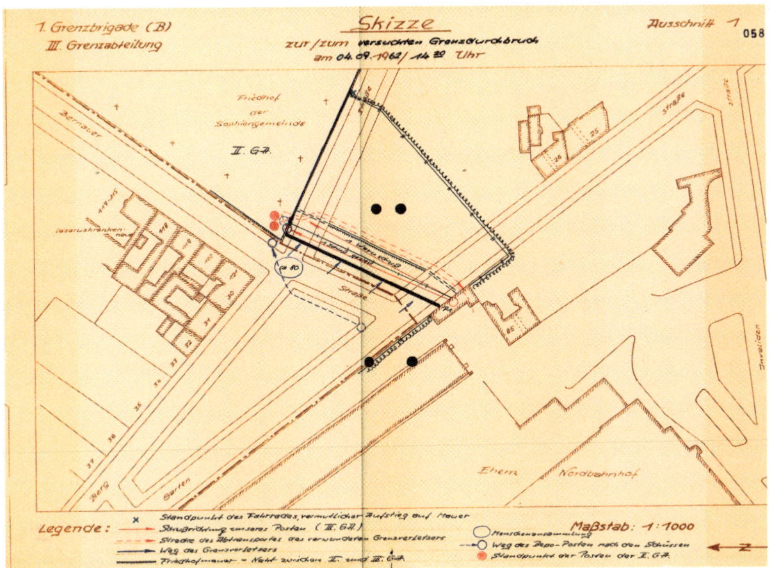

Tatortskizze zum Fluchtversuch von Ernst Mundt über den Sophienfriedhof zur Bernauer Straße am 4. September 1962

Festnahme von Beilig beobachtet hatten, befürchtete die DDR, der Todesfall werde sich nicht verheimlichen lassen. Die Staatssicherheit täuschte deshalb einen Notwehrakt vor und brachte Fingerabdrücke des Toten auf die Tatwaffe auf, um ein »Beweismittel« zu schaffen. Der Stasi-Legende nach habe Dieter Beilig den Offizier der Grenztruppen zu entwaffnen versucht. Als sich jedoch zeigte, dass weder im Westen noch im Osten nach dem Toten gefragt wurde, zog es der Geheimdienst vor, seinen Tod gänzlich zu vertuschen.

Die Tötungen an Mauer und Grenze waren die Spitze der Gewalt, die von der DDR-Grenzsicherung ausging. Schüsse und erst recht Erschießungen waren deshalb möglichst geheim zu halten. Die »Bearbeitung von Leichenvorgängen an der Staatsgrenze zu

Westberlin«[37] erfolgte durch das Ministerium für Staatssicherheit und war durch »Ordnungen«, »Weisungen« und »Festlegungen« geregelt. Die Grenztruppen hatten verletzte Flüchtlinge in ganz bestimmte Krankenhäuser zu bringen. Dort wurden sie von anderen Patienten isoliert untergebracht und kamen danach sobald als möglich in die MfS-Untersuchungshaftanstalt in Berlin-Hohenschönhausen. Teilweise erfolgte die Versorgung der Flüchtlinge sogar erst nach einem Geständnis. So erging es dem Fluchtpartner von Chris Gueffroy, dem letzten an der Mauer erschossenen Flüchtling. Getötete Flüchtlinge waren zur Obduktion in das Gerichtsmedizinische Institut der Charité oder das Zentrale Armeelazarett in Bad Saarow einzuliefern. Der Transport erfolgte auch bei Schwerstverletzten in der Regel nicht in Krankenwagen, sondern auf der Ladefläche von Armeelastwagen oder »Kübel-Trabis« ohne jede ärztliche Versorgung. Um Aufmerksamkeit im Westen zu vermeiden, durften Sanitätsfahrzeuge schon ab den frühen sechziger Jahren nicht mehr in den Grenzbereich einfahren. Mancher Flüchtling hätte wohl gerettet werden können, wenn ihm schnellere ärztliche Hilfe zuteil geworden wäre. Nach Ankunft im Krankenhaus oder bei der Gerichtsmedizin übernahm die Staatssicherheit die Regie. Sie hatte die ausschließliche Verfügungsgewalt über die Toten, sie bestimmte den Umgang mit der Leiche in allen Punkten. Dazu gehörten Obduktion, Ausstellung des Totenscheins, Beantragung der Anlegung eines Leichenvorganges beim Ost-Berliner Generalstaatsanwalt, Führung der Staatsanwaltschaftsakte, Entgegennahme des Obduktionsergebnisses, Ausstellung der Sterbeurkunde im Standesamt Berlin-Mitte, Entgegennahme des Bestattungsscheines bis hin zur Überführung und Verbrennung der Leiche, die in der Regel im Krematorium Baumschulenweg in Berlin-Treptow stattfand. Gegenüber all diesen Einrichtungen – und danach auch gegenüber den Angehörigen des

Protest von Dieter Beilig nach dem Tod von Peter Fechter

Opfers – hatte der verantwortliche MfS-Mitarbeiter seine Identität zu verschleiern, sich vielmehr »als im Auftrage der Generalstaatsanwaltschaft von Groß-Berlin handelnder VP-Angehöriger« auszugeben[38]. Die Tatortuntersuchung, die Sicherung von Spuren und Beweismitteln sowie die Befragung und Vernehmung von Zeugen, einschließlich der beteiligten Grenzsoldaten, oblag ebenso dem Staatssicherheitsdienst, der mit einer eigenen Abteilung und Spezialkommissionen innerhalb der Grenztruppen agierte. Das MfS führte generell die Ermittlungen zu den Getöteten und ihren Familien sowie über mögliche Motive und Mitwisser durch. Zugleich oblag ihm die Aufgabe, die nächsten Angehörigen der Verstorbenen zu informieren und gegebenenfalls Familie, Verwandte, Freunde, Arbeitskollegen und Nachbarn unter Beobachtung und Kontrolle zu nehmen. Den Angehörigen wurde verweigert, die Leiche der Getöteten noch einmal zu sehen, das Einverständnis zur Einäscherung ihnen durch Unterschrift abverlangt, der Wortlaut der Erklärung diktiert. Das Ministerium für Staatssicherheit übernahm die Bestattungskosten bis zur Urnenüberführung und scheute mitunter selbst davor nicht zurück, die Unkosten mit dem Geld aus den Taschen der Getöteten zu begleichen. Auch den Beisetzungen nahm sie durch ihre Präsenz alles Private. Was den Angehörigen über die Ursachen des Todes mitgeteilt wurde, war nicht nur vom Ergebnis der Ermittlungen abhängig, sondern namentlich davon, was bereits über Westmedien oder Zeugen an die Öffentlichkeit gedrungen war. Manche Angehörigen wurden zum Schweigen oder zum Lügen gegenüber Dritten verpflichtet, andere über die Todesursachen belogen.

An den Grenzen in und um Berlin gab es insgesamt mindestens 136 Todesopfer, die zwischen 1961 und 1989 erschossen wurden oder tödlich verunglückten[39]. 98 dieser 136 Todesopfer wurden durch Waffengewalt getötet, die anderen 38 erlitten Unfälle, an deren Folgen sie starben[40]. Zwei Drittel der Todesfälle ereigneten sich im Bereich der innerstädtischen Grenzsperren zwischen Ost-Berlin und West-Berlin. 46 Menschen kamen am sogenannten »Außenring« zwischen West-Berlin und dem DDR-Umland zu Tode. Von den 98 Flüchtlingen wurden 67 erschossen, das entspricht 49 Prozent aller Berliner Todesopfer. Unter ihnen gab es zehn Fahnenflüchtige. 28 Menschen verunglückten bei Fluchtversuchen an der Mauer. 22 Todesfälle betrafen Einwohner und

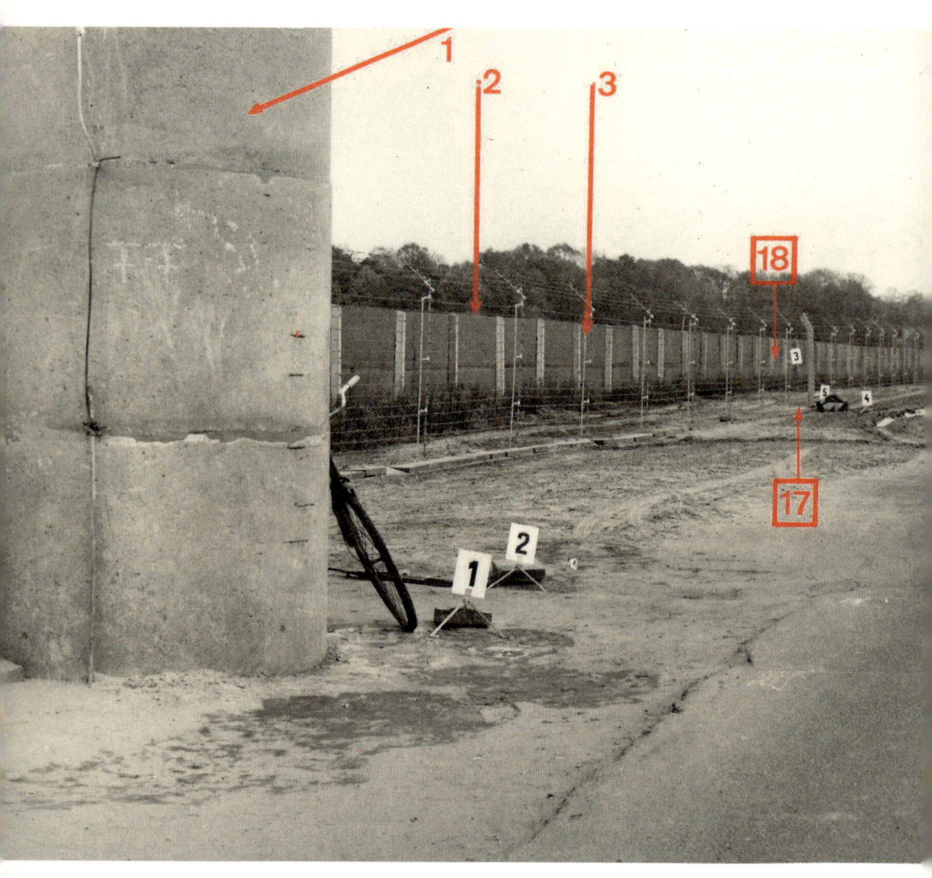

Tatortfoto zum Tod des Grenzsoldaten Ulrich Steinhauer, der während des Grenzdienstes von seinem fahnenflüchtigen Kameraden erschossen wurde, November 1980

5
6
7
8
9
22
13
16
15
14

Besucher von West-Berlin, von denen 15 erschossen wurden und sieben tödlich verunglückten. Zu Letzteren gehören die West-Berliner Kinder, die beim Spielen am Kreuzberger Gröbenufer nahe der Oberbaumbrücke ins Grenzgewässer fielen und nicht gerettet werden konnten, da die Spree in diesem Bereich in ganzer Breite zu Ost-Berlin gehörte. Acht DDR-Bürger wurden im Grenzgebiet erschossen, obwohl sie keinerlei Fluchtabsichten hatten – so zum Beispiel der 13-jährige Wolfgang Glöde beim Spielen in der Laubenkolonie »Sorgenfrei«. Der Junge erlitt tödliche Verletzungen, als sich ein Schuss aus der Waffe eines Grenzsoldaten löste, der sie dem interessierten Jungen vorführen wollte. Auch der 31-jährige Herbert Kliem wurde erschossen, weil er versehentlich ins Grenzgebiet geraten war. Als er sein Motorrad wendete, um den verbotenen Bereich wieder zu verlassen, trafen ihn Schüsse von hinten. Er wurde wie die anderen sieben Grenzgebietsopfer für einen Flüchtling gehalten. Diese Todesfälle waren für die DDR mit massiven Legitimationsproblemen verbunden, da sie in der Grenzbevölkerung starken Unmut und Widerspruch hervorriefen. Zu den Mauertoten gehören auch acht Grenzsoldaten, die im Zusammenhang mit Fluchten oder einer Kontrolle im Grenzdienst getötet wurden.

Die 98 Flüchtlinge waren überwiegend junge Männer im Alter zwischen 16 und 30 Jahren. Ihr Anteil an der Gesamtzahl der Flüchtlinge von 78 Prozent zeigt ihre hohe Risikobereitschaft und die Tatsache, dass viele von ihnen noch ungebunden waren. Der Anteil verheirateter Männer beträgt 20 Prozent, der der Frauen acht Prozent. Mehr als die Hälfte der 136 Todesopfer kamen in den ersten fünf Jahren nach dem Mauerbau ums Leben. Danach begannen sich die Folgen des Ausbaus des Grenzsystems, die Entspannung der Ost-West-Beziehungen und die Bemühungen der DDR um internationale Anerkennung, insbesondere im KSZE-Prozess, bemerkbar zu machen. Dennoch waren bis zum Ende der DDR zahlreiche Fluchten zu verzeichnen und immer wieder auch Opfer der Grenze zu beklagen. Eine quellengestützte Analyse der Todesfälle an der innerdeutschen Grenze, der Ostsee und an den osteuropäischen Grenzen steht noch aus. Nach Schätzungen dürfte es dort 600 bis 800 Todesopfer gegeben haben[41].

Zahlenbilanz

Etwa vier bis fünf Millionen Menschen – je nach der Art der statistischen Erfassung – verließen die DDR in den 40 Jahren ihrer Existenz[42]. Der Mauerbau stoppte zwar den Flüchtlingsstrom, trotzdem gelangten auch nach der Grenzschließung noch etwa 960 000 Übersiedler in den Westen, 235 000 von ihnen ohne Genehmigung als »Republikflüchtlinge«. Nicht weniger als 40 000 Menschen gelang als »Sperrbrechern« die Flucht über die tödlichen Grenzanlagen[43]. Über das Territorium der Ostblockstaaten flohen in dieser Zeit zwischen 7000 und 8000 DDR-Bürger, insbesondere über die ČSSR, Ungarn und Bulgarien[44]. Die Mehrheit der Flüchtlinge nach dem Mauerbau entfiel auf sogenannte »Verbleiber«, also Personen, die nach einer legalen Besuchsreise nicht aus der Bundesrepublik zurückkehrten. Für den Zeitraum von 1975 bis 1988 machte diese Gruppe ohne Rentner und Invaliden 70 Prozent aus[45]. Zu den legalen Übersiedlungen gehörten auch die Ausreiseantragsteller, Rentner, über Familienzusammenführung in die Bundesrepublik Gekommene und ungefähr 30 000 freigekaufte Häftlinge[46]. Es waren ganz überwiegend jüngere Menschen, die den Weg in den Westen suchten. 90 Prozent der Flüchtlinge waren unter 40 Jahre, 70 Prozent nicht älter als 30 Jahre[47]. Die vom MfS entdeckten Fluchtaktionen in den letzten zehn Jahren vor dem Mauerfall belegen den ungebrochenen Einfallsreichtum und den Mut der Fluchtwilligen. So wurden 110 selbst gefertigte Fluggeräte entdeckt, darunter 61 Heiß- und Gasluftballons; in 21 Fällen hatte es bereits Startversuche gegeben. Daneben war eine Vielzahl von Grenzdurchbrüchen mit Lkw oder Pkw geplant, an denen sich insgesamt 2114 Personen beteiligten, von denen 188 inhaftiert wurden.

Erfolgreiche Flucht aus Thüringen mit einem selbstgebauten Heißluftballon, 1979

Für den gesamten Zeitraum der Grenzsperrung sind 75 000

misslungene Fluchtversuche registriert, darunter etwa 25 000, bei denen Ostdeutsche zwischen 1971 und 1988 über Drittländer flüchten wollten. Die Hälfte von ihnen wurde von den Sicherheitskräften des Ostblocks an die DDR ausgeliefert[48]. Insgesamt wurden Fluchtpläne von 60 000 DDR-Bürgern aufgedeckt. Ihr Anteil an den 88 000 politisch Inhaftierten in der DDR war besonders hoch. Zwischen 1965 und 1988 befanden sich in den ostdeutschen Zuchthäusern und Gefängnissen 57 000 Flüchtlinge[49].

Die Größenordnung der Übersiedlungen, insbesondere der erfolgreichen und gescheiterten Fluchtversuche, zeigt die Bereitschaft der DDR-Bevölkerung, ein hohes Risiko einzugehen, um in die Freiheit zu gelangen. Die bis 1989 anhaltende Flucht- und Ausreisebewegung ist ein markanter Indikator für die permanente Staatskrise der DDR[50]. Das bundesdeutsche Staatsbürgerschaftsrecht bot die Grundlage für eine garantierte Aufnahme in Westdeutschland. Artikel 11 des Grundgesetzes ermöglichte es jedem Flüchtling, der auf welchen Wegen auch immer dorthin gelangte, sofort Staatsbürger der Bundesrepublik Deutschland zu werden[51].

KONRAD H. JARAUSCH
CHECKPOINT CHARLIE

Der englische Secret-Service-Mann Alec Leamas starrt gebannt auf den Checkpoint Charlie und muss dann zusehen, wie sein DDR-Agent in letzter Sekunde vor dem rettenden Schritt in die Freiheit erschossen wird. So beginnt John Le Carré seinen auf dem Höhepunkt des Kalten Krieges geschriebenen Roman ›Der Spion, der aus der Kälte kam‹. Seine erfolgreiche Verfilmung mit Richard Burton machte nicht nur den Autor, sondern auch den Grenzübergang in der Berliner Mitte berühmt, an dem die Handlung der Geschichte einsetzt. Auch der britische Schriftsteller Len Deighton wählte den Checkpoint Charlie als Kulisse für seinen Thriller ›Brahms Vier‹, der mit Michael Caine ebenso spannend verfilmt wurde[1]. Durch diese Fiktionalisierung des Spionagekrieges, die ebenso einen James-Bond-Film umfasst, wurde der alliierte Grenzübergang an der Friedrichstraße zum internationalen Sinnbild des Kalten Krieges.

Ein halbes Jahrhundert später bilden die spärlichen Überreste des Checkpoint Charlie eine Hauptattraktion des »HisTourismus« in Berlin. Die alt-neue Hauptstadt an der Spree zieht mittlerweile jährlich die dritthöchste Zahl von Touristen in Europa an, um nicht nur die kulturellen Schätze der Museumsinsel, sondern auch die Spuren der NS-Vergangenheit und des Kalten Krieges zu besichtigen. Nach den Juwelen des Pergamonmuseums und den Ägyptischen Sammlungen rangiert der Checkpoint Charlie auf dem dritten Platz, noch knapp vor dem Deutschen Historischen Museum. Touristen können dort Reste der Mauer, einen Nachbau des alliierten Kontrollhäuschens wie auch Studenten in Uniformen bewundern, welche die vormalige Grenzsperre in harmloser Form simulieren[2]. Von einem wichtigen Mauer-Kontrollpunkt hat sich der Checkpoint in einen populären Brennpunkt des Heritage-Tourismus verwandelt.

Auch seine imposante Internet-Präsenz[3] deutet darauf hin, dass der Checkpoint Charlie in der Zwischenzeit ein international bekannter Erinnerungsort des Kalten Krieges geworden ist. Der von Pierre Nora geprägte Begriff meint einen physischen oder metaphorischen Ort, dem das kollektive Gedächtnis eine bestimmte Bedeutung zumisst[4]. Diese dahingehende Aufwertung eines ehemaligen alliierten Grenzübergangs ist keineswegs selbstverständlich, sondern durchaus erklärungsbedürftig. Da im Tränenpalast mehr Berliner, Ost- und Westdeutsche die Grenze überquert haben, die Glienicker Brücke dem Agentenaustausch gedient hat und die Mauer an der Bornholmer Brücke durchbrochen wurde, stellt sich die Frage, warum sich die kollektive Erinnerung gerade am Checkpoint Charlie festgemacht hat. Wie manifestierte sich an ihm der Kalte Krieg, wodurch gewann der Ort symbolische Bedeutung, und in welcher Form wird dort an den Ost-West Konflikt gedacht?

Realgeschichte

Die erinnerungspolitische Aufwertung des ehemaligen Grenzübergangs ist umso erstaunlicher, als seine Rolle in der realen Geschichte zwar interessant, die Wichtigkeit der Ereignisse dort aber eher begrenzt war. Notwendig wurde seine Einrichtung nach dem 13. August 1961, als Walter Ulbricht Nikita Chruschtschow überredet hatte, den anschwellenden Flüchtlingsstrom aus der DDR durch die Absperrung West-Berlins in Zukunft zu unterbinden[5]. Die Verwandlung der hastig errichteten Stacheldrahtzäune in eine undurchdringliche Grenzmauer tangierte die alliierten Rechte für Gesamtberlin, weil sie die freie Zirkulation des westlichen militärischen und diplomatischen Personals durch Ost-Berlin abzuschneiden drohte. Vor allem die Westmächte waren daran interessiert, auch im Osten der Stadt präsent zu sein, um trotz schleichender Integration Ost-Berlins in die DDR weiterhin die gemeinsame Verantwortung der vier Mächte für Gesamtberlin zu demonstrieren[6].

Die Einrichtung eines separaten Übergangs zwischen dem amerikanischen und dem russischen Sektor an der Ecke Friedrichstraße/Zimmerstraße sollte die Abfertigung von Soldaten, Diplomaten und anderen Bürgern der Siegermächte erleichtern, indem sie die Deutschen und andere Ausländer auf den S- und U-Bahnhof Friedrichstraße verwies, um sie dort intensiver kontrollieren zu können. Der englische Name Checkpoint Charlie resultierte aus dem Sprachgebrauch des amerikanischen Militäralphabets, denn die Autobahnübergänge bei Helmstedt wurden »Alpha« und Dreilinden »Bravo« genannt. Ebenso insistierten die Westmächte darauf, dass dies nur ein Kontrollpunkt, aber keine Grenzübergangs-

Ecke Zimmerstraße/Friedrichstraße: Der spätere Checkpoint Charlie vor dem Mauerbau

stelle (GÜSt) sei, wie von der DDR behauptet wurde, um dadurch ihre Anerkennung zu erzwingen. Eine erste, bescheidene Kontrollbaracke für westliche Posten wurde am 22. September 1961 errichtet, während die östliche Seite sukzessive ausgebaut wurde[7].

Das wichtigste Ereignis am Checkpoint war die Konfrontation zwischen amerikanischen und sowjetischen Panzern, deren dramatische Bilder die Gefahr eines Dritten Weltkrieges an die Wand malten. Zunächst hatten die westlichen Regierungen zurückhaltend auf den Mauerbau reagiert, um die Lage nicht unnötig aufzuheizen. Aber als sich der US-Missionschef Alan Lightner zum Opernbesuch ausweisen sollte, interpretierte General Clay, der zur Beruhigung der West-Berliner reaktiviert worden war, dieses Ansinnen als eine Beschneidung der Rechte der Alliierten. Da er die Ausübung der Kontrollen vonseiten der DDR-Grenzpolizei verhindern wollte, schickte er demonstrativ zwölf Panzer mit Räumschilden an den Grenzübergang. Sofort konterte die sowjetische Seite mit 33 Panzern vom Typ T-54, sodass sich zwischen dem 25. und 28. Oktober auf etwa 100 Meter Entfernung eine bedenkliche Konzentration gefechtsbereiter Kampfwagen gegenüberstand. Die-

Amerikanisch-sowjetische Panzerkonfrontation, Oktober 1961

se einzige direkte Konfrontation der beiden Supermächte im Kalten Krieg wurde schließlich dadurch entschärft, dass die russischen Panzer zurückfuhren und westliche Soldaten ihre Papiere zur Sichtkontrolle nur hochhalten mussten[8].

Diese Sonderregelung, die regelmäßig von »Flaggen-Fahrten« des alliierten Personals getestet wurde, lud geradezu zu ostdeutschen Fluchtversuchen ein. So konnte man versuchen, mit Fantasiepässen einer »Confederation Diplomatique« oder der UNO die unbedarften Kontrolleure zu übertölpeln. Oder man besorgte sich westliche Militäruniformen, musste sich aber dann auch glaubwürdig als Soldat verhalten. Ebenso war es möglich, sich (wie ein Vater mit seiner Tochter noch Ende August 1989) im Kofferraum eines freundlichen GIs zu verstecken und darauf zu hoffen, dass dieser nicht geöffnet wurde. Auch konnte man sich in einem ausgehöhlten Pkw-Sitz durch die Grenze schleusen lassen oder mit einem sandbeladenen Lkw direkt die Barrieren durchbrechen. Natürlich wurden mit zunehmender Perfektionierung der Kontrollen auch viele Flüchtlinge entdeckt, verhaftet und eingesperrt. Aber es gelang dort in den ersten beiden Jahren etwa 1200 mutigen Leuten, aus Ost-Berlin zu fliehen[9].

Wegen solch anderer Fluchtmöglichkeiten kamen auch nur zwei Flüchtlinge am oder in der Nähe des Checkpoint Charlie zu Tode. Der bekannteste Mauertote ist der 18-jährige Bauarbeiter Peter Fechter, der zusammen mit einem Kollegen in der Zimmerstraße am 17. August 1962 versuchte, die Sperranlagen zu überwinden. Während sein Kumpel es über die Mauer schaffte, brach Fechter im Kugelhagel der alarmierten Grenzer zusammen und verblutete 50 Minuten lang in voller Sicht westdeutscher Passanten und Polizisten, ohne dass diese ihm helfen konnten, während die Grenzorgane ihm nicht helfen wollten. Die Bilder seiner Agonie unter dem Stacheldraht in einer Blutlache liegend lösten in Berlin eine Welle der Empörung aus, gingen um die Welt und wurden emblematisch für die Unmenschlichkeit des ostdeutschen Grenzregimes insgesamt. Dagegen erregte der Tod des Wehrpflichtigen Burkhard Niering, der am 5. Januar 1974 versuchte, mit einer Geisel den Checkpoint selbst zu durchqueren, wegen seiner Gewaltandrohung zur Zeit der Détente weniger Aufmerksamkeit[10].

Die DDR-Grenzpolizei reagierte auf die nicht abreißenden Fluchtversuche mit einem sukzessiven Ausbau ihrer Kontrollanlagen, während westliche Posten nur eine etwas festere Baracke benutzten. Fotografien des Übergangs und aufgefundene Baupläne zeigen nach 1962 die Verstärkung der Schlagbäume, die Einrichtung von massiven Schikanen, die Aufstellung von taghellen Scheinwerfern und den Aufbau eines Wachturms zur besseren Übersicht. Anfang der achtziger Jahre wurde der Übergang zum Schutz vor dem Wetter überdacht und eine automatisch hochfahrbare Stahlbetonbarriere zur Verhinderung von Autodurchbrüchen eingerichtet. Gleichzeitig wurde das Areal durch den Bau von bis zu zehn Abfertigungsspuren erheblich ausgedehnt und elektronische Überwachungskameras installiert[11]. Diese Aufrüstung des Übergangs demonstriert das SED-Bemühen, das nach dem Berlin-Abkommen stark gewachsene Verkehrsvolumen effizient zu bewältigen. Die Normalisierung der Kontrollen sollte durch den Eindruck einer »Staatsgrenze« die Anormalität der Teilung verstetigen.

Symbolische Aufladung

Eine über Berlin hinausgehende Bedeutung erhielt der Checkpoint Charlie vor allem durch die Internationalität der Grenzgänger, die diesen Übergang benutzten. Im Gegensatz zu dem Übergang am S- und U-Bahnhof Friedrichstraße lag der Kontrollpunkt nicht mitten in Ostberlin, sondern an der Scheidelinie des Kalten Krieges zwischen zwei Systemen. Auf westlicher Seite taten zunächst amerikanische, aber seit 1962 auch britische und französische Militärpolizisten Dienst, die alliierte Besucher in Listen erfassten, um etwaige Behinderungen festzustellen. Mit der Zeit entwickelte sich dort ein reger Übergangsverkehr von ausländischen Studenten, Handelsreisenden, Journalisten und sogar Asylanten und Terroristen zu Fuß oder in Kraftfahrzeugen. Egal, ob solche Ausländer nur die Felsenstein-Inszenierungen der Komischen Oper besuchten oder umgekehrt am Kurfürstendamm bummeln wollten – die Erfahrungen dieser einflussreichen Gruppe machten den Checkpoint Charlie zu einem Synonym für die Passage zwischen Ost und West.

Der wachsende Bekanntheitsgrad dieses Kontrollpunkts zeigte sich auch in den Besuchen von prominenten Politikern, die den Ort weiter symbolisch aufluden. So besuchte am 17. Januar 1963 der sowjetische Parteichef Nikita Chruschtschow zusammen mit Walter Ulbricht den Checkpoint von östlicher Seite und lächelte herausfordernd in westliche Kameras. Auch Präsident Kennedy stattete dem Grenzübergang am 26. Juni 1963 zusammen mit Willy Brandt einen kurzen Besuch ab, als er die verunsicherten West-Berliner mit dem in Massachusetts-Dialekt gesprochenen Satz »Ish bien ain Bärliener« am Schöneberger Rathaus begeisterte[12]. Ebenso wenig ließ sich der medienerfahrene Präsident Ronald Reagan die Gelegenheit entgehen, in den achtziger Jahren den Kontrollpunkt zu besuchen, um durch Pressefotos seine Festigkeit als Kalter Krieger unter Beweis zu stellen. Die Berichterstattung in Zeitungen und Nachrichtensendungen über solche Auftritte an der Grenze wertete den Checkpoint weiter auf.

Die politische Sichtbarkeit des Kontrollpunkts inspirierte auch eine nicht abreißende Kette von Protestaktionen deutscher oder internationaler SED-Gegner. Ein Beispiel für die anfänglich eher antikommunistischen Aktionen ist Carl-Wolfgang Holzapfels Versuch im Jahre 1964, mit einem Plakat »Freiheit für alle politischen Gefangenen« am Checkpoint nach Ost-Berlin einzureisen. Er wurde mit acht Jahren Gefängnis bestraft. Dagegen fand in der Ära der Entspannungspolitik 1979 ein Friedenskorso statt, um grenzübergreifend für Frieden zu plädieren, während sich 1984 West-Berliner demonstrativ mit der verfolgten ostdeutschen Opposition solidarisierten. In den achtziger Jahren mehrten sich dann auch Proteste von couragierten Personen, die, wie Jutta Gallus, die Zusammenführung ihrer getrennten Familien erzwingen wollten. Schließlich versuchten international renommierte Künstler wie Keith Haring, die trennende Mauer durch ihre artistische Bemalung zu überwinden[13].

Ein weiterer Grund für die immer größere Berühmtheit des Ortes war die Errichtung eines Mauermuseums mit Namen »Haus am Checkpoint Charlie«. Sein Spiritus Rector war der Menschenrechtsaktivist Rainer Hildebrandt, der schon 1948 die antikommunistische Kampfgruppe gegen die Unmenschlichkeit gegründet hatte. Am 19. Oktober 1962 richteten Ex-Häftlinge, Flüchtlinge und Studenten unter seiner Ägide eine kleine Ausstellung mit dem Titel »Es geschah an der Mauer« in einer engen Wohnung in der Wolliner Straße ein. Da sie ein Publikumserfolg wurde, mietete er die größeren Räume des früheren Café Köln am Checkpoint Charlie für das Museum, das am 14. Juni 1963 im Beisein von Bundesminister Ernst Lemmer eröffnet wurde. Unter dem Titel »Die Freiheit darf hier nicht enden« zog dieser Treffpunkt vor allem auch Geflüchtete an, die ihre einfallsreichen Fluchtinstrumente von hohlen Autositzen über Heißluftballons bis zu Tauchapparaten als Exponate spendeten[14].

Träger des Museums war die »Arbeitsgemeinschaft 13. August«, deren Mitglieder teils als DDR-Opfer, teils als Antikommunisten das Andenken an die Repression der SED wachhalten wollten. Kern der Ausstellung war die Darstellung des DDR-Grenzsicherungssystems sowie der zahlreichen Fluchtversuche in den Westen. Mithilfe der Berliner Klassenlotterie inspirierte Hildebrandt zahlreiche Künstler, entweder die Unmenschlichkeit der Mauer bildhaft zu machen oder die L-förmigen Segmente der vierten Generation selbst zu bemalen. Während der ostpolitischen Entspannung im Zeichen von Helsinki 1975 wurde die Ausstellung zu einer Präsentation Berlins »Von der Frontstadt zur Bücke Euro-

Checkpoint Charlie, 1982

pas« umgestaltet und schließlich 1984 auf die Darstellung des allgemeinen Kampfes um Menschenrechte ausgeweitet. Durch seine fortwährende Betonung des Unrechtscharakters der DDR wurde das Museum jedoch auch zu einem Ärgernis während der Détente und verlor einen Teil seiner politischen Unterstützung[15].

Zum letzten Mal stand der Checkpoint Charlie während der friedlichen Revolution im internationalen Rampenlicht, als dort der Kalte Krieg symbolisch beendet wurde. Während der Maueröffnung am 9. November 1989 verlangten Tausende Westberliner: »Lasst uns rein«, während Ostberliner riefen: »Lasst uns raus«, bis der Kommandant um Mitternacht alle Tore öffnen ließ, um einen internationalen Zwischenfall zu vermeiden[16]. Schließlich richteten sich die Augen der Welt am 22. Juni 1990 auf den Checkpoint, als im Beisein der Außenminister Baker, Schewardnadse, Hurd, Dumas und Genscher die westliche Kontrollbaracke mit einem Kran verladen wurde, um künftig im Alliiertenmuseum an die Gefahren des Kalten Krieges zu erinnern. Diese Symbolhandlung sollte den bald zu erwartenden Erfolg der Zwei-plus-Vier-Verhandlungen ausdrücken, durch welche die Spaltung Europas und die deutsche

Checkpoint Charlie: Protest am 13. August 1989

Teilung beendet wurden. Die Überwindung des Kalten Krieges verwandelte daher diesen Platz der Konfrontationen in einen Ort der Erinnerung an eine vergangene Epoche der Weltpolitik[17].

Erinnerungspolitische Kontroversen

Die deutsche Vereinigung am 3. Oktober 1990 erzwang eine Neubestimmung des Geländes am obsolet gewordenen Checkpoint Charlie. Mit viel Enthusiasmus gingen die Berliner daran, die verhasste Mauer und die Kontrollanlagen abzureißen, damit sich der Verkehr auch auf der Friedrichstraße wieder frei bewegen konnte. In der anfänglichen Goldgräberstimmung verkaufte der Koordinierungsausschuss für innerstädtische Investitionen des Senats im April 1991 das 20 000 Quadratmeter große Grundstück an eine internationale Investorengruppe, die Central European Development Corporation (CDEC), die ein deutsch-amerikanisches Geschäftszentrum bauen wollte. Gleichzeitig stellte Rainer Hildebrandt auf einem gepachteten Teil des Areals ein kleines Freilichtmuseum mit Schlagbäumen und Wachturm auf, das eine »Topographie der deutsch-deutschen Grenze als Mahnmal« darstellen sollte[18]. Ohne Rücksicht auf die historische Bedeutung des Ortes beseitigte daraufhin die Investorengruppe mit der Schleifung des Wachturms die letzten Spuren des Checkpoints.

Mit Unterstützung des Publikums forderte die Arbeitsgemeinschaft 13. August daher lautstark: »Rettet den historischen Boden am Checkpoint Charlie«. Weil der CDEC das Geld ausging, wurden nur drei Gebäude gebaut. Die beiden letzten Areale verblieben im Besitz einer Bank aus Hamm. Daraufhin errichtete das Mauermuseum 1998 das legendäre Warnschild »*You are leaving the American sector*« wieder und stellte am 13. August 2000 einen originalgetreuen Nachbau der alliierten Kontrollbaracke auf. Zur Markierung des Kontrollpunkts richtete der Senat seinerseits gegenüberstehende Leuchtkästen mit Bildern eines US-GIs und eines sowjetischen Soldaten ein. Fliegende Händler boten den Touristen Uniformstücke, Pelzmützen und Orden an. Studenten der Kunsthochschule ließen sich als Soldaten verkleidet mit Besuchern fotografieren. Als das Bezirksamt sogar eine karnevaleske Drehorgelgasse erlaubte, protestierte Hildebrandt wütend gegen die Entwürdigung des Gedenkens durch eine »Mauerkirmes«[19]. Durch seine Popularität inspirierte der Ort konkurrierende Versionen der Erinnerung.

Um das Interesse an der verschwundenen Mauer zu befriedigen, errichtete der Senat 1998 selbst eine offizielle Gedenkstätte an der Bernauer Straße[20]. Dies war ein authentischer Ort, denn an der geteilten Straße hatten viele Fluchten stattgefunden, die auch Todesopfer gefordert hatten. Allerdings war nur noch ein Teil der Vordermauer zu sehen, und die Denkmalschützer wehrten sich vehement gegen den unauthentischen Wiederaufbau der gesamten Maueranlage. Stattdessen gewann das Architektenbüro Kohlhoff & Kohlhoff einen Wettbewerb durch ein Design eines mit sieben Meter hohen Stahlwänden eingerahmten Mauerteils, das eine Anspielung an den Eisernen Vorhang darstellte. Gleichzeitig wurde für das Gedenken an die Opfer auch eine Kapelle der Versöhnung gebaut, die an den Abriss der auf dem Mauerstreifen gelegenen evangelischen Kirche erinnert. Schließlich erklärte eine Dauerausstellung mit Fotografien und Texten den historischen Hintergrund. Dennoch zogen diese ersten Elemente der späteren Gedenkstätte zunächst weniger Besucher als das Mauermuseum an, denn sie schien zu wissenschaftlich und unemotional angelegt[21].

Im Oktober 2004 versuchte Alexandra Hildebrandt die Deutungshoheit mit einem Freiheitsmahnmal zurückzugewinnen, indem sie den Checkpoint Charlie zu einem Opferort uminterpretierte. Als temporäre Künstleraktion deklariert, ließ sie auf den zwei leeren Grundstücken 1065 schwarze Holzkreuze vor weißgemalten Mauersegmenten aufstellen, die an die Toten der innerdeutschen Grenze erinnern sollten. Im Beisein von Michael Gorbatschows Sohn wurde diese Ausstellung eröffnet und von den Medien bejubelt: »Das Checkpoint-Charlie-Museum ist emotional und sinnlich, international und zentral, leicht verständlich und leicht zugänglich«, hieß es. Der Berliner Kultursenator Thomas Flierl kritisierte die Ausstellung dennoch als »falsches Mahnmal am falschen Ort«, da unter anderem die Zahl der Todesopfer weit übertrieben sei. Als bekannt wurde, dass die Witwe Hildebrandts eine Schweizer Stiftung gegründet hatte, um die Gewinne aus den hohen Eintrittsgeldern abzuführen, verlor die Initiative ihre Glaubwürdigkeit, und die Bank ließ das Gelände im Juli 2005 trotz vieler Proteste räumen[22].

Zur Beschwichtigung der Kritik an einer angeblichen Geschichtsvergessenheit des rot-roten Senats legte Kultursenator Flierl im April 2005 ein eigenes »Gesamtkonzept Berliner Mauer« vor. Diese Initiative ging aus einer Anregung des Bundestages, Anhörungen im Kulturausschuss und einer Denkschrift des Zentrums für Zeithistorische Forschung hervor[23]. Durch dezentrale Einbindung der vorhandenen Reste versuchte Flierl dem Bedürfnis der Opfer nach Gedenken, dem Bestehen der Denkmalschützer auf authentischen Zeugnissen und dem Wunsch der Besucher nach Sichtbarkeit der Schrecken des Grenzregimes gleichzeitig zu genügen. Der mittlerweile realisierte Kompromiss bestand aus der Einrichtung eines zentralen Webportals, der Beschilderung eines Mauerweges, der Sicherung von vorhandenen Segmenten und dem Ausbau der Bernauer Straße. Am Checkpoint Charlie sah er die Errichtung einer Bildgalerie vor, die auf einem 360 Meter langen Bauzaun um die leeren Grundstücke die Spannung zwischen weltpolitischem Geschehen und seinen lokalen Auswirkungen deutlich machte[24].

Um der internationalen Bedeutung des Ortes gerecht zu werden, schlugen der SPD-Abgeordnete Markus Meckel (SPD) und der Autor dieser Zeilen gleichzeitig die Errichtung eines »Zentrums des Kalten Krieges« am Checkpoint Charlie vor. Neben den spektakulären Fluchtapparaten des Mauermuseums sollte den Berlin-Besuchern eine wissenschaftlich fundierte Darstellung des globalen Konflikts auf lokaler Ebene geboten werden. Diese Initiative wollte das traditionelle, von Krisen geprägte Bild einer militärisch-diplomatischen Systemkonkurrenz der Weltmächte USA und UdSSR als Repräsentanten von Demokratie und Kommunismus aufnehmen und erweitern. Einerseits sollte der globale Charakter der Auseinandersetzung, die auch Asien, Afrika und Lateinamerika umfasste, deutlich gemacht, andererseits auch auf den kulturellen Kampf zwischen »freier Welt« und dem »Lager des Friedens« hingewiesen werden. Das internationale Interesse an einer solchen Ausstellung der Teilung Europas und ihrer Überwindung bewies, dass Berlin für eine innovative Darstellung des Kalten Krieges der richtige Ort war[25].

Die Umsetzung der Zentrumsidee erwies sich im mit Museen gesättigten Berlin jedoch als ein langwieriger Prozess. Anfangs mussten politische Bedenken gegen eine unverantwortliche Äquidistanz zwischen den Systemen überwunden werden. Dabei half die große Resonanz eines Aufrufs, den Dutzende von Politikern und Intellektuellen wie etwa der amerikanische Außenminister James Baker oder der tschechische Staatspräsident Václav Havel unterschrieben. Auch war es notwendig, das Alliiertenmuseum, das Museum in Karlshorst und die Mauergedenkstätte in eine Arbeitsgruppe einzubinden, die unter Leitung von Rainer E. Klemke, dem Gedenkstättenreferenten des Senats, an der Realisierung arbeitete. Sukzessive gelang es, einen internationalen Beirat zu gründen und einen Trägerverein zu konstituieren. Da der Regierende Bürgermeister Klaus Wowereit die Initiative unterstützt, wird gegenwärtig eine Machbarkeitsstudie für eine Ausstellung auf etwa 3000 Quadratmeter Fläche vorbereitet. Es ist also zu hoffen, dass dieses Zentrum zu einem komplexeren Verständnis des Kalten Krieges beitragen wird[26].

Herausforderungen der Gestaltung

Allein schon wegen seiner vielen Bilder im Internet erscheint der Checkpoint Charlie als ein Ort, an dem sich Weltgeschichte manifestiert. Zunächst erinnern Aufnahmen des DDR-Grenzkontrollsystems an die menschlichen Leiden der deutschen Teilung, die zahlreichen gelungenen und missglückten Fluchtversuche[27] und die tragischen Todesfälle wie den von Peter Fechter. Ebenso rufen die Fotos der Panzerkonfrontation im Nachhinein die Gefahr eines Dritten Weltkrieges ins Gedächtnis, der bei einer Überreaktion eines Soldaten Berlin in Brand setzen und letztlich die Menschheit vielleicht hätte vernichten können. Gleichzeitig weisen die Schnappschüsse der zahlreichen östlichen und westlichen Politiker, die den Kontrollpunkt besuchten, auch auf die vier Jahrzehnte dauernde Systemkonkurrenz zwischen einer nur von einer Minderheit getragenen SED-Diktatur und einer von der Mehrheit unterstützten parlamentarischen Demokratie hin. Und schließlich versinnbildlichen etwa die Pressebilder von Mstislaw Rostropowitschs Cello-Konzert am 11. November 1989 die allgemeine Freude über das Ende des Kalten Krieges[28].

Es ist daher eine Herausforderung für die Politik, einen angemessenen Umgang mit diesem Erinnerungsort zu finden, der Kommerz und Aufklärung miteinander verbindet. Die meisten Touristen, die an die Ecke Friedrichstraße/Zimmerstraße strömen, wollen etwas von der Bedrohlichkeit der Mauer spüren und sich gleichzeitig versichern, dass diese Gefahr vorüber ist. Um sich in den Willen, aus der Einsperrung zu fliehen, hineinversetzen zu können, bieten die Exponate des Hauses am Checkpoint Charlie einen überzeugenden Anschauungsunterricht. Nachdenkliche Besucher wollen gleichzeitig aber auch die weltpolitischen Zusammenhänge ergründen, die zu einer kommunistischen Diktatur geführt haben, sowie die Versuche des Westens verstehen, trotz des nuklearen Patts mit dieser Herausforderung fertig zu werden. Dieses Angebot will das zu schaffende Zentrum Kalter Krieg machen. Während Ersteres noch den Geist des Kalten Krieges atmet, will Letzteres über den Ost-West-Konflikt reflektieren. Da Emotion und Verstehen gleichzeitig gefragt sind, sind beide Einrichtungen letztlich komplementär[29].

Welche Lehren kann der Checkpoint Charlie als internationaler Erinnerungsort transportieren? Zunächst weist er auf die globale

Dimension der Systemauseinandersetzung hin, die die gesamte Welt polarisierte, durch den Eisernen Vorhang ganz Europa spaltete und in Berlin durch die Mauer besonders greifbar wurde. Sodann erinnert er an den ungeheuren Freiheitswillen der Menschen

Konzert am Checkpoint Charlie: Mstislaw Rostropowitsch, 11. November 1989

in einer Diktatur, die immer wieder ihr eigenes Leben riskierten, um ihrer Bevormundung zu entfliehen. Gleichzeitig demonstriert der Ort als Scharnier auch das gemeinsame Verantwortungsbewusstsein, trotz ideologischer Feindschaft irgendwie einen Weg zur Koexistenz finden zu wollen, um das Weiterleben des Kontinents zu ermöglichen. Und schließlich sendet der Erinnerungsort Checkpoint Charlie auch die Botschaft, dass Feindbilder überwunden werden können, wenn Politiker wie Dissidenten zur Sicherung des Weltfriedens ernsthaft zusammenarbeiten. Diese schwierige, aber auch positive Geschichte kann in einem künftigen Zentrum Kalter Krieg am Checkpoint Charlie dokumentiert werden und die Wissbegier der Besucher besser befriedigen, als es in den letzten zwanzig Jahren möglich war[30].

HERMANN WENTKER
DER WESTEN UND DIE MAUER

Als am 13. August 1986 in West-Berlin des 25 Jahre zurückliegenden Mauerbaus gedacht wurde, hoben die Redner vor allem die symbolischen Qualitäten dieses hässlichen Bauwerks hervor. Heinrich Windelen, Minister für innerdeutsche Beziehungen, sah darin ein Symbol für die »kommunistische Mißachtung von Menschenrechten«, Bundeskanzler Kohl bezeichnete es als »Monument der Unmenschlichkeit« und als den »vielleicht sichtbarsten Ausdruck für den moralischen Unterschied zwischen freiheitlicher Demokratie und totalitärer Diktatur«, und der Regierende Bürgermeister Eberhard Diepgen erblickte in der Mauer »die brutale Vollendung der Teilung Europas«[1]. Der SPD-Vorsitzende Willy Brandt fand keine vergleichbare knappe Formel, hob aber hervor: »Die Mauer hat nichts verloren von ihrer absurden Abnormität. Sie trennt vieles, was zusammengehört.«[2] Der Satz erinnert zwar an sein berühmtes Diktum nach dem Mauerfall; doch der Sozialdemokrat kritisierte, anders als seine christlich-demokratischen Vorredner, die SED-Diktatur, die vor der Errichtung einer gegen die eigene Bevölkerung gerichteten Sperranlage nicht zurückgeschreckt war, allenfalls verhalten.

25 Jahre zuvor hatte er ganz andere Worte gefunden. Ulbrichts Maßnahmen, so Brandt vor dem Berliner Abgeordnetenhaus, seien ein »empörendes Unrecht«: »Sie bedeuten, daß mitten durch Berlin nicht nur eine Art Staatsgrenze, sondern die Sperrwand eines Konzentrationslagers gezogen wird.«[3] An diese Formulierungen wollte 1986 keiner der Politiker anknüpfen. Doch auch die CDU-Politiker sahen die Mauer und das geteilte Berlin vor allem als Symbole, hinter denen die brutale Realität kaum mehr zum Vorschein kam. Im westdeutschen Umgang mit der Berliner Mauer hatte folglich ein tief greifender Wandlungsprozess stattgefunden, der im Mittelpunkt der folgenden Ausführungen steht.

Mauerschock

Ungeachtet vorangegangener geheimdienstlicher Nachrichten[4] waren die Maßnahmen vom 13. August 1961 für die Berliner, den Senat und die Bundesregierung ein Schock. Die West-Berliner waren traurig über die gekappten Verbindungen zu Verwandten und Freunden im Ostteil der Stadt, wütend über die Untätigkeit der Westmächte und ängstlich angesichts der sowjetischen Freistadt-Pläne und einer möglichen Kriegsgefahr. Die Bild-Zeitung titelte daher am 16. August: »Der Westen tut NICHTS. Präsident Kennedy schweigt … Macmillan geht auf die Jagd … und Adenauer schimpft auf Brandt.« Die amerikanische Führung war sich sicher, dass Chruschtschow mit dem Mauerbau von der Offensive zur Defensive übergegangen war, da er Kennedys »Three Essentials« vom 25. Juli nicht verletzt hatte. Deshalb ließen sich Kennedy genauso wie der britische Premierminister Macmillan und der französische Präsident de Gaulle nicht in ihrem Sommerurlaub stören[5]. Schwieriger war die Lage für Brandt, der aus dem Bundestagswahlkampf sofort nach Berlin zurückkehrte. Ganz anders Adenauer, der aus einer Mischung aus ernster Sorge vor einer Eskalation und aus Unwillen, sich gemeinsam mit dem ungeliebten Konkurrenten öffentlich zu zeigen, den Wahlkampf fortsetzte, in dem er auch noch Brandt gezielt diffamierte: zwei Missgriffe, die weder bei den (West-)Berlinern noch bei den Westdeutschen gut ankamen[6].

Der Regierende Bürgermeister befand sich in einer heiklen Situation: Einerseits musste er sich mit der Bevölkerung solidarisch erklären, die Absperrmaßnahmen verurteilen und die Westmächte zum Eingreifen bewegen, andererseits musste er Provokationen an der Grenze verhindern. Nach der Verurteilung der östlichen Maßnahmen vor dem Abgeordnetenhaus, forderte Brandt von Kennedy am 16. August – ohne vorherige Absprache mit Bonn – energische Schritte: Proklamation eines Drei-Mächte-Status West-Berlins, öffentliches Eintreten für eine Friedensregelung unter Zugrundelegung des »Selbstbestimmungsrecht[s] des deutschen Volkes« und Behandlung der Berlin-Frage vor den Vereinten Nationen. Am selben Tag verurteilte Brandt vor dem Schöneberger Rathaus den Mauerbau, mahnte aber gleichzeitig zu Besonnenheit; die Alliierten kritisierte er für ihre Tatenlosigkeit, betonte aber die unvermindert freundschaftliche Bindung. Er fand den richtigen Weg zwischen Empörung und Dämpfung der aufgebrachten Stimmung, so dass die Lage unter Kontrolle blieb[7].

Mit seinen Forderungen gegenüber Kennedy stieß er freilich auf taube Ohren, da dieser Entspannung mit der Sowjetunion unter Entschärfung des Krisenherdes Berlin suchte. Doch »eine Vertrauenskrise zu den Westmächten«, vor der Brandt bei anhaltender Untätigkeit des Westens warnte, wollte Kennedy verhindern. In seiner Antwort lehnte er zwar die Vorschläge Brandts ab, kündigte aber als Gegenmaßnahme die Verstärkung der amerikanischen Truppen an und beschwor die Bedeutung West-Berlins als »Symbol für die Freiheit«. In der Verstärkung und Festigung der »Bindung West-Berlins zur Freien Welt« lag für ihn die Zukunftsperspektive, nicht aber im Festhalten an der Einheit der ehemaligen Reichshauptstadt[8].

Mit der symbolischen Entsendung von Vizepräsident Lyndon B. Johnson und dem »Helden« der Berliner Luftbrücke, Lucius D. Clay, sowie von 1500 Soldaten gewann Kennedy das Vertrauen der West-Berliner zurück. Trotz dieser demonstrativen Einigkeit war Brandt klar geworden, dass die USA die westdeutsche Wiedervereinigungspolitik nicht länger unterstützten, sondern als Hindernis auf dem Weg zu einer globalen Détente betrachteten. Daher blieb als einzige Konsequenz, seine bereits in den fünziger Jahren entwickelte Strategie gegenüber dem Osten umzusetzen: Es galt, das Verhältnis zur Sowjetunion (und damit zu Osteuropa) zu normalisieren und trotz Nicht-Anerkennung der DDR zu Erleichterungen im innerdeutschen Verhältnis zu gelangen[9]. Bereits am 22. September 1961 erklärte er daher im Berliner Abgeordnetenhaus: »Wir werden alles Erdenkliche tun, damit die Mauer, solange sie nicht beseitigt ist, wenigstens durchlässig wird.«[10]

Zwischen Empörung und Gewöhnung (1961–1971)

Ohnmacht und Empörung – unter diese Begriffe lassen sich die Gefühle der West-Berliner unmittelbar nach dem Mauerbau subsumieren. Daraus resultierte eine Reihe von propagandistischen und politischen Gegenmaßnahmen. Das »Studio am Stacheldraht« sendete von Lautsprecherwagen aus ab dem 18. August in den Ostsektor hinein, um die Grenzposten zu beeinflussen. Da die Unterstützung des Senats für die vom Osten gestörten Sendungen rasch nachließ, wurden diese bereits 1962 eingestellt. Hinzu kamen die Schließung der Parteibüros der SED in West-Berlin sowie – nach einem Aufruf Brandts und des West-Berliner DGB-Landesverbands – der Boykott der im Reichsbahnbesitz befindlichen S-Bahn[11]. Schließlich wurde auf Anregung des Hamburger CDU-Vorsitzenden Erik Blumenfeld eine Zentrale Erfassungsstelle der Landesjustizverwaltungen für die Gewaltakte an der Berliner Mauer und an der innerdeutschen Grenze errichtet. Brandt begrüßte diese Maßnahme, die dazu beitrage, »allen Anhängern und Dienern des Pankower Regimes eindeutig vor Augen zu führen, dass ihre Taten registriert und sie einer gerechten Strafe zugeführt werden«. Die Erfassungsstelle, die am 24. November in Salzgitter ihre Arbeit aufnahm, registrierte ab 1963 alle bekannten Verbrechen des SED-Regimes[12].

Der Mauerbau hatte überdies erhebliche wirtschaftliche Auswirkungen auf West-Berlin. Dabei kam den Verdienstausfällen der Einzelhändler an der Sektorengrenze und auf den S-Bahnhöfen eine geringere Bedeutung zu als dem Ausbleiben der 62 000 Grenzgänger, was sich auf dem angespannten Arbeitsmarkt empfindlich bemerkbar machte. Außerdem verließen immer mehr West-Berliner die Stadt: Waren im September und Oktober 1960 6235 Menschen weggezogen, waren es im gleichen Zeitraum ein Jahr später 15 363[13]. All dies löste in West-Berlin und Bonn Diskussionen über verstärkte Hilfsleistungen aus. Die Bundesregierung beschloss am 12. September, Berlin einen einmaligen Betrag von 500 Mio. DM zur Verfügung zu stellen; gegen die Stimmen maßgebender Berliner Politiker wurde am 18. Oktober entschieden, das Geld vor allem als »Erholungshilfe« an die Berliner auszugeben. Alle Erwachsenen erhielten daraufhin 100 und alle Kinder 50 DM – im Berliner Volksmund eine »Zitterprämie«, die vom Tagesspiegel als »geschmacklos« bezeichnet wurde. Weitere Hilfsmaßnahmen aus dem 500-Millionen-Topf kamen hinzu, und bis zum 1. Juli 1962 verabschiedete der Bundestag ein Gesetz zur Berlin-Hilfe, das dem Westteil der Stadt dauerhafte finanzielle Subventionierung durch den Bund zusicherte. So konnten die Großbetriebe in Berlin gehalten und die Abwanderung durch Zuwanderung weitgehend kompensiert werden: Von August 1961 bis Ende Dezember 1963 betrug der Gesamtverlust der Berliner Bevölkerung ca. 29 900 und damit weniger als 1,5 Prozent der Bevölkerung[14].

Wenngleich damit die Existenzfähigkeit West-Berlins gesichert war, ließ die Empörung über die Mauer vorerst nicht nach. Zum ersten Jahrestag des Mauerbaus erklärte Brandt, sich »mit dem Unrecht niemals abfinden« zu wollen. In West-Berlin habe man »angesichts der Mauer zu leben, aber nicht, um uns mit ihr abzufinden, sondern um sie überwinden zu helfen«[15]. Am 13. August 1963 versprach Bundestagspräsident Eugen Gerstenmaier: »Wir jedenfalls werden an dieser Mauer rütteln, so lange, bis sie fällt.«[16] Damit stieß er bei der Mehrheit der Westdeutschen offensichtlich auf größere Zustimmung als der Berliner Innensenator Heinrich Albertz, der sich gegen die Politik der Nichtanerkennung der DDR aussprach und die Sicherung der Zugangswege nach Berlin sowie das Ingangsetzen des Verkehrs der Menschen innerhalb Berlins und zwischen den beiden Teilen Deutschlands als »Aufgaben der nächsten Stunde« bezeichnete[17]. Das stand im Einklang mit dem kurz zuvor von Egon Bahr propagierten »Wandel durch Annäherung« und war genauso unpopulär.

1963 sah die Berliner Mauer mit Kennedy ihren prominentesten West-Besucher. Am 25. Juni hielt er auf einer triumphalen Fahrt durch West-Berlin am Brandenburger Tor und am Checkpoint Charlie an und blickte von dort über die Mauer. Unter dem Eindruck dieses Erlebnisses wich er vor dem Schöneberger Rathaus von seinem Manuskript ab und hielt eine Ansprache, in der er nicht, wie ursprünglich vorgesehen, die bekannte amerikanische Haltung zur Berlin-Frage skizzierte, sondern den Kommunismus attackierte und die Mauer als Ausweis von dessen Scheitern darstellte. Demgegenüber ließ er Berlin als Symbol der Freiheit um so heller erstrahlen und fasste dessen enge Verbundenheit mit dem freien Amerika in die Worte: »Ich bin ein Berliner.« Mit diesem Satz und mit seiner ganzen Rede erwies sich der Präsident als glänzender Rhetoriker und geschickter Politiker: Er sicherte sich damit den Jubel der Massen, ohne konkrete Handlungen für Berlin anzukündigen[18]. Bei seiner unmittelbar danach gehaltenen Rede in der Freien Universität gab er sich sehr viel eher als Real- und Entspannungspolitiker, der mahnte, »den Tatsachen ins Auge [zu] sehen«, vorerst das Schicksal der Menschen im Osten zu erleichtern und die Verbindung mit ihnen aufrechtzuerhalten. Den Völkern

Osteuropas sprach er zwar eine Zukunft in Freiheit und Deutschland ein Recht auf Einheit zu; für die Gegenwart bekannte er sich aber zur »Notwendigkeit der Zusammenarbeit der Großmächte zur Rettung der Menschen als Gattung«[19].

Den West-Berlinern entging das Chamäleonhafte der beiden Auftritte. Für sie zählte, dass Kennedy sich mit ihnen solidarisierte und ihre Empörung über die Mauer teilte, die sich angesichts der zunehmenden Zahl der Mauertoten noch steigerte. Als am 17. August 1962 Peter Fechter in der Nähe des Checkpoint Charlie bei einem Fluchtversuch angeschossen zusammenbrach und am helllichten Tag vor aller Augen verblutete, da die amerikanische Militärpolizei nicht in den sowjetischen Sektor vordringen wollte, löste dies tagelange Unruhen aus, die sich nicht nur gegen Sowjets und DDR-Grenzer, sondern auch gegen die Westalliierten richteten[20]. Doch die West-Berliner protestierten nicht nur lautstark, sie setzten auch Zeichen, um die Erinnerung an die Toten wachzuhalten und das Grenzregime anzuklagen: Das Mahnkreuz für Peter Fechter war zwar der bekannteste, aber nur einer von 50 Gedenkorten, die bis 1989 westlich der Berliner Mauer entstanden. Zudem gründete 1963 Rainer Hildebrandt die »Arbeitsgemeinschaft 13. August«, die Listen mit Zahlen, Namen und Daten zu Todesfällen an der Berliner Mauer veröffentlichte[21]. Hildebrandt eröffnete auch am 19. Oktober 1962 in der Bernauer Straße eine erste Ausstellung über die Grenzanlagen, die in stark erweiterter Form ab dem 14. Juni 1963 im »Haus am Checkpoint Charlie« zu sehen war[22].

Das Verhalten der West-Berliner am ersten Jahrestag des Mauerbaus zeigt, wie wenig sie sich mit dem Mauerbau abfinden wollten. Entgegen den Aufrufen des »Kuratoriums Unteilbares Deutschland« und des Berliner Senats, den 13. August 1962 als »Tag der Besinnung« zu begehen, forderte das Boulevardblatt BZ zu lautem Protest und einem mittäglichen Hupkonzert auf, das auch stattfand. Nachmittags kam es zu größeren Ansammlungen an der Sektorengrenze. Am Abend kippte die Stimmung, als 3000 Jugendliche in der Bernauer Straße sogar Barrikaden errichteten und die Polizei einschritt. Zwei Drittel der Berliner begrüßten damals Kundgebungen an der Mauer (sofern sie nicht zu gefährlichen Zwischenfällen führten). Die Mauer war für sie eine Wunde, die noch schmerzte, die sie aber nicht vergessen wollten: 1962 gaben

80 Prozent an, mindestens einmal an der Mauer gewesen zu sein, bis Ende 1963 waren es 88 Prozent[23]. Zwar wollten weder West-Berliner noch Westdeutsche mehrheitlich der Sowjetunion in ihren berlinpolitischen Forderungen entgegenkommen; gleichwohl sprachen sich bereits im Dezember 1961 54 Prozent der Westdeutschen und der West-Berliner dafür aus, angesichts der Mauer zu verhandeln, »damit die Lage sich nicht noch mehr zuspitzt«[24].

Unter der Hand entwickelte sich die Mauer zu einer politischen Sehenswürdigkeit, zu der vor allem ausländische Staatsgäste geführt wurden. Angesichts der weltweit schwindenden Zustimmung für die bundesdeutsche Deutschlandpolitik sollte möglichst vielen ausländischen Politikern die Anomalie einer durch eine Mauer geteilten Hauptstadt gezeigt werden; den Staatsgästen garantierten die dabei geschossenen Bilder ein hohes Maß an Aufmerksamkeit. Die zahlreichen Politiker aus der Dritten Welt wollten sich darüber hinaus mit dieser Geste für die von Bonn geleistete Wirtschaftshilfe bedanken – ein »symbolischer Tauschhandel«, den die Presse auf die knappe Formel brachte: »Willst Du Geld, geh an die Mauer.« Das funktionierte nur bis 1967, als sich beim Schah-Besuch die Aufmerksamkeit auf die rebellierenden Berliner Studenten verlagerte – ein Misserfolg, der das vorläufige Ende der Berlinreisen ausländischer Staatsgäste einleitete[25]. Für die Berlin-Touristen wurde die Mauer freilich zu einer zentralen Attraktion: Während bei westdeutschen, oft von der Regierung subventionierten Reisen ein Mauerbesuch zum politischen Pflichtprogramm gehörte, warben amerikanische Reisegesellschaften ab 1963 mit der »kommunistischen Mauer« mitten durch die Millionenstadt, die in einem Atemzug mit der Chinesischen Mauer genannt wurde[26].

Da sich die wirtschaftliche Lage Berlins stabilisierte, die Bedrohung aus dem Osten nicht mehr akut und die Mauer aus dem Stadtbild nicht mehr wegzudenken war, setzte ein Gewöhnungsprozess ein. Eine Ahnung davon beschlich schon den Regierenden Bürgermeister Albertz, als er im Hinblick auf die Mauer 1967 formulierte: »Hoffentlich hat sich inzwischen niemand an sie gewöhnt. Hoffentlich verschiebt niemand die Proportionen in dieser Stadt. Hoffentlich weiß jeder, daß wir vor den Mauern eines Gefängnisses leben.«[27] Mit der Gewöhnung kam das Vergessen: Einer Umfrage vom selben Jahr zufolge wussten nur noch 30 Prozent der

Bundesbürger, in welchem Jahr die Mauer gebaut worden war[28]. Parallel dazu nahm in West-Berlin die Empörung sichtbar ab: 1964 brachen ein letztes Mal Jungarbeiter am 13. August spontan nach der Arbeit zu einer Demonstration gegen die Mauer auf[29].

Im Schatten der Mauer machten sich Intellektuelle Sorgen um die Funktion West-Berlins. Der Publizist Peter Bender beklagte 1963, dass seit dem 13. August 1961 Berlin seine Funktion als gesamtdeutsche Klammer verloren habe und nun eine neue Aufgabe benötige. Kurt L. Shell hingegen hielt es weder für möglich noch für nötig, mit künstlichen Mitteln Berlin eine solche neue Aufgabe zu geben: Die Stadt, die den Anspruch auf das Selbstbestimmungsrecht der Deutschen verkörpere, könne sich mit der Rolle als »Mahner« zufriedengeben. Und die West-Berliner waren in ihrer Mentalität, Vorposten der Freiheit zu sein, durch den Mauerbau bestärkt worden. Damit diese Funktionen erhalten blieben, musste Berlin weiterhin einen prominenten Platz im kollektiven Bewusstsein der Westdeutschen einnehmen[30]. Doch trat die Berlin-Lobby im Verlauf der Sechziger ab, und eine »Berlin-Müdigkeit« griff um sich. Insgesamt setzte sich damals »die Einsicht durch, daß an der Spree nichts mehr zu gewinnen, sondern nur der Status quo zu halten« war[31]. Den Schlusspunkt dieser Entwicklung bildete das Vier-Mächte-Abkommen vom 3. September 1971, womit der Status quo Berlins einschließlich der Freiheit der Zugangswege von den vier Siegermächten des Zweiten Weltkrieges vertraglich garantiert wurde. Es entschärfte den Konflikt und beendete gleichzeitig die Entmythologisierung (West-)Berlins.

Die Normalisierung des Unnormalen (1971–1989)

Anlässlich des zehnjährigen Bestehens der Berliner Mauer hatte für Bundeskanzler Willy Brandt »die Mauer nichts von ihrer Absurdität und Widernatürlichkeit verloren«; sie trenne Familien und »die eine Stadt Berlin« und symbolisiere »die Spaltung unseres Landes und die Spaltung Europas«. Gerade angesichts der an der Mauer Gestorbenen müssten allerdings Zustände geschaffen werden, »durch die das Schießen beendet wird«[32]. Der Minister für innerdeutsche Beziehungen Egon Franke bezeichnete die Mauer als »das Symptom eines Zustandes, der weder durch Gewalt noch durch wortreiche Deklamationen, sondern nur durch Bemühungen der Politik gebessert werden kann«[33]. Sie wurde damit Teil des Streits um die Ost- und Entspannungspolitik.

Die Fronten verliefen dabei entlang den parteipolitischen Trennlinien. Die Unionsparteien wiesen wiederholt darauf hin, dass die Entspannungspolitik an der Mauer und an den Verhältnissen in der DDR nichts geändert habe. Sie setzten dabei auch auf spektakuläre Aktionen wie Sternfahrten nach Berlin am Tag des Mauerbaus und die Einlegung einer Beschwerde gegen die DDR wegen Verletzung der Menschenrechte bei der Menschenrechtskommission der Vereinten Nationen[34]. Demgegenüber betonten SPD- und FDP-Vertreter die Notwendigkeit, die Mauer »politisch zu überwinden« und das Zusammengehörigkeitsgefühl der Deutschen zu stärken; dazu hätten die durch die Ostpolitik ermöglichten zahlreichen menschlichen Begegnungen wesentlich beigetragen[35].

Die Unterstützung für West-Berlin in der Bundesrepublik ließ zwar nicht nach – noch 1978 sprachen sich 88 Prozent der Bundesbürger dafür aus, die Teilstadt weiter zu halten; aber im Sommer 1972 war jeder Zweite der Meinung, dass sich die Lage in Berlin seit den Vertragsabschlüssen verbessert habe. Diese Einschätzung dominierte trotz des weltpolitischen Klimasturzes auch noch 1980, als Infas ermittelte, dass sich 60 Prozent der Westdeutschen keine Sorgen über die Sicherheit Berlins machten[36]. Angesichts dieser Umfrageergebnisse verwundert es nicht, dass im Juni 1976 nur 45 Prozent die Frage, was am 13. August 1961 in Deutschland Wichtiges passiert sei, richtig beantworteten (im Juli 1981 waren es 52 Prozent)[37].

Die Entspannungspolitik mit dem Vier-Mächte-Abkommen vom 4. September, dem Transitvertrag vom 17. Dezember und der Reise- und Besuchervereinbarung innerhalb Berlins vom 20. Dezember 1971 trug wesentlich dazu bei, dass die Mauer für die West-Berliner ihren Schrecken weitgehend verlor. Denn nun konnte man (fast) ohne Probleme nach West und Ost fahren. Die Mauer war durchlässig geworden, und in West-Berlin konnte man »mit der Trennung […], die keine Trennung mehr ist«, ganz gut leben[38]. 1986 sagte ein Berliner Jugendlicher einem Radioreporter: »Ick finde eigentlich nich, daß ich hier eingesperrt bin. Ick kann ja jederzeit raus. Ick setz mir in'n Zuch und dann fahr ich nach Spanien. Dann ist die Sache für mich erledigt.«[39] Der Regierende Bürgermeister

Klaus Schütz hatte also ein Stück weit recht, wenn er nach den Vereinbarungen von 1971 behauptete: »West-Berlin ist wieder eine normale Stadt.«[40]

Normalisierung und Gewöhnung an die Mauer waren zwei Seiten einer Medaille. Zum Jahrestag des Mauerbaus 1971 stellte ein Journalist einen etwas verschämten Umgang mit der Mauer fest, da sich die meisten noch verpflichtet fühlten, »Abscheu und Verachtung auszudrücken«. Für die weitgehende Integration der Mauer in das Bewusstsein sei eine anthropologische Konstante verantwortlich: »Wer so tut, als könnte das Entsetzen auf beliebig lange Zeit konserviert werden, malt vom wirklichen Vermögen des Menschen ein Zerrbild.«[41] Auch diejenigen, die an der Mauer wohnten und in einem ganz wörtlichen Sinne in deren Schatten lebten, überwanden den anfänglich fast körperlichen Schmerz und schafften es mit der Zeit, »gewissermaßen über das Monstrum« hinwegzusehen, sich in das Unabänderliche zu fügen und sogar die Vorteile einer solchen Wohnlage zu sehen[42]. Entlang der Mauer entwickelte sich aufgrund der zahlreichen Sackgassen ein innerstädtisches Randgebiet, das vor allem zu Freizeitaktivitäten einlud. Kinder spielten dort ungestört, Schrebergärten entstanden, und die West-Berliner machten Ausflüge an dem ruhigen Mauerstreifen. Der Alt-68er Klaus Hartung unternahm 1981 an einem Sonntagnachmittag eine Ortsbesichtigung der Mauer, deren Schilderung er der des Journalisten Eckart Kronenberg von 1961 synoptisch gegenüberstellte – ein frappierender Unterschied! Während es in Kronenbergs Reportage von aufgeregten Menschen östlich und westlich der Mauer, von über die Mauer blickenden Vopos, Schupos und amerikanischen GIs nur so wimmelt, herrscht auf Hartungs Weg Sonntagsruhe: »Das Berliner Volk lagert auf den Wiesen und spielt Fußball. Der einzige, der nach drüben blickt, bin ich.«[43]

Wer die Idylle betonte, blendete das Grauen der Mauer freilich aus. Ein »Mauer-Jogger« fand 1986 »die Mauer toll«. Und das nicht nur wegen der ruhigen Lage und der guten Luft, sondern auch, weil das ganze Gebiet »so vollgeladen ist mit Geschichte und mit Gegenwart, daß man der DDR eigentlich danken muß, das so klargemacht zu haben«[44]. Das Empfinden für die Brutalität dieser Grenze schwand aus dem kollektiven West-Berliner Bewusstsein. Das galt weniger für die Westdeutschen, die zu Besuch kamen.

Eine SZ-Journalistin schrieb zwar begeistert über einen Kinderbauernhof an der Mauer in Kreuzberg, wo bei den friedlich spielenden deutschen und türkischen Kindern »Verständnis für ›organisches Wachstum‹ geweckt werden soll«; aber dass die nach der Mauer befragten Jugendlichen dies als »typische ›Wessie-Fragen‹« abtaten und lediglich »mit betroffenem Schweigen« reagierten, irritierte sie anscheinend doch[45].

Die meisten westdeutschen Berlin-Besucher waren sich trotz ihres touristischen Blicks auf die Mauer des Unnormalen der Situation bewusst[46]. Immerhin besuchten sie nicht nur die Mauer, sondern auch das »Haus am Checkpoint Charlie« von Rainer Hildebrandt. 1981 gab dieser an, dass bis zu diesem Zeitpunkt über 10 Millionen Menschen die Ausstellung gesehen hätten; das Publikum bestehe zu 5 Prozent aus Berlinern, zu 30 Prozent aus »Bundesrepublikanern« und zu 65 Prozent aus Ausländern. Hildebrandts Einrichtungen erhielten angesichts der »Normalisierung« des Umgangs mit der Mauer seit 1973 immer weniger öffentliche Unterstützung und konnten nur mithilfe von Berliner Mitteln, Geld aus der Klassenlotterie und Eintrittsgeldern überleben[47].

Unter diesen Umständen änderte sich auch die West-Berliner Erinnerungskultur. Demonstrationen entlang der Mauer zu den Jahrestagen ihrer Errichtung gab es kaum noch[48]. Bei nicht runden Jahrestagen kehrte bei den Gedenkfeiern, insbesondere an den Mahnmalen der einzelnen Bezirke, Routine ein: Nach einer Kranzniederlegung und einer Schweigeminute schüttelten sich die Beteiligten die Hände, stiegen in ihre Autos und fuhren wieder davon. Die zentrale Gedenkfeier am Peter-Fechter-Mahnmal wurde immer schlechter besucht und von den West-Berlinern kaum wahrgenommen. Nur zu den runden Jahrestagen erhöhte sich der Aufwand: 1981 und 1986 gab es neben den obligaten Reden der politischen Spitzen Demonstrationen, an der sich 1981 aber lediglich 2000 bis 3000 Menschen beteiligten, von denen die meisten aus dem Bundesgebiet angereist waren[49].

Die Gedenkreden blieben weiterhin Teil des Parteienstreits um die Deutschlandpolitik, wobei sich aber die Gewichte verschoben. Richard von Weizsäcker (CDU) war 1981 erstmals um Konsens bemüht. Er bezeichnete die Mauer zwar als »versteinerte Absage an die Menschlichkeit« und verurteilte den ostdeutschen Propagandarummel anlässlich des 20. Jahrestags, beurteilte aber die

Entspannungspolitik positiv – für die Erleichterungen infolge der Verträge zeigte er sich ausdrücklich dankbar. Die Deutschen, so Weizsäcker weiter, hätten ein besonderes Interesse am Frieden, wozu freilich auch gehöre, »daß an den Trennungslinien auf deutschem Boden, und das heißt für alle Berliner vor allem an der Mauer, nicht mehr geschossen wird«[50]. Der vielzitierte Weizsäcker-Satz, »Die deutsche Frage ist so lange offen, als das Brandenburger Tor zu ist«, zielte ebenfalls auf Konsens: Unter indirektem Verweis auf die Berliner Mauer mahnte er freie Selbstbestimmung für alle Deutschen an[51]. Auch Helmut Kohl forderte die Westdeutschen anlässlich des 13. August 1981 auf, »jede Gelegenheit zu einem Besuch in Mitteldeutschland zu nutzen«, was ohne die vorangegangene Entspannungspolitik nicht möglich gewesen wäre[52]. Von diesem deutschlandpolitischen Pragmatismus hatten sich eine Reihe von SPD-Politikern entfernt und bewegten sich rhetorisch immer mehr auf Ost-Berlin zu. So forderten Hans-Jochen Vogel und Jürgen Schmude auch anlässlich der Jahrestage des Mauerbaus dazu auf, der DDR-Führung in ihrer Forderung nach Abschaffung der Zentralen Erfassungsstelle in Salzgitter entgegenzukommen[53], und selbst Willy Brandt zeigte sich im Gespräch mit Honecker zu deren Abschaffung bereit[54].

Ein Briefwechsel der Bischöfe von West- und Ost-Berlin, Martin Kruse und Gottfried Forck, im August 1986 war geradezu geschichtsvergessen: Beide hoben hervor, dass der Mauerbau letztlich zu einer Stabilisierung »des relativen Frieden[s] in Mitteleuropa« geführt habe, und stellten dessen Vorgeschichte nur knapp und verzerrt dar. Sie forderten zwar mehr Reisefreiheit, der Hoffnung auf eine Zukunft ohne Mauer gab indes nur Kruse Ausdruck; beide erwähnten die Opfer der Mauer überhaupt nicht und das Leid, das die Trennung über die Deutschen gebracht hatte, nur am Rande[55]. Hand in Hand mit dieser Geschichtsvergessenheit ging nun eine sprachliche Verharmlosung der Mauer. Hans-Jochen Vogel bezeichnete die Mauer als »Hürde«, die in östlicher Richtung »leichter übersprungen« werden könne als in westlicher; der Berliner SPD-Vorsitzende Walter Momper sprach einfach von der »Grenze« und näherte sich damit dem DDR-Sprachgebrauch an; und die Schüsse der DDR-Grenztruppen auf Flüchtlinge waren für viele West-Berliner Politiker nichts anderes als »Schußwaffengebrauch«[56].

Die Mauerruhe wurde also in den achtziger Jahren kaum noch gestört. Gegen die Mauer demonstrierten fast nur noch Einzelpersonen mit aufsehenerregenden Aktionen. So hielt der US-Amerikaner John Werner seit 1981 jährlich eine Mahnwache zum Jahrestag des Mauerbaus am Checkpoint Charlie. Wolfgang Holzapfel kleidete sich am 13. August 1989 schwarz-rot-gold und legte sich mit einer Säge auf dem Bauch dort auf die Demarkationslinie[57]. Der US-Amerikaner John Runnings kletterte 1986 und 1987 mit einer Leiter auf die Mauer, um 500 Meter auf ihr entlangzubalancieren; wenig später bearbeitete er die Mauer sitzend mit einem Hammer. Mit einer Holzramme wollte er dann vom Westen gegen sie vorgehen. Die ersten Male setzten ihn die DDR-Behörden kurz fest und ließen ihn dann wieder frei; seine letzte Aktion wurde von US-Soldaten verhindert[58]. Eine Kuriosität war auch die »Massenflucht« von 200 West-Berliner Punks am 1. Juli 1988 nach Ost-Berlin, die sich in einem Hüttendorf auf dem sogenannten Lenné-Dreieck eingerichtet hatten, das auf der westlichen Seite der Mauer, aber noch auf Ost-Berliner Gebiet lag. Nachdem dieses Areal durch einen Gebietstausch an den Westen gefallen war, kamen Polizisten, um das Hüttendorf zu räumen, und die Besetzer entzogen sich der Festnahme durch einen Sprung über die Mauer nach Osten[59].

Trotz des relativ gelassenen Umgangs der DDR mit solchen »Grenzverletzungen« aus dem Westen kamen an der Mauer bis 1989 Menschen zu Tode, was die West-Berliner zeitweilig noch aufschreckte. Als im Mai 1975 ein fünfjähriger türkischer Junge, Cetin Mert, beim Spielen in Kreuzberg in die Spree fiel (die hier in voller Breite zum Ostsektor gehörte), mussten West-Berliner Rettungskräfte tatenlos zusehen, wie dieser ertrank. Daraufhin protestierten Hunderte von Türken an der Spree gegen »Schandmauer«, »Kindermord« und »Stacheldraht«[60]. Doch auch gelungene Fluchten, wie die von zwei Frauen und zwei Männern am 21. August 1988, die die Spree beim Reichstag vor den Augen dutzender Touristen überquerten und nur mit Mühe den DDR-Grenzern entkamen, konnten zeitweise die westliche Öffentlichkeit wachrütteln[61].

Am meisten Aufmerksamkeit zog jedoch Präsident Ronald Reagan auf sich, als er vor dem Brandenburger Tor am 12. Juni 1987 den KPdSU-Generalsekretär aufforderte: »General Secretary Gorbachev, if you seek peace, if you seek prosperity for the Soviet

Union and Eastern Europe, if you seek liberalization: Come here to this gate! Mr. Gorbachev, open this gate! Mr. Gorbachev, tear down this wall!«[62] Eine Mischung aus persönlichen, innen- und außenpolitischen Motiven bewog Reagan zu dieser theatralischen, dem Zeitgeist völlig entgegenstehenden Äußerung. Bei seinem Besuch in Berlin 1978 hatte die Mauer einen tiefen Eindruck bei ihm hinterlassen. Außerdem sah er sich im Frühjahr 1987 angesichts zu großer Versöhnlichkeit gegenüber Gorbatschow, mit dem er im Oktober 1986 in Reykjavik fast die Abschaffung aller Mittelstreckenwaffen vereinbart hätte, Kritik im eigenen Lager ausgesetzt, der er mit einer Geste der Entschlossenheit an der Mauer begegnen wollte. Auch wenn er sich auf Gorbatschow zubewegte, wollte er verdeutlichen, dass er seinen Ansichten treu geblieben sei[63]. Indem Reagan die politische Freiheit aller Menschen in den Mittelpunkt stellte, griff er zwar Kennedys Freiheitsrhetorik auf, streckte gleichzeitig aber Gorbatschow die Hand zur Versöhnung hin. Dies wurde in West-Berlin und in der Bundesrepublik nur von wenigen goutiert: denn der Berliner Senat versuchte, Verbesserungen im Besucherverkehr zu erreichen, und befürchtete, durch die harten Worte Reagans in seinen Bemühungen behindert zu werden. Zurückhaltend bis ablehnend reagierte auch die Mehrheit der westdeutschen Öffentlichkeit – die Zeit, an der Mauer zu rütteln, war für die meisten Westdeutschen unwiderruflich vorbei.

Fazit

Als die Mauer 1989 fiel, hatte sie im Westen ihren Schrecken weitgehend verloren. Wenn sie in öffentlichen Reden noch beachtet wurde, dann als Symbol für die deutsche Teilung, für den Gegensatz von Demokratie und Diktatur oder für die Unmenschlichkeit schlechthin. Menschliche Anpassungsfähigkeit und die Einsicht, dass mit Protesten die Mauer nicht zu Fall gebracht werden konnte, sondern durchlässig gemacht werden müsse, waren die Ursachen für diesen Wandel. Als Letzteres mit der neuen Ostpolitik erreicht war und die West-Berliner vor allem dank üppiger Zuwendungen vom Bund ein weitgehend unbeschwertes Leben führen konnten, wurde das Ende der Teilung nur noch in Sonntagsreden beschworen. Und selbst hier bröckelte der Konsens: So weigerte sich am 25. Mai 1989 die Vizepräsidentin des Berliner Abgeordnetenhauses, Hilde Schramm (Alternative Liste), die »Mahnworte« zu sprechen, in denen seit 1955 der »unbeugsame Wille« des Hohen Hauses bekundet wurde, dafür zu sorgen, dass »die Mauern fallen und dass Deutschland mit seiner Hauptstadt Berlin in Frieden und Freiheit wiedervereinigt werden muss«[64]. Geglückte und misslungene Fluchtversuche sowie zahlreiche Tote riefen die schreckliche Realität zwar immer wieder ins Gedächtnis; doch erst nach dem Mauerfall wurde im Westen wieder deutlich, dass die Mauer mehr als ein Symbol gewesen war.

ROGER ENGELMANN

»DIE MAUER DURCHLÄSSIGER MACHEN«: DIE POLITIK DER REISEERLEICHTERUNGEN

»Ein Tag wie ein Keulenschlag. Ulbricht hat über Nacht die Zone in ein riesiges Konzentrationslager für 17 Millionen Deutsche verwandelt«[1], schrieb der spätere entspannungspolitische Vordenker der FDP, Wolfgang Schollwer, am 13. August 1961 in sein Tagebuch. Obwohl die Abriegelung der Berliner Grenze durch die SED-Machthaber nicht völlig unerwartet kam, dieser Tag war für viele Zeitgenossen ein Schock. Die bis dahin weitgehend offene Grenze in Berlin war – trotz fast eineinhalb Jahrzehnten heftigen Ost-West-Konflikts – in praktischer wie in symbolischer Hinsicht eine letzte deutsch-deutsche Verbindung gewesen. Als sie geschlossen und wenig später befestigt wurde, nahm die Bevölkerung dies als Ausdruck einer langfristigen Zementierung der deutschen Teilung wahr. Bereits am 16. August 1961 bezeichnete der Regierende Bürgermeister Willy Brandt in einem Brief an den amerikanischen Präsidenten John F. Kennedy die Maßnahme der DDR als einen »tiefen Einschnitt im Leben des deutschen Volkes«[2].

Für die Berliner war der Einschnitt besonders tief, denn ungeachtet der politischen und administrativen Spaltung war Berlin bisher in technischer Hinsicht, als Sozialgefüge und vor allem im Bewusstsein seiner Bürger *eine* Stadt geblieben. Unzählige menschliche Bindungen – zwischen Verwandten, Freunden, Berufskollegen – waren von der Grenzsperrung betroffen. So kochte nach dem 13. August in Berlin vielfach ohnmächtiger Zorn hoch, der jedes Mal, wenn an den Grenzsperren Flüchtlinge erschossen wurden, wieder von Neuem genährt wurde.

In den Tagen unmittelbar nach der Grenzschließung waren zunächst noch Besuche von West-Berlinern im Osten der Stadt möglich. Doch bereits am 22. August kündigte die DDR-Seite die Einführung von Aufenthaltsgenehmigungen an, die sie von eigenen Stellen auf West-Berliner Territorium ausgeben lassen wollte. Zunächst fasste sie hierfür Zweigstellen des DDR-Reisebüros, später Schalter in West-Berliner S-Bahnhöfen ins Auge. Diese Pläne scheiterten jedoch, weil der Berliner Senat und die Alliierten in

West-Berlin keine DDR-Stellen mit hoheitlichen Aufgaben dulden wollten. Sie befürchteten, diese könnten sich zu konsularischen Einrichtungen entwickeln und so gleichsam einen ersten Schritt auf dem Weg zu einer praktischen Implementierung der »Drei-Staaten-Theorie« bedeuten[3]. Es war nicht zu übersehen, dass die DDR versuchte, aus der von ihr durch den Mauerbau geschaffenen Lage auch noch Punktgewinne im Hinblick auf ihre staatliche Anerkennung zu erzielen und Tatbestände zu schaffen, die West-Berlin dem vom Osten propagierten Status einer »besonderen politischen Einheit« näherbringen würde. Politische Konzessionen des Westens, die solche Gefahren in sich bargen, waren in der gegebenen Situation vollkommen undenkbar, und so führte eine dramatisch verhärtete Situation zunächst dazu, dass sich West- und Ost-Berliner auf absehbare Zeit nicht mehr treffen konnten[4].

Diese Situation, die Willy Brandt im Januar 1962 gegenüber dem Spiegel mit den Worten charakterisierte, es gehe »die Mauer durch Hunderttausende von Familien«[5], bildete ein politisches und psychologisches Problem, das die West-Berliner Verantwortlichen unter Handlungsdruck setzte. Die Stimmung in der Stadt war extrem angespannt. Das zeigte sich, als am 17. August 1962 der Ost-Berliner Bauarbeiter Peter Fechter bei einem Fluchtversuch, unweit vom Grenzübergang »Checkpoint Charlie«, niedergeschossen wurde und fast eine Stunde auf der Ostseite der Mauer blutend liegen blieb, bis der leblose Körper von DDR-Grenzsoldaten abtransportiert wurde. Auf der West-Berliner Seite waren amerikanische Militärpolizisten von der Menge – mit Verweis auf den Vier-Mächte-Status – aufgefordert worden, einzugreifen, blieben aber untätig, und so richtete sich die Empörung diesmal nicht nur gegen die DDR und ihre Grenzsoldaten, sondern auch gegen die amerikanische Schutzmacht. In den folgenden Tagen kam es zu Dauerdemonstrationen am Kreuzberger Mauerabschnitt, die ständig zu entgleisen drohten. Jugendliche versuchten, die Grenzanlagen zu stürmen und mussten von der West-Berliner Polizei von diesem Vorhaben abgehalten werden. Auch US-Militärpolizisten wurden beschimpft und mit Steinen beworfen[6].

Die im Hochsommer 1962 aufgebrochene »psychologische Krise« (Egon Bahr)[7] gab den letzten Anstoß für verstärkte Anstrengungen des Berliner Senats, eine Lösung für ihr humanitäres Hauptanliegen zu erreichen: die Herstellung von Besuchsmöglichkeiten für West-Berliner bei ihren Verwandten in Ost-Berlin, die spätere Passierscheinregelung. Aber selbst dieses begrenzte Ziel war schwierig genug zu erreichen. Ein Grundproblem bestand darin, dass es keine institutionalisierte Struktur gab, die für innerdeutsche Verhandlungen über Passierscheine überhaupt infrage kam. Die westliche Seite wollte keine Tatbestände schaffen, die auch nur einen Schritt in Richtung »Anerkennung der Zone« bedeutet hätten. So versuchte der Senat zunächst eine Regelung über institutionelle Wege zu erreichen, die in dieser Hinsicht unproblematisch waren, über das Internationale Komitee vom Roten Kreuz in Genf oder die Treuhandstelle für den innerdeutschen Handel; Letztere war formal eine Einrichtung der Wirtschaftsverbände und keine staatliche Stelle. Doch die SED-Verantwortlichen waren nach wie vor daran interessiert, im Zuge von Verhandlungen über eine Besuchsregelung politische Terraingewinne im Hinblick auf die Anerkennung der DDR und den Status von West-Berlin als »selbständiger politischer Einheit« zu erzielen, und blockten diese Initiativen ab.

Um die verfahrene Situation zu überwinden, ohne offizielle politische Kontakte mit DDR-Stellen aufnehmen zu müssen, sondierte der Senat 1962/63 eine mögliche Lösung über informelle Kanäle. Zwei Verbindungen erlangten dabei besondere Bedeutung: Die eine lief vom Wirtschaftssenator Karl Schiller über den »Interzonenhändler« Werner Schiebold zum Hauptabteilungsleiter im DDR-Außenhandelsministerium Heinz Behrendt, die andere vom Senatssprecher Egon Bahr über den Leiter des Berliner FAZ-Büros Hansjakob Stehle zum Leiter der Abteilung »Westpresse« im DDR-Presseamt Hermann von Berg. Dieser war im Nebenberuf inoffizieller Mitarbeiter der Abteilung X (»Aktive Maßnahmen«) des MfS-Spionagebereichs (HV A)[8].

Die HV A fungierte in dieser frühen Phase der innerdeutschen Entspannungspolitik als eine Art konspirative Koordinierungsstelle für diverse informelle Westkontakte von DDR-Funktionären. Die Fäden liefen aber – angesichts der politischen Bedeutung dieser Aktivitäten – letztlich alle bei Walter Ulbricht zusammen. Auf der West-Berliner Seite waren die Strukturen etwas unübersichtlicher. Brandt war über die wesentlichen Initiativen im Bilde. Allerdings fand mancher Ostkontakt zunächst einmal in der Verantwortung untergeordneter Akteure statt, nicht zuletzt um den

Regierenden Bürgermeister im Falle einer Panne nicht zu kompromittieren.

Das Jahr 1963 brachte schließlich allgemeine politische Konstellationen, die für eine Einigung in der Passierscheinfrage deutlich günstiger waren als zuvor. Nachdem Brandt im Januar ein schon zugesagtes Treffen mit Chruschtschow auf Druck des christdemokratischen Koalitionspartners wieder absagen musste, waren die Tage der Großen Koalition in Berlin gezählt. Im Februar fanden Wahlen zum Berliner Abgeordnetenhaus statt, bei denen die SPD mit 61,6 Prozent haushoch siegte und eine Koalition mit der FDP einging, die in deutschland- und ostpolitischer Hinsicht besser harmonierte. Auch auf der bundespolitischen Ebene entspannte sich die Lage etwas, als Konrad Adenauer im Oktober 1963 zurücktrat und mit Bundeskanzler Ludwig Erhard und seinem Stellvertreter (und Minister für gesamtdeutsche Fragen) Erich Mende Politiker in die Verantwortung einrückten, die für eine flexiblere Deutschlandpolitik zu stehen schienen.

Darüber hinaus hellte sich 1963 auch die weltpolitische Lage auf: Nach dem Ende der Kuba-Krise verbesserte sich das amerikanisch-sowjetische Verhältnis. Die US-Regierung empfand den »deutschen Sonderkonflikt« zunehmend als Belastung und verfolgte die Berliner Entspannungsbemühungen mit unverhohlener Sympathie[9]. Auch Moskau war nunmehr an einer Einigung in der Passierscheinfrage interessiert und scheint die DDR-Führung auf eine kompromissbereite Haltung eingestimmt zu haben. Dass Chruschtschow mit dem Status quo, der Besuche von West-Berlinern bei ihren Ost-Berliner Verwandten nicht zuließ, nicht glücklich war und dass der sowjetische Botschafter in Ost-Berlin, Pjotr Abrassimow, entsprechende Vorstöße unternahm, ist in den Akten jedenfalls belegt[10]. Von Gerhard Kegel, dem außenpolitischen Berater Ulbrichts mit vorzüglichen Beziehungen in die Sowjetunion, wird kolportiert, er habe damals intern geäußert, das Passierscheinabkommen sei »in Moskau geboren worden und die DDR führe es nur durch«[11].

Zunächst war es jedoch schon ein Problem, sich über die Ebene der Verhandlungen zu einigen. Denn nach den Vorstellungen der westlichen Seite ging es um innerstädtische technische Kontakte, während die DDR am liebsten diplomatische Gespräche wie zwischen zwei Staaten geführt hätte. Hier fand man einen Kompromiss: Die Verhandlungen wurden vom Leiter der politischen Abteilung in der Senatskanzlei Horst Korber und dem Staatssekretär im DDR-Kulturministerium Erich Wendt geführt, und die Vereinbarung, die nicht als Vertrag, sondern lediglich als Protokoll ausgewiesen war, wurde auch von ihnen unterzeichnet. Um diese Vereinbarung als »technische« Regelung interpretieren zu können, unterzeichnete Korber mit der Schlussformel »Auf Weisung des Chefs der Senatskanzlei, die im Auftrag des Regierenden Bürgermeisters gegeben wurde«[12]. An diesem Punkt gab es noch kurz vor Schluss ein zähes Tauziehen mit der östlichen Seite. Beide Seiten standen aber, nicht zuletzt auch wegen der in der Öffentlichkeit entstandenen Erwartungen, unter starkem Erfolgs- und Einigungsdruck.

Die unterschiedlichen Auffassungen in Hinblick auf den Status der Vertragspartner umschiffte man mithilfe einer »Salvatorischen Klausel«, in der festgestellt wurde, »daß eine Einigung über gemeinsame Orts-, Behörden- und Amtsbezeichnungen nicht erzielt werden konnte«[13]. Da die westliche Seite nach wie vor keine DDR-Stellen mit hoheitlichen Aufgaben auf West-Berliner Territorium zulassen wollte, einigte man sich auf ein etwas umständliches Verfahren: Die Passierscheinanträge wurden von DDR-Postangestellten in West-Berliner Abfertigungsstellen entgegengenommen und dann nach Ost-Berlin gebracht, wo die Genehmigung erteilt, das heißt der eigentliche Hoheitsakt durchgeführt wurde. Anschließend wurden die Passierscheine wiederum in West-Berlin ausgegeben.

Der Inhalt der Vereinbarung war auf den ersten Blick bescheiden. Er sah Besuche von West-Berlinern bei Verwandten ersten und zweiten Grades in Ost-Berlin lediglich in der Zeit vom 18. Dezember bis zum 5. Januar vor. Das Interesse war jedoch überwältigend und überstieg das, was die DDR erwartet hatte, um ein Vielfaches: Für über 1,3 Millionen Einreisen wurden Passierscheine ausgegeben. Da teilweise Mehrfacheinreisen beantragt worden waren, betraf das zwar »nur« rund 725 000 Personen, doch handelte es sich dabei immerhin um ein Drittel der Bevölkerung West-Berlins, wie das MfS in einem zusammenfassenden Bericht sichtlich beeindruckt festhielt[14]. 94 Prozent der bewilligten Einreisen wurden tatsächlich durchgeführt, es kam zu einer Demonstration der Zusammengehörigkeit. Willy Brandt sprach am 9. Januar 1964 von einer »Abstimmung der Füße und der Herzen«, durch die »der Widersinn der Mauer und der Teilung vor aller Welt noch viel deutlicher geworden« sei[15]. Da rund 124 000 West-Berliner Pkws die Grenze überquert hatten, war die westliche Präsenz im Ost-Berliner Straßenbild nicht zu übersehen[16]. Etwa 400 000 bis 500 000 DDR-Bewohner reisten eigens nach Ost-Berlin, um West-Berliner Verwandte zu sehen. Laut einer qualifizierten Schätzung kam es in diesen Tagen zu rund fünf Millionen Ost-West-Begegnungen[17].

Alle Seiten waren an einer möglichst reibungslosen Durchführung der Passierscheinaktion interessiert. Die westlichen Geheimdienste hielten sich mit Aktionen zurück. Das MfS brachte über den amerikanischen Geheimdienst sogar in Erfahrung, dort »sei die Weisung gegeben worden, keine Maßnahmen unter Ausnutzung des Abkommens durchzuführen«[18]. Zudem habe die West-Berliner Polizei auf die Fluchthilfeorganisationen eingewirkt, keine »Schleusungen« vorzunehmen[19]. Auch die »gegnerischen Rundfunk- und Fernsehstationen« hätten »eine spürbare Zurückhaltung« geübt[20]. Sogar über Sympathieerfolge der Ostseite bei West-Berliner Besuchern wusste die Staatssicherheit zu berichten. Deren Reaktion »über die höfliche Beratung und korrekte Abfertigung durch die Angehörigen der Deutschen Reichsbahn Ost« sei zu entnehmen gewesen, dass viele von ihnen »wieder für die Nutzung des S-Bahnverkehrs in Westberlin zurückgewonnen« wurden und der S-Bahn-Boykott damit »teilweise zurückgedrängt« worden sei[21].

Die DDR-internen Wirkungen der Aktion waren – wie auch bei allen künftigen Verbesserungen des innerdeutschen Reiseverkehrs – aus Sicht der DDR-Machthaber aber nicht unproblematisch. Laut MfS-Berichterstattung wurde in der DDR-Bevölkerung die »Einseitigkeit« der Regelung kritisiert und die Forderung nach »Einsreisemöglichkeiten für DDR-Bürger nach Westberlin und Westdeutschland erhoben«. Außerdem seien bei den Treffen »Familienbilanzen« diskutiert worden, wobei man »den Lebensverhältnissen in Westberlin und Westdeutschland das Wort geredet und die Feststellung getroffen« habe, »im kapitalistischen Staat würde es sich doch besser leben lassen«[22]. Hier zeigten sich unwillkommene politische Auswirkungen verbesserter Ost-West-Kontakte, die das MfS unter dem Begriff der »politisch-ideologischen Diversion« subsumierte. Die Staatssicherheit bilanzierte, es sei eine »Beeinflussung seitens feindlich bzw. negativ eingestellter Westberliner Verwandter« erfolgt, »die sich auf die Reaktion der Bevölkerung der DDR, insbesondere der Hauptstadt«, ausgewirkt habe[23].

Angesichts solcher Risiken, die eine durchlässigere Mauer für die DDR nahezu zwangsläufig mit sich brachte, war es für die SED von großer Bedeutung, im Zuge weiterer Passierscheinabkommen Anerkennungsgewinne zu erzielen, die diese negativen Auswirkungen zumindest kompensierten. Der West-Berliner Senat dagegen konnte kein weiteres politisches Terrain preisgeben. Die Weihnachtsregelung von 1963 war ohnehin nur gegen den Widerstand des Auswärtigen Amtes zustande gekommen, dem insbesondere die Unterschriftsformel ein Dorn im Auge war und das befürchtete, durch eine Perpetuierung der Passierscheinpraxis würde in Berlin ein gewohnheitsrechtlicher Status quo geschaffen, der der DDR in die Hände spiele[24]. Auch große Teile der CDU und der West-Berliner Presse standen der Vereinbarung kritisch gegenüber. Die Stimmung in der West-Berliner Bevölkerung war dagegen ambivalent. Zwar war laut einer repräsentativen Umfrage eine große Mehrheit von weit über 80 Prozent für weitere Verhandlungen, aber die allermeisten von ihnen nur unter der Bedingung, dass damit keine Anerkennung der DDR verbunden sei[25].

Für den Berliner Senat bedeutete die Fortsetzung der Passierscheingespräche somit einen Drahtseilakt, der durch Versuche der DDR-Seite, ihre Interpretation der Vereinbarung propagandistisch zu verkaufen, nicht erleichtert wurde. Karl-Eduard von Schnitzler etwa trat in einem Interview, das er der bundesdeutschen Zeitschrift Revue im Januar 1964 gab, mit der provokanten Äußerung auf: »Für uns zählen nicht die Westberliner, die zu uns kommen, sondern die 236 Postbeamten, die wir drüben haben. Für uns sind sie Konsularvertreter, die unser Hoheitsrecht auf fremdem, ausländischem Boden ausüben.«[26]

Als die Unterhändler zu neuen Gesprächen zusammenkamen, war daher von einer Erneuerung der Weihnachtsvereinbarung nicht die Rede. Beide Seiten stellten Maximalforderungen auf, deren Erfüllung eine Kapitulation der Gegenseite zur Voraussetzung gehabt hätte und die dazu führten, dass monatelang ergebnislos verhandelt wurde. Erst am 24. September 1964 konnte eine neue

Übereinkunft erzielt werden, die sich jedoch im Bereich der Statusfragen wenig von der Vereinbarung von 1963 unterschied. Lediglich die westliche Seite konnte kleine Verbesserungen in ihrem Sinn erreichen, etwa dass die Passierscheinstellen nunmehr paritätisch mit West-Berliner Postbeamten besetzt werden sollten. Von größerer Bedeutung waren die inhaltlichen Erweiterungen. Die zweite Passierscheinregelung galt gleich für vier Besuchszeiträume: im Herbst 1964 vom 30. Oktober bis 12. November, Weihnachten/Neujahr 1964/65 sowie Ostern und Pfingsten 1965. Im Rahmen dieser Vereinbarung kam es wiederum zu 2,4 Millionen Besuchen von West-Berlinern im Ostteil der Stadt[27].

Bei der zweiten Passierscheinvereinbarung wurde darüber hinaus auch eine generelle Besuchsmöglichkeit von engeren Verwandten in dringenden Familienangelegenheiten geschaffen. Dass die SED keinen politischen Gewinn erzielte, sondern aus ihrer Sicht sogar leichte Abstriche gegenüber der Regelung von 1963 in Kauf nahm, lässt sich nur mit massiver sowjetischer Einflussnahme erklären. Ein Scheitern wäre vor dem Hintergrund des im Sommer und Frühherbst 1964 sehr aktuellen sowjetischen Interesses, mit der Bundesregierung ins Gespräch zu kommen, und der in diesem Zusammenhang bereits ins Auge gefassten Bonn-Reise Chruschtschows denkbar ungünstig gewesen[28].

Auch andere von der DDR in dieser Phase verkündeten Erleichterungen sind vor diesem Hintergrund zu sehen: zum Beispiel die Amnestie für »Republikflüchtlinge« aus der Zeit vor dem Mauerbau, die im Hinblick auf Transit- und DDR-Reisen von Bedeutung war, oder die Einführung der Möglichkeit für DDR-Rentner, vier Wochen im Jahr ihre Verwandten im Westen zu besuchen. Diese sogenannten Rentnerreisen waren keineswegs von geringer Bedeutung – weder in quantitativer noch in qualitativer Hinsicht. Noch im Jahr 1964 wurden 664 000 Rentnerreisen genehmigt, im folgenden Jahr waren es bereits rund 1,2 Millionen, und auf diesem Niveau blieben die Zahlen – mit leicht ansteigender Tendenz – in der Folgezeit[29]. Auch nach 1972 waren die mit großem Abstand meisten Ost-West-Reisen Rentnerreisen. Rentner waren mithin die Bevölkerungsgruppe in der DDR, welche die westlichen Lebensverhältnisse am besten kennenlernte.

Das Jahr 1964 bildete zweifellos den Höhepunkt der innerdeutschen Entspannung in den sechziger Jahren. Zu keiner Zeit – weder vorher noch nachher – war Ulbricht konzessionsbereiter. Dass dies mit Chruschtschows deutschlandpolitischem Kurs zu tun hatte, zeigte sich schon unmittelbar nach seinem Sturz am 14. Oktober 1964. Die Haltung der DDR verhärtete sich im innerdeutschen Verhältnis wieder. Bereits einen guten Monat später kehrte sie mit der Einführung des Pflichtumtausches für Westbesucher zu ihrer Politik der Nadelstiche zurück[30].

Die folgenden Passierscheinverhandlungen waren angesichts der nachlassenden Konzessionsbereitschaft der DDR ein zähes Geschäft[31]. Die restriktive Haltung der DDR zeigte sich nicht zuletzt auch an der Person des neuen Unterhändlers, der an der Stelle des eher verbindlichen Erich Wendt, der im Mai 1965 verstorben war, benannt wurde: Michael Kohl, Leiter der Grundsatzabteilung im DDR-Außenministerium. Er war für seine neue Funktion zum Staatssekretär beim DDR-Ministerrat ernannt worden. Diese Personalentscheidung signalisierte, dass die DDR-Seite bei künftigen Vereinbarungen sehr viel stärker auf staatliche Anerkennungsgewinne abzielen würde.

Zweimal kam es noch zu Passierscheinvereinbarungen: für Weihnachten/Neujahr 1965/66 sowie Ostern und Pfingsten 1966. Danach war die DDR zu Passierscheinaktionen zu den alten Konditionen nicht mehr bereit. Da der Berliner Senat der DDR keine wesentlichen Anerkennungsgewinne und erst recht keine Lockerungen der Bindungen West-Berlins an die Bundesrepublik offerieren konnte und wollte, schloss sich die Mauer für die meisten West-Berliner wieder für Jahre.

Die erste Phase der Politik der »menschlichen Erleichterungen« war mit dem Scheitern der Gespräche im Jahr 1966 beendet, doch war mit den Passierscheinaktionen der vorangegangenen Jahre nicht Unbeachtliches erreicht worden: Insgesamt 5,4 Millionen Besuche hatten im Rahmen der Vereinbarungen von Dezember 1963 bis Juni 1966 stattgefunden[32]. Es lässt sich nur schwer ermessen, was das für den Zusammenhalt der Menschen innerhalb der geteilten Stadt bedeutete. Die vollkommene Abschottung ihres Machtbereichs, wie sie die SED unmittelbar nach dem 13. August 1961 ins Auge gefasst hatte, als sie in einer Kampagne sogar den Empfang westlicher elektronischer Medien unterbinden wollte[33], war nicht Wirklichkeit geworden. Mit den Passierscheinvereinbarungen hatte sich – ohne dass sich die Beteiligten darüber schon hätten im Klaren sein können – in mehrfacher Hinsicht ein Modell für die spätere Ostpolitik herausgebildet[34]. Man hatte unter Ausklammerung grundsätzlicher Differenzen eine Einigung über praktische Fragen erzielt. Die Westseite hatte zusätzliche Reisemöglichkeiten erreicht und damit die Wirkungen der Teilung abgemildert, und die DDR-Seite hatte dafür einen ersten kleinen, aber nicht unwichtigen Anerkennungsgewinn bekommen. Damit war die Geschäftsgrundlage vorgezeichnet, auf der auch die deutsch-deutschen Vereinbarungen der siebziger Jahre zu einem guten Teil basierten. Reiseerleichterungen waren immer ein Hauptanliegen des Westens und bildeten daher ein Kernstück der Übereinkünfte. Anders als die Berliner Passierscheinregelungen waren sie aber unbefristet angelegt und wurden in späteren Verhandlungen allenfalls noch erweitert. Dafür erhielt die DDR im Austausch eine weitgehende staatliche Anerkennung mit kleinen Abstrichen (etwa im Bereich des Staatsbürgerschaftsrechts oder beim Status der diplomatischen Vertretungen), die anzeigten, dass es sich beim Verhältnis zwischen beiden deutschen Staaten aus bundesdeutscher Sicht nicht um normale völkerrechtliche Beziehungen handelte.

Doch zunächst trat eine Stagnationsphase ein, in der sich im innerdeutschen Verhältnis fast nichts bewegte, obwohl die SPD in der Großen Koalition an der Bundesregierung beteiligt war und Brandt sogar Außenminister wurde. Das lag vor allem an der deutschlandpolitischen Verhärtung der DDR-Führung, die ab 1967 einen rigiden Abgrenzungskurs einschlug, der sich etwa in der Einführung eines eigenen DDR-Staatsbürgerschaftsrechts im Februar des Jahres und in der endgültigen Tilgung des Begriffs »gesamtdeutsch« aus der offiziellen politischen Terminologie zeigte[35]. Zwar gab es von bundesdeutscher Seite ein paar zaghafte Entspannungssignale, doch waren sie bei Weitem nicht ausreichend, um Bewegung in die festgefahrene Situation zu bringen. Erst als im Herbst 1969 die sozialliberale Koalition die Macht übernahm und eine umfassende ostpolitische Offensive startete, die auch auf eine Verständigung mit der Sowjetunion und Polen zielte, wurden grundlegende Regelungen auch im innerdeutschen Verhältnis möglich.

Es ist hier weder möglich noch nötig, diesen komplexen Vorgang nachzuzeichnen. Von Bedeutung sind lediglich seine Resultate im Hinblick auf den innerdeutschen Reiseverkehr:

1. Zusammen mit dem Vier-Mächte-Abkommen trat im Juni 1972 eine Vereinbarung des Berliner Senats und der DDR in Kraft, die Reisen von West-Berlinern (auch über Verwandtenbesuche hinaus) das ganze Jahr über nicht nur nach Ost-Berlin, sondern in die gesamte DDR ermöglichte. Die Regelung ging somit wesentlich über die Passierscheinvereinbarungen der sechziger Jahre hinaus. Reisen in die DDR (außerhalb Ost-Berlins) waren für West-Berliner nämlich seit 1952 nicht mehr möglich gewesen.
2. Mit dem Inkrafttreten des Verkehrsvertrages – des ersten in eigener Verantwortung zwischen den beiden deutschen Staaten geschlossenen Abkommens – im Oktober 1972 kam es auch zu Reiseerleichterungen für Einwohner des Bundesgebietes. Neben den bis dahin schon gestatteten Verwandtenbesuchen waren jetzt auch der ein- oder mehrmalige Besuch von Bekannten für eine Dauer von bis zu 30 Tagen (ab 1984 45 Tagen) und touristische Reisen möglich.
3. Ebenfalls im Zusammenhang mit dem Verkehrsvertrag führte die DDR im Oktober 1972 für ihre Bürger – auch unterhalb des Rentenalters – die Möglichkeit ein, Westreisen in dringenden Familienangelegenheiten zu beantragen. Als Reisegründe wurden anfangs lediglich Geburten, Eheschließungen, lebensgefährliche Erkrankungen und Sterbefälle akzeptiert. Im Jahr 1973 kamen Hochzeitsjubiläen und 1982 »runde« Geburtstage hinzu.
4. Mit dem Inkrafttreten des Grundlagenvertrages im Juni 1973 wurde darüber hinaus für die Bürger der an der innerdeutschen Grenze gelegenen Stadt- und Landkreise der Bundesrepublik die Einreise zu Tagesaufenthalten (ab 1984 auch Zweitagesaufenthalte) in die grenznahen Kreise der DDR in einem vereinfachten Verfahren ermöglicht. Mit der Einführung dieses sogenannten »Kleinen Grenzverkehrs« lebten familiäre und freundschaftliche Bindungen in den grenznahen Regionen vielfach wieder auf.

Bei den Reiseregelungen des deutsch-deutschen Vertragswerkes von 1972/73 handelte es sich aus der Sicht der DDR um weitreichende Konzessionen. In einer entscheidenden Phase der Verhandlungen im Frühjahr 1972 stand die SED – wie schon im Vorfeld der ersten beiden Passierscheinvereinbarungen – unter sowjetischem Druck. Vor dem Hintergrund der amerikanisch-chinesischen Annäherung war die Moskauer Führung dringend an einer Ratifizierung der Verträge von Moskau und Warschau im Deutschen Bundestag interessiert. Dort bröckelte die sozialliberale Mehrheit gefährlich, und ein aus westlicher Sicht ungünstiger Verlauf der deutsch-deutschen Verhandlungen hätte sie möglicherweise noch weiter gefährdet. Die SED beschloss daher sogar, befristet zu Ostern und Pfingsten 1972 einige Reiseerleichterungen – noch vor Inkrafttreten der entsprechenden Abkommen – zu gewähren. Als am 27. April 1972 das Misstrauensvotum gegen Brandt anstand, wurde der Konzessionsdruck auf die DDR-Seite noch höher, nicht zufällig erfolgte die Einigung in entscheidenden Punkten, insbesondere bei den Reiseerleichterungen, unmittelbar vor diesem Termin[36].

Die neuen Regelungen führten zu einer partiellen Öffnung der DDR, und für die SED entstand eine problematische sicherheitspolitische Lage, die der Minister für Staatssicherheit Erich Mielke im November 1972 seinen Leitungskadern folgendermaßen beschrieb: »Wir stehen insgesamt auch vor der schwierigen Aufgabe der ständigen Verfolgung der aus den vielfältigen und umfangreicher gewordenen Kontaktmöglichkeiten resultierenden negativen politisch-ideologischen Auswirkungen auf einen bestimmten Teil unserer Bürger.«[37] Die westliche »Kontaktpolitik« und »Kontakttätigkeit« (MfS-Kürzel: KP/KT) avancierten zu dieser Zeit in der Stasi-Terminologie zu zentralen Kategorien. Sie galten als genuine »Feindmethoden« der Entspannungsära, mit denen der Westen das Ziel verfolge, »die sozialistische Gesellschaftsordnung aufzuweichen und zu zersetzen«[38].

Tatsächlich nahm der innerdeutsche Reiseverkehr nach dem Inkrafttreten der betreffenden Regelungen stark zu. Für 1971 verzeichnet die Statistik 1,2 Millionen Reisen in die DDR; es handelte sich noch ausschließlich um Bundesbürger. Als im Folgejahr nach sechsjähriger »Durststrecke« auch die Westberliner wieder in den Osten reisen konnten, waren sie für rund zwei Drittel der 4,8 Millionen Ostreisen und damit für den Löwenanteil des sprunghaften Anstiegs der Reisetätigkeit verantwortlich. Ab Mitte der siebziger

Jahre war dann das Verhältnis der Reisen von Bundesbürgern und Westberlinern in etwa ausgeglichen; das Gesamtaufkommen lag bei über sechs Millionen Reisen im Jahr. Anfang der achtziger Jahre sanken die Zahlen zunächst auf gut vier Millionen und stiegen erst gegen Ende des Jahrzehnts wieder stark an[39].

Eine besondere Rolle spielte der »Kleine Grenzverkehr«, weil er den Erhalt und die Wiederherstellung von lokalen und regionalen Sozialbeziehungen begünstigte, die unter der 1952 geschlossenen Zonengrenze litten. Die Staatssicherheit beobachtete argwöhnisch, wie im Rahmen dieser Regelung zum Beispiel ehemalige Mitschüler, die inzwischen im Westen wohnten, regelmäßig zu Klassentreffen in die DDR eingeladen oder unautorisierte Sportkontakte auf Vereinsebene organisiert wurden[40]. Quantitativ schlug der »Kleine Grenzverkehr« ab 1974 jährlich mit rund 300 000 bis 500 000 reisenden Personen zu Buche[41].

Interessant ist auch die Entwicklung der Reisen in die Gegenrichtung. Neben den schon angesprochenen Rentnerreisen, die den Löwenanteil ausmachten, sind hier vor allem die sogenannten Reisen in dringenden Familienangelegenheiten von Bedeutung, die in der zweiten Hälfte der achtziger Jahre eine ausgesprochen dynamische Entwicklung nahmen. Von 1973 bis 1982 wurden jährlich lediglich rund 40 000 solcher Reisen bewilligt. Bedingt durch eine Ausweitung der Antragsgründe auf »runde« Geburtstage stiegen die Zahlen in den Jahren 1983 bis 1985 noch moderat auf jährlich über 60 000. Im Vorfeld des geplanten Besuchs von Erich Honecker in der Bundesrepublik wurden die Genehmigungshürden im Dezember 1985 – auf der Grundlage einer internen, öffentlich nicht bekannten Weisung – jedoch nochmals drastisch gesenkt, so dass die Anzahl dieser Reisen 1986 auf 244 000 und 1987 auf 1,2 Millionen hochschnellte. Bei den DDR-Bürgern entstand die Erwartung, dass es in der Zukunft zu weiteren Reiseerleichterungen kommen würde. Zwar beabsichtigten die DDR-Verantwortlichen, nach dem Honecker-Besuch wieder zu einer wesentlich restriktiveren Genehmigungspraxis zurückzukehren, angesichts des zu erwartenden Unmuts der Bevölkerung schreckten sie aber letztlich davor zurück. Die Zahlen blieben 1988 in etwa auf dem gleichen hohen Niveau[42]. In den MfS-Unterlagen finden sich eindrucksvolle Berichte über bis dahin ausgesprochen systemloyale DDR-Bürger, oftmals sogar Funktionsträger, die von diesen Reisen völlig verwandelt zurückkamen. Ihre Ratlosigkeit verbarg die Staatssicherheit dabei hinter Formulierungen wie: »Nachdem dem Genossen B. bisher stets ein fester Klassenstandpunkt und prinzipienfestes Auftreten bescheinigt wurde, wird jetzt Unverständnis darüber geäußert, wie er sich als Funktionär von einer BRD-Reise derart beeindrucken läßt.«[43]

Die erheblichen Reiseerleichterungen in Ost-West-Richtung ab 1986 gingen auf ein politisches Geschäft nach bewährtem Muster zurück. Honecker hatte sie im Austausch gegen ein protokollarisches Entgegenkommen der Westseite bei seinem Staatsbesuch in der Bundesrepublik gewährt; es handelte sich dabei wohl um den vom DDR-Staatsratsvorsitzenden ersehnten Empfang beim Bundespräsidenten[44]. Dass er für diesen eher geringfügigen Anerkennungsgewinn eine Konzession machte, die – wie sich erweisen sollte – eine durchaus destabilisierende Wirkung auf die DDR hatte, zeigt, wie stark sich die »Preise« inzwischen zuungunsten der DDR verändert hatten.

Die DDR war an die Grenzen dessen gegangen, was sie politisch verkraften konnte, und trotzdem (oder gerade deshalb) empfanden die DDR-Bürger ihre Reisemöglichkeiten als vollkommen unzureichend. Die partielle Öffnung der »geschlossenen« DDR machte ihre Defizite in den Augen ihrer Bürger noch sichtbarer, weil sie den Kontakt mit einer Welt ermöglichte, in der Reisen, Konsum, Entfaltung und Teilhabe in einer Form und einem Umfang möglich waren, welche die eigenen Möglichkeiten denkbar schlecht aussehen ließen. Es ist davon auszugehen, dass die millionenfachen Westkontakte nicht unerheblich an der »Sogwirkung« beteiligt waren, die der Westen auf die DDR-Bürger ausübte[45]. Das zeigte sich bereits 1972/73, als nach Inkrafttreten der neuen Reiseregelungen die Fluchten über die gesperrte Grenze, die seit 1961 ständig zurückgegangen waren, wieder sprunghaft anstiegen[46]. Zwar gelang es der DDR durch eine Verschärfung des Grenzregimes und eine Intensivierung der vorbeugenden Fluchtbekämpfung, ihre Grenze weiter abzudichten[47], aber nach der Verabschiedung der KSZE-Schlussakte 1975 waren die Machthaber bald mit einer ganz anderen Größenordnung von Abwanderungswilligen konfrontiert, die die Mauer nunmehr mit Ausreiseanträgen zu überwinden beabsichtigten. Auch dieser Weg war erst durch die Entspannungspolitik möglich geworden.

Als Fazit ist festzuhalten: Die neue Ostpolitik entstand nicht in Bonn, »sondern dort, wo die Spaltung am meisten schmerzte, im auseinandergemauerten Berlin« (Peter Bender)[48]. Hier bildete sich das Modell für Übereinkünfte mit der DDR heraus, bei denen die westliche Seite Zugeständnisse bei der Anerkennung des politischen Status quo machte und dafür »menschliche Erleichterungen« erhielt, insbesondere die Schaffung und Verbesserung von innerdeutschen Reisemöglichkeiten. Mit dem Mauerbau hatte die SED versucht, einen Sozialismus unter »Laborbedingungen« aufzubauen. Sie glaubte, mit dem Einschließen der eigenen Bevölkerung und der Abschottung gegenüber dem Westen die notwendige Stabilität für die Verwirklichung ihrer Gesellschaftsutopie geschaffen zu haben. Doch als sie gezwungen war, als Gegenleistung für die Anerkennung ihres Staates in großem Umfang »menschliche Kontakte« über die Mauer hinweg zuzulassen, zeigte sich das ganze Dilemma der Grenzschließung: Der Mauerbau hatte die DDR-Gesellschaft nur äußerlich stabilisiert. Ihre innere Anfälligkeit war durch den Zustand des »Eingemauertseins«, der als Normalität von den meisten Menschen nicht akzeptiert werden konnte, dagegen eher noch gewachsen. Das zeigte sich spätestens, als die Mauer wieder durchlässiger wurde und auch der größte geheimpolizeiliche Aufwand die erodierenden Wirkungen der »Westkontakte« nicht zu kompensieren vermochte. Denn was die Staatssicherheit als Auswirkungen einer zielgerichteten westlichen Kontakttätigkeit zur Unterminierung der DDR betrachtete, war lediglich das natürliche Resultat millionenfacher Begegnungen, bei denen – gleichsam automatisch – ein manchmal mehr, manchmal weniger expliziter Systemvergleich stattfand, der in der Regel zuungunsten der DDR ausfiel; bereits nach der ersten Passierscheinaktion hatte das MfS die negative Wirkung solcher »Familienbilanzen« beklagt.

Ende Dezember 1963 äußerten sich der Bundesaußenminister Gerhard Schröder und sein Staatssekretär Karl Carstens bei einer Unterredung mit US-Außenminister Dean Rusk besorgt über die Entwicklung, die durch das erste Passierscheinabkommen in Gang gesetzt worden war. Laut Protokoll versuchte der Chef des State Departments sie mit den Worten zu beruhigen, »er glaube, die Bundesrepublik und Westberlin hätten eine enorme Anziehungskraft auf Ostberlin und die Ostdeutschen. Wenn die Kontakte mit

Ostberlin und der Zone vertieft werden könnten, würde dies nur zu einer Stärkung der Position der Bundesrepublik und damit praktisch zu einer De-facto-Wiedervereinigung führen.«[49]

WALTER SÜSS

DER 9. NOVEMBER 1989

Die Mauer in Berlin und die Grenze von der DDR zur Bundesrepublik wurden in der Nacht vom 9. zum 10. November 1989 in einem ebenso chaotisch wirkenden wie befreienden Prozess von zehntausenden Bürgerinnen und Bürgern durchbrochen und damit zugleich als Symbol staatlicher Macht zunichte gemacht. Dass es in Berlin zu einem Grenzdurchbruch kommen würde, fürchteten Staatssicherheit und Innenministerium seit Anfang Oktober 1989[1]. Sie konnten oder wollten ihn, obwohl schwerbewaffnet, nicht verhindern. Wie ist es dazu gekommen?

Das Ende dieses Bauwerks und damit die Realisierung des Rechts auf Freizügigkeit durch die DDR-Bürger lagen seinerzeit in der Luft. Schon zu Jahresbeginn hatte der sowjetische Außenminister Eduard Schewardnadse auf der Abschlusssitzung der KSZE-Folgekonferenz in Wien von einer erfreulichen Korrosion des Eisernen Vorhangs gesprochen und die Verantwortung für das Fortbestehen dieses »grässlichen Anachronismus« (so der britische Außenminister Sir Geoffrey Howe) allein der DDR zugeschrieben[2]. Honecker war empört und wagte eine Prognose, die ihn über das Grab hinaus verfolgen sollte: dass die Mauer noch in 100 Jahren stehen werde, »wenn die dazu vorhandenen Gründe noch nicht beseitigt sind«[3]. Die Gründe bestanden zweifellos fort: dass viele Bürger die DDR verlassen wollten, aber die Bedingungen, die ihre Errichtung möglich gemacht hatten, befanden sich in grundlegendem Wandel. Damit umzugehen fehlte es Honecker an der notwendigen Flexibilität.

Die nachrückende SED-Führungsgeneration war in dieser Beziehung etwas weiter. Unter dem Eindruck der Fluchtwelle im Sommer 1989 trafen sich im August auf Initiative von Wolfgang Herger, dem Leiter der Abteilung Sicherheit im Zentralkomitee (ZK) der SED und Vordenker des ZK-Sekretärs für Sicherheit, Egon Krenz, Mitarbeiter dieser Abteilung mit dem amtierenden Innenminister Lothar Ahrendt und Oberst Hackenberg von der Zentralen Auswertungs- und Informationsgruppe (ZAIG) des Ministeriums für Staatssicherheit (MfS), um eine »grundlegende Veränderung« des Systems »für Privatreisen nach sozialistischen und nichtsozialistischen Staaten sowie Westberlin« zu erörtern[4]. Vorgabe war: »Unter Zugrundelegung der Festlegungen der KSZE-Folgekonferenz in Wien sind [...] Varianten (einschließlich Maximalvarianten) auszuarbeiten, wie dieser Reiseverkehr erweitert werden kann [...]«. Im Abschlussdokument der Folgekonferenz hatten sich die Unterzeichnerstaaten unter anderem verpflichtet, »das Recht eines jeden [...] auf Ausreise aus jedem Land, darunter auch seinem eigenen, und auf Rückkehr in sein Land uneingeschränkt [zu] achten«[5]. Erste Ergebnisse dieser Arbeitsgruppe sollten im Oktober 1989 vorgelegt werden. Federführend war das Innenministerium, vertreten durch den Leiter der Hauptabteilung Pass- und Meldewesen, Oberst Gerhard Lauter[6]. Das Ganze habe mit »äußerster Diskretion« zu geschehen – schließlich war Honecker noch an der Macht.

Andere dachten in die gleiche Richtung. Selbst Egon Krenz, der damals noch potenzielle Nachfolger von Honecker, brachte Mitte September Überlegungen zu Papier, wie der politischen Krise Herr zu werden sei, und notierte in diesem Zusammenhang: »Denkbar wäre, die Reiseverordnung zu erneuern, davon auszugehen, daß alle Bürger der DDR reisen können [...]«. Allerdings wollte er diesen Schritt davon abhängig machen, dass die Bundesrepublik die Staatsbürgerschaft der DDR anerkannte, womit die Möglichkeit entfallen wäre, dass DDR-Bürger schnell und unbürokratisch in der Bundesrepublik eingebürgert werden konnten[7]. Davon unabhängig wurden in der Hauptabteilung Untersuchung des MfS ähnliche Gedanken zu Papier gebracht. Es gelte, »unverzüglich eine dauerhafte, für unsere Bürger verständliche und auch international akzeptierte Lösung zum Recht jedes DDR-Bürgers auf Ausreise und Rückkehr in sein Land zu finden und zu praktizieren. Dazu muss die DDR gewährleisten, dass ihre Gesetze und Verordnungen [...] mit den Bestimmungen der Erklärung über die Prinzipien und mit anderen KSZE-Verpflichtungen in Einklang stehen.« Die »Lösung« sei: »Bürger der DDR erhalten grundsätzlich das Recht, jederzeit aus der DDR in beliebige Staaten auszureisen. Auslandsreisen werden stets befristet. [...] Bürger der DDR erhalten grundsätzlich das Recht zur ständigen Ausreise.«[8] Auch dieser Vorschlag war allerdings wieder an restriktive Bedingungen geknüpft.

Bei solchen Überlegungen handelte es sich dennoch um Zukunftsmusik. Vorerst ging die Entwicklung in die entgegengesetzte Richtung: Auf Weisung von Honecker wurde am 3. Oktober auch noch die Grenze nach Osten, zur Tschechoslowakei, geschlossen. Damit löste er die offene Krise aus, die zwei Wochen später zu seinem Sturz führte[9]. Sein Nachfolger Egon Krenz kündigte in seiner Antrittsrede am 18. Oktober an, es werde ein neues Gesetz »über Reisen von DDR-Bürgern ins Ausland« vorbereitet[10]. Tatsächlich existierte zu diesem Zeitpunkt bereits ein Entwurf, denn das Politbüro hatte schon eine Woche zuvor einen entsprechenden Auftrag erteilt und die Vorüberlegungen reichten bis in den August zurück[11]. Allerdings kam die Sache dann nicht richtig voran, weil der Arbeitsgruppe unter Leitung von Wolfgang Herger, die den Entwurf erarbeitet hatte, drei »Prämissen« vorgegeben worden waren: »keine Entvölkerung der DDR, Pass und Visum, es bleibt bei 15,– [Mark der DDR] Ausstattung«[12]. Mit dem ersten Punkt wurde ein nicht lösbares Problem benannt. Er wurde im folgenden Entwurf, der nach dem Sturz Honeckers im Politbüro eingereicht wurde, stillschweigend fallen gelassen[13]. Ein wunder Punkt war die Ausstattung der Reiselustigen mit Devisen: Selbst die aufs Jahr gesehen lächerliche Summe von 15 Mark brachte die an Devisen knappe DDR an den Rand ihrer Zahlungsmöglichkeiten[14]. Die Kombination von Pass und Visum bedeutete, dass zwar jeder einen Pass erhalten konnte, der ihm allein aber nichts nützte, weil er zusätzlich eine Ausreisegenehmigung benötigte. Auch in dem vom Politbüro am 31. Oktober schließlich verabschiedeten und an den Ministerrat weitergereichten Gesetzentwurf wurden diese Probleme nicht gelöst[15].

Während die Sicherheitsbürokraten nach einer Lösung des Reiseproblems suchten, die der SED-Staat verkraften konnte, veränderte sich die politische Lage im Land tiefgreifend. Mit dem friedlichen Ausgang der Montagsdemonstration in Leipzig am 9. Oktober hatten die Bürger sich das Demonstrationsrecht erkämpft. Von da an wurde kein Versuch mehr unternommen, »nicht genehmigte« Demonstrationen zu verhindern oder auseinanderzujagen. Die Zahl der Demonstranten wuchs von Woche zu Woche und kulminierte am 4. November in Ost-Berlin, als etwa eine halbe Million Teilnehmer zeigte, dass die SED selbst in der Hauptstadt der DDR die Massen gegen sich hatte.

Vor diesem Hintergrund wurde am 6. November der Reisegesetz-

Entwurf schließlich veröffentlicht[16]. Was einen Monat früher noch eine positive Sensation gewesen wäre, löste jetzt nur noch Frustration und Empörung über die fortdauernde Machtanmaßung der Politbürokraten aus. Durch den katastrophal gescheiterten Versuch der SED in den vorangegangenen Wochen, wieder in die »politische Offensive« zu kommen, war jeder Kredit verbraucht[17]. Jetzt wurden nicht mehr die neuen Möglichkeiten wahrgenommen, sondern nur die damit verbundenen Restriktionen: Wieder sollte man warten, diesmal bis die Volkskammer – von der man wusste, dass sie nichts zu sagen hatte – im Dezember ihre formelle Zustimmung gegeben hätte. Die jährliche Reisedauer sollte auf 30 Tage befristet sein. Und vor allem wollten die Behörden mit der Koppelung von Pass und Ausreisevisum noch immer in jedem Einzelfall entscheiden, wer reisen durfte und wer nicht. Demgegenüber verblasste, dass mit dieser Regelung bei den Erwerbsfähigen bzw. Unter-65-Jährigen die Zwei-Klassen-Gesellschaft in Reisefragen aufgehoben wurde: die Unterscheidung zwischen jenen, die in der Bundesrepublik nahe Verwandte hatten und deshalb »in dringenden Familienangelegenheiten« hatten reisen dürfen, und denen, auf die das nicht zutraf. Ebenso wurde kaum wahrgenommen, dass zum ersten Mal ein uneingeschränktes Recht geschaffen werden sollte, einen Antrag auf ständige Ausreise zu stellen.

Für DDR-Verhältnisse wäre das viel gewesen, aber inzwischen befand sich die SED in einer Situation, in der jeder ihrer Schritte nur noch Kritik auslöste. Das galt auch für eine weitere Maßnahme, die schon zuvor getroffen worden war: Die Grenze zur Tschechoslowakei war am 1. November wieder geöffnet worden[18]. Binnen zwei Tagen war die bundesdeutsche Botschaft am Hradschin wieder mit tausenden Flüchtlingen überfüllt, die darauf warteten, dass ihnen eine Ausreisegenehmigung in den Westen erteilt wurde. Die Geduld der tschechoslowakischen Genossen war nun erschöpft. Sie ließen Ostberlin wissen, dass sie nicht gewillt seien, »Flüchtlingslager« einzurichten, und dass die SED-Führung schleunigst selbst eine Lösung für dieses Problem finden solle, sonst würden sie auf ihrer Seite die Grenze schließen, was wiederum den Druck in der DDR erhöht hätte[19].

Angesichts dieses Dilemmas beschloss die SED-Führung zwei Maßnahmen, deren weitere Konsequenzen ihr offenbar nicht klar gewesen sind. Erstens erklärte sie sich damit einverstanden, dass die flüchtigen DDR-Bürger mit Wirkung vom 4. November direkt in die Bundesrepublik ausreisen durften[20]. Das bedeutet, dass die Mauer von diesem Datum an überflüssig geworden ist, denn sie hatte genau das verhindern sollen. Allerdings mit einer sehr wesentlichen Einschränkung: Wer der DDR endgültig den Rücken kehren wollte, konnte das von jetzt an gefahrlos auf dem Umweg über die Tschechoslowakei tun. Etwa 30 000 Menschen haben diese Möglichkeit in den ersten drei Tagen genutzt[21]. Zugleich war nun die absurde Situation entstanden, dass die Ausreise möglich war, derjenige aber, der nur einen Kurzbesuch im Westen machen und dann nach Hause zurückkehren wollte, das immer noch nicht konnte.

Die tschechoslowakischen Genossen waren mit der ihnen dadurch zugewiesenen Position als Transitland in den Westen weiterhin äußerst unzufrieden und forderten schnelle Abhilfe[22]. Um der Prager Regierung entgegenzukommen, beschloss das Politbüro zweitens am 7. November, dass »der Teil des Reisegesetzes, der sich mit der ständigen Ausreise aus der DDR befasst, durch eine Durchführungsbestimmung sofort in Kraft gesetzt werden« sollte[23]. Mit der Vorbereitung der praktischen Umsetzung wurden die Ministerien des Innern und für Staatssicherheit beauftragt. Sie setzten dafür am folgenden Tag eine vierköpfige Arbeitsgruppe ein, die institutionell ähnlich zusammengesetzt war wie jene im August; auch die Personen waren zum Teil schon damals dabei gewesen, so etwa Oberst Lauter vom Innenministerium[24]. Als die Gruppe am Morgen des 9. November zusammentraf, war zumindest den Vertretern aus dem MdI klar, dass sich das paradoxe Missverhältnis zwischen der Situation von Migranten und jener von Reiselustigen, das durch die tschechoslowakische Grenzöffnung entstanden war, auf dem Boden der DDR nicht wiederholen ließ. Oberst Lauter berichtete danach, er habe protestiert und argumentiert, »daß es wirklich eine Schizophrenie ist, jeden, der mal seine Tante in Hamburg besuchen will und fest gewillt ist, in die DDR zurückzukommen, nicht fahren zu lassen, aber jeden, der das Land verlassen will, fahren zu lassen [...]«[25]. Dem war nicht vernünftig zu widersprechen, zudem hatten die MdI-Vertreter bereits die Zustimmung von Innenminister Dickel und dem Leiter der ZK-Abteilung für Sicherheitsfragen Wolfgang Herger eingeholt, und so einigten sich die vier, ihr Projekt auf beide Gruppen auszuweiten[26]. Eine Vorlage dafür hatten sie auch: den Entwurf des Reisegesetzes. Es wurde von den meisten bürokratischen Regelungen und Vorbehalten bereinigt. Der Kernsatz war nun: »Privatreisen nach dem Ausland können ohne Vorliegen von Voraussetzungen (Reiseanlässe und Verwandtschaftsverhältnisse) beantragt werden. Die Genehmigungen werden kurzfristig erteilt. Versagungsgründe werden nur in besonderen Ausnahmefällen angewandt.« Zur Übersiedlung aus der DDR in den Westen hieß es: »Die zuständigen Abteilungen Paß- und Meldewesen der VPKÄ [Volkspolizeikreisämter] in der DDR sind angewiesen, Visa zur ständigen Ausreise unverzüglich zu erteilen, ohne daß dafür noch geltende Voraussetzungen für eine ständige Ausreise vorliegen müssen.«[27] Unter enormem Zeitdruck, denn die Vorlage sollte bis zum Mittag dem Politbüro und dem ZK-Plenum vorgestellt werden, machte sich die Arbeitsgruppe daran, zwei Texte zusammenzustellen: eine Vorlage für den Ministerrat, die im Umlauf zu bestätigen war, und eine Presseerklärung. Beide Dokumente waren weitgehend identisch, nur enthielt die Ministerratsvorlage noch einen abschließenden Satz: »Über die zeitweiligen Übergangsregelungen ist die beigefügte Pressemitteilung am 10. November 1989 zu veröffentlichen.«[28] Das bedeutete, dass die Regelung am 9. November rechtskräftig werden, am folgenden Tag, dem 10. November, bekanntgegeben und dann das entsprechende Verfahren praktiziert werden sollte: Ausreisewillige hatten zu den ab 8 Uhr geöffneten Dienststellen der Volkspolizei zu gehen und ein Ausreisevisum zu beantragen. Auch für touristische Reisen mussten »Genehmigungen« eingeholt werden, wobei offen blieb, wo das zu geschehen hatte, und ob man dazu einen Pass benötigte oder ob ein Personalausweis genügte.

Nachdem die Arbeitsgruppe ihr Werk abgeschlossen hatte, ging ein Exemplar beider Papiere an das Büro des Ministerrats, das die Unterzeichnung im Umlaufverfahren organisierte. Diese Beschlussfassung wurde zeitweilig blockiert, weil der Staatssekretär für Justiz einleuchtende rechtliche Bedenken geltend machte und deshalb eine Unterzeichnung in Vertretung des Ministers ablehnte[29]. Ein zweites Exemplar wurde in das ZK-Gebäude zu Wolfgang Herger gebracht, der es an Egon Krenz weiterreichte[30]. Krenz informierte zuerst in einer Sitzungspause die anwesenden Politbüromitglieder und dann gegen 16 Uhr im Plenum die ZK-Mitglieder. Seine Ausführungen leitete er mit der Bemerkung ein, es gehe um

»die Frage der Ausreisen« und den Unmut der tschechoslowakischen Genossen. Den Text des Ministerratsbeschlusses verlas er vollständig, allerdings unter dem zwar korrekten, aber irreführenden Titel »Beschluß zur Veränderung der Situation der ständigen

Pressekonferenz mit Günter Schabowski, 9. November 1989

Ausreise von DDR-Bürgern nach der BRD über die CSSR« – ohne das näher zu erläutern[31]. Es folgte eine kurze Diskussion, aus der vor allem hervorgeht, dass die Beteiligten die Brisanz dieses Beschlusses nicht begriffen. Sie hatten an diesem Tag drängendere Sorgen: Sie waren erstmals zutreffend über die desaströse Wirtschaftslage informiert worden, und die Wahl einer neuen Parteiführung wuchs sich zu einem scharfen Konflikt zwischen SED-Basis und den hauptamtlichen Funktionären aus[32]. Zum Problem der Ausreise meinte Krenz: »Wie wir's machen, machen wir's verkehrt.« Er hatte aber zu dieser Zeit bereits mehr Fehler gemacht, als unvermeidlich gewesen wären. Erstens hatte er nicht explizit darauf hingewiesen, dass es nicht nur darum ging, dass die Ausreisewilligen die DDR künftig direkt verlassen konnten, sondern dass die Grenze nun auch für touristische Reisen offen stehen sollte. Zweitens hatte er zur Frage der Veröffentlichung vorgeschlagen, »daß der Regierungssprecher das gleich macht« – obwohl das doch erst am nächsten Morgen geschehen sollte. Die nächsten Fehler folgten kurz danach: Günter Schabowski machte sich auf den Weg in das Internationale Pressezentrum, um auf einer Pressekonferenz über die ZK-Tagung zu informieren. Krenz sagte ihm, er solle dort auch über das neue Reisegesetz berichten, jedoch ohne ihn zu fragen, ob er zuvor dessen Inhalt mitbekommen hatte – Schabowski hatte nicht, weil er nicht im Saal gewesen war[33]. Obwohl die Zustimmung des Ministerrates noch gar nicht vorlag, gab Krenz ihm die Presseerklärung mit auf den Weg, in der kein Hinweis auf den Veröffentlichungstermin enthalten war, weil sie ja ursprünglich erst am nächsten Tag herausgegeben werden sollte. So nahm das Schicksal seinen Lauf.

In seiner berühmt gewordenen Pressekonferenz kam Schabowski erst gegen Ende und auch da nur auf die Frage eines italienischen Journalisten auf das Thema Reisegesetz zu sprechen[34]. Er meinte, dazu sei »heute« etwas Neues beschlossen worden, die »ständige Ausreise« betreffend, kramte die Presseerklärung aus der Tasche und las sie hastig vor; offenbar sah er sie zum ersten Mal bewusst. Es kam die Nachfrage, ab wann das gelten soll. Schabowski: »Das tritt nach meiner Kenntnis ... ist das sofort, unverzüglich.« Auf seinem Exemplar gab es weder Datum noch Sperrvermerk[35].

Unter den journalistischen Zuhörern und bald auch in den Medien gab es zwei gegensätzliche Reaktionen: Die einen, die noch den Entwurf des Reisegesetzes im Kopf hatten, interpretierten Schabowskis Mitteilung als Neuauflage dieses Entwurfs – immer noch seien Genehmigungen notwendig usw. Die anderen hatten vor allem gehört: Die Grenze ist ab sofort offen. Beide Varianten fanden binnen Minuten Verbreitung. Das ZDF verengte die Nachricht in der Heute-Sendung um 19.17 Uhr darauf, dass künftig die Ausreise aus der DDR möglich sei, während die Aktuelle Kamera auf DDR I um 19.30 Uhr meldete, »Privatreisen nach dem Ausland können ab sofort ohne besonderen Anlass beantragt werden«. Die Nachrichtenagentur DPA machte daraus um 19.41 Uhr die »sensationelle Mitteilung: Die DDR-Grenze zur Bundesrepublik und nach West-Berlin ist offen!«. Worauf die Tagesschau der ARD um 20 Uhr titelte »DDR öffnet Grenze«[36]. Von all dem bekam die Staats- und Parteiführung nichts mit, denn die führenden Genossen waren alle noch im ZK-Plenum, debattierten über die desolate

Wirtschaftslage und suchten nach Rechtfertigungen dafür, dass selbst die Mitglieder des Zentralkomitees in dieser Beziehung jahrelang belogen worden waren.

Bürger, die nicht zu diesem exklusiven Zirkel gehörten und deshalb die Nachrichten hatten verfolgen können, wurden durch die widersprüchlich und vor allem unwahrscheinlich klingende Nachrichtenlage aufgerüttelt. Zumindest in Ost-Berlin war es für sie naheliegend, selbst zur Grenze zu gehen, um zu sehen, was Sache ist. Für viele war der Übergang Bornholmer Straße im Stadtteil Prenzlauer Berg zentral gelegen. Dort trafen gegen 20 Uhr die ersten Personen ein. Als sie unter Berufung auf Schabowskis Äußerung die neue Regelung ausprobieren wollten, wurden sie von den Passkontrolleuren abgewiesen[37]. Einige von denen hatten zwar auch von Schabowskis Pressekonferenz gehört, sich darauf aber keinen Reim machen können. Die Fernschreiben aus dem Innenministerium, mit denen sie in die neue Regelung eingewiesen worden wären, hätten erst am späteren Abend oder in der Nacht verschickt werden sollen. In der folgenden Stunde kamen immer mehr Menschen, und gegen 21 Uhr war die Menge auf einige Tausend angewachsen. Sie wurde zunehmend ungeduldig. Sprechchöre wurden laut: »Aufmachen!«, »Tor auf! Tor auf!« Jene, die ganz vorn standen, verwickelten die Grenzer in erregte Diskussionen. Sie waren, wie der stellvertretende Leiter der Passkontrolleinheit (PKE), Oberstleutnant Harald Jäger, berichtet, nicht aggressiv, aber »nachdrücklich fordernd«[38]. Er diente seit 28 Jahren an diesem Grenzübergang, und er hatte immer zu wissen gemeint, was zu tun sei, aber jetzt war er ratlos. Deshalb rief er in der zuständigen Hauptabteilung VI (Überwachung des grenzüberschreitenden Verkehrs) der Staatssicherheit an, um zu erfahren, wie zu verfahren sei. Oberst Rudi Ziegenhorn war sich mit ihm einig, dass Schabowski »Quatsch« geredet habe, und gab ihm nach Absprache mit dem stellvertretenden Minister Neiber die Anweisung, die »Aufsässigsten« rauszulassen und ihre Personalausweise ungültig zu stempeln, so dass sie nicht mehr zurückgekonnt hätten. Entsprechend wurde in den folgenden Minuten verfahren, so dass die ersten – unwissentlich ausgebürgerten – Menschen kurz nach 21 Uhr in den Westen laufen konnten.

Zur gleichen Zeit wurden die Leiter der Berliner Passkontrolleinheiten in der MfS-Hauptabteilung VI in Berlin-Niederschöneweide zusammengerufen. Aber auch dort erhielten sie von ihrem Chef, Generalmajor Heinz Fiedler, keine Handlungsrichtlinie. Es herrschte allgemeine Aufregung und Ratlosigkeit. Einer, der dabei war, berichtete später: »Die Beratung ging zu Ende, ohne daß

Grenzübergang Bornholmer Brücke, 9. November 1989, ca. 23.30 Uhr

konkrete Weisungen oder Befehle gegeben wurden. Wir sollten uns eben an unsere Grenzübergangsstellen begeben, was wir dann auch gemacht haben.«[39]

Auch der Leiter der PKE Bornholmer Straße kehrte von dieser Besprechung zurück, ohne seinen Untergebenen Richtungsweisendes mitteilen zu können[40]. Zu dem Zeitpunkt, nach 23 Uhr, hatten sie allerdings bereits aus eigener Initiative gehandelt. Zuerst hatten sie die Entwertung der Ausweise eingestellt, dann die formal Ausgebürgerten doch wieder hereingelassen, denn alles andere wäre höchst riskant gewesen. Und als der Druck von etwa 20000 Menschen übermächtig geworden war, entschlossen sie sich gegen 23.30 Uhr, die Grenze zu öffnen. Sie setzten sich damit über ihre Vorschriften hinweg. Oberstleutnant Jäger, der sich nach Rücksprache mit seinen Genossen in der Grenzübergangsstelle dazu durchgerungen hat, hat später ihre Gefühle in diesen Stunden mit den Worten zusammengefasst: »Es war das Schrecklichste und das Schönste, was ich erlebt habe.«[41]

An den anderen Grenzübergängen spielten sich mit einer gewissen Verzögerung ähnliche Szenen ab[42]. Um 22.42 Uhr wirkten

Potsdamer Platz, 12. November 1989

die Tagesthemen der ARD noch einmal mobilisierend, in denen – zu diesem Zeitpunkt unzutreffend – behauptet wurde, in Berlin sei die Grenze bereits offen[43]. In der Invalidenstraße, wo sich zu diesem Zeitpunkt von Osten her noch nichts regte, rückten daraufhin tausende West-Berliner langsam auf das Gelände der Grenzübergangsstelle vor. Die Grenzer wichen zurück und gaben schließlich den Weg in beiden Richtungen frei. Kurz nach Mitternacht konnten dann in Berlin tatsächlich alle Grenzübergänge passiert werden[44]. Die Sicherheitskräfte in den Grenzbezirken der DDR wurden nun auch darüber informiert, dass die Übergänge in die Bundesrepublik zu öffnen seien (die PKE in Berlin waren der Hauptabteilung VI direkt unterstellt). Mielkes Stellvertreter Generalleutnant Neiber telegrafierte an die Bezirksverwaltungen: »Genehmigungen für Privatreisen oder ständige Ausreisen können für jeden Bürger der DDR ohne Vorliegen von Voraussetzungen unverzüglich erteilt werden […]«. Näheres würde eine Weisung des Innenministers regeln[45]. Die allerdings enthielt wieder die alten bürokratischen Vorbehalte: Zuvor seien Visaanträge bei der Volkspolizei zu stellen[46]. Doch das wurde inzwischen von den Sicherheitskräften an der Grenze ignoriert. Am Brandenburger Tor, wo es noch keine Übergangsstelle gab, wurde die Mauer von West-Berliner Seite aus erklommen und schließlich übersprungen. Wasserwerfer der DDR-Sicherheitskräfte vermochten nicht abzuschrecken. Schließlich drangen die Menschen auch vom Osten her vor und wurden nach heftigen Wortgefechten von den Grenzposten durchgelassen. Das Befreiungs- und Vereinigungsfest konnte beginnen. Menschen fielen sich weinend in die Arme, andere begannen Freudentänze. »Wahnsinn!« war der häufigste Ausruf in dieser Nacht.

So war das von den Urhebern nicht gedacht gewesen. Noch in der Nacht des 10. November machte Radio DDR ein Interview mit Gerhard Lauter und fragte ihn, wie die Geschehnisse der vorangegangenen Stunden einzuschätzen seien. Er antwortete: »Ich glaube nicht, daß es der staatlichen Ordnung entspricht und nicht den Festlegungen des Ministerrates, und es wird sicherlich in den Folgetagen, wenn geprüft ist durch die Bürger, dass diese Reisemöglichkeit besteht, daß wir dann zur festgelegten Ordnung des Ministerrates kommen.«[47] Bis zu diesem Zeitpunkt waren – nach groben Schätzungen – 68 000 Menschen nach West-Berlin und 5400 in die Bundesrepublik gereist[48]. Das war aber nur der Anfang: Über den gesamten Tag waren es 747 600, am 11. und 12. November (einem Wochenende) 1 677 000 bzw. 1 582 000, davon etwa zwei Drittel nach Westberlin[49]. Die weitaus meisten kehrten in den folgenden Tagen in die DDR zurück[50]. Von den Passanten, die aus dem Westen kommend nach Ost-Berlin flanierten, verlangten die Grenzsoldaten an den ersten Tagen weiter den Zwangsumtausch, der noch nicht aufgehoben war. Aber die Leute lachten nur und gingen ohne zu zahlen weiter.

Eine nachträgliche Einführung des ursprünglich geplanten Verfahrens war unmöglich, auch wenn in den ersten Tagen direkt an der Grenze durch einen Stempelaufdruck im Personalausweis noch Millionen Visa erteilt worden sind. Eine erneute Schließung, um zu einer bürokratisch geregelten Abfertigung überzugehen, hätte eine politische Explosion ausgelöst, die den Niedergang der SED-Herrschaft in einen jähen Absturz verwandelt hätte. Zumindest ist das wohl befürchtet worden. Deshalb ist der *point of no return* in jener historischen Nacht überschritten worden, in der die Grenzwächter ohne klare Anweisungen geblieben waren und sich entschlossen hatten, vor den herandrängenden Menschen zurückzuweichen. Sie hätten dem allenfalls durch gezielten Schusswaffengebrauch begegnen können. Aber der Schießbefehl war bereits Anfang April 1989 dauerhaft ausgesetzt worden[51]. Wenige Tage zuvor hatte Egon Krenz diese Befehlslage erneuert. Als Vorsitzender des Nationalen Verteidigungsrates hatte er angewiesen, Grenzdurchbrüche nur »durch Anwendung körperlicher Gewalt und geeigneter Mittel« zu verhindern. Weiter hieß es in dem Befehl: »Die Anwendung der Schußwaffe im Zusammenhang mit möglichen Demonstrationen ist grundsätzlich verboten.«[52]

Sich darüber angesichts der extraordinären Situation hinwegzusetzen, hätte für die Grenzer auch gar keinen Sinn gemacht: Schließlich war die politische Absicht, prinzipiell fast jeden DDR-Bürger reisen oder ausreisen zu lassen, durch die Veröffentlichung des Reisegesetz-Entwurfs seit Tagen bekannt. Und wenn jetzt der Pressesprecher des SED-Politbüros verkündete, dass eine entsprechende Regelung »ab sofort« gelte, konnte man über die schlechte Vorbereitung zwar den Kopf schütteln, aber ihn deshalb riskieren? Dennoch ist in jenen Stunden mehr passiert als pragmatische Anpassung an eine komplizierte Situation. Die ohnehin geringe Autorität der neuen SED-Führung wurde auch bei den Stützen des Systems verspielt. In der eigenmächtigen Entscheidung, die Grenze einfach aufzumachen, lagen auch Wut und Trotz über die Inkompetenz der eigenen Führung.

Für Krenz und Genossen brachte die Schaffung von Freizügigkeit nicht die ursprünglich erhoffte innenpolitische Entspannung. Im Gegenteil. Darin lag historische Gerechtigkeit: dass die Partei, die für die Mauer, für den brutalen Schnitt quer durch den lebendigen Organismus einer Stadt, verantwortlich war, unfähig gewesen ist, ihre Überwindung nach 28 langen Jahren politisch zu inszenieren. Die SED-Spitze hatte damit ihre letzte Chance vertan, Popularität und Glaubwürdigkeit zu gewinnen.

Auch deshalb hat der 9. November in der Geschichte dieser Revolution ähnliche Bedeutung erlangt wie der 9. Oktober: War an diesem Tag die Straße für die Gesellschaft und damit ein großes Stück politischer Freiheit erobert worden, so wurden an jenem Tag die äußeren Grenzen geschleift, die für den Bestand der Diktatur unerlässlich gewesen waren. Sogar mehr als das: Es war zugleich der Anfang vom Ende des Staates DDR. Ihn – so wie das viele Bürgerrechtler hofften – zur demokratisch-sozialistisch-ökologischen Alternative zur Bundesrepublik zu machen, wäre nun vielleicht möglich gewesen, zugleich aber war es unmöglich geworden (deshalb waren manche von ihnen von der Maueröffnung nicht rundweg begeistert). Ein so ambitioniertes Projekt wurde seither aus Sicht einer wachsenden Mehrheit überflüssig, die die Vereinigung mit dem größeren deutschen Staat und seinen bewährten Institutionen als verlässlicheren Weg in eine bessere Zukunft betrachtete. Sie war in dem Fest jener historischen Nacht symbolisch vorweggenommen worden.

Die zu Beginn erwähnte Legende vom drohenden »Grenzdurchbruch«, die auf eine »unbestätigte Meldung« der Leipziger Staatssicherheit zurückging – ein Gerücht, das in Ost-Berlin binnen weniger Tage zur Tatsachenbehauptung avancierte, die manche heute noch glauben –, ist schließlich wahr geworden. Allerdings nicht wie vermutet als planmäßiger Anschlag auf die »Staatsgrenze der DDR«, sondern als ein durch glückliche Umstände ermöglichter, spontaner Emanzipationsakt mündig gewordener Bürgerinnen und Bürger.

CLEMENS VOLLNHALS

DIE STRAFRECHTLICHE AHNDUNG DER GEWALTTATEN AN DER INNERDEUTSCHEN GRENZE

Im Herbst und Winter 1989 riefen in der Bevölkerung vor allem die skandalträchtigen Privilegien der SED-Funktionäre starke Empörung hervor. Entsprechend konzentrierten sich die Ermittlungsaktivitäten der Justizbehörden in der Endphase der DDR im Wesentlichen auf die Bereiche Korruption und Amtsmissbrauch sowie Wahlfälschungen, während die Gewalttaten an der deutsch-deutschen Grenze nicht von Amts wegen ermittelt wurden. Auch das Ermittlungsverfahren gegen den langjährigen Staats- und Parteichef Erich Honecker, das der Generalstaatsanwalt der DDR am 5. Dezember 1989 eingeleitet hatte, basierte auf dem Vorwurf des Vertrauensmissbrauches und der Untreue zum Nachteil des sozialistischen Eigentums in einem schweren Fall. Erst mit Verfügung vom 8. August 1990 wurde das Verfahren auf den Vorwurf der Grenztötungen erweitert.

Ermittlungen

Mit dem Beitritt der DDR zur Bundesrepublik am 3. Oktober 1990 ging die strafrechtliche Verfolgung der sogenannten Regierungskriminalität auf die bundesdeutschen Justizbehörden über, die unverzüglich systematische Ermittlungen einleiteten. Als Rechtsgrundlage galt für diese Fälle gemäß dem Einigungsvertrag grundsätzlich das Recht der DDR; sollte jedoch das Recht der Bundesrepublik das mildere Recht darstellen, so war dieses heranzuziehen[1].

Die Bearbeitung sämtlicher Verfahren wegen Gewalttaten an der deutsch-deutschen Grenze übernahm aufgrund einer besonderen Vereinbarung die Arbeitsgruppe Regierungskriminalität der Staatsanwaltschaft bei dem Landgericht Berlin unter der Leitung von Christoph Schaefgen (später als Staatsanwaltschaft II organisatorisch verselbständigt), die bei ihren Ermittlungen von der Zentralen Ermittlungsstelle für Regierungs- und Vereinigungskriminalität (ZERV) bei der Berliner Polizei, geführt von Manfred Kittlaus, unterstützt wurde. Bereits im Oktober 1990 fasste man die Aufklärung der Gewalttaten an der deutsch-deutschen Grenze in einem Komplexverfahren (2 Js 26/90) zusammen[2]. Die mit großem Aufwand betriebenen Ermittlungen richteten sich von Anfang an gleichermaßen gegen die unmittelbaren Schützen und ihre direkten Vorgesetzten wie auch gegen die Mitglieder des Nationalen Verteidigungsrates (NVR), der nach der Verfassung der DDR das formal oberste Führungsgremium der Landesverteidigung darstellte. Zurückgestellt wurde in diesem Stadium hingegen die Aufklärung der strafrechtlich relevanten Verantwortung des Politbüros der SED, das de facto als das oberste Machtorgan mit letztendlicher Entscheidungsbefugnis fungiert hatte.

Erste Strafverfahren gegen Grenzsoldaten

Die früheste Anklage gegen einen »Mauerschützen« datiert vom 27. Mai 1991. Das erste Urteil wurde am 20. Januar 1992 von der 23. Großen Strafkammer des Landgerichts Berlin im Fall Chris Gueffroy gefällt, der noch am 5. Februar 1989 bei einem Fluchtversuch an der Berliner Mauer erschossen worden war.

In diesem ersten Prozess stand die grundsätzliche Frage zur Debatte, ob aufgrund der im Einigungsvertrag festgelegten grundsätzlichen Anwendung des DDR-Rechts auf sogenannte Alttaten der Schusswaffengebrauch mit Todesfolge an der innerdeutschen Grenze durch § 27 DDR-Grenzgesetz von März 1982 gerechtfertigt gewesen sei. Diese Vorschrift gestattete einen verhältnismäßigen Schusswaffengebrauch zur Verhinderung von Verbrechen, als welches die »Republikflucht« bei versuchten Grenzdurchbrüchen (§ 213 StGB/DDR) grundsätzlich galt. Zudem wurden die Schützen in der Praxis regelmäßig belobigt und selbst Exzesstaten in keinem Fall geahndet. Verkürzt dargestellt, räumte das Landgericht Berlin zunächst ein, dass der tödliche Schusswaffeneinsatz der damaligen Gesetzeslage und Rechtswirklichkeit entsprochen habe. Allerdings stellte das Gericht zugleich fest: »Die Erlaubnis und darüber hinaus sogar der den Grenzsoldaten unterschwellig von der Obrigkeit suggerierte Wunsch, Personen, die ohne Erlaubnis das Land verlassen wollen, notfalls, wenn das durch andere Methoden nicht zu verhindern war, zu erschießen, war rechtlich unbeachtlich, weil der Anlaß für das Erschießen, nämlich der bloße Grenzübertritt ohne behördliche Erlaubnis, in einem solch unerträglichen Mißverhältnis zur möglicherweise eintretenden Folge, nämlich dem Tod eines Menschen, steht, daß eine solche Regelung keinen Respekt verdient und ihr der Gehorsam zu verweigern war.« Das Grenzgesetz der DDR und alle darauf beruhenden Weisungen seien deshalb von Anfang an als nichtig anzusehen. »Die mit langjährigen Strafandrohungen bewährte Vorschrift über den ungesetzlichen Grenzübertritt (§ 213 StGB/DDR) sollte die Bevölkerung am Verlassen des sozialistischen Machtbereichs der DDR hindern und damit den Fortbestand des totalitären Herrschaftssystems sichern; wer aus derartig politischen Gründen vorsätzlich einen Menschen tötet, verstößt gegen fundamentale Grundsätze des Rechts und der Menschlichkeit.«[3] Der Anwendung der Radbruch'schen Formel stehe auch nicht das Rückwirkungsverbot des Grundgesetzes entgegen. Das Gericht verurteilte den Todesschützen wegen Totschlags zu einer Freiheitsstrafe von drei Jahren und sechs Monaten, einen weiteren Schützen wegen versuchten Totschlags zu einer Bewährungsstrafe von zwei Jahren und sprach zwei weitere beteiligte Grenzsoldaten frei, da ihnen kein Tötungsvorsatz nachweisbar war[4].

Einen anderen Argumentationsweg beschritt die 18. große Strafkammer (Jugendkammer) des Landgerichts Berlin im zweiten Mauerschützenprozess. Er betraf die Verurteilung der Todesschützen von Michael Schmidt, der am 1. Dezember 1984 an der Berliner Mauer angeschossen und erst zwei Stunden später in ein Krankenhaus eingeliefert worden war, wo er bald darauf verstarb. Hier argumentierte das Gericht immanent, dass § 27 DDR-Grenzgesetz in verfassungskonformer Auslegung mit der Gewährleistung des Persönlichkeitsrechts in Art. 30 DDR-Verfassung und unter Beachtung des Verhältnismäßigkeitsprinzips einen übermäßigen Schusswaffengebrauch nicht gestattet habe. Die vorsätzliche Tötung eines »Republikflüchtlings« sei also bereits nach der Rechtsordnung der DDR rechtswidrig und damit als Tötungsdelikt strafbar gewesen. Die beiden Mauerschützen wurden zu einer Jugendstrafe von einem Jahr und sechs Monaten bzw. zu einer Freiheitsstrafe von einem Jahr und neun Monaten verurteilt, die Strafen jedoch zur Bewährung ausgesetzt[5].

Auf die Revision der Staatsanwaltschaft bestätigte der Bundesgerichtshof (BGH) am 3. November 1992 das Urteil und fällte zugleich eine Grundsatzentscheidung, die für die weitere Rechtsprechung die Linie vorgab. Er stellte zunächst fest, dass die Praxis des Schusswaffengebrauchs vom Wortlaut des DDR-Grenzgesetzes gedeckt gewesen sei, woraus sich jedoch kein Freispruch der Schützen ergab. Vielmehr zog der BGH ebenfalls die Radbruchsche Formel heran. Danach hat das positive Recht im Konflikt zwischen Gerechtigkeit und der Rechtssicherheit grundsätzlich auch für den Fall seiner inhaltlichen Ungerechtigkeit den Vorrang, »es sei denn, daß der Widerspruch des positiven Gesetzes zur Gerechtigkeit ein so unerträgliches Maß erreicht, daß das Gesetz als ›unrichtiges‹ Recht der Gerechtigkeit zu weichen hat«[6]. Dies konkretisierte der BGH anhand der völkerrechtlich anerkannten Menschenrechte. So stehe die generelle Versagung einer Ausreise in der DDR im Widerspruch zu Art. 12 des Internationalen Pakts über bürgerliche und politische Rechte (IPBPR) von 1966, den die DDR Ende 1973 ratifiziert hatte. Des Weiteren habe die Tötung der für Leib und Leben der Grenzsoldaten nicht gefährlichen Flüchtenden zur Abschreckung anderer Fluchtwilliger gegen das in Art. 6 gewährleistete Recht auf Leben verstoßen. In seinem Grundsatzurteil von November 1992 argumentierte der BGH neben der Radbruch'schen Formel alternativ mit einer menschenrechtsfreundlichen Auslegung des DDR-Rechts und kam zu dem Ergebnis, dass die Tat schon bei ihrer Begehung nach dem richtig ausgelegten Recht der DDR strafbar gewesen sei. Beide Rechtsinterpretationen begründeten das strafbare Verhalten der Grenzposten und stellen, so der BGH, keinen Verstoß gegen das in Art. 103 Abs. 2 Grundgesetz verankerte Rückwirkungsverbot dar[7].

In einem weiteren Urteil zog der Bundesgerichtshof ferner die Allgemeine Erklärung der Menschenrechte von 1948 heran, die schon vor Inkrafttreten des IPBPR einen verbindlichen Maßstab für die Geltung der Menschenrechte geschaffen und in Art. 3 und 13 die Rechte auf Leben und Ausreise in ähnlicher Weise geschützt habe. Und er bekräftigte erneut: »Ein der Staatspraxis entsprechender Rechtfertigungsgrund, der die (bedingt oder unbedingt) vorsätzliche Tötung von Personen deckte, die nichts weiter wollten, als unbewaffnet und ohne Gefährdung allgemein anerkannter Rechtsgüter die innerdeutsche Grenze zu überschreiten, muß bei der Rechtsanwendung unbeachtet bleiben. Denn ein solcher Rechtfertigungsgrund, der der Durchsetzung des Verbots, die Grenze unerlaubt zu überschreiten, Vorrang vor dem Lebensrecht von Menschen gibt, ist wegen offensichtlichen, unerträglichen Verstoßes gegen elementare Gebote der Gerechtigkeit und gegen völkerrechtlich geschützte Menschenrechte unwirksam.«[8]

Die Rechtsauffassung, dass das Rückwirkungsverbot des Grundgesetzes einer Bestrafung der Täter nicht entgegenstehe, wurde vom Bundesverfassungsgericht in einem einstimmigen Beschluss vom 24. Oktober 1996 als verfassungskonform bestätigt: »Das strikte Rückwirkungsgebot des Art. 103 Abs. 2 GG findet seine rechtstaatliche Rechtfertigung in der besonderen Vertrauensgrundlage, welche die Strafgesetze tragen, wenn sie von einem an die Grundrechte gebundenen demokratischen Gesetzgeber erlassen werden. An einer solchen besonderen Vertrauensgrundlage fehlt es, wenn der Träger der Staatsmacht für den Bereich schwersten kriminellen Unrechts die Strafbarkeit durch Rechtfertigungsgründe ausschließt, indem er über die geschriebenen Normen hinaus zu solchem Unrecht auffordert, es begünstigt und so die in der Völkerrechtsgemeinschaft allgemein anerkannten Menschenrechte in schwerwiegender Weise mißachtet. Der strikte Schutz von Vertrauen durch Art. 103 Abs. 2 GG muß dann zurücktreten.« In einer solchen Situation müsse das Rückwirkungsverbot, so die Argumentation des Bundesverfassungsgerichts, dem Gebot der materiellen Gerechtigkeit weichen, da die Strafrechtspflege der Bundesrepublik sonst zu ihren eigenen Prämissen in Widerspruch gerate[9].

Strafverfahren gegen Mitglieder des Nationalen Verteidigungsrates

Neben den Mauerschützen musste sich auch die militärische und politische Führung der DDR vor Gericht verantworten, was in der Öffentlichkeit auf große Zustimmung stieß, während die Bevölkerung die strafrechtliche Verfolgung der Mauerschützen eher ablehnte[10]. Dazu bedurfte es erst der peniblen Aufklärung des streng geheim gehaltenen, vielschichtigen Geflechts inoffizieller Anweisungen und der gesamten Befehlskette mit all ihren Zwischenstufen bis zum Nationalen Verteidigungsrat und dem Politbüro der SED.

Am 12. Mai 1992 erhob die Staatsanwaltschaft die erste Anklage gegen sechs Mitglieder des Nationalen Verteidigungsrates, die bis zuletzt im Amt gewesen waren. Und zwar gegen Erich Honecker (Generalsekretär des ZK der SED, Vorsitzender des NVR und des Staatsrates), Erich Mielke (Minister für Staatssicherheit), Willi Stoph (Vorsitzender des Ministerrates), Heinz Keßler (Minister für Verteidigung), Fritz Streletz (Chef des Hauptamtes der NVA und Sekretär des NVR) und Hans Albrecht (1. Sekretär der SED-Bezirksleitung Suhl). Nach 63 Verhandlungstagen verurteilte das Landgericht Berlin am 16. September 1993 Keßler und Streletz wegen Anstiftung zum Totschlag zu Freiheitsstrafen von siebeneinhalb bzw. fünfeinhalb Jahren und Albrecht wegen Beihilfe zum Totschlag zu dreieinhalb Jahren[11]. Die Verfahren gegen Stoph (78 Jahre) und Mielke (85 Jahre)[12] wurden im Laufe des Prozesses aus gesundheitlichen Gründen zunächst abgetrennt und später wegen Verhandlungsunfähigkeit endgültig eingestellt. Auch Honecker (80 Jahre) profitierte vom Rechtsstaat. In einem umstrittenen Beschluss ordnete der Berliner Verfassungsgerichtshof im Januar 1993 die Einstellung des Verfahrens aus gesundheitlichen Gründen an und ließ ihn zu seiner Frau nach Chile ausreisen[13].

Im Revisionsverfahren folgte der Bundesgerichtshof den Argumenten der Staatsanwaltschaft und stufte die Mitglieder des Nationalen Verteidigungsrates – anders als das Landgericht Berlin – als Täter ein; sie seien die mittelbaren Täter hinter den unmittelbaren Tätern, den Todesschützen an der Grenze. »Die Angeklagten waren als Mitglieder des Nationalen Verteidigungsrats Angehörige eines Gremiums, dessen Entscheidungen zwingende Voraussetzungen für die grundlegenden Befehle waren, auf denen das Grenzregime der DDR beruhte. Sie wußten, daß die auf den Beschlüssen des Nationalen Verteidigungsrates beruhenden Befehle ausgeführt wurden. Die Meldungen über die Opfer der Grenzverminung und des Schußbefehls lagen ihnen vor. Die Ausführenden der Handlungen, die unmittelbar zur Tötung führten, haben als Untergebene in einer militärischen Hierarchie gehandelt, in der ihre Rolle festgelegt war.« Die Strafe für Albrecht erhöhte der BGH deshalb auf fünf Jahre (die gesetzliche Mindeststrafe für Totschlag) und bildete aufgrund einer früheren Verurteilung eine Gesamtfreiheitsstrafe von fünf Jahren und einem Monat. Die von der Staatsanwaltschaft gerügten niedrigen Haftstrafen für Keßler und Streletz seien zwar »milde«, jedoch angesichts der persönlichen Milderungsgründe nicht unvertretbar. In dem Urteil vom 26. Juli 1994 bekräftigte der BGH seine Rechtsauffassung: »Die Staatspraxis der DDR, die die vorsätzliche Tötung von Flüchtlingen durch Schußwaffen, Selbstschußanlagen oder Minen zur Vermeidung einer Flucht aus der DDR in Kauf nahm, war wegen offensichtlichen, unerträglichen Verstoßes gegen elementare Gebote der Gerechtigkeit und gegen völkerrechtlich geschützte Menschenrechte nicht geeignet, die Täter zu rechtfertigen.«[14] Auch wenn der BGH die niedrigen Haftstrafen als gerade noch vertretbar akzeptierte, so schuf er doch mit der Konstruktion der mittelbaren Täterschaft eine neue juristische Grundlage zur Bestrafung der letztendlich für die Aufrechterhaltung des tödlichen Grenzregimes verantwortlichen Schreibtischtäter.

Strafverfahren gegen Mitglieder des Politbüros

Mit der Rechtsprechung des Bundesgerichtshofs waren die Verfahren gegen die Mitglieder des SED-Politbüros vorgezeichnet. Die Anklage lautete auf Totschlag und versuchten Totschlag in bis zu 66 Fällen, wobei die Anklageschrift der Staatsanwaltschaft 1556 Seiten umfasste. Der Prozess begann im zweiten Anlauf am 15. Januar 1996 und dauerte insgesamt 116 Verhandlungstage. Am 25. August 1997 verurteilte das Landgericht Berlin Egon Krenz (stellvertretender Vorsitzender des Staatsrates, Mitglied des NVR) als mittelbaren Täter wegen Totschlags zu sechseinhalb Jahren Haft, Günter Schabowski (1. Sekretär der SED-Bezirksleitung Berlin) und Günther Kleiber (stellvertretender Vorsitzender des Ministerrates) im minderschweren Fall zu je drei Jahren Haft[15]. Das Urteil wurde in der Presse durchweg positiv als »verhaltener Triumph der Menschenrechte über staatlich organisiertes Unrecht« kommentiert[16]. Die Verfahren gegen die ebenfalls angeklagten Mitglieder des Politbüros Kurt Hager (83 Jahre), Erich Mückenberger (86 Jahre) und Horst Dohlus (70 Jahre) waren im Laufe des Prozesses aus gesundheitlichen Gründen vorläufig ausgesetzt bzw. eingestellt worden.

Der Bundesgerichtshof bestätigte am 8. November 1999 das Urteil: Das Politbüro habe mit seinen Beschlüssen die Grundlagen für die tödlichen Schüsse an der deutsch-deutschen Grenze geschaffen und sei deshalb dafür strafrechtlich verantwortlich. Die von der Staatsanwaltschaft gerügten niedrigen Urteile seien nicht derart milde, dass sie nicht mehr innerhalb des dem Tatrichter eingeräumten Beurteilungsrahmens lägen[17]. Gegen das Urteil erhob Krenz Verfassungsbeschwerde, die das Bundesverfassungsgericht jedoch nicht zur Entscheidung annahm[18]. Auf die Beschwerden von Keßler, Streletz und Krenz stellte dann der Europäische Gerichtshof für Menschenrechte am 22. März 2001 fest, dass die Rechtsprechung der deutschen Gerichte mit der Europäischen Menschenrechtskonvention vereinbar ist. Die Tötungen an der deutsch-deutschen Grenze seien nämlich zur Tatzeit sowohl nach dem innerstaatlichen Recht der DDR als auch nach internationalem Recht strafbar gewesen. Ferner betonte der Europäische Gerichtshof ausdrücklich das Recht demokratischer Nachfolgestaaten, die Auslegung von Gesetzen aus der Zeit der Diktatur im rechtsstaatlichen Sinne zu ändern[19].

Egon Krenz, der die Prozesse als Ausdruck einer unverhüllten Siegerjustiz verstand, verbüßte von seiner Strafe nicht ganz vier Jahre. Schabowski und Kleiber wurden nach rund neun Monaten Haft auf Initiative des Regierenden Bürgermeisters von Berlin, Eberhard Diepgen (CDU), zum 10. Jahrestag der Wiedervereinigung begnadigt. Von allen Angeklagten zeigte allein Schabowski eine gewisse Einsicht in die moralische Schuld; zumeist jedoch zeigten die Angeklagten keine Reue und verteidigten auch im Nachhinein das barbarische Grenzregime als legitim und rechtmäßig.

Das zweite Politbüroverfahren gegen Hans-Joachim Böhme (1. Sekretär der SED-Bezirksleitung Halle), Siegfried Lorenz (1. Sekretär der SED-Bezirksleitung Karl-Marx-Stadt) und Herbert Häber (Leiter der Westabteilung im ZK der SED) vor dem Landgericht Berlin endete im Juli 2000 zunächst mit einem sensationellen Freispruch. Die Staatsanwaltschaft habe, so die 32. große Strafkammer in ihrem Urteil, nicht hinreichend darlegen können, dass die Angeklagten als Mitglieder des Politbüros den Schießbefehl tatsächlich hätten stoppen können und deshalb durch Unterlassung schuldig geworden seien[20]. Dieses Urteil hob der Bundesgerichtshof am 6. November 2002 auf: Alle Mitglieder des Politbüros als höchsten Machtorgans der DDR seien dazu verpflichtet gewesen, zum Schutz des Lebens von Flüchtlingen auf eine Änderung des praktizierten Grenzregimes hinzuwirken. Diese Pflicht ergebe sich aus der Verfassung der DDR von 1968, dem Internationalen Pakt über bürgerliche und politische Rechte von 1966 und der Allgemeinen Erklärung der Menschenrechte von 1948[21].

Häber wurde vom Landgericht Berlin am 11. Mai 2004 nach dem Recht der DDR wegen Anstiftung zum dreifachen Mord schuldig gesprochen. Allerdings sah das Gericht, dem Antrag der Staatsanwaltschaft folgend, von der Verhängung einer Strafe ab, da sich Häber für eine Abmilderung des Grenzregimes eingesetzt habe und ihm daraus erhebliche persönliche Nachteile entstanden seien[22]. Am 6. August 2004 verurteilte das Landgericht Berlin in letzter Instanz Böhme und Lorenz wegen Beihilfe zum Mord zu einer auf Bewährung ausgesetzten Haftstrafe von je 15 Monaten. Im Unterschied zu den übrigen Verfahren wurden sie nicht wegen aktiven Handelns verurteilt, sondern wegen Unterlassens. Sie hätten als Mitglieder des Politbüros nichts gegen die Todesschüsse an der Grenze unternommen und damit ihre von der Verfassung gebotenen Schutzpflichten für DDR-Bürger massiv verletzt und offensichtliches staatliches Unrecht zugelassen. Die Urteile basierten auf dem zur Tatzeit geltenden DDR-Recht, das zwischen Beihilfe zum Mord durch Unterlassen und Totschlag in mittelbarer Täterschaft nicht unterschied[23]. Zu den Opfern, um die es in diesem Prozess ging, gehörte auch der letzte an der Mauer Erschossene, Chris Gueffroy.

Bilanz

Genau 15 Jahre nach dem Fall der Mauer – am 9. November 2004 – ging auch der letzte Prozess wegen der Todesopfer an der Berliner Mauer zu Ende. Das Landgericht Berlin verurteilte vier Offiziere des Pionierwesens, die an der Grenze Selbstschussanlagen und Splitterminen installiert hatten, wegen Beihilfe zum Mord, sah aber von der Verhängung einer Strafe ab[24].

Insgesamt erhob die Berliner Staatsanwaltschaft 112 Anklagen gegen 246 Personen. Davon wurden 132 Angeklagte rechtskräftig verurteilt, darunter zehn Mitglieder der SED-Führung, 42 Mitglieder der militärischen Führung und 80 Grenzsoldaten. Weitere 21 Anklagen gegen 39 Todesschützen sowie zehn Anklagen gegen zwölf vorgesetzte Offiziere erhob die Staatsanwaltschaft Neuruppin, da der Tatort am Außenring der Mauer um West-Berlin lag. Von diesen Angeklagten wurden 17 freigesprochen und in zwei Fällen die Prozesse wegen Verhandlungsunfähigkeit nicht eröffnet. Ein Grenzsoldat wurde wegen Mordes zu zehn Jahren Gefängnis[25] verurteilt, alle übrigen Angeklagten erhielten Freiheitsstrafen auf Bewährung[26]. Berücksichtigt man alle Gewalttaten entlang der innerdeutschen Grenze, so wurden von den Gerichten insgesamt 275 Personen rechtskräftig verurteilt und 110 Angeklagte aus unterschiedlichen Gründen freigesprochen. Von den Verurteilten erhielten 266 eine Freiheitsstrafe, die in 236 Fällen auf Bewährung ausgesetzt wurde. Die Gerichte sprachen zwar acht Angeklagte schuldig, sahen aber von einer Strafe ab; in einem Fall blieb es bei einer Geldstrafe[27].

Die Gerichte differenzierten bei der Strafzumessung nach der Stellung der Täter innerhalb der Befehlshierarchie. Dabei wurden gegen Mitglieder der militärischen und politischen Führung in der Regel härtere Strafen verhängt – die freilich vielen im Vergleich zum Strafmaß bei Verbrechen der normalen Kriminalität als zu milde erschienen. Der Strafrahmen reichte bei Mitgliedern des Politbüros vom Absehen von strafrechtlichen Maßnahmen (Häber) bis zu sechseinhalb Jahren (Krenz), bei Mitgliedern des Nationalen Verteidigungsrates von dreieinhalb bis siebeneinhalb Jahre (Keßler), bei Mitgliedern des Kollegiums beim Minister für Nationale Verteidigung von zwölf bis 20 Monate. Der Chef der Grenztruppen und seine Stellvertreter erhielten drei Jahre und drei Monate bis sechseinhalb Jahre (Baumgarten)[28], die Chefs einer Grenzbrigade bzw. Grenzkommandos und ihre Stellvertreter sechs Monate bis drei Jahre und drei Monate, die Regimentskommandeure zwischen 20 und 30 Monate[29]. Die unmittelbaren Täter, die »Mauerschützen«, wurden meist wegen Totschlags zu Bewährungsstrafen von sechs Monaten bis zu zwei Jahren verurteilt, zum Teil aber auch aus tatsächlichen oder rechtlichen Gründen freigesprochen. Die niedrigen Strafen für die Grenzsoldaten ergaben sich häufig aus der Anwendung des Jugendstrafrechts. Zudem wurden durchgängig die Befehlslage und die politische Indoktrination der Angeklagten schuldmildernd berücksichtigt. Hinzu kam, dass die Taten längere Zeit zurücklagen und eine Wiederholungsgefahr nach dem Untergang der SED-Diktatur und dem Lebenswandel der Verurteilten nicht bestand.

Resümee

Gemessen an dem vorsätzlich begangenen schweren Unrecht und der Todesfolge für die Opfer waren die verhängten Strafen überaus maßvoll. »Siegerjustiz, über die viele der Abgeurteilten jammerten, sieht anders aus«, kommentierte denn auch die Süddeutsche Zeitung die Urteile im letzten Politbüro-Prozess: »Verbrechen einer Diktatur sind kein Naturereignis. In diesem Sinne dienen Urteile wie jenes vom Freitag der Generalprävention, also der Abschreckung – der Abschreckung gegen alle Versuche, die Inanspruchnahme der Menschenrechte zum Unrecht zu erklären und aus Unrecht Recht zu machen.«[30] Die Prozesse beurkundeten das Unrecht und dokumentierten die individuelle strafrechtliche Verantwortung der einzelnen Person – und zwar der politisch verantwortlichen Führungsspitze ebenso wie der unmittelbaren Täter an der innerdeutschen Grenze. Im Gegensatz zu seiner früheren Rechtsprechung zu NS-Prozessen sah der Bundesgerichtshof die Schützen nicht mehr als Gehilfen, sondern als Täter an und verurteilte die letztendlich Verantwortlichen an der Spitze der Befehlskette in der Konstruktion der mittelbaren Täterschaft. Dies stellt gegenüber der ausufernden Gehilfenrechtsprechung in zahlreichen NS-Prozessen einen erheblichen Fortschritt dar, den man als Lernprozess der bundesdeutschen Justiz bei der Verfolgung schwerer Menschenrechtsverletzungen interpretieren kann. Die moderate Strafzumessung berücksichtigte diesen historischen Kontext, auch wenn sie die Erwartungen vieler Angehöriger der Opfer enttäuschte.

SEBASTIAN RICHTER
DIE MAUER IN DER DEUTSCHEN ERINNERUNGSKULTUR

Das Erste, was die Deutschen frei von diktatorischer Bevormundung oder alliierter Vormundschaft über die Mauer entscheiden konnten, war der nachträgliche Umgang mit ihr. Der Fall der Berliner Mauer am 9. November 1989 und die mit internationalem Einvernehmen hergestellte deutsche Einheit am 3. Oktober 1990 haben die Rahmenbedingungen dafür geschaffen. Während diese Veränderungen buchstäblich über Nacht erfolgten, ließen sich die in beiden deutschen Staaten in Jahrzehnten gewachsenen Wahrnehmungen der Mauer jedoch nicht ebenso rasch austauschen. Der Zäsurcharakter von 1989/90 kann nicht darüber hinwegtäuschen, dass die Wurzeln der Mauer-Erinnerung in der Zeit der Teilung selbst liegen und ihre Ausgestaltung vom Verlauf des Zueinanderfindens der zwei Teilgesellschaften aus West- und Ostdeutschland geprägt worden ist. Die Frage nach der Mauer in der deutschen Erinnerungskultur umfasst nicht allein den öffentlichen Umgang mit dem historischen Bauwerk; sie verweist ebenso auf Grenzziehungen innerhalb dieser Erinnerungskultur, jene nach 1989 viel diskutierte Mauer »in den Köpfen«. Einen Knotenpunkt in diesen von Brüchen und Kontinuitäten gekennzeichneten Debatten markierte das Jahr 2001. Er gab über das Schicksal der aus der Zeit vor 1989 überlieferten Mauer-Deutungen sowie über die im gesamtdeutschen Rahmen erfolgversprechenden Mauer-Narrative Auskunft.

Vom politischen Gebrauch der Mauer-Erinnerung

Die Erinnerung an die Mauer wird von einem konfliktreichen Ineinandergreifen aus individuellen Erinnerungen und institutionalisierter Geschichtsvergegenwärtigung geprägt. Sie ist strukturell aus einem Miteinander von bürgerschaftlichen Aktivitäten und unterschiedlich geregelten Verfahren hervorgegangen[1]. Das im Jahr 2006 beschlossene »Gesamtkonzept Berliner Mauer« spiegelt dieses Mit- bzw. Nacheinander ebenso wider wie die bereits vor 1989 auf der westlichen Seite der Grenze errichteten Denkmäler, Mahntafeln und Aussichtstürme[2]. Als Teil der von Diktaturerfahrung geprägten deutschen Erinnerungskultur bettet sich der Umgang mit der Mauer in einen spezifisch politischen Gebrauch der Geschichte ein[3]. Er ist eng an das Handeln politischer Eliten geknüpft. Diese Rückbindung hat die öffentliche Erinnerung an die deutsche Teilung und ihre Überwindung befördert, den Umgang mit der Mauer aber mit geschichtspolitischen Präferenzen verknüpft und zu einem Objekt im Kampf um historische Deutungshoheit gemacht. Während für künstlerische und sonstige, von interpretativen Zwängen befreite Annäherungen an die Mauer eine radikale Vielfalt konstitutiv ist[4], hat der politische Gebrauch ihrer Geschichte die jeder öffentlichen Erinnerung inhärente Tendenz zur selektiven Reduktion historischer Komplexität noch verstärkt. Er bringt den Grundkonflikt der Demokratie im Umgang mit Geschichte auf einen praktischen Punkt: Während sie sich politisch-moralisch gehalten sieht, den Opfern von Diktatur und Unrecht zu gedenken, stellt sie kein Monopol auf die Deutung von Vergangenheit zur Verfügung, sondern Strukturen, innerhalb derer historische Deutungshoheit erlangt werden kann. Die anlässlich der Jahrestage von Mauerbau und Mauerfall in Deutschland praktizierten Gedenkrituale vermitteln die öffentlich privilegierten Ausschnitte einer gesellschaftlich eher widersprüchlichen und sperrigen Erinnerung. Der Platz der Mauer in der Erinnerungskultur ist darum nicht bereits mit ihren dominierenden Deutungen bestimmt. Er ist auch als ein Prozess der Etablierung erinnerungskultureller Rituale und der für ihre Verstetigung relevanten politischen Praxis zu verstehen. Letztere umfasst die Marginalisierung von nicht mehr oder noch nicht mehrheitsfähigen Positionen. Diese Veränderungen werden durch die Parteien im Ringen um geschichtspolitische Deutungsmacht aktiv mitgestaltet. Den Medien kommt ebenfalls eine wichtige Rolle zu; erinnert wird, »was massenmedial präsentabel ist«[5].

Der Umgang mit der Mauer ist an den Verlauf der geschichtspolitischen Debatten über den Ort der DDR in der deutschen Geschichte gekoppelt. Während der neunziger Jahre, als der Abriss der Mauer – politisch kaum hinterfragt – rasch voranschritt, existierte eine noch unverbundene Bandbreite im Umgang mit ihr. Sie schloss künstlerische und kommerzielle Verwertungsinteressen ebenso ein, wie erste, gegen den Zeitgeist ankämpfende Bewahrungsinitiativen[6]. Auf politischer Ebene barg die Durchsetzung von grundsätzlichen (Un-)Werturteilen über die jüngste Vergangenheit zunächst das größere Konfliktpotenzial. In ihrer Charakterisierung nahmen, wie die Enquete-Kommissionen des Deutschen Bundestages zur DDR-Geschichte gezeigt haben, Ablehnung und Verurteilung der DDR einen dominierenden Platz ein, weit vor ihrer apologetischen Verteidigung, aber auch vor differenzierenden Sichtweisen[7]. Anders als gesellschaftliche Gedenk- und Bewahrungsinitiativen bedurfte gerade der politische Gebrauch der Mauer-Geschichte einer Übergangszeit, weil er bis 1989 – in Ost wie West – an die Realität der Zweistaatlichkeit angepasst worden war und die ihn tragenden Parteien nach 1990 weiterhin in politischer Verantwortung standen. Ob an das Verbrechen *der* Mauer, die Verbrechen *an der* Mauer oder ob überhaupt an sie erinnert werden sollte und konnte, hing sowohl von der zunächst auszuhandelnden Verortung der DDR auf dem geschichtspolitischen Spektrum zwischen »Delegitimierung« und Apologie als auch dem Erfolg der bürgerschaftlichen Bewahrungsinitiativen ab.

Im »Erinnerungsjahr« 2009 wurde die fortgeschrittene Verdichtung von Mauer-Deutungen zu einem bipolaren Set öffentlicher Erinnerungsrituale offenbar. Während sich mit dem Jahrestag des Mauerfalls eine Freiheitsrhetorik verband, die das nach dem 9. November 1989 aufgeschlagene Kapitel der Geschichte in den Vordergrund rückte, dominierten am 13. August 2009 der Blick zurück auf die diktatorische DDR-Vergangenheit und das Gedenken an die Mauer-Opfer. Zur medienwirksamen Inszenierung am 9. November 2009, als im Beisein zahlreicher Staats- und Regierungschefs Tausende Dominosteine entlang des ehemaligen Grenzverlaufs am Brandenburger Tor in Anspielung auf das Ende des Ost-West-Konflikts zum Einsturz gebracht wurden, bildete der mit Kranzniederlegungen, aber weniger Aufmerksamkeit begangene 48. Jahrestag des Mauerbaus den erinnerungskulturellen Gegenpart[8]. Zu dessen Hauptorten waren bis 2009 die 1998 eingeweihte Gedenkstätte Berliner Mauer sowie das Mahnmal für den beim Fluchtversuch 1962 erschossenen Peter Fechter geworden[9].

Das Erinnerungsgeschehen von 2009 hat eine Vorgeschichte, die auf ein über die Zäsur 1989/90 hinweggehendes, konkurrierendes Nebeneinander erinnerungskultureller Schemata verweist. Die Rahmenbedingungen ihrer politischen Vermittelbarkeit sind durch

Mauerfall und Einheit jedoch neu definiert worden. Insbesondere die relative Prominenz der Opfer in der öffentlichen Erinnerung geht auf mehrere Etappen geschichtspolitischer Neujustierungen zurück und steht stellvertretend für die Möglichkeit, aber auch die Grenzen, gesellschaftlicher Einflussnahme auf die staatliche Erinnerungskultur. Bereits in der alten Bundesrepublik war ideell motiviertes Engagement gegen Mauer und SED mit der in die offizielle Geschichtspolitik eingeschriebenen Rücksicht auf politische Rahmenbedingungen immer wieder in Konflikt geraten. Dafür, dass ein Miteinander staatlicher und gesellschaftlicher Akteure in der Regel auf einen breiten geschichtspolitischen Konsens hinweist, ihr Gegeneinander dagegen als Indiz für gesellschaftliche Unzufriedenheit mit dem politischen Gebrauch der Geschichte gelten kann, steht die von Rainer Hildebrandt in West-Berlin gegründete »Arbeitsgemeinschaft 13. August«. Der Verein hatte sich der Dokumentation aller Mauer-Opfer verschrieben und informierte auf Pressekonferenzen über Todeszahlen, die Entwicklung des Grenzregimes sowie über die Situation der politischen Häftlinge in der DDR[10]. Auch nachdem der eigentliche Grund ihrer Arbeit 1989/90 entfallen war, legte die Arbeitsgemeinschaft an jedem 13. August neueste Opfer-Zahlen vor und nahm an der aus ihrer Sicht unbefriedigenden staatlichen Erinnerung an die Mauer und ihre Opfer Anstoß. 2004 ging der Verein von insgesamt 1065 Toten des DDR-Grenzregimes aus[11]. Auf Grundlage dieser – fragwürdigen – Zahl kam es im Herbst 2004 temporär zur Installation von 1065 Holzkreuzen durch Alexandra Hildebrandt, Witwe des Gründers und Leiterin des Museums Haus am Checkpoint Charlie[12]. War dies ein hinsichtlich Inhalt, Ort und Symbolik auch umstrittener Vorstoß zur Förderung des Gedenkens an die Mauer-Opfer, stieß er gleichwohl auf große Resonanz, die – ob affirmativ oder kritisch – das Fehlen der fünfzehn Jahre nach 1989 gesellschaftlich wieder als notwendig empfundenen Beschäftigung mit der Mauer widerspiegelte[13]. Lässt sich die Renaissance der sichtbaren Mauer-Erinnerung nach 2004 mit der katalytischen Wirkung dieser »Kunst-Aktion« verbinden[14], reichten ihre eigentlichen Gründe jedoch weiter zurück. Sie wurde wesentlich durch die politische Wirklichkeit nach 1989, insbesondere das schrittweise Ineinandergreifen politischer und bürgerschaftlicher Erinnerungsbedürfnisse geprägt.

Die eigentliche Bandbreite der deutschen Mauererinnerung

machten die Gedenkveranstaltungen im Jahr 2001 deutlich. Sie gaben – letztmalig – den diversen, aus der Zweistaatlichkeit tradierten Deutungen Raum, erhoben diese zum politischen Streitthema und verwiesen auf das in späteren Jahren dominierende Mauer-Narrativ. 2001 traf das gewachsene gesellschaftliche Interesse an inzwischen etablierten Gedenkorten auf eine spezifisch politische Instrumentalisierung der Mauer-Geschichte, da in Berlin nach der Abwahl des Regierenden Bürgermeisters Eberhard Diepgen (CDU) im Sommer außerplanmäßig Wahlkampf herrschte. In dessen Verlauf wurde eine mögliche Zusammenarbeit der SPD mit dem »roten Gespenst«[15] PDS in der Landesregierung diskutiert. War in der Berliner Presse zunächst zu lesen gewesen, dass sich der bevorstehende »Gedenkmarathon« anlässlich des 40. Jahrestags des Mauerbaus im friedlichen Nebeneinander unterschiedlicher Erinnerungen gestalte[16], brachte sein unvermitteltes Zusammenfallen mit dem Wahlkampf alle Parteien dazu, ihr Verhältnis zur Mauer darzulegen beziehungsweise anderen Parteien Bekenntnisse zum Umgang mit ihr abzuverlangen[17]. Da es sich um den ersten runden Jahrestag des Mauerbaus nach Umzug der Bundesregierung von Bonn nach Berlin handelte, waren auch Bundespolitiker zugegen. Als Bundeskanzler Gerhard Schröder (SPD) wegen der möglichen Zusammenarbeit seiner Partei mit der PDS auf Landesebene am 13. August 2001 nur unter Buh-Rufen von Opfervertretern am Mahnmal in der Bernauer Straße einen Kranz niederlegen konnte, hatten die Parteivorsitzenden von CDU und CSU bereits vor einer Kooperation von SPD und PDS gewarnt und damit im Sinne vieler SED-Opfer gesprochen, die in diesem Bündnis eine »hässliche Koalition« sahen[18]. An die SPD adressiert, fragte CDU-Spitzenkandidat Frank Steffel, ob »die Partei der Mauerbauer und des Schießbefehls wieder bestimmenden Einfluss auf Berlin bekommen« solle[19]. Die SPD wiederum ermahnte die PDS durch den neuen Regierenden Bürgermeister, Klaus Wowereit, energisch zu widersprechen, wenn die Mauer nachträglich gerechtfertigt werde[20]. Der politisch polarisierende Gebrauch ihrer Geschichte beförderte die Verurteilung des Verbrechens *der* Mauer und schränkte die Akzeptanz abweichender Narrative öffentlichkeitswirksam ein.

Der politische Schlagabtausch wurde von Neuerungen auf anderen erinnerungskulturellen Ebenen flankiert, die jenseits der Wahlkampfsituation weniger Chancen auf überregionale publizistische Aufmerksamkeit gehabt hätten[21]. Hauptgrund für die Rückkehr der Mauer-Erinnerung, die dem Geschichtsboom zum 50. Jahrestag des 17. Juni um zwei Jahre vorausging[22], war indes der zwölf Jahre nach dem Fall der Mauer noch nicht ausgehandelte Konsens über Form, Inhalt und Personal der Erinnerung an sie. Dass es dieser Zeit bedurfte, geht auf die politischen wie lebensweltlichen Prägungen aus der Teilungszeit zurück, die 1989 nicht einfach abgestreift werden konnten, nach Herstellung der Einheit jedoch in eine veränderte politische Wirklichkeit hineinragten.

Das erinnerungskulturelle Erbe – Die Mauer vor 1989

Verurteilung und Affirmation der Mauer hatten ebenso wie die Gewöhnung an sie die Basis der in den achtziger Jahren in beiden deutschen Staaten fortgeschrittenen Historisierung der eigenen wie auch der jeweils anderen Existenz gebildet. Im Widerstreit ihrer historischen Deutungen spielte die Mauer als physisches Sinnbild der Abgrenzung eine wichtige, zugleich aber veränderliche Rolle. Bis Mitte der achtziger Jahre hatte die Realität der Teilung die politische Selbstwahrnehmung gerade des West-Staates verändert. War die Verurteilung der Mauer zunächst einhellig geraten und hielt, zumindest rhetorisch, bis 1989 an, hatte die Bundesrepublik dadurch, dass die deutsche Einheit nach 1961 zu einem politischen Fernziel geworden war, eines ihrer legitimierenden Elemente eingebüßt: »Sie fiel gleichsam auf sich selbst zurück.«[23] Diese Einschätzung erging nicht zufällig Mitte der achtziger Jahre, als im sogenannten »Historikerstreit« über den Platz der Bundesrepublik in der deutschen Geschichte gestritten wurde[24]. Die schiere Realität der Mauer hatte die westdeutsche Gesellschaft in einen zwiespältigen Umgang mit ihr gezwungen. Sie war ein Ort der permanenten Menschenrechtsverletzungen geblieben, aber auch zum Symbol der Teilung und Ausgangspunkt der faktischen Anerkennung der DDR geworden. Der 13. August 1961 eignete sich nicht so sehr für ritualisierte Selbstverständigungsakte wie der 17. Juni 1953; zu sehr blieb die Mauer Gegenstand ständiger Bemühungen, sie durchlässiger zu machen[25].

Verurteilung einerseits und Gewöhnung an das »Monstrum«

anderseits prägten insbesondere die »Frontstadt« West-Berlin. »Was wäre dies für eine heillose seelische Verwirrung«, fragte ein westlicher Kommentator 1986, »wäre die Grenze in der Stadt plötzlich weg über Nacht«[26]. Ein anderer verwies darauf, dass die DDR-Bevölkerung die Mauer im privaten Umfeld zwar ablehne, die Behauptung Erich Honeckers, erst der Mauerbau habe die in der KSZE-Schlussakte verankerte Unverletzlichkeit der in Europa bestehenden Grenzen ermöglicht, aber nicht falsch sei[27]. Ein dritter Beobachter ließ weder einen Zweifel daran, dass die Interessen der Großmächte Sowjetunion und USA die Vorgeschichte des Mauerbaus mitbestimmt hatten, noch daran, dass den Deutschen nach 1961 lediglich geblieben war, die Folgen der Teilung erträglicher zu machen[28]. Der Satz Richard von Weizsäckers, die deutsche Frage sei »solange offen, wie das Brandenburger Tor zu ist«[29], konnte zwar als Beweis westdeutschen Festhaltens an der Einheit gelten. Doch war selbst diese Formel Ausdruck der unveränderlich wirkenden Gegenwart. Zur westdeutschen Lebenswirklichkeit zählte eher, dass »der von Hitler herbeigeführte Krieg« als »Hauptursache der deutschen Teilung« angesehen wurde[30], sich alle im Bundestag vertretenen Parteien gegenüber der DDR dem »Wandel durch Annäherung« verschrieben hatten und dass zwanzig Jahre nach dem Mauerbau die Hälfte aller Bundesbürger mit dem Datum 13. August 1961 nichts mehr zu verbinden wusste[31]. Der Regierende Bürgermeister Diepgen blickte 1986 bereits auf den Weg West-Berlins »in das 21. Jahrhundert« voraus[32]; und Die Zeit interpretierte die Mauer als das Ergebnis »verfehlter Politik hüben wie drüben«[33]. Dass die »Arbeitsgemeinschaft 13. August« dereinst die Erinnerung an eine überwundene Mauer mitgestalten würde, war sehr unwahrscheinlich. Für die Debatten nach 1989 bildete ihr Engagement insofern einen Vorlauf, als sie das in der Demokratie mögliche Abweichen bürgerschaftlichen Erinnerns von den Präferenzen der Politik dokumentierte.

In den achtziger Jahren kam es zu einem Nebeneinander von fest gefügten Geschichtsdeutungen und einer, die Grundfesten eben dieser Wahrnehmungsmuster wieder erschütternden Entwicklung. Während sich im Ostblock Veränderungen abzuzeichnen begannen, blieb es in der Bundesrepublik bei erprobten politischen Gedenkritualen, auch wenn die »Routine der deutsch-deutschen Entspannung« angesichts der Internationalisierung der sowjetischen

Reformpolitik zunehmend als veraltet galt[34]. Nachdem Erich Honecker im Januar 1989 versichert hatte, der »antifaschistische Schutzwall« werde nötigenfalls weitere 100 Jahre bestehen, aber ausgerechnet der sowjetische Außenminister Eduard Schewardnadse anstatt vom »Eisernen Vorhang« nur noch von »rostigen Stäben« sprechen wollte[35], beließ es Dorothee Wilms (CDU), Bonner Ministerin für innerdeutsche Beziehungen, anlässlich des 13. Augusts 1989 bei der allgemeinen Prognose, dass die Mauer »vor der Zukunft nicht bestehen« werde[36]. Mit den nach 1989 weitaus eindeutigeren Unwerturteilen über die mangelnde Legitimität der DDR und ihrer Grenze hatte diese Formulierung nur bedingt zu tun. Im Herbst 1989, als Der Spiegel auf seinen vorderen Seiten die politische Dramatik in der DDR nachzuvollziehen suchte, verdeutlichte er in der Serie »Die Berliner Mauer«, deren letzter Teil am 23. Oktober 1989 erschien, dass die Trennung Berlins eine untergeordnete Episode in der globalen Konfrontation zwischen den Weltmächten Sowjetunion und USA dargestellt hatte[37].

War bereits der Umgang mit der Mauer in der alten Bundesrepublik ihrer spezifischen Eigenzeit verhaftet gewesen, musste die DDR-offizielle, ideologisch aufgeladene Deutung der Mauer als »Schutzwall« mit dem Ende der kommunistischen Herrschaft erst recht vor dem Aus stehen. Sie als bloße SED-Propaganda abzutun, hieße jedoch, die Diffusion der Mauer-Realität in die ostdeutsche wie westdeutsche Alltagswahrnehmung nicht ausreichend zu beachten. Die 1961 im Westen sowie nach 1989 in ganz Deutschland geradezu selbstverständliche Deutung des Mauerbaus als eine »Bankrotterklärung«[38] der SED hat die Tatsache verdrängt, dass er von der DDR-Führung offensiv und durchaus folgenreich gerechtfertigt wurde. In ihrer Lesart war der 13. August 1961 der Tag, an dem in Berlin eine »Grenzordnung eingeführt wurde, die eine zuverlässige Kontrolle gewährleistete und der imperialistischen Wühltätigkeit […] wirksam den Weg verlegte«[39]. Die SED beanspruchte nicht nur, 1961 den eigenen Staat, sondern den durch die Ost-West-Konfrontation gefährdeten Weltfrieden gerettet zu haben. Staats- und Parteichef Erich Honecker deklamierte alle fünf Jahre bei dem in Ost-Berlin abgehaltenen »Kampfappell«, dass »die aggressivsten Kreise des Imperialismus« 1961 die Bundeswehr am liebsten »mit klingendem Spiel durch das Brandenburger Tor« geschickt hätten[40]. Mit der Abriegelung kam zudem das als

»Diktatur der Grenzen« beschriebene Gesellschaftskonzept der SED, das Ineinandergreifen räumlicher und weltanschaulicher Grenzziehungen[41], erst richtig zum Zug. Dessen partielle Erfolge vor Augen, glaubte man auch in der Bundesrepublik 25 Jahre später, dass die meisten DDR-Bürger nach Einräumung der von ihnen gewünschten Reisefreiheit in ihr Land zurückkehren würden[42]. Der SED-Führung, aber auch den anderen Blockparteien[43], fiel der offensive Ton im Umgang mit der Grenze umso leichter, als die deutsch-deutschen Vertragswerke der sechziger und siebziger Jahre die Maßnahmen des »13. August« sanktioniert hatten. Dass der »zweite Gründungstag der DDR« auch den Beginn einer »dauerhaften Lähmung« markierte[44], ist eine Gewissheit ex post.

Das Verhältnis der DDR-Bevölkerung zur Mauer kann auf keinen einfachen Nenner gebracht werden. Bei ihrem Großteil wich die Wahrnehmung der Mauer von der SED-Interpretation schon deshalb ab, weil sie um den tatsächlichen Grund, die Fluchtwelle in den Westen, wusste und viele selbst von Familie und Freunden abgeschnitten worden waren[45]. Angesichts der Aussichtslosigkeit individueller Proteste blieb es nach dem 13. August 1961 zumeist beim »verschluckten Protest«[46]. Was in ideologischer Hinsicht zusammenpassen mochte, zwang auf der individuellen Ebene zu Umorientierungen. Viele Mauer-Katastrophen spielten sich nach 1961 nicht am physischen Bauwerk, sondern als mentale Grenzziehung im Inneren, in der Lebensplanung der Menschen und schließlich als Arrangement mit den Verhältnissen ab. Manch einer, der 1961 noch als Trauma erlebt hatte, fand sich Jahre später als konformer Bürger wieder: »Was falsch war, wurde richtig durch seine Unabänderlichkeit.«[47] Das Absinken der Mauer zu einem Teil der politischen und lebensweltlichen Wirklichkeit veränderte auch die Sicht auf ihre Opfer, wie sich gerade nach 1989 zeigte. Zum einen unterlag die Wahrnehmung der Mauer in der DDR zunehmend einer normativen Kraft der tödlichen Fakten. Wer die Sperranlagen überwinden wollte, »galt als übergeschnappt, als einer, dem kaum zu helfen sei«[48]; von einem »Freiheitsdrang«[49] der Flüchtenden war weniger die Rede. Zum anderen wurde die ideologisch aufbereitete Erinnerung an die am »Schutzwall« zu Tode gekommenen Grenzer, anders als das Schicksal der getöteten Flüchtlinge, allen DDR-Bürgern bis in den Alltag, etwa durch Straßenumbenennungen, vor Augen geführt[50]. Wie dauerhaft die Mauer den meisten

DDR-Bürgern erschien, zeigt noch die Massenflucht im Sommer 1989 wie auch das Selbstverständnis der DDR-Bürgerrechtler, deren politische Ansätze bis weit in den Herbst 1989 hinein – wie bei allen damaligen Akteuren – ganz selbstverständlich auf eine eigenständige DDR gemünzt blieben[51].

Ebenso relevant für die Legitimation des »Schutzwalls« wie auch für die Transformationsprobleme in Ostdeutschland nach 1989 und damit für den Blick zurück auf die Mauer war der Versuch der SED, das Grenzregime mit ihrer speziellen Auslegung der Menschenrechte ideologisch in Einklang zu bringen. Da in ihrem machttaktischen wie ideologischen Verständnis ein Vorrang der sozialen vor den politischen Grundrechten galt, ließ sich die Mauer auch als »Schutzwall« gegen die in der kapitalistischen Bundesrepublik angeblich per se grassierende soziale Unsicherheit propagieren[52]. Mochten viele DDR-Bürger die Mauer und die Toten an ihr auch ablehnen, ein Rest der unter Ausblendung der tödlichen Mauer-Realität gängigen Wahrnehmung der DDR als eine legitime, soziale Sicherheit vermittelnde staatliche Alternative blieb gerade nach dem Schleifen der Mauer in manchem Kopf verankert. Eine solche Erinnerung musste insbesondere jene erzürnen, die selbst oder deren Angehörige und Freunde zu Opfern der Mauer geworden waren. Beide Wahrnehmungen waren indes authentisch und zeigten, dass die Mauer »in den Köpfen« schon vor 1989 keineswegs nur entlang der politischen Ost-West-Grenze verlaufen war.

Der durch den Beitritt zur Bundesrepublik erfolgte Übergang des westlichen Gesellschaftssystems auf die DDR hat weder zu einem neuen gemeinsamen Blick auf die Geschichte noch per se zur Weitergeltung der im West-Staat etablierten Deutungen der DDR im Allgemeinen sowie der Mauer im Speziellen geführt[53]. Der nach 1989/90 in der Öffentlichkeit dominierende Diktaturdiskurs zur DDR und die Prominenz des Gedenkens an die Mauer-Opfer sind selbst in der alten Bundesrepublik keinesfalls durchgehend mit der gleichen Nachdrücklichkeit gepflegt worden. Erst der erfolgreiche Aufstand der DDR-Bevölkerung gegen SED und Mauer sowie die in dessen Folge hergestellte deutsche Einheit haben Opportunitätsstrukturen für eine normativ eindeutigere öffentliche Mauer-Erinnerung geschaffen. Der neue geschichtspolitische Rahmen hat über die Anschlussfähigkeit der erinnerungskulturellen Muster aus der Zeit der Teilung entschieden.

Konkurrierende Mauer-Deutungen und das Schlüsseljahr 2001

Die fast ausnahmslose Freude über den Fall der Mauer in beiden deutschen Staaten war weder mit einer von Ost und West noch mit einer innerhalb der zwei Teilgesellschaften geteilten Bewertung ihrer vorherigen Existenz gleichbedeutend. Der Vorzug der freiheitlichen Erinnerungskultur musste sich nach 1989 vor allem darin erweisen, die unterschiedlichen Erinnerungen in einen Dialog zu versetzen. Beginn und Ende der Mauer fanden ihre Entsprechung in dem erst vernachlässigten, dann nachgeordnet behandelten und schließlich politisch umstrittenen Jahrestag des Mauerbaus sowie der positiven Deutung des Mauerfalls. Die Frage, wie die Mauer in fast dreißig Jahren das Leben ganzer Generationen geprägt hatte und dies auf die historisch gewachsene Deutungsvielfalt jener beiden Daten nach 1989 zurückwirken musste, ist wenig gestellt worden, weil diese sich eindeutigen Zuordnungen stets entzog, weder Ort noch Datum hatte, medial kaum darstellbar und politisch nur schwer zu instrumentalisieren war. Einen ersten Höhepunkt in der öffentlichen Auseinandersetzung über den Umgang mit der Mauer markierten darum die »Mauerschützen-Prozesse«, die die bundesdeutsche Justiz zum zweiten Mal nach 1945 zum Abwägen zwischen Recht und Moral herausforderten und den üblichen Rechtsalltag überforderten[54].

War die umstrittene juristische Bewertung des Schusswaffengebrauchs an der Grenze ein Grund, warum die öffentliche Erinnerung zunächst in der Schwebe blieb, konnte die Mauer publizistisch auch deshalb ein heterogenes Nachleben führen, weil sich die Politik einer Verantwortung im Umgang mit ihr lange Zeit entzog. Die ersten Jahre der Einheit waren durch eine (Neu-)Aneignung ihrer Geschichte geprägt. Mancher Zeitung war die Überraschung über die eigenen Befunde anzumerken[55]. Der Spiegel druckte 1991 die Serie »Die Todesgrenze der Deutschen« ab und widmete sich in gleicher Ausführlichkeit den Befehlsgebern, den Mauer-Opfern und -Schützen sowie den getöteten DDR-Grenzern[56]. »Vernunft vor Recht«, forderte Rudolf Augstein im Umgang mit DDR-Grenzsoldaten. Er meinte gar, die Einheit sei den Deutschen »zu Kopf gestiegen«, wenn gegen sie Anklage erhoben werde, obwohl die Bundesrepublik die DDR einst anerkannt und deren Menschenrechtsverletzungen, »wenn auch widerwillig, billigend in Kauf genommen« habe[57]. Was bis 1989 als eine Beschreibung politischer Realitäten durchgegangen wäre, stand nach dem Ende der SED und ihres Staates jedoch zunehmend im geschichtspolitischen Abseits.

Die Opfer der Mauer rückten gleichwohl nur langsam ins öffentliche Bewusstsein. Während Gerichte und Gelehrte darüber stritten, ob der Mauerbau auf Initiative der Sowjetunion oder der DDR erfolgt war, und viele in Ost wie West die wirtschaftlichen und sozialen Probleme im vereinten Deutschland stärker verspüren mochten als einen Bedarf, auf die Mauer und ihre Opfer zurückzublicken[58], waren es zunächst Lokalpolitiker, die an den Jahrestagen des Mauerbaus in Berlin zusammenkamen. Am 13. August 1994 fanden sich in der Bernauer Straße Vertreter des Stadtbezirks Wedding zum Gedenken an die Mauer-Opfer ein. Am Fechter-Denkmal legte Berlins Jugendsenator Thomas Krüger (SPD) in Vertretung des Regierenden Bürgermeisters Diepgen einen Kranz nieder. Als der PDS-Abgeordnete Norbert Pewestorff ebenfalls einen Strauß Blumen ablegen wollte, wurde er von der Familie eines erschossenen DDR-Flüchtlings gebeten, nicht an der Zeremonie teilzunehmen[59]. In den neunziger Jahren wurde das Entfernen von PDS-Kränzen ebenso wie der Protest von Opfervertretern gegen die Anwesenheit der als »Mauerknechte« und »Rote Bonzen« beschimpften PDS-Politiker zu einem eigenen Ritual[60]; die Presse vermeldete, wenn ihre Kränze unversehrt blieben[61]. Bei der Eröffnung der Gedenkstätte Berliner Mauer am 13. August 1998 war neben dem Regierenden Bürgermeister Diepgen auch Bundesumweltministerin Angela Merkel (CDU) anwesend. Beide verteidigten das Mahnmal gegen den Vorwurf, es sei zu abstrakt gestaltet und könne den einstigen Schrecken der Mauer nicht ausreichend dokumentieren[62]. Trotz – oder gerade wegen – des aufkeimenden Interesses der Politik an ihnen empfanden sich manche Opfer zunehmend als »Staffage« beim »offiziellen Kranzabwerfen«[63]. Zu den offiziellen Gedenkakten gesellten sich immer mehr eigene Aktionen der Opferverbände, die lieber selbst auf ihre Forderungen aufmerksam machten[64]. Am 13. August 2001 war geschichtspolitisch ein Höhepunkt erreicht, als die Bundesländer Brandenburg und Berlin entschieden, ihre Flaggen im Gedenken an die Opfer auf Halbmast zu setzen[65].

War der öffentliche Umgang mit der Mauer über die Jahre auch prominenter und normativ eindeutiger geraten, bot erst der Berliner Wahlkampf 2001 Gelegenheit, aus ihm politisches Kapital zu schlagen. Der 13. August 2001 lieferte ein Muster des neu justierten politischen Gebrauchs der Mauer-Geschichte, der zugleich ein Licht auf die an der politischen Konkurrenz abgearbeiteten Generalschemata im Umgang mit der DDR warf. Die CDU, die die SPD mit dem SED-Erbe der PDS schon seit 1990 unter Druck zu setzen pflegte, stellte sich hinter den Anti-PDS-Protest von DDR-Opfern. Bei deren Vertretern hinterließ dies mitunter das Gefühl, als »Knüppel« gegen die SPD zu dienen[66]. Die SPD wiederum versuchte, eine glaubhafte Verurteilung der Mauer mit der Bewahrung ihrer Machtoptionen zu verbinden; einerseits forderte sie die PDS auf, sich bei SED-Opfern zu entschuldigen, andererseits erinnerte sie die CDU an deren Einverleibung von DDR-Blockparteien[67]. Hinter diesem geschichtspolitischen Scharmützel verbarg sich die Tatsache, dass die oft oberflächliche Debatte um das Verhältnis der SED-Nachfolgepartei PDS zur Mauer[68], aber auch das anderer Parteien, sich durch die neu formierte Maßstäblichkeit im Umgang mit der DDR verschoben hatte. Mochten die Rücksichten des Westens gegenüber der DDR insgesamt sowie der Mauer taktisch oder aus Überzeugung motiviert gewesen sein, waren sie nach 1989/90 hinfällig geworden. Das nach 1989 geknüpfte Deutungsraster der Mauer privilegierte normativ eindeutigere Urteile, als es die Realität der Teilung vielen Akteuren selbst einst hatte opportun erscheinen lassen.

In der PDS wurde 2001 über den Mauerbau heftig gestritten. Jener Teil der Parteiführung, dessen Auffassung nach weder die Mauer noch die Toten an ihr zu rechtfertigen waren, stand gegen zahlreiche Mitglieder, die nicht auf die Formel von der »friedenssichernden Funktion« der Mauer verzichten wollten oder sogar überhaupt kein Unrecht mit ihr verbanden[69]. Bereiteten diese Debatten der Partei bereits intern Schwierigkeiten, blieb sie nach außen eine bequeme politische Zielscheibe, weil auch ihre Spitze die Mauer zwar als »Menschenrechtsverletzung« verstand, allerdings als die Tat eines aus ihrer Sicht ansonsten legitimen zweiten deutschen Staates[70]. Mit dieser letzten, parteiintern unumstrittenen Auffassung war die Parteiführung zwar dicht an die in der alten Bundesrepublik realpolitisch gängige Differenzierung zwischen der DDR als souveränem Staat einerseits und der völkerrechtswidrigen Mauer anderseits gerückt. Mit dem seit den neunziger Jahren in der Öffentlichkeit dominierenden Diktaturdiskurs zur DDR war sie jedoch inkompatibel, und auch kleine Abweichungen ließen sich nun als Diktaturverharmlosung deuten. 2001 spielte es darum keine Rolle, dass es nicht die PDS, sondern die bedeutungslose DKP war, die die alte SED-Propaganda in einer Erklärung zum »40. Jahrestag der Sicherung der Staatsgrenze der DDR« wiederholte[71]. Dass mancher im Westen den Mauerbau selbst einmal als »stabilisierendes Unglück« empfunden hatte und dass das Opfer-Gedenken zu der Erinnerung an die komplexe Vorgeschichte des 13. August 1961 nicht prinzipiell im Widerspruch stehen musste, stellte in der Aufregung des Sommers 2001 nur einen einsamen Zwischenruf dar[72]. Die Befürchtung, die Beteiligung der PDS an der Macht würde »die Gründungslegende des ungeteilten, demokratisch verfassten Deutschlands« stutzen[73], war weitaus prominenter, aber auch fragwürdiger; spätestens mit dem vom Berliner Kultursenator Thomas Flierl (PDS) politisch verantworteten Gesamtkonzept Berliner Mauer erwies sie sich als unbegründet. Ganz im Gegenteil ist die PDS durch das Mitwirken am Mauer-Gedenken stärker in die gesamtdeutsche Wirklichkeit eingebunden worden[74].

Wie eine Kompassnadel verwies das Jahr 2001 auf die neuen Selbstverständlichkeiten in der öffentlichen Mauer-Erinnerung. Sie zeigte auf das Verbrechen *der* Mauer und den allen Parteien abgetrotzten Willen, das staatliche Gedenken entsprechend auszugestalten. Hermann Rudolph, der einst die westliche Mauer-Realität vor 1989 beschrieben hatte, empfand bereits den 13. August 2003 als einen vom »einschüchternde[n] Charakter einer nationalpädagogischen Herausforderung« befreiten Akt[75]. Dass die hitzige Rhetorik von 2001 rasch abgeflaut war, bestätigte die Bedeutung des Wahlkampfs für den Mauer-Boom und schrieb ihn in das Wechselspiel aus Gedenkroutine und politisch opportuner Aufladung ein. Trotz fortgesetzter Überhöhung weiter bestehender Differenzen im Detail konnte die Mauer-Erinnerung zunehmend politisch sanktioniert werden. Dies betraf die parlamentarische Ebene, wie die zum 15. Jahrestag des Mauerfalls gestartete Bundestagsinitiative zur Erinnerung an die Berliner Mauer, ebenso wie das vom Berliner Senat 2006 beschlossene Gesamtkonzept Berliner Mauer sowie die spätere Gründung einer Stiftung Berliner Mauer[76]. Der Weg der Gedenkstätte in der Bernauer Straße von der Gedenkinitiative zum nationalen Gedenkort steht sowohl für das Ineinandergreifen zivilgesellschaftlicher und institutionalisierter Erinnerung als auch für den Willen der politischen Ordnung zum normativ besetzten Gedenken. Die Demokratie hält freilich die Chance zum Dissens offen. Als bei der Ausgestaltung der Gedenkstätte zu entscheiden war, ob und wie neben den Mauer-Opfern auch an die im Dienst zu Tode gekommenen DDR-Grenzer erinnert werden sollte, wurde diese Debatte vom Beirat der Stiftung Berliner Mauer nicht nur intensiv geführt, sondern auch öffentlich dokumentiert[77]. Neben ihrem normativen Gehalt macht eine solche transparente Diskursivität den wesentlichen Vorzug der demokratischen Erinnerungskultur aus.

Fazit

Die Mauer-Erinnerung vermittelt einen geschichtspolitischen Fingerabdruck der Bundesrepublik. Sie zeigt, dass geschichtspolitische Entscheidungen oft erst in Reaktion auf gesellschaftlich formierte, zugleich aber strittige Erinnerungsbedürfnisse getroffen werden. Sie bestätigt, dass der politische Gebrauch der Geschichte für die Erinnerungskultur in Deutschland prägend ist. Gerade weil dieses Näheverhältnis öffentliche Erinnerungsrituale den politischen Rahmenbedingungen unterwirft, spricht die auch unter Beteiligung der PDS ausgeweitete Erinnerung an die Mauer-Opfer dafür, dass abseits geschichtspolitischer Rhetorik der Konsens die Differenzen im Umgang mit der Mauer überwiegt. Der Blick zurück auf die Mauer ist durch Prägungen aus der Zeit vor 1989 beeinflusst, aber von der gesamtdeutschen Wirklichkeit überlagert worden. Der Diktatur-Diskurs, der sich in Bezug zur DDR durchgesetzt hat, ist spätestens 2001 in der öffentlichen Mauer-Erzählung dominierend geworden. Die Verknüpfung von Geschichtspolitik mit gesellschaftlich formierten Erinnerungen hat den Platz der schon vor 1989 symbolisch aufgeladenen Mauer in der Erinnerungskultur bekräftigt und das Schicksal ihrer Opfer im gesellschaftlichen Bewusstsein verankert. Die demokratische Ordnung garantiert, dass die öffentliche Mauer-Erinnerung immer wieder Wandlungen unterliegt.

DORIS LIEBERMANN

DIE MAUER IN DER LITERATUR

»Die Mauer selbst, die ganze Zone des Todes mit Stacheldraht, Wachtürmen und Selbstschußanlagen, nahm [...] keine Gestalt an«, beschreibt der 1985 aus der DDR nach West-Berlin ausgereiste Schriftsteller Bernd Wagner in seinem Essay »Mauern« einen Traum, in dem er sich – aus westlicher Sicht – diesseits und jenseits der Grenze befindet. »Vielleicht ist sie unerträumbar, wie sie auch im Wachen nur für den erfahrbar war, der dort Posten stand, und für den, den er zu erschießen hatte, wenn er sie überwinden wollte. [...] Sie war so unbegreiflich, daß sie sofort mit ihrem Entstehen zum Symbol wurde, zum Symbol für Ein- und Ausgesperrtsein oder, aus der gemeinsamen Perspektive, die jetzt erst möglich wird, für *Trennung.*«[1]

Ähnlich unbestimmt wie in diesem Zitat beschrieben, figuriert die »Mauer« auch in Texten anderer deutscher Schriftsteller in Ost und West, von denen hier die Rede sein soll. Von der DDR-Seite her war es nur in der Anfangszeit ihrer Existenz möglich, sich der Mauer zu nähern. Nach Zwangsumsiedlungen, Abriss der Grenzhäuser und zunehmend schärferen Kontrollen wurde es Zivilpersonen später nahezu unmöglich gemacht, die »Mauer« aus nächster Nähe in Augenschein zu nehmen. Darüber, wie die Grenzanlagen aufgebaut waren, sollte die DDR-Bevölkerung gezielt in Unkenntnis gehalten werden, galt es doch um jeden Preis, Fluchtversuche aus dem »Arbeiter-und-Bauern-Staat« zu verhindern. Eine Folge dieser Geheimhaltungspolitik ist es unter anderem, dass in den literarischen Texten Fehler wie bei Bernd Wagner auftauchen: An der Berliner Mauer gab es – anders als an der innerdeutschen Grenze – keine Selbstschussanlagen[2]. Da zuverlässige Kenntnisse des Grenzregimes für Schriftsteller in aller Regel nicht zu erlangen waren, sind realistische Beschreibungen der Berliner Mauer in der Literatur kaum zu finden. Wie schwierig es in den letzten Jahren ihres Bestehens war, sich der Mauer von der Ostseite her auch nur zu nähern, schildert der Schriftsteller Lutz Rathenow in seinem Buch »Ost-Berlin. Leben vor dem Mauerfall«. Er beschreibt dort, wie er das nahe der Mauer gelegene Haus eines christlichen Verlages aufsuchen wollte: »Und wurde vom Wachhabenden zurückgewiesen. Einlass nur mit Sondergenehmigung.«[3] Rathenow, 1952 in Jena geboren, schildert, wie die Mauer ihn zu politischer Haltung zwang. Er beschreibt sie »als Motor, der permanent Spannung erzeugt. Sie fordert heraus, zwingt vieles Alltägliche, sich seiner Oberflächlichkeiten zu entschälen, um auf den Kern zu kommen – möge er auch schwer genießbar sein. Dieses Messer der Geschichte, rabiat einen Ort entzweischneidend, der sich zu mehr auswuchs als den Hälften jener vorher existierenden Stadt. Im Moment der Trennung waren beide Teile am Auseinanderfallen, so dass die Mauer sie zusammenfügte. Ein Reißverschluss. Der Kitt von Ganzberlin. Ihr Name als Metapher für etwas, das eine spröde Hoffnung enthält.«[4]

Vor allem sind es jene Autoren, die mit der Politik der DDR in Konflikt gerieten und deren kritische Texte nicht erscheinen durften, sowie jene, die in den Westen ausreisten, die Romane, Erzählungen und Gedichte über die Mauer verfasst haben. Sie umschreiben sie metaphorisch, geschildert werden vor allem ihre physischen und psychischen Folgen. In Stimmungsbildern, in emotionalen Beschreibungen, die häufig einen biografischen Hintergrund haben, formulieren die Autoren den Schmerz über zerrissene Familien, zurückgelassene Freunde und getötete Flüchtlinge. »Der Schnitt ins eigne Fleisch./Der Schnitt durchs Land«[5] lauten zwei Verszeilen in einem Gedicht von Bernd Jentzsch, die diese Befindlichkeit zumeist ostdeutscher Autoren auf einen Nenner bringen. »Die westdeutsche Literatur kann hier, von wenigen Ausnahmen abgesehen, übergangen werden«, zu dieser nüchternen Feststellung kommt der Germanist Jörg Bernhard Bilke[6]. Dass es 1961 jedoch noch ein reges Interesse West-Berliner und westdeutscher Schriftsteller am Schicksal der geteilten Stadt gab, davon zeugt die von Hans Werner Richter im Dezember 1961 herausgegebene Dokumentation »Die Mauer oder Der 13. August«, in der Briefe, Artikel und Polemiken von Autoren aus Ost und West veröffentlicht sind. Günter Grass' »Offener Brief an Anna Seghers« vom 14. August 1961 sowie der »Offene Brief an die Mitglieder des Deutschen Schriftstellerverbandes in Ost-Berlin« vom 16. August 1961, in dem Grass zusammen mit dem West-Berliner Schriftsteller Wolfdietrich Schnurre ihre DDR-Kollegen aufforderten, die Stimmen gegen den Mauerbau zu erheben, löste in der DDR u.a. bei Stephan Hermlin, Bruno Apitz, Ludwig Turek abwehrende Reaktionen aus. Im Westen fanden die Appelle von Grass und Schnurre keine ungeteilte Zustimmung[7]. Schnurre trat 1962 aus dem westdeutschen PEN wegen dessen Schweigen zur Berliner Mauer aus[8].

Recht konkrete Beschreibungen der Berliner Mauer finden sich in Uwe Johnsons (1934–1984) literarisch anspruchsvollem Roman »Zwei Ansichten« (1965). Kaum ein anderer Schriftsteller hat die Teilung Deutschlands so stark thematisiert wie der 1959 aus der DDR nach West-Berlin geflohene Schriftsteller. »Zwei Ansichten« basiert auf einem realen Hintergrund: Johnsons spätere Frau Elisabeth war Anfang 1962 mit einem Pass der damals wichtigsten studentischen West-Berliner Fluchthilfegruppe um Detlef Girrmann, Dieter Thieme und Bodo Köhler aus der DDR geflohen[9]. Das Buch spielt in den Monaten vor und nach dem 13. August 1961. Im Mittelpunkt stehen zwei junge Menschen, der 25-jährige Fotograf B. aus »einer mittelgroßen Landstadt Holsteins« und die 21-jährige Krankenschwester D., die in einer großen Ost-Berliner Klinik arbeitet. Beide, so erfährt der Leser, hatten sich im Januar 1961 in West-Berlin kennen gelernt, der Bau der Mauer trennt das Liebespaar. Durch den Kunstgriff des Schriftstellers, einen Fotografen agieren zu lassen, kann er in seinem Roman immer wieder konkrete Beschreibungen der Grenzsituation im geteilten Berlin vornehmen. Die Aufnahmen des Fotografen, die dieser an westdeutsche Zeitungen verkauft, zeigen »Hohlblockwände, geschichtete Betonplatten«, »verstrebte Stacheldrahtlinien«, »zugemauerte Fenster in Grenzhäusern, Posten auf dreistöckigen Hochständen, mit Hunden im Schußfeld«, »Drahtnetze auf Hausfirsten«, »Sichtblenden«, »Schießscharten«, »Bulldozer und Pioniere, die Gartenlauben und Wohnhäuser räumten«. Er fotografiert auch die Zuschauermenge, »wenn ein Flüchtling im Grenzkanal schon erschossen war, ein Flüchtling schon vom Dach zu Tode gestürzt, [...] die im Wasser stochernden Soldaten auf den Wachbooten oder die Löcher im Dach, die der Tote bei seinem Sturz gerissen hatte«, und »die Wolke der Tränengasbombe, die die Horde der Fotografen von der Szene zurücktrieb«.[10] Der junge Mann fühlt sich verpflichtet, die Freundin in den Westen zu holen. Er bekommt in einer Kneipe[11] Kontakt zu einer Fluchthelfergruppe West-Berliner Studenten, die dem Mädchen mittels eines gefälschten Passes zum Grenzübertritt verhelfen wollen. Die Flucht gelingt.

Von den DDR-loyalen Texten ist vor allem Christa Wolfs Roman

»Der geteilte Himmel« (1963) hervorzuheben, in dem sie die Geschichte des Liebespaares Rita und Manfred schildert. Der Chemiker Manfred flüchtet nach West-Berlin, seine Freundin Rita sucht ihn dort auf, kehrt aber wenige Tage vor dem 13. August 1961 aus Treue zur Heimat in die DDR zurück: Die Studentin stellt das Klassenbewusstsein über ihr persönliches Glück. Dennoch äußert Christa Wolf in diesem Roman Kritik an der Mauer, denn die Entscheidung gegen den geliebten Mann überfordert die junge Frau, sie bricht zusammen. Schmerz über eine zerrissene Familie formuliert auch Brigitte Reimann in ihrem Roman »Die Geschwister« (1963) über die Geschwister Elisabeth, Ulrich und Konrad, der die DDR noch vor dem Mauerbau verlässt. Es kommt zu einer Begegnung der Schwester mit dem Bruder Konrad im Hotel Kempinski in West-Berlin, bei dem Elisabeth die Beziehung zu Konrad abbricht: »Die unselige Grenze zerschnitt das weiße, damasten glänzende Tischtuch – der unsichtbare Schlagbaum, der mitten durch unsere Familie ging […]«[12]. Der zweite Bruder, der ebenfalls Fluchtabsichten hat, wird vom Verlobten der Schwester vom Bleiben in der DDR überzeugt.

Das Thema Republikflucht taucht auch in Hermann Kants Roman »Die Aula« (1965) auf; Karl Mickels Gedicht »Ansprache des Arbeiters D. an einen neuen alten Kollegen« (1961) verurteilt die Flucht eines Arbeitskollegen[13]. Auseinandersetzungen bis in die Gegenwart hinein[14] löste Volker Brauns Gedicht »Die Mauer« aus, das in unterschiedlichen Versionen in der Bundesrepublik und in der DDR erschien. Während es in der 1966 im Westen veröffentlichten Fassung mit dem Titel »Die Mauer« heißt: »Aber/Ich sag: es bleibt Dreck, es steht/Da durch die Stadt, unstattlich/Es stinkt zum offenen Himmel, der Baukunst/Langer Unbau, streicht ihn schwarz/Die Brandmauer, nehmt die Fahnen ab/Ich sage: es ist ein/Schundbau, scheißt drauf//«, lauten die 1972 in der DDR unter dem Titel »Die Grenze« erschienenen Verse: »Aber/Ich sag: es steht durch die Stadt/Unstattlich, der Baukunst langer Unbau/Streicht das schwarz/Die Brandmauer (scheißt drauf)«[15].

Eine eindeutige ideologische Haltung, die den »antifaschistischen Schutzwall« rechtfertigt, findet man vor allem bei den dichtenden Grenzsoldaten. So erschien im Deutschen Militärverlag in Ost-Berlin 1969 eine Anthologie mit dem Titel »Grüne Leuchtkugeln«. Sie enthält Erzählungen und Gedichte, die von »Angehörigen der

Arbeitsgemeinschaft schreibender Soldaten des Kommandos der Grenztruppen« verfasst wurden. Ausgewählt und herausgegeben hat die Texte Helmut Preißler, der »künstlerische Leiter« der Arbeitsgemeinschaft[16]. Der Bau der Mauer wird mit Friedenssicherung und Verteidigung gegen die »braunen Herren«, die Altnazis im Westen, begründet. Zwar tauchen in diesen Texten immer wieder einzelne Elemente der Grenzanlagen wie »Stacheldraht«, »Sperren«, »Stahl«, »Beton« oder »Beobachtungsturm« auf, detaillierte architektonische Beschreibungen sind hier jedoch aus den genannten Gründen nie zu finden. Besonders beflissen äußert sich in diesem Sammelband ein gewisser Major Erhard Dix, von dem nicht weniger als acht Gedichte und Prosatexte abgedruckt sind. Im Gedicht »13. August 1961« lautet die erste Strophe: »Arbeiter lenken die Panzerketten./Der Kommandeur ist ein Bauernsohn./Er steht hoch im Turm, um den Frieden zu retten,/bei sich die Sträuße aus Astern und Mohn.« Die Blumen stehen symbolisch für die Unterstützung durch die Werktätigen der DDR, denn der letzte Vers des Gedichts lautet: »Und die Blumen zeigen: Ihr seid nicht allein.«[17] Ein anderes Gedicht des Majors trägt den Titel »Stacheldraht«. Darin heißt es: »Wie Soldaten stehn die Pfosten,/über Kreuz spannt Stacheldraht./Hinter ihnen stehen Posten,/um Berlin geht eine Naht.«[18] In ähnlichem Duktus sind auch die übrigen Texte gehalten: Die Angreifer, die als »braun« und »reaktionär« gekennzeichnet sind, kommen aus dem Westen, vor ihnen müssen die Grenzsoldaten die friedliebenden Werktätigen der DDR schützen.

»Ich möchte am liebsten weg sein und bleibe am liebsten hier«[19]: Wolf Biermann und die Mauer

»In die Länge gezogenes National-Denkmal Germanias«, »versteinertes und verstacheldrahtetes Monster«, »Menschenfalle«[20], »Falle aus Beton und Draht«[21], »Eisenkamm«[22], »Drecksverband«[23] – auf solche Sprachbilder kommt der Dichter und Liedermacher Wolf Biermann, der sich produktiv und metaphernreich über die Mauer und in den späteren Jahren auch selbstkritisch über seine Haltung zu ihr geäußert hat[24].

Während er in der DDR lebte, war Biermann überzeugter Kommunist. Und doch findet sich keine vordergründige ideologische

Argumentation bei ihm, die den »antifaschistischen Schutzwall« verteidigt hätte. Biermann hält die DDR zwar für das bessere Deutschland, unterdrückt aber trotzdem seinen Schmerz über die Teilung des Landes nicht. In dem Lied »Es senkt das deutsche Dunkel« kommt dies zum Ausdruck: »Es senkt das deutsche Dunkel/Sich über mein Gemüt/Es dunkelt übermächtig/In meinem Lied//Das kommt, weil ich mein Deutschland/So tief zerrissen seh/Ich lieg in der bessren Hälfte//Und habe doppelt Weh«[25]. Der Schmerz hinderte ihn allerdings nicht daran, im Lied »Enfant perdu« die Flucht von Florian Havemann, dem Sohn seines Freundes Robert Havemann, 1971 aus der DDR zu verurteilen[26].

Biermann, 1936 in Hamburg geboren, übersiedelte 1953 in die DDR, um mit DDR-Ausweis dort zu leben. Ab 1960 entstanden erste Lieder und Gedichte. Mit Freunden baute er ein altes Kino zum Berliner Arbeiter- und Studententheater (b. a. t.) um. »Berliner Brautgang« hieß das erste Stück, es handelte vom Mauerbau. Obwohl er darin nach eigenen Aussagen den Mauerbau verteidigte[27], wurde das Theater noch vor der Premiere geschlossen. Biermanns Karriere begann mit einem Verbot. 1968 äußerte er in der »Ballade vom Dichter François Villon« unverblümt Kritik an der Mauer und bekundete seine Solidarität mit dem französischen Dichter – und zwar gegen jene, die seine Genossen sein müssten. Über Villon, der in der Ballade in seinem Zimmer wohnt, heißt es: »Besucht mich abends mal Marie/Dann geht Villon so lang/Spazieren auf der Mauer und/Macht dort die Posten bang/Die Kugeln gehen durch ihn durch/Doch aus den Löchern fließt/Bei Franz Villon nicht Blut heraus/Nur Rotwein sich ergießt//Dann spielt er auf dem Stacheldraht/Aus Jux die große Harfe/Die Grenzer schießen Rhythmus zu/Verschieden nach Bedarfe/Erst wenn Marie mich gegen früh/Fast ausgetrunken hat/Und steht Marie ganz leise auf/Zur Arbeit in die Stadt/Dann kommt Villon und hustet wild/Drei Pfund Patronenblei/Und flucht und spuckt und ist doch voll/Verständnis für uns zwei«[28].

Vor 1965 durfte Biermann auf Einladung des Sozialistischen Deutschen Studentenbundes in den Westen reisen. Gemeinsam mit dem West-Berliner Kabarettisten Wolfgang Neuss trat er in West-Berlin und Frankfurt auf; weitere Einladungen aus dem Westen trafen ein. In dieser Zeit entstanden ebenfalls Gedichte über die Mauer und das Gefühl der inneren Zerrissenheit beim

Überqueren der Grenze. In Anlehnung an den von ihm verehrten Dichter Heinrich Heine schrieb Biermann ein »Wintermärchen«, dessen Anfangsstrophen lauten: »Im Deutschen Dezember floß die Spree/Von Ost- nach Westberlin/Da schwamm ich mit der Eisenbahn/Hoch über die Mauer hin//Da schwebte ich leicht übern Drahtverhau/Und über die Bluthunde hin/Das ging mir so seltsam ins Gemüt/Und bitter auch durch den Sinn//Das ging mir so bitter in das Herz:/Da unten die treuen Genossen […]/So mancher, der diesen gleichen Weg/Zu Fuß ging wurde erschossen/Manch einer warf sein junges Fleisch/In Drahtverhau und Minenfeld/Durchlöchert läuft der Eimer aus/Wenn die MP von hinten bellt«[29].

Diese Strophen brachten ihm 1965 das endgültige Auftritts- und Berufsverbot in der DDR ein, nachdem es seine in Hamburg lebende Mutter Wolfgang Neuss in West-Berlin überbracht und dieser es ungefragt in seiner satirischen Zeitschrift »Neuss Deutschland – Organ des Zentralkomiker-Teams der Satirischen Einheitspartei Deutschlands« ohne Wissen Biermanns[30] veröffentlicht hatte. Das Auftrittsverbot sollte bis zu Biermanns Ausbürgerung 1976 andauern. Wenige Monate vor seinem legendären Auftritt im November jenes Jahres in Köln entstand die »Ballade vom preußischen Ikarus«, die die zunehmende Zementierung der deutschen Teilung beschreibt: »Der Stacheldraht wächst langsam ein/Tief in die Haut, in Brust und Bein/ins Hirn, in graue Zelln/Umgürtet mit dem Drahtverband/Ist unser Land ein Inselland/umbrandet von bleiernen Welln […]«[31]. Gegen die Ausbürgerung Biermanns protestierten bekanntlich dreizehn namhafte Künstler in einem Brief an die DDR-Regierung, der eine Lawine weiterer Proteste auslöste. Ein Exodus sondergleichen setzte ein: Schriftsteller, Maler, Musiker und Schauspieler verließen das Land.

Exodus

Einer der bedeutendsten Nachkriegslyriker, Peter Huchel (1903–1981), reiste bereits 1971 nach langjähriger Isolation und Überwachung aus der DDR in den Westen aus. Zu seinen bekanntesten Gedichten zählt »Ophelia«. Anders als bei Shakespeare stirbt Huchels »Ophelia« nicht durch eigene Hand – sie wird an der Grenze erschossen: »Später, am Morgen,/gegen die weiße Dämmerung hin,/das Waten von Stiefeln/im seichten Gewässer,/das Stoßen von Stangen,/ein raues Kommando,/sie heben die/schlammige/ Stacheldrahtreuse.//Kein Königreich,/Ophelia,/wo ein Schrei/ das Wasser höhlt,/ein Zauber/die Kugel/am Weidenblatt zersplittern läßt.«[32]

Der Dichter Bernd Jentzsch[33], 1940 in Plauen/Vogtland geboren und in Chemnitz aufgewachsen, hielt sich zur Zeit der Biermann-Ausbürgerung im Herbst 1976 in der Schweiz auf, um Vorbereitungen für die Herausgabe einer Anthologie der Schweizerischen Dichtung des 20. Jahrhunderts abzuschließen[34]. Jentzsch protestierte in einem Offenen Brief an SED-Generalsekretär Erich Honecker gegen die Ausbürgerung Biermanns, schloß sich der Petition der Berliner Künstler an und kehrte nicht mehr in die DDR zurück[35]. In mehreren Gedichten, die in der Schweiz entstanden, thematisierte er die tödliche Gefahr, die die Grenze in Deutschland mit sich brachte. Im Gedicht »Ein Wiesenstück« beschreibt Jentzsch den Tod eines Flüchtlings an der innerdeutschen Grenze: »Der Schuß stehend/freihändig,/Das Bündel zusammengesackt.«[36] Um den Tod eines Flüchtlings geht es auch in Thomas Braschs Erzählung »Fliegen im Gesicht«[37], die 1977 in seinem von der Kritik sehr gelobten Prosaband »Vor den Vätern sterben die Söhne« im West-Berliner Rotbuch Verlag erschien. Die genauen Todesumstände der literarischen Figur erfährt der Leser nicht. Auch Brasch (1945–2001) unterzeichnete die Resolution gegen die Ausbürgerung Biermanns und siedelte 1977 nach West-Berlin über[38].

Nur selten sind Texte namentlich bekannten Opfern der Mauer gewidmet. Eine Ausnahme ist Ulrich Schachts »Epitaph für Marienetta Jirkowsky«[39]. Der 1976 aus einem DDR-Gefängnis in die Bundesrepublik entlassene Lyriker hatte 1980 in einer westdeutschen Zeitung gelesen, dass die junge Frau bei einem Fluchtversuch an der Berliner Mauer ums Leben gekommen war[40]. Schacht, der wie kein anderer Dichter die deutsche Teilung in seinen Gedichten thematisierte, hat auch der Versöhnungskirche, die seit 1961 unzugänglich im Mauerstreifen an der Bernauer Straße stand und 1985 von DDR-Grenztruppen gesprengt wurde, ein Gedicht mit dem Titel »Epitaph für die Versöhnungskirche« gewidmet: »Auf Befehl und Vertrag/eines Morgens stürzt/auf Befehl und Vertrag/eine Kirche aus unsrem/Gedächtnis auf Befehl/und Vertrag ist Vertrag.«[41] Auch in den Gedichten »Steinstücken« und »Lübars« thematisiert

Schacht die Berliner Mauer. In »Lübars« heißt es: »Der Traum hat seine Wand: Davor/das Aug verblutet.«[42] In seinem 1985 entstandenen Gedicht »Tagtraum in B.« nimmt der Lyriker den Mauerfall prophetisch vorweg: »[...] Singt, Leute, die/Mauern sind gefallen [...]«[43]. Ein noch in der DDR verfasstes, aber nur im Westen veröffentlichtes Gedicht von Kurt Bartsch (1937–2010), der 1980 mit einem Dauer-Visum nach West-Berlin übersiedelte[44], spielt ebenfalls in der Bernauer Straße. Auch der Titel lautet »Bernauer Straße«: »Die nächtliche Stadt. Im Stacheldraht/Der Posten zählt die Zigaretten./Noch sind es dreizehn, sieben sind schon Rauch./Und jede war ein kurzer Frieden.«[45]

Das »beste Stück Mauerliteratur, das wir haben«, nannte ein Rezensent[46] die noch in der DDR entstandene Erzählung »Satzsuchung« von Hans Joachim Schädlich, in dem sich eine konkrete Beschreibung der Grenzanlagen findet. Auch Schädlich, 1935 in Reichenbach/Vogtland geboren, hatte die Resolution gegen die Ausbürgerung Biermanns unterschrieben. Er reiste mit seiner Familie im Dezember 1977 aus. Nur wenige Monate zuvor war sein Erzählband »Versuchte Nähe« im westdeutschen Rowohlt Verlag erschienen: 25 poetische, oft allegorische Prosastücke über – so deutete es die Kritik – das Leben in der DDR. In dem Prosatext »Satzsuchung« agiert als Hauptfigur der gelähmte Schriftsteller Scarron, der als reale Person von 1610 bis 1660 in Paris lebte. Durch die Figur suggeriert der Text, das Stück spiele im 17. Jahrhundert in einem anderen Land – nur unschwer ist jedoch in der namentlich nicht genannten Stadt das Ost-Berlin der siebziger Jahre zu erkennen. Scarron bewohnt zwei Zimmer unter dem Dach eines Hauses, das nicht weit von der Mauer entfernt steht. Seine ausgiebigen Betrachtungen über die »Wände« unter seinem Fenster münden in die Feststellung: »Ehe er jedoch den Ausblick unterbricht [...], wägt er noch ab, ob es ratsam erscheint, selbstgewählter Inspizierstelle zu versichern, er, Scarron, habe niemals, weder bei Tageslicht noch bei Licht von Lampen und Scheinwerfern, bemerkt, daß wer gelangt wäre unter den Augen wachender Soldaten über: Drahtzaun, Wand, Drahtzaun, Drahtzaun, Drahtzaun, Dreieisen-Doppelreihe, Wand: in dieser Abfolge.«[47] In dem Band »Versuchte Nähe« gibt es einen weiteren, 1974 entstandenen Text, in dem es – indirekt – um die Mauer geht. In »Einseitige Ansehung« beschreibt der Schriftsteller detailliert, wenn auch verschlüsselt, den Grenzbahnhof Friedrichstrasse in Ost-Berlin[48]. Auch Klaus Schlesinger (1937–2001) war Unterzeichner der Petition gegen die Ausbürgerung Wolf Biermanns. Er siedelte im März 1980 nach West-Berlin über, wenige Monate, nachdem er zusammen mit acht anderen Autoren[49] aus dem DDR-Schriftstellerverband ausgeschlossen worden war. Für Schlesinger, der im Berliner Bezirk Prenzlauer Berg aufwuchs, gehörte der Mauerbau zu den prägenden Erfahrungen seines Lebens. In dem Aufsatz »Die Mauer, die Not und die Tugend« schreibt er: »Als sie stand, war ich vierundzwanzig, als sie fiel, dreiundfünfzig. Fast ein Menschenalter lang hat sie in mein Leben eingegriffen, hat mein Denken, mein Handeln beeinflusst, ob ich es wollte oder nicht. Die letzten zehn Jahre habe ich sie von der bunten, der westlichen Seite her erlebt. Sie war um keinen Deut weniger beherrschend.«[50] Noch in der DDR erschien 1977 sein Erzählband »Berliner Traum«, dessen Veröffentlichung höchst umstritten war und als staatliche »Beschwichtigungsgeste«[51] nach der Protestwelle zur Biermann-Ausbürgerung verstanden wurde. In der kafkaesk anmutenden Erzählung »Die Spaltung des Erwin Racholl« schläft ein DDR-Funktionär während einer U-Bahnfahrt in Ost-Berlin ein und wacht, ohne dass er sich erklären kann, wie er dorthin geraten ist, in West-Berlin wieder auf. Der irritierte, in Ost und West gespaltene Racholl findet am Ende zu keiner ganzen Person mehr zurück, er wird zur Metapher für die schizophrene Lebenssituation in der geteilten Stadt[52]. In dem Prosatext »Am Ende der Jugend« nutzt der Freund des Ich-Erzählers am 13. August 1961 die allerletzte Chance, nach West-Berlin zu flüchten. Nach dem Fall der Mauer beschäftigten Schlesinger immer wieder deren Spuren und Überreste, so im Roman »Trug«[53], in dem er der Frage nachgeht, was wohl aus einem Menschen, der im Westen aufwuchs, im Osten geworden wäre.

»Die Mauer im Kopf«: Peter Schneiders »Der Mauerspringer«[54]

Eine Erklärung für das eingangs angedeutete Desinteresse bundesdeutscher oder West-Berliner Autoren an Mauerthemen gibt der Schriftsteller Peter Schneider in seinem Buch »Der Mauerspringer«. Er schreibt darin: »Als ich nach Berlin zog, wurde die neue Mauer gerade fertiggestellt. Nachdem der erste Schrecken vorbei war, verdünnte sich das massive Ding im Bewußtsein der Westdeutschen immer mehr zur Metapher. Was jenseits das Ende der Bewegungsfreiheit bedeutete, wurde diesseits zum Sinnbild für ein verabscheutes Gesellschaftssystem. Der Blick nach drüben verkürzte sich zu einem Blick auf die Grenzanlagen und schließlich zum gruppentherapeutischen Selbsterlebnis: Die Mauer wurde den Deutschen im Westen zum Spiegel, der ihnen Tag für Tag sagt, wer der Schönste im Lande ist. Ob es ein Leben gab jenseits des Todesstreifens, interessierte bald nur noch Tauben und Katzen.«[55] Schneider, 1940 in Lübeck geboren, gehörte 1968 neben Rudi Dutschke zu den Wortführern der antiautoritären Studentenbewegung. In einem Interview sagte er: »Wir verstanden uns zum Beispiel keineswegs als Kommunisten, sondern als Anti-Anti-Kommunisten. Dabei bildeten sich neue Denktabus heraus, gerade bei ganz zentralen Themen wie der Teilung des Landes. Die Mauer und dic Teilung waren angeblich ›rechte Themen‹; so wurden denn Fragen, die alle Deutschen betrafen, bereitwillig der Rechten überlassen. Noch 1982, als ich die Erzählung ›Der Mauerspringer‹ veröffentlichte, wurde ich dafür angegriffen, dass ich die Mauer zum Gegenstand eines ganzen Buches gemacht hatte.«[56]

Die Erzählung »Der Mauerspringer« (1982) kann als westliche Reaktion auf die Biermann-Ausbürgerung und die darauf folgende Ausreisewelle von Künstlern aus der DDR interpretiert werden. Zu einer Zeit, als kaum jemand an den Fall der Mauer glaubte, formulierte Schneider in diesem Buch den prophetischen Satz: »Die Mauer im Kopf einzureißen wird länger dauern, als irgendein Abrißunternehmen für die sichtbare Mauer braucht«[57]. Sein Bild von der »Mauer im Kopf«[58] ging als geflügeltes Wort in die deutsche Sprache ein. Schneider schildert in dem Buch die Geschichten von Menschen, die sich aus unterschiedlichen Gründen nicht mit der Teilung des Landes abfinden wollen, und er fragt nach ihren Prägungen in unterschiedlichen Systemen. Fiktive Passagen wechseln mit realistischen Beschreibungen des geteilten Berlin, einzelne Geschichten und Miniaturen reihen sich aneinander. Sie sind durch die Figur des Ich-Erzählers miteinander verbunden, die stark autobiografisch geprägt ist. »Mauerspringer« im wörtlichen Sinn ist die Figur Walter Kabe, ein Mann, der den Behörden beider Stadthälften Arbeit macht und einen neurotischen Drang hat, vom

Westen in den Osten zu gelangen. Diese literarische Figur hat ein lebendes Vorbild, Rainer-Sturmo Wulf, dessen Geschichte zwölf Jahre nach dem Mauerfall noch einmal durch die Presse ging[59].

Die Mauer nach 1989

Auch nach 1989 sind es überwiegend Schriftsteller mit DDR-Hintergrund, die sich mit Mauer- und Grenzthemen beschäftigen. Zu den wenigen westdeutschen Ausnahmen gehört Friedrich Christian Delius, der in seinem spannenden Roman »Der Spaziergang von Rostock nach Syrakus« (1995) die authentische Fluchtgeschichte eines sächsischen Kellners beschreibt[60]. Neben den bereits erwähnten Autoren Bernd Wagner, Klaus Schlesinger, Peter Schneider, Lutz Rathenow und Ulrich Schacht, die auch nach 1989 die deutsche Teilung thematisierten, schildert Martin Ahrends in seinem autobiografischen Essay »Zwischenland«[61] (1997) seinen ersten Spaziergang nach dem Mauerfall durch das einst lebensgefährliche Grenzgebiet zwischen Berlin-Zehlendorf und Kleinmachnow. »In Zehlendorf bin ich geboren und mit sechs Jahren nach Kleinmachnow umgezogen. Bis zum Mauerbau konnte ich zu meiner Großmutter fahren, dann wurde der Westen eine verblassende Erinnerung. Mit zweiunddreißig konnte ich in den Westen ausreisen, aber dann bis zur Maueröffnung nicht mehr in den Osten zurück. Erst war ich eingesperrt, dann ausgesperrt.«[62] Bei dem kurzen Fußweg, der die bis dahin »zeitlich und räumlich streng getrennten Welten«[63] miteinander verbindet, erinnert sich der Autor an den 13. August 1961, den Ausbau der Grenzanlagen, die zunehmende Militarisierung und die psychische Deformation, die das Leben im Schatten der Mauer mit sich brachte.

Utz Rachowski, 1954 in Plauen/Vogtland geboren, wegen »staatsfeindlicher Hetze« in der DDR verhaftet und 1980 aus dem Gefängnis in die Bundesrepublik ausgebürgert, beschreibt in seiner poetischen Erzählung »Die Stimmen des Sommers«[64] (1992) den Mauerbau in Berlin aus der Sicht eines Kindes, das mit seiner Familie in der Provinz wohnt. Schlagzeilen machte Mitte der neunziger Jahre Thomas Brussigs satirischer Roman »Helden wie wir«[65] (1995), in dem der sexuell frustrierte Ich-Erzähler von sich behauptet, die Öffnung der Mauer herbeigeführt zu haben. Im

Schlußkapitel »Der geheilte Pimmel« karikiert Brussig, der 1964 in Ost-Berlin geboren wurde und dort aufwuchs, Christa Wolfs Roman »Der geteilte Himmel«.

Die Schriftstellerin Julia Franck, 1970 in Ost-Berlin geboren, gab anlässlich des zwanzigsten Jahrestages des Mauerfalls 2009 die Anthologie »Grenzübergänge« heraus, in dem sich Autoren aus Ost und West an ihre persönlichen Erfahrungen mit der Grenze erinnern[66]. In ihrem Roman »Lagerfeuer«[67] (2003) hat sie das Leben im West-Berliner Notaufnahmelager Marienfelde für Flüchtlinge beschrieben. Franck lebte als Achtjährige ein dreiviertel Jahr dort, nachdem ihre Mutter 1978 mit ihr und den drei Schwestern aus der DDR ausgereist war[68].

Antje Rávic Strubel, 1974 in Potsdam geboren, hat den authentischen Fall der Entführung einer »TU-134« der polnischen Fluggesellschaft LOT mit 62 Passagieren am 30. August 1978 auf dem Flug von Gdansk nach Berlin-Schönefeld zur Grundlage ihres Romans »Tupolew 134« (2004) gemacht[69]. Das Flugzeug landete auf dem West-Berliner Flughafen Tempelhof. Strubel legt ihrem Buch die authentische Geschichte zugrunde, nähert sich aber in literarischer Fiktion der Vergangenheit und erzählt von politischen und gesellschaftlichen Verhältnissen, die ihre Figuren zur Flucht zwingen. Der eigenen Lebensgeschichte dagegen stellt sich Susanne Schädlichs bewegendes Buch »Immer wieder Dezember. Der Westen, die Stasi, der Onkel und ich« (2009). Ihr Vater, der Schriftsteller Hans Joachim Schädlich, hatte 1992 bei der Lektüre der Stasi-Akten erfahren, dass sein älterer Bruder Karlheinz Schädlich als IM »Schäfer« über ihn und andere Schriftsteller für das Ministerium für Staatssicherheit berichtet hatte. Im Dezember 2007 erschoss sich Karlheinz Schädlich in einem kleinen Park mitten in Berlin. Sein Selbstmord ist der Ausgangspunkt für Susanne Schädlichs Buch. 1965 in Jena geboren, war sie bei der Ausreise der Familie zwölf Jahre alt. Sie schildert den Grenzübertritt und das Leben im Westen aus der Sicht eines Kindes. In den achtziger Jahren zog sie nach West-Berlin: »Mauer, Stacheldraht, Todesstreifen, auf Menschen abgerichtete Wachhunde, nachts taghelle Scheinwerfer, Selbstschussanlagen[70] auf der einen Seite. Auf der anderen Parks und Wege, Laubenkolonien. Und die Mauer war Ballwand für Kinder, Malwand für Künstler und Nichtkünstler […]. Und wenn es dunkel war, war die eine Halbstadt Kneipe und

Bar und Tanzclub mit offenem Ende, während in der andere Hälfte Totenstille herrschte. Es gab die beleuchtete und die unbeleuchtete Seite, die Mauer war die Tag-Nacht-Grenze.«[71] In dieser Zeit lebte die Autorin mit dem Gefühl der inneren Zerrissenheit: mit einem Bein im Westen, mit dem anderen noch immer in der DDR. Auf der Suche nach dem eigenen Ort verließ sie Deutschland und zog 1987 nach Amerika. In Los Angeles erfuhr sie 1992 durch einen Anruf ihrer Mutter[72] von der Spitzeltätigkeit ihres Onkels. Der Stoff ließ Susanne Schädlich, die seit 1999 wieder in Berlin lebt, keine Ruhe. Sie erzählt in ihrem Buch eindringlich von den Schwierigkeiten, sich zu lösen, enttäuscht und verraten zu werden – vor allem aber vom langen Weg, im geteilten Deutschland zu sich selbst zu kommen.

ANNETTE DORGERLOH

DIE MAUER IM SPIELFILM

Am Beginn seiner Zeit als DEFA-Direktor gab es für Joachim Mückenberger eine »unangenehme Sache«: Er musste über einen im Rohschnitt fertigen Film entscheiden, der das Märchen von des Kaisers neuen Kleidern neu interpretierte. Als er im November 1961 »Das Kleid« in der Regie von Konrad Petzold zum ersten Mal anschaute, war ihm klar, »daß es unmöglich war, diesen Film zu zeigen. Nicht, weil er unkünstlerisch gewesen wäre oder Autor, Regisseur, Kameramann oder irgend jemand anderes versagt hätten, sondern weil er überhaupt nicht in die politisch aufgeheizte Situation nach dem Mauerbau gepaßt hat.«[1] Wohl beinahe die Hälfte dieses Films spielte nämlich vor, auf oder hinter einer gut bewachten Mauer, die »eine Stadt teilte«[2]. Es gab, wie Mückenberger sagte, »einige Tore, durch die man entweder kam oder nicht. Jeder Satz dort hatte eine Beziehung zur Gegenwart und der Situation, die gerade eingetreten war. Mir war klar: Wenn der Film zugelassen wird, mußt du dir bald eine andere Aufgabe suchen [...].«[3] Dazu kam es nicht, denn dieses verstörende Märchen für Erwachsene konnte, wie viele andere in der DDR verbotene Filme auch, erst nach dem Mauerfall vollendet und gezeigt werden. Als er im Sommer 1961 gedreht wurde, ließ der Szenograf Oskar Pietsch in den DEFA-Studios eine künstliche Mauer als Spielort für die Protagonisten, zwei listige Schneidergesellen und ihre Widersacher, errichten. In seiner erkennbaren Künstlichkeit war dieser Bau nicht mit der realen Berliner Mauer zu verwechseln, und doch bewirkte sein Symbolcharakter unmittelbar Assoziationen zur Gegenwart.

Der Bau der Berliner Mauer ist in zahlreichen Fotografien und Dokumentarfilmen festgehalten worden. Bis heute speist sich das imaginäre Museum der Zeitgenossen wie der Nachgeborenen vor allem aus diesen Bildern. So projizierte Jürgen Böttcher in seinem Dokumentarfilm »Die Mauer. Demontage eines Alptraums« (Deutschland 1990) die Bilder und Filme des Mauerbaus auf die Reste der – nun überwundenen – Mauer, kurz vor deren Abriss[4].

Doch auch Spielfilme versuchten immer wieder, die Berliner Mauer und die innerdeutsche Grenze als Bezugs- oder Handlungsort, als konfliktträchtiges Bauwerk sinnstiftend einzubeziehen. Als die Mauer noch existierte, erteilten die DDR-Behörden in der Mehrzahl der Fälle, in denen die reale Mauer vorkommen sollte, keine Drehgenehmigung, so dass ein Nachbau von Grenzanlagen unabdingbar wurde[5]. In einzelnen Fällen – vor allem unmittelbar nach dem Mauerbau und dann wieder in den späten Jahren der DDR – war es aber doch möglich, dass sowohl legal als auch illegal aufgenommene Bilder und Sequenzen der Mauer wie der Grenzanlagen und der wichtigsten Kontrollstationen Eingang in ost- wie westdeutsche Spielfilme fanden. Insgesamt lassen sich drei wichtige Phasen des Umgangs mit der Mauer im deutschen Spielfilm beschreiben, auf dem hier das Hauptaugenmerk liegt; sie sollen – nach einem kurzen Rückblick auf die Mauer als einem Gegenstand der Filmszenografie – im Folgenden näher beleuchtet werden.

Die Mauer als Herausforderung für Filmemacher

Seit den Anfängen der Filmkunst bildeten scheinbar unüberwindbare Mauern und deren Übersteigung eine besondere Herausforderung für die Filmgestalter. Das galt in besonderem Maße für Historienfilme, ein Genre, das sich nicht nur besonderer Wertschätzung beim Publikum erfreute, sondern in dem auch die aufregendsten Neuerungen erfolgten.

Die ersten Spielfilme wurden ausschließlich im Studio gedreht. Waren die Filmkulissen zunächst noch sehr schlicht und bloßer Handlungsrahmen, so wurden bald schon raffinierte Bildräume geschaffen, die den Charakter der Handlung und ihrer Protagonisten ermöglichten und zugleich symbolisierten. Mit Giovanni Pastrones Film »Cabiria« (Italien 1914), dessen Handlung im 3. Jahrhundert vor Christus spielt, zog ein neues Verständnis von Filmszenografie in die Kinoproduktion ein. Es war nun vorbei mit den theaterhaften Kulissen und den gemalten Trompe-l'Œil-Hintergründen, stattdessen traten aufwändige Studiobauten und ausgesuchte Originalschauplätze, wie zum Beispiel die Alpen für Hannibals Alpenüberquerung in »Cabiria«, an deren Stelle. Mehrfach geht es in diesem Film um hohe Mauern, die bezwungen oder, wie im Falle von Syrakus, mithilfe des von Archimedes erfundenen Brennspiegels gegen die Römer verteidigt werden.

Der amerikanische Regisseur und Gestalter David Wark Griffith übernahm und adaptierte diese szenografische Entwicklung sofort für den amerikanischen Film; mit seinem 1916 entstandenen Opus »Intolerance«[6] setzte er nicht nur neue Maßstäbe, sondern initiierte auch eine eigene Ausbildungsrichtung, die des Filmarchitekten[7]. Deutsche Filme wurden in diesen Jahren berühmt für ihre eindrucksvollen Filmbauten. Die berühmteste Mauer des frühen deutschen Films ist sicher die des Filmarchitekten Walter Röhrig in Fritz Langs Film »Der müde Tod« (1921).

Waren schon Mauern im Allgemeinen im Spielfilm eine Herausforderung für die Filmemacher, so erst recht die 1961 errichtete Berliner Mauer. Schon zuvor, in der frühen Zeit des Kalten Krieges, signalisierten Grenzschilder in der geteilten Stadt Berlin immer wieder auch in den Spielfilmen die Zonengrenzen. Die Berlin-Filme des Duos Gerhard Klein (Regie) und Wolfgang Kohlhaase, der bis heute Drehbücher für wichtige Filme schreibt, so »Eine Berliner Romanze« (1955) und »Berlin Ecke Schönhauser« (1957), behandeln Probleme junger Leute zwischen Ost und West und reagieren auf Will Trempers und Georg Tresslers Film »Die Halbstarken« (BRD 1956). Der Unterschied zeigt sich darin, dass der ostdeutsche Jugendliche in »Berlin Ecke Schönhauser« nach seiner Rückkehr auf die »richtige« Seite eine neue Chance bekommt. Auf westdeutscher Seite ist hier stellvertretend Will Trempers 1960 entstandener Film »Flucht nach Berlin« zu nennen, in dem die Geschichte einer Flucht aus der DDR den Rahmen für die Skizzierung einer Reihe deutsch-deutscher Einzelschicksale bildet. Unmittelbar nach dem Mauerbau reagierte auch eine amerikanisch-deutsche Produktion unter der Regie von Robert Siodmak mit einem Fluchtdrama, »Tunnel 28« (»Escape from East Berlin«, USA 1962), das die Flucht von 28 Ost-Berlinern durch einen selbst gebauten, 30 Meter langen Tunnel schildert. Die Hauptrolle spielte der Amerikaner Don Murray, die anderen Rollen waren mit deutschen Schauspielern besetzt. Kritiken, die eine simple Schwarz-Weiß-Malerei monierten, begegnete Siodmak mit der Bemerkung, dass der Film »für Analphabeten gemacht« sei, »die nicht wissen, was die Mauer ist«. Er hatte offenbar auf ein großes internationales Publikum gezielt, aber der Film wurde kein Klassiker[8].

Filme nach dem Mauerbau

In einer ersten Phase versuchte die DEFA unmittelbar nach dem Mauerbau, diesen mit anspruchsvollen und gut gemachten Spielfilmen zu verteidigen. Dazu gehören die 1961/62 produzierten Filme »… und deine Liebe auch« (Regie: Frank Vogel) und »Der Kinnhaken« (Regie: Heinz Thiel), an dessen Drehbuch auch der Hauptdarsteller Manfred Krug mitgewirkt hatte.

Beide Filme zeigen konfliktreiche Paarbeziehungen zwischen Ost- und West-Berlin, die durch den Mauerbau eine Zuspitzung erleben und jeweils zu dramatischen persönlichen Entscheidungssituationen führen, die auf unterschiedliche Weise gelöst werden.

Die mit dem Mauerbau verbundenen Hoffnungen ostdeutscher Filmleute, nun in Ruhe und jenseits ideologischer Zwänge für die neue Gesellschaft arbeiten zu können, sollten sich bald schon als vergeblich erweisen. Spätestens mit dem 11. Plenum des ZK der SED im Dezember 1965 war jene kurze Phase der Liberalisierung nach dem VI. Parteitag 1963 radikal beendet[9]. Nahezu eine halbe Jahresproduktion der DEFA wurde mit einem Aufführungsverbot belegt.

Nach dem Desaster des 11. Plenums wurde der Mauerbau nur noch ein einziges Mal thematisiert: 1967 bemühte sich die DEFA mit dem Episodenfilm »Geschichten jener Nacht« um eine Art Wiedergutmachung. Der Film entstand anlässlich des VII. Parteitags als Selbstverpflichtung des DEFA-Spielfilmstudios. Jeweils eine anekdotische Konfliktsituation verschiedener DDR-Figuren wird durch den nächtlichen Mauerbau vom 12. zum 13. August 1961 zugunsten der DDR entschieden[10]. Der Episodenfilm, der von vier Kollektiven produziert wurde, sollte die Lücke füllen, die das 11. Plenum gerissen hatte. Zudem hoffte die DEFA, damit einen angedrohten Subventionsentzug zu vermeiden und den Parteitag der SED im April 1967 freundlich zu stimmen[11]. Die Idee hatte Produktionschef Albert Wilkening eingebracht; Horst Sindermann lieferte auf einer Präsidialratstagung des Kulturbundes das übergreifende Thema: Alle Episoden sollten den Einsatz der Kampfgruppen zur Schließung der noch nicht mauerbewehrten Grenze zu West-Berlin ins Bild setzen. Im Gegensatz zu den drei ersten Episoden ist die vierte, »Der große und der kleine Willi«

»Der Kinnhaken«, Regie: Heinz Thiel, DDR 1962

(Regie: Gerhard Klein; Szenenbild: Alfred Drosdek), differenzierter und hat Witz: Der kleine Willi, ein Jugendlicher, der in West-Berlin bei Siemens arbeitet, versucht während des Mauerbaus mit einer gestohlenen Kampfgruppenuniform nach West-Berlin zu entkommen, wird aber vom großen Willi, dem Kampfgruppenkommandeur, aufgehalten und festgesetzt. In der Nacht kommen sich die beiden näher. Diese Episode spielt unter anderem im Berliner Naturkundemuseum, das zu einem Kampfgruppenstützpunkt umfunktioniert wurde. Als der große Willi Opfer eines brutalen Überfalls wird, verteidigt ihn der kleine Willi, weil sich der Ältere seinen Respekt erworben hat. Dieses pädagogische Muster vorbildlicher älterer Männer respektive Genossen zieht sich wie ein roter Faden und bis zum Überdruss durch die Geschichte der DEFA-Filme.

Die Bundesrepublik setzte diesen Mauerfilmen nichts Vergleichbares entgegen. Hier herrschte nach dem 13. August 1961 eine gewisse Schockstarre, die unter anderem dazu führte, dass Billy Wilders rasante Ost-West-Komödie »Eins, zwei, drei« (USA 1961) in Deutschland floppte. Den Zuschauern verging das Lachen angesichts des Ernstes der neuen Situation; Wilders filmischer Zugang wurde nun als unangemessen angesehen. Die Entstehung dieses Films war durch den Mauerbau jäh unterbrochen worden, so dass in Ost-Berlin nicht mehr gedreht werden konnte; die Abriegelung des Brandenburger Tores machte sogar einen Nachbau des Bauwerks in den Münchener Bavaria-Studios notwendig.

Es ist bemerkenswert, dass in der frühen Bundesrepublik nur wenige Mauerfilme entstanden. Überhaupt wurden Fragen der deutschen Teilung und der damit verbundenen Konflikte nur selten verfilmt, weil sie als »Kassengift« galten[12].

Auch bei der DEFA wurde der Mauerbau in der Folgezeit nicht mehr thematisiert. Trotz aller Darstellungsverbote tauchen dennoch nicht nur westliche Symbole wie das Café Kranzler in dem Film »Der geteilte Himmel« nach dem Roman von Christa Wolf (DEFA 1964, Regie: Konrad Wolf)[13] auf, sondern auch Grenzanlagen. Sie sind in einigen DEFA-Filmen der siebziger Jahre zu sehen; die Spannbreite reichte von winzigen Andeutungen wie in »Hostess« bis zur Thematisierung von Flucht und legaler Ausreise und zur Darstellung von Grenzanlagen in Roland Gräfs Film »Die Flucht« (DEFA 1979).

In dem rückblickend als »bunter Berlin-Film der siebziger Jahre« apostrophierten Film »Hostess« (DEFA 1975) spielt Annekathrin Bürger unter der Regie von Rolf Römer eine Stadtführerin, die als Hostess auf dem Berliner Fernsehturm arbeitet. In dem Film geht es überwiegend um private Beziehungen, aber auch um das berufliche Umfeld und damit verbundene Konflikte. Die DDR-Filmkritik liebte den Film nicht; er kam aber wegen seiner Zeitgebundenheit, seiner modernen Dekors und seiner Musik – unter anderem tritt Nina Hagen mit ihrer Band auf – gut beim Publikum an. An einer Stelle des Films wird in einer kurzen Sequenz das gezeigt, was eigentlich alle Besucher des Fernsehturms – und besonders die ostdeutschen – interessierte: das Brandenburger Tor mit dem Blick nach West-Berlin. Es überrascht nicht, dass jener Kameraschwenk bei der Abnahme des Films Probleme bereitete, auch wenn er dann doch bleiben durfte[14].

Dennoch war es zu jener Zeit auch bei der DEFA möglich, Grenzanlagen in Spielfilme zu integrieren, wie es Roland Gräfs Film »Die Flucht« zeigt, der 1979 seine Premiere hatte[15]. In dem preisgekrönten Film[16] geht es um ein Tabu-Thema der DDR, um die »Republikflucht« eines Arztes – ein Trauma, das die DDR seit der Vormauerzeit umtrieb[17].

Durch seine Aufnahme in den Reisekader ist Schmith bereits zu einem Grenzgänger geworden, wie die Aufnahmen des Kölner Kongresses und seines Kulturprogramms erstaunlich direkt zeigen. Erst der Flucht-Vertrag bringt ihn in jene ausweglose Situation, die er mit dem Leben bezahlen muss. Armin Müller-Stahl spielte zwar den Arzt und seine Konflikte sehr überzeugend, durch seine eigene Ausreise im folgenden Jahr 1980 wurde der Film in der DDR jedoch weggeschlossen – trotz der ideologischen Korrektheit seines tragischen Ausgangs.

Agentenfilme

Insbesondere Agentenfilme zeigen, dass das Überschreiten der Zonengrenzen bereits lange vor 1961 tödliche Gefahren bergen konnte. Ein frühes Beispiel ist der englische Film »The man between – Gefährlicher Urlaub« (GB 1953) mit James Mason, Claire Bloom und der jungen Hildegard Knef in den Hauptrollen. Carol Reed führte die Regie dieses zwischen Ost- und West-Berlin spielenden Thrillers. Die authentischen Drehorte vermitteln uns heute ein eindrucksvolles und fast dokumentarisch erscheinendes Bild des Tiergartenviertels in dem damals noch stark zerstörten und erst langsam wieder auferstehenden Berlin.

Internationale Produktionen von Agentenfilmen kamen immer wieder gern auf die deutsch-deutsche Grenze als pittoreskes Motiv zurück. »Der Spion, der aus der Kälte kam« (Regie: Martin Ritt), eine englische Verfilmung des gleichnamigen Romans von John Le Carré aus dem Jahr 1965, beginnt mit einem – nachgebauten – Berliner Checkpoint und endet mit einem Showdown an einem Grenzabschnitt zwischen Potsdam und Berlin. Auch Alfred Hitchcocks Film »Der zerrissene Vorhang« (USA 1966) spielt zwischen Ost und West. Der deutsche Filmszenograf Hein Heckroth, der auf ausdrücklichen Wunsch des Regisseurs engagiert wurde, schuf Teile von Kopenhagen, Ost-Berlin und Leipzig auf dem Studiogelände der Universal Films.

Auch die DEFA versuchte es hin und wieder mit Agentenfilmen. Der 1963 unter der Regie von János Veiczi nach dem Buch von Harry Thürk gedrehte Streifen »For eyes only (Streng geheim)« war ein gut gemachter Agentenfilm, ein Art »Edel-Western aus dem Filmstudio eines sozialistischen Landes«[18]. Der modern wirkende Film war ein Publikumsrenner in der DDR. Dazu trug die Ausstattung von Szenenbildner Alfred Drosdek gewiss ein Gutteil bei. Die entscheidende Szene der Rückkehr des DDR-Agenten, gedreht als Verfolgungsjagd über die Autobahn und das Durchbrechen der Grenze quasi in letzter Minute, lassen an James Bond-Filme jener Jahre denken.

Der zweite grenzüberschreitende Agentenfilm, »Chiffriert an Chef – Ausfall Nr. 5« (DEFA 1979, Regie: Helmut Dziuba) nach dem Drehbuch der Schriftstellerin Gisela Karau, zeigt die in der DDR offiziell mit einem Bildverbot belegte Grenze nicht mehr[19].

Mit der Entscheidung für eine Nachtszene und die Havel als Grenzfluss konnte das Problem der filmischen Darstellung von Grenzanlagen umgangen werden. Diese Filmfigur eines echten

»Der Mann auf der Mauer«, Regie: Reinhard Hauff, Bundesrepublik Deutschland 1982

»Mauerspringers« war ein Vorläufer der westlichen Mauerspringer-Filme in den achtziger Jahren.

Die »Mauerspringer«-Filme

Es ist bezeichnend, dass Billy Wilders Film »Eins, zwei, drei« bei seiner Wiederaufführung 1985 einen Durchbruch hatte, der ihn zum Klassiker machte, denn erst in den achtziger Jahren begann mit den »Mauerspringer«-Filmen eine neue Phase der Auseinandersetzung mit der Berliner Mauer.

Zu diesen Filmen gehören Reinhard Hauffs »Der Mann auf der Mauer« (1982), der auf der Erzählung »Der Mauerspringer« von Peter Schneider beruhte, die Mauerkomödie »Meier« von Regisseur Peter Timm (1986) und Wim Wenders' poetischer Film »Der Himmel über Berlin« aus dem Jahre 1987.

»Der Mann auf der Mauer« ist als eine »schillernde Tragikomödie« bezeichnet worden[20].

Der Protagonist Arnulf Kabe lebt mit seiner Frau in Ost-Berlin direkt an der Mauer. Er will unbedingt nach West-Berlin, lässt sich an einem Grenzübergang verhaften und wird erwartungsgemäß nach einigen Monaten nach Westdeutschland freigekauft. In West-Berlin vermisst er jedoch trotz einer Beziehung mit der Malerin Viktoria seine jenseits der Mauer verbliebene Frau Andrea. Er will wieder zurück und träumt davon, wie der alttestamentliche Moses die Mauer zu teilen, damit sein Volk hindurchziehen kann. Kabe kehrt in die DDR zurück und lässt sich von der Stasi als Spitzel werben, damit er die Grenze nun über einen versteckten Übergang beliebig passieren kann. Er holt Andrea für einen Tag nach West-Berlin, kann sie dort aber nicht halten, weil sie sich nicht zu Haus fühlt. Zum Schluss verbleibt Kabe als »Mann auf der Mauer« zwischen den beiden getrennten Welten.

Peter Timms Film »Meier« hingegen ist eine der seltenen gelungenen Grenzkomödien. Der Protagonist des Films, Ede Meier, ist Tapezierer und lebt mit seiner Freundin Lore in Ost-Berlin. Da ihm sein in West-Berlin verstorbener Vater eine kleine Erbschaft hinterließ, besorgt sich der DDR-Bürger Ede einen behelfsmäßigen West-Berliner Personalausweis und unternimmt damit eine Weltreise. Als er zurückkehrt, baut sich Ede nicht, wie erwartet, eine Existenz im Westen auf, sondern reist stattdessen mit einem Tagesvisum wieder nach Ost-Berlin – und es beginnt ein Doppelleben. So reist er mit seinen Pässen zwischen Ost- und West-Berlin hin und her und schmuggelt Raufasertapete in den Osten. Diese erstaunliche Tatsache versucht er mit einer angeblichen Erfindung zu kaschieren. Seine Brigade erreicht dadurch Bestleistungen, und Ede wird zum »Helden der Arbeit«. Als es nach der Feier der Ordensverleihung spät wird, zeigt Ede versehentlich seinen DDR-Ausweis an der Grenze und wird festgenommen. Da aber die Stasibeamten keinen »Helden der Arbeit« einsperren wollen, kommt er wieder frei. Der einfallsreiche »kleine Mann« vermag also über die Macht zu triumphieren und die mit der Mauer zementierte Nachkriegsordnung außer Kraft zu setzen[21].

Reinhard Hauff und Peter Timm mussten ihre Mauer jeweils im Studio nachbauen, während sich Wim Wenders an der echten Berliner Mauer abarbeitete. Schon einige Jahre zuvor, 1979, hatte Ulrike Ottinger in ihrem Berlin-Film »Bildnis einer Trinkerin« die reale Berliner Grenze mehrfach einbezogen, weil sie zu dieser Stadt und den Stätten ihres Nachtlebens gehörte. Der englische Titel des Films, »Ticket of No Return«, lässt die Assoziationen mit dem gefährlichen Ort der Frontstadt Berlin noch deutlicher aufscheinen.

Ebenfalls noch vor Wenders' »Himmel über Berlin« produzierte Wieland Speck seinen 1985 für die ZDF-Reihe »Das kleine Fernsehspiel« geschaffenen Film »Westler«, der als »wohl schönster deutscher Schwulenfilm« gilt[22]. Darin lernt Felix, ein West-Berliner, während eines Trips nach Ost-Berlin den jungen Thomas kennen. Sie sind fasziniert voneinander, kommen sich näher und verlieben sich so stark, dass beide eine Fahrt nach Prag zum Zwecke der »Republikflucht« planen. Das Besondere dieses Films sind die heimlichen Kameraaufnahmen in Ost-Berlin und vom Grenzverlauf an der Charité zwischen Lehrter Bahnhof und Friedrichstraße, die aus der S-Bahn heraus gefilmt wurden.

Echte Aufnahmen der Berliner Mauer lieferte auch »Octopussy«, der 1982/83 unter der Regie von John Glen gedrehte 13. Film der »James Bond«-Reihe[23]. Bond fährt darin sogar einmal über den Checkpoint Charlie im Auto nach Ost-Berlin – und verlässt die DDR wieder per Interzonenzug.

Auch Wim Wenders suchte mit seinem Film aus dem Jahr 1987 die Mauer zu durchdringen. Der von Peter Handke inspirierte Film ist ein freundlich-ironisches Märchen von der Menschwerdung eines Engels durch die Liebe zu einer Zirkusartistin. Dabei spielen die Mauer und ihre Überwindung eine entscheidende Rolle.

In einem Interview erinnerte sich Wenders 2007 an die Entstehung dieses Films. Hauptakteur war die geteilte Stadt selbst, immer noch, wie Wenders sagte, »die Nachkriegsstadt, die Frontstadt, die Inselstadt, die wir inzwischen alle vergessen haben«. Auch Wenders verschaffte sich auf der anderen Seite der Mauer zwei oder drei »gestohlene« Einstellungen, die heimlich gemacht wurden, weil die DDR keine Drehgenehmigung erteilte. Wie der Regisseur bekannte, hätte er damals »alles gegeben, im Ostteil der Stadt drehen zu können! Aber das war nicht drin. Ich habe ja dem Filmminister einen Besuch abgestattet. Und der war auch voll des guten Willens. Nur als der merkte, daß ich kein Drehbuch hatte, und daß die Hauptfiguren unsichtbar waren und durch Mauern gehen konnten (und deswegen auch durch DIE Mauer), da war mit ihm nicht mehr zu reden. Aber wahrscheinlich hat gerade diese historische Limitierung dem Film auch seine immanente Sehnsucht gegeben, diese zu überwinden.«[24] Wenders' Wunsch sollte erst 1989 in Erfüllung gehen.

»Der Himmel über Berlin«, Regie: Wim Wenders, Bundesrepublik Deutschland 1987

Damals konnte endlich auch ein DEFA-Film fertiggestellt werden, der erstaunlicherweise bereits zwei Jahre zuvor hatte begonnen werden können. Peter Kahanes Film »Die Architekten« widmet sich explizit dem konfliktvollen Feld der Selbstverwirklichung in der DDR und dem Thema Ausreise (DEFA 1989/90). Zum letzten Male wurde hier die Mauer, speziell das Brandenburger Tor, als Trennendes und – über die Mauer hinweg – verbindendes Bauwerk gezeigt. Zwar durften nun wieder Grenzübergänge und -anlagen gefilmt werden, doch hatten diese bereits ihren Schrecken verloren, der im Film noch einmal eindrücklich beschworen wird. »Die Architekten« erfassen die Agonie der späten DDR ebenso wie die Endgültigkeit der Ausreise in starken Bildern.

Filme nach dem Mauerfall

Die dritte entscheidende Phase der Mauer-Filme begann dann unmittelbar nach ihrem Fall im Winter 1989/90. Mit ihrer Überwin-

»Good Bye, Lenin!«, Regie: Wolfgang Becker, Bundesrepublik Deutschland 2003

dung und dem historischen Ende der DDR entstand in den beiden letzten Jahrzehnten der weitaus umfangreichste Teil deutscher Spielfilme, in denen die Mauer als Grenze zwischen den beiden Systemen ins Bild kam. Das bedeutete für die Filmemacher und besonders für die Szenografen, die Mauer nun generell und zugleich temporär neu zu errichten.

Wie exakt und genau sie dies taten, wird sich nur dem Kenner der Grenzsicherungsanlagen erschließen; in den meisten Fällen reichte es, ihre ungefähre Gestalt nachzustellen – sie musste allerdings in jedem Fall überzeugend wirken. Damit standen sie vor derselben Aufgabe wie die westdeutschen bzw. westeuropäischen und amerikanischen Filmemacher vor der Wiedervereinigung. In vielen Filmen behalfen sich die Szenografen daher wieder mit den bewährten Hinweisschildern auf das Verlassen der Sektorengrenzen[25].

Zu den großen Mauerdramen zählt Margarethe von Trottas Oscar-nominierter Film »Das Versprechen« aus dem Jahr 1995.

Eine Gruppe Jugendlicher flieht im Herbst 1961, nach dem Mauerbau, durch die Kanalisation von Ost- nach West-Berlin[26]. Konrad, einer von ihnen, der im letzten Augenblick zurückbleibt, macht als Wissenschaftler Karriere in der DDR. Als er im Sommer 1968 eine Fachtagung in Prag besucht, kann er endlich seine geflohene Freundin Sophie wiedersehen. Der »Prager Frühling« und der Einmarsch der Russen in Prag treiben sie wieder auseinander. Sophie ist schwanger und bekommt den Sohn Alexander, bleibt aber im Westen, und Konrad im Osten, wo sich allmählich alles zuspitzt. Es kommt zu einem tödlich endenden Fluchtversuch von Konrads Schwager. Der Film kulminiert in der Maueröffnung am 9. November 1989, bei der sich Konrad und Sophie wieder begegnen.

Dieser Film umfasst nicht nur die gesamte Zeit der deutschen Teilung, er visualisiert auch alle wichtigen Facetten der Mauer: ihre zunehmende Durchlässigkeit für Besucher aus dem Westen, aber auch ihre anhaltende Gefährlichkeit für Flüchtlinge aus der DDR.

Da die Berliner Mauer zu dem Zeitpunkt der Filmentstehung nicht mehr stand, musste sie neu errichtet werden. Der Szenograf Benedikt Herforth gestaltete sie im Prenzlauer Berg, während der Tunnel im Studio gebaut wurde.

In demselben Jahr entstand »Der Kontrolleur« (Regie: Stefan Trampe, nach dem Szenarium von Kerstin Hensel) als Abschlussfilm an der Potsdamer Hochschule für Film und Fernsehen. Es geht dabei um einen ehemaligen Grenzkontrolleur, der immer noch täglich seinen alten Arbeitsplatz aufsucht und in einer Parallelwelt lebt. Als diese enttarnt zu werden droht, dreht der Wende-Verlierer durch. Der Film lebt von der Schauspielerleistung Hermann Beyers, aber auch von dem Drehort, dem verlassenen und heruntergekommenen Grenzübergang Marienborn.

Aus diesen Anfängen aus der Mitte der neunziger Jahre sollten ab 1999 starke Nachfolger erwachsen: Leander Haußmanns »Sonnenallee« folgten 2001 der im Jahr 1961 spielende Film »Der Tunnel« von Rolf Suso Richter und 2003 »Good Bye, Lenin!« in der Regie von Wolfgang Becker.

Dass gerade »Sonnenallee« und – auf eine anders ironische Weise – »Good Bye, Lenin!« so ungemein erfolgreich wurden, liegt sicher daran, dass es gelang, den grundsätzlich ernsten Stoff der deutschen Teilung und ihrer Überwindung überzeugend in Komödienform zu bringen[27].

Ab 2006 verdichtete sich die Folge der Historiendramen: Hartmut Schoens Film »Die Mauer – Berlin 1961« wurde als Fernsehdrama konzipiert, ebenso der eindrucksvolle Film »An die Grenze« (2007) in der Regie von Urs Egger nach dem Buch von Stefan Kolditz, der hier eigene Erlebnisse aus seiner Zeit als NVA-Soldat einbrachte. 2008 folgte »Wir sind das Volk. Liebe kennt keine Grenzen« (Regie: Thomas Berger), dessen Handlung 1983 spielt.

»Das Wunder von Berlin« wurde 2008 ebenfalls von Roland Suso Richter inszeniert, und »Die Frau vom Checkpoint Charlie« in der Regie von Miguel Alexandre.

»Liebe Mauer«, wiederum in der Regie von Peter Timm, kam im Jahr 2009 heraus. Wieder wurde eine deutsch-deutsche Liebe zu einem Akt der Zivilcourage. Sascha, ein Grenzsoldat wider Willen, hat sich wegen eines Medizin-Studienplatzes für drei Jahre zur Volksarmee verpflichtet. Er begegnet Franzi, einer neugierigen und offenen jungen Frau aus dem Westen, die eine Wohnung direkt an der Mauer bezieht. Beide verlieben sich und arrangieren heimliche Treffen. Stasi und CIA vermeinen Anfänge einer Revolte zu beobachten, die vor dem Hintergrund der Massenflucht in die Prager Botschaft und den Demonstrationen in der DDR einen realen Kern beanspruchen. In Wirklichkeit führt das junge Paar die Geheimdienste an der Nase herum, um so viel Zeit wie möglich miteinander verbringen zu können. Auch hier ist die Mauer aus Pappmaché nachgebaut worden.

Es ist nur folgerichtig, dass der Filmpark Babelsberg zu Pfingsten 2009 eine neue Attraktion einweihte, eine fast 100 Meter lange und 3,70 Meter hohe Filmkulisse der Berliner Mauer, die 2008 für die Constantin-Film-Produktion »Der Baader Meinhof Komplex« am authentischen Drehort gegenüber dem Axel-Springer-Haus in Berlin errichtet worden war. Eingebettet zwischen dem »original GZSZ-Außenset« und der »Berliner Straße«, ergänzt die »Berliner Mauer« das imposante Ensemble der Berliner Außenkulissen. Weitere Requisiten, unter anderem der Zeitungskiosk aus der DDR-Grenzkomödie »Sonnenallee«, komplettieren die authentisch gestaltete Dekoration. Ein Checkpoint sowie eine Aussichtsplattform mit Blick in die »Berliner Straße« werden folgen[28].

Es ist gut, dass die Mauer nur noch in musealen Rudimenten existiert und ihren Schrecken allenfalls noch in den Erinnerungen, Kunst, Literatur, Fotografien und Filmen entfalten kann. Ihre Bilder agieren in einem Spannungsfeld zwischen Errichtung, Verteidigung und Ablehnung der Mauer, zwischen Aufbau und Abbau; zwischen Resignation vor ihrer Macht und ihrem frechen Überwinden. Eines aber verbindet alle gezeigten Filmgruppen, die frü-

»Liebe Mauer«, Regie: Peter Timm, Bundesrepublik Deutschland 2009

hen Mauerfilme aus dem Osten, die Agentenfilme, die westlichen Mauerspringer-Filme und die Historienfilme der Nachwendezeit: der Konstruktionscharakter der Mauer im Film. Dort ist sie nie sie selbst, sondern immer nur ein interpretierendes Bild der Mauer als Grenzbau – weniger real als das Original, aber doch von einer Präsenz, die uns immer wieder das Fürchten zu lehren vermag.

ANKE KUHRMANN
DIE MAUER IN MALEREI UND GRAFIK

> *Ich kann es beinahe selbst nicht glauben, an was ich mich erinnere. Aber wenn ich auf die Reproduktionen meiner Bilder mit den Aussichtsplattformen schaue, dann weiß ich, die Mauer muss existiert haben. Auf dem Bild ist sie gar nicht zu sehen. Aber warum starren die Menschen über leere Flächen auf ferne Häuser? Da muß doch etwas sein, was sie von diesen Häusern fernhält.*[1]
>
> Der Maler und Grafiker Michael Otto, 2009

Nach Öffnung der Berliner Mauer dauerte es kaum ein Jahr, und die Mauern, Zäune und Wachtürme des einst 43 Kilometer langen und bis zu 500 Meter breiten innerstädtischen Sperranlagensystems waren weitgehend demontiert. Nur an wenigen Stellen haben sich – meist durch den beherzten Einsatz von Einzelakteuren – signifikante Grenzelemente erhalten, etwa an der Niederkirchnerstraße oder der Bernauer Straße. Mit dem Abstand der Jahre reifte die Erkenntnis, dass die Erinnerung an die deutsche Teilung ganz elementar auch der baulichen Zeitzeugen bedarf. Aus diesem Grund wurden bis 2010 sukzessive 27 erhaltene Grenzelemente unter Denkmalschutz gestellt, 2006 vom Berliner Senat ein »Gesamtkonzept Berliner Mauer« verabschiedet[2] und der erhaltene Grenzabschnitt in der Bernauer Straße seit 2009 zu einer umfassenden Gedenklandschaft ausgebaut[3]. Doch Orte wie dieser stellen die Ausnahme dar: 20 Jahre nach dem Mauerfall ist der Verlust an materieller Substanz enorm, nur noch wenige Baulichkeiten können über die Teilung Deutschlands und Berlins Auskunft geben. Wer an die Berliner Mauer erinnern will, muss schon etwas genauer hinsehen, um entlang des einstigen Grenzverlaufs die erhaltenen, oftmals kaum noch bemerkbaren Reste und Spuren der Grenzanlage zu entdecken[4]. Oder: Man bedient sich wie der Berliner Maler und Grafiker Michael Otto[5] anderer Quellen, um sich der einstigen Existenz der Mauer zu vergewissern. Werke der bildenden Kunst, Gemälde, Grafiken, Skulpturen und Plastiken, aber auch Fotografien sowie fotografisch oder filmisch dokumentierte Graffiti, Aktionen, Installationen und Performances, die sich mit der Berliner Mauer beschäftigen, vergegenwärtigen uns heute genauso wie Mauerreste und Gedenkorte den Sperrwall durch Berlin[6].

Die Berliner Mauer ist von zahlreichen Künstlern in West und Ost vor, während und nach dem Mauerfall zum Thema gewählt und auf unterschiedliche Art und Weise interpretiert worden. Dennoch herrschte lange Zeit die Meinung vor, »nur wenige Künstler haben DIE MAUER als solche zum Thema ihres Bildes gemacht«[7] und dass es in »der Bildenden Kunst […] bis Anfang der siebziger Jahre kaum Interpretationen der Mauer gegeben«[8] habe. Dieser Eindruck entstand vor allem dadurch, weil sich der klassische Ausstellungsbetrieb weder in Berlin noch anderenorts während der 28-jährigen Existenz der Mauer, aber auch nicht in den ersten zwei Jahrzehnten nach dem Mauerfall dieses Themas angenommen hat. Ausstellungen zur Berliner Mauer in der Kunst zwischen 1961 und 1989 lassen sich an einer Hand abzählen: Vier Jahre nach dem Mauerbau zeigte der Münchener Kunstverein eine Ausstellung mit dem Titel »Flucht und Grenze in der Bildenden Kunst seit 1945«, deren Hauptaugenmerk vor allem auf Darstellungen von Flucht und Vertreibung aus den ehemals deutschen Gebieten im Osten lag. Die erst wenige Jahre zuvor mit Sperren versehene Demarkationslinie durch Deutschland wurde in nur einigen wenigen Arbeiten thematisiert. Eine intensive Auseinandersetzung mit mauerdarstellender Kunst erfolgte durch das Museum Haus am Checkpoint Charlie und dessen Gründer Rainer Hildebrandt. Er initiierte in den siebziger und achtziger Jahren zwei Kunstwettbewerbe und einen Fotowettbewerb und sammelte selbst »Mauerkunst«[9]. Von diesen wenigen Ausnahmen abgesehen, führte selbst der Fall der Mauer nicht zu verändertem Umgang und interessierterem Nachfragen nach künstlerischen Interpretationen der Berliner Mauer.

Erst 2009, im Jubiläumsjahr des 20-jährigen Mauerfalls, durchforsteten die Berliner Museen ihre Bestände auf Kunstwerke, die sich mit der Mauer beschäftigen, und zeigten repräsentative Ausstellungen; auch zahlreiche Galerien stellten interessante Arbeiten zum Thema zusammen. Ausstellungen wie »FALLMAUERFALL« der Stiftung Stadtmuseum oder »Blicke zurück nach vorn. Künstler reagieren auf das Ende der Mauerzeit« in der Galerie Pankow, aber auch Publikationen wie »Die Mauer – Der Fall« des Künstlersonderbundes verdeutlichten nach jahrzehntelanger Vernachlässigung des Themas, dass sich Künstler aus West und Ost – in der DDR sowohl mit systemkritischem als auch regimetreuem Impetus – und aus allen Bereichen der bildenden und angewandten Kunst, der Hoch- und der Offkultur mit der Berliner Mauer auseinandergesetzt haben. Im Laufe der 40-jährigen Teilung und des 20-jährigen Zusammenwachsen Deutschlands entstanden ganz unterschiedliche Kunstwerke zur Grenze, mit einem breiten Spektrum an Themen und Motiven. Die Arbeiten beschäftigen sich mit der Teilung Deutschlands, zerbrochenen Familien und Freundschaften, dem Eingesperrtsein und der Unfreiheit in der DDR – hier vor allem den Einschränkungen in Meinungsäußerung und Reisemöglichkeiten. Die Werke zeigen aber nicht nur die Auswirkungen auf das Leben und die Befindlichkeit der ein- und ausgemauerten Menschen, zahlreiche Künstler setzten sich auch mit den Folgen der Teilung für die Stadt auseinander: Gekappte Straßen- und U-Bahnverbindungen beeinträchtigten ihre Infrastruktur, der Todesstreifen verwüstete ihre Topografie und das Stadtbild[10]. Darüber hinaus zeigen die in der ehemaligen DDR entstandenen regimetreuen Arbeiten zum Thema Grenze, wie die DDR ihre Staatsgrenze gesehen und verstanden wissen wollte[11]. Kunstwerke, die während und nach dem Fall der Mauer entstanden, sind zum einen narrative Historienbilder, zum anderen aber auch deutliche Kommentare zum Umgang mit der Mauer, zur deutschen Wiedervereinigung und der Neubesetzung des einstigen Todesstreifens.

In den ersten drei Nachkriegsjahrzehnten setzten Künstler sich vor allem in den Gattungen Malerei, Grafik und vereinzelt auch Plastik mit der Mauer auseinander. Doch auch in den achtziger Jahren, als die Westfassade der Grenzmauer als Malgrund entdeckt wurde, und nach 1989/90 interpretierten Künstler die Mauer in den klassischen Gattungen der Malerei und Grafik. Das Grenzbauwerk selbst fand mit seinen verschiedenen Sperr- und Überwachungselementen – den Mauern, Wachtürmen, Zäunen, Panzersperren, dem geharkten Kontrollstreifen, aber auch mit den Grenzsoldaten – Eingang in die Kunstwerke. In der Darstellung dieser Elemente, abbildhaft oder stilisiert, reflektierten die Künstler bewusst oder unbewusst auch die verschiedenen Ausbaustadien der Mauer. Bei diesem im Militärjargon der NVA als »signal-, pionier- und nachrichtentechnischer Ausbau der Staatsgrenze« bezeichneten

Prozess ging es vor allem darum, die Grenze »sicherer«, unüberwindbarer zu machen, zugleich aber auch ansehnlicher zu gestalten. Man spricht von vier Generationen der »Berliner Mauer«, die sich vor allem am Erscheinungsbild der Grenzmauer und der

Erwin Hahs, Das verlorene Paradies (1959, Tempera auf Hartfaser mit Lack überzogen, 57 x 78,5 cm)

Dennis Molchan, Die Mauer muss fallen (1971, Öl auf Leinwand, 40 x 50 cm)

Wachtürme, aber auch am Aufbau und an der Ausstattung des Grenzstreifens festmachen lassen[12].

Mauer, Zaun und Stacheldraht – Die Sicht der Künstler auf Elemente der Berliner Mauer von der ersten Grenzbefestigung bis zur »Grenzmauer 75«

Vor der Mauer war der Stacheldraht. Er war das dominierende Material der ersten Absperrmaßnahmen. An der innerdeutschen Grenze wurden bereits ab 1952 Abschnitte durch einen Stacheldrahtzaun, vereinzelt auch durch einen mit Stacheldraht bewehrten Maschendrahtzaun gesichert; mit dem 13. August 1961 erfolgte die »pioniermäßige Verstärkung der Staatsgrenze« zur Bundesrepublik mit einem doppelten Stacheldrahtzaun auf Betonsäulen und vermintem Zwischenraum. Auch in Berlin begann der Bau der »Mauer« nicht mit Steinen, sondern mit Stacheldrahtverhauen, die die Straßenverbindungen abriegelten. Stacheldraht ist ein mit »Gefangenschaft« und »Unterdrückung« konnotiertes Material, das, vor allem in Kombination mit den ersten, hölzernen Wachtürmen entlang der Grenze, an die damals noch nicht lange zurückliegende Zeit der nationalsozialistischen Konzentrationslager und der Kriegsgefangenenlager[13] erinnerte. Der Stacheldraht der Grenze verfestigte sich zu einer negativen Metapher für das ganze Land. Schnell sprach die westdeutsche Presse von dem »Gefängnis DDR« oder »KZ-DDR«. Stacheldrahtmotive zieren Flugblätter und Broschüren der späten fünfziger und sechziger Jahre.

Werner Brunner, Brandenburger Tor (1985, Acryl auf Backpapier auf Nessel, 200 x 150 cm)

Als Synonym für Teilung und Unterdrückung fand der Stacheldraht auch Eingang in die bildende Kunst. Eines der frühesten »Grenzbilder«, »Das verlorene Paradies« des DDR-Künstlers Erwin Hahs, entstand bereits vor dem Bau der Mauer. Der trennende Maschendrahtzaun sowie das stacheldrahtgesicherte Gatter verweisen auf die frühen Sperrmaßnahmen entlang der innerdeutschen Grenze.

In Sieghard Pohls Pinselzeichnung »Flucht nach drüben« von 1956 schlingt sich der Stacheldraht der innerdeutschen Grenze um das Bein des Flüchtlings, um ihn am Übertritt in den Westen zu hindern. Pohl selbst wohnte bis zu seinem Freikauf 1965 in Ost-Berlin; zuvor war er wegen »fortgesetzter staatsgefährdender Propaganda und Hetze« im Gefängnis Waldheim inhaftiert gewesen. In der motivisch stark reduzierten Monotypie »Grenzsoldat und Mauerkrone« (1962) des ostdeutschen Künstlers Robert Rehfeldt ist es neben dem Grenzsoldaten vor allem die Stacheldrahtrolle der Mauerkrone, welche eindeutig auf die Berliner Mauer verweist. Und auch in Horst Strempels Zyklen »Frau an der Mauer« (1962) und »Menschen an der Mauer« (1961) findet sich das Motiv des Stacheldrahts bzw. dessen in die Mauerkrone eingelassene Halterungen. Strempel war bereits 1953 nach seiner Entlassung als Lehrer der Hochschule für Angewandte Kunst in Berlin-Weißensee nach West-Berlin übergesiedelt. Seine in den sechziger Jahren entstandenen »Mauerbilder« sind Darstellungen jener erschütternden Szenen, die sich zu

Beginn des Jahrzehnts an der Berliner Grenze abspielten, als die Berliner Mauer in der Tat nur aus einer Mauer bestand und noch nicht aus dem später tief gestaffelten System verschiedener Sperr- und Sicherungselemente. Bis zum ersten Passierscheinabkommen 1963[14] war alleine über diese mit Stacheldraht bekrönte Mauer der Sichtkontakt zu Freunden und Verwandten auf der anderen Seite möglich. In Strempels Grafiken und Gemälden sind die ersten beiden Generationen der Mauer dokumentiert: anfangs das aus Großblockelementen des Wohnungsbaus und Hohlblocksteinen grob zusammengemauerte Bauwerk, in dessen Krone Y-förmige Halterungen für Stacheldraht eingelassen waren und das kurz darauf an besonders »durchbruchgefährdeten« oder öffentlichkeitswirksamen Bereichen mit horizontal vermörtelten Decken- oder Fahrspurplatten stabilisiert wurde. Diese als zweite Generation bezeichneten Betonplatten sind in dem bereits 1961 entstandenen Ölbild »Stadtlandschaft« des Dresdner Malers Peter Herrmann präsent, der 1984 die DDR verließ. Das erst 1971 entstandene Ölbild des amerikanischen Malers Dennis Molchan erinnert mit den abbildhaft dargestellten Hohlblocksteinen an die erste Mauergeneration. Als Vorlage diente dem in den sechziger Jahren als Soldat in Berlin stationierten und heute dort lebenden Molchan eine kurz nach dem Mauerbau in der Bernauer Straße aufgenommene Fotografie der Grenzmauer, die mit dem Graffito einer Trompete und dem Satz »Die Mauer muss fallen« versehen war.

Diese frühen Werke schufen Künstler, die im Ostteil Berlins bzw. in der DDR lebten oder sie verlassen hatten. Im Westen wurde die Grenzanlage mit dem Mauerbau Thema. Eines der ersten Mauerbilder, das im Westen unter dem direkten Eindruck der Ereignisse entstand, war Alexander Camaros abstraktes Ölbild »13. August 1961«. Hannah Höch schuf 1962 »Das offene Tor«. Im gleichen Jahr hielt Rolf Curt in einer Radierung den Mauerbau am Brandenburger Tor fest. Georg Salzmann dokumentierte in seiner Collage »Die Mauer« den innerstädtischen Mauerverlauf durch mehrfach gestrichelte Kreuze auf einem Luftbild. Von Beginn an lassen sich für die »Grenz- und Mauerbilder« jedoch zwei Hauptthemen ausmachen, die bis 1989 bestimmend bleiben sollten: einmal die »Seelenlandschaften«, die die unmittelbaren Auswirkungen des Mauerbaus und der Teilung auf die Menschen, die Unfreiheit und den aggressiven, tödlichen Charakter der Grenze wiedergeben;

zum anderen die »Grenzlandschaften«, deren Hauptaugenmerk den massiven Auswirkungen der Grenzziehung auf Berlin und die Landschaft entlang der innerdeutschen Grenze gilt. Die »Seelenlandschaften« finden sich oft in Werken ostdeutscher Künstler, die in der DDR lebten oder gelebt hatten, die »Grenzlandschaften« entwickelten BRD- und DDR-Künstler gleichermaßen, wobei sich bei Letzteren deutlich mehr Arbeiten finden, welche die Verletztheit der Stadt und die Brutalität der Mauer besonders herausstellen.

Die »auf der Gesamtlänge bei weitem dominierenden Stacheldrahtsperren«[15] sowie die mit Stacheldraht bekrönte Blockmauer der ersten und zweiten Generation boten wenig Standsicherheit, dafür aber ein brutales und martialisches Erscheinungsbild. Nachdem sich abzeichnete, dass die Mauer zu einem dauerhaften Zustand werden würde, trieb die SED-Führung den Ausbau und die Aufrüstung der »Staatsgrenze« voran: Zum einen sollte sie immer unüberwindbarer werden, ihr Erscheinungsbild zum anderen aber »kulturvoll«[16] sein. Die offensichtlich barbarischen Elemente – wie der historisch so negativ konnotierte Stacheldraht – verschwanden ab 1965 mit der Mauer der sogenannten dritten Generation zunehmend aus dem Blick der Öffentlichkeit im Westen. Innerhalb des eigentlichen Grenzstreifens blieb er erhalten.

Mit dem sich ändernden realen Erscheinungsbild wurde auch in der Malerei der Stacheldraht ein selteneres Motiv, blieb jedoch als Metapher für die Grenze erhalten. So balanciert etwa das Brandenburger Tor in dem 1985 entstandenen Gemälde des West-Berliner Malers Werner Brunner auf einer auf den Kopf gestellten Pyramide auf einem Stacheldraht-Hochseil über der Stadt.

Roger Loewig, aus Schlesien stammender Malerpoet, infolge einer 1963 in Ost-Berlin privat gezeigten Ausstellung mit Mauerbildern wegen »staatsgefährdender Hetze und Propaganda« verurteilt, von der Bundesrepublik freigekauft und 1972 dorthin übergesiedelt, arbeitete in seinen mehr als 20 Zeichnungen zur innerdeutschen und innerstädtischen Grenze häufig mit dem Stacheldraht-Motiv. Mal wird er als Element einer Grenzanlage gezeigt, wie in der Folge »Gefährliche Landschaften«, mal im metaphorischen Sinne, wie in dem Triptychon »Ein großer Vogel Hoffnung« (1973), wo das titelgebende Tier von Stacheldraht-Ketten in seinem Flugdrang behindert wird. In der Arbeit »Zugvögel«

der Folge »Gefährliche Landschaften« (1972) beschäftigt Loewig sich mit dem Flüchtlingstod an der innerdeutschen Grenze. Die Darstellung der Grenzelemente ist wenig abbildhaft, vielmehr scheint es dem Künstler um die Lebensgefährlichkeit der Grenze

Rainer Fetting, Van Gogh und Mauer V (1978, Dispersion auf Leinwand, 201 x 251 cm)

zu gehen, denn der gepflügte Acker vor dem Stacheldrahtzaun ist aus Toten gebildet – im Splitterhagel der Minen gestorbene Flüchtlinge. Mit diesem Motiv verweist die Zeichnung auf den 1972 von Erich Honecker erteilten Befehl, entlang der innerdeutschen Grenze Selbstschussautomaten mit Splitterminen zu installieren.

Matthias Hohl-Stein ließ noch 1981 in seinem Ölbild »Der Schmerz« plakativ einen zweistrangigen Stacheldrahtzaun durch einen aus der Landschaft erwachsenden Männerkopf hindurchfahren. Auch Dennis Molchans nach dem Mauerfall entstandenes Ölbild »Stacheldraht«, das die in Auflösung begriffene Grenze zeigt, operiert mit diesem Motiv.

Die Grenzmauer der dritten Generation war im Gegensatz zu der grobschlächtigen, gemauerten ersten Blockmauer eine »indus-

Bernauer Straße
Ende
des
franz. Sektors
FIN
DU
SECTEUR FRANCAIS
1

2

3

4

GESETZBLATT
der Deutschen Demokratischen Republik
Teil I
1962 Berlin, den 25. Januar 1962 Nr. 2
Militärstrafgesetz §10
(3) Die Nichtdurchführung eines Befehls bleibt straflos, wenn die Ausführung gegen die anerkannten Normen des Völkerrechts oder gegen Strafgesetze verstoßen würde.
MORD
bleibt
MORD –
auch wenn er
befohlen
wird!

5

6

7

8

12

WRITE THE WALL
WRITING ON THE WALL...

Günter Litfin
erschossen am 24.August 1961
im Humboldthafen
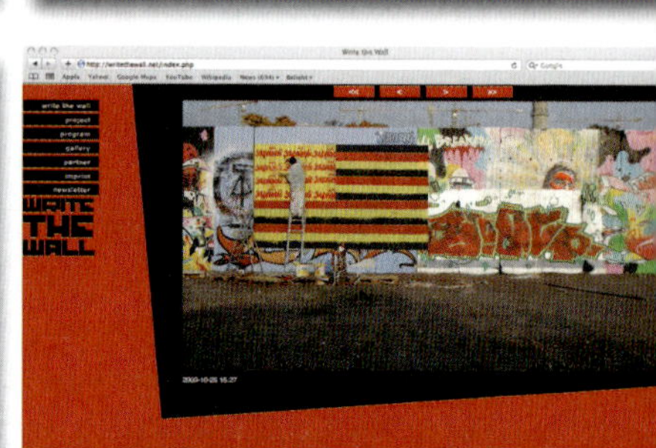
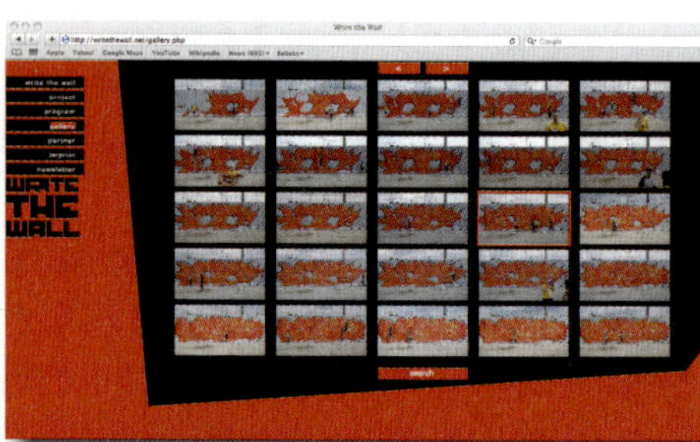

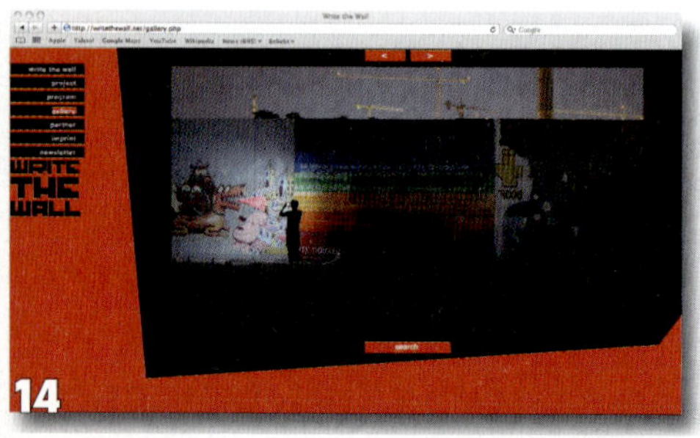

14

TAFELTEIL

12 *»Sonnentor«, Mauervergoldungsaktion von Rotraud von der Heide am Potsdamer Platz, 9. November 1998*

13 *Mauerfriedhof am Teltower Kanal*

14 *»Write the Wall«, Sommer 2009*
Projekt des Kreuzberger Kunstvereins Artitude e. V.
www.writethewall.net

trialisierte« Grenzmauer aus horizontalen Betonplatten zwischen Doppel-T-Trägern, von einem Rohr bekrönt. Diese Grenzmauer prägte von Mitte der sechziger bis Ende der siebziger Jahre das Erscheinungsbild der Mauer in Berlin. Gemälde und Grafiken dieser Zeit – vor allem der frühen siebziger Jahre – spiegeln diese Entwicklung wider: Sigurd Kuschnerus' »Berlin Pano(d)rama« (1971/72), eine Ansicht Kreuzbergs 360° um den Moritzplatz verlaufend, gibt unter anderem sehr detailliert die Grenzübergangsstelle Heinrich-Heine-/Prinzenstraße wieder. Auch eine Reihe gleichzeitig entstandener Kreidezeichnungen des West-Berliner Künstlers Kurt Thiede sowie die Radierung »Richtung Bethaniendamm« (1972) von Michael Otto bilden die Grenzmauer der dritten Generation ab und dokumentieren so den Beginn der »modernen Grenze«. Diese fand dann ihre Fortführung in der Grenzanlage der vierten Generation, mit der sogenannten »Grenzmauer 75« und einer gen Osten gerichteten »Hinterlandsicherungsmauer«.

Manfred Butzmann, Grenzmauer (1981, Aquatintaradierung aus der Folge Steinernes Berlin I, Blatt 9, 18,1 x 24,1 cm)

Die »Grenzmauer 75« der vierten Generation hat das Bild von der Mauer weltweit geprägt. Sie wurde zum Symbol für das gesamte Grenzsystem und stellt das häufigste Motiv in Grafik und Malerei dar. Durch fugenlos verputzte Stoßkanten und den nach Westen einheitlich weißen Anstrich erstreckte sich die aus vertikalen Betonelementen bestehende, sehr standfeste »Grenzmauer 75« wie ein unendlich langes Band durch die Stadt. Gerade diese enorme Erstreckung in Länge und Fläche griffen Grenzlandschaftsmaler aus Ost und West auf, der amerikanische Fluxus-Künstler Emmett Williams in seinem Arcylgemälde »Potsdamer Platz I« (1981) etwa. Hier riegelt eine blau eingefärbte, diagonal über die Bildfläche verlaufende

Roger Loewig, Zugvögel, aus der Folge Gefährliche Landschaften (1972, Buntstiftzeichnung, 20 x 29 cm)

»Grenzmauer 75« den gelb dargestellten Ostteil vom rot gefärbten Westteil der Stadt ab. Konrad Knebels »Straße mit Mauer« (1977) verdeutlicht bei aller Unaufgeregtheit der Darstellung (die in den für Knebels Ost-Berliner Stadtporträts typischen unbunten Farben gemalten glatten »Grenzmauer 75«-Elemente und der quadratische Beobachtungsturm wirken genauso harmlos wie die sie umgebenden Häuser) dennoch die unnatürliche Teilung der Stadt. Genauso wie die Menschen hüben wie drüben die gleiche Sprache sprechen, unterscheiden sich auch die Fassaden der Wohnhäuser nicht; in Ost und West die gleichen typischen Berliner Mietskasernen. Manfred Butzmanns Aquatintaradierung »Grenzmauer« aus dem Jahr 1981 – Closeup eines »Grenzmauer 75«-Abschnitts mit zehn Betonsegmenten – vermittelt einen realen Eindruck der Grenzmauer zwischen Schönhauser Allee und Pankow und verdeutlicht, dass bestimmte städtische Situationen auch Sonderlösungen im Mauerbau erforderten. Bei Butzmanns »Grenzmauer« befinden sich zwischen den senkrechten Elementen der »Grenzmauer 75« und dem nach oben abschließenden Asbestzementrohr noch zwei Reihen quer angebrachte Betonplatten. Diese ungewöhnliche Konstruktion resultierte aus dem Standort, denn entlang der S-Bahntrasse sollte diese erhöhte Mauer den Blick in den Todesstreifen verstellen. Der West-Berliner Maler Rainer Fetting, der sich in zahlreichen Arbeiten der Berliner Mauer und hier vor allem der Grenzmauer widmete, ließ Ende der siebziger, Anfang der achtziger Jahre in einem mehrteiligen Gemäldezyklus und einer Kunstaktion Van Gogh der »Grenzmauer 75« einen Besuch abstatten.

Die in der DDR lebenden regimekritischen Künstler, die wie Manfred Butzmann, Martin Hoffmann, Roland Nicolaus, Roger Loewig, Konrad Knebel, Sieghard Pohl, Robert Rehfeldt, Peter Herrmann, Hans-Hendrik Grimmling, Annemirl Bauer oder Hans Ticha den inhumanen Charakter der Grenzanlage in ihren Bildern verdeutlichen, arbeiteten unter erschwerten Bedingungen, wurde der Aufbau der Grenzanlage doch als Militärgeheimnis behandelt und mit einem Darstellungsverbot belegt. Schon der Versuch, sich ein »Bild« von der Grenze zu machen, egal ob Zeichnung oder Fotografie, galt als Vorbereitung zur Republikflucht und konnte mit einer Haftstrafe geahndet werden. Nahezu unmöglich war es den Künstlern, die kritischen »Mauerbilder« in öffentlichen Ausstellungen zu präsentieren. Diese Arbeiten entstanden und blieben oft im Verborgenen, nicht selten wurden die Künstler vom Staatssicherheitsdienst überwacht, an der Ausübung ihres Berufes bis hin zur Konfiszierung ihrer Bilder gehindert.

Neben der Grenzmauer waren Wachtürme ein Hauptmotiv. Die hölzernen sowie die ab 1962 aus Hohlblocksteinen gemauerten und verputzten quadratischen Wachtürme wiesen den gleichen improvisierten Charakter auf wie die dazugehörige Grenzmauer der ersten und zweiten Generation.

Aquatintaradierungen von Hans Körnig, der während einer illegalen Westreise vom Mauerbau überrascht wurde und in der Bundesrepublik blieb, zeigen diese beiden ersten Wachturmtypen: »An der Liesenstraße, Berlin-Wedding« stand die gemauerte Variante, und der »Blick über die Mauer, Bernauer Straße« offenbart, dass sich dort in den ersten Jahren nach dem Mauerbau verschiedene Formen von Holztürmen befanden. Im Zuge der »Modernisierung« und Aufrüstung der Grenze mit der dritten Generation Mitte der sechziger Jahre und dem abermals erneuerten Gesicht mit der »Grenzmauer 75« wurden auch zwei neue Wachturmtypen aus Betonfertigteilen eingeführt. Die Kunstwerke spiegeln diese Veränderungen wider. Werner Brunners Acrylgemälde »Staaken« – hier befand sich bis Ende 1987 eine Grenzübergangsstelle für den Transitverkehr – zeigt noch 1988 einen Beobachtungsturm älteren Typs, im Bildvordergrund dagegen schon die moderne »Grenzmauer 75«. Seine Arbeit »Berlin-Ackerstraße – Ost/West-Verkehr (I)« von 1985 zeigt einen bedrohlich über diese Mauer ragenden Beobachtungsturm modernen Typs.

Im »Deutschen Geschichtsmuseum« (1988) versammelt Roger Loewig – einem Katalog gleich – alle Wachturmtypen aus Stein und Beton, die seit 1962 entlang der Grenze aufgestellt wurden.

Die in Ost und West entstandenen Seelen- und Grenzlandschaften bilden sämtliche Elemente des Grenzanlagensystems in ihrer ganzen baulichen Monstrosität ab: Mauern, Zäune, Wachtürme, Höckersperren, Stacheldraht, verödete Areale in Grenznähe oder den gesamten Todesstreifen. Ein Hauptaugenmerk liegt auf den Bauwerken mit Sperrwirkung; hier vor allem auf der Grenzmauer.

Eine Reihe von Arbeiten – so etwa Sigurd Kuschnerus' »Berlin-Pano(d)rama« (1971/72), Wolf Vostells »Berliner Mauer und Brandenburger Tor« (1972), Manfred Butzmanns »Haus an der

Hans Körnig, Blick über die Mauer, Bernauer Straße (1966, Aquatintaradierung, 43,5 x 59,5 cm)

Grenze« (1990), Trak Wendischs »Berlin, Berlin III« (1983), Nuria Quevedos »Schwangere im Atelier am Pariser Platz« (1972), Sighard Gilles »Berliner Landschaft« (1976/79), Peter Herrmanns »Gesamtdeutsches Gewitter« (1987), Konrad Knebels »Niemandsland« (1991), Hans Körnigs »Blick über die Mauer, Bernauer Straße« (1966) oder Roland Nicolaus' »Blick ins Niemandsland« (1988) – deuten es an oder führen es wie Martin Hoffmanns »Die Mauer« (1980) und Antje Marczinowskis Diptychon »Grenzsituation I und II« (1979) ganz deutlich vor Augen, dass es sich bei der Mauer nicht allein um jene zu einer Art Ikone avancierte »Grenzmauer 75«, sondern um ein aus zahlreichen Sperr-, Sicherungs- und Überwachungselementen bestehendes Grenzanlagensystem handelte.

Antje Marczinowski, Grenzsituation I und II (1979, Tempera auf Leinwand, je 160 x 130 cm)

Werner Brunner, Staaken (1988, Acryl, Papier auf Nessel, 150 x 150 cm)

Hans-Hendrik Grimmling, mauerbild (1983, Acryl auf Hartfaser, 200 x 150 cm)

»Der Schnitt ins eigne Fleisch./Der Schnitt durchs Land« – Künstlerische Abstraktionen und Metaphern[17]

Für den ostdeutschen Lyriker Bernd Jentzsch war es der Schnitt, der Grenze und Teilung symbolisierte. Diese Interpretation als ein in Fleisch oder Erdreich klaffender Schnitt findet sich auch in der bildenden Kunst – als Bruch, Riss oder Spalte: so in der bereits erwähnten frühen Pinselzeichnung »Flucht nach drüben« (1956) von Sieghard Pohl oder auch in »Betrachtung Deutschlands« (1984) des ostdeutschen Malers Torsten Paul. Oftmals stellen Künstler die Grenzelemente der realen Mauergenerationen stilisiert dar: Jörg Immendorf griff für seinen Zyklus »Café Deutschland« (1977/78) genauso wie Klaus Killisch in »Mauerspringer« auf die Abstraktion als gewöhnliche Ziegelmauer zurück. In Emmett Williams' Luftansicht des »Potsdamer Platzes« (1981) oder Sighard Gilles »Berliner Landschaft« (1976/79) steht ein langes, nicht weiter ausgestaltetes Band als stilisierter Stellvertreter für eine der realen Grenzmauergenerationen. Eine im Material Beton bleibende Abstraktionsform der Mauer weisen zwei großformatige Arbeiten des Leipziger Künstlers Hans-Hendrik Grimmling aus dem Jahr 1983 auf. Grimmling siedelte 1986 nach West-Berlin über, doch »als er noch in der DDR lebte, rieb sich der Maler die Seele an der Mauer wund«[18]. Unter der Unfreiheit und beschränkten Reisemöglichkeiten leidend[19], stellte Grimmling in den von ihm als »mauerbilder« bezeichneten Ölgemälden über graue Betonblöcke gemarterte Figuren in »fanfarischem Rot«[20], in Blut assoziierendem Rot dar. Die beiden Seitentafeln des Triptychons »ruderer« zeigen je eine Figur, die gleichsam wie auf einer Streckbank mit verrenkten Gliedern über einen die Bildkomposition dominierenden grau-weißen Block gespannt ist. Auch das offiziell als »mauerbild« bezeichnete Gemälde weist jenen – die Mauer abstrahierenden – hellen Block auf, der hier verschränkt ist mit drei ineinander verknoteten, entpersonifizierten Leibern[21].

Eine in Malerei und Grafik, aber genauso in Epik und Lyrik der DDR weitverbreitete Metapher für die vom Menschen dem Menschen auferlegten Beschränkungen der persönlichen Freiheit und den verzweifelten, oft vergeblichen Versuch, diesen zu entkommen, ist der Ikarus der griechischen Mythologie, der seinen Fluchtversuch aus dem Labyrinth des Minotaurus mit dem Sturz ins Meer und dem Tod bezahlt. Für Hans-Hendrik Grimmling, der ebenfalls mit der Ikarus-Metapher arbeitet, ist »Ikarus [...] das Wegwollende, im Versuch das Stürzende«[22]. Im künstlerischen Rückgriff auf den griechischen Mythos setzten sich Künstler wie Wolfgang Mattheuer in »Flugversuch« (1985) oder Rainer Bonar in seiner Radierung »Ikarusflug über Mauern und Grenzen« mit dem Eingesperrtsein hinter der Mauer und Fluchtbestrebungen auseinander. Annemirl Bauer bediente sich des mythologischen Motivs in ihrer Zeichnung »Ikarus Sturz im März 89. Tod für Landesverrat, Orden für Brudermord«, um den letzten, tödlich verlaufenen Fluchtversuch an der Mauer zu thematisieren: Winfried Freudenberg stürzte mit einem selbstgebauten Heißluftballon von Blankenburg kommend über dem West-Berliner Stadtteil Zehlendorf ab – acht Monate, bevor die Mauer fiel.

Zwischen Jubel, Demontage und Erinnerung – Mauerbilder nach 1989

> *Was gestern hier war und was drüben,*
> *berührt heut weder Fluß noch Strand,*
> *und von dem Risse quer durchs Land*
> *ist eine Narbe nur geblieben.*
> Roger Loewig zu seiner Zeichnung »Die Narbe« aus dem Zyklus »Porträt einer Landschaft«, 1993[23]

Mit dem Ende der DDR entstand ein neues Sujet in der »Mauermalerei«: künstlerische Darstellungen der historischen Überwindung der Berliner Mauer, ihres konkreten Falls, der allmählichen Auflösung der Grenzanlage sowie ihrer Weiterverwertung als Straßenbaumaterial. Darüber hinaus eigneten Künstler sich nun auch das gesamte Grenzbauwerk einschließlich der einstigen »Hinterlandsicherungsmauer« als Malfläche an[24].

Für die Gemälde und Grafiken lässt sich festhalten, dass sich nur wenige an der Mauer interessierte Künstler auf die populären Bildikonen des Mauerfalls einließen. Als Auftragsarbeit für das Berliner Abgeordnetenhaus, aber auch aus persönlichem Interesse widmete sich Matthias Koeppel der »Öffnung der Berliner Mauer« und hielt die zentralen Ereignisse in dem gleichnamigen

Triptychon von 1996/97 fest. Neben Koeppel griffen auch Christa Biederbick mit ihrer Skulptur »Sylvester auf dem Brandenburger Tor« oder Akbar Behkalam mit seiner abstrakten Arbeit »Nacht des Mauerfalls« den 9. November und die Silvesterfeier 1989 auf.

Rainer Fetting, Potsdamer Platz (1993/95, Öl auf Leinwand, 200 x 300 cm)

Arbeiten wie diese stellen jedoch eher die Ausnahme dar. Waren die Leipziger Montagsdemonstrationen, die Demonstrationen auf dem Berliner Alexanderplatz, die berstenden Grenzübergänge mit den strömenden Menschen- und Trabimassen sowie die auf der Mauer Tanzenden und die ersten Mauer-Durchbrüche jene medialen Bilder, die um die Welt gingen, so wurden sie von Künstlern eher weniger thematisiert. Vielmehr findet sich in den nach 1989 entstandenen Mauerbildern west- wie ostdeutscher Künstler bei aller Freude über die überwundene Teilung auch Skepsis gegenüber den rasanten, alles überrollenden Ereignissen, die wenig Raum ließen für alternative Denkmuster. Zahlreiche Arbeiten der aus der DDR stammenden Künstler spiegeln deren kritische Haltung zur Bundesrepublik und zur Wiedervereinigung wider. Grimmling beschreibt dieses Gefühl der Unbehaustheit und des Überrollt-Werdens in seinem autobiografischen Roman: »Um uns brach die Mauer weg, als risse man uns die Kleider vom Leibe, und wir froren unter der gleichen Kälte und dem gleichen Gestank von zynischen Fusionen und Vereinigungstumeleien.«[25]

Die bereits 1990 beginnende Demontage der Sperranlagen, aber

Roger Loewig, Die große Pleite der Plattenfirma I (1991, Bleistiftzeichnung, 15,3 x 22,5 cm)

auch der schleichende Verfall erhaltener Reste und das marktwirtschaftliche Ringen um die Verwertung des ehemaligen Todesstreifens als neu gewonnenes Bauland waren nach dem Mauerfall die populärsten Themen. Einer der besonders umkämpften Neubauplätze war der Potsdamer Platz, ehemals als Verkehrsknotenpunkt und Amüsierviertel einer der pulsierendsten Plätze Berlins, dann für 28 Jahre Niemandsland im Todesstreifen, nach der Wiedervereinigung die »größte Baustelle Europas« und schließlich ein wichtiges Vergnügungs- und Wirtschaftszentrum der neuen Hauptstadt. Die in Deutschland lebende italienische Malerin Carla Fioravanti hielt in ihren Ölbildern »Bauerwartungsland Potsdamer Platz« und »Potsdamer Platz«, die ab 1991 als Vorortmalerei in der roten Infobox entstanden, den Zustand dieses Ortes vor seiner letzten Häutung fest. Auch Rainer Fetting dokumentierte den Transformationsprozess dieses für die (Bild-)Geschichte der Berliner Mauer so zentralen Ortes in seinem Ölbild »Potsdamer Platz« (1993/95).

Roger Loewig, der sich bereits vor dem Mauerfall intensiv mit der innerdeutschen und innerstädtischen Grenze auseinandergesetzt hatte, vollzieht den wortwörtlichen Fall der Mauer in zahlreichen Stadt- und Landschaftsdarstellungen nach. Mit unverhohlener, bitterer Häme betitelte er zwei 1991 entstandene Zeichnungen, die die Demontage der Mauer am Engelbecken zwischen Berlin-Kreuzberg und Berlin-Mitte sowie den fortschreitenden Abbau eines Grenzabschnitts wohl entlang des Außenrings zwischen West-Berlin und dem ehemaligen Bezirk Potsdam zeigen, als »Die große Pleite der Plattenfirma I und II«.

Die Arbeit von Manfred Butzmann »Mauerfriedhof in Pankow« (1991) führt vor Augen, was mit der innerstädtischen Grenzanlage nach ihrem Abbau passierte: Zum größten Teil landeten die Mauersegmente auf Deponien, wo sie zu Straßenfüllmaterial zermahlen wurden. Neben der instabil gewordenen, Abbruch und Abtransport anheimgestellten Grenzmauer wurden auch die funktionslos gewordenen Beobachtungstürme zu beliebten Motiven. »Neugierige bei gefälltem Turm« (1990) von Loewig zeigt einen umgelegten Beobachtungsturm irgendwo an der innerdeutschen Grenze, und auch in Hans Steins Lithografie »Desolater Wachturm und Mauerreste Berlin« (1991) steht ein Beobachtungsturm im Zentrum der Darstellung. Der in den Niederlanden geborene und seit 1971 in Berlin lebende Künstler Louis stürzt in seinem Bild »Musette« einen Wachturm quadratischen Typs.

Die Maler der Berliner Mauer wählten sich dieses Grenzbauwerk aus ganz unterschiedlichen Motivationen zum Thema, setzten sich mit ganz verschiedenen Aspekten auseinander, und doch dokumentiert ein Großteil von ihnen die Geschichte der »Berliner Mauer«: ihre Vorgeschichte, ihren Bau, die fast drei Jahrzehnte andauernde »Perfektionierung«, aber auch ihr Ende mit Mauerfall, Demontage und Wiederverwertung. Die Künstler wurden so zu Chronisten der deutschen Teilung und Vereinigung, ihre Werke zu Dokumenten der Zeitgeschichte. Der Umgang mit der deutsch-deutschen Teilungsgeschichte, der mit der Mauer auch Erinnerung demontierte, wird diese künstlerischen Interpretationen zur Vergegenwärtigung von Geschichte einmal nötig haben. Nein, er bedarf ihrer schon heute.

LUTZ HENKE

»MAUERKUNST«

An American artist warned me last year,
you'll miss this wall.
(She spies some Wall-peckers, spraying their hoard of
pieces of the wall with paint.)
Tourists won't buy them unless the pieces
have some colors. They want art, too: Traces of art.
Thisbe[1]

Wir werden die Mauer nicht vermissen,
wohl aber die Mauerkunst.
Walter Momper[2]

Sieg über das Grau

Die Berliner Mauer wird zwanzig Jahre nach ihrem Fall tatsächlich vermisst. Keineswegs aus Sehnsucht nach der geteilten Stadt, doch den Denkmalschützern und Historikern fehlt das Bauwerk schon ein bisschen, außerdem allen, die es verpasst haben, der Tourismusbranche oder den Marketingabteilungen zum Beispiel. Denn obwohl der Abrissfuror das Monstrum rasch aus dem Stadtbild tilgte und nur wenige Überbleibsel verschonte, blieb die Mauer als Bild bestehen, wurde sie zu einer starken Berliner »Marke«. Mit ihrem physischen Verschwinden setzte die immaterielle Rekonstruktion der Mauer als Symbol ein.

Die bunten Bilder – wohlgemerkt: die Westsicht – der friedlichen und scheinbar kreativen Überwindung stehen heute sinnbildlich für das Ende der Teilung Europas. Sofort danach begann die medial forcierte Umdeutung der »Schandmauer« zur universellen Freiheitsikone. So wenig von den einstigen Grenzanlagen erhalten blieb, so fest ist das Bild der stürzenden »Grenzmauer 75« als Freiheitssymbol im kulturellen Gedächtnis zementiert. Dieses Bild bestimmt heute auf ästhetisch-emotionaler Ebene weltweit die Vorstellung von der deutschen Teilung.

Die bunten Graffiti sind – neben der charakteristischen Form mit der berühmten Rohrbekrönung – wichtiger Bestandteil der universellen »Mauerchiffre«[3]. Ganz gleich, ob Mauerspecht-Souvenir, Freiheitsdenkmal in Singapur oder Überrest in situ: Erst die »Kunst« verleiht Devotionalien und begehrten Trophäen den Anstrich von Authentizität[4]. »Keine Mauer ohne Kunst!«, scheint die Devise.

Die Indienstnahme der Kunst an der Mauer wird immer präsenter und bedient die Sehnsucht nach farbenfroher Echtheit. Die Errichtung des neuen Berlin auf dem Mantra des Wechselspiels von Kreativität und Zeitgeschichte hat die Sehnsucht nach Vergegenwärtigung weiter genährt. Auch die Feierlichkeiten und »großen Inszenierungen«[5] zum 20. Jahrestag des Mauerfalls im Herbst 2009 haben gezeigt, dass neben der zeithistorischen Aufarbeitung der emotionale Zugang über das Ästhetische immer bedeutsamer wird.

»Mauerkunst«

Seit der Überwindung der Mauer wird der Sieg des Bunten als dankbare Metapher bemüht: »It turned from black and white to color«, befindet der Sänger David Hasselhoff Silvester 1989/90 und küsst ein besprühtes Mauerfragment[6]. »Kunst gegen Beton. Die Kunst hat gewonnen.«, stellt Walter Momper fest[7]. Betrachten wir den Sieger etwas genauer.

»Mauerkunst = Lebenskunst«[8], »Mauerkunst war Kilometerkunst«[9], »Mauerkunst ist eine Kunst von unten«[10]: Der Begriff »Mauerkunst« umfasst in der geläufigen Vorstellung all jene einprägsamen Bilder und Aktionen, die in den achtziger Jahren an der zugänglichen Westseite des Baus entstanden[11]. Er wird zudem für jegliche Aktivität im Grenzraum bemüht, vom politischen Aktionismus über plakative Wandgemälde bis hin zur Konzeptkunst. Das Folgende spannt einen weiten Bogen, um die facettenreiche »Mauerkunst« und die Tragweite des Ästhetischen generell und etwas grundsätzlicher zu erörtern. Von bekannten Klassikern soll dabei der Blick auch auf Bereiche gelenkt werden, die bisher wenig Beachtung gefunden haben, wie etwa Graffiti-*Writing*[12] oder »Mauerkunst« in den Jahren nach 1989. Die Kunst *am*, *um* und *mit* dem Bollwerk wird hier als ein zäsurübergreifendes Phänomen und dabei auch in ihrer ästhetischen Rolle in Werbung und Politik betrachtet. Innerhalb des Sammelbegriffs »Mauerkunst« werden Kategorien und Strömungen aufgezeigt, die das Geflecht von Kunst, Aktionismus und Marketing ein wenig durchsichtiger machen können.

Gerade im prononciert zeitgeschichtlichen und auch ökonomischen Kontext stellt sich die Frage nach der Eigenständigkeit bzw. der Indienstnahme der ästhetischen Dimension (die unvermeidlich vom Kognitiven und Politischen bedingt ist), »weil der politische Gehalt, den jede historische Vergegenwärtigung der Vergangenheit aufweist, mehr oder weniger gebieterisch danach drängt, die ästhetische Gestaltung zu einem bloßen Darstellungsmittel, zum bloßen Transportmedium zu instrumentalisieren und sie damit in ihren eigenen schöpferischen Möglichkeiten der Sinnbildung einzuschränken«[13]. Umso wichtiger ist deshalb die Einschätzung der künstlerischen Qualität von »Mauerkunst«. Es lohnt, die Aktionen nicht nur technisch, sondern auch entlang der Trennung in mimetische und gegenstandslose, plakative und abstrakte oder materielle und entmaterialisierte Positionen zu ordnen. Diese beinahe strukturbildenden Gegensätze mögen helfen, Eigenständigkeit und Sinnbildungsmöglichkeit besser zu erkennen und zu beschreiben.

Der diffuse Begriff »Mauer*kunst*« unterstellt einen künstlerischen Anspruch, umfasst jedoch eine Vielzahl von Aktivitäten unterschiedlichster Qualität. Fest steht nur, dass es sich um ästhetische Interventionen in situ, im ehemaligen innerdeutschen Grenzgebiet handelt. Es ist das Besetzen der *öffentlichen* Sphäre, das die Aktionen miteinander verbindet, aber auch deren Differenzierung erschwert. Im Gegensatz zum strukturierten Kunstraum ist »Mauerkunst« nicht zugangsbeschränkt, sondern in einem doppelten Sinne ständig zugänglich: Jedermann kann aktiv oder als Beobachter teilhaben. Die Urheber handeln meist ohne Genehmigung und bleiben oft unerkannt. Jede Aktion an der Grenzmauer fand ja auf dem Staatsgebiet der DDR statt und wurde so per se zu einem politischen Akt. Ohne qualitative Auswahl bleiben die Übergänge zwischen bloßem Kunsthandwerk, Aktionismus und künstlerischem Schaffen fließend. Ohne Legitimation, beispielsweise durch die Kunstwelt, bleibt »Mauerkunst« ein vager Sammelbegriff, der nicht als Kategorie der Kunstgeschichte taugt. Man muss sich daher mit dem kleinsten gemeinsamen Nenner der »ästhetischen Intervention« begnügen. Nachdem im Mittelpunkt dieser Interventionen das Bauwerk Berliner Mauer steht, ist »Mauerkunst«, wie gesagt, als Kunst am, um oder mit dem Bau zu begreifen. Die letzte Spielart, d.h. Kunst, die Teile des Bauwerks lediglich als Roh- oder Trägermaterial nutzt, muss hier weitgehend ignoriert werden[14].

Diese Definition schließt *Darstellungen* der Berliner Mauer in der Kunst aus, wie etwa deren Repräsentation in der Malerei[15] oder Christos und Jeanne-Claudes Ölfass-Barrikade »Rideau de fer« von 1962[16]. Die Mauer im Film[17] dagegen changiert oft zwischen Filmkunst und künstlerischen Arbeiten an der Mauer, die filmisch dokumentiert oder als Videoarbeiten geplant wurden[18]. Sogar die Mauer selbst kann als Kunstwerk betrachtet werden. Rem Koolhaas beschreibt sie 1971 im Rahmen seiner Diplom-Studie als »heartbreakingly beautiful«, sieht in den Panzersperren eine »endless line of Sol LeWitt structures«[19] und erahnt damit bereits den »Gestus einer monumentalen minimal art«[20] der zukünftigen vierten Mauergeneration. Zwar beabsichtigte das Grenzregime mit der Einführung der »wartungsarmen und formschönen« Grenzmauer 75 sein äußeres Erscheinungsbild derart zu frisieren, dass es keine »KZ«-Assoziationen mehr weckte[21], die primäre Ästhetik des Bauwerks als Architektur lässt sich jedoch nicht der »Mauerkunst« zuschlagen.

Angesichts der hier nur angedeuteten Unschärfe des Begriffs scheint es beinahe konsequent, dass die Grenztruppen der DDR sämtliche Aktionen an der Mauer unter »Grenzprovokationen« abhefteten, ohne einen Kunstbegriff zu bemühen: von der Zerstörung der Struktur[22], über das Beschmieren »durch einen amerikanischen Bürger«[23] (Keith Haring) bis hin zum Provozieren der Grenzposten: »Am 26.12.82 gegen 12.52 Uhr bewarfen 2 Jugendliche den Grenzposten mit 7 Schneebällen«[24].

1961 – Graffiti am, Fluxus um den Bau

Sofort nach der Abriegelung der Grenze am 13. August 1961 provozierte das Bollwerk ästhetische und künstlerische Interventionen. Wie sollte ein derart radikaler Einschnitt in die Alltäglichkeit der Stadt auch unkommentiert bleiben? Der Berliner Sonderfall forderte geradezu die Auseinandersetzung mit der »bewusst erlebten politischen Realität«[25]. Die Anziehungskraft (und nicht zuletzt das Künstlerprogramm[26]) der geteilten Stadt hatten zur Folge, dass sich stets auffällig viele Künstler aus dem Ausland mit dem zerrissenen Berlin beschäftigten.

Die Westseite der Mauer diente von Anfang an als Projektionsfläche für politische Parolen und persönlichen Unmut. In ihnen spiegelte sich auch die Alltagswut der Berliner auf die Mauer. Sie durchschnitt die Stadt noch brachialer als Robert Moses' »Cross Bronx Expressway« New York, der in den ruinierten Wohnvierteln die Geburt der Graffitisubkultur anstieß[27]. Außer ihrem krisenhaften städtischen Umfeld hatten die politischen Parolen der Anfangszeit mit dem Graffiti-»Writing« freilich noch nichts gemein. Die Slogans verliehen der Empörung über die »Schandmauer« Ausdruck und brandmarkten die »KZ«-Lagerarchitektur. Zum Mauerbauprotest gesellten sich alsbald Botschaften oder Kritzeleien sowie politische Parolen von der Sponti- bis zur Friedensbewegung. Ein stetig wucherndes Graffiti-Palimpsest überzog das Bauwerk, ignorierte und überlagerte dessen Struktur, wuchs und veränderte sich mit ihm. Das blieb bis zum Fall der Mauer so. Einige (späte) Sammlungen dokumentieren die Inhalte dieser »Wandzeitung«[28].

Die rohe Struktur der Grenzanlagen ist einer der Gründe, dass viele frühe künstlerische Aktionen eher in deren Umfeld als an der Mauer selbst stattfanden. Bereits 1961 organisierte der Bildhauer Karl Prantl ein internationales Bildhauersymposium in Grenznähe vor dem Reichstag[29]. Ben Wagin, der später das »Parlament der Bäume« schuf, das inzwischen als »Ort des künstlerischen Umgangs mit der Mauer« in das Gesamtkonzept Berliner Mauer eingebettet ist[30], pflanzte schon in diesem Rahmen Bäume als Zeichen der Erinnerung und gegen die Teilung. Das Symposium findet sogar in dem agitatorischen Band »Die Kunst der BRD und Westberlins« Erwähnung, der (bemerkenswerterweise unter der Überschrift »›Mauerkunst‹ und reaktionäres Engagement«) die politische Indienstnahme der (abstrakten) Westkunst geißelt: »Ungeachtet der konsequenten proabstrakten Linie des BDI wurde, als die militärischen, politischen und wirtschaftlichen Kampfmittel gegen den Sozialismus versagten, das Haupttabu der herrschenden Kunst – keine Dienstbarkeit für politische Zwecke – zugunsten reaktionärer Indienstnahme zurückgestellt.«[31]

Anfang der sechziger Jahre erreichten mit Fluxus auch die Happenings und die Konzeptkunst Berlin und seine Mauer[32]. Ohne sich in die Nähe der Grenze zu begeben, schuf Joseph Beuys 1964 eines der eindrucksvollsten Mauerkunstwerke und verge-

Alan Kaprow und René Block bringen die »Sweet Wall« zu Fall, Activity, Köthener Straße, 11. November 1970

genwärtigte erstmals die entmaterialisierte, gedankliche Mauer. Er »empfiehlt die Erhöhung der Berliner Mauer um 5cm (bessere Proportion!)«[33]. Später lieferte er, wohl ermüdet von den bohrenden Fragen empörter Bürger, einen interpretierenden Kommentar: »Die Betrachtung der Berliner Mauer, aus einem Gesichtswinkel, der allein die Proportion dieses Bauwerks berücksichtigt, dürfte doch wohl erlaubt sein. Entschärft sofort die Mauer. Durch inneres Lachen. Vernichtet die Mauer. Man bleibt nicht mehr an der physischen Mauer hängen. Es wird auf die geistige Mauer hingelenkt und diese zu überwinden, darauf kommt es ja wohl an.«[34]

Auch Nam June Paik und Wolf Vostell, der darüber hinaus zahlreiche Werke mit Mauer-Sujet schuf und sich an Rainer Hildebrandts Mauergestaltungswettbewerben beteiligte, streiften in ihren Aktionen Mitte der sechziger Jahre das Bauwerk Berliner Mauer[35]. Alan Kaprow realisierte schließlich 1970 mit der

»Activity« »Sweet Wall« »eine der eher absonderlichen und ironischen Reaktionen auf die Mauer«[36]. Auf einer Brachfläche nahe der Sektorengrenze errichtete er eines regnerischen Novembertags mit einigen »Mitspielern« und dem Galeristen René Block eine »süße Mauer«. Statt Mörtel verwendete Kaprow Brot und Marmelade als Bindemittel zwischen den Hohlblocksteinen und stürzte die Mauer am Ende des Tages wieder um: »toppling wall«[37].

Mauer-Trompe-l'Œil mit politischer Aufforderung und Grüßen von der Mauer, Künstler unbekannt

»1975« – Die vierte Mauergeneration als »längste Leinwand der Welt«

Mussten Künstler an die Mauer der dritten Generation noch Spanplatten montieren, um auf ebenem Malgrund arbeiten zu können[38], schuf die DDR mit Einführung der vierten Mauergeneration, der »Grenzmauer 75«, die baulichen Voraussetzungen für eine gigantische Open-Air-Leinwand: ein durchgehendes Mauerband mit einheitlich glatter Oberfläche, verfugt und weiß grundiert. Einige Meter von der Staatsgrenze zurückgesetzt, auf dem Territorium der DDR platziert und deren Eigentum, lag der Bau außerhalb der Zuständigkeit der Westbehörden und lud zur individuellen Gestaltung ein. Dieser Einladung folgten Künstler, Kreative und Provokateure zuhauf.

Ein erster Probeabschnitt des neuen Mauertyps wurde Anfang 1976 zwischen Brandenburger Tor und Schillingbrücke aufgestellt[39]. Während die antikommunistische Wandzeitung der Graffitiparolen stets fortgeschrieben wurde, begann die Hochphase der »Mauerkunst« *am* Bau Anfang der achtziger Jahre[40]. Von nun an bestimmten die plakativen Wandmalereien das Bild der Mauer als deren sekundäre Ästhetik. 1982 malte der Künstler Jonathan Borofski im Rahmen der »Zeitgeist«-Ausstellung mit seinem »Running Man« eines der ersten »formatfüllenden« Motive auf die Betonleinwand[41]. Anfangs noch allein zwischen Kritzeleien, rankten sich bald weitere Motive um den laufenden Mann. In Kreuzberg waren es vor allem die Mauermaler Thierry Noir, Christophe Bouchet, Kiddy Citny oder Indiano/Jürgen Große, die das Bauwerk flächendeckend mit ihrer mimetischen »Kilometerkunst« von »Klotzköpfen« bis Fantasy-Gebilden überzogen. Die schnell gemalten und vor allem konstant erweiterten und ausgebesserten Wandbilder prägten das Bild der Berliner Mauer, die zusehends zur touristischen Kunst-Attraktion wurde[42] und als bunte Kulisse jetzt vermehrt in Familienalben und in Musikvideos auftauchte[43]. Peter Unsicker gründete in einem Parterre-Ladengeschäft mit Blick auf die Mauer seine Wall-Street-Gallery und verteidigte seine Installationen aus aufgeklebten Gipsmasken und Spiegelstücken hartnäckig gegen die Drohungen des Mauereigentümers[44].

Der Junge Wilde Rainer Fetting nutzte die Mauer nicht nur als Sujet. Im Gegensatz zur professionellen Kunstszene, die sich der öffentlichen »Mauerkunst« aus praktischen oder politischen Überlegungen meist verwehrte, zog es ihn und sein »Van Gogh und Mauer« aus der mauernahen Galerie am Moritzplatz direkt an das Bauwerk[45]. Die flächendeckenden, plakativen Malereien der Mauermaler mischten sich mit den Hinterlassenschaften von Berlinbesuchern, die das Monument ebenfalls mitgestalten wollten. Nach und nach entstand der bekannte Vorhang aus Kitsch am Bau und wohlmeinender Folklore. An der innerdeutschen Grenze trafen solcher Kitsch und Konzeptkunst, Urlaubsgrüße und Performance, Protest- und Graffitikultur aufeinander.

Die Grenztruppen der DDR registrierten solche künstlerischen Grenzverletzungen und Provokationen, dokumentierten sie und erstellten Statistiken, griffen aber selten in das Geschehen ein. Sie mussten bald erkennen, dass sie das anfängliche Übertünchen von Graffiti auf der Westseite der Mauer nicht durchhalten konnten[46]. Eine »Bilddokumentation über das Beschmieren der Grenzmauer-75« der Grenztruppen von 1985 thematisiert allerdings explizit, und um Schadensbegrenzung bemüht, das Problem der »Mauermaler«[47]. Ein Grund für die weitgehende Duldung des polychromen Treibens dürfte gewesen sein, dass die Gemälde dem »Antifaschistischen Schutzwall« besser zu Gesicht standen als antikommunistische Parolen.

Die große Bandbreite der Ausdrucksformen schloss auch Graffiti-Writing ein, das sich Anfang der achtziger Jahre im Zuge des

Films »Wild Style« verbreitete[48]. Allerdings mischten sich die Szenen der Mauermaler und Graffiti-Writer so gut wie gar nicht, blieben sogar räumlich weitgehend getrennt. Die meisten »Pieces« fand man entlang der S-Bahn-Gleise in Wilhelmsruh und nahe des Märkischen Viertels. Als eines der ersten Bilder gilt ein Schriftzug von REBEL1 aus dem Jahr 1985. Ihm folgten weitere bunte Schriftzüge wie »IC-Artshocker« oder »Cascaos« sowie Bilder von DESA, CRIME, der TDC Crew oder von Graffiti-Besuch aus dem Westen, die wiederum Ansporn für die wachsende Berliner Szene waren.

Bedauerlicherweise widmet sich kaum eine Fotosammlung zur »Mauerkunst« den kryptischen Schriftzügen des originären Graffiti-Writing[49]. Dennoch wird die Berliner Mauer immer wieder mit den bemalten U-Bahnen New Yorks verglichen. Trotz Parallelen bemühten sich die Berliner Nachahmer um Abgrenzung: »J. J. von den Art Shockers: ›Wir benutzen hauptsächlich die Mauer, weil sie das Wahrzeichen Berlins ist. New York hat seine U-Bahn-Graffiti. Das ist toll, aber wir wollen die nicht imitieren. Wir wollen was Eigenes haben. Und keine Stadt der Welt hat so 'ne Mauer wie wir, und wir benutzen sie als unsere Leinwand.‹«[50] Unmittelbare Graffiti-Schnittstellen mit New York sind jedoch rar. Dem Writer Zephyr beispielsweise, der den berühmten Schriftzug zum Film »Wild Style« sprühte, werden etliche Werke zugeschrieben[51], obwohl er nie an der Berliner Mauer gemalt hatte: »Regrettably, I never painted on the wall.«[52]

Wohl als erster New Yorker Writer schuf DAZE 1985 zwei Ost und West symbolisierende ringende Gestalten an der Mauer[53]. Ihm folgten später Futura2000 und JonOne. Eine der wenigen direkten Verbindungen zwischen den Wänden der South Bronx und der Berliner Mauer war die Arbeit »Beton Puzzle«. Gemalt wurde sie 1986 von John Fekner, der bekannt wurde, als Präsidentschaftskandidat Ronald Reagan dessen »Broken Promises«-Wandgemälde auf Wohnhausruinen als Pressekonferenz-Kulisse nutzte.

DAZE berichtet von seinem Treffen mit Rainer Hildebrandt, dem Chef der »Arbeitsgemeinschaft 13. August« bzw. des »Haus am Checkpoint Charlie«, und seiner Überraschung, bei ihm mit einem Graffitivorhaben auf Gegenliebe zu stoßen[54]. Hildebrandt lobte nicht nur vier Mauer-Künstler-Wettbewerbe aus[55], er war auch unermüdlicher Agitator, Sammler jeglicher Maueraktion und erste

Anlaufstelle für viele Künstler. Der prominente Mauerabschnitt am Checkpoint Charlie bzw. der Grenzübergangsstelle Zimmerstraße wurde besonders oft gestaltet. Der New Yorker Richard Hambleton schuf hier, ein Jahr nachdem er 1984 seine bekannten Schatten-

John Fekner, Beton Puzzle, 1986

Silhouetten der »Secret Mission« an die Mauer gemalt hatte, die Arbeit »Who's Afraid of Red, Yellow and Black?«[56]. Auch Ron English und Deborah Kennedy (als Letzte vor dem Mauerfall) wurden hier tätig[57].

Das ständige Übermalen der Bilder sorgte natürlich für Konflikte: 1986 überstrichen Mitarbeiter des Haus am Checkpoint Charlie kurzerhand die aufwändige Arbeit von Noir und Bouchet (42 Freiheitsstatuen), um den Malgrund für den wohl berühmtesten Mauermaler, Keith Haring, vorzubereiten[58]. Auf Einladung Hildebrandts malte er im Rahmen der Aktion »Überwindung der Mauer durch Bemalung der Mauer« ein 107 Meter langes Wandbild in den deutschen Nationalfarben[59]. Während Haring sein Werk als »a political and subversive act – an attempt to psychologically destroy the wall by painting it«[60] verstand, sah die alternative taz darin eine einfallslose »Bandarole Lapidarhumanismus«[61]. Ein Berliner Zuschauer urteilte: »This is Valium, there's no provocation in it. In every third toilet in Kreuzberg you can see the same graffiti.«[62]

Die zunehmend farbenfrohen Aktivitäten an der Grenze waren im Westteil der Stadt durchaus Stein des Anstoßes und befeuer-

Graffiti-Writing: »Rebel1« auf der »Grenzmauer 75«, 1985

Graffiti-Writing: »Cascaos« von Desa und Kaos auf der »Grenzmauer 75«, 1988

ten die Diskussion darüber, wie die überbordende Kreativität am menschenverachtenden Monstrum Mauer zu bewerten sei: als Ausdruck des pluralistischen und demokratischen Schaufensters Berlin (West) oder als verharmlosend-profane Dekoration mit »Sichtblendenfunktion«[63]. Ein Konflikt, der auch auf der Mauer selbst ausgetragen wurde: Harings Werk wurde – wie viele andere – von der Aktion »Weißer Strich« buchstäblich durchkreuzt. Eine Gruppe ehemaliger DDR-Dissidenten um Wolfram Hasch wollte West-Berlin damit an seine Insellage erinnern und der »Verkünstelung der Mauer« entgegenwirken[64]. Der Versuch der »Re-Realisierung« der Mauer, wie Hasch es nennt, endete jedoch am zweiten Tag mit dessen Verhaftung durch die Grenztruppen der DDR. Als von der BRD freigekaufter DDR-Häftling und Dissident wurde Hasch bis zum erneuten Freikauf wieder inhaftiert. Ihn traf es damit härter als alle anderen verhafteten Provokateure. Selbst der aktenkundige Amerikaner John Runnings, der wiederholt frech auf der Mauer balancierte und, mit einem Vorschlaghammer bewaffnet, sogar ihre Struktur demolierte, wurde meist bald wieder in den Westen abgeschoben.

Der Kunstkampf der Systeme, zwischen gegenständlich und abstrakt, tobte also – wenn auch unter anderen Vorzeichen – auch auf der Mauer. Die Werke der Mauermaler standen den Aktionen von Künstlern wie Stephan Elsner, Kain Karawahn oder dem Künstlerduo p.t.t.red gegenüber, die *um* die Mauer geschahen. Bereits 1982 begann Elsner seine Reihe »Grenzverletzungen«. »Künstler hackte Loch in die Mauer, setzte Bild ein«, titelte die Bildzeitung am 20. Juli 1982[65]. Eine Tagesmeldung der Landespolizeidirektion vom selben Tag berichtet von der Verhaftung des 27-Jährigen durch die britische Militärpolizei[66], die jedoch ohne Folgen blieb. Auch die Grenztruppen dokumentierten den Vorfall ausführlich unter namentlicher Nennung Elsners[67].

Als der WDR 1983 »Die Tödliche Doris« vor der populären Teilungskulisse filmen wollte, bestand die Band darauf, den Drehort selbst auszuwählen. Sie inszenierte ihr »Naturkatastrophenkonzert« schließlich derart, dass es zwar vor der Mauer stattfand, diese aber durch einen Sandhaufen vollständig verdeckt war[68]. Kain Karawahn nutzte die Berliner Mauer 1984 als »Brandmauer« für seine Feuerinszenierungen »The Berliner Summernightdream«. Zunächst verborgen gehalten, wurden seine Experimente, das Malen mit Benzin und Hinterlassen von Rußstrukturen, im Westen als Unfug und im Osten als Attacke aufgefasst[69].

Gewohnt, im öffentlichen Stadtraum zu arbeiten, schuf das Kreuzberger Künstlerduo p.t.t.red[70] etliche, teils imaginäre grenzüberschreitende Mauerarbeiten[71]. Für ihre Arbeit »Goldener Schnitt« vollzogen sie 1988 eine rein ästhetische Teilung durch das geteilte (Gesamt-)Berlin, indem sie Teile von fünf Profanbauten vergoldeten, die exakt auf der gezogenen Linie lagen. Im gleichen Jahr polierte das Duo Fragmente rostiger Straßenbahnschienen, die in Kreuzberg jäh abgetrennt unter der Mauer verschwanden, und vergegenwärtigte so das ehemals dichte Straßenbahnnetz. In seiner Filmarbeit »Bodenkontakt« dringt Stefan Micheel 1987 gar in den Todesstreifen vor: Befestigt an einer Schnur und versteckt

Kain Karawahn, 1000 BERLIN brennt, Juli/August 1984

Kain Karawahn, Fire Lane, brennende Straßenbahnschiene mit »Wild Style« und weiteren Mauerbildern im Hintergrund, Juli/August 1984

in einem Karton ließ er eine laufende Super8-Kamera in den säuberlich geharkten Todesstreifen hinabschweben, bis sie schließlich Bodenkontakt hatte.

In der Vielfalt der Arbeiten an und um die »Grenzmauer 75« spie-

Stephan Elsner, Grenzverletzung, 1982

gelt sich die enorme Bandbreite der Aktionen. Die künstlerische und politische Motivation der Akteure wird im Nachhinein jedoch oft überschätzt. Der Berliner Sonderfall bot vor allem sehr viel Freiraum für Experimentierfreudige. Der scheinbare kreative Widerstand war vor allem eine Freizeitbeschäftigung im Schatten der Mauer, so wie andere Berliner sie als Naherholungsgebiet nutzten, um Tischtennis zu spielen oder ungestört ein Sonnenbad zu nehmen. In den achtziger Jahren wird auch der stete Gegensatz zwischen mimetischer und gegenstandsloser Kunst deutlich. Dieser Konflikt zwischen gefälligem Kitsch und konzeptionellen Arbeiten, zwischen Materialschlacht und Vorstellungskraft sollte sich nach dem Fall der Mauer fortsetzen und noch verschärfen.

1989/90 – Kunst nach dem Fall

»Mauerkunst« verschwand mit dem 9. November 1989 nicht, sie wurde zunächst einmal gesamtdeutsch[72]. Die exklusive Phase und

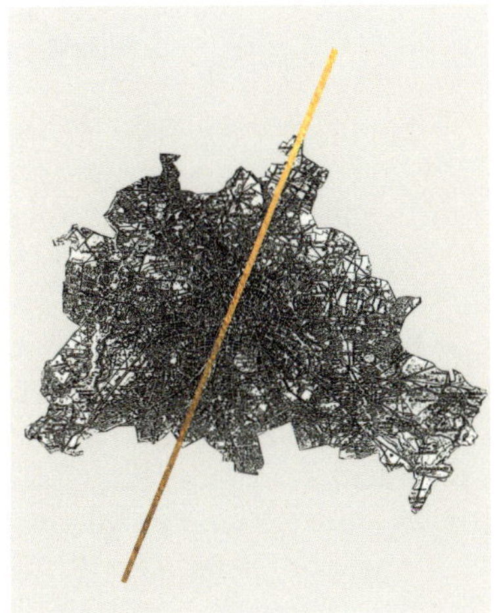

p. t. t.red, Goldener Schnitt durch Berlin, Stahl-Kreuz Gasometer Schöneberg, 1988

Monopolstellung künstlerischer Interventionen aus westlicher Richtung war beendet, als nach dem Fall des Eisernen Vorhangs auch seine »Rückseite« zugänglich wurde. Überall drängte man in die neuen Freiräume. Kunst und Subkultur besetzten das ehemalige Grenzgebiet. Ob ihren Namen kritzelnde Touristen, Künstler oder hedonistische Club-Zwischennutzung[73]: Fest steht, dass es bis zum heutigen Tag ästhetische Interventionen im Grenzstreifen gibt, also auch »Mauerkunst«.

Viele der frühen Arbeiten widmeten sich dem Bauwerk selbst und dessen Verschwinden. Die Künstler erkundeten das ehemalige Niemandsland, dokumentierten den Auflösungsprozess der Grenze oder formten aus deren Überresten Kunstwerke. Abdeckungen der Peitschenlampen aus dem Grenzstreifen wurden als Objets trouvés zum Trägermaterial für Hans Hemmerts »Trauerarbeit 2«[74]; Marcus Kaiser nutzte die ersten Löcher in der Mauer als Öffnungen für seine Camera-Obscura-Aufnahmen[75]; Norbert Kottmann startete mit einem Bauschild im Niemandsland sein »Baut Tatlin«-Projekt[76]; p.t.t.red markierten die ehemals getrennten Stadtteile auf den Ampeln an der Stresemannstraße und realisierten ihre bereits zu Teilungszeiten geplante Arbeit »Rotverschiebung«[77]. Viele dieser Aktionen sind Zeugnisse der Orientierungssuche Berlins, persönliche Reminiszenzen oder Kommentare zur Stadt im Umbruch.

Kurz nach dem Mauerfall spiegelten zwei Projekte die unterschiedlichen Facetten der Kunst im Grenzraum nach 1989 wider. Noch vor der Wiedervereinigung fand im öffentlichen Raum Ost und West das von Heiner Müller und Rebecca Horn initiierte Ausstellungsprojekt »Die Endlichkeit der Freiheit« statt[78]. Dessen konzeptionelle Projekte waren aus öffentlichen Mitteln finanziert und hochrangig besetzt. Renommierte Künstler wie Hans Haacke, Rebecca Horn oder Ilya Kabakov befassten sich in ihren Arbeiten mit der Geschichte, aber auch der neuen Realität Berlins. In der Ausnahmesituation des Umbruchs bekamen sie in kürzester Zeit eine komfortable öffentliche Finanzierung sowie Genehmigungen für die eigensinnigsten Installationen[79], meist ortspezifische Werkpaare in beiden, kurz zuvor noch getrennten Teilen der Stadt. Hans Haackes Arbeit »Die Freiheit wird jetzt einfach gesponsert – aus der Portokasse« verwandelte einen ehemaligen Wachturm in imposante politische Konzeptkunst, die vielschichtig die historische sowie zeitgenössische Situation von Kunst und Stadt reflektierte. Der Künstler bediente sich der eindringlichsten Macht-Symbolik aus beiden ehemals getrennten Welten, spielte mit Herrschafts- und Kontrollanspruch. Das von Mercedes-Benz als Werbeslogan genutzte Goethe-Zitat »Kunst bleibt Kunst« verweist über die Ästhetisierung von Grenze und Produkten hinaus auf die Indienstnahme und die Kondition der Kunst selbst.

»Die Endlichkeit der Freiheit« markierte beinahe den konzeptionellen und künstlerischen Gegenpol zur »East Side Gallery GDR«, die Methoden der Sprüher adaptierte und wo Kunsthistoriker nur »wenige Glanzlichter« ausmachen[80]. Wie an vielen anderen Stellen – erwähnt sei hier vor allem Manfred Butzmanns »Hase bleibt Hase«[81] – begann die Bemalung des 1,3 Kilometer langen Mauerabschnitts an der Mühlenstraße unmittelbar nach dem Mauerfall. Über 100 internationale Künstler bemalten bis Ende 1990 die Ostseite (während übrigens die weniger prominente Rückseite – also die Westseite – von den Graffiti-Writern zur sich stetig wandelnden

»Hall of Fame« erkoren wurde[82]). Dieser künstlerische Ausdruck kollektiver Freude über den Mauerfall wurde von der Galeristin Christine MacLean und der »›wuva‹ Werbe- und Veranstaltungsagentur GmbH« organisiert[83]. Auf die Fertigstellung Ende 1990 folgte ein steter Kampf um die Erhaltung des Mauerabschnitts vor Ort, für die sich seit 1996 die Künstlerinitiative »East Side Gallery e. V.« erfolgreich einsetzte. Die Open-Air-Galerie ist heute als »Ort der künstlerischen Auseinandersetzung mit der Mauer in der Nachwendezeit« in das Gesamtkonzept Berliner Mauer eingebettet. Sie ist auch der erste Anlaufpunkt für Touristen auf der Suche nach »Mauerkunst«, obwohl – oder gerade weil – viele die »phantasievoll aufgewertete Schulhofmauer« vom künstlerischen Standpunkt aus nur als »liebenswürdigen Kitsch« bewerten[84].

Die Tatsache, dass Haackes Wachturm und die anderen Werke (ironischerweise mit Ausnahme von Boltanskis Arbeit »The Missing House«) trotz unbestrittener künstlerischer Qualität aus dem Stadtbild verschwunden und heute bei weitem nicht so bekannt sind wie die sorgsam gepflegte Freiluftgalerie an der Mühlenstraße, gibt der »Endlichkeit der Freiheit« letztlich recht. Die Portokasse und das Plakative hatten, wie sich gezeigt hat, en gros wesentlich mehr Erfolg und Bestand.

Mit dem 3. Oktober 1990 ging das Bauwerk Mauer in gesamtdeutschen Besitz über, und zu den unautorisierten Formen der »Mauerkunst« gesellten sich erstmals vom Eigentümer genehmigte oder beauftragte Interventionen. Diese Teilverstaatlichung markiert auch den Beginn der Vergangenheitspolitik und des Marketings qua »Mauerkunst«. Geschichtsschwangere Kunst und Ästhetik wurden vielerorts zum Vehikel, um Botschaften zielgerichtet zu platzieren und Erinnerungspolitik zu steuern. Die Gratwanderung zwischen Erinnerungsarbeit, Standortmarketing und Produktvermarktung mittels der Marke Mauer begann. Selbstredend firmierten auch die umstrittenen und hitzig diskutierten Mauerkreuze am Checkpoint Charlie als »temporäre *künstlerische* Installation«[85].

Neben ebenso absurden wie mutigen Plänen zur Stadtplanung und zur Markierung des Grenzverlaufs setzte sich die Senatsverwaltung auch mit der künstlerischen Dimension von Erinnerung auseinander. Im Zuge des Wettbewerbs »Übergänge« wurden 1996 permanente Arbeiten beauftragt, die sich mit den ehemaligen Grenzübergangsstellen befassten, beispielsweise als sprechendes

Sitzmöbel an der Bornholmer Brücke, als Soldatenporträts am Checkpoint Charlie oder als Stein-Schere-Papier-Spiel in Neon an der Oberbaumbrücke[86]. Außerdem wurde der keineswegs unumstrittene Denkmalsentwurf von Kohlhoff & Kohlhoff in der

Hans Haacke, Die Freiheit wird jetzt einfach gesponsert – aus der Portokasse, Beitrag zur Ausstellung »Die Endlichkeit der Freiheit«, 1990

Stefan Micheel, Flucht über die Restmauer (Ein Tag später), Aktion/Video, Gedenkstätte Berliner Mauer, 9. November 2001

Bernauer Straße umgesetzt, der bis heute bei manchem Touristen Staunen über die vermeintliche Höhe der stählernen Mauer auslöst.

Neben der formalen Denkmalkunst entstanden aber weiterhin informelle und subtilere Arbeiten, sowohl von »Mauerkunst«-Veteranen als auch von jungen Künstlern, die den Mauerfall als Jugendliche erlebten, in den neunziger Jahren aufwuchsen und um die Jahrhundertwende begannen, im einstigen Grenzgebiet zu arbeiten. Die »selbstbeauftragten« Werke widmeten sich weniger der Teilungssituation als einer zurückhaltenden Auseinandersetzung mit dem Berlin der Freiräume, der Mauerreste und der persönlichen Schicksale.

Stefan Micheel vom Künstlerduo p. t. t.red inszenierte am Jahrestag des Mauerfalls 2001 seine »Flucht über die Restmauer«. In seiner Videodokumentation sieht man, wie er in dem bekannten Denkmal an der Gedenkstätte Bernauer Straße mithilfe einer Lei-

Matthias Wermke, Grenzgänger, 2006

ter die Hinterlandmauer überwindet, über den Todesstreifen läuft und vom ehemaligen Osten aus auf die Krone der Grenzmauer klettert, wo ihn das Blitzlichtgewitter des überraschten (West-)Publikums empfängt, das sich auf Einladung zwar eingefunden hatte, auf die Aktion jedoch nicht vorbereitet war.

Fünf Jahre später machte der im Ostteil der Stadt aufgewachsene Künstler Matthias Wermke in seiner Arbeit »Grenzgänger« die physisch nicht mehr existierende Grenze zum Thema: Inspiriert durch eine von Touristen auf Super8-Film gebannte Fluchtszene und die neue Architektur des Regierungsbogens, durchschwamm er an einem Sommermorgen die Spree. Seine nackte Gestalt erreichte sicher das menschenleere westliche Ufer und verschwand hinter dem Reichstagsgebäude. Die Aktion wurde ebenfalls auf Super8-Film festgehalten.

Zahlreiche weitere Arbeiten, darunter der geheime Unterschlupf der von den Berliner Freiräumen angezogenen Schweden Adams und Bajki, oder die Abriebe und Kindheitserinnerungen des Grenzgängers Thomas Bratzke zeugen vom fortlaufenden »unautorisierten« Schaffen freier Künstler[87]. Mehr als zehn Jahre nach dem Mauerfall erinnern diese Positionen wieder an die ersten Fluxus-Happenings und konzeptionellen Arbeiten um das Bauwerk 40 Jahre zuvor.

Das Erkennen solcher unabhängiger künstlerischer Positionen wurde zusehends schwieriger, nachdem sich zu der politischen Dimension von »Mauerkunst«, die vor 1989 noch eine eindeutige Stoßrichtung zu haben schien, nach dem Mauerfall neue diffuse Interessen zielgerichteter Ästhetik gesellten. Die kreative Auseinandersetzung mit der Berliner Mauer fand nun nicht mehr in erster Linie unter politisch-ideologischen Gesichtspunkten statt; das Paradigma des Kalten Krieges, die Konkurrenz der Systeme und Weltanschauungen hatten als vermeintliche Intention für »Grenzprovokationen« ausgedient. Stattdessen sah sich die »Mauerkunst« einer Indienstnahme durch allerhand Interessen ausgesetzt: von ehrbaren Motiven des bewahrenden Denkmalschutzes (wie im Falle der erfolgreichen East Side Gallery oder des erfolglosen Erich Stanke am Potsdamer Platz) über erinnerungs- und standortpolitische Maßnahmen bis hin zu wirtschaftlichem Kalkül.

Die unmittelbar kommerzielle Dimension von »Mauerkunst« zeigte sich auch in der Vermarktung originaler Mauerteile[88]. Angesichts der sofort einsetzenden Flut von Anfragen und finanziellen Offerten aus dem In- und Ausland wurde noch 1989 und qua Regierungsbeschluss der volkseigene Außenhandelsbetrieb »Limex« mit dem Verkauf der Mauer beauftragt. In einer unglücklichen exklusiven Partnerschaft mit der »LeLé Berlin Wall Verkaufs- und Wirtschaftswerbung GmbH« aus dem Westteil der Stadt, der das einträgliche private Geschäft zufiel, wurden insbesondere die »künstlerisch wertvollen« Mauersegmente in alle Welt verkauft. Paradoxerweise schützte man die einstigen Schmierereien jetzt vor dem Vandalismus der Mauerspechte und brachte sie als Kunst an den Mann. Als besonders verkaufsträchtig wurde ein farbenprächtiger Kreuzberger Abschnitt erachtet, den u.a. Thierry Noir und Kiddy Citny bemalt hatten und der auch als erster demontiert wurde. Andere Mauersegmente ließ »LeLé« für den Verkauf sogar eigens bemalen. Ironischerweise übernahmen die Gestaltung der

Mauerstücke, die später zum Beispiel vor der Ronald Reagan Presidential Library oder in Singapur[89] aufgestellt werden sollten, Graffiti-Writer wie Kaos und Bas2. Die Sprüher hatten selbst zu den wichtigsten Protagonisten der Graffiti-Szene gehört, das Erscheinungsbild der Grenzmauer geprägt und imitierten nun ihre eigenen Motive und die Malereien von Kiddy Citny[90].

Die größte und glamouröseste »Mauerkunst«-Verkaufsveranstaltung, bei der 81 Mauerteile mit »Echtheits-Zertifikat« und unter namentlicher Nennung der Künstler zum Verkauf angeboten wurden, fand im Juni 1990 im »Metropole Palace Hotel« in Monte Carlo statt. Versteigerungsrahmen, hohe Verkaufspreise, Einzug in so ehrwürdige Häuser wie das Museum of Modern Art: Kurzzeitig, so schien es, wurde MauerKUNST durch das institutionell-ökonomische System Kunst anerkannt.

Dass es sich bei den Gemälden auf den mit hohem Gewinn versteigerten Mauersegmenten um »urheberrechtsschutzfähige Werke der bildenden Kunst im Sinne des § 2 Abs. 1 Nr. 4 UrhG« handelt, bestätigte auch der Bundesgerichtshof, als er 1995 über Urheberrechte der zu beweglichen Wirtschaftsgütern gewordenen Mauerbilder urteilte. Nach der lukrativen Versteigerung in Monaco gab der BGH Thierry Noir recht und entschied, dass Künstler »an dem Erlös aus der Veräußerung von Teilen der Berliner Mauer, die von ihnen bemalt worden sind, angemessen zu beteiligen« sind[91].

Marketing, Mauer, Kunst, Kommerz

Die Explosion kollektiver Freude 1989/90, das glückliche Ende der deutschen Teilung und der sofort einsetzende kreative Ikonoklasmus ermöglichten überhaupt erst die bedingungslose Umarmung des Ästhetisch-Plakativen und damit eine kreative Marketing- und Gedenkdimension. Die friedliche Revolution legitimierte nachträglich jegliche noch so banale Mauerkunstaktivität. Überflüssig zu sagen, dass diese spezielle Gemengelage in Berlin einmalig ist und ein ähnlicher Umgang in Gedenkkontexten schlicht unvorstellbar ist.

Als 1963 ein bis dato kaum bekannter Fotograf namens Helmut Newton an der »KZ-Mauer« eine Modestrecke als Mata-Hari-Spionagegeschichte für die Zeitschrift Vogue inszenierte, sorgte das Shooting für einen handfesten Skandal. Die pietätlose Geldmacherei »vor dem Hintergrund der Ulbrichtschen Schandmauer« als »Mode-Gag« sei »schon keine Geschmacklosigkeit mehr«, sondern eine empörende Ungeheuerlichkeit[92].

1989 überwog die Euphorie. Trotz der vielen Menschen, die unter dem Grenzregime gelitten hatten oder an der innerdeutschen Grenze umgekommen waren, sprach nichts mehr dagegen, dem erlegten Ungeheuer im Freudentaumel das schillernde Fell über die Ohren zu ziehen, seine materiellen Überreste zu versilbern und das plötzlich so positiv aufgeladene Symbol für Werbebotschaften zu nutzen. Schon unmittelbar nach dem Mauerfall warb der Werberiese Saatchi & Saatchi mit dem Slogan »First over the Wall« – plakatiert auf die Ostseite der Mauer hinter dem Brandenburger Tor[93].

Seit diesem Aufeinandertreffen von Mauer, Ästhetik und Marketinginteressen ist die »Mauerkunst« ein dankbares Medium für die Kommunikation verschiedenster Inhalte. Unternehmenswerbung und Produktmarketing sind dabei nur die offensichtlichste Spitze des Eisberges der Indienstnahme. Die Bandbreite reicht vom Mauer-Merchandising der Mauerkünstler und der Mauer zum Selbermalen über Mobilfunkwerbespots und Tourismuskampagnen bis zur künstlerischen Selbstvermarktung. Das Jahr 2009 erlebte geradezu eine Renaissance des Marketing qua »Mauerkunst«, als zahlreiche Unternehmen das Jubeljahr mit Mauerbildern und griffigen Slogans begingen, denn: »Grenzen gab's gestern« und »Wo noch vor 20 Jahren die Mauer stand, steht heute eine Küche von SieMatic!«[94].

Jubeljahr 2009

Die Auseinandersetzung mit »Mauerkunst« und dem ästhetischen Zugang zum Mauerthema erreichte schließlich im Jubiläumsjahr 2009 einen vorläufigen Höhepunkt, als sich künstlerische Positionen, Aufarbeitung, Erinnerung und Spektakel vermischten. Zahlreiche Ausstellungen der großen Museen und vieler kleiner Galerien beschäftigten sich mit der geteilten oder wiedervereinigten deutschen Kunst[95]. Während etwa die viel gescholtene Ausstellung »60 Jahre 60 Werke« und die umfassende DHM-Schau »Kunst und Kalter Krieg« vor allem künstlerische Positionen aus dem geteilten Deutschland zeigten, enthielten die Ausstellungen »FALLMAUERFALL« und »Berlin 89/09« im Stadtmuseum und in der Berlinischen Galerie auch Werke, die als »Mauerkunst« begriffen werden können[96].

Die Berliner Mauer als Modell zum Selberbemalen

Domino und gute Wünsche am Brandenburger Tor zum 20. Jahrestag des Mauerfalls 2009

Mithilfe von Lotto-Mitteln wurde 2009 auch die East Side Gallery komplett rekonstruiert. Der »Kampf für die staatlich sanktionierte Vollkasko-Kunst«[97] war damit vorerst entschieden. Die Mauersegmente wurden in einem – oft kritisierten – Rekonstruktionsprozess abgeschliffen und bekamen eine frische Beton-Oberfläche, bevor die Künstler von damals ihre alten Motive neu aufmalten. Im Zuge der Renovierung wurde auch die Westseite des Mauerabschnitts komplett saniert, weiß gestrichen und so in den Zustand von vor 1989 zurückversetzt. Auch die Möglichkeit einer künstlerischen Nutzung der Spreeseite als »West Side Gallery« wird wieder diskutiert, von der Künstlerinitiative East Side Gallery e. V. allerdings als »ahistorisch« und nicht authentisch abgelehnt[98].

Der Kreuzberger Kunstverein Artitude e. V. verknüpfte mit dem Projekt »Write the Wall« Erinnerung, aktive Teilhabe und Vernetzung via »Mauerkunst« in einer vielschichtigen Installation. Im Niemandsland des ehemaligen Grenzgebiets am Invaliden-Friedhof wurden 20 Mauerteile aufgestellt, die rund um die Uhr zugänglich und frei gestaltbar waren. Die ständige Veränderung der Wand durch zahlreiche Graffiti und Gemälde machte sie zu einem lebendigen Denkmal, während eine Kamera die Werke automatisch dokumentierte, so dass der gesamte Prozess von Künstlern und Außenstehenden über ein Webportal bis heute abgerufen werden kann.

Die Festivitäten kulminierten am 9. November offiziell im »Fest der Freiheit«, bei dem zwischen Ansprachen und Konzerten auch der Kunst eine tragende Rolle zugedacht war: 1000 Styropor-Dominosteine wurden weltweit von 15 000 Künstlern und Jugendlichen gestaltet, um dann vor dem Brandenburger Tor in einer Reihe aufgestellt und feierlich umgestoßen zu werden. Mehr als 30 Staats- und Regierungschefs, zahlreiche Würdenträger und über 250 000 Zuschauer vor Ort verfolgten, wie die Dominoreihe den ehemaligen Grenzverlauf nachzeichnete und dann umfiel[99]. Das öffentliche Interesse an der symbolischen Dominoaktion war so groß wie die Kritik daran: Nannte der Veranstalter den Fall der »kreativ und originell bemalten« Dominosteine »symbolträchtig«[100], sahen andere darin die Entwicklung »von der Revolution zum streng reglementierten Kindergeburtstag«, eine zensurbelastete »Bagatellisierung und Boulevardisierung«, die alleine die Steuerung der Erinnerungspolitik zum Zweck habe[101], oder bezeichneten die Feierlichkeiten gar als »Mauerfestspiele mit Fan-Meile« und rückten die »festivalesken Dürftigkeiten« als »Erlebnispark« in Disneyland-Nähe[102].

Das Jubiläumsjahr und seine künstlerischen Aktionen erinnerten 20 Jahre nach dem Mauerfall daran, dass die mit dem »Kopfsprung in die deutsche Einheit«[103] verbundene Freiheit auch Gefahren barg. Nicht nur Heiner Müller und Susan Sontag warnten vor der Tragödie einer reglementierten Freiheit, entfesselten Märkten und der Domestizierung der Kunst.

Tatsächlich ist die ästhetische Indienstnahme der Mauer nicht zu leugnen. Die Instrumentalisierung der »Mauerkunst« findet zweifelsohne auf vielen Ebenen statt. Kunst, Erinnerungsarbeit, History Marketing und Produktvermarktung erscheinen oft im gleichen ästhetischen Gewand.

Doch die Möglichkeit des kreativen Umgangs mit der Freiheit birgt nicht nur Gefahren, sondern auch Chancen, den künstlerischen Rahmen zum Beispiel im Gedenkkontext zu erweitern. Umso notwendiger ist deswegen ein sehr bewusster Umgang mit »Mauerkunst«. Nur in der Betrachtung des Einzelfalls lässt sich abwägen und bestimmen, wo unabhängige künstlerische Sinnbildung endet und die zielgerichtete Indienstnahme beginnt. Ein Indikator für die künstlerische Dimension mag deren Unabhängigkeit oder Eigeninitiative und auch die Nähe zum institutionell-ökonomischen System Kunst sein. Die Produktion von MauerKUNST scheint mittlerweile vollends zum Erliegen gekommen zu sein. Der ehemalige Grenzbau birgt kaum noch Freiräume, Reibungsflächen oder unmittelbare gesellschaftliche Relevanz, um die zeitgenössische Kunstproduktion herauszufordern und zu beschäftigen. Nach der sekundären und tertiären Ästhetik der Kunst am und um den Bau, sehen wir uns zunehmend mit der quartären Ästhetisierung durch den Denkmalschutz und vielleicht sogar mit einer quintären Ästhetisierung konfrontiert[104]. Denn mittlerweile widmen sich Künstler in letzter Konsequenz bereits dem ästhetischen Umgang mit der Vergangenheit. Es entsteht gewissermaßen Kunst über die Ästhetisierung von »Mauerkunst«.

Dieser Überblick führt zu dem Befund, dass der Begriff »Mauerkunst« selbst ein Konstrukt ist. Der Umgang mit dem ästhetischen Erbe der »Berliner Mauer« bleibt weiterhin eine Gratwanderung zwischen Kunst, Mauermarketing und Erinnerungsarbeit. Die

Kunst ist mal unabhängig, mal Vehikel, und manchmal ist sie auch Gegenstand des persönlichen Gedenkens. Während die konservierte East Side Gallery auch im Jahr 2009 erste Anlaufstelle der Mauerkunsttouristen war, suchten manche Akteure ihre eigenen

SOME, Sprühlack auf Hinterlandmauer, Bernauer Straße, 1990–2009

Erinnerungsorte auf: SOME etwa, Mitbegründer der legendären SOS Crew, hinterließ seinen Namen 1990 auf der Hinterlandmauer an der Bernauer Straße, die längst unter Denkmalschutz gestellt ist und heute als Stiftung Berliner Mauer zum Kernbereich des »Gesamtkonzepts zur Erinnerung an die Berliner Mauer« gehört. Zwei Jahrzehnte später besuchte SOME sein verblasstes Piece, das ihm, so sagt er, anklagend vorwarf: »Ach nee, jetzt kommste her, lässt ma 20 Jahre alleene hier im Osten hängen … Kieck bloß wie ick aussehe!« Er habe sich daraufhin beschämt an die (unautorisierte) Autorestauration gemacht – anlässlich des Jubiläums in den Nationalfarben; sein ganz persönlicher »Denkmalschutz«, fernab des »glitzernden 20-Jahre-Mauer-Hype«[105].

Wohl wissend um den tragischen Ausgang der Wiedervereinigung der durch eine »neidische Wand« in Babylon getrennten Liebenden Thisbe und Pyramos bei Ovid[106], lässt Susan Sontag *ihren* Ossi Pyramus angesichts der bunten, bald zu vermissenden Mauerkunst mahnen: »Let's not be nostalgic.«[107]

AXEL KLAUSMEIER/LEO SCHMIDT
MAUERRELIKTE

Achtundzwanzig Jahre lang hat die DDR einen ungeheuren Aufwand betrieben, um die Grenzlinie rund um West-Berlin unpassierbar zu machen – als Teil des Gesamtziels, die eigenen Bürger an der »Republikflucht« zu hindern. Eine wichtige Rolle spielten dabei die »pionier- und signaltechnischen Maßnahmen« – so hieß das in der offiziellen Sprache der DDR. Gemeint waren damit alle Bautätigkeiten an der Grenze, mit denen die so vereinfachend als »Berliner Mauer« bekannten Grenzanlagen errichtet, mehrfach neu gebaut und immer wieder, wechselnden Anforderungen entsprechend, angepasst und perfektioniert wurden. Die zugedachte Funktion, Fluchten zu verhindern, konnten die baulichen Grenzanlagen allerdings nicht alleine erfüllen. Zwei weitere Elemente gehörten zwingend zum Grenzregime hinzu: Die Überwachung der ganzen Gesellschaft durch den Staatssicherheitsdienst, der Zehntausende schon im Vorfeld einer möglichen Flucht verhaftete, und ganz entscheidend die Bemannung der Grenzanlagen durch die Soldaten der Grenztruppen, die Befehl hatten, jeden Versuch des »Grenzdurchbruchs« mit der Waffe zu verhindern.

Mit dem 9. November 1989 hatte das gesamte Grenzregime schlagartig seine Funktion verloren. Grenztruppen und Staatssicherheit verschwanden zwar nicht über Nacht, ihre Angehörigen gingen noch monatelang weiterhin zum Dienst, aber mit der verlorenen Macht über Freiheit und Leben war der von ihnen ausgehende Schrecken abhandengekommen. Ganz ähnlich ging es ihrem Werkzeug, den Grenzanlagen, nur dass der Beton keine Chance hatte, sich unauffällig und geräuschlos in Luft aufzulösen.

Dennoch: Die physische Auflösung der Grenzanlagen begann sofort mit der Grenzöffnung, und das, obwohl am 10. November 1989 noch längst nicht klar war, wohin die politische Reise gehen würde. Nicht wenige hatten zunächst noch – je nach Standpunkt – die Hoffnung oder die Befürchtung, dass sich die DDR als eigener Staat würde behaupten können und dass den Aus- und Einreisekontrollen an ihrer Grenze auch weiterhin ein hoher Stellenwert zukommen würde. Immerhin dauerte es bis zum 31. Juli 1990, ehe die DDR den Versuch aufgab, weiterhin Stempel in Ausweise zu drücken, und die letzten Reste der Grenztruppen stellten ihre Tätigkeit erst mit dem 3. Oktober 1990 ein, dem Tag der Vereinigung der beiden deutschen Staaten.

Die Zerstörung der Mauer

Der Angriff auf die materielle Integrität der Grenzanlagen, der unmittelbar nach dem 9. November einsetzte, erfolgte auf zwei ganz unterschiedlichen Ebenen – der offiziellen und amtlichen Ebene der Anordnung und militärischen Durchführung und gleichzeitig auf der spontanen Ebene der anarchischen, »lustvollen« Aneignung. Unter dem Befehl übellauniger Kommandeure räumten Pioniereinheiten der Grenztruppen Öffnungen in die Grenzanlagen, um neue, zusätzliche Grenzübergangsstellen zu schaffen, während Tausende mit Hammer und Meißel ausschwärmten und sich ein Belegstück aus der Grenzmauer herauspickelten, um es zuhause in die Vitrine zu stellen. Das schwere Gerät der Grenztruppen, die den offiziellen Abbau der Grenzanlagen betrieben, und das chaotische Pickeln der Mauerspechte, die zu privaten wie kommerziellen Zwecken Abertausende von Stücken aus der Mauer schlugen, brachten die Grenzanlagen in den folgenden Monaten praktisch zum Verschwinden. Mit der Vereinigung am 3. Oktober 1990 ging die Zuständigkeit für den weiteren Abbau an die Bundeswehr über[1].

Die Stimmung der Zeit, die zur fast vollständigen Zerstörung der Mauer führte, ist im Rückblick nicht in allen Aspekten leicht nachzuvollziehen. Natürlich musste die Mauer »fallen«: Ihre physische Überwindung war faktisch und symbolisch notwendig, war der sichtbare Beweis für den Sieg der Freiheit. Aber sichtbare Überwindung ist nicht dasselbe wie Auslöschen. Das kompromisslose Niedermachen der Grenzanlagen unter dem Motto »in fünf Jahren interessiert das niemanden mehr« und mit dem Ziel »wir wollen eine Millionenstadt werden wie alle anderen auch«[2] illustriert, dass das offizielle Berlin keinerlei Vorstellung von der weltgeschichtlichen Dimension der Mauer hatte – eine Haltung, die in extremem Kontrast zum weltweiten Interesse an der Mauer stand, welches sich sofort nach der Maueröffnung in eindrucksvoller Weise im kommerziellen Erfolg ausdrückte, der mit dem Verkauf von Mauersegmenten erzielt wurde[3]. Erklären lässt sich diese Denkverweigerung nur ansatzweise, etwa mit dem menschlich durchaus nachvollziehbaren Impuls, Orte und Objekte auszulöschen, die an schmerzliche Ereignisse erinnern. So befahl Kaiser Franz Josef im Jahr 1889 die Zerstörung des Schlafzimmers im Jagdschloss Mayerling, in dem der Kronprinz zusammen mit seiner Geliebten Selbstmord begangen hatte, und ließ an derselben Stelle eine Kirche anbauen. In der schottischen Gemeinde Dunblane wurde 1996 geradezu reflexartig die Turnhalle abgebrochen, in der 16 Schulkinder ermordet worden waren[4]. Der Wunsch, zu vergessen, ist verständlich – aber das bauliche Zeugnis zu vernichten, macht die Geschichte nicht ungeschehen. Tatsächlich beraubt man sich durch die Vernichtung der materiellen Zeugnisse eines Mittels, die eigene Geschichte zu »be-greifen« – so das sichere Empfinden des Pfarrers Manfred Fischer in der Bernauer Straße, der einfach *wusste*, dass man die Mauer noch brauchen würde, und der deshalb immer wieder auf die Straße lief, wenn Bulldozer für den Abriss zu hören waren, und sie wegschickte[5].

Offizielle Mauer-Orte in Berlin

Das Erinnerungskonzept des Landes Berlin[6] konzentriert den öffentlichen Umgang mit der Mauer auf sechs Orte: Bernauer Straße, Brandenburger Tor, Potsdamer Platz, Checkpoint Charlie, East Side Gallery und Niederkirchnerstraße.

Drei dieser sechs Orte müssen allein mit der kollektiven Erinnerung arbeiten, mit dem wachgehaltenen Bewusstsein, dass das Mauerthema sich hier einmal in besonders dramatischer Weise manifestierte. Die Grenzanlagen am Brandenburger Tor, am Potsdamer Platz und am Checkpoint Charlie wurden zwischen 1961 und 1989 um den ganzen Globus herum publiziert, der Weltöffentlichkeit anklagend vorgewiesen. Erhalten hat man nichts von ihnen. Das Bedürfnis, die Mauer auszulöschen, den Sieg über die ostdeutschen Kommunisten zu dokumentieren, aber im Fall von Potsdamer Platz und Checkpoint Charlie auch der – wohl überschätzte – Immobilienwert dieser innerstädtischen Orte überwogen gegenüber dem möglichen Motiv eines Geschichtsbewusstseins, aus dem heraus man durchaus einige Zeugnisse einer bedeutenden Phase der Weltgeschichte hätte stehen lassen können.

Physische Reste der Grenzbefestigungen sind nur an drei der genannten sechs Orte erhalten. Die Mauer an der Stralauer Straße

Grenzmauer an der Niederkirchnerstraße, 2009

wurde ab 1990 als East Side Gallery bekannt, und viele Besucher kommen wohl wegen der weltweit bekannten – und in jüngster Zeit unter zweifelhaften Restaurierungsleitlinien erneuerten[7] – Malereien hierher. Als Abschnitt der Grenzanlagen gesehen, ist die Situation an der East Side Gallery in mancherlei Hinsicht völlig untypisch. So blickt man zwar auf eine Mauer, die aus den bekannten L-förmigen Grenzmauerelementen besteht und von dem üblichen Abwasserrohr bekrönt wird – aber diese Mauer steht eben nicht direkt an der Grenzlinie, sondern auf der Ost-Berlin zugekehrten Seite des Grenzstreifens. Es handelt sich technisch gesehen um einen Abschnitt der sogenannten Hinterlandsicherungsmauer (HiSM), die überall sonst aus Betonplatten zwischen Stahlpfosten bestand. Eine wirkliche Grenzmauer gab es nicht in diesem Abschnitt, weil die Grenze davor, in der Mitte der Spree, verlief. Aber nicht diese Anomalie begründet die ungewöhnliche Bauweise der HiSM, sondern eine andere. Anders als fast überall sonst in Ost-Berlin konnte man diese Hinterlandmauer nicht in einem Sperrgebiet verstecken und so weit wie möglich dem öffentlichen Blick, gar von Westdeutschen und Ausländern, entziehen. Die vierspurige Stralauer Straße führte nämlich zum Flughafen Schönefeld; sie war eine »Protokollstrecke«, auf der nicht zuletzt auch Staatsbesucher entlangfuhren. In der Logik der DDR-Führung erforderte dies, dass die Mauer hier vorzeigbar gestaltet werden musste – und das hieß: so wie die Schauseite der Mauer in Richtung West-Berlin, nämlich als »Grenzmauer 75«.

An der Niederkirchnerstraße steht noch ein längeres Stück Grenzmauer, das nicht zuletzt aufgrund seines Standortes auf dem Gelände der »Topographie des Terrors« geschützt ist. Hier erfahren die Spuren und Schichten der Berliner, der deutschen wie der europäischen Geschichte im 20. Jahrhundert eine ganz besondere materielle Verdichtung. Allein im Bereich der Gedenkstätte Berliner Mauer an der Bernauer Straße hat der Berlin-Besucher heute noch eine Chance, sich anhand der baulichen Reste und insbesondere auch der räumlichen Situation eine differenzierte Vorstellung, ein eigenes Bild davon zu erarbeiten, was es bedeutete, dass die Stadt durch eine für die Ostdeutschen praktisch unüberwindliche Sperranlage geteilt war. Entlang der Bernauer Straße entsteht eine Erinnerungslandschaft, die den hier auf rund einem Kilometer Länge noch als brutal freigeräumte Schneise im Stadtraum erhalten gebliebenen Todesstreifen umfasst. Auf diesem Gelände sind die große Zahl und Bandbreite der hier erhaltenen baulichen Reste und Spuren der Grenzanlagen und der Ereignisse an der Grenze sichtbar gemacht, hervorgehoben und in ein Präsentationskonzept eingebunden, welches dem Besucher die vielen unterschiedlichen Facetten der Grenze, auch in ihrer Entwicklung über die 28 Jahre ihrer Existenz, nahebringt und erläutert[8].

Die schiere Ausdehnung der Anlage ist dabei ein prägender Faktor, gerade auch wenn man in Betracht zieht, dass sich die Grenzanlagen am westlichen Ende der Bernauer Straße (auf dem Nordbahnhofsgelände) und am östlichen Ende (im Mauerpark) nachvollziehbar fortsetzen: Denn es ist gerade auch diese Gesamtdimension der Grenzanlagen, die sich auf 155 Kilometer Länge rings um West-Berlin zogen, die man sich heute kaum mehr vorstellen kann. Eine andere wertvolle Eigenschaft der Erinnerungslandschaft in der Bernauer Straße ist ihr Reichtum an Schichten und Facetten, an Resten und Fragmenten aus den unterschiedlichsten Phasen der Mauer, von archäologischen Fenstern, die die bauliche Situation vor dem Mauerbau in Erinnerung rufen, über zahlreiche Zwischenstufen bis zum 1989 erreichten Ausbau – und schließlich zur nicht minder problematischen Geschichte des Umgangs mit den Grenzanlagen nach 1989/90. Diese Vielgestaltigkeit und Prozesshaftigkeit der Grenzanlagen (die ja nicht aufhört, sondern weitergeht) macht es den Besuchern der Gedenkstätte Berliner Mauer nicht einfach, deren Komplexität zu verstehen – bietet aber auch die Chance, das oft allzu simple Bild der Mauer, mit dem man angekommen ist, zu hinterfragen und zu modifizieren.

Dabei ist es keineswegs selbstverständlich, dass die Erinnerungslandschaft darauf verzichtet, die verschwundenen Grenzanlagen zu rekonstruieren oder gar – auch das wurde gefordert – verschiedene Phasen der Grenze nebeneinander zur Veranschaulichung aufzubauen. Das Fragmentarische der Grenzanlagen stellt die Herausforderung an die Betrachter, sich das Fehlende vorzustellen, vor das geistige Auge zu holen, sich in die Situation zu verschiedenen Zeiten hineinzudenken. Neben Informations- und Schautafeln sowie Audioguides werden ihm dazu auch Sehhilfen geboten, die (durchgängig mit Cortenstahl arbeitend) fehlende Teile in künstlerischer Weise andeuten, aber keinesfalls mit authentischen Resten verwechselt werden können. Die Visualisierung der Grenzmauer durch rostig-braune Stahlstäbe – einem »Eisernen Vorhang« gleich – veranschaulicht diesen Ansatz besonders gut: In der direkten Aufsicht ist die Stabreihe durchsichtig, in der Schrägansicht schließen sich die Stäbe zu einer undurchdringlichen Sperre zusammen.

Vielfältige Reste der Grenzanlagen

An der Bernauer Straße wird die heute verschwundene Grenze anschaulich gemacht. Viele Aspekte ihrer Bedeutung, ihrer politischen und menschlichen Dimension, werden hier vermittelt. Das kann an den übrigen Orten in Berlin, an denen Reste der »Mauer« erhalten geblieben sind, nicht in vergleichbarer Tiefe geleistet werden. Der längere Abschnitt der Grenzmauer an der Niederkirchnerstraße ist immerhin in den Kontext der »Topographie des Terrors« einbezogen; ein kürzerer Abschnitt der Grenzmauer an der Liesenstraße steht hingegen unkommentiert an der Straße.

Daneben gibt es durchaus noch weitere Bereiche der ehemaligen

Grenzmauer an der Liesenstraße, 2003

Grenze, in denen anschauliche und aussagekräftige Reste der Grenze erhalten geblieben sind, etwa nördlich des S-Bahnhofs Wollankstraße in Pankow oder in Treptow im Bereich des Schlesischen Busches[9].

Diese Situationen erschließen sich jedoch nur denen, die sich einschlägige Informationen besorgt haben. Wer sich den Grenzverlauf mithilfe der Hinweise in der einschlägigen Literatur[10] erwandert, bekommt insbesondere auch eine Vorstellung von der Bandbreite der Erscheinungsformen, in denen sich die Grenze baulich manifestierte – jeweils in Abhängigkeit von der spezifischen topografischen Situation und den Problemen, mit denen sich die Betreiber der Grenze konfrontiert sahen. Ein besonders gutes Beispiel hierfür ist die Situation zwischen Osthafen und Flutgraben[11]. Die hier am und im Wasser verlaufende Grenze war besonders schwer zu sichern, und die Reste und Spuren in der »Kunstfabrik am Flutgraben« sowie die riesige Sperrbrücke in der Spree veranschaulichen die Anstrengungen, die die Grenzer zu diesem Zweck unternehmen mussten.

Die Ansicht, die Grenze sei spurlos verschwunden, ist weit verbreitet, doch fördert das genauere Hinsehen noch Hunderte von

Sperrsteg in der Spree, 2003

aussagekräftigen Fragmenten der Sperranlagen zutage. Sie alle sind in einem geografischen Informationssystem erfasst, das über das Internet weltweit verfügbar ist[12]. Über 1000 Reste und Spuren der Grenzanlagen rund um West-Berlin sind verzeichnet und können auf der Kartengrundlage von Google Maps angesteuert werden. Sie sind nach Kategorien aufgeschlüsselt und werden mit aktuellen sowie historischen Fotos illustriert. Dargestellt werden neben den Resten der Grenzanlagen auch *Spuren* der Grenze: Bauten und andere Objekte, die zwar nicht selbst Teil der Grenzbefestigungen waren, aber ohne die Existenz der Grenze nicht erklärbar sind – manchmal indirekte Zeugnisse, dass es diese Grenze mitten in der Stadt gegeben hat, und die veranschaulichen, wie Menschen auf sie reagiert haben. Dazu gehört das Springer-Hochhaus, das der Verleger demonstrativ direkt neben die Mauer bauen ließ. Ein Wohnhauskomplex der Internationalen Bauausstellung von 1987 ist – aus der heute (wieder) bestehenden städtebaulichen

Situation heraus unverständlich – gut zehn Meter aus der Straßenflucht der Zimmerstraße zurückversetzt: eine Reaktion auf die Mauer, die man nicht direkt vor den Fenstern haben wollte, aber auch ein stummes Eingeständnis, dass man 1987 nicht davon ausging, dass diese Mauer in naher Zukunft verschwinden würde. Zu den charmantesten und skurrilsten Spuren, die die Grenze im Berliner Stadtbild hinterlassen hat, gehört das ohne jede Planung oder Genehmigung entstandene und immer wieder erweiterte Haus, das ein Türke im Niemandsland an der Grenzmauer erbaute. So wie die Grenztruppen ihn unbehelligt ließen, so blieb sein Haus glücklicherweise auch nach dem Mauerfall bestehen.

Der Blick »von oben«, aus der Übersicht über die Gesamtsituation, bietet Erkenntnismöglichkeiten, die noch über die Erfahrung im Gelände hinausreichen. Zwar geben ihrerseits die Fragmente der Berliner Grenzanlagen im Gelände Anstöße und Hinweise, die nur aus der direkten Wahrnehmung einer topografischen Situation heraus möglich sind: Der direkte Blick am tatsächlichen Ort, an dem die Grenzbefestigungen standen und an dem sie sich den Menschen in den Weg stellten, ermöglicht es dem Besucher, sich die verschwundene und nur noch in Fragmenten angedeutete Situation vor das geistige Auge zu rufen und auch – mithilfe der Berichte der Zeitzeugen – in die Lage derer hineinzufühlen, die mit dieser Zwingburg leben mussten. Doch so wichtig und verbindlich dieses empathische Nachvollziehen ist: Es gibt noch eine andere mögliche Ebene der Wahrnehmung, einen anderen Blick, der zusätzliche Erkenntnismöglichkeiten erschließt. Das ist der Blick gleichsam hinter die Kulissen der Mauer – des »Antifaschistischen Schutzwalls«, wie ihn die DDR-Führung der Weltöffentlichkeit präsentieren wollte. Dieser Blick bleibt nicht an der obersten Wahrnehmungsebene stehen, die sich direkt an der Grenzlinie dem öffentlichen Blick von Westen her darbot, also bei dem Tableau aus Grenzmauer, Wachtürmen, Lichttrasse, Kolonnenweg und patrouillierenden Grenzern, sondern sucht zu ergründen, was noch alles dazugehörte; was nötig war, um diese Präsenz an der Grenzlinie und letztlich die möglichst vollständige Verhinderung von »Republikfluchten« zu ermöglichen. Zwar ist es offenkundig, wie weit die Berliner Mauer beziehungsweise das Grenzregime der DDR in Richtung Westen reichte – nämlich bis zur Grenzlinie –, aber ungleich schwieriger ist die Frage zu beantworten, wo die Berliner Mauer eigentlich nach Osten hin aufhörte.

Das Hinterland der Mauer

Dazu muss man sich zunächst von den so suggestiven baulichen Strukturen an der Grenze lösen und sich damit beschäftigen, wofür sie eigentlich den Rahmen bildeten. Wie jedes historische Bauwerk ist auch die Grenzanlage in Berlin letztlich immer nur das – nunmehr leere – Bühnenbild für die Ereignisse gewesen, die in dieser gebauten Struktur stattfanden. Die Materie war nur Werkzeug. Entscheidend waren die Menschen, die sich – gezwungenermaßen oder jedenfalls den Dienst nicht aktiv verweigernd – dieses Werkzeugs bedienten. Hier fällt der Blick zunächst auf die Grenztruppenangehörigen, die den Grenzstreifen bewachten. Von wo kamen sie zum Dienst? Welche Infrastruktur war erforderlich, um die Bewachung der Grenze zu ermöglichen? Was wissen wir überhaupt über die Grenztruppen, dieses entscheidende Element in der Funktionsweise der Grenze: ihre Zusammensetzung, Herkunft, Struktur, Ausbildung, Arbeitsbedingungen und ihren Auftrag[13]?

Für unseren Zusammenhang sind zunächst die Truppenunterkünfte der Grenztruppen von Interesse, die zum Grenzkommando Mitte zählten und für die Bewachung der Grenze rund um West-Berlin zuständig waren. Anlagen aus den ersten Jahren illustrieren, dass die Berliner Grenze zunächst provisorischen Charakter hatte und man sich erst nach und nach darauf einrichtete, dass diese Grenze und ihre Bewachung auf unabsehbare Zeit zu sichern sein würden[14]. Gegenüber diesen barackenartigen Unterkünften zeigt die – neben dem einstigen Regimentsstandort in Blankenfelde – am besten erhaltene der jüngeren, auf Permanenz angelegten Regimentskasernen, die des Grenzregiments 38 »Clara Zetkin« in Hennigsdorf, eine vielfältige und fast autarke Struktur, mit vielen einzelnen Funktionsbereichen vom eigenen Kraftwerk bis zu zahlreichen Werkstatt- und Fahrzeughallen. Über die bauliche Infrastruktur des Grenzkommandos Mitte wird man auch darauf gestoßen, dass dieser militärische Verband unter anderem auch über Panzer, Artillerie und Raketen verfügte. Offenkundig hatten die an der Berliner Mauer stationierten Grenztruppen nicht nur die bisher ausschließlich wahrgenommene polizeiliche Funktion, illegale Grenzübertritte zu verhindern, sondern waren daneben auch für eine militärische Rolle gerüstet und ausgebildet. Dieser

Einst im Niemandsland: Schwarzbau aus den achtziger Jahren nahe der Thomaskirche, 2003

»Zweite Auftrag« der Grenztruppen bestand in der Eroberung West-Berlins[15].

Neben der baulichen Infrastruktur der Grenztruppen in und rund um Berlin wirken die eigentlichen Grenzbefestigungen geradezu wie die Spitze eines Eisbergs. Die Palette der Anlagen reicht vom »Kommando der Grenztruppen« in dessen Hauptquartier in Pätz südlich von Berlin mit seinen Verwaltungs- und Wohnanlagen über die Kaserne der Grenzausbildungsregimenter – etwa des GAR 39 »Ho-Chi-Minh« in Wilhelmshagen – und den Truppenübungsplätzen bis zu Kindergärten für die Familien der Berufssoldaten[16]. Etwa achtzig Infrastrukturstandorte, die letztlich in der einen oder anderen Form der »Grenzsicherung« dienten, sind rund um das frühere West-Berlin nachweisbar.

Die Grenztruppen, die in letzter Konsequenz für die Tödlichkeit der Grenze standen, konnte jeder sehen – weitgehend unsichtbar, aber dennoch überall präsent war dagegen die Staatssicherheit. Ihre Agenten und Informanten wirkten im östlichen Vorfeld der Mauer; sie hatten die Aufgabe, mögliche Flüchtlinge – »Grenzverletzer« – schon bei der Vorbereitung aufzuspüren und festzunehmen. Dabei halfen ihnen diverse Sicherungseinrichtungen, die den Grenzanlagen in Richtung Ost-Berlin vorgelagert waren: Neben einem unterschiedlich tiefen Sperrgebiet, das nur mit entsprechenden Papieren betreten werden durfte, waren das Plattenmauern, Lampen und andere bauliche und technische Einrichtungen, mit denen es unmöglich gemacht wurde, sich der Grenze unbeobachtet zu nähern und womöglich noch Gerätschaften wie etwa eine Leiter mitzubringen. Doch seiner vordringlichen Aufgabe, »Republikfluchten« zu verhindern, kam der Staatssicherheitsdienst nicht nur im unmittelbaren Grenzvorfeld nach: Überall in der Republik war er präsent, um jedem noch so indirekten Anzeichen, dass sich ein Bürger absetzen wollte, nachzugehen. »Von den rund 88 000 politischen Häftlingen, die von 1965 bis 1988 in den Zuchthäusern und Gefängnissen der DDR einsaßen, waren rund 57 000, das heißt knapp 65 Prozent, wegen ›Republikflucht‹ verurteilt worden.«[17] Viele von ihnen waren zunächst in das Untersuchungsgefängnis der Stasi in Hohenschönhausen[18] eingeliefert worden.

Relikte in aller Welt

Bei einer Betrachtung der Mauerrelikte dürfen all die Fragmente nicht übersehen werden, die in spontaner oder auch in organisierter Weise gewonnen wurden und heute buchstäblich um den ganzen Erdball verteilt sind[19]. Kein Mensch vermag zu schätzen, wie viele Mauerteile – vom mikroskopischen Splitter bis zum stattlichen, aber noch transportablen Brocken – insgesamt mitgenommen oder verkauft wurden und wie viele davon noch heute in Vitrinen und Schubladen aufbewahrt werden. Überschaubarer ist die Kategorie der Mauerdenkmale: der denkmalhaft inszenierten Präsentation meist von einem oder mehreren Segmenten der »Grenzmauer 75«. Weit über hundert dieser Denkmalsetzungen oder Inszenierungen sind weltweit bekannt und symbolisieren und erinnern zugleich an den Sieg der Freiheit über Repression und diktatorische Herrschaftsstrukturen. Die deutschen Beispiele jedoch hat noch niemand dokumentiert und/oder gezählt[20]. Das Phänomen, dass ein ganz erheblicher Teil der erhaltenen Überreste der Berliner Grenzanlagen heute in aller Welt als Sammlerstück, Reliquie oder Denkmal aufbewahrt und vorgezeigt wird, gibt dem Gesamtmonument »Berliner Mauer« eine ganz eigene, einzigartige Bedeutungsdimension. Denn welches andere Bauwerk, welches Monument ist in vergleichbarer Weise weltweit physisch präsent? Und welches erzählt in eben dieser Form zugleich vom friedlichen Sturz einer Diktatur durch die Menschen auf der Straße, die das Entzünden von Kerzen der Anwendung von Gewalt vorzogen?

GABRIELE CAMPHAUSEN/MANFRED FISCHER

DIE BÜRGERSCHAFTLICHE DURCHSETZUNG DER GEDENKSTÄTTE AN DER BERNAUER STRASSE

Eine gute Woche vor dem Mauerfall, am 30. Oktober 1989, verschickte die mittlerweile wohl schon legendär zu nennende West-Berliner »Geschichtswerkstatt« den Aufruf »Die Mauer muß bleiben«. Darin hieß es: »Symbol der Unterdrückung elementarer Bürgerrechte ist seit 28 Jahren die Berliner Mauer. Die Zeit wird über sie hinweggehen, da sind wir ganz sicher. Werden die Grenzen eines Tages geöffnet, warnen wir aber schon jetzt vor einer kulturellen Barbarei: Reißt die Mauer nicht ein!! Fast 30 Jahre Existenz haben die Mauer zum berühmtesten Bauwerk der Stadt und zu einem einzigartigen politischen und kulturellen Denkmal gemacht.« Ahnungsvoll setzten die Pioniere eines alternativen Geschichtsengagements hinzu: »Wir fürchten, der Kampf wird hart werden. Autofahrerlobby, Bodenspekulanten und Kulturbanausen werden den Abriß der Mauer fordern. Deshalb ist es notwendig, schon jetzt die Stimme zu erheben: Laßt die Mauer stehen!«[1] Drei Jahre vor dem Mauerfall hatten die evangelische Versöhnungsgemeinde und ihr Pfarrer in der Bernauer Straße in öffentlicher Rede und mit Symbolhandlungen unter dem Motto »MAUERSPRUNG« von ihrer im Januar 1985 gesprengten Kirche im Todesstreifen Abschied genommen[2]. Es überstieg damals freilich die Fantasie, sich einen wirklichen, noch dazu einen nahe bevorstehenden »Mauersprung« vorzustellen.

Am 9. November 1989 war die Mauer in ihrer Wirkung schneller gefallen als in ihrer baulichen Substanz. Bald aber brach sich die aufgestaute Wut der eingemauerten Bürger Bahn, und es kam zu den weltbekannten Szenen mit Hammerschlägen gegen die Mauer und der Öffnung immer neuer Grenzübergänge. Schon zwei Tage nach dem Mauerfall sagte der Regierende Bürgermeister Walter Momper: »Die Mauer existiert heute nur noch als Symbol.«[3] Das war verfrüht.

Wettlauf mit der Zeit: November 1989 bis Oktober 1990

Bereits am 10. November 1989 war den Mitarbeitern des Institutes für Denkmalpflege der DDR unter Generalkonservator Peter

Die Versöhnungskirche
Sprengung des Kirchenschiffs am 22. Januar 1985

Sprengung des Turms am 28. Januar 1985

Goralczyk klar geworden, dass sie sich jetzt »auch noch um die Mauer kümmern« mussten[4]. Willy Brandt schlug in einer Ansprache vor dem Schöneberger Rathaus am selben Tag vor: »Ein Stück von jenem scheußlichen Bauwerk, ein Stück davon, können wir dann von mir aus sogar als Erinnerung an ein historisches Monstrum stehen lassen.«[5] Andererseits wurden gegen Jahresende bereits die Weichen für eine energische Vermarktung der Berliner Mauersegmente gestellt[6]. Beim Erhalt von relevanter Mauersubstanz war also Eile geboten[7].

Zunächst zu beachten war vor allem, dass die Mauer auf dem Staatsgebiet der DDR stand und in deren Zuständigkeit fiel. Nach dem Beschluss zum Abriss der Grenzanlagen wurde deshalb in Goralczyks Behörde nach Mauerabschnitten gesucht, auf denen kein so starker Druck zum Abriss oder zur Verwertung des Grenzlandes lastete. Die Wahl fiel auf vier Abschnitte: auf die Niederkirchnerstraße, den Invalidenfriedhof, die Stallschreiberstraße (unweit des Moritzplatzes) und die Bernauer Straße. Es ist bemerkenswert, dass diese erste fachliche Festlegung bis zu ihrer endgültigen Festschreibung im Gesamtkonzept des Berliner Senats zur Erinnerung an die Berliner Mauer von 2006 bestimmend blieb[8].

Bei der Festlegung war im Verlauf des Jahres 1990 natürlich eine enge Kooperation zwischen Bezirk, Stadt und Bund vonnöten, in

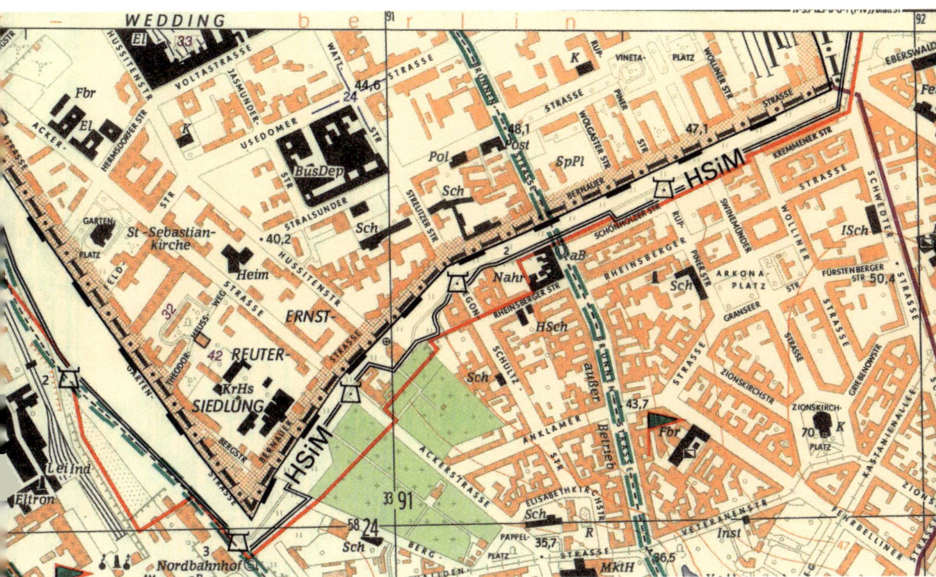

Bernauer Straße, Plan der Grenztruppen der DDR

Berlin wiederum zwischen den einzelnen Senatsverwaltungen. Bei den vergleichsweise »stillen« Mauerabschnitten war das weniger problematisch als bei einem so »heißen« wie dem in der Bernauer Straße. Er liegt inmitten eines alten Stadtquartiers, außerdem ging es hier nicht nur um ein Stück Vorderlandmauer, sondern um den gesamten Todesstreifen im Zustand der achtziger Jahre.

Die Mauer war erst wenige Monate gefallen, da bildete sich im Frühjahr 1990 bereits eine kleine Arbeitsgruppe, die ein Konzept für den Mauererhalt in der Bernauer Straße entwarf. Ihr gehörten die Initiatoren Peter Möbius (Museum für Deutsche Geschichte), Helmut Trotnow (Deutsches Historisches Museum, DHM) und Pfarrer Manfred Fischer (Versöhnungsgemeinde) an. Die Bernauer Straße erschien für eine Erhaltung besonders prädestiniert, weil sie wie kein anderer Ort der Mauergeschichte Schauplatz dramatischer Ereignisse war und die zerstörerische Wucht des Mauerbaus durch Abriss einer kompletten Straßenseite, Sprengung einer Kirche und Zerstörung von Gräbern offensichtlich war. Schon bald erkannten die Initiatoren, dass es nicht nur um die Bewahrung eines Baudenkmals gehen konnte, sondern an diesem Ort auch ein würdiges Gedenken an die Opfer zu ermöglichen war. Die Arbeitsgruppe machte die Öffentlichkeit umgehend mit ihren Ideen bekannt, Manfred Fischer etwa berichtete im DDR-Fernsehen darüber.

Nach den Volkskammerwahlen und der demokratischen Neubildung des Ost-Berliner Magistrats im Frühjahr 1990 war absehbar, dass die DDR-Volksvertretungen nur ein Übergangsphänomen sein würden. Daher arbeiteten die Stadtbezirke, der Magistrat, der Senat und die beiden deutschen Regierungen bald eng abgestimmt; manches war nur mit den Alliierten zu klären. Die Bewahrung des Grenzabschnitts Bernauer Straße wurde so immer komplizierter und gelang überhaupt nur über die Herstellung ständiger öffentlicher Aufmerksamkeit, über eine hohe Präsenz am Ort und die Kontinuität der handelnden Befürworter.

Am 8. Juni meldete epd: »Dreihundert Meter der Bernauer Straße sollen erhalten bleiben. Museen in Ost und West planen erstes gemeinsames Projekt.« Das erfolgte gerade noch rechtzeitig, denn fünf Tage später begann mit der Öffnung der Ackerstraße der Abriss der Berliner Mauer offiziell.

Der Ost-Berliner Baustadtrat Eckehard Kraft und West-Berlins Bausenator Wolfgang Nagel stiegen selbst in die Führerkabine des Abrissbaggers. Der Sprecher des DDR-Grenzkommandos Mitte informierte, am 31. Dezember sei »Stichtag. Dann ist die Mauer um ganz Berlin weg.«[9] Der Ost-Berliner Magistrat beschloss kurz darauf: »Zur Bewahrung von Abschnitten der Mauer als Denkmal und deren Ausgestaltung als Mahnmal wird auf der Grundlage der Vorschläge bis 31. Juli 1990 eine Konzeption in Abstimmung zwischen der Stadträtin für Kultur, dem Rat für Denkmalpflege, dem Generalkonservator des Instituts für Denkmalpflege, dem Stadtrat für Stadtentwicklung, Wohnen und Verkehr und dem Grenzkommando Mitte erarbeitet und dem Magistrat zur Bestätigung vorgelegt. Bei der Erarbeitung der Konzeption werden die Hinweise von Institutionen und Bürgern beachtet [...].«[10]

Am 10. August 1990 – das Schicksal der Mauer war mittlerweile

Stadtgespräch – berichtete der Tagesspiegel von der Bernauer Straße. Dort solle im Abschnitt zwischen Acker- und Gartenstraße, wo durch die Initiative der beiden historischen Museen und der Versöhnungsgemeinde noch der gesamte Grenzabschnitt erhalten sei, ein Stück Mauer bewahrt werden. Am selben Tag wandte sich Bundesinnenminister Wolfgang Schäuble an Ministerpräsident Lothar de Maizière und machte ihn auf die Initiative zur Errichtung einer Gedenkstätte aufmerksam. »Ich wäre deshalb dankbar«, schrieb er, »wenn Sie veranlassen könnten, daß dieser Teil der Mauer erhalten bleibt.« Eine Woche später bestätigte de Maizière, dass er den Minister für Abrüstung und Verteidigung gebeten habe, »umgehend dafür Sorge zu tragen, daß an der bezeichneten Stelle die Mauer nicht abgerissen wird«[11]. Alles schien auf gutem Weg.

Inzwischen rückte der 29. Jahrestag des Mauerbaus heran, in dessen Vorfeld die Initiatoren um Pfarrer Fischer bereits eine erste Hinweistafel aufgestellt hatten: »Achtung! Achtung! Liebe Mauerspechte, bitte ›klopfen‹ Sie nicht an diesem Mauerstück! […] Helfen Sie mit, gerade auch den Opfern dieser Grenze eine authentische und würdige Gedenkstätte zu bewahren.« Der Verfasser, der damals direkt an dem bezeichneten Mauerstück wohnte, hat in zahllosen Gesprächen mit den Mauerspechten unterhandelt und, zum ersten Mal im Juli 1990, Abrissversuche von Baufirmen verhindert.

Doch es entstanden auch Initiativen, die nicht Bewahrung, sondern Abriss auf ihre Fahnen geschrieben hatten. Die benachbarte Sophiengemeinde unter der Leitung ihres Pfarrers Johannes Hildebrandt etwa sammelte Unterschriften gegen das Gedenkstättenvorhaben, das er als »Schändung des Friedhofs« bezeichnete. Die CDU-Fraktion im Abgeordnetenhaus von Berlin und in der Bezirksverordnetenversammlung (BVV) Wedding verteilte Flugblätter mit Antwortabschnitt: »Ja, auch ich bin gegen den Erhalt und den weiteren Ausbau der Mauer in der Bernauer Straße.« Der Vorsteher des Lazarus-Kranken- und Diakonissenhauses forderte ebenfalls den Abriss der Mauer gegenüber seiner Anstalt[12].

Eine neu entstandene Bürgerinitiative Bernauer Straße wiederum trat für die Gedenkstätteninitiative ein und fand damit sogleich Unterstützung bei Maueropfern. Im September etwa schrieb Klaus-Peter Eich aus Düsseldorf: »Ich begrüße Ihre Initiative und möchte Sie auf jede Weise unterstützen«. Eich war, querschnittsgelähmt, eines der ersten Opfer der Mauer[13].

Am Vorabend der Wiedervereinigung, am 2. Oktober 1990, erfolgte die »Denkmalerklärung« für den Grenzabschnitt Bernauer

Öffnung der Ackerstraße, 13. Juni 1990

Aufstellung des Denkmalschutzschildes, 13. August 1990

Straße zwischen Acker- und Bergstraße gemäß DDR-Recht: »Das gesamte Objekt ist gesetzlich geschütztes Denkmal und unterliegt in seiner Gesamtheit den entsprechenden gesetzlichen Bestimmungen und Verfügungen.«[14] Nach monatelangen Debatten war nun unter Einbeziehung der Vorstellungen von Institutionen und Bürgern die Grundlage für die Bewahrung des umkämpften Mauerabschnitts geschaffen, ein erster Wettlauf mit der Zeit gewonnen. Alle weiteren Initiativen bauten darauf auf. Die mitunter hochgehenden Auseinandersetzungen der folgenden eineinhalb Jahrzehnte drehten sich um die Gestaltung und die Zuordnung von Einzelelementen, um ihre Akzeptanz und Anordnung, doch im Ergebnis bestätigten sie die Triftigkeit der Entscheidungen, die im ersten Jahr nach dem Mauerfall durchgesetzt worden waren.

In Disput und Konflikt erhalten, was bewahrt war: Oktober 1990 bis August 1991

Die Auseinandersetzung über die angemessene Erinnerung an die Berliner Mauer war in der Bernauer Straße am heftigsten und öffentlichkeitswirksamsten. Sie blieb auch nach dem Mauerfall die exemplarische »Mauerstraße«, nun allerdings im Ringen um ihren Denkmalwert. Es ging nicht mehr um die Frage, was von dem historischen Sachzeugnis Mauer gerettet werden konnte, sondern darum, die, wie sich rasch zeigte, keineswegs ausgestandenen Konflikte in rechtsstaatliche Bahnen zu lenken und die Öffentlichkeit sowie die unmittelbaren Anwohner für das Projekt »Gedenkstätte Berliner Mauer« zu gewinnen.

Ein erster Schritt dahin war ein Fotoband, den die im Frühjahr 1990 gegründete Initiativgruppe erarbeitete. Er dokumentierte am Beispiel der Bernauer Straße die Entstehung und den Fall der Mauer, die Zerstörung der Straße und die Folgen für ihre Anwohner.

Von Anfang an war es die Intention der Initiatoren Fischer, Möbius und Trotnow, dass die künftige Gedenkstätte an die Brutalität der Grenze erinnern, der Opfer würdig gedenken und als eine Art »Museum« die Geschichte der Mauer dokumentieren solle. Am 6. Mai 1991 befasste sich das Abgeordnetenhaus von Berlin im Kulturausschuss erstmals mit diesem Grundkonzept. Der Ausschuss empfahl die Einsetzung einer Fachkommission, die in einer übergreifenden Konzeption *alle* noch vorhandenen Mauerreste berücksichtigen sollte. Volker Hassemer (CDU), der Senator für Stadtentwicklung und Umwelt, wurde gebeten, den Konflikt zu moderieren. Die Debatten flossen nun zusammen[15].

Gabi Dolff-Bonekämper vom Landesamt für Denkmalpflege etwa bestätigte die bestehende Denkmalerklärung für den Mauerabschnitt: »Drei unterschiedliche Denkmale, die historisch und räumlich eng miteinander verbunden sind, bilden hier ein Denkmalensemble, dessen Besonderheit darin besteht, daß der jüngste Bestandteil, die Mauer mit Grenzanlagen, nicht in Harmonie zu den älteren Teilen steht, sondern im Gegenteil rücksichtslos die historisch gewachsenen stadträumlichen Bezüge zwischen Lazaruskrankenhaus und Sophienfriedhof zerschnitt.« Damit wurde die ursprüngliche pragmatische Position der Denkmalpflege, Stücke auszuwählen, auf denen »geringer Druck« lastete, kühn überschritten zu einer Position hin, welche die Gegensätzlichkeit der Denkmalüberlagerungen als das eigentlich Wertvolle erkannte[16].

Die beiden benachbarten Kirchengemeinden und das DHM blieben in dem heftiger werdenden Denkmalstreit ebenfalls auf dem Kampfplatz, hinzu traten Bezirke, verschiedene Senatsverwaltungen und Bürgerinitiativen. Die BVV Wedding etwa diskutierte das Thema Mauermuseum am 13. Juni 1991, wobei die Bezirksverordneten vor allem deutlich machten, mitreden zu wollen und eingebunden zu bleiben[17]. Die Fraktion Grün/Alternative Liste wies bereits zu diesem frühen Zeitpunkt auf ein Verkehrsgutachten hin, das den sechsspurigen Ausbau der Bernauer Straße zum Innerstadtring forderte. Die BVV Mitte hinwiederum beschloss Ende Mai mit großer Mehrheit eine Unterstützung der Gedenkstätteninitiative[18].

Mitte Juli 1991 rief der Senator für Stadtentwicklung und Umweltschutz das bunte Feld der Befürworter und Gegner einer Erhaltung der Mauerreste an der Bernauer Straße zu einem Gespräch zusammen, an dessen Ende er einen etwas unausgegorenen Kompromissvorschlag verkündete, der keine rechte Resonanz fand[19]. Just zur selben Zeit machte sein Kollege, der Verkehrssenator Herwig Haase (CDU), mit der Auffassung Furore, ein Mauermuseum sei aus verkehrspolitischer Sicht nicht zu befürworten[20]. Das war bemerkenswert, denn einige Wochen zuvor hatte die Berliner Morgenpost getitelt: »Kultur-Senator [Ulrich Roloff-Momin] spricht Machtwort: Mauer in Wedding bleibt stehen.«[21] Der runde Gedenktag des 13. August 1991 rückte heran, die Debatte in der Stadt war voll entbrannt, die Kompromisssuche gescheitert. In diesem Getümmel lud das DHM für die Initiatoren des Gedenkstättenprojekts zu einem Pressegespräch in das Haus der Versöhnungsgemeinde an der Bernauer Straße 111, mittlerweile Schauplatz heftiger Bürgerversammlungen zum Thema[22].

Vor diesem Hintergrund fasste der Senat von Berlin am 30. Jahrestag des Mauerbaus seinen Beschluss über die »Errichtung einer Erinnerungs- und Gedenkstätte an die ehemalige Mauer und ihre Opfer in der Bernauer Straße«. Dazu solle »eine Rekonstruktion der Tiefenstaffelung der ehemaligen Mauer« ebenso gehören wie die Bewahrung der Mauerteile in der Bernauer Straße. Diese Grundsatzentscheidung dürfe nicht »in Frage gestellt werden«, wenn auch die Belange der anwohnenden Bürger zu beachten seien. Das »Ringstraßenkonzept« solle entsprechend überarbeitet werden. Zugleich hieß es aber, für die Erinnerungs- und Gedenkstätte solle »nach Möglichkeit nicht das Gelände des ehemaligen Sophienfriedhofes in Anspruch genommen werden«[23]. Eine Bestätigung der Pläne des DHM war das nicht gerade, obwohl eine Rekonstruktion der Tiefenstaffelung der Mauer beschlossen wurde. Eine Bestätigung der Position der Denkmalpflege war der Beschluss auch nicht, obwohl Teile der Mauer erhalten werden sollten. Eine Unterstützung der Verkehrsverwaltung hätte ebenfalls anders ausgesehen, obwohl am Ringstraßenkonzept festgehalten wurde. Auch die Sophiengemeinde erhielt trotz des zitierten Vorbehalts keine Bestätigung ihrer Position. Der Beschluss des Senats machte also deutlich, dass sich keine Streitpartei durchsetzen konnte, die Stadtregierung eine Gedenkstätte an der Bernauer Straße anscheinend aber wollte – jedenfalls am 30. Jahrestag des Mauerbaus.

Die Suche nach einem Ausweg: August 1991 bis Dezember 1994

Wegen seiner Unklarheiten und Widersprüche entfaltete der Senatsbeschluss keine befreiende Wirkung. Die Streitparteien fühlten sich eher ermuntert, nun noch mehr Druck aufzubauen. Immerhin durchkreuzte der Beschluss die Weiterarbeit des DHM und der Gedenkstätteninitiatoren nicht[24]. Mit der Ende September 1991 erfolgten Beauftragung, einen Wettbewerb durchzuführen, blieb die Initiative bei einer Bund und Land verbindenden Institution.

Anfang Juni 1992 traf sich auf Einladung des DHM-Gründungsdirektors Christoph Stölzl im Gemeindehaus der Versöhnungsgemeinde die Arbeitsgruppe, welche die Ausschreibung des rasch zu realisierenden Gestaltungswettbewerbs zu erarbeiten hatte. Doch erst im Oktober 1993 konnten die überaus langwierigen Verhandlungen mit der Sophiengemeinde über Grundstücksfragen zu einem vorläufigen, komplizierten und vor allem konfliktträchtigen Abschluss gebracht werden. Die Gemeinde wurde wieder Eigentümer ihrer alten Liegenschaften[25].

In dieser Zeit hatten sich im Umfeld der Bernauer Straße längst

Initiativen gebildet, die schon seit 1990 versuchten, die widerstreitenden Interessen in einem städtebaulichen Entwurf für die ganze Bernauer Straße aufzunehmen und zu bewerten[26]. Die Ende Oktober 1990 gegründete Bürgerinitiative Bernauer Straße übernahm dieses Konzept und trug es seitdem bei Straßenveranstaltungen, Bürgerforen und in emsiger Pressearbeit in die Öffentlichkeit. Dies war eines der genuin bürgerschaftlichen Elemente in der schärfer werdenden Auseinandersetzung um die Bernauer Straße.

Mittlerweile war der offizielle künstlerische Wettbewerb vorangetrieben worden, das Preisgericht konnte Anfang Oktober 1994 unter 259 Entwürfen aber keinen ersten Preis ermitteln. Daher wurden drei zweite Preise gleichwertig nebeneinandergestellt, die unterschiedlich viel von der originalen Grenzanlage bewahren wollten: 210 Meter, 160 Meter und 70 Meter. Der reduzierteste Entwurf des Architektenehepaars Kohlhoff und Kohlhoff enthielt das geringste Konfliktpotenzial und schien deshalb am ehesten realisierbar zu sein. In Abstimmung von Bund und Berlin erhielt er denn auch den Zuschlag[27].

Bald schon erhob sich jedoch heftige Kritik an dieser Entscheidung, die nur an »einer schnell umsetzbaren Lösung interessiert« sei, wie die Zeitschrift Bauwelt befand[28]. Die Vorsitzende des Preisgerichtes, Hilde Léon, beklagte im Sommer 1995 unter dem Titel »Die Gedenkstätte zerbröselt im politischen Kompromiß«, dass die Denkmal-Entscheidung ausschließlich unter dem »Gesichtspunkt der Konsensfähigkeit mit faulen Kompromissen und falschen Voraussetzungen« gefällt worden sei und die ganze »Hilflosigkeit und Ängstlichkeit im Umgang mit der Erinnerung an die Berliner Mauer« zeige[29].

Die Wogen schlagen hoch: Oktober 1994 bis Juni 1997

Bei allem Streit schien in der ersten Hälfte der neunziger Jahre dennoch vieles im Guten zu gedeihen und auf einen verträglichen Konsens hinauszulaufen. Tatsächlich standen die bittersten Konflikte um die Gedenkstätte an der Bernauer Straße aber erst noch bevor. Lange Zeit konnte beispielsweise der Dissens über deren Ausbau als festgefahren gelten, weil die Verkehrsverwaltung ungerührt an ihrer Forderung festhielt, sie müsse den einstigen Todesstreifen in Anspruch nehmen, falls die neue Ringstraße auch eine Straßenbahn aufnehmen solle. Es dauerte bis Juni 1997, ehe der Senator für Bauen, Wohnen und Verkehr, Jürgen Klemann (CDU), auf eine Kleine Anfrage des Abgeordneten Michael Cramer (Bündnis 90/Die Grünen) antwortete: »Der Senat beabsichtigt, nach umfangreichen Untersuchungen die Straßenbahn grundsätzlich im vorhandenen Straßenquerschnitt zu realisieren.«[30] Damit bestand kein Grund mehr für eine äußere Blockade des Gedenkstättenkonzepts.

Es bestanden aber weiterhin gravierende innere Gründe, die Gedenkstättenpläne und namentlich den preisgekrönten Kohlhoff-Entwurf noch einmal zu überdenken[31]. Hilde Léon blieb nicht die Einzige mit Einwänden gegen das geplante Denkmal, denn bei dem insgesamt nachlassenden Widerstand gegen den Mauererhalt schien eine Verkürzung der erhalten gebliebenen Mauer als Kompromiss nicht mehr erforderlich. Man konnte sogar darauf hoffen, jetzt die klaren Positionen des Denkmalschutzes durchzusetzen. Gabi Dolff-Bonekämper plädierte nämlich im Oktober 1996 in der Neuen Zürcher Zeitung dafür, »die erhaltenen Reste und Spuren der Grenzanlage selbst als hinreichend informativ und würdig zu akzeptieren [...], seine brüchig gewordenen Substanzen zu sichern und zu erhalten«[32].

Die Zeit schien reif, den Diskurs über das Wettbewerbsergebnis neu aufzunehmen. Dass diese Zeit nicht zur Verfügung stand, machte ein veritabler Paukenschlag deutlich: Der Gemeindekirchenrat der Sophiengemeinde beschloss am 16. Dezember 1996: Die »Vorderlandsmauer-Segmente, die auf den Kriegsgräbern lasten, müssen entfernt werden«. Die im übrigen Bereich vorhandenen Mauerteile »können, müssen aber nicht entfernt werden«[33]. Die Denkmalbehörde verwies jedoch auf den Status der Mauer als ein »eingetragenes Denkmal«.

Doch dann überschlugen sich die Ereignisse: Am 16. April 1996, 14.38 Uhr, meldete dpa: »Ausbau der Mauergedenkstätte Bernauer Straße kann beginnen«, die dafür »benötigten Gelder in Höhe von 2,2 Millionen Mark wurden jetzt vom Bund bereitgestellt«. Diese Meldung hatte aber die Rechnung ohne den Wirt gemacht: Die Sophiengemeinde hatte tatsächlich damit begonnen, ihre Abrissabsichten in die Tat umzusetzen und durch eine Baustadträtin des Bezirks Mitte auch schnell noch eine Genehmigung erhalten! Um

20.35 Uhr musste sich dpa schließlich korrigieren und vermelden: Senator Peter Strieder (SPD) »kritisiert Mauerabriß an der Bernauer Straße«, er sehe eine »Teilzerstörung des Baudenkmals«[34].

Die Sophiengemeinde begründete ihr rabiates Vorgehen damit, zwei »Massengräber« aus der Zeit des Zweiten Weltkrieges sollten von der Last der auf ihr stehenden Mauerteile befreit werden. Was auf dem Fuße folgte, war ein Streit zwischen der untergeordneten Baustadträtin des Stadtbezirks Mitte und Helmut Engel von der Oberen Denkmalbehörde, der ihr, ebenso wie Strieder, einen »Alleingang« vorwarf. Damit war das Drama noch nicht zu Ende. Zwar wurde der Abriss für einen Moment gestoppt, die geplanten Mauerlücken wurden von der Sophiengemeinde aber doch hineingerissen; den größten Teil der herausgebrochenen Mauersegmente stellte die Gemeinde auf dem Gelände in der Nähe ab. Pfarrer Hildebrandt versuchte, diese Aktion als eine Art Tausch darzustellen: »Uns gehört das gesamte Areal, etwa 5200 Quadratmeter. Dafür, daß wir Mauerteile abreißen dürfen, kann auf 60 Metern die Gedenkstätte entstehen.«[35] Damit war das Konzept der Denkmalpflege einer »Mauer pur«, »wie vorgefunden«, endgültig gescheitert. Alle standen jetzt vor einer neuen Situation. Über Monate hinweg machte die Mauerlücke an der Bernauer Straße nun in der Presse Furore, immer mit demselben Tenor: Hier darf kein weiteres Stück Mauer mehr abgerissen werden! Die Sophiengemeinde hatte einen Pyrrhussieg errungen. Schnell gab sie daher zu verstehen, dass sie nicht mehr auf einem Abriss bestehe, der über die Lücke bei den »Massengräbern« hinausgehe.

Senator Peter Strieder zog nun die Entscheidungen in der immer verwickelter werdenden Causa Bernauer Straße an sich und gab ein Gutachten in Auftrag, das zu dem Ergebnis gelangte, die Massengräber, die zur Rechtfertigung der Abrissaktion dienten, seien, falls es sie 1961 im fraglichen Bereich des Todesstreifens überhaupt noch gegeben habe, beim Aushub des Sperrgrabens verloren gegangen[36].

Der Senator wollte nun das Kohlhoff-Denkmal ganz streichen und »die von Bonn bewilligten 2,2 Millionen Mark in den Erhalt der verbliebenen Maueranlage stecken«[37]. Das freilich konnte Berlin alleine nicht entscheiden. In der Rückschau wird man wohl sagen können, dass sich die beteiligten Senatsstellen mit ihrem Weg von Kompromiss zu Kompromiss mit der Sophiengemeinde in eine komplizierte juristische Situation gebracht hatten, bei der das ursprüngliche Anliegen, nämlich die Erhaltung eines zusammenhängenden Mauerabschnittes, leicht hätte scheitern können.

Umbettung von Gräbern unter Bewachung der Grenztruppen, 16. Juni 1961

Tatsächlich drohte dieser Ort von internationalem Rang im Berliner Interessenstreit der Parteien und Dienststellen und in den Rechtshändeln unterzugehen mit einer Kirchengemeinde, die den Unrechtscharakter der Mauer gegen ihren Erhalt wendete, um sie ganz zu beseitigen oder wenigstens die geretteten Abschnitte möglichst zu verkleinern. Die Mauer, als »Folge des Zweiten Weltkrieges« gedeutet, sollte als Folge dieser Ursache entwertet werden und weichen.

Kompromiss und Beruhigung: Juni 1997 bis November 1998

In dieser verfahrenen Lage machte die Versöhnungsgemeinde ein Angebot, das durch raumgreifende Umgruppierung eine neue Situation schuf: Ihr Gemeindehaus in der Bernauer Straße wird Informationsstätte mit Beobachtungsplattform für das gegenüberliegende, nicht betretbare Kohlhoff-Denkmal; alle noch vorhandenen Mauerteile bleiben erhalten; die zu errichtende Kapelle der Versöhnung ergänzt als Ort des Gedenkens die erweiterte Mauergedenk-

Herausgebrochene Mauerelemente, 23. April 1997

stätte. Pfarrer Fischer suchte und fand das Einvernehmen über diesen Vorschlag in dem zukünftig zusammengehörigen Ensemble: Mahnmal, Informationszentrum Bernauer Straße 111, Kapelle der Versöhnung. Am 29. Juni 1997 meldete der Tagesspiegel: »Pfarrer einigten sich über die Mauer-Gedenkstätte«[38]. Die Kulturverwaltung favorisierte denn auch diese Konzeption der Versöhnungsgemeinde. So blieben die an den Kohlhoff-Entwurf gebundenen Mittel für Berlin erhalten, die Mauerreste an der Bernauer Straße waren gesichert, die Weiterentwicklung der Gedenkstätte über die 70 Mauer-Meter der Kohlhoff-Lösung und sogar über das Friedhofsareal hinaus bekam einen neuen Impuls. Fünf Wochen später verständigte sich der Senat auf diese Lösung[39].

In der Öffentlichkeit wurde der Kompromiss zunächst enttäuscht aufgenommen, da das darin enthaltene Potenzial, das im Endeffekt voll zum Tragen kam, anfangs wohl nicht leicht zu erkennen war. Die Defizite des nach wie vor isoliert betrachteten, ungeliebten

Kohlhoff-Denkmals standen noch zu sehr im Vordergrund. Senator Strieder, der die »Mauer pur«-Lösung favorisiert hatte, begann jedoch umzudenken: »Die Mauer wird auf dem Gesamtbereich (212 m) erhalten«, ließ er erklären[40]. Auch der Bischof der Evange-

Die Kapelle der Versöhnung

lischen Kirche in Berlin-Brandenburg, Wolfgang Huber, stand zu dem Kompromiss[41], und im Gemeindehaus der Versöhnungsgemeinde begann eigeninitiativ sofort der Aufbau des künftigen Dokumentationszentrums[42].

Acht Jahre nach dem Mauerfall, am 9. November 1997, wurde unter großer öffentlicher Beteiligung vom Regierenden Bürgermeister Eberhard Diepgen eine Bautafel »Gedenkstätte Berliner Mauer – Gedenkstätte für die Opfer des 2. Weltkrieges und der Deutschen Teilung« enthüllt[43]. Nach acht Jahren Debatte blieb ein Jahr Zeit, das Bauwerk zu errichten, die Gestaltung des weiteren Geländes zu klären und das Dokumentationszentrum auf den Weg zu bringen. Ziel war die Fertigstellung des Ensembles zum 10. Jahrestag des Mauerfalls. Der am 19. Mai 1998 ins Leben gerufene Förderverein »Gedenkstätte Berliner Mauer« konzentrierte sein Engagement zunächst auf das Gelände der im Mauerstreifen 1985 gesprengten Versöhnungskirche unweit des Denkmals mit dem

Projekt »Kapelle der Versöhnung«, in der, wie sich zeigen sollte, richtigen Vermutung, der Erfolg des Ensembles werde stark vom Erfolg dieser Kapelle als einem »Ort mit Zukunft« abhängen[44].

Der Geschichtsort Bernauer Straße konsolidiert sich: 1998–2003

Konzeptionelle Basis

»Zur Auseinandersetzung mit der Geschichte der Berliner Mauer und der deutsch-deutschen Teilung sowie ihren Folgen anregen«: So lautete die Zielsetzung des Vereins Berliner Mauer – Gedenkstätte und Dokumentationszentrum e.V., der im November 1998 aus dem bisherigen Mauer-Arbeitskreis hervorging[45]. Der neu geschaffene Trägerverein übernahm im Auftrag des Berliner Senats die inhaltliche Betreuung der kurz zuvor fertiggestellten Denkmalsanlage und die Einrichtung eines Dokumentationszentrums zur Geschichte der Mauer. Dazu baute der Verein ein Projektteam auf und berief als fachliches Beratungsgremium einen Beirat aus Sachverständigen[46]. Die Räumlichkeiten für das Zentrum stellte die Evangelische Kirche im Gemeindehaus der Versöhnungsgemeinde in der Bernauer Straße 111 mietfrei zur Verfügung[47].

Mit dem Outsourcing dieser kulturpolitischen Aufgabe durch das Land Berlin zeichnete jetzt der Verein für diesen Erinnerungsort verantwortlich, der eine zweifache, sehr unterschiedliche Zuschreibung aufweist. An der Bernauer Straße lässt sich exemplarisch verfolgen, was der Mauerbau 1961 bedeutete: Die Bevölkerung Ost-Berlins und der DDR wurde eingesperrt, die Grundrechte wurden ausgehebelt, Lebenslinien und Beziehungen zwischen Ost und West zerschnitten. Nach der friedlichen Revolution 1989 entwickelte sich die Bernauer Straße dann zu einem Sinnbild der Überwindung dieser tödlichen Grenze, zu einem Emblem des Sieges von Freiheitswillen und friedlichem Bürgerprotest über die SED-Diktatur. Thematisch standen drei Aspekte von Beginn an im Vordergrund[48]: der Ort und seine überlieferten Geschichtsspuren; die historisch-politische Aussage des Ortes und insbesondere die mit diesem Ort verbundenen menschlichen Schicksale.

Materielle Spuren und historische Aussage

Das Authentische zu stärken, war eine der Hauptmaximen der bald zehnjährigen Vereinsarbeit. Die überlieferten Sachzeugnisse aus den verschiedenen Zeitphasen sollten sichtbar gemacht und der Ort sollte zum Sprechen gebracht werden, namentlich die gewachsene, jäh zerschnittene Stadtlandschaft. Angesichts der hohen Dichte an materiellen Spuren, so eine frühe Erkenntnis, waren Inszenierungen oder Nachbauten hier weitestgehend verzichtbar. Der historische Ort selbst sollte Auskunft geben und in seiner Authentizität nicht verletzt werden. Die fragmentarischen, gleichwohl aussagefähigen Sachzeugnisse dokumentierten außerdem die unterschiedlichen Entwicklungsstadien der Mauer[49]; das Prozesshafte sollte erkennbar bleiben.

Die Annäherung an die Bernauer Straße erfolgte für den neu ins Leben gerufenen Verein zum einen über deren Bedeutung als Brennpunkt der Mauer- und Teilungsgeschichte. Gerade an diesem Ort hat das Mauerregime seinen gewaltsamen Charakter in besonderer Weise manifestiert, haben sich die Folgen der Teilung unübersehbar niedergeschlagen. Man begegnet ihnen in dem Abriss von Wohnhäusern, den Zwangsumsiedlungen der Bewohner, der Zerstörung des Friedhofs, der Sprengung der Versöhnungskirche, auch in den zahlreichen tragischen Fluchtgeschichten, die sich an der Bernauer Straße zugetragen haben.

Auf diesen Überlegungen aufbauend sollte die Bernauer Straße zudem als Erfahrungsort der europäischen Teilung und ihrer Überwindung erschlossen werden. Ihre Geschichte fügte sich in den Rahmen der Ost-West-Konfrontation wie auch in den Kontext der europäischen Freiheitsbewegungen, die die kommunistischen Regime zu Fall brachten[50]. Dabei blieb die Primärbindung der Gedenkstättenarbeit an den Ort Bernauer Straße durchaus erhalten. Nicht eine inhaltliche Überdehnung war das Ziel, der Verein wollte vielmehr die Chance nutzen, anhand der lokalgeschichtlichen Ereignisse »große« Geschichte zu verankern, regionale Erfahrungen wiederum in ihren übergeordneten Kontext einzubetten. Geschichte sollte fassbar werden[51].

Die Biografien des Ortes

Die Bernauer Straße ist nicht nur ein Ort archäologischer Funde und historisch-politischer Themen. Hier wird nicht allein das Bauwerk Mauer erklärt und der geschichtliche Zusammenhang konturiert, hier sollte vielmehr der einzelne Mensch in den Mittelpunkt der Wahrnehmung treten. Schon früh gelangte der Trägerverein daher zu der Einsicht, dass Beton und Stacheldraht allein den Schrecken der Mauer nicht zu vermitteln vermögen. Dazu bedarf es empathischer Anknüpfungsmomente, individueller Geschichten, die die historischen Ereignisse nachvollziehbar machen. Die biografische Forschung und das Gedenken an die Opfer von Mauer und Teilung, an ihr Leiden, aber auch an ihre Versuche, sich dem Mauerregime durch Flucht zu widersetzen und zur Freiheit zu gelangen, prägten daher die inhaltliche Arbeit des Vereins. Dabei galt das Prinzip, die Besucher nicht emotional zu überwältigen, sondern ihnen sachliche Informationen anzubieten und sie zur selbständigen Spurensuche und Urteilsfindung anzuregen. Wissenschaftliche Analyse, sachlicher Transfer, Empathie – diese Trias, deren Elemente mitunter als Antagonismen behandelt werden, jedoch eng miteinander verzahnt sind und sich ergänzen, definierte dabei die Leitlinie[52].

Stationen der Entwicklung

Als der Verein 1998 seine Tätigkeit aufnahm, sah er sich mit einer Reihe ungelöster Fragen konfrontiert. Es gab zwar konzeptionelle Rahmensetzungen und die zeitlich sehr nah liegende Aufgabe, bis zum 10. Jahrestag des Mauerfalls 1999 ein Dokumentationszentrum aufzubauen. Gänzlich offen aber war, mit welcher institutionellen Perspektive das geschehen sollte[53]. Außerdem sah sich der Verein nun in der Verantwortung für das umstrittene Denkmal[54].

Zu den originären Themen des Ortes trat damit ein weiterer Aspekt hinzu: Die Bernauer Straße wurde zu einem Austragungsort teils heftiger Aufarbeitungsdebatten und zu einem Ort mitunter schmerzvoller Aneignung von Geschichte. Diese Konfliktlage aufgreifend versuchte der Verein, an dem Erinnerungsort Bernauer

Straße einen Raum zu schaffen, in dem sich die verschiedenen Erinnerungsträger begegnen und aussprechen konnten.

Ende der neunziger Jahre kündigte sich auf staatlicher Seite immerhin eine erste Kehrtwende an, wenn auch mit widersprüchlichen und halbherzigen Schritten. Im November 1999 konnte der neue Verein Berliner Mauer mit der Eröffnung der Foto-Ausstellung »Grenzblicke« das Dokumentationszentrum in seiner ersten Ausbaustufe zugänglich machen. Es war eine dokumentarische Werkschau, die die Auswirkungen des Mauerbaus auf das Leben an der Bernauer Straße widerspiegelte und an ihrem Beispiel die Zerstörung des Lebensalltags vor Augen führte. Die Ausstellung wurde mit Projektgeldern des Landes Berlin finanziert, kurz nach seiner Eröffnung hätte das Haus jedoch schon fast wieder schließen müssen, weil für seinen Alltagsbetrieb keine Mittel des Landes bereitstanden.

Es erforderte einige Nervenkraft und die Bereitschaft zur Selbstausbeutung (das unfreiwillige Rezept zahlreicher vergleichbarer Projekte), damit die Konsolidierung des Geschichtsortes Bernauer Straße dennoch vorankam. 2001, zum 40. Jahrestag des Mauerbaus, folgte mit finanzieller Förderung durch Land und Bund die zweite Ausstellung des Vereins: »Berlin, 13. August 1961«. In der Verknüpfung lokalgeschichtlicher und überregionaler Ereignisse zeichnete sie die Vorgeschichte des Mauerbaus nach und dokumentierte dessen Durchführung und seine Folgen. Beide Ausstellungen nutzten die Kraft der Bernauer Straße als zeithistorisches pars pro toto. Sie setzten auf differenzierte Informationsbausteine, die zum selbstständigen Wissenserwerb befähigen, besonderen Stellenwert besaßen zeitgenössische Tondokumente und Zeitzeugen-Interviews. Zur weiteren eigenständigen Auseinandersetzung mit den Themen standen den Besuchern zudem Vertiefungsstationen (so das Lesearchiv mit ausgewählten Dokumenten und Informationsterminals) zur Verfügung[55]. Themenveranstaltungen und Sonderausstellungen wie die Dokumentation zum »Tunnel 29« – einem der zahlreichen Fluchttunnel an der Bernauer Straße, durch den 1962 29 Menschen in den Westen fliehen konnten – rundeten das Programm ab.

Der Durchbruch: 2003–2008

Der eigentliche Durchbruch erfolgte 2003. Zum 50. Jahrestag des Volksaufstandes vom 17. Juni 1953 konnten der Ausbau des Dokumentationszentrums abgeschlossen und eine neue Aussichtsplattform eröffnet werden.

Damit war es den Besuchern möglich, die Denkmalsanlage und das historische Areal aus der Vogelperspektive zu überschauen und eine räumliche Vorstellung davon zu gewinnen, was Mauer und Teilung bedeuteten. Diese Erweiterung sollte sich als ein Meilenstein in der Entwicklung des Geschichtsortes erweisen, denn nun wurde die Ausdruckskraft des überlieferten Geländes für viele erstmals erkennbar. Die Resonanz war überwältigend, die Besucherzahlen stiegen sprunghaft an, Sensibilität und Aufmerksamkeit gegenüber der Mauerthematik nahmen stetig zu. Waren es zuvor in erster Linie ausländische Besucher, die nach Spuren der Mauer suchten, so öffnete sich nun auch das deutsche Publikum zusehends. 2006 wurde das Dokumentationszentrum im Rahmen der Initiative der Bundesregierung und der Deutschen Wirtschaft »Deutschland – Land der Ideen« dann als einer der »365 Orte« ausgezeichnet.

Nach und nach verstummten die – mitunter polemischen – Beschwerden von Politik und Medien, die Bernauer Straße liege abseits, sei eine bloße Leere und besitze keine Ausdruckskraft. Denn zu den großen Widersprüchen unseres Umgangs mit der Mauergeschichte zählt, dass nach dem weiträumigen Auslöschen von historischen Spuren das Fehlen ebenjener Sachzeugen scharf kritisiert, ja zum Vorwurf gemacht wird. Nachbauten, Nachbildungen und Inszenierungen wurden immer wieder als vermeintlicher Königsweg propagiert[56]. In diesen Debatten hatte der Verein zeitweilig keinen leichten Stand. Dieser Ort überwältigte nicht mit vordergründigen Eindrücken, seine Aussagen musste der Besucher sich erst erarbeiten. Zudem machte sich eine Altlast bemerkbar. »Der Ursprung von Gedenkstätte und Dokumentationszentrum als ›ungeliebtes Kind‹, das sich der langfristigen Förderung und Gewährleistung durch die verantwortlichen politischen Stellen nie sicher sein konnte«, hatte die Akzeptanz der Einrichtung an der Bernauer Straße lange beeinträchtigt[57].

Die Besucher hatten sich von diesen Debatten jedoch nur wenig beeindrucken lassen. Ihr steigendes Interesse, ihr stetig wachsender Zulauf und ihre Resonanz machten dem Trägerverein und seinen Unterstützern Mut und gaben der Arbeit neue Impulse für die Weiterentwicklung dieses geschichtsträchtigen Ortes. Nicht zuletzt diese Reaktionen und Anregungen veranlassten den Verein, seine bisherige Arbeit zu bilanzieren und sein Gestaltungskonzept neu zu reflektieren. Als Teil dieser Selbstverständnisdebatte, die dem bisherigen Ansatz, Forschung, Vermittlung und Gedenken eng miteinander zu verknüpfen, einen noch stärkeren Akzent verlieh, richtete der Verein mit seinem Mitarbeiterteam und den Mitgliedern seines wissenschaftlichen Beirats eine fortan sehr produktive Arbeitsgruppe unter der Leitung der Vereinsvorsitzenden Gabriele Camphausen ein. Die behutsame Form der Dokumentation und die Vermeidung emotionaler Überwältigung wurden nicht in Zweifel gezogen, doch zugleich stand für die Beteiligten fest, dass der empathischen Begegnung mit dem Thema noch mehr Aufmerksamkeit geschenkt werden müsse. Dies bedeutete, dass das Gedenken an die Opfer des Mauerregimes mehr Raum erhalten sollte. Deren Namen waren zu recherchieren und ihre Biografien zu rekonstruieren, kurz: Sie waren in das gesellschaftliche Gedächtnis zu integrieren[58]. Das Gedenken an die Opfer und ihre öffentliche Vergegenwärtigung sollten zum konstitutiven Teil der zu erweiternden Mauer-Gedenkstätte werden. Schmerz, Trauer und Würdigung würden hier einen konkreten Ort erhalten.

Die Beschäftigung mit den vielfältigen und keineswegs dissensfreien Fragen des Opfergedenkens wurde zum Angelpunkt der konzeptionellen Weiterentwicklung der Gedenkstätte. Dieser Diskurs ist bis heute nicht abgeschlossen, da Gedenken natürlich ein fortwährender Prozess ist, der von Generation zu Generation und innerhalb der Generationen stets neu ausgehandelt werden muss[59]. Als Ergebnis ihrer Planungsdiskussion legte die Arbeitsgruppe des Trägervereins im Oktober 2005 das Konzept für den Ausbau der Gedenkstätte Berliner Mauer vor. Zu seinen Hauptzielen gehörte: die bestehenden Angebote sichern (nach wie vor fehlte die institutionelle Förderung), das Gedenkstättengelände ausdehnen und das historische Gelände für die Öffentlichkeit räumlich erfahrbar, die außerordentliche Dichte der authentischen Zeugnisse auf dem Areal sichtbar und verständlich machen, und nicht zuletzt: einen Ort für das individuelle Gedenken an die Maueropfer schaffen[60].

Als Portal zum erweiterten Erinnerungsareal war ein Informationspavillon vorgesehen. Eine Ausstellung auf dem Außengelände sollte die Entwicklung der Mauer im Laufe der Jahrzehnte dokumentieren, Großbilder an den Brandwänden der Häuser die Situation der Mauerzeit visualisieren[61]. Zur optischen Vergegenwärtigung der nicht mehr vorhandenen Wachtürme entlang der Straße wurden künstlerische Zeichen – »Sehhilfen« – vorgeschlagen. Insgesamt galt der Grundsatz: das Gelände erfahrbar machen; Sachzeugnisse behutsam kommentieren, ohne das Areal zu überschreiben; keine künstlichen Nachbauten in Konkurrenz zu den originalen Spuren; die historische Substanz des Areals hervorheben und gezielt mit dem Fragmentarischen arbeiten[62].

Das Erweiterungskonzept für die Gedenkstätte an der Bernauer Straße floss in das Mauer-Gesamtkonzept des Landes Berlin 2006 ein[63]. Mehr noch: Es prägte mit seinem dezentralen Ansatz, der die spezifische Themengebundenheit der verschiedenen Mauer-Orte und ihr inhaltliches Zusammenspiel herausarbeitete, in substanzieller Weise die Zielsetzung und Ausgestaltung des Berliner Gesamtkonzepts[64]. Für die Bernauer Straße begann nun ein neuer, wenige Jahre zuvor noch kaum vorstellbarer Abschnitt. Mit dem Senatsbeschluss zum Berliner Mauerkonzept und dessen Verabschiedung durch das Abgeordnetenhaus von Berlin, mit der Durchführung des Gestaltungswettbewerbs für die Erweiterung der Gedenkstätte 2007 und der Gründung der Stiftung Berliner Mauer 2008 wurde die Gedenkstätte 20 Jahre nach der Maueröffnung endlich zu einer dauerhaften Einrichtung. Der Verein Berliner Mauer hatte seinen Vereinszweck erfüllt[65]. Ein Gedanke blieb dabei stets handlungswirksam: Eine Gedenkstätte ist keine abgeschlossene, hermetisch versiegelte Angelegenheit[66]. Sie ist Teil unserer Auseinandersetzung mit der Vergangenheit und damit – wie dieser Diskurs selbst – *work in progress*. Sie muss offen sein für Selbstreflexion und Veränderung[67].

RAINER E. KLEMKE

DAS GESAMTKONZEPT BERLINER MAUER

Vorgeschichte

Wie ein Haftentlassener sich die Sträflingskleidung vom Leibe reißt, so entledigten sich die Berliner nach dem Fall der Mauer in einem Furor, der Bürger und Politiker einte, des Monstrums aus Beton und Stahl, mit dem sie 28 Jahre lang zu leben gezwungen waren. Die neunziger Jahre waren dann bestimmt von einer eher unentschlossenen Haltung der Landesregierung und der Parlamentsmehrheit, die einerseits mit dem Bund gemeinsam die Errichtung des Kohlhoff & Kohlhoff-Denkmals betrieb und die Arbeit des Vereins Berliner Mauer im ehemaligen Gemeindehaus der Versöhnungsgemeinde an der Bernauer Straße finanzierte, diese Straße aber zugleich zu einer Hauptverkehrsstraße von überörtlicher Bedeutung und mit Straßenbahnbetrieb aufrüstete.

Obgleich sich bereits in den ersten zehn Jahren nach dem Ende des SED-Regimes namhafte Persönlichkeiten für den Erhalt wenigstens eines kleinen Erinnerungsstückes Mauer starkgemacht hatten[1] und bereits einige erste Schritte dazu getan worden waren, veränderte sich mit dem Regierungsantritt der ersten rot-roten Koalition 2001 das Klima im Hinblick auf den Umgang mit der Erinnerung an die Berliner Mauer doch beträchtlich – und zwar gerade nicht in Richtung Verharmlosung, Verdrängen und Vergessen, wie einige prophezeiten, hofften oder befürchteten. Ganz im Gegenteil, wie die nachfolgende Entstehungsgeschichte des »Gesamtkonzepts Berliner Mauer« zeigen wird. Der Senat von Berlin beschloss dieses Konzept am 20. Juni 2006 und nahm dessen Verwirklichung sofort in einem Tempo in Angriff, das in der reichen Geschichte der deutschen Gedenkkultur nach 1945 wenig Parallelen haben dürfte. Starke Bewegung in die Diskussion brachte zudem die Ende Oktober 2004 eingeweihte eigenwillige Installation der Mauertotenkreuze der Leiterin des Hauses am Checkpoint Charlie, Alexandra Hildebrandt.

Was den Berliner Landesregierungen zuvor nicht gelungen war, stand nun auf der politischen Agenda: Eineinhalb Jahrzehnte nach dem Mauerfall erfolgte der Auftrag an die Kulturverwaltung, ein Gesamtkonzept für den Umgang mit der Berliner Mauer und ihren wenigen noch erhaltenen Spuren zu erarbeiten und umzusetzen. Eine wichtige Voraussetzung dafür war, dass sich der Regierende Bürgermeister Klaus Wowereit (SPD) als erster und einziger deutscher Landesregierungschef mit den Opferverbänden des SED-Unrechts regelmäßig zu sehr offenen Gesprächen traf. Sein Kultursenator, Thomas Flierl von der PDS, förderte entgegen allen Mutmaßungen und öffentlichen Unterstellungen intensiv die Erarbeitung eines pluralen Mauerkonzepts und befasste sich immer wieder auch persönlich damit. Anders als seine Amtsvorgänger erkannte er die Notwendigkeit, über das bislang praktizierte, gedenktageorientierte Vorgehen hinauszudenken und eine gestaltende Idee zu entwickeln: Die Mauer sollte in der Stadt insgesamt wieder sichtbar und zugleich der Erinnerung an die Opfer ein ereignisbezogener Ort und eine angemessene Form gegeben werden.

Erstmals nach dem Fall der Mauer fand das Thema auch Eingang in eine Koalitionsvereinbarung und in ein Regierungsprogramm. Der erste rot-rote Senat setzte sich 2001 nämlich zum Ziel: »Die Gesamtkonzeption zum Umgang mit den Mauerresten und ehemaligen Grenzanlagen ist weiter zu entwickeln und umzusetzen. Die Arbeitsfähigkeit des Dokumentationszentrums Berliner Mauer in der Bernauer Straße ist dauerhaft zu sichern.«[2] Das war ein Ziel, das nach und nach an sich auch von der Opposition mitgetragen werden konnte. Gleichwohl, der Ansatz des rot-roten Senats war ein neuer Ansatz. Er ging weit über das hinaus, was von den Vorgängersenaten auf den Weg gebracht worden war, auch wenn beispielsweise das Mauerdenkmal der Bundesrepublik Deutschland »Für die Opfer der Berliner Mauer und der kommunistischen Gewaltherrschaft« und das Dokumentationszentrum des Vereins Berliner Mauer in der Bernauer Straße bereits existierten; ebenso die Nachzeichnung des Mauerverlaufs mit einer Doppelpflastersteinreihe, einige Tafeln der »Geschichtsmeile Berliner Mauer« oder die künstlerische Kennzeichnung der ehemaligen innerstädtischen Grenzübergänge. Daneben gab es bereits eine Vielzahl von Gedenktafeln und Gedenkzeichen aus der Mauerzeit und den Jahren danach. Diesen einzelnen Maßnahmen fehlte jedoch ein verbindender konzeptioneller Ansatz. Sie waren ereignisbezogen von unterschiedlichen Verwaltungen initiiert worden oder aus bürgerschaftlichem Engagement heraus entstanden. Nicht gerade ein Sammelsurium, in der Summe aber doch arg zersplittert, stellten diese Einzelschritte und Initiativen jedenfalls kein Narrativ dar, das geeignet gewesen wäre, den Berlinerinnen und Berlinern sowie dem wachsenden Besucherstrom aus aller Welt ein Bild davon zu geben, was die Mauer für diese Stadt bedeutete, wo und wie sie die Metropole geteilt hatte. Das war in der anschwellenden öffentlichen Diskussion (»Wo war eigentlich die Berliner Mauer?«) unüberhörbar und unübersehbar.

Trotz des allen politischen Strömungen gemeinsamen Zieles, nun endlich ein Gesamtkonzept zu entwickeln, stand der rot-rote Senat, wie gesagt, in dem Generalverdacht, die Geschichte im Sinne der SED zu schönen. Da half es ihm wenig, ganz neuen Wind in die Debatte gebracht zu haben. Der CDU-Fraktionsvizevorsitzende Uwe Lehmann-Brauns erklärte beispielsweise am 29. November 2004: »Die Selbstgefälligkeit des Senators bei der Entwicklung eines Konzeptes zeigt erneut, dass Rot-Rot sich anmaßt, die Geschichte Berlins allein und neu zu schreiben. Der Senat hat schon mehrfach gezeigt, dass er hierzu weder intellektuell, noch mit dem hierfür nötigen Abstand in der Lage ist. Mit seinem Versuch einer einseitigen Geschichtsschreibung stellt sich der Senator bewusst in die Tradition seiner Partei vor 1989.«[3]

Wie stark der eingangs erwähnte Impuls der Mauertotenkreuze am Checkpoint Charlie war, zeigt die Tatsache, dass davon parlamentarische Anträge ebenso inspiriert waren wie die Einsetzung einer ersten ressortübergreifenden Arbeitsgruppe in der Kulturverwaltung Anfang Juli 2004. Die als »temporäre künstlerische Aktion« von Alexandra Hildebrandt angemeldete Installation auf gepachtetem privatem Grund hatte nämlich zweierlei deutlich gemacht: Zum einen waren die Menschen berührt von dem Wald hölzerner Kreuze für die tatsächlichen oder vorgeblichen Opfer der Mauer[4]; der Nachbau eines Mauerteils am Checkpoint Charlie gab dem von Touristen überrannten Ort an der Friedrichstraße eine zusätzliche Attraktion. Zum anderen wurde dadurch der Wunsch nach einer wissenschaftlich fundierten gesamtstädtischen Mauerkonzeption immer stärker, die nicht auf »gefühlter« Geschichte basieren und auch keine (zudem historisch falschen) Rekonstruktionen wie am Checkpoint Charlie vorsehen sollte. Vielmehr sollte diese Konzeption auf den vorhandenen historischen Spuren aufbauen, die von Axel Klausmeier und Leo Schmidt in ihrer Studie zu den Mauerresten im Auftrag der Senatsbauverwaltung akribisch ermittelt worden waren[5].

Die Kreuz-Aktion am Checkpoint Charlie, 2004

Dementsprechend kritisch positionierten sich der Senat und der damalige Kultursenator Flierl zu der »Gedenkstätte«, die Alexandra Hildebrandt am Checkpoint Charlie errichtet hatte (»falsches Denkmal am falschen Ort«[6] – »diese Art Disneyland der Erinnerung«[7]). Entgegen der Darstellung von Frau Hildebrandt ließ allerdings nicht der Senat, sondern der private Eigentümer nach gerichtlicher Auseinandersetzung das Gelände per Gerichtsvollzieher räumen. Er gedachte das Areal wirtschaftlich zu verwerten, nachdem der Pachtvertrag mit der rührigen Alexandra Hildebrandt abgelaufen war und diese sich einer Räumung verweigerte. Der Regierende Bürgermeister Klaus Wowereit hatte im Unterschied zur Bausenatorin Ingeborg Junge-Reyer sogar ausdrücklich von einer Räumung abgeraten, bevor nicht das Land eine eigene Gesamtkonzeption zur Erinnerung an die Mauer vorlegen könne[8].

Auch im Deutschen Bundestag, der inzwischen in seiner Hauptstadt angekommen war, war die Diskussion um die angemessene

Erinnerung an die deutsche Teilung und die Berliner Mauer inzwischen ein Thema. Im Januar 2005 forderten Abgeordnete in einem Gruppenantrag[9], am Brandenburger Tor einen Gedenkort für die Maueropfer und die Erinnerung an die Mauer zu errichten[10].

Die Leiter der Gedenkstätte Berlin-Hohenschönhausen, Hubertus Knabe, und des Forschungsverbundes SED-Staat, Manfred Wilke, hatten bereits Ende November 2004 Vorschläge für ein Gedenkstättenkonzept der Öffentlichkeit übergeben und auch dem Senat zugeschickt[11]. Darin forderten sie eine Bestandsaufnahme, unterbreiteten einige Vorschläge und verlangten von Senat und Kulturverwaltung, alle Beteiligten an einen Tisch zu bringen. Ein solches Forum gab es in dem vom Gedenkstättenreferat ins Leben gerufenen »Arbeitskreis II der Gedenkstätten in Berlin und Brandenburg nach 1945« allerdings schon lange. Die Berliner CDU machte sich das Knabe/Wilke-Papier später zu eigen.

Während die öffentliche Diskussion und die Beratungen in den Parlamenten liefen, arbeitete eine »AG Mauergedenken«[12] (die Senator Flierl im September 2005 unter der Leitung des Verfassers in seiner Funktion als Gedenkstättenreferent des Landes Berlin eingesetzt hatte) an einem ersten Design für das Gesamtkonzept Berliner Mauer. Flierl legte fest, dass neben der Studie von Klausmeier/Schmidt eine Bestandsaufnahme der zahlreichen noch vorhandenen Erinnerungselemente zur Mauer erarbeitet werden solle[13]. Die beiden Studien, das Knabe/Wilke-Papier sowie eine Reihe weiterer Unterlagen bildeten die Grundlage für eine Expertentagung am 2./3. Februar 2005. Nun begann ein ganzer Reigen von Diskussionen und Entwürfen, wobei einige in Auftrag gegebene Papiere besondere Bedeutung erlangten; so etwa die Expertise von Andreas Nachama, Geschäftsführer der Stiftung Topographie des Terrors, für die Niederkirchnerstraße; von Manfred Kühne, Leiter der Obersten Denkmalpflege in der Senatsbauverwaltung, für den Potsdamer Platz, den Nordbahnhof und die East Side Gallery; vom Verfasser[14] für das Brandenburger Tor sowie den Checkpoint Charlie; von Gabriele Camphausen, Vorsitzende des Trägervereins Berliner Mauer, für die Gedenkstätte Berliner Mauer/Bernauer Straße; von Monica Geyler-von Bernus, Forum für Geschichte und Gegenwart, für das Handlungsfeld Kommunikation[15].

Auf der Basis dieser Papiere und Diskussionsergebnisse formulierte der Verfasser einige »Thesen für ein Mauergedenkkonzept«[16].

Darin wird ein dezentrales Konzept befürwortet. Es weist der Bernauer Straße als »Ort der Mauererinnerung« eine zentrale Funktion zu, thematisiert den Checkpoint Charlie als den »Ort der Konfrontation«, das Brandenburger Tor als »Symbol des Willens zur Wiedervereinigung, der Freude über den Mauerfall und des Gedenkens«. Die East Side Gallery und Ben Wagins »Parlament der Bäume« figurieren als Orte der Erinnerung an die Friedliche Revolution von 1989 und des künstlerischen Umgangs mit der Mauer, die Mauer an der Niederkirchnerstraße gilt als »Ort der Überlagerung der historischen Schichtungen«. Damit zeichnete sich die Linie des künftigen Konzepts ab[17].

Zur Vorbereitung der erwähnten Expertentagung im Februar 2005 führte Senator Flierl im Dezember 2004 unter anderem ein Gespräch mit den Berliner Bezirksbürgermeistern. Dabei erbat er Ansprechpartner in den Bezirken sowie eigene Vorstellungen zum Gesamtkonzept und forderte dazu auf, alles zu unterlassen, was eine Umsetzung des künftigen Mauerkonzepts im Todesstreifen behindern könne.

Expertentagung und Anhörungen

Die Expertentagung am 2./3. Februar 2005 war die konzeptionell wohl wichtigste Etappe auf dem Weg zum Gesamtkonzept Berliner Mauer. Unter Leitung des Verfassers ging es im Martin-Gropius-Bau um die Grundsätze und die Ausprägung des künftigen Gesamtkonzepts. In seinem Eröffnungsreferat bedauerte Leo Schmidt, Inhaber des Lehrstuhls für Denkmalpflege an der Brandenburgischen Technischen Universität Cottbus, »ausgerechnet an den Orten, die man hauptsächlich mit der Mauer assoziiert«, sei »am wenigsten von ihr erhalten geblieben: zwischen Brandenburger Tor und Potsdamer Platz, am Checkpoint Charlie. Ausgerechnet die Bilder, die man von ihr im Kopf hat, lassen sich nicht wieder finden – Grenzmauer und Wachturm.«[18] Er plädierte für eine Lesbarkeit der authentischen Spuren und die Unterstützung bei der »emotionalen Auseinandersetzung« mit der Grenze, bei der Verarbeitung von persönlichem Leid nicht zuletzt durch eine namentliche Erinnerung an die Opfer[19]. »Der primär sich anbietende Ort für alle diese Aktivitäten«, so fuhr er fort, »liegt in der Bernauer Straße: hier gibt es den geschlossensten Bestand an authentischen Resten der Grenze; hier gibt es das Dokumentationszentrum; hier gibt es die Kapelle der Versöhnung als Ort des geistlichen und psychologischen Trostes. Eine Zweigstelle mit einem speziell auf ausländische Touristen abgestimmten Angebot wäre am Checkpoint Charlie wünschenswert, um diesen symbolischen Ort auszuwerten und den dort Ankommenden mehr anzubieten als den sehr speziellen und engen Blickwinkel des Hauses am Checkpoint Charlie.«[20]

Dieser Linie folgten die Tagungsteilnehmer. Aufgabe sei es, so das umfassende Resümee des ersten Beratungstages: die verbliebenen Reste und Spuren der Mauer zu sichern; die Bernauer Straße zu stärken; die künstlerische Auseinandersetzung mit der Mauer an der East Side Gallery und beim Parlament der Bäume zu erhalten; den Tränenpalast mit der Geschichte des Ortes zu nutzen; einen zentralen Mauerinformationsort zu schaffen; die Auffindbarkeit der Mauergeschichte im Stadtbild zu verbessern; die internationale Bedeutung der Mauer zu vermitteln. In diesem Zusammenhang erfolgte ein erstes Plädoyer von Konrad H. Jarausch, Direktor des Zentrums für Zeithistorische Forschung, für ein Museum des Kalten Krieges am Checkpoint Charlie. Deutlich wurde der Konsens der Expertenrunde, wonach das Gesamtkonzept dezentral sein und die Bernauer Straße der zentrale Ort der Darstellung der Mauergeschichte sein müsse. Wie kein anderer Mauerort sei er dicht mit historischen Spuren belegt. Außerdem befinde sich dort bereits das offizielle Mauerdenkmal der Bundesrepublik Deutschland.

Am zweiten Tag des Expertentreffens erläuterte die Bundestagsabgeordnete Franziska Eichstädt-Bohlig (Bündnis 90/Grüne) als eine der Initiatorinnen den Gruppenantrag des Deutschen Bundestages zur Schaffung eines zentralen Gedenkortes am Brandenburger Tor. »Die Breite und Ödnis des Grenzstreifens müsse hier in Erinnerung gerufen werden. Der Abgeordnete Hilsberg (SPD) z. B. erwarte zudem eine namentliche Nennung der Maueropfer an diesem Ort, während sie selbst eher das Bild vom ›Tanz auf der Mauer‹ im November 1989 mit der Gegend um das Brandenburger Tor verbinde.«[21] Eine Opferwürdigung am Brandenburger Tor stieß aber auf einhellige Kritik, unter anderem, weil dies ein Widerspruch zum Plädoyer für die Aufwertung der Bernauer Straße sei. Darüber hinaus wurde zu bedenken gegeben, dass »der Pariser

Platz im Laufe seiner Geschichte immer wieder Denkmalsetzer unterschiedlichster Couleur angelockt habe und man sich keineswegs auf eine einheitliche Lesart stützen könne«[22]. Eine Indienstnahme des Tores sei grundsätzlich abzulehnen. Die Schaffung eines Ortes der Information dagegen wurde allgemein befürwortet. Man einigte sich schließlich darauf, dass der Opfer künftig in neuer, individualisierter Form in der Bernauer Straße gedacht und der Informationsort (wie vom Verfasser vorgeschlagen) im Übergang zwischen dem U- und S-Bahnhof Brandenburger Tor unter dem Pariser Platz etabliert werden solle.

Der weitere Verlauf dieses in der Genese der Mauerkonzeption bedeutsamen Gedankenaustausches war nicht weniger fruchtbar. Man verständigte sich unter anderem darauf, die East Side Gallery und das Parlament der Bäume in das Gesamtkonzept zu integrieren. Außerdem bildete sich ein Konsens gegen jedwede Rekonstruktion von Mauerabschnitten heraus. In Bezug auf den Checkpoint Charlie bestand Übereinstimmung hinsichtlich einer musealen Auseinandersetzung mit der internationalen Dimension der Mauer im Rahmen des Kalten Krieges, handele es sich hier doch um den weltweit einzigen Ort einer direkten Konfrontation der beiden Supermächte. Dieter Vorsteher, stellvertretender Direktor des Deutschen Historischen Museums, wurde gebeten, eine Ideenskizze für ein solches Museum vorzulegen. Der Verfasser stellte seinerzeit abschließend fest, »dass sich niemand für den Erhalt der Installation von Alexandra Hildebrandt verwendet hat. Unter Achtung der Geschichte und der Sammlung des Hauses am Checkpoint Charlie, das in das Mauergedenkkonzept einzubeziehen sei, solle vielmehr die besondere Widmung des Ortes thematisiert und herausgearbeitet werden. Eine mögliche Räumung der jetzt belegten Fläche sei – soweit es in der öffentlichen Macht liege – nur in Zusammenhang mit einem angemessenen Opfergedenken an einem anderen Ort und einer konkreten Planung für die Nutzung des Geländes im Sinne seiner historischen Bedeutung zu sehen.«[23]

Auf der Basis der Ergebnisse der zweitägigen Expertendiskussion legte der Verfasser dem Senator Anfang März 2005 ein Papier[24] vor, das die übergreifenden und ortsspezifischen Aspekte zusammenstellte, Handlungsempfehlungen gab sowie auf Probleme und Zuständigkeiten hinwies. Zur selben Zeit veröffentlichten Wissenschaftler des Zentrums für Zeithistorische Forschung in

Potsdam ein Memorandum[25], in dem sie sich für eine teilweise Rekonstruktion der Mauer an Originalstandorten einsetzten, für eine Aufwertung der Gedenkstätte Berliner Mauer in der Bernauer Straße plädierten und sich für das geplante Informationszentrum Berliner Mauer im Torhaus des Brandenburger Tores und ein »Museum des Kalten Krieges« starkmachten: »Wir brauchen einen Ort der reflektierten Erinnerung an die Teilung Europas und ihrer vielfältigen Dimensionen in Politik, Gesellschaft, Wirtschaft und Kultur«, hieß es darin.

Die Vorstellung der mittlerweile erreichten Ergebnisse beim »Arbeitskreis II der Gedenkstätten in Berlin und Brandenburg nach 1945« war der kommunikationsstrategische Auftakt zur Gewinnung immer weiterer Kreise für das sich abzeichnende Gesamtkonzept. Bewusst ging Senator Flierl als Erstes zu den Vertretern der Opferverbände und der Gedenkstätten, bevor er in die öffentliche Diskussion eintrat.

Er eröffnete damit eine ganze Serie von Informationen für die Opferverbände. Insgesamt zwölf weitere Sitzungen sowie drei persönliche Gespräche der Opferverbände mit dem Regierenden Bürgermeister flankierten dieses Vorgehen. Das beeindruckte die Opposition wenig. Der kulturpolitische Sprecher der CDU-Fraktion, Uwe Lehmann-Brauns, beklagte vielmehr, »dass das Papier ohne Beteiligung der Opferverbände erstellt wurde. Damit wurden die diktaturerfahrenen Zeitzeugen ausgegrenzt.«[26]

In seinem Statement[27] im Arbeitskreis stellte Senator Flierl auch den Bezug zu dem umfassenden Gedenkkonzept des Bundes und des Landes Berlin her, in dem das Gesamtkonzept Berliner Mauer einen Baustein darstelle. Er erwähnte die Gedenkstätte Berlin-Hohenschönhausen als einen Ort, »an dem *auch* der Folgen gescheiterter Fluchtversuche gedacht wird. Oder die Erinnerungsstätte Notaufnahmelager Marienfelde als Ort, der sich mit den erfolgreichen Fluchten verbindet.«[28] Darüber hinaus verwies er auf weitere Stätten des Machtapparates der DDR. Als Ziel des Gesamtkonzepts benannte er die Sicherung der authentischen Spuren der Mauer als Monument der Zeitgeschichte, eine adäquate politische Bildung zur Nachkriegszeit sowie ein würdiges Gedenken an die Maueropfer. Nach der Qualifizierung der einzelnen Mauerorte ging Flierl auch auf die Diskussion um die Mauertotenkreuze am Checkpoint Charlie ein und stellte fest, dass »der ehemalige Ausländerübergang […] weder ein spezifisch deutscher Ort noch ein Ort der Maueropfer« sei. »Seine thematische Prägung ist die der weltpolitischen Konfrontation der Supermächte im Kalten Krieg, der hier auch schnell hätte ein heißer werden können, wie es Rainer Hildebrandt in seinem Theaterstück ›Rosa‹ eindrucksvoll deutlich machte.« Flierl monierte die Auswahl der dort als Mauertote Geehrten (einschließlich sowjetischer Soldaten und DDR-Grenzsoldaten) und die falsche Mauerrekonstruktion. Er fuhr fort, dass »die Besetzung des Stadtraums und damit des öffentlichen Bewusstseins sowie die thematische Darstellung […] grundsätzlich eines öffentlichen Konsenses« bedürfen wie er ihn »mit dem Mauergedenkkonzept anstrebe, nicht der Konfrontationsstellung […]. Hier kann und darf sich die Öffentlichkeit die Form des Gedenkens in der Bundeshauptstadt nicht von einzelnen Personen aufzwingen lassen.«[29] Abschließend erläuterte der Senator die Umsetzungsperspektive bis zum 50. Jahrestag des Mauerbaus am 13. August 2011.

In der anschließenden Diskussion begrüßte Harald Strunz vom Bund der Stalinistisch Verfolgten das Papier[30]. Der Leiter der Gedenkstätte Berlin-Hohenschönhausen dankte Senator Flierl für sein Engagement bei der Mauerkonzeption und die Einbeziehung der Opferverbände, sprach sich aber weiterhin für die Mauerkreuzinstallation am Checkpoint Charlie aus. Ben Wagin, der Schöpfer des »Parlaments der Bäume« in der Nähe des Reichstags, dagegen hielt sie für unangemessen: »Schlichtweg Kitsch«, lautete sein Urteil[31].

Hearing im Abgeordnetenhaus von Berlin

In einem Hearing im Abgeordnetenhaus von Berlin stellte Thomas Flierl das im Entstehen begriffene Gesamtkonzept im April 2005 erstmals der Öffentlichkeit vor. Mit ihm auf dem Podium saßen der erwähnte Harald Strunz, der Journalist Thomas Rogalla (Berliner Zeitung), der Dresdner Zeithistoriker und Beiratsvorsitzende der Gedenkstätte Berliner Mauer, Klaus-Dietmar Henke, sowie der CDU-Politiker und Leiter des Forschungsverbundes SED-Staat an der FU Berlin, Manfred Wilke. Die emotionalisierte Stimmung im Saal zeigte sich daran, dass Senator Flierl bei der Erläuterung seines 29-seitigen Papiers[32] schon nach den ersten Sätzen auf heftige Kritik stieß, als er sagte: »Die Mauer war nicht das hässliche Äußere einer ansonsten menschenfreundlichen Gesellschaft, sie war konstitutiver Bestandteil eines Herrschaftssystems, das zu keinem Zeitpunkt auf die Repression nach innen verzichten konnte. Als die Mauer fiel, fiel auch das politische Herrschaftssystem in sich zusammen.«[33] Dem PDS-Senator wurde das so ausgelegt, als habe er die DDR als »menschenfreundliche Gesellschaft« einstufen wollen, obwohl er ziemlich klar gesagt hatte, die Mauer sei integraler Bestandteil eines Repressionsapparates gewesen, ohne den das SED-Regime nicht lebensfähig war.

In der Diskussion meldete sich nach dem nicht ganz geglückten Start des Senators eine Reihe kritischer Stimmen. Die kulturpolitische Sprecherin der SPD, Brigitte Lange, monierte die lange Laufzeit bis zur Umsetzung des Gesamtkonzepts 2011. Die CDU bemängelte die angeblich »dezentrale Lage« der Bernauer Straße. Die FDP bezeichnete das Konzept zwar als Schritt in die richtige Richtung, ihr sei jedoch »völlig unklar, wie der Ausbau der Gedenkstätte an der Bernauer Straße bis hin zum Nordbahnhof oder die notwendigen Grundstücksankäufe finanziert werden könnten«[34]. Der Berliner CDU-Landesvorsitzende Joachim Zeller bezeichnete das Senatskonzept als unzureichend, obwohl er selbst in der Expertenkommission mitgewirkt hatte und sein Vorschlag zur Erweiterung der Gedenkstätte Bernauer Straße bis hin zum Mauerpark auch aufgenommen worden war. Noch heftigere Kritik entzündete sich an dem geplanten »Museum des Kalten Krieges« am Checkpoint Charlie. Obwohl der Vorschlag aus der unabhängigen Wissenschaft kam, unterstellte man Flierl schlankweg, seine Partei und er persönlich wollten damit die SED exkulpieren und die Verantwortung für die Mauer auf Kräfte außerhalb der DDR verlagern.

Die Argumentation mit der dezentralen Lage der Bernauer Straße und die Unterstellung, der Senat wolle die Erinnerung an die Mauer »verstecken«, war, so wird man im Nachhinein sagen können, in Wirklichkeit nichts anderes als eine Parteinahme für die heiß umstrittenen Mauertotenkreuze[35]. Die Kritik an der angeblich langen Umsetzungszeit bis zum 50. Jahrestag des Mauerbaus[36] kam von Personen und Medien, die keinerlei Erfahrungen hatten mit der Vorbereitung von parlamentarischen Entscheidungsprozessen, Haushaltsvorläufen, Verwaltungsabstimmungen, dem Erwerb von 76 Grundstücken aus der Hand verschiedener Eigentümer, der Aushandlung von hochkomplizierten Nutzungsverträgen von Grundstücken im Mauerstreifen mit der Versöhnungs- und Sophiengemeinde, notwendigen Wettbewerbsverfahren, Ausschreibungsfristen, Vergabeverfahren und der Erarbeitung von inhaltlichen Konzeptionen für eine 45 000 qm große Freilandausstellung sowie von mehreren Dauerausstellungen und der Organisation von das ganze Stadtgebiet umfassenden Informationssystemen in der Zuständigkeit von 48 Verwaltungsbehörden und privaten Partnern. Von den Kennern der Materie wurde die Planung dagegen als ziemlich ambitioniert eingestuft. Politisch ging es den Kritikern weniger um eine detaillierte Auseinandersetzung mit dem Konzept als um die eine Botschaft: »Das Mauergedenken liegt dem PDS-Senator einfach fern.«[37]

Bei aller Kritik im Einzelnen stellten etwa der Tagesspiegel[38] und die Berliner Zeitung[39] fest, dass ein Grundkonsens zu verzeichnen sei, der die meisten Handlungsempfehlungen des Konzepts abdecke. Klaus-Dietmar Henke und Manfred Wilke hatten die Senatskonzeption bereits in der Diskussion übereinstimmend als vielversprechend eingestuft.

Eine Woche später befasste sich der Kulturausschuss des Berliner Abgeordnetenhauses erstmals formell mit den Vorstellungen des Kultursenators und beschloss nach intensiver Diskussion auf der Grundlage der Anträge von CDU und Bündnis 90/Die Grünen, den Senat zu beauftragen, bis Oktober 2005 über die Konzeptentwicklung zu berichten[40]. Nun begann die Zustimmung zum Mauerkonzept zu wachsen. Das zeigte sich im Juni 2005 bereits bei der Anhörung des Deutschen Bundestages zu den Gruppenanträgen zum Informationsort am Brandenburger Tor und zur Aufwertung des Mauer-Mahnmals im Marie-Elisabeth-Lüders-Haus (Mauerteile von Ben Wagin in der Bundestagsbibliothek). Diese Anhörung stellte einen weiteren Wendepunkt in der öffentlichen Diskussion zugunsten der Grundthesen des Gesamtkonzepts dar. In ihren Stellungnahmen unterstützten die angehörten Konrad H. Jarausch, Manfred Wilke, Hermann Schäfer, Präsident des Hauses der Geschichte der Bundesrepublik Deutschland, und die Bundesbeauftragte für die Stasiunterlagen, Marianne Birthler, das Berliner Konzept. So stellte dann auch Franziska Eichstädt-Bohlig in der

Plenumsdiskussion des Deutschen Bundestages fest: »Nunmehr ist es so, dass auch Berlin eine Gesamtkonzeption ausgearbeitet hat, die inzwischen viel Anerkennung gefunden hat. Alle Ziele sind miteinander vereinbar.«[41] Grund genug für Mechthild Küpper, in der FAZ festzustellen: »Doch entstand in mehreren öffentlichen Debatten über das von Kultursenator Thomas Flierl (PDS) vorgelegte Gedenkkonzept und in parlamentarischen Anhörungen so etwas wie ein Grundkonsens über die Aufgaben Berlins, die Mauer betreffend. Er besteht darin, rasch die Bernauer Straße auszubauen und besser zu erschließen.«[42]

Parallel dazu entwickelte sich freilich eine heftige Kontroverse zwischen dem Senat und dem Bezirk Mitte. Der wollte zugunsten neuer Sportanlagen die hier noch weitgehend erhaltene Hinterlandmauer auf dem Nordbahnhofgelände abreißen lassen, wo die Spuren des ehemaligen, mauerbedingt geschlossenen, Stettiner Bahnhofes in einer Parkanlage als Ergänzung zur Gedenkstätte Bernauer Straße noch sehr gut nachvollzogen werden konnten. Dagegen sprachen sich nicht nur Kultursenator Flierl, sondern auch fünf der 13 CDU-Ortsverbände in Mitte aus[43]. Schließlich machte nach einigem Zögern sogar die Landes-CDU gegen ihren Bezirksbürgermeister Zeller Front, konnte sie doch nicht einerseits für den Erhalt der nachgebauten Mauer am Checkpoint Charlie plädieren und andererseits das längste erhaltene Stück Hinterlandmauer abreißen lassen[44].

Voraussetzung für die Erweiterung der Mauergedenkstätte in der Bernauer Straße war die Aufstellung eines Bebauungsplans für die Bernauer Straße. Da sich der Bezirk Mitte nicht in der Lage sah, in seiner genuinen Zuständigkeit ein reguläres Bebauungsplanverfahren umzusetzen, musste der Senat diese Ende September 2005 an sich ziehen[45]. Erst danach konnte die Senatorin für Stadtentwicklung den Aufstellungsbeschluss für den Bebauungsplan verkünden. Jetzt durfte keine Baugenehmigung mehr für den Gedenkstättenbereich ohne Zustimmung der Senatsbauverwaltung herausgegeben werden. Der Bezirk Mitte erteilte allerdings noch wenige Stunden vor Inkrafttreten der Regelung zwei Baugenehmigungen, was sich im Umsetzungsprozess als ebenso hinderlich wie kostenwirksam erweisen sollte. Kurz zuvor hatte der Senat einen ersten Bericht zum Sachstand Gedenkkonzept Berliner Mauer zur Kenntnis genommen[46], in dem die Kulturverwaltung mit der Umsetzung der vorgeschlagenen Maßnahmen und mit den Verhandlungen mit dem Bund über eine anteilige Finanzierung beauftragt wurde. In einer weiteren Vorlage zu den Anträgen von Bündnis 90/Die Grünen und CDU[47] berichtete die Kulturverwaltung dem Senat über bereits umgesetzte Vorarbeiten im Rahmen des Gesamtkonzepts und die künftige Finanzierung der Gedenkstätte Berliner Mauer.

Die Zeit bis zum endgültigen Beschluss des Gesamtkonzepts durch den Senat im Juni 2006 war angefüllt mit intensiven Verhandlungen mit der Evangelischen Sophiengemeinde, der Eigentümerin zentraler Grundstücke im Kernbereich der Gedenkstätte. Ein Nutzungsvertrag konnte nach fünfjährigen Beratungen erst nach einem Wechsel im Pfarramt und der Mehrheit im Gemeindekirchenrat wenige Wochen vor dem Baubeginn 2009 gewissermaßen in letzter Minute abgeschlossen werden[48]. Daneben mussten schwierigste Finanzierungsfragen geklärt sowie der Bund und die Stiftung Deutsche Klassenlotterie als Finanzierungspartner gewonnen, Mittel aus dem Europäischen Regionalfonds und dem Fonds für die Bund-Länder-Gemeinschaftsaufgabe bei der Wirtschaftsverwaltung eingeworben und etatisiert werden.

Als am 15. Mai 2006 die noch von der rot-grünen Bundesregierung eingesetzte »Expertenkommission zur Schaffung eines Geschichtsverbundes ›Aufarbeitung der SED-Diktatur‹« das Berliner Gesamtkonzept unverändert in ihre Empfehlungen aufnahm[49] und das bei allen Parteien des Deutschen Bundestages auf Zustimmung stieß[50], wurde deutlich, dass die Berliner CDU mit ihrer anhaltenden Kritik am Mauerkonzept des Senats auf Bundesebene auch gegenüber der eigenen Partei in eine Minderheitsposition geraten war.

Das »Gesamtkonzept zur Erinnerung an die Berliner Mauer: Dokumentation, Information und Gedenken«

Das Gesamtkonzept Berliner Mauer, das am 20. Juni 2006 vom Senat in einer Sondersitzung in der Gedenkstätte Berliner Mauer beschlossen wurde, beruht auf einer Vorlage des Verfassers, in der die Ergebnisse der zahlreichen Anhörungen und der Beratungen in der »AG Gesamtkonzept« zusammengeflossen sind. Bevor das Papier in den Senat ging, wurde die Konzeption von Senator Flierl persönlich intensiv bearbeitet. Insgesamt muss es als eine seltene Gemeinschaftsleistung der beteiligten Gedenkstätten, Verwaltungen, Institutionen und der Fachwissenschaft gelten.

In dem zum 50. Jahrestag des Mauerbaus 2011 weitestgehend termin- und kostengerecht umgesetzten Konzept manifestiert sich vieles zugleich: ein strukturierter Prozess der Selbstverständigung auf Landes- und Bundesebene darüber, wie im zweiten Jahrzehnt nach dem Fall der Berliner Mauer diese in der Erinnerung wachgehalten werden soll; ein Abwägungsprozess des Wünschbaren und Machbaren – ging er insbesondere den Rekonstruktionsanhängern in der Berliner CDU und manchen Opfervertretern nicht weit genug, so polemisierten Kritiker wie etwa Dieter Hoffmann-Axthelm[51] gegen die Erweiterung der Bernauer Straße; eine städtebauliche Entwicklungsmaßnahme an der einstigen Schnittstelle zwischen Ost und West; eine nachhaltige Erinnerungsstruktur an eines der einschneidensten Ereignisse der Stadtgeschichte, verknüpft mit anderen Gedenkstätten Berlins; eine angemessene Würdigung der Opfer der Berliner Mauer; eine analoge und virtuelle Vernetzung der Ereignisorte der Mauergeschichte; eine touristische Infrastrukturmaßnahme, die der Erwartungshaltung der Gäste der Stadt Rechnung trägt, die in sehr hohem Maße aus zeitgeschichtlichem Interesse in die deutsche Hauptstadt kommen.

Das Gesamtkonzept Berliner Mauer fasst die eingeleiteten oder bereits fertiggestellten Maßnahmen zusammen und verknüpft Gedenkorte auf dem ehemaligen Mauerstreifen: von der mittlerweile aufwändig rekonstruierten East Side Gallery im Süden über den Checkpoint Charlie, den Potsdamer Platz und das Brandenburger Tor und das neu gestaltete Parlament der Bäume, den Invalidenfriedhof und den Leitturm am Kieler Eck, die Gedenkstätte Berliner Mauer an der Bernauer Straße und den Mauerpark bis zu dem neuen Platz des 9. November 1989 am ehemaligen Grenzübergang Bornholmer Straße.

Dieses Ensemble wird durch den ausgeschilderten Mauerweg, die Tafeln der Geschichtsmeile Berliner Mauer, die Audio-Infosäulen an den Brennpunkten des Mauergeschehens, das Internetangebot unter www.berlin.de/mauer sowie einen multimedialen Berliner MauerGuide und analoge Karten miteinander verknüpft. Als »touristische Verteilerpunkte« fungieren die 360 m lange Open-Air-Ausstellung am Checkpoint Charlie sowie der Themenbahnhof

Brandenburger Tor mit seiner Mauerinformation in der Passerelle unter dem Pariser Platz und der Ausstellung zur Geschichte des Brandenburger Tores. All dies wird mittlerweile von einem Millionenpublikum aus aller Welt besucht und angenommen. Viel leich-

Das Fenster des Gedenkens in der Gedenkstätte Berliner Mauer

ter als noch vor einigen Jahren lässt sich heute daher die berühmte Frage beantworten: »Wo war eigentlich die Berliner Mauer?«

Der *Checkpoint Charlie* als internationaler Mauerort harrt noch der Ergänzung durch das in Planung befindliche Museum des Kalten Krieges. Das *Brandenburger Tor* als der nationale Ort der Mahnung, die Wiedervereinigung im Blick zu behalten, als Ort der Freude über den Mauerfall und die deutsche Vereinigung ist bereits nationales Denkmal; es wird im U-Bahnhof dokumentiert. Die Bernauer Straße mit der *Gedenkstätte Berliner Mauer* ist der Berlinische Ort der Mauergeschichte. Sie ist das Zentrum der Erzählung der Mauergeschichte und der Erinnerung an die Maueropfer in einer nationalen Gedenkstätte. Die Gedenkstätte Berliner Mauer ist Teil der Stiftung Berliner Mauer, zu der auch der Ort der gelungenen Fluchten gehört, die Erinnerungsstätte Notaufnahmelager Marienfelde[52]. Die *Niederkirchnerstraße* mit den Mauerresten an dem Gelände der NS-Gedenkstätte »Topographie des Terrors« ist der Mauerort mit mehreren historischen Schichten der

Berliner Geschichte von der Kaiserzeit über die NS-Herrschaft bis zum Sitz der DDR-Ministerien.

Die *East Side Gallery* in Friedrichshain, touristischer Anziehungspunkt seit der Wiedervereinigung, und Ben Wagins *Parlament der Bäume* mitten im Regierungsviertel sind die Orte der künstlerischen Auseinandersetzung mit der Mauer und der Freude über ihren Fall.

An der East Side Gallery (Thomas Klingenstein)

Bei der Eröffnung des ersten Bauabschnitts im Kern- und Freilandbereich der Gedenkstätte an der Bernauer Straße am 21. Mai 2010 waren viele Angehörige der Maueropfer erschienen, um ihrer umgekommenen Angehörigen zu gedenken, die jetzt im »Fenster des Gedenkens« auf dem ehemaligen Todesstreifen mit Bild und Namen zu sehen sind. Ebenso wie der Regierende Bürgermeister Klaus Wowereit würdigte auch der Vorsitzende der Union der Opferverbände Kommunistischer Gewaltherrschaft, Rainer Wagner, in seiner Rede, dass es nach heftigem Ringen um das richtige Konzept für die Erinnerung an die Berliner Mauer und das Gedenken an deren Opfer letztlich in staunenswertem Maße gelungen sei, mitten in Berlin ein so eindrucksvolles Zeichen zu setzen.

AXEL KLAUSMEIER

DIE GEDENKSTÄTTE BERLINER MAUER AN DER BERNAUER STRASSE

Das Konzept kommt gut an in der deutschen Hauptstadt im Jahre 20 nach dem Mauerfall und scheint den Betreibern des »Ostels«, das sie werbewirksam das »ostigste Hotel der Stadt« nennen, Recht zu geben. 3000 Übernachtungen pro Monat sind zu vermelden, Tendenz steigend. Und das, obwohl (oder gerade weil) einer großen Mehrheit der jungen Ostdeutschen das Leben der Eltern und Großeltern in der DDR nicht mehr vorstellbar ist[1].

Die Idee des Konzept-Hotels (oder doch eher: »Hotel-Konzeptes«) ist simpel: Die Hoteliers richteten die Zimmer eines sechsstöckigen Plattenbaus in der Nähe der »East Side Gallery« am Berliner Ostbahnhof mit Originalmöbeln der untergegangenen DDR ein, wobei schrille Mustertapeten, Schrankwände mit integriertem Plattenspieler, ein Telefonbuch der Hauptstadt der DDR, in dem 30 Seiten nicht bedruckt sind, und natürlich jede Menge Bilder von DDR-Funktionären die Räume charakterisieren. Gäste können sich für günstige 15 Euro in Mehrbettzimmern der Marke »Pionierlager« einmieten. Neben Einzel- und Doppelzimmern sowie einer Ferienwohnung ist die »Stasi-Suite« das Highlight, die jedoch nicht mehr so offensiv beworben wird, seit DDR-Bürgerrechtler den Betreibern mangelnden Respekt vor den Opfern der SED-Geheimpolizei vorwarfen. Noch 2010 soll ein »DDR-Spezialitäten-Restaurant« eröffnen, und selbstverständlich kann man hier längst Stadtrundfahrten mit dem »Trabant« buchen[2].

»Trabi-Safaris«, die überall im Berliner Stadtzentrum anzutreffen sind, haben längst auch die Gedenkstätte Berliner Mauer in der Bernauer Straße als Besuchsstation auf dem Programm: Das scheint auf den ersten Blick einleuchtend, ist doch die mittlerweile fast gänzlich verschwundene Berliner Mauer das weltweit berühmteste Bauwerk der DDR, und Erinnerung braucht bekanntlich – das wusste schon der berühmte englische Denkmaltheoretiker John Ruskin zur Mitte des 19. Jahrhunderts[3] – Orte. Zudem ist das »Denkmal« der Gedenkstätte längst der einzige Ort in Berlin, an dem man die einst tödliche Tiefenstaffelung des Sperrsystems noch in seiner ganzen Ausdehnung erleben kann. Allein: Der größte Teil der Bernauer Straße lag im französischen Sektor und war für die Trabis während der Zeit der Teilung so einfach nicht zugänglich. Dieses historische Detail scheint den Safariabenteurern, zumeist Anfang zwanzig, jedoch gänzlich egal zu sein, und so wird der Aufenthalt in der Regel nach wenigen Minuten Verweildauer, der ausschließlich für das obligatorische Foto des exotischen Gefährts vor der Grenzmauer genutzt wird, unbeeindruckt fortgesetzt.

Zur Genese der Gedenkstätte Berliner Mauer

Inmitten dieser »Ostalgie« setzte der Berliner Senat mit finanzieller wie ideeller Unterstützung des Bundes, der EU sowie mit Berliner Lottomitteln einen Senatsbeschluss aus dem Jahre 2006[4] um, in dem der Gedenkstätte an der Bernauer Straße eine zentrale Rolle für die Erinnerung an die deutsche Teilung und zum Gedenken an die Opfer der SED-Diktatur zugewiesen wird[5]. Dies geschah, da hier nicht nur im Laufe der neunziger Jahre ganz wesentliche Elemente der Gedenkstätte Berliner Mauer entstanden waren[6], sondern weil die Bernauer Straße der Kristallisationspunkt des Mythos Mauer ist, dem viele Touristen auf der Spur sind. Hier ließ die SED-Führung eine Schneise in die Innenstadt schlagen, Bewohner wegschaffen, Häuser zumauern und dann abreißen, legte den Todesstreifen über Friedhöfe und sprengte 1985 die wilhelminische Versöhnungskirche in die Luft. Familien wurden zerrissen, Menschen sprangen aus den Fenstern, entkamen durch heimlich vorgetriebene Tunnel – oder sie entkamen nicht und zählen heute zu den 136 Toten der Berliner Mauer[7]. Die Bernauer Straße symbolisiert die Teilung Deutschlands und Europas in eine Zone der Diktatur und einen Sektor der Demokratie.

Da in die Stadtwunde Bernauer Straße zudem zahllose Relikte des DDR-Grenzregimes eingewachsen sind und dramatische Erinnerungsbilder an ihr haften (etwa das des flüchtenden Grenzsoldaten Conrad Schumann am 15. August 1961 an der Ecke Bernauer/Ruppiner Straße), ist es der zentrale Ort des Erinnerns und Gedenkens. Hier finden sich wie an keiner anderen Stelle Berlins noch sehr viele bauliche Zeugnisse und Spuren aus der Zeit der geteilten

Stadt; das 1999 eingeweihte »Denkmal« hat die tödliche Tiefenstaffelung der Grenze gewissermaßen eingefroren.

Zudem spiegelt die Geschichte der Bernauer Straße die Auswirkungen des Mauerbaus wider: die Zerstörung von Stadtraum und

Denkmal der Architekten Kohlhoff & Kohlhoff, 1998

Lebenswegen, die Trennung von Familienangehörigen und Freunden. Die Straße war Ort von Fluchtversuchen und Fluchthilfen, sie steht für die Opfer des Mauerregimes und die Toten an der Berliner Mauer. Doch steht sie auch für die Freude über den Mauerfall und die Geschichte der Aufarbeitung. Hier wurde bereits in der Nacht des 10. November 1989 das erste Mauerteil aus den Grenzanlagen gehoben, um einen ersten Übergang im Bereich der Schwedter Straße zu schaffen. Aufgrund der hohen emotionalen Besetzung der Straße begann der organisierte Abriss der Mauer am 13. Juni 1990 an der Ecke Bernauer/Ackerstraße. Kein Wunder, dass hier nicht zuletzt dank des bürgerschaftlichen Engagements seitens des Vereins Berliner Mauer um den unermüdlichen Pfarrer der Versöhnungsgemeinde, Manfred Fischer, und die Historikerin Gabriele Camphausen seit 1998 der aus mehreren Elementen bestehende Gedenkort der Bundesrepublik Deutschland und des Landes Berlin entstand.

Allerdings ist das bisherige Gedenkensemble nicht sogleich als eine Einheit zu begreifen. Gabi Dolff-Bonekämper, die seit 1991 für die »Mauer« zuständige Landesdenkmalpflegerin, formulierte schon im Jahre 2000, dass an der Bernauer Straße nicht mehr nur die Geschichte der Berliner Mauer als Grenze zwischen den weltpolitischen Machtblöcken oder auch nur zwischen den zwei Stadthälften erzählt würde, sondern auch »die Geschichte der Streitigkeiten um die Mauer nach ihrem Sturz, als Objekt im topographischen und politischen Raum der Stadt«[8]. Viel besser als die baulichen Reste erzähle die Leere des abgerissenen Grenzstreifens von der räumlichen Wirkung des einstigen Bollwerks. Nicht allein, doch unter anderem auch deswegen beschloss der Senat von Berlin gemeinsam mit der Bundesregierung im Rahmen eines dezentralen Gedenkkonzepts, entlang der gesamten Bernauer Straße ein einheitliches Areal zur Erinnerung an die Geschichte der Teilung zu gestalten. Im September 2005 erklärte der Senat das Gebiet entlang der Bernauer Straße vom Nordbahnhof bis zum Mauerpark zum Gebiet von außergewöhnlicher stadtpolitischer Bedeutung und ist seitdem für die städtebauliche Umsetzung des Gedenkstättenkonzepts Berliner Mauer zuständig. Seit Januar 2009 obliegen der neu gegründeten »Stiftung Berliner Mauer – Gedenkstätte Berliner Mauer und Erinnerungsstätte Notaufnahmelager Marienfelde« die Koordinations- und Umsetzungsverpflichtungen bei der Errichtung der Gedenkstätte, der »nationale Bedeutung« zugesprochen wurde[9].

Auf Grundlage der erwähnten Grundsatzentscheidung von 2005 beschloss die Senatorin für Stadtentwicklung nur wenige Tage später die Aufstellung eines Bebauungsplans zur städtebaulichen Sicherung und Umsetzung der zukünftigen »Gedenkstätte Berliner Mauer«. In der Folge wurden in einem rechtsstaatlichen Verfahren und unter großer Teilnahme der Öffentlichkeit die Aufstellung des Bebauungsplans wie der internationale Wettbewerb für die zukünftige Gestaltung der Gedenkstätte vorbereitet[10]. Schon im Dezember 2007 konnte der Siegerentwurf des Büroteams *sinai.* Faust.Schroll.Schwarz.; *ON Architektur*, Christian Fuchs, und *Mola Winkelmüller Architekten* präsentiert werden.

Dieser Entscheidung folgten 2008 die Konkretisierung und Festlegung der Finanzierung des insgesamt rund 27 Millionen Euro teuren Projektes. Parallel dazu wurde ein interdisziplinär zusammengesetzter wissenschaftlicher Beirat unter der Leitung des Historikers Klaus-Dietmar Henke etabliert, der die inhaltliche

Schwerpunktsetzung des Projektes weiter entwickelte und verfeinerte.

Zu den Grundcharakteristika der Gestaltung der Gedenkstätte Berliner Mauer

Nachdem die Stiftung Berliner Mauer im Januar 2009 ihre Arbeit aufgenommen hatte, begannen die Bauarbeiten am ersten Baumodul der Gedenkstättenerweiterung. Es steht unter dem Oberthema »Die Mauer und der Todesstreifen« und erstreckt sich von der Gartenstraße bis zur Ackerstraße. Bereits im Mai 2010 konnte das fertiggestellte Areal der Öffentlichkeit übergeben werden, nachdem zuvor bereits eine Ausstellung zur Geschichte der Geisterbahnhöfe im Nordbahnhof als wichtiger Bestandteil der Gesamtkonzeption sowie das neue Besucherzentrum der Gedenkstätte eröffnet werden konnten.

Bei dem Gelände der erweiterten Gedenkstätte im einstigen Todesstreifen handelt es sich um ein innerstädtisches Areal, das letztlich auch und erst durch die Massendemonstrationen in Leipzig, Berlin und all den anderen Städten der DDR im Herbst 1989 nach mehr als 66 Jahren erstmalig demokratisiert und befriedet wurde. Die Gedenkstätte präsentiert sich mit ihren unterschiedlichen Bestandteilen an der einstigen Nahtstelle der politischen Systeme als einstiger »Tatort Berliner Mauer«. Das Ausstellungskonzept nutzt den historischen Ort exemplarisch, um über Zweck und Funktion der Berliner Mauer zu informieren. Einem Tat- und Ereignisort angemessen, wurden mit nachgerade kriminalistischen Methoden die materiellen Reste und Spuren gesichert. Parallel dazu werden – methodisch vergleichbar – im Bereich der Zeitzeugenarbeit exemplarisch Schicksale von Menschen, die auf beiden Seiten der Mauer lebten, dokumentiert und archiviert. Somit rückt die Ausstellung die Schicksale und das Leid der Menschen, die mit dieser Grenze leben mussten, in den Mittelpunkt.

Die wesentlich erweiterte Gedenkstätte wird schließlich ein Gelände von 1,3 Kilometer Länge und 4,4 Hektar umfassen und die bereits bestehenden Elemente des Ortes stärker als bisher zusammenbinden. Zudem macht der zurückhaltende und große Gesten vermeidende Siegerentwurf, dem im Oktober 2010 eine Auszeichnung im Rahmen des Sonderpreises des deutschen Städtebaupreises zuerkannt wurde, das tief gestaffelte Sperrsystem erlebbar und ermöglicht es, diesen historisch vielschichtigen, tödlichen Ort zu verstehen. Die auf das Gelände ausgerichtete Konzeption bewahrt und vermittelt die erhaltenen Relikte der Grenzanlagen. Zugleich wird die dramatische Ereignisgeschichte der Bernauer Straße nachvollziehbar. Zentrales Element ist dabei das »Fenster des Gedenkens« auf dem Gelände des für den Mauerbau geräumten Sophien-Friedhofes. Damit existiert nun ein würdiger Ort für das individuelle Gedenken an die Toten der Berliner Mauer.

Der 2010 eröffnete erste Ausstellungsbereich verfügt bereits über beinahe alle strukturellen Elemente der Gedenkstättenerweiterung:

1. Um die Glaubwürdigkeit der Gedenkstätte im Sinne von historischer Wahrhaftigkeit zu unterstreichen, werden die erhaltenen baulichen Reste der Grenzanlagen bei jeglichem Verzicht auf Rekonstruktionen durch Nachzeichnungen und Sichtbarmachungen verloren gegangener Strukturen aus Cortenstahl ergänzt.
2. Ebenso werden der Verlauf von Fluchttunneln sowie die Grundrisse der abgerissenen Häuser durch Cortenstahlbänder nachgezeichnet. Mit der Handlungsrichtlinie »keine Rekonstruktion« wird jeglicher Bruch des Vertrauens der Besucher in die Authentizität des Ortes vermieden. Wenn sich das materielle Zeugnis selbst in Teilen als Fälschung erwiese, zerstörte es die Glaubwürdigkeit des gesamten Ortes und stellte die Wahrheit des Ortes und die Wahrheit seiner Geschichte infrage. Gedenkstätten müssen auf Authentizität und Glaubwürdigkeit im Sinne der Erhaltung überlieferter Strukturen setzen, da sie sich ansonsten langfristig selbst schaden. Grundsätzliche Infragestellungen wären die Folge. Jörn Rüsen spricht in diesem Zusammenhang vom »Pathos der Tatsächlichkeit«[11]. Deshalb erfolgt die Annäherung an die Geschichte der Mauer und der Bernauer Straße über die hier vorfindlichen Spuren und die Bilder, die der Besucher in seinem Kopf dorthin mitbringt. Aus dieser Spannung von Vorgestelltem und Vorgefundenem, die zu einer »Rekonstruktion im Kopf« (Klaus-Dietmar Henke) und je individueller historischer

Authentizität führt, kann überhaupt erst jene emotionale Berührung und gedankliche Befassung entstehen, die Geschichte aufschließt. Mannigfaltige Dokumente helfen bei diesem »Weg zurück«.

Nachzeichnung der Mauer mit Cortenstahlstäben

3. Die historische Vielschichtigkeit und die große Ereignisdichte einerseits sowie die Weitläufigkeit des Geländes andererseits machen eine chronologische, geradlinige Erzählung der Geschichte der Berliner Mauer unmöglich. So wurde ein Ausstellungssystem für den Grenzstreifen mit einem Informationssystem entwickelt, das den direkten Ortsbezug garantiert. Die Ausstellung erläutert mithilfe von Infostelen und Informationsangeboten die wichtigsten Ereignisse und die historischen Zusammenhänge und bindet diese so an den historischen Ort zurück.
4. Rund 130 im Boden eingelassene, ebenfalls aus Cortenstahl gestaltete Markierungen, die besondere Ereignisse an den Ort eines Geschehens binden, dienen als weiteres Gestaltungselement. Die zu ihm gehörende Geschichte wird auf dem im Besucherzentrum ausgegebenen Orientierungsplan erklärt.

5. »Archäologische Fenster« zeigen teils ältere Schichten der Grenzanlagen, teils Spuren der Stadt, wo sie von Mauer und Grenzstreifen verdrängt worden sind. Durch die museale Rahmung der »Fenster« werden die materiellen Res-

Kolonnenweg mit Nachzeichnung aus Cortenstahlplatten

te der Grenzanlagen sowie die der zerstörten historischen Strukturen wie in archäologischen Stätten inszeniert und kontextualisiert.
6. Anrainer-Brandwänden, die mit großformatigen Fotoreproduktionen an die historische Situation erinnern, kommt eine besondere Signalfunktion für die vorbeifahrenden Passanten zu; mit ihnen wird auf den historischen Ort aufmerksam gemacht.
7. Schließlich gehört zum Gesamtkonzept der Außenausstellung die Neugestaltung der Ausstellung im Dokumentationszentrum. Die Innenausstellung im umzubauenden Dokumentationszentrum an der Bernauer Straße 111 will den »Geist der Diktatur« erkennbar machen und die Aura des Historischen vergegenwärtigen. Hier geht es darum, eine überzeugende Korrespondenz zwischen der Innenausstellung und dem Freigelände zu schaffen. Innen wird

gezeigt oder vertieft, was sich außen nicht oder nicht ohne Weiteres erschließt. Hauptbezugspunkte sind die auch nach dem Fall der Mauer aktiv zu verteidigenden Menschen-, Freiheits- und Bürgerrechte.

8. Die neue Gestaltung für die Ausstellung im einstigen Grenzstreifen setzt damit ganz auf die Aura des zerklüfteten Terrains, begreift die Herausforderung als Chance und bindet die Erzählung an die historischen Ereignisorte wie auch an die authentisch überlieferte materielle Substanz. Die durch den Einschnitt der Mauer und der dazugehörenden Grenzanlagen inmitten der mehrgeschossigen Bebauung entstandene Schneise wird das dominierende Strukturelement des Außenraums sein; der auf ganzer Länge vollständig erhaltene Postenweg der DDR-Grenztruppen ist der »rote Faden« durch das Gelände.

Die Besucher können sich sicher sein, dass an der Bernauer Straße nichts »täuschend echt« nachgebaut ist[12]. Augenmaß, Authentizität, Ausdrucksstärke und Anteilnahme für die Opfer kennzeichnen den Gestaltungsentwurf. Hier ergänzen sich die Aufgaben von Denkmalpflege und erinnernder Gedenkstättenarbeit, geht es doch beiden darum, die Geschichtlichkeit der Orte zu bewahren und so ihre Erfahrbarkeit für die Besucher zu stärken. Das entspricht an der Bernauer Straße dem im Stiftungsgesetz der Stiftung Berliner Mauer definierten Auftrag, der verlangt, die »Geschichte der Berliner Mauer und der Fluchtbewegungen aus der Deutschen Demokratischen Republik als Teil und Auswirkung der deutschen Teilung und des Ost-West-Konflikts im 20. Jahrhundert zu dokumentieren und zu vermitteln, sowie deren historische Orte und authentische Spuren zu bewahren und ein würdiges Gedenken der Opfer kommunistischer Gewaltherrschaft zu ermöglichen«[13].

Es ist deutlich geworden, dass die in Gedenkstätten überlieferten materiellen Quellen Urkundencharakter tragen und schriftlichen Quellen entsprechen, die für die Arbeit der Historiker unabdingbar sind. Dabei sind sie häufig ebenso wie Palimpseste nicht eindeutig und nicht leicht lesbar. Doch sind sie authentisch, wenn auch häufig nur noch fragmentiert erhalten. Sie sind wichtige Erinnerungs- und Sehhilfen, machen sie doch deutlich, wie sehr das menschliche Erinnerungsvermögen tatsächliche Orte braucht, weil diese Bezugspunkte herstellen und Geschichte und Geschichtlichkeit lebendig werden lassen.

Eine der denkmalpflegerischen Herausforderungen besteht darin, die fragilen Mauerreste, die nach wie vor über einen erheblichen »Streitwert«[14] verfügen, nachhaltig zu konservieren. Ihr Erhaltungszustand ist aufgrund massiver Beschädigungen und gänzlich fehlender Bauunterhaltung in den letzten zwanzig Jahren arg angegriffen. Konservatorische Leitlinie ist hier, die vorgefundene brüchige Denkmalsubstanz bei minimaler Intervention im »Zustand ihrer Überwindung« (Andreas Nachama) und damit mit den Narben der letzten zwanzig Jahre zu bewahren. »Ziel der Konservierungskonzeption ist«, so formulierte der Berliner Landeskonservator Jörg Haspel, »die möglichst vollständige Bewahrung und Sicherung der originalen Denkmalsubstanz am jetzigen Standort. Dies schließt die Akzeptanz für die nach 1989/90 erfolgten zeitgeschichtlichen Veränderungen dieser Substanz ein. Die Bewahrung geschieht auch mit dem Ziel, die Reste der Grenzanlagen als Gegenstand künftiger Forschung zu sichern. Bei allen Maßnahmen gilt der Respekt vor dem vorgefundenen Zustand. Dieser ist sorgfältig, differenziert und vollständig zu dokumentieren. Die Konservierungsmaßnahmen folgen der Leitlinie ›So wenig Substanzverlust wie nötig – so viel Bewahrung der originalen Substanz wie möglich‹. Die Konservierungsstrategie bezieht sich auch auf das Erscheinungsbild und seine visuelle Integrität.«[15]

Folglich wird die technisch an sich leicht umsetzbare Rekonstruktion in einen gedachten Zustand vor dem Mauerfall abgelehnt, da die überkommenen Reste ohnehin nicht mehr in der Lage sind, den »Schrecken«, der von dem Bauwerk und dessen Bewachern ausging, glaubhaft zu evozieren. Die besondere kulturgeschichtliche Bedeutung der vorhandenen baulichen Reste der Grenzanlagen liegt vielmehr – neben ihrer schieren Existenz – gerade in der Fragmentiertheit, erzählt diese doch von den einstigen Funktionen der Sperren im Grenzsystem und von der friedlichen Überwindung der Mauer durch das mutige Auftreten der Bevölkerung der DDR gegen die SED-Diktatur.

Zwischenresümee

Zusammenfassend lässt sich feststellen, dass die Gedenkstätte Berliner Mauer den Besuchern Basisinformationen und vertiefende Sachkenntnisse zur Berliner und deutschen Teilung vermittelt und Impulse zur eigenständigen inhaltlichen Auseinandersetzung damit gibt. Als Ort des Geschehens und als Ort des Gedenkens an die Opfer ist sie sowohl Stätte individueller Trauer als auch Gedenkstätte für das kollektive Gedenken an die Opfer kommunistischer Gewaltherrschaft. Schließlich erinnert sie auch daran, dass Demokratie und Rechtstaat keine Selbstverständlichkeiten sind, sondern bewusst gelebt, verteidigt und – wie die Überwindung der Mauer durch die friedliche Revolution von 1989 gezeigt hat – mitunter sogar erkämpft werden müssen und können.

Ziel des gestalteten Freigeländes ist die Aufklärung über das tatsächliche Geschehen und die Rückbindung der nur noch lückenhaft im öffentlichen Bewusstsein präsenten historischen Ereignisketten an den realen Ort. Der Außenraum des ehemaligen Grenzstreifens mit zahlreichen Spuren und Resten, den hier lokalisierbaren Ereignissen, den hier entstandenen Bildern und individuellen Erfahrungen bietet dafür einen eindrücklichen Rahmen. Die authentischen Reste der Grenzanlagen stehen dabei im Mittelpunkt, da sie deren Gewaltcharakter veranschaulichen, die der SED als Sicherungsinstrument ihrer demokratisch nicht legitimierten Herrschaft dienten und zugleich die Bedingung für die Existenz der DDR waren. Der Gewaltcharakter des Systems zeigt sich besonders an den Orten, an denen Menschen auf der Flucht nach West-Berlin getötet wurden oder an den Folgen von Gewaltanwendung starben. Eine der Kernaufgaben der Gedenkstätte ist es, diese Toten bei ihrem Namen zu nennen, ihre Gesichter und ihre Biografien – soweit sie rekonstruierbar sind – der Öffentlichkeit zu zeigen, sie im öffentlichen Gedächtnis zu verankern und Orte für Trauer und Gedenken zu schaffen. Das innerstädtische Gelände an der Bernauer Straße setzt sich also vor allem durch seine Memorialfunktion von dem umliegenden stadträumlichen Areal ab. Der historische Ort ist dabei das Hauptexponat, das zwar den Blick auf die Opfer in den Mittelpunkt rückt, doch das »System Grenze« ebenso erklärt, wie es das Denken und die Motive der Täter vorstellt.

Seit der Eröffnung des ersten Bauabschnittes des Erweiterungsgeländes im Mai 2010 ist festzustellen, dass sich die Besucherinnen und Besucher in diesem Ort mit großer Sensibilität und mit dem nötigen Respekt bewegen, in einem Raum, der einst getrennte

Das Gedenkstättenareal an der Bernauer Straße zwischen Acker- und Gartenstraße, 2010

Stadtteile wieder miteinander verbindet und neue Stadträume schafft und erschließt. Dem einstigen Todesstreifen kommt somit auch eine städtebauliche Bedeutung zu, mit der die sozialen Gräben, die zwischen den einstigen Stadtteilen Wedding im Westen und Mitte im Osten als späte Folge der Teilung der Stadt verlaufen, zwar nicht überwunden, jedoch abgeschwächt werden. Es ist ein in vielerlei Hinsicht verbindender, »befriedeter« Raum. Noch viel deutlicher wird sich diese Tendenz zwischen Acker- und Brunnenstraße zeigen, denn dort ist die Bebauung sehr viel dichter als im unteren Bereich, und die Bewegungen zwischen den Stadtteilen Mitte und Wedding sind viel intensiver.

Zur Bedeutung der politischen Bildung

Die Erfahrungen mit dem neu gestalteten Gelände haben gezeigt, dass sich die Ausstellungsgestaltung im Freigelände sehr gut für die Umsetzung aktueller Praktiken und Erkenntnisse in der politischen Bildungsarbeit eignet. Erfahrungen in der politischen Bildung haben längst gezeigt, dass gerade im Kontrafaktischen, im Bruch, der besondere Erkenntnisgewinn bei der Vermittlung liegt. Gerade aufgrund der Lage dieser Gedenkstätte »mitten in der Stadt« sind die Herausforderungen an die politische Bildungsarbeit hoch. Mithilfe des vielschichtigen Informationssystems und der Angebote der politischen Bildungsarbeit können hier grundlegende Fragen der Diktatur (und deren Überwindung) sowie der Grundwerte der Demokratie erörtert werden. Nicht zuletzt durch die Einbindung von Zeitzeugen ist die Gedenkstätte Berliner Mauer ein Ort individueller Geschichten, der eine multiperspektivische Herangehensweise ermöglicht. Schließlich ist politische Bildungsarbeit darauf ausgelegt, in einem gegenwartsbezogenen Lernen Aufmerksamkeit für Einschüchterung, repressive Methoden von Diktaturen, Diskriminierung und andere Formen von Gewalt zu wecken und die Bereitschaft zu fördern, dagegen anzugehen[16]. Damit ist auch die Botschaft des Ortes beschrieben: Es geht um historische Erinnerung und das würdevolle Gedenken an die Opfer, ebenso wie um das Bewusstsein und Bewusstmachen der Gefährdung, dass demokratische Strukturen und Menschenrechte immer infrage gestellt werden können[17].

Der Außenraum der erweiterten Gedenkstätte ist kein Freiraum üblicher Prägung, sondern ist in erster Linie durch seine Memorial-Funktion charakterisiert. Es ist ein Gedenk- und Nachdenkraum mit einer Gestaltung, deren Formensprache den authentischen Charakter, den Ernst und die Tragik des hier Geschehenen und schließlich auch die symbolische Bedeutung des Ortes reflektiert. Zugleich handelt es sich um einen historischen Ort der Dokumentation, der materiellen Beweiszwecken dient. So ist die Gedenkstätte – auch wenn sie sich gänzlich von anderen Gedenkstätten unterscheidet – ebenso wie diese ein Ort für Überlebende, für Opfer politischen Unrechts wie für deren Nachkommen. Zugleich avanciert sie zu einem Bestandteil der Historiografie und wird selbst Ort für die Debatte über den Umgang mit der DDR-Vergangenheit[18].

GÜNTER SCHLUSCHE
STADTENTWICKLUNG IM GETEILTEN BERLIN

Die Mauer hat die Stadtentwicklung Berlins in den 28 Jahren ihrer Existenz gravierend beeinflusst. Die räumlichen und baulichen Folgen dieser Zeit der Trennung, ja Deformation einer Großstadt mit einer 800-jährigen Geschichte werden noch lange zu spüren sein. Ein solcher Befund mag überraschen angesichts der Tatsache, dass die Mauer inzwischen nahezu vollständig aus dem Stadtbild verschwunden ist, und angesichts der Selbstverständlichkeit, mit der die städtischen Quartiere heute wieder von ihren Bewohnern genutzt werden. Aber die Stadtentwicklung ist ein komplexer Vorgang mit langen Vorläufen und Nachwirkungen. Die Mauer war die brutale Konsequenz, die die politische Führung im Ostteil aus dem Separierungsprozess seit 1945 zog, und der 13. August 1961 war nicht voraussetzungslos. Wie bei der seismographischen Beobachtung von Erdbewegungen zeigt auch die Analyse der räumlichen Entwicklung Berlins für die Zeit vor dem Mauerbau, dass die Existenz zweier antagonistischer deutscher Staaten nicht ohne Konsequenzen für die Stadtstruktur der Hauptstadt bleiben konnte. Daher muss die Darstellung der Stadtentwicklung lange vor diesem traumatischen Datum einsetzen.

Obwohl die katastrophalen Kriegszerstörungen – besonders in den innerstädtischen Bezirken – die Stadt und ihre überlebenden Bewohner aufs Schwerste beeinträchtigten und gewaltige Enttrümmerungs- und Aufbauleistungen in den Folgejahren erforderten, wurden sie von den Berliner Stadtplanern und Baufachleuten doch überwiegend als eine große Chance wahrgenommen, an den aus der Kritik an der Mietskasernenstadt des 19. Jahrhunderts entwickelten städtebaulichen Wertbildungen der Moderne wieder anzuknüpfen. »Was blieb, nachdem Bombenangriffe und Endkampf eine *mechanische* Auflockerung vollzogen, gibt uns die Möglichkeit, eine ›*Stadtlandschaft*‹ zu gestalten.«[1] Der Architekt Hans Scharoun, der dies als Mitglied des Gesamtberliner Magistrats schrieb, war auch Leiter des sogenannten Planungskollektivs, das 1946 den sogenannten »Kollektivplan« vorlegte – sicherlich die radikalste gesamtstädtische Planung dieser Phase. Dieser Plan gliederte das Stadtgebiet in rasterartige Strukturen, die dem Urstromtal der Spree folgten und die Stadt in ihrer Nutzungsstruktur neu ordnen wollten. Die bestehende Stadt wurde nahezu vollständig ignoriert[2].

1948 wurde von Karl Bonatz, dem Nachfolger Scharouns als Baudezernent, der sogenannte »Bonatz-Plan« vorgelegt, der – wenn auch weniger radikal – dem Modell einer neuen, funktional getrennten Stadt mit reduzierter Dichte folgte. Es war zugleich der vorläufig letzte im Auftrag einer Gesamtberliner Verwaltung erarbeitete Plan[3]. Bald kam es zur politischen und administrativen Teilung der Stadt. Diese Spaltung wurde von nun an bestimmend für die bauliche Entwicklung, und in beiden Stadthälften arbeitete man an jeweils eigenen gesamtstädtischen Planungen[4].

Wohnungs- und Städtebau in Ost-Berlin ab 1949

In den beiden Stadthälften ging es nun zunehmend darum, Projekte mit Modellcharakter und praktischer Relevanz für die eigene Bevölkerung zu entwickeln, deren Lage von Wohnungsmangel und Überbelegung geprägt war. Hinzu kam, dass sich die bisher gültigen Prioritäten und gemeinsamen Auffassungen unter den Baufachleuten vor dem Hintergrund einer baupolitischen Grundsatzdebatte verflüchtigten, die 1950 in Ost-Berlin stattfand (das mittlerweile zur Hauptstadt der DDR geworden war). Nachdem eine Delegation von SED-Baupolitikern sich in der Sowjetunion ausführlich mit städtebaulichen Grundsatzfragen im Sozialismus befasst hatte, legte sie als Ergebnis »Die sechzehn Grundsätze des Städtebaues«[5] vor. Diese im Juli 1950 von der DDR-Regierung beschlossenen Grundsätze und das wenige Monate später erlassene Aufbaugesetz stellten eine Absage an die zentralen Ideen der Moderne, insbesondere an den Begriff »Stadtlandschaft« und die Vision einer dezentral konzipierten Bandstadt dar. Stattdessen wurden die hierarchische Struktur der existierenden Stadt und die herausgehobene Rolle des Zentrums betont. Der sechste Grundsatz, der den Willen zur Umgestaltung des Zentrums zum politischen Mittelpunkt und zum Ort für Aufmärsche und Volksfeiern beschrieb, diente übrigens als Legitimation für den Abriss des Berliner Schlosses, womit auf Geheiß Ulbrichts im September 1950 begonnen wurde.

Als erstes Projekt zur demonstrativen Umsetzung dieser Grundsätze wählte man die Bebauung an der Frankfurter Allee/Große Frankfurter Straße aus, die seit Ende 1949 den Namen Stalinallee trug[6]. Anfang 1951 wurde mit Hochdruck ein Wettbewerb für die städtebauliche Gestaltung der Stalinallee ausgelobt, mit der eine Straße in einem stark zerstörten Arbeiterbezirk ausgewählt wurde, die von Osten auf den Alexanderplatz und das zerstörte Zentrum hinführte. Die städtebauliche Gestaltung wurde von den fünf Preisträgern unter Einbeziehung des Architekten Hermann Henselmann bis 1952 mehrfach überarbeitet und sogleich in Angriff genommen. Das zum Modellvorhaben des Nationalen Wiederaufbauprogramms erklärte Projekt mit seinen circa 5000 Wohnungen entlang des 2,3 Kilometer langen Straßenabschnitts wurde bis 1958 im Wesentlichen abgeschlossen und gemäß dem Grundsatz »National in der Form – sozialistisch im Inhalt« zum Modellprojekt erklärt. Das gerade beschlossene Aufbaugesetz erlaubte es, die vorgefundene Bodenordnung und die Eigentumsverhältnisse vollständig zu ignorieren und einen völlig neuen, zum Teil 80 bis 100 Meter breiten axialen Stadtraum zu realisieren. Die Absage an den Städtebau der Moderne war eindeutig: ein den Straßenraum symmetrisch einfassendes und zwei Plätze torartig betonendes Projekt sowie eine Architektur in beeindruckender, eher traditioneller Bauweise mit gefliesten Fassaden und klassizistischen Formen wie Säule, Portal und Pilaster.

Die West-Berliner Reaktion: Das Hansaviertel

Dieses Großbauvorhaben an der »ersten sozialistischen Straße« machte auch in West-Berlin Eindruck. Die Pläne zum Wiederaufbau, die sich bis dahin nur in Geschäftsbauten um den Bahnhof Zoo und um die Ruine der Gedächtniskirche materialisiert hatten, wurden ab 1952 in einem Vorzeigeprojekt programmatisch gefasst, das ebenfalls das Wohnen in den Mittelpunkt stellte. In den Vorbereitungen ging es um städtebauliche und architektonische Modelle der »Stadt von morgen«, die sich positiv von der antimodernen Ideologie des »Völkischen Bauens« und von der Baugestaltung abgrenzen sollten, »die im sowjetischen Sektor Berlins abschreckt«[7]. Man entschied sich für die Durchführung einer Internationalen

Bauausstellung, die nach einem Wettbewerb 1957 in dem schwer beschädigten, aber erst durch die Nachkriegsabrisse zur Tabula rasa gewordenen Hansaviertel stattfand. Die Interbau, die unter Beteiligung namhafter internationaler Architekten der Nach-

Stalinallee zwischen Frankfurter Tor und Strausberger Platz, 1963

kriegsmoderne umgesetzt wurde[8], präsentierte eine neue Stadtvorstellung, die über das Licht-Luft-Sonne-Programm der Weimarer Republik deutlich hinausgehen wollte. Ihr Leitbild war die Stadtlandschaft, die Verschmelzung von Stadt und grüner Landschaft in unmittelbarer Nähe zum Großen Tiergarten und zum neuen Zentrum um die Gedächtniskirche.

Trotz der unterschiedlichen eigentumsrechtlichen Situation war das planerische Vorgehen der Interbau dem bei der Stalinallee im Ergebnis nicht unähnlich. Das Ausstellungsgebiet des Hansaviertels wurde vollständig angekauft beziehungsweise enteignet und in radikal geänderten Grundbesitz und eine völlig neue Bodenordnung überführt, wobei kein Stein auf dem anderen blieb – auch in der »unterirdischen Stadt« nicht. Eines zeigte sich jedoch am Hansaviertel sehr deutlich: Während im Ostteil innerhalb von wenigen Jahren ein radikaler Bruch mit den unmittelbar nach Kriegsende beschworenen Leitbildern vollzogen wurde, hielt man im Westteil unverändert am Leitbild der Stadt der Moderne fest.

Zentrumsplanungen in Ost-Berlin und in West-Berlin

Die Auseinandersetzungen um Stalinallee und Hansaviertel waren ein klares Indiz für die sich auch in der Städtebau- und Wohnungs-

Das Hansaviertel, 1960

politik immer deutlicher abzeichnende Systemkonkurrenz. Bei der nächsten Etappe dieses Prozesses, der Gestaltung des eigentlichen politischen Zentrums, die ab 1956 die städtebauliche Debatte in beiden Stadthälften prägte, gelang dem Westteil mit dem Start des Wettbewerbs »Hauptstadt Berlin« der erste Schritt. Der in enger Kooperation mit dem Bund vorbereitete Wettbewerb hatte die Planung des Regierungsviertels von Berlin als »der eigentlichen und endgültigen Hauptstadt Deutschlands« sowie der zentralen wirtschaftlichen und kulturellen Einrichtungen im Rahmen des »Neuaufbaus der durch den Krieg zerstörten Mitte Berlins« zum Ziel[9]. Zu den Vorgaben der Auslobung gehörten umfangreiche Planungsgrundlagen, wie etwa der 1957/58 beschlossene Baunutzungsplan, eine Liste von 88 »Festpunkten« sowie eine Autobahnplanung, die aus vier Tangenten bestand, welche das historische Zentrum einfassen sollten. Die Tatsache, dass der Bezugsraum im Sinne des Wiedervereinigungsanspruchs sowie der bisherigen Planungen ganz Berlin umfasste, stieß auf zunehmenden Protest in Ost-Berlin. Daher nahmen weder Preisrichter noch Teilnehmer aus der

DDR beziehungsweise den Ostblockstaaten teil[10]. Der 1. Preis ging 1958 an Friedrich Spengelin, Fritz Eggeling und Gerd Pempelfort, ein 2. Preis an Hans Scharoun und ein weiterer 2. Preis an Egon Hartmann und Walter Nickerl[11]. Sehr schnell wurde jedoch der fundamentale Schwachpunkt des ganzen Verfahrens sichtbar: Die konstitutiven Elemente einer Hauptstadtplanung waren für West-Berlin schlicht nicht verfügbar. Da Bonn die Hauptstadt Westdeutschlands war und Ost-Berlin bei der Zentrumsplanung eigene Wege ging, erwies sich die Hauptstadtplanung als illusionäres Unternehmen, von dem einzig der Umbau des schwer beschädigten Reichstagsgebäudes umgesetzt wurde.

Anders stellten sich die Dinge bei der Zentrumsplanung für Ost-Berlin als Hauptstadt der DDR dar. Schon 1950 wurden erste Planungen für das historische Zentrum erarbeitet, und die Architekten Hanns Hopp und Richard Paulick hatten Entwürfe für deren Kernelement, das sogenannte »Regierungshochhaus« oder »zentrale Gebäude«, vorgelegt. Diese Entwürfe, zu denen Studien zu einem großen Marx-Engels-Denkmal sowie zu einem System von Aufmarschachsen und -plätzen für »nationale Feiern« gehörten, lösten jedoch Konflikte in der DDR-Führung aus, so dass sich deren weitere Bearbeitung um einige Jahre verzögerte[12]. Erst 1958/59 kam es – als Antwort auf den West-Berliner Hauptstadt-Wettbewerb – zu einem Wettbewerb für das Ost-Berliner Zentrum, der aber nicht zum Durchbruch führte[13]. Auch ein weiterer interner Wettbewerb zeitigte keine tragfähigen Ergebnisse, wohl aber ein außer Konkurrenz eingereichter Entwurf des mittlerweile zum Chef-Architekten von Ost-Berlin aufgerückten Hermann Henselmann, in dem statt eines Regierungshochhauses ein »Turm der Signale« als vertikale Dominante des Zentrums vorgeschlagen wurde[14]. Die Debatten und Projekte zur Gestaltung des Ost-Berliner politischen Zentrums zeigten jedoch deutlich, dass Ost-Berlin den politischen Willen und die Potenziale für die Umsetzung dieser Planungen besaß.

Die Entwicklung in West-Berlin nach 1961

Obwohl der Bau der Mauer am 13. August 1961 die Teilung der Stadt für jedermann sichtbar zementierte, blieb er in West-Berlin zunächst ohne unmittelbare Auswirkungen auf das Baugeschehen. Denn hier hatte man sich mittlerweile von vielen der meist ohnehin schwer beschädigten innenstadtnahen Gebiete entlang der Sektorengrenze abgewandt. Eine bemerkenswerte Ausnahme

Zimmerstraße und Springer-Hochhaus, Ende der sechziger Jahre

stellte der Neubau des Springer-Hochhauses auf der Jerusalemer Straße direkt an der Mauer dar, der von Axel Springer beschlossen und als eines der wenigen mit privatem Kapital finanzierten Großprojekte 1966 fertiggestellt wurde. Im Mittelpunkt stand jedoch eindeutig die bereits eingeleitete Neugestaltung des Bereichs um den Bahnhof Zoo und die Gedächtniskirche, der spätestens mit dem 1965 eröffneten Europa-Center zum neuen Identifikationsraum der westlichen Teilstadt wurde. Im Übrigen dominierte der unspektakuläre Wohnungsneubau der Nachkriegsmoderne in Baulücken und auf freigeräumten Flächen.

Doch nach und nach machte der Mauerbau die räumliche Isolation West-Berlins deutlich und verstärkte die beunruhigende Entwicklung des Einwohnerrückgangs[15]. Auf diese Bedrohung reagierte der West-Berliner Senat mit einer Doppelstrategie. Er startete ein Programm für den Neubau von Großwohnsiedlungen an der West-Berliner Peripherie, zu dem das Falkenhagener

Feld, die Gropiusstadt und das Märkische Viertel mit zusammen etwa 45 000 Wohnungen gehörte. Parallel wurde vom Regierenden Bürgermeister Willy Brandt 1963 ein erstes Stadterneuerungsprogramm für sechs innerstädtische Altbaugebiete in den Bezirken

Bernauer Straße in der Höhe der Versöhnungskirche, 1968. Die Grenzmauer besteht noch aus den Fassadenstümpfen der abgerissenen Häuser.

Tiergarten, Kreuzberg, Neukölln, Schöneberg, Charlottenburg und Wedding initiiert. Unter dem Begriff Stadterneuerung beziehungsweise -sanierung war allerdings ein vollständiger Abriss der gesamten Altbausubstanz und eine komplette Neustruktur der Bebauung zu verstehen – wieder in der Linie einer Moderne, die alle vormodernen Bauten und insbesondere den Typus des Berliner Mietshauses des 19. Jahrhunderts als veraltet, ästhetisch verunglückt und sozialfeindlich denunzierte[16]. Vorrangig wurde dieses Programm im Sanierungsgebiet Wedding-Brunnenstraße umgesetzt, das wegen seines wohnungspolitisch besonders schlechten Rufs und seiner exponierten, auf drei Seiten von der Mauer umgebenen Lage besonders hohe Priorität besaß[17]. Das hierfür nach einem konkurrierenden Verfahren unter elf Städtebau-Lehrstühlen ausgewählte Modell-Konzept von Fritz Eggeling wurde in der Folgezeit zwar mehrfach zugunsten einer partiellen Berücksichtigung des Baubestands überarbeitet, aber nach großflächigem Abriss bis Anfang der achtziger Jahre dennoch umgesetzt.

In dem 1965 beschlossenen West-Berliner Flächennutzungsplan wurden alle diese Stränge zu einem übergreifenden Plan zusammengefügt, der zwar wiederum nur für die westliche Teilstadt gültig war, der aber doch noch zwei gesamtstädtische Komponenten enthielt: zum einen das System der innerstädtischen Tangenten und des Innenstadtrings der Stadtautobahnen (das auch für Ost-Berlin dargestellt wurde), zum anderen ein zentrales, vier Kilometer langes »Kulturband« oder »Cityband«, das die Alte Mitte um Museumsinsel und Unter den Linden mit dem Neuen Westen um den Bahnhof Zoo verbinden sollte. Mit diesem Cityband wurde die Kontinuität zur Vision von 1946 hergestellt und die Vision einer wiedervereinigten Stadt aufrechterhalten. 1963 entschied der West-Berliner Senat in einer Kehrtwende, den Neubau der Philharmonie nicht am vorgesehenen Standort in der Nähe des Kurfürstendamms, sondern als ersten Baustein eines großen Kulturforums (und damit des Citybandes) im zerstörten Tiergartenviertel dicht neben Mauer und Potsdamer Platz zu realisieren. Architekt der Philharmonie und des Kulturforums war Hans Scharoun, der Verfasser des Kollektivplans von 1946 und 2. Preisträger des Hauptstadt-Wettbewerbs von 1957. Diese Entscheidung, deren Umsetzung sich in Gestalt des Neubaus der Staatsbibliothek, der weiteren Museen sowie der Neuen Nationalgalerie bis 1979 hinzog, blieb für lange Jahre der einzige Beitrag zur Umsetzung des Citybandes.

Planen und Bauen gegen die Stadt

Ab 1970 wurde immer deutlicher, dass die in West-Berlin verfügbaren Möglichkeiten bei weitem nicht ausreichten, um das Urbanitätsversprechen des Citybandes umzusetzen. Alle Versuche, konsistente Folgeprojekte zu entwickeln, scheiterten. Schlimmer noch: Die den Baubestand nicht respektierende, stadtzerstörerische Grundhaltung dieser Konzeption, insbesondere der autofixierten Autobahnplanung mit den dazugehörenden Zubringern und Straßendurchbrüchen, wurde immer sichtbarer. Im Vorgriff auf diese Planung entstanden gigantische Leerflächen und Stadtbrachen, vorzugsweise in den ohnehin vernachlässigten Bereichen entlang der Mauer.

Die in den Altbauquartieren mit großem Aufwand in Gang gesetzte Sanierungsmaschinerie verwandelte vor allem weite Teile von Kreuzberg und Wedding für mehrere Jahre in entvölkerte, dem städtischen Leben entzogene Abrisszonen. Schon die Planungsankündigung veränderte die Sozialstruktur dieser Gebiete zum Negativen. Die sozialen Missstände, die man dort beseitigen wollte, wurden umso schlimmer, je näher die »Freimachung« und der Abriss, auch von wertvoller Bausubstanz, rückten. Ab 1975 spitzte sich die Lage in den West-Berliner Innenstadtquartieren immer mehr zu, als sich der Protest der angestammten Wohnbevölkerung mit den neuen sozialen Bewegungen verband und zu einem grundsätzlichen Kurswechsel der Stadtpolitik führte.

Die Mauer und die Zerstörung der Stadt

Der Bau der Mauer hatte für die betroffenen Gebiete in Ost-Berlin erhebliche bauliche Folgen. Alle an die Sektorengrenze stoßenden Wohnbauten wurden sukzessive geräumt und anschließend unbewohnbar gemacht, meist indem man die Fenster und Türen zumauerte. Dies hatte besonders dort fatale Wirkung, wo die Mauer innerstädtische Wohngebiete durchschnitt. Neben der Bernauer Straße, die ein dichtes Arbeiterquartier durchquerte, galt dies vor allem für das ähnlich strukturierte Quartier entlang der Harzer und der Heidelberger Straße zwischen den Bezirken Neukölln und Treptow sowie für einige Abschnitte zwischen Kreuzberg und Mitte. Im übrigen innerstädtischen Verlauf teilte die Mauer zumeist Geschäfts- und Verwaltungsbereiche sowie Verkehrsanlagen, Parks, Kleingärten und Wasserräume.

Ab 1965 wurde die Grenzmauer der ersten Ausbaustufe durch eine Konstruktion aus vorgefertigten Betonplatten und Stahlbetonpfeilern ersetzt und durch weitere, bislang nur provisorisch errichtete Elemente, vor allem einen tiefer ins Ost-Berliner Stadtgebiet hinein verlagerten Zaun, ergänzt. Er wurde später zur sogenannten »Hinterlandmauer« ausgebaut[18]. Diese Ausdehnung der Grenzanlagen und die homogene Ausführung des Grenzstreifens führten zu einer rapiden Zunahme von Abrissen solcher Bauten, die die

Kontrolle der Grenzanlagen durch die Grenztruppen erschwerten[19]. Entlang der 1,3 Kilometer langen Bernauer Straße wurden in diesem Zeitraum nicht weniger als etwa 50 Mietshäuser mit über 1000 Wohnungen abgerissen. Ihre maximale Ausdehnung

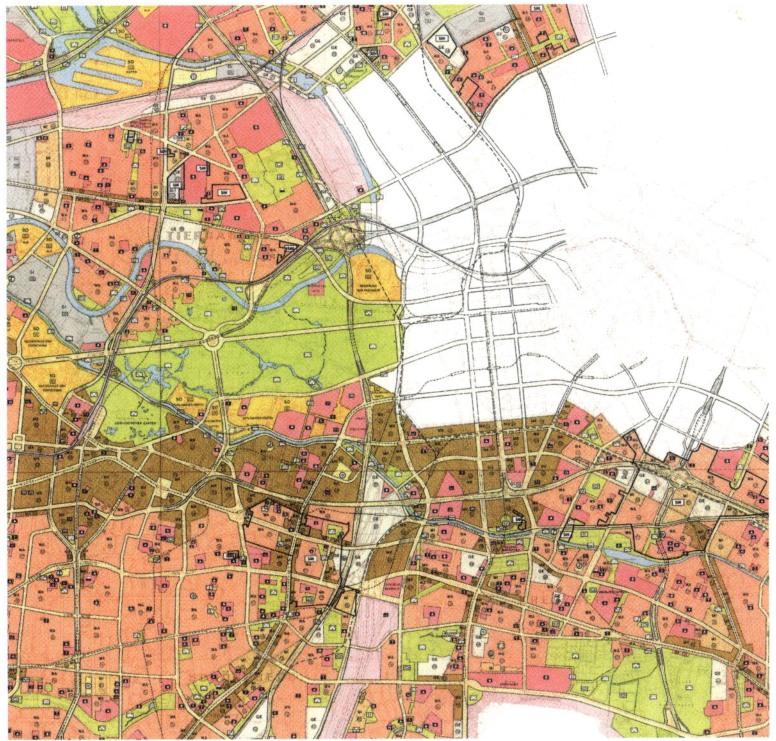

Flächennutzungsplan für West-Berlin 1965 mit Cityband (dunkle Fläche) und geplantem Straßen- und Autobahnnetz

erhielten die Grenzanlagen seit Mitte der siebziger Jahre mit dem Bau der sogenannten »Grenzmauer 75«, die mit einem weiteren Ausbau der übrigen Grenzelemente verbunden war. Die Tiefe des Grenzstreifens betrug nun in der Regel 50 Meter, wuchs in einigen Abschnitten je nach örtlicher Situation aber auf 250 Meter an.

Allein die innerstädtischen Grenzanlagen entlang der 43,7 Kilometer langen Grenze zwischen Ost- und West-Berlin nahmen 1989 eine Fläche von 330 Hektar ein. In diesem Abschnitt wurden neben den fünfgeschossigen Mietshäusern hunderte von Ein- und Zweifamilienhäusern, Kleingartenanlagen, 86 Straßen, sechs Straßenbrücken, mindestens 15 Parks und Friedhöfe und zahlreiche Landwirtschaftsflächen unbenutzbar gemacht, zerstört oder vollständig

Die Friedrichstadt mit Mauerstreifen von Süden, 1974

Die Gropiusstadt mit Mauerstreifen von Südosten, 1975

beseitigt beziehungsweise durch Grenzanlagen bebaut oder in die Brachflächen des Grenzstreifens verwandelt[20]. Hinzu kam die Blockade von vier Eisenbahnlinien, fünf S-Bahn- und zwei U-Bahn-Linien, fünf Wasserstraßen sowie von den Versorgungsnetzen der »unterirdischen Stadt«, also der Wasser-, Abwasser-, Gas- und Stromversorgung. Darin nicht eingeschlossen ist die Devastierung der riesigen Flächen des 112,7 Kilometer langen Außenrings der Grenzanlagen zwischen West-Berlin und dem Umland, die überwiegend durch Naturraum, in Teilen aber auch durch bebaute Gebiete führten[21]. Erst durch diese Ausbaumaßnahmen wurde die Mauer von einer scharfen Trennlinie im städtischen Leben zu einer nachhaltigen Zerstörung der Stadt in großem Maßstab.

Der Kurswechsel in der Baupolitik Ost-Berlins

Ausgelöst durch den Wechsel in der sowjetischen Führung kam es ab 1956 in Ost-Berlin zu einer kritischen Auseinandersetzung über die Bauten in der Stalinallee, die sich bald zu einer grundsätzlichen Debatte über Effizienz im Wohnungsbau und über Wege zur Industrialisierung und Standardisierung des gesamten Bauwesens entwickelte. Da man die Baukosten pro Wohnung deutlich senken und zugleich die Wohnungsbauproduktion steigern wollte, wurde das gesamte staatliche Bauwesen der DDR neu organisiert. Nach ausgiebiger Erprobung wurde Anfang der sechziger Jahre die Grundsatzentscheidung für die industrielle Produktion des Wohnungsbaus in Großtafelbauweise gefällt – sowohl in der Bauweise als auch in der Ästhetik eine Wiederannäherung an den noch zehn Jahre zuvor als kapitalistisch verurteilten Leitgedanken des Bauens der Moderne.

Von 1960 bis 1965 wurde das Wohngebiet zwischen Strausberger Platz und Alexanderplatz nach diesen neuen Vorgaben errichtet. 1970 entschied man, Wohnungsneubau grundsätzlich nur noch in industrieller Großtafelbauweise an der Peripherie durchzuführen. Gemäß diesen Vorgaben entstanden die großen Wohnungsneubaugebiete des sogenannten komplexen Wohnungsbaus in Marzahn, in Hellersdorf und in Hohenschönhausen mit insgesamt ungefähr 125 000 Wohnungen.

Ungeachtet der wohnungspolitisch beachtenswerten Ergebnisse und des teilweise hohen technologischen Standards hatte diese Entscheidung für die innerstädtischen Altbauquartiere gravierende Konsequenzen. Für weite Teile der Altbausubstanz Ost-Berlins war damit das Abrissurteil gefällt. Diesen Gebieten wurden fortan nicht nur die finanziellen Ressourcen, sondern auch das Fachwissen für die Bauunterhaltung entzogen. Allein die Trägheit der Abrissmaschinerie verhinderte, dass es zu noch mehr Vernichtung von Bausubstanz kam. Stattdessen wurden Instandhaltungsdefizite, Substandards und ein Leben im Provisorium zur alltäglichen Realität für die Bewohner.

Eine ab 1970 eingeleitete Überprüfung dieses wohnungspolitischen Kurses ergab, dass der Zuwachs an so erstellten Neubauwohnungen langfristig immer noch zu niedrig sein würde. So entschied man sich zur Durchführung von Modellbauvorhaben der Altbauerneuerung in zwei sogenannten »Rekonstruktionsgebieten« am Arnimplatz in Pankow und am Arkonaplatz in Mitte[22]. Die Resultate zeigten, dass Ost-Berliner Planern die bau- und sozialpolitischen Konsequenzen sowie die baukulturellen Defizite einer großflächigen Preisgabe des Altbaubestands ebenfalls bewusst waren[23]. Fehlende Ressourcen und die Schwerfälligkeit des Bauapparats verhinderten jedoch eine breitere Anwendung dieser Erfahrungen. Auch die in den achtziger Jahren realisierten Versuche, die Großtafelbauweise für innerstädtische Lagen anpassungsfähiger zu machen und qualitativ aufzuwerten, blieben Stückwerk.

Der Aufbau des Ost-Berliner Zentrums

Die ab 1960 in Gang gesetzte Umgestaltung der Berliner Altstadt zum Zentrum der DDR-Hauptstadt folgte einer großzügigen bandartigen Konzeption entlang von zwei annähernd parallel verlaufenden Verkehrsachsen, der Leipziger Straße und der Trasse Unter den Linden. Diese Konzeption ging, gemäß des nun gültigen politischen Ziels der »schnelle[n] Entwicklung der Produktivkräfte, die zur Erreichung und Mitbestimmung des Weltniveaus auch auf dem Gebiet des Bauwesens führen muss«[24], von einer Massenmotorisierung aus. Daher wurde ein überdimensioniertes Netz von teilweise zwölfspurigen Verkehrstrassen und Kreuzungsbauwerken realisiert, mit dem der im Wesentlichen erhaltene Stadtgrundriss von Alt-Berlin schwerstens beschädigt und wertvolle Altbausubstanz unwiderruflich zerstört wurde, darunter der gesamte Stadtkern des mittelalterlichen Cölln.

Die bauliche Umsetzung des Nutzungsprogramms für das Zentrum begann mit dem Staatsratsgebäude (1962) und dem Außenministerium (1964) westlich der Spreeinsel. 1965 kam es überraschend zu der Entscheidung, die über 15 Jahre verfolgte Konzeption einer Höhendominante für das Zentrum nicht in Form eines Regierungshochhauses, sondern durch den Bau des bis 1969 westlich des Alexanderplatzes errichteten Fernsehturms zu realisieren. Damit wurde der Zentrumsbereich durch einen großen Freiraum erweitert, nach Osten markiert und der Alexanderplatz als Gelenk zwischen dem Zentrumsband und den sternförmig von Osten auf ihn zulaufenden Magistralen vor allem der früheren Stalinallee und nachmaligen Karl-Marx- beziehungsweise Frankfurter Allee ausgebildet[25].

Eine weitere bemerkenswerte Grundsatzentscheidung wurde nach dem Machtwechsel von Ulbricht zu Honecker gefällt. Sie betraf die offene Ostflanke des Regierungszentrums auf der Spreeinsel. Hier wurde auf dem Areal des abgerissenen Schlosses 1972 mit dem Bau eines horizontal gelagerten großen Mehrzweckgebäudes, dem Palast der Republik, begonnen. Der vier Jahre später fertiggestellte Bau enthielt mit seiner an die Volkshaus-Konzepte der Moderne anknüpfenden Nutzungsmischung beachtliche kernstädtische Qualitäten, obwohl seine die SED-Diktatur legitimierende Funktion nicht übersehen werden kann.

Mit der Realisierung aller dieser Elemente wurde deutlich, dass Ost-Berlin durchaus zur Gestaltung eines hauptstädtischen Zentrums in der Lage war, dass sich dieses Zentrum stadträumlich aber insbesondere durch den Riegel des Außenministeriums nach Westen abgrenzte. Die westlichen Teile der Linden, der Friedrich- und der Dorotheenstadt entlang der Mauer spielten in dieser Zentrumsinterpretation – anders als noch in den fünfziger Jahren geplant – nur noch eine untergeordnete Rolle. Sie verkamen in einigen Abschnitten zu einer vorstadtartigen Zone für abgeschirmte Botschaften und Verwaltungsbauten. Dass dieses Zentrum aber auch Wohnen in gewissem Umfang einschloss, machten die Wohnhochhäuser an der Leipziger Straße, auf der Fischerinsel sowie die historisierenden Wohnbauten des Nikolaiviertels und schließlich auch die Wohnbauten im ehemaligen Regierungsviertel an der Wilhelmstraße sichtbar.

Der Generalbebauungsplan für Ost-Berlin von 1989 stellte dann sowohl die innerstädtischen, durch den Ausbau des Regierungszentrums geprägten Planungen wie auch die großen Wohnungsneubaugebiete an der Peripherie dar[26]. Er machte deutlich, dass die Stadtentwicklung Ost-Berlins anders als die West-Berlins bis 1989 durch ein ungebrochen extensives Flächenwachstum und einen deutlichen Einwohnerzuwachs geprägt war.

West-Berlin: Die Innenstadt als Wohnort

In der Stadtentwicklungspolitik West-Berlins dagegen vollzog sich ab 1978 eine radikale Wende. In einem mehrstufigen, von erregten Debatten und politischen Krisen geprägten Prozess wurden die großen Erweiterungsprojekte der siebziger Jahre an der Peripherie gestoppt, die Autobahnplanungen für die Innenstadt aufgegeben und das Ende der Kahlschlag-Sanierung in den innerstädtischen Altbaugebieten vor allem Kreuzbergs eingeleitet. Der Auftrag zur modellhaften »Rettung der kaputten Stadt« wurde vom SPD-Bausenator Harry Ristock und dem Senatsbaudirektor Hans Christian Müller initiiert und durch den Parlamentsbeschluss zur Durchführung einer Internationalen Bauausstellung (IBA 1987) politisch vorbereitet. Die finanzielle Absicherung der IBA geschah mit für damalige Verhältnisse üppigen Bundesgeldern und war mit einer Umschichtung der Wohnungsbausubventionen zugunsten der Innenstadt verbunden, wo die Demonstrationsgebiete der IBA lagen. Dies war nur gegen den anhaltenden Widerstand des etablierten West-Berliner Wohnungsbaukartells, partiell auch der eigenen Verwaltung durchsetzbar, kostete Ristock das Amt und führte schließlich dazu, dass die SPD aus der Stadtregierung katapultiert wurde.

Die Exekution des 1979 erteilten Auftrags wurde in weiser Voraussicht jedoch einer eigens für die IBA gebildeten Planungsgesellschaft auf Zeit übertragen, der Bauausstellung Berlin GmbH, die sich zeitweise als baupolitisches Korrektiv einer konzeptionslosen Stadtregierung verstand. In den ihr quasi als Konkursmasse übertragenen Demonstrationsgebieten der Bezirke Kreuzberg und

Tiergarten entwickelte die IBA unter ihren Protagonisten, den Architekten Hardt-Waltherr Hämer und Josef Paul Kleihues, das Programm für die »Innenstadt als Wohnort« und für deren »kritische Rekonstruktion«[27]. Dieses Programm war quantitativ nicht sehr umfangreich. Aber in seiner aus der Analyse des Baubestands abgeleiteten Programmatik und in den Schritt für Schritt am jeweiligen Projekt entwickelten Methoden der substanzerhaltenden Erneuerung etablierte es eine Baukultur der Wiederaneignung der vorhandenen Stadt sowie der Rehabilitation und Umnutzung des Baubestands, die weit über West-Berlin hinaus Bedeutung erlangte.

Mit der IBA wurde die polyzentrische Struktur der Stadt wieder zur Grundlage der Stadtentwicklung. Die Erbmasse des Leitmodells der fordistischen Stadt der Arbeitsteilung und der Funktionstrennung, nämlich die Flächen des sogenannten »Citybandes« und die zum Abriss freigegebenen Blöcke der verhassten Mietskasernenstadt des 19. Jahrhunderts, wurde aus ihrer jahrzehntelangen Entwertungsperspektive gelöst und zum Ausgangspunkt der Nutzungs- und Gestaltüberlegungen gemacht. An der Entwicklung des IBA-Programms war praktisch die gesamte internationale Architektenelite der achtziger Jahre beteiligt – ein ideeller Quantensprung von immensem Ertrag, der West-Berlin wieder in die internationale Avantgarde zurückbrachte und aus dem wenige Jahre später die wiedervereinigte Gesamtstadt noch reichen kulturellen Gewinn zog.

Parallel hierzu kam es auch zu einer Neufassung der Gesamtplanung für West-Berlin in Gestalt des Flächennutzungsplans von 1984. Mit dessen Planungsleitbild wurde, beinahe 40 Jahre nach Spaltung der Stadt, die Vision eines West und Ost verbindenden Citybandes aufgegeben und die Entwicklung von zwei Stadthälften mit eigenen Zentrumsbereichen zugrunde gelegt. Der neue Flächennutzungsplan verzichtete explizit auf Planungsaussagen für den Ostteil Berlins und legte das Modell einer funktional gegliederten und autogerechten Stadt endgültig ad acta. Stattdessen präzisierte er das Konzept einer umweltschonenden und am Bestand orientierten Stadtentwicklung – ein Paradigmenwechsel hin zur Rehabilitation der existierenden Stadt, der für das wiedervereinigte Berlin bis heute im Wesentlichen gültig geblieben ist.

Mit dieser Wende war übrigens auch ein radikaler Wandel des Planungsverständnisses in West-Berlin verbunden. Das hierarchische Planungssystem, in dem die einzelnen Planungsebenen deduktiv abgeleitet und umgesetzt wurden und Sonderplanungen wie die Verkehrsplanung von vornherein mit Vorrang versehen waren, wich endgültig einem interaktiven, die einzelnen Planungsebenen nach dem Gegenstromprinzip verbindenden Planungsverständnis. Neben der räumlich-baulichen Planung der Verwaltung fanden darin auch die Sozialplanung, die Advokatenplanung von Bürgern, die gleichrangige Behandlung von Alternativen und die informelle Planung Berücksichtigung. In Ost-Berlin dagegen blieben Stadt- und Bauplanung bis zum Untergang der DDR ein hermetisch geschlossenes System, das exklusiv einem kleinen Kreis von Spezialisten vorbehalten blieb und oft mit Geheimhaltungsauflagen versehen war. Öffentlichkeit war dann vorgesehen, wenn es um Erfolge und den bevorstehenden Vollzug ging, und Kontroversen wurden als Betriebsunfall angesehen. Zu Brüchen und Kursänderungen kam es in der Regel nur dann, wenn ökonomische Zwänge oder politische Direktiven sie unumgänglich machten.

Resümee

Es war im Rahmen dieses Beitrags nicht möglich, eine erschöpfende Darstellung der Stadtentwicklung Berlins in der Zeit der Teilung vorzulegen, wohl aber, zu einigen Schlussfolgerungen für die Entwicklung des wiedervereinigten Berlins zu kommen. Das bandförmige Stadtmodell der Moderne, das trotz der divergierenden politischen Vorzeichen für die räumliche Entwicklung in beiden Teilstädten, speziell für die Innenstadt, eine wesentliche Rolle gespielt hat, hat sich als nicht tragfähig erwiesen. Statt der Auflösung der Mitte ist in der Zeit der Teilung das bestehende polyzentrische Grundgerüst der Stadt gestärkt und durch eine bipolare Struktur der Hauptzentren erweitert worden. Auch im Städtebau der beiden Stadthälften zeigt sich der doppeldeutige Charakter der Moderne. Auf der einen Seite sind in deren Namen schwere Beschädigungen des Stadtgrundrisses und bedeutende Verluste an wertvollster Bausubstanz vor allem im historischen Zentrum zu verzeichnen. Auf der anderen Seite hat die Moderne die Architekten und Städtebauer zur Schaffung architektonischer Ensembles und Bau- beziehungsweise Raumtypologien inspiriert, deren Qualitäten gerade unter dem Aspekt der nachhaltigen Stadtentwicklung zu bewahren sind.

Der bestehende Stadtgrundriss mit seinen Mischnutzungen hat sich auch in Bezug auf die Auswirkungen der Teilung und des Mauerbaus als erstaunlich robust und enorm anpassungsfähig erwiesen. Wesentliche Richtungsänderungen der Stadtentwicklung wurden in beiden Stadthälften durch Wohnungsbauprojekte vollzogen und mit staatlichen Geldern finanziert – im Ostteil durch die staatliche Wohnungsbauindustrie, im Westteil durch den subventionierten Wohnungsbau. Die Gestaltung der durch Krieg, Teilung und Mauer entstandenen Brüche und Freiräume vor allem in der inneren Stadt ist weit mehr als eine bloße Reparaturaufgabe. Vielmehr stellt sie eine großartige Chance dar, die aus dem Bestand heraus entwickelten Qualitäten zu einem unverwechselbaren Credo der Umnutzung, der Neuaneignung und des Weiterbauens zu machen. Berlin hat die Chance zur Kultivierung dieser Brüche – und kommt so »ungeplant« zu einem Leitbild, das eine erhebliche Faszination zu haben scheint.

MARION DETJEN

DIE MAUER ALS POLITISCHE METAPHER

Als in Berlin im Herbst 2009 der 20. Jahrestag des Mauerfalls begangen wurde, war zweierlei bemerkenswert: zum einen die Tatsache, dass die Deutschen emotional in der Lage schienen, ein »rauschendes Freiheitsfest« zu feiern und sich positiv mit einer Revolution zu identifizieren, die lange Jahre nur als »Wende« firmiert hatte; und zum anderen das Phänomen, dass die Feiern auch international, in den entferntesten Weltgegenden, auf eine so große Resonanz stießen.

Im Internet verdichtete sich diese Erscheinung auf der Seite www.berlintwitterwall.com, die zwischen dem 20. Oktober und dem 15. November 2009 Tausende von Twitter-Nachrichten sammelte, die in über 25 Sprachen zum Mauerfall gratulierten und mit der Mauer eigene Unfreiheitserfahrungen in anderen Kontexten verbanden[1]. Insbesondere für die jungen chinesischen Blogger wurde die Berliner Mauer zum Anlass, die eigene Unterdrückung durch die »Great Firewall« anzuprangern, mit der die chinesische Regierung den Zugang zum Internet reglementiert. Viele der chinesischen Kommentare riefen die chinesische Führung dazu auf, die »Great Firewall« (GFW) niederzureißen, einige lieferten auch eine englische Übersetzung mit: »碎前一推 FREE FACEBOOK! FREE GOOGLE! FREE MY LIFE!!« oder »Mr Hu please tear down the GFW and give back the freedom of speech to the people«. Drei Tage hatten die chinesischen Twitter-Nutzer gebraucht, um die Webseite für Proteste gegen die Internetzensur im eigenen Land zu entdecken; drei Tage konnten sie sie nutzen; am 26. Oktober wurde sie von der chinesischen Regierung gesperrt und war in China nicht mehr abrufbar[2].

Andere Nachrichten thematisierten die Mauer zwischen Israelis und Palästinensern, den Grenzzaun zwischen Mexiko und den USA und, weniger konkret, die politische Situation im Iran, in Tibet oder in Afghanistan. Zahlreiche Beiträge äußern ganz allgemeine Mahnungen gegen Krieg und Gewalt und die Gefährdungen der Freiheit: »Die Berliner Mauer ist ein Symbol, wie weit Gesellschaften darin gehen können, sich aus Intoleranz zu teilen.« »Wo alte Mauern fallen, entstehen neue. Freiheit ist nichts Endgültiges. Wer sich ihrer zu sicher ist, wird sie verlieren.« »Grenzen im Kopf erzeugen Mauern«, oder sie verbinden mit dem Fall der Mauer generelle Emanzipationshoffnungen: »El espíritu de libertad ha roto, rompe, y romperá siempre las barreras del egoísmo. Celebramos contigo 20 anos, Berlín.«

Die allen Kommentaren gemeinsame Vorstellung ist, dass, wenn die Berliner Mauer überwunden werden konnte, potenziell und mit genügend Anstrengung jede Diktatur, jede angemaßte Herrschaft, jede Ideologie und jeder Irrtum überwunden werden kann. Die Berliner Mauer zeigte sich in den Herbstwochen 2009 als eine universale Befreiungs- und Unterdrückungsmetapher, die für alle existierenden »Mauern in den Köpfen« und in der gesellschaftlich-politischen Realität einzustehen hatte – für Konflikte und Verständigungsschwierigkeiten, für die Blockaden der Intoleranz und die Barrieren des Egoismus, für die Kluft zwischen Arm und Reich, für die Beschränkungen durch Ungleichheit und Ungerechtigkeit.

Im Folgenden soll es darum gehen, der erstaunlichen Karriere der Mauer als politischer Metapher eine historische Tiefendimension zu verleihen, ihre Bezüge zu älteren Traditionen des politischen Denkens zu klären und ihre Wandelbarkeit und Anpassungsfähigkeit an die verschiedensten Kontexte aufzuzeigen. Dabei gilt es zu bedenken, dass politische Metaphern und Vergleiche eine Doppelnatur haben[3]. Sie sind einerseits rhetorische Stilmittel, Mittel der Suggestion und der Überredung, mit denen in der politischen Auseinandersetzung eigene Positionen gestärkt und legitimiert und die Position des politischen Gegners geschwächt und delegitimiert werden sollen. Wenn die Mauern in Israel, in der West-Sahara oder sonst wo mit der Berliner Mauer verglichen werden, geschieht dies mit der Absicht, die Errichter dieser Mauern als illegitime Besatzer zu brandmarken und die schlussendliche Vergeblichkeit und Erfolglosigkeit ihrer Mauern zu suggerieren[4]. Andererseits sind politische Metaphern auch »mehr als ein Mittel des Ausdrucks; sie [sind] ein wesentliches Mittel der Einsicht«[5], Denkfiguren, die Erkenntnis erst möglich machen und die »Selbstveranschaulichung« eines Problems erlauben – »Begriffe, denen die Bildlichkeit eingeschrieben ist«[6]. Ohne Metaphern kein politisches Denken.

Die Bilder von der gleichzeitig ungläubigen und enthusiasmierten Menschenschar, die am 9. November 1989 die Grenzkontrollstelle an der Bornholmer Straße überwältigte und in den Westen strömte, haben ein Freiheitspathos, das unmittelbar an die Tradition der Französischen Revolution und der Freiheitsbewegungen des späten 18. und frühen 19. Jahrhunderts anknüpfen kann, so Timothy Garton Ash: »In diesem Moment gewinnt das Wort ›Freiheit‹, so oft entwertet und missbraucht, all seine ursprüngliche, jungfräuliche Kraft zurück. Das ist der entscheidende Augenblick, das ist das Bild, das bleiben wird. Es ist die heutige Version des Gefängnischores aus Beethovens Fidelio, der Liberté von Delacroix, die, ihre rechte Brust entblößt, das Volk in die Französische Revolution führt.«[7] Aber nicht nur das Pathos begründet die Gemeinsamkeit, sondern das von all diesen Bildern mittransportierte Feindbild, das jedem demokratischen Denken inhärent ist[8]. Sowohl die Freiheitsmetaphern der Französischen Revolution als auch die für die Blogger aus aller Welt anschlussfähige Befreiungsmetapher des Mauerfalls richten sich gegen nicht legitimierte und angemaßte Herrschaft, gegen die »Tyrannei«, mit deren Joch auch die Mauern ihrer Zwingburg eingerissen werden: »Nieder, nieder, nieder«, wie es im 5. Aufzug des Wilhelm Tell heißt: »Der Tyrann/ ist tot, der Tag der Freiheit ist erschienen [...] Kommt alle, kommt, legt Hand an, Männer und Weiber!/Brecht das Gerüste! Sprengt die Bogen! Reißt/Die Mauern ein! Kein Stein bleib auf dem andern.«[9] Während allerdings die Bilder des 18. und 19. Jahrhunderts sich des Feindes und seiner Mauern nur mit Gewalt entledigen können – »aux armes, les citoyens!« – und ihn der Vernichtung preisgeben müssen, zeigen die Bilder des 9. November den Sieg des gewaltlosen Widerstands und der »temporalen wie konditionalen Limitierungen des Feindbildes«[10]: Die Demonstranten begegnen den als Grenzsoldaten verkleideten Stasioffizieren nicht mit Hass, sondern mit Verbrüderungsangeboten. Die Repräsentanten und Exekutoren der befeindeten Macht müssen nicht um ihr Leben fürchten, sondern werden als gleichberechtigte Bürger an der neu gewonnenen Freiheit beteiligt.

Der Freiheitsmoment des 9. November 1989 hat seinen Gegenspieler in dem Moment der größten Ohnmacht am 13. August 1961. Auch unmittelbar nach der Errichtung der Mauer gab es in Berlin ein revolutionäres Potential, eine »psychologische Lage [...], die unkontrollierbar werden konnte«, wie in den Memoiren Egon Bahrs, damals Leiter des Presse- und Informationsamtes im West-

Berliner Senat, nachzulesen: »Ohnmacht, Erbitterung, Wut, Empörung, Verzweiflung und Tränen der getrennt sich zuwinkenden Familie und wieder Ohnmacht, das ergab eine Mischung explosiver Gefühle.«[11] Unter dem Eindruck, dass die Ostdeutschen nun von aller Welt verlassen und verraten seien, formierte sich an den Universitäten in West-Berlin eine Solidaritätsbewegung, getragen insbesondere von ehemals ostdeutschen Studenten, die die Mauer mit Fluchthilfeunternehmungen und anderen Aktionen zu bekämpfen versuchten[12]. Als eine Metapher der Unterdrückung und des Unrechts barg die Mauer für den Regierenden Bürgermeister Willy Brandt die Verpflichtung, sich nicht wieder tatenlos in eine anscheinend übermächtige Konstellation zu fügen: »Wir haben nach 1933 eine Minderheit in die Lager treiben lassen, und wir würden uns wieder an einem Verbrechen mitverantwortlich machen, wenn wir uns mit dem Unrecht an dem kleineren Teil unseres Volkes abfinden würden.«[13] Diese Verpflichtung stellte, in dem kurzen Augenblick der größten Hilflosigkeit der Politik, nicht nur die Studenten, sondern auch die West-Berliner Politiker auf einen Standpunkt jenseits der Politik, ja sogar jenseits des Gesetzes: Die Innensenatoren Heinrich Albertz und Kurt Neubauer ebenso wie Egon Bahr und viele andere deckten die Fluchthelfer mit ihren Passfälschungen und ihrem illegalen Waffenbesitz und halfen ihnen mit Kontakten, mit Sach- und Geldleistungen. Sie trugen »das Risiko letzter Entschlossenheit«[14], ein Risiko, das wohl auch bereit war, in allerletzter Konsequenz Gewalt mit Gewalt zu beantworten: Am 26. Mai 1962 verübten zwei Polizisten und die Fluchthelfer, die den engsten Kontakt zu Egon Bahr hatten, einen Sprengstoffanschlag auf die Mauer und überschritten damit bewusst die Grenzen des friedlichen Widerstands, wenn auch sorgfältig ausgeschlossen wurde, dass Menschen dabei zu Schaden kamen[15]. Der Sprengstoffanschlag wurde zeitlich so koordiniert, dass er auf den SPD-Parteitag in Köln (26.–30. Mai 1962) fiel, wo Willy Brandt in einer flammenden Rede aus dem Gewaltpotential an der Mauer eine neue Metapher schmiedete, die die satten und gleichgültigen Westdeutschen zur Solidarität mit Berlin und den Ostdeutschen und letztlich zur Aufnahme von Verhandlungen mit der Gegenseite verpflichtete: »Es ist eine Realität, daß die geplagten Menschen in der Zone sich mit der Spaltung nicht abgefunden haben. […] Die Mauer wurde errichtet, damit aus einem aufgezwungenen Regime nicht ein Regime ohne Volk würde. Die Mauer ist Terror, der fotografiert werden kann. [...] An der Mauer hat es geknallt und dort ist Blut geflossen. Die Mauer ist so unnatürlich und so unmenschlich, dass wir uns damit niemals abfinden können. Die Mauer ist auch eine tägliche Demonstration, daß Koexistenz kein paradiesischer Zustand ist, sondern eine harte und immer noch gefahrvolle Auseinandersetzung. Deshalb bedarf es eines entschiedenen Engagements.«[16]

Doch in dem Moment, als die solidarische Politik von Brandt und Bahr ihre ersten Erfolge zeitigte – das Passierscheinabkommen 1963 – und die Mauer auch ohne Freiheitsbewegung, sondern allein durch verantwortliche Regierungspolitik ein wenig »durchlässiger« wurde, hatte die Metapher ihre Durchschlagskraft verloren. Nun musste im Gegenteil ihre Bedeutung heruntergespielt werden, um die Verhandlungen mit dem Gegner und das auf Langfristigkeit angelegte Erfolgskonzept der Neuen Ostpolitik nicht zu gefährden. Die »ungeheuren Sympathien«[17] der Politiker für mit Sprengstoff hantierende Studenten verebbten rasch, und rückblickend deutete Bahr deren Aktivitäten nur mehr als das letzte »Wetterleuchten eines abziehenden Gewitters«[18].

Aber nicht nur die Notwendigkeiten der Entspannungspolitik, auch die Ambivalenz und Inkonsistenz der Metapher selbst trug dazu bei, dass sie 1961/62 so kurzlebig war[19]. Bis zur Französischen Revolution, bis zu Schiller und Beethoven hatten die positiven Bedeutungen von Mauern die negativen bei weitem überwogen. Im Alten Testament kommen Mauern als schützende Begrenzung des Tempelbezirks, als Metaphern für die Tora und für Jerusalem vor[20]. Die Chinesische Mauer, die Mauern des Ägypterreiches, der Limes: Mit diesen Mauern schützte sich die zivilisierte Welt vor den andrängenden »Barbaren«, sie bedeuteten nicht Enge, Unfreiheit und Mangel, sondern im Gegenteil Weite, Größe, Reichtum und Freiheit; nur innerhalb dieser Mauern schien den Bewohnern ein lebenswertes Leben überhaupt möglich[21]. Auch die mittelalterlichen Stadtmauern bedeuteten nicht Unfreiheit, sondern Freiheit; erst »intra mures« wurde aus dem Leibeigenen der Bürger.

Das politische Denken der Neuzeit beschäftigte sich fast 150 Jahre vor der Konstruktion des demokratischen Feindbildes der Französischen Revolution mit Bildern von Herrschaft und innerem Frieden, in denen Mauern Bedeutungen haben, die den Befreiungsmetaphern geradezu entgegen gesetzt sind: In dem Kupferstich von Hobbes' »Leviathan« von 1651, einer Bebilderung des Zusammenschlusses aller Bürger zum souveränen, allmächtigen und allgewaltigen Staat, der den Frieden nach außen und nach innen sichert, sind starke Mauern »herrschaftliche Doppelstrategie gegen Feinde von außen wie Aufrührer im Innern«[22]. Es sind »Befriedungsmauern«, und die Befriedung des inneren Feindes ist im Kontext des Leviathan sogar noch wichtiger als der Schutz gegen den äußeren Feind: Die Mauern helfen dem souveränen Staat, den Bürgerkrieg zu verhindern, der über Jahrhunderte das Leben der Menschen geprägt und ihn selbst überhaupt erst nötig gemacht und hervorgebracht hatte. Leviathan, das schreckliche Tier, braucht die Mauern, um Behemoth, das noch schrecklichere Tier, einzuhegen und zu zähmen.

Die politische Metaphorik von Mauern als etwas Schützendem und Hegendem erhielt in der deutschen Dichtung, anknüpfend an Platon und die griechische Mythologie, noch eine ästhetische Überhöhung: Goethe reflektiert auf den Mythos von Orpheus, der mit seiner Musik aus den Felsstücken der Ödnis eine harmonische, geordnete, sittlich und religiös gegründete Stadt mit »wohlschützenden Mauern« fügte[23]. Die Vorstellung, dass ein durch Mauern geschütztes, geordnetes, rhythmisch gegliedertes Gemeinwesen eine Ableitung der Kunst sei, findet ihren Höhepunkt bei Stefan George und seinen Anhängern, für die der Dichter immer auch ein Heroe, ein Führer und Fürst war, der seinem Volk einen wie auch immer verstandenen »Staat« erbaut[24]. Auch wenn Stefan George und Kommunismus erst ab Ende der siebziger Jahre – durch die Neudefinition des »Erbes« – in der DDR kompatibel gemacht wurden, war das kommunistische Projekt doch mit Heilserwartungen verknüpft, die der überlieferten Metaphorik des schützenden und ordnenden Staates zugänglich waren. Nicht-Kommunisten wiederum konnten, wenn sie nur an Ruhe und Ordnung interessiert und nicht persönlich von den mit dem Mauerbau verbundenen »Maßnahmen« betroffen waren, nach den Erfahrungen des »europäischen Bürgerkrieges« der ersten Hälfte des 20. Jahrhunderts, noch 1961 Mauern, Wachtürme und patrouillierende Soldaten als das geringere Übel empfinden. Auch in der Bundesrepublik wirkte die Schutz-Metaphorik weit in die Nachkriegszeit hinein: Die Furcht vor Bürgerkrieg, vor Ansteckung, vor Unruhe und Aufruhr und vor der »roten Sintflut« aus dem Osten, vor der sich der Westen mit Dämmen schützen müsse, war in der jungen Bundesrepublik höchst lebendig. So kannte die freiheitlich-demokratische Verfassung der Bundesrepublik kein Grundrecht auf Ausreise. Politisch Missliebigen konnte durch entsprechende Auslegung des Passgesetzes die Ausreise verweigert werden, und das Grundrecht auf Freizügigkeit, zu dem sich die Väter des Grundgesetzes sowieso erst nach einiger Selbstüberwindung durchrangen, war, insbesondere für die Vertriebenen und Flüchtlinge, mit erheblichen Einschränkungen versehen[25].

Der positive Traditionsbestand der Mauermetapher wurde von der DDR nach 1961 intensiv genutzt, um den Bildern vom »Terror, der fotografiert werden kann«, etwas entgegenzusetzen. Nachdem Chruschtschow lange gezögert hatte, bis er Ulbricht die Zustimmung zum Mauerbau gab, war es von Anfang an Teil der »Maßnahme«, offensiv den Propagandakrieg um die metaphorische Bedeutung der Mauer zu führen[26]. Den Einsperr-, Aussperr- und Unterdrückungsmetaphern des Westens begegnete die DDR mit der Metapher des »antifaschistischen Schutzwalls« und zeigte vor allem Bilder der Verhältnisse, vor denen die Mauer die DDR-Bürger angeblich schützen sollte: von West-Berlin als Sündenpfuhl, als Hort der Kriminalität, als Spionagezentrum, als einem gesetzlosen Ort, von dem aus die Imperialisten und Militaristen mit allen Mitteln der Sabotage, der Abwerbung und Verführung ihren zynischen Krieg gegen die DDR und den Sozialismus führten. Um die Mauer als »friedenssichernde Maßnahme« plausibel zu machen, wo doch die Kriegsgefahr nie höher war als in den darauf folgenden Monaten, musste ein westdeutscher Angriffsplan erfunden werden, mitsamt einer komplizierten Legende von Saboteuren, Terroristen, Abwerbern, Menschenhändlern, Staatsfeinden, Mördern, Imperialisten und Faschisten, die angeblich die Schuld daran trugen, dass der Sozialismus bisher noch nicht den Sieg davongetragen hatte und auf die Mauer angewiesen war. Bis zu ihrem Ende hielt die DDR an dem Mythos des »antifaschistischen Schutzwalls« und seiner friedenssichernden Aufgabe und am 13. August als Tag der Wahrheit und zweitem Gründungstag der DDR fest und wies ihm in der Konstruktion einer positiven, Identität stiftenden Traditionslinie des Regimes einen tragenden Platz zu[27]. Die Reformansätze und Liberalisierungsversuche, die erst der Mauerbau in der

DDR ermöglichte, waren naturgemäß nicht mit einer Milderung des Grenzregimes oder einer Abschwächung der symbolischen Bedeutung des 13. Augusts für den Bestand der DDR verbunden, da sie ja die Existenz der Mauer gerade zur Voraussetzung hatten. Ebenso wie die Mauer in ihrer Funktion, möglichst keinen einzigen DDR-Bürger unkontrolliert und »illegal« aus der DDR zu lassen, mit der Weiterexistenz der DDR untrennbar verknüpft war, war es auch die Perpetuierung der Schutzwall-Metapher gegen alle Einsprüche der Realität.

Diese allerdings wurden für die Menschen in der DDR immer vernehmlicher. Die mit starren Feindbildern arbeitenden, in sich widersprüchlichen, nicht anpassungsfähigen und allmählich versteinernden Schutzwall-Metaphern konnten nicht verhindern, dass die DDR-Bürger ihre eigenen Erfahrungen mit dem realen Ding machten, auf das sie sich bezogen. Die Mauer, so wie sie von den Bürgern erfahren wurde, war nicht gewaltig und schön, so wie die Chinesische Mauer, sondern nur deren »kümmerliche Nachahmung«[28] – als Landschaftsarchitektur monströs hässlich, als Herrschaftsinstrument nur funktionstüchtig im Verbund mit sorgfältig geharkten Todesstreifen, mit Minen und Selbstschussanlagen, mit schießbereiten Soldaten, Stasi, Spitzelsystem und Gefängnissen. Die Mauer als pars pro toto für das Grenzregime der DDR zeugte eben nicht von einem harmonisch gegründeten Staat, nicht von einem Leviathan, sondern nur von seiner Karikatur, dem Möchtegern-Leviathan, dem Polizeistaat, und reizte gerade deshalb die Menschen immer wieder, sie zu überwinden und der Karikatur einen Streich zu spielen.

Auch nahmen die Menschen in der DDR vermittelt durch Fernsehen und Radio und durch die von der Entspannungspolitik erkämpften Kontaktmöglichkeiten an dem Prozess der kulturellen Westbindung und des Wertewandels in der Bundesrepublik teil. Sie konnten zusehen, wie die Entwicklung der verfassungsrechtlich garantierten Grundrechte und der europarechtlich garantierten Grundfreiheiten seit der zweiten Hälfte der fünfziger Jahre den Bundesdeutschen zunehmend Grenzen öffnete und Schutzwälle obsolet werden ließ, wie dort die Angst vor dem Behemoth und das Bedürfnis nach Mauern zurückgingen und sich das Recht auf Einreise- und Ausreisefreiheit für alle Deutschen politisch und kulturell durchsetzte. Auch konnten sie zusehen, wie mit dem

Einsetzen der juristischen und historischen Aufarbeitung der gemeinsamen scham- und schuldbesetzten nationalsozialistischen Vergangenheit die Bundesrepublik nach den Jahren der Restauration allmählich moralisch wieder an Boden gewann und damit der »antifaschistischen« Begründung der Mauer den letzten Rest von Glaubwürdigkeit entzog.

Die noch in den sechziger Jahren in der bundesdeutschen Rhetorik blühenden KZ- und NS-Vergleiche, die die DDR als »Ulbrichts KZ« anprangerten, hatten auch die Freiheitsbewegung der Berliner Studenten gegen die Mauer 1961/62 beschädigt. Als die Entlastungsfunktion dieser Rhetorik, die eine Entsprechung zu der Entlastungsfunktion des »Antifaschismus« in der DDR darstellte, im Zuge der beginnenden Aufarbeitung fühlbar wurde, richteten die Studenten ihre Freiheitsforderungen zunehmend nicht mehr gegen das Mauerregime in der DDR, sondern gegen die Defizite in der Bundesrepublik[29]. Die Abkehr von der Entlastungsfunktion des Antikommunismus ließ, im Zusammenwirken mit den Zwängen der Entspannungspolitik, für mehrere Jahrzehnte die Mauer als Unterdrückungsmetapher aus dem politischen Diskurs der Bundesrepublik fast gänzlich verschwinden. So wurde die von Empathie, von einem klaren Freiheitsbekenntnis und von gesamtdeutschem Verantwortungsbewusstsein getragene Überzeugung, die Willy Brandts Entspannungspolitik motivierte – »Die Mauer ist so unnatürlich und so unmenschlich, dass wir uns damit niemals abfinden können« – paradoxerweise von den notwendigen Begleiterscheinungen ebendieser Politik mit einer Amnesie belegt. Den Hauptprotagonisten der Entspannungspolitik Egon Bahr gedanklich mit einem Sprengstoffanschlag auf die Mauer zusammenzubringen, war nach 1962 einfach nicht mehr möglich. Stattdessen wurde die Mauer von dem Unglück und Leid, das sie produzierte, abstrahiert und gesäubert: Sie galt nicht mehr als Symbol der Unterdrückung, für die man Verantwortliche hätte benennen können, sondern als Symbol der Teilung in einem »Kalten Krieg«, der alle irgendwie gleichermaßen zu Schuldigen machte. Die Auswüchse dieser Amnesie zeigten sich in der immer wieder erhobenen Forderung, nicht nur die DDR, sondern auch die DDR-Staatsbürgerschaft anzuerkennen und den DDR-Bürgern das Grundrecht auf Freizügigkeit abzusprechen, um auf diese Weise die Fluchtbewegung zu unterbinden und die Mauer überflüssig zu machen – was auf die Zwangsmassenausbürgerung von 17 Millionen Menschen hinausgelaufen wäre.

Während das Grundgesetz und die Rechtsprechung des Bundesverfassungsgerichtes solches verhinderten, wuchs in den achtziger Jahren die Spannung, der Widerspruch der Mauer zur allgemeinen Entwicklung. Die Schutzwall-Metapher wurde in Zeiten wachsender Handels- und Wirtschaftsräume, stetiger Integration des westlichen Europa und fallender kultureller Barrieren infolge der technologischen Innovation immer weniger plausibel, ja sie kehrte sich gegen sich selbst. Schon Anfang der achtziger Jahre war der Bild- und Symbolwert der Selbstschussanlagen an der deutsch-deutschen Grenze für die DDR so peinlich, dass diese abgebaut wurden und die Kontrolle der Grenze immer weiter ins Hinterland verlegt wurde[30]. Künstler, Schriftsteller und Musiker arbeiteten daran, ihre inneren, psychischen Mauern zu überwinden, und benutzten dafür, wie Pink Floyd 1984 mit »The Wall«, ein Vokabular, das jenseits der privaten, autobiografischen Trauma-Verarbeitung ein zu dem Zeitpunkt noch gar nicht abzuschätzendes Potential für politische Deutungen und Wirkungen hatte[31]. Als Pfingsten 1987 zur 750-Jahrfeier Berlins David Bowie, die Eurythmics und Genesis vor dem Reichstagsgebäude Rock-Konzerte gaben, randalierten Tausende von Jugendlichen im Osten, die sich durch die Mauer und die DDR-Sicherheitskräfte an der Teilnahme gehindert sahen: »Weg mit der Mauer!«[32]

Wenige Tage später, am 12. Juni 1987, hielt der amerikanische Präsident Ronald Reagan vor dem Brandenburger Tor eine Rede, die zum ersten Mal seit fast 25 Jahren die Mauer wieder als universale Unterdrückungsmetapher einsetzte: Die Mauer und das geschlossene Brandenburger Tor seien nicht nur eine deutsche Frage, sondern »the question of freedom for all mankind«. An der Mauer müsse es sich erweisen, ob die sowjetische Reformpolitik ernst gemeint und konsequent sei: »General Secretary Gorbachev, if you seek peace, if you seek prosperity for the Soviet Union and Eastern Europe, if you seek liberalization, come here to this gate. Mr. Gorbachev, open this gate! Mr. Gorbachev, tear down this wall!«

Diese drastische und wirkungsvolle Revitalisierung der Mauer als Unterdrückungsmetapher barg 1987 erhebliche politische Risiken und wurde von vielen Beobachtern als naiv und unnötig provokativ angesehen: Die Forderung nach der Maueröffnung als logischer und moralischer Konsequenz von Perestroika und Glasnost hätte auch zu einem Ende der sowjetischen Reformbemühungen führen und sich als kontraproduktiv erweisen können. Auch hatten diejenigen Kritiker nicht unrecht, die die ideologische Aufladung von Begriffen wie »prosperity«, »liberalization« und »peace« im Weltbild und in der politischen Agenda Reagans betonten. Dass der Ausruf »Open this gate!«, »Tear down this wall!« eine so große moralische Kraft und Evidenz entfalten konnte, lag aber nicht an Reagans politischem oder ideologischem Programm, sondern daran, dass für einen kurzen Moment Politik und Diplomatie abwesend schienen und stattdessen intuitiv einer ganz basalen, alltäglichen, menschlichen Reaktion auf die Mauer Ausdruck gegeben wurde: Weg damit! Reagans Redenschreiber hatte bei den Vorbereitungen der Rede einigen West-Berlinern gut zugehört: Er wusste von der Trauer eines Mannes, der seine Schwester im Ostteil der Stadt hatte; er wusste von einem anderen Mann, der täglich auf dem Weg zur Arbeit an einem Wachturm vorbeikam, mit dem Soldat auf dem Wachturm Blicke tauschte und keine Antwort auf die Frage fand, wer denn hier nun der Zoohalter und wer das gefangene Tier sei; und er hatte das vor Zorn rote Gesicht und die geballte Faust einer Frau vor Augen, deren empörte Äußerungen ihm erst die Idee für die entscheidenden Sätze der Rede gegeben hatten[33].

Als dann bereits zweieinhalb Jahre später entgegen allen Erwartungen die Mauer tatsächlich fiel und sich die Unterdrückungsmetapher spektakulär über Nacht zur Befreiungsmetapher wandelte, konnte dieses Ereignis als Signum der Epochenwende, als pars pro toto für alle vorhergehenden, benachbarten oder folgenden Ereignisse in der Zusammenbruchsgeschichte des Kommunismus universell verstanden werden. Ebenso wie 1789 wurde auch 1989 zu einer Mega-Zäsur, zur Metapher eines globalen Ereignis-Clusters: Mit dem Mauerfall endeten angeblich nicht nur die DDR und die bipolare Konstellation der »Nachkriegszeit« seit 1945, es endeten auch der »europäische Bürgerkrieg« seit 1914 und der »Kommunismus« sowjetischer Prägung, für manche endete sogar die Geschichte insgesamt[34].

Seitdem sind die Mauer und ihr Fall als Befreiungsmetapher wieder universal aktivierbar. Die Universalisierung bringt es allerdings auch mit sich, dass ihr jeweiliger Gebrauch mit der realen

Geschichte der Berliner Mauer oft nicht mehr viel zu tun hat und oft krasse Missverständnisse enthält. Die Anverwandlung der Metapher an die jeweiligen Umstände, in denen sie eingesetzt wird, geht manchmal sogar mit einer regelrechten Enteignung der realen Geschichte einher: In dem stark polarisierten, ja vergifteten Diskurs in den Vereinigten Staaten haben die Republikaner nicht ohne Erfolg versucht, die Mauermetapher zu usurpieren. Durch die Ausstellung von großen Mauerstücken an Orten in den USA, die mit Ronald Reagan historisch verbunden sind – so vor der Ronald Reagan Presidential Library in Simi Valley, Kalifornien, und vor der Johns Hopkins University in Baltimore –, werden nicht nur geschichtspolitisch Reagans Verdienste an der Zusammenbruchsgeschichte des Kommunismus gewürdigt, sondern es wird auch ganz gegenwartspolitisch die Mauer als Bollwerk gegen alles, was angeblich von links kommt, neu errichtet. Über die geschichtspolitische Inszenierung machen sich die Studenten der Johns Hopkins University lustig, wenn sie etwa kolportieren, dass der auf dem Mauerstück aufgepinselte Schriftzug »Fred« von den Amerikanern als Chiffre für »Freedom«, als freiheitshungriger Aufschrei der eingekerkerten Berliner, verstanden worden sei[35]. Von der höchst aggressiven gegenwartspolitischen Indienstnahme im Kontext der Auseinandersetzungen um die Gesundheitsreform und den außenpolitischen Kurs der demokratischen Regierung kann man sich ein Bild machen, wenn man die Foren im Internet besucht, auf denen im November 2009 der 20. Jahrestag des Mauerfalls diskutiert wurde: Reagan und der Mauerfall gelten dort als Kronzeugen gegen Obama, der als »Genosse Obama« und »ObaMao« diffamiert wird, »über alle Maßen hassenswert für jeden, der die Freiheit schätzt«, weil er angeblich »marxistische Tendenzen« vertrete; sie gelten aber auch als Kronzeugen gegen die angeblich undankbaren Deutschen, die Amerika gerne schwach sähen, und gegen die EU[36]. In seiner Videoansprache zum 9. November 2009 versuchte Obama, die Mauermetapher den Republikanern zu entwinden: Er beanspruchte ihr Erbe, indem er eine Analogie zwischen der Herkunft Merkels und seiner eigenen Herkunft herstellte: »Wenige hätten vorausgesehen [...], dass ein wiedervereinigtes Deutschland von einer Frau aus Brandenburg, dass sein amerikanischer Verbündeter von einem Mann afrikanischer Abstammung regiert werden würde. Aber die Bestimmung des Menschen ist das, was der

Mensch aus ihr macht.« Hillary Clinton verwies gleichzeitig auf ihre Verpflichtungen für die Gegenwart und die Zukunft, indem sie – ebenso wie Angela Merkel eine Woche zuvor in ihrer Rede vor dem Congress – sich den »Mauern von heute« zuwandte, die nur eine gemeinsame und koordinierte Politik überwinden könne.

Die Mauer als politische Metapher ist somit Teil der entangled histories in einer globalisierten Welt, längst ihren Urhebern entwachsen, in ihren Bedeutungsgehalten changierend und anpassungsfähig für die verschiedensten Kontexte. Dies schließt auch ein, dass ihre Schutzwall-Bedeutung wieder zu neuem Leben erwacht: Jüngst hat die Politikwissenschaftlerin Nevim Cil in einem Vortrag »Die Mauer fiel uns auf die Köpfe« berichtet, dass für Teile der türkischen Einwanderer der Mauerfall zu einer Absturzmetapher geworden sei und ihre Außenseiterposition befestigt habe[37]. Auch viele Deutsche aus Ost und West ohne Migrationshintergrund, die sich als Verlierer der Einheit fühlen, bringen heute der Schutzwall-Metapher mehr Sympathie entgegen als der Freiheits-Metapher[38]. Und schließlich wird, mit dem Debakel der Finanz- und Bankenkrise, erkennbar, dass der Sieg der Freiheit 1989 vielleicht nur das halbe Bild war und die andere Hälfte des Bildes sich erst jetzt mit der Niederlage der Hypertrophie einer anderen Freiheit darstellen lässt, nämlich der grenzenlosen Freiheit des Geldes. »The fall of the Wall« und »the fall of Wallstreet«, so Joseph Stiglitz, gehören zusammen: »In diesem Sinne bedeutet der Fall der Wallstreet für den Marktfundamentalismus, was der Fall der Berliner Mauer für den Kommunismus bedeutete – er signalisiert der Welt, dass diese Art der Wirtschaftsorganisation sich langfristig nicht als tragbar herausstellt. Am Ende sagt jeder: Dieses Modell funktioniert nicht.«[39]

Aber während es 1989 für einen kurzen Moment so aussah, als könnte nun alles gut werden, herrscht seit 2009 eher der Eindruck, dass gar nichts mehr gut werden könne und dass wir uns in einer Welt einrichten werden müssen, »die durch den Fall der Berliner Mauer nicht besser und friedlicher«[40], sondern bedrohlicher und unsicherer geworden ist. Die Freiheitsmetapher der Mauer erfährt so erneut eine tiefe Ambivalenz: Für die Emanzipationshoffnungen der Moderne, die mit der Epochenzäsur der Französischen Revolution 1789 in Gang gesetzt wurden, könnte die Epochenzäsur des Mauerfalls 1989 nicht nur Bestärkung und Wiederbelebung, sondern auch der Anfang vom Ende gewesen sein. Es ist das Gespenst des Weltbürgerkrieges, der Behemoth, der hier wieder nach Bändigung verlangt. Aber anders als zu Zeiten Hobbes' werden die Herausforderungen mit einem Leviathan und seinen Mauern nicht mehr zu lösen sein.

RONNY HEIDENREICH

EINE MAUER FÜR DIE WELT
INSZENIERUNGEN AUSSERHALB DEUTSCHLANDS NACH 1989

In Berlin verschwanden die Grenzanlagen nach dem Mauerfall nahezu vollständig aus dem Stadtbild. Die gegenwärtigen Bemühungen um Bewahrung der wenigen erhalten gebliebenen Reste sind nicht zuletzt dem starken Interesse der Touristen geschuldet, die nach Berlin kamen, aber die weltberühmte Mauer nicht finden konnten[1]. Dem fast vollständigen Abriss stand außerhalb der Landesgrenzen ein großes Interesse an Bewahrung der Mauer gegenüber. Dabei ging es allerdings weniger um die museale Erhaltung der Grenzanlagen vor Ort als vielmehr um die private wie öffentliche Aneignung ihrer Reste. Unmittelbar nach dem Mauerfall wurden etwa 500 komplette Segmente und ungezählte kleine Bröckchen des Grenzwalls ins Ausland verbracht. Die Mauer kann damit als eine weltweite Ikone gelten, die heute in über 40 Staaten auf allen Kontinenten zu finden ist: inszeniert als Denkmal, Kunstobjekt, Kulturerbe, Kuriosum oder schlicht als Zeugnis ihrer selbst[2].

Die Wege, auf denen die 2,7 Tonnen schweren Mauerteile ein neues Zuhause fanden, waren sehr unterschiedlich. Das in seine Einzelteile zerlegte und anschließend verkaufte, verschenkte oder mitgenommene Bauwerk ist Gegenstand verschiedenster Reflexionen über Vergangenes und Gegenwärtiges – vor allem auch außerhalb Deutschlands.

Kommerzialisierung einer Ikone

Als am Abend des 9. November 1989 unter dem Druck der Bevölkerung die Grenzübergänge in Berlin geöffnet wurden, verlor die Berliner Mauer ihren Schrecken. Die Überwindung des Grenzwalls besiegelte den Untergang der DDR und markierte international das Ende des Kalten Krieges. Nicht nur in Berlin, auch weltweit avancierte die Mauer vom Inbegriff der Teilung zu einem Symbol der Befreiung. In einem anarchistischen Akt begannen sich die

Menschen des Bauwerkes zu bemächtigen[3]. Mauerspechte klopften zu Tausenden kleine Bröckchen aus dem Grenzwall, um sich ein Andenken an dieses welthistorische Ereignis zu sichern. Der Zerstörung der Mauer sahen die Grenzsoldaten der DDR tatenlos zu. Bereits wenige Wochen nach dem 9. November 1989 war die vordere Grenzmauer am Brandenburger Tor durchlöchert, während dahinter noch immer die Grenzsoldaten patrouillierten.

Nicht nur die Botschaft des Grenzwalls hatte sich geändert. Der Aufsehen erregende Mauerfall und das internationale Interesse an dem Bauwerk evozierten die Vorstellung, dass sich die gewandelte Bedeutung auch geldwert bemessen lassen müsse. Die einfache Logik von Angebot und Nachfrage hatte eine Kommerzialisierung der Berliner Mauer zur Folge, die schließlich dazu führte, dass sich ihre Einzelteile als Reliquien eines weltgeschichtlichen Ereignisses auf alle Kontinente verteilten[4]. In Berlin boten fliegende Straßenhändler bereits kurz nach dem 9. November 1989 kleine Mauerstücke zum Verkauf an. Dieses Geschäft erwies sich als einträglich. Nicht nur in Deutschland, auch in den USA florierte der Handel mit den Betonbröckchen[5].

Eigentlich stand diese kommerzielle Vermarktung im Widerspruch zur demokratischen und anarchistischen Überwindung der Mauer. Die Reste des Grenzwalls als Erinnerung und Souvenir an alle zu verschenken, die sich auf die eine oder andere Weise an die Mauer und vor allem ihren Fall erinnern wollten, wäre eine Alternative gewesen. Diese Option wurde durch vereinzelte Kritik an der Kommerzialisierung der Mauer auch artikuliert[6]. Ungeachtet dessen war die Vermarktung in den zeitgenössischen Debatten überwiegend positiv konnotiert. Der Münchner Publizist Matthias Hoppe veröffentlichte am 12. November 1989 einen offenen Brief an die DDR-Regierung, in welchem er sich für den Verkauf der Mauer zum Zweck der Haushaltssanierung aussprach[7]. Derartige Überlegungen mögen abwegig gewesen sein. Dennoch sahen sich DDR-Behörden und Botschaften mit immer neuen Kaufgesuchen konfrontiert.

Unmittelbar nach der Grenzöffnung wandten sich Privatleute und Unternehmen an Botschaften, Ministerien und Handelsvertretungen und boten Geld »für nicht mehr benötigte Teile von Grenzsicherungsanlagen«. Nicht später als am 10. November 1989 lagen die ersten derartigen Anfragen vor. Die Vorstellung, den »antifaschistischen Schutzwall« an den ehemaligen Klassenfeind zu verkaufen, erschien zunächst abwegig. Dass der »Abbruchschutt« der intern noch immer als »Grenzsicherungsanlagen« bezeichneten Mauersegmente Geld wert sein sollte, stieß auf Unverständnis. Die Vehemenz der Anfragen und vor allem die materielle Größenordnung der eingehenden Kaufgesuche drängten die DDR-Behörden zu einer Entscheidung. Die Außenhandelsvertretung in New York bat das Ministerium in Ost-Berlin am 14. November, zu entscheiden, »ob eine Vermarktung« infrage komme[8]. Firmen und Zwischenhändler aus dem In- und Ausland boten dem Außenhandelsministerium Exklusivverträge an, mit denen »eine Menge Geld in die Kassen der DDR kommen« würde[9]. Der Vertreter eines großen westdeutschen Versandhauses brachte in seinem Schreiben an die Ständige Vertretung der DDR in Bonn eine Woche nach dem Mauerfall die Situation auf den Punkt: Der Handel mit der Berliner Mauer sei nicht mehr aufzuhalten. Die chronisch um Devisen bemühte DDR-Führung sollte sich »bei aller Zwiespältigkeit« diese Gelegenheit nicht entgehen lassen[10].

Mit der schließlich Anfang Dezember 1989 getroffenen und durch Ministerratsbeschluss vom 28. Dezember 1989 offizialisierten Entscheidung der DDR-Regierung unter Hans Modrow, auf die weltweiten Kaufofferten einzugehen, begann der kommerzielle Export von Mauerteilen in alle Welt[11]. Das Kultur- und Außenhandelsministerium der DDR bereitete in Zusammenarbeit mit dem für die Bewachung der Grenzanlagen zuständigen Grenzkommando Mitte den Verkauf vor. Das staatseigene Unternehmen »Limex« bekam die Abwicklung der Geschäfte offiziell übertragen. Die im Januar 1990 in West-Berlin gegründete Partnerfirma »LeLé Berlin Wall Verkaufs- und Wirtschaftswerbung GmbH« unterstützte den Verkauf, indem sie Anfragen von Privatleuten, Galeristen und Unternehmen zu befriedigen hatte. Als dritter Akteur wurde im Februar 1990 eine »Berlin Wall Commemorative Group« im amerikanischen New Jersey ins Leben gerufen, welche die Lizenz für den Vertrieb von Mauerteilen in den USA erhielt. Das auf diese Weise staatlich organisierte Vertriebsnetz für Mauersegmente war bis zum Sommer 1990 exklusiv. Erst mit Beginn des planmäßigen Abbaus der Grenzsperranlagen am 13. Juni 1990 konnten Bauunternehmen und die später in der Bundeswehr aufgegangenen DDR-Grenztruppen die bis Mitte der neunziger Jahre weltweit anhaltend hohe Nachfrage nach Mauerteilen befriedigen[12].

Die überwiegende Mehrheit der heute auf allen Kontinenten verstreuten Mauerteile stammt aus jenen 360 im Frühjahr 1990 ausgebauten und zum Verkauf bereitgehaltenen Segmenten, die das staatlich organisierte Mauergeschäft der DDR ausmachten. Unter diesen befanden sich etwa 50 Teile, die in den achtziger Jahren mit Graffiti bekannter Mauerkünstler wie Thierry Noir oder Kiddy Citny bemalt worden waren. Die Demontage dieser Segmente erfolgte am späten Abend des 22. Januar 1990. Es war der erste zusammenhängende Abschnitt der innerstädtischen Grenzmauer in Berlin, der abgebaut wurde. Die entstandene Lücke verschlossen die Grenztruppen umgehend mit einem zwei Meter hohen Zaun. Die Abrissarbeiten fanden nachts statt, um, wie ein Offizier der Presse mitteilte, »kein Aufsehen zu erregen«[13]. Zusammen mit den bereits ausgebauten Segmenten aus den neuen Grenzübergangsstellen wurden die Mauerteile im zentralen Verkaufslager der DDR am Schlesischen Busch eingelagert, wo sie Interessenten besichtigen konnten.

Die Auswahl dieser zumeist mit Graffiti verzierten Mauerelemente vom Typ Grenzmauer 75 folgte der verbreiteten Vorstellung, dass ebendiese Segmente die eigentliche Berliner Mauer seien. Diese von der westlichen Wahrnehmung geprägte Sichtweise auf die Grenzanlagen dürfte der Grund sein, warum bis auf wenige Ausnahmen nur Elemente der vorderen Grenzmauer als Denkmal aufgestellt wurden und werden[14]. Dass potenzielle Käufer ausschließlich an der Grenzmauer 75 interessiert waren, hatten »Sachverständige aus Kunst und Kultur« bereits in Vorbereitung des Mauerverkaufs festgestellt[15]. Die Vorstellung, dass nur bemalte Segmente auch »echte Mauer« sein könnten, wurde durch die in den Medien transportierten Bilder unterstrichen. Die Grenzanlagen in der Berliner Innenstadt hatten sich nach dem Mauerfall zu einer riesigen Leinwand verwandelt. Dass die Mauer mehrheitlich bis zum ihrem Abriss grau geblieben war, spielte dabei keine Rolle. Entsprechend wurden und werden bis heute fast alle zum Verkauf angebotenen Mauerelemente nachträglich bemalt[16].

Höhepunkt der Vermarktungsbemühungen war die Durchführung von zwei Mauerauktionen Mitte 1990. Diese Versteigerungen wurden auf der West-Berliner Einkaufsstraße Kurfürstendamm, Inbegriff der westlichen Konsumkultur schlechthin, sowie im mondänen Monaco durchgeführt. Ein aufwändig gestalteter Katalog ästhetisierte die Betonstelen zu Kunstwerken und suggerierte einen beträchtlichen Wert. Diese Inszenierung verlieh den Betonplatten den Anschein von Luxusgütern. Die am 23. Juni 1990 im monegassischen Hotel Metropol Palace durchgeführte Versteigerung zog einen internationalen Käuferkreis an. Alle 81 angebotenen Segmente fanden neue Besitzer, der Kaufpreis lag zwischen 40 000 und mehr als 1,3 Millionen Francs[17]. Mit dieser Aktion wurden erstmals Mauerteile in großem Umfang in alle Welt gebracht. Zu den Käufern gehörten japanische Unternehmer ebenso wie Künstler und vermögende Privatleute, denen die erworbenen Mauersegmente zumeist der privaten Kontemplation dienen. Ein von Thierry Noir bemaltes Mauerteil steht beispielsweise seit 1990 im Garten der italienischen Verlegerin Jacuba Rizzolli. An anderen Mauerteilen verloren die Besitzer offenbar ihr Interesse, so dass sie heute nur noch für den aufmerksamen Beobachter als Mauerreste zu identifizieren sind. Im Villenviertel Lyford Clay von Nassau (Bahamas) kann man heute das Auktionslos Nummer 16 entdecken, das hier offensichtlich unbeachtet verwittert.

Die Einkünfte aus dem staatlich organisierten Verkauf der Mauerteile sollten von einem Kuratorium unter Vorsitz des evangelischen Oberkirchenrates Martin Ziegeler für wohltätige Zwecke verteilt werden. Über die Höhe der Einnahmen liegen keine gesicherten Angaben vor. Schätzungen gehen von etwa 2,5 Millionen D-Mark aus, wobei die Erlöse der in Monaco durchgeführten Auktion den Großteil ausmachten. Ein Teil der Gelder wurde veruntreut, so dass die verbliebenen Mittel erst Mitte der neunziger Jahre nach juristischen Auseinandersetzungen zur Verfügung standen. Sie fanden schließlich bei der Restaurierung einiger Kirchen und Krankenhäuser Verwendung[18].

Die Mauer als Denkmal

Neben der kommerziellen Vermarktung der Berliner Mauer sollten ihre Reste aber auch für gemeinnützige Zwecke Verwendung finden. An die DDR-Behörden wurden im Frühjahr 1990 Anfragen nach kostenloser Bereitstellung von Mauersegmenten für Denkmalssetzungen gerichtet. Das weltweit erste Mauerdenkmal war ein Projekt der amerikanischen Künstlerin und Enkelin des britischen Premierministers Winston Churchill, Edwina Sandys[19]. Bei ihrem Besuch in Ost-Berlin im Februar 1990 trug sie dem damaligen Kulturminister der DDR, Dietmar Keller, ihre Idee vor. Sandys beabsichtigte, acht Mauerteile aufzustellen, aus denen die

Das erste Mauerdenkmal: »Breakthrough«, Fulton (USA)

Silhouetten einer Frau und eines Mannes ausgestanzt wurden. Dieser als »Breakthrough« (»Durchbruch«) bezeichnete Entwurf sollte in der Churchill-Gedenkstätte Fulton (Missouri, USA) seinen Standort finden. Die Unterstützung kam zögerlich und wurde erst gewährt, als Sandys den geforderten Kaufpreis von mehreren hunderttausend US-Dollar nicht aufbringen konnte. Die DDR-Regierung fürchtete im Falle eines Scheiterns des prominenten Projektes eine Beschädigung ihres internationalen Ansehens. Per Regierungsbeschluss vom 8. März 1990 wurde der kostenlosen Überlassung von acht Mauersegmenten zugestimmt[20]. Aus Anlass des ersten Jahrestages des Mauerfalls fand am 9. November 1990 in Fulton in Anwesenheit des US-Präsidenten Ronald Reagan die Einweihung statt. Die beim Bau des Denkmals herausgeschnittenen Abschnitte sind heute mit rotem Stacheldraht umwunden im Garten der Franklin D. Roosevelt Gedenkstätte im Hyde Park (New York, USA) ausgestellt.

Ein anderes frühes Denkmalsprojekt drohte am Widerstand der DDR-Behörden zu scheitern. Der nach dem politischen Umbruch 1989 in Ungarn neu gegründete »Bund Freier Demokraten« (»Szabad Demokraták Szövetsége«) wandte sich im Februar 1990 mit der Bitte um Mauerteile an die DDR-Regierung. Die bei bevorstehenden ersten freien Wahlen aussichtsreiche Oppositionspartei wollte nach dem Urnengang am 31. März 1990 auf dem Budapester Freiheitsplatz ein Volksfest organisieren. Dort sollten zwölf Mauerteile als »Symbol der Befreiung der osteuropäischen Völker von der stalinistischen Unterdrückung« aufgestellt und später dauerhaft als Denkmal installiert werden[21]. Eine kostenlose Übereignung an die ungarische Oppositionspartei erschien im Außenministerium der DDR zu diesem Zeitpunkt wenig opportun. Erst die nach den ersten freien Volkskammerwahlen vom 18. März 1990 amtierende Regierung unter Lothar de Maizière stimmte dem Ansinnen zu. Als Geste des guten Willens gegenüber der neuen demokratischen Regierung Ungarns wurden zwei Mauerteile am 6. April bewilligt und nach Budapest verschickt[22]. Sie standen bis 1998 prominent am Fuße des Gellert-Hügels. Später wurden sie in den Garten des Malteser-Hilfsdienstes der ungarischen Hauptstadt verbracht, wo im Sommer 1989 ein Flüchtlingslager für tausende DDR-Bürger eingerichtet worden war[23].

Beide Denkmalsprojekte begreifen die Mauer als Sinnbild für Befreiung und Überwindung der Teilung. Im Osten Europas, wo infolge der nationalen Revolutionen 1989/90 der sowjetische Machtbereich zusammenbrach, haben Mauerdenkmale vor diesem Hintergrund eine besondere Bedeutung. In Danzig, Riga, Moskau, Sofia, Vilnius, Gniezno, Budapest und einem kleinen Dorf an der polnisch-belarussischen Grenze sind heute Mauersegmente zu finden.

Das Rigaer Mauerdenkmal geht auf eine im November 1990 gezeigte Schau des Berliner Museums »Haus am Checkpoint Charlie« zurück. Die Eröffnung der Ausstellung in der damaligen Hauptstadt der sowjetischen Teilrepublik war Ausdruck der gewachsenen politischen Emanzipation Lettlands von Moskau. Der Stadt Riga wurde von Rainer Hildebrandt, Direktor des Museums, ein Mauerteil übereignet, dessen öffentliche Aufstellung zu diesem Zeitpunkt undenkbar war. Als im Januar 1991 die gewaltsame Niederschlagung der nationalen Unabhängigkeitsbewegung nach den Barrikadenkämpfen gescheitert war und Lettland die volle Souveränität erlangte, wurde die öffentliche Aufstellung des Mauerteils möglich. In Verbindung mit Betonplatten, die während der Straßenkämpfe in Riga gegen vorrückende sowjetische Panzer errichtet worden waren, steht das Segment heute unweit des Parlamentsgebäudes.

Das Motiv der Überwindung von Mauern und Regimen wurde auch in der Danziger Werft aufgegriffen. Als Zeichen des gemeinsamen Freiheitsstrebens der polnischen und (ost-)deutschen Bürgerrechtsbewegung stiftete aus Anlass des 20. Jahrestages der Gründung der Gewerkschaft Solidarność 2001 die Stadt Berlin ein Mauerteil. Im Gegenzug schenkte Danzig der deutschen Hauptstadt ein Teil jener Werftmauer, die Lech Wałęsa mutmaßlich am 14. August 1980 erklommen hatte, der anschließend per Akklamation zum Streikführer und späteren Vorsitzenden der Gewerkschaft ernannt wurde[24]. Die kleine rote Backsteinmauer steht heute am nordöstlichen Ende des Reichstagsgebäudes und damit fast genau an jener Stelle, wo bis 1989 die Berliner Mauer verlief.

Das Moskauer Mauerdenkmal, welches sich in einem Park unweit des Andrej-Sacharow-Zentrums befindet, ist ein deutsch-russisches Gemeinschaftsprojekt. Der Künstler Daniel Mitljanskij gestaltete zwei Segmente zu einem Freiheitsdenkmal. Zahllose kleine rote und grüne Schmetterlinge umflattern ein mittig durchlöchertes Mauerteil und verweisen so auf die nach 1989 wiedererlangte Freiheit. Die Aufstellung dieses Kunstwerkes in Moskau war nicht regierungsoffiziell: Eine solche Geste im Machtzentrum des ehemaligen Ostblocks fand bislang keinen Zuspruch. Zwar diskutierte der sowjetische Künstlerverband im Frühjahr 1990 eine solche Idee, doch wurde sie mangels Unterstützung wieder verworfen[25]. Das Moskauer Mauersegment ist ein Geschenk des »Haus am Checkpoint Charlie« an das Sacharow-Zentrum. Das Gegenstück von Mitljanskij steht heute weitgehend unbeachtet im Innenhof des Berliner Museums.

Im Westen des europäischen Kontinents sind Mauerdenkmale als Zeichen des Zusammenwachsens gleichfalls weit verbreitet. Vor dem Europäischen Parlament in Brüssel steht ebenso ein Mauersegment wie vor dem Europäischen Gerichtshof in Straßburg. Eigentlich gehören die dortigen vier Betonblöcke zum Museum der Menschenrechte und waren ein Geschenk der letzten DDR-Regierung, die damit ihre Integrationsbemühungen in das westliche

Mauerdenkmal vor der Werft in Gdańsk

Danziger Werftmauer am Reichstagsgebäude in Berlin

Bündnis unterstreichen wollte[26]. Bevor die Segmente nach Frankreich gelangten, gingen sie auf Tournee durch (West-)Europa und trugen auf diese Weise die Botschaft des Mauerfalls ins Ausland. Die Einweihung des Mauerdenkmals im Pariser Geschäftsviertel La Defense 1991 war ein großes Medienereignis. Später verlor sich das Interesse, und die Pariser Teile wurden eingelagert. Erst 1995 wurden sie wieder öffentlich zugänglich gemacht, nun aber abseits unter einer Fußgängerbrücke platziert. Auch andere, seinerzeit ambitionierte Denkmalsetzungen, wie die in Madrid noch im November 1990 aufgestellten Segmente, sind heute aus dem öffentlichen Bewusstsein weitgehend verschwunden.

Auch außerhalb Europas verlor sich mitunter das Interesse an den Mauerteilen. Eine Betonstele als Gastgeschenk der Stadt Berlin an den südafrikanischen Präsidenten Nelson Mandela sollte in Kapstadt als Freiheitsdenkmal aufgestellt werden, steht aber heute abseits vor einem deutschen Autohaus an der Vergnügungsmeile

Waterfront. Auch das ambitionierte Vorhaben des indonesischen Künstlers Teguh Ostenrik konnte nie verwirklicht werden. Er hatte 1990 in Ost-Berlin vier Mauersegmente gekauft, die er zusammen mit Stahlskulpturen in der Hauptstadt Jakarta aufstellen wollte. Ein innenpolitischer Kurswechsel Mitte der neunziger Jahre und Finanzierungsprobleme ließen das Projekt scheitern[27].

Berliner Platz, Seoul

Auf der koreanischen Halbinsel, die bis heute geteilt ist, wird die Mauer als Symbol der überwundenen Teilung inszeniert. Auf der Insel Jeju (Südkorea) mahnen zwei Segmente im Memorial Park die Wiedervereinigung Nord- und Südkoreas an. Mit ihnen soll zugleich auch die Erinnerung an ein Massaker des südkoreanischen Militärs an der örtlichen Bevölkerung 1948 wachgehalten werden, welches – so die offizielle Interpretation – gleichsam wie der Mauerbau dem Ost-West-Konflikt geschuldet gewesen sei[28]. Den Wiedervereinigungsgedanken Koreas transportieren außerdem die Mauerdenkmale in der Konkuk-University (Seoul, Südkorea) und vor einem koreanischen Tempel in Osaka (Japan).

Mauer als Kulturgut und Botschafter

Drei weitere in Südkorea aufgestellte Mauersegmente, welche die Stadt Berlin spendete, wurden eher aus folkloristischen Beweggründen nach Asien verschifft. Auf dem von Rolf Biser 2001 gestalteten »Berliner Platz« in der koreanischen Hauptstadt sollen typische Markenzeichen der Bevölkerung einen Eindruck von der deutschen Hauptstadt vermitteln. Für das Ensemble wurden neben den Mauerteilen ein Berliner Bär (mit dem aufgemalten Brandenburger Tor), eine historische Gaslaterne sowie eine Parkbank aus dem Tiergarten ausgewählt.

Eine ähnliche Gestaltung erfuhr der Berliner Platz in Guatemala-Stadt. Hier wurde 1965 eine Freifläche nach der damals geteilten

Stadt benannt, die – so die offizielle Interpretation – gleichsam wie Lateinamerika geeint werden müsse. Die deutsch-guatemaltekische Handelskammer kaufte 1995 drei Mauersegmente, die – auf verschieden hohe Sockel gesetzt – Mauerbau, Teilung und mit einer umgekippten Betonstele schließlich den Fall symbolisieren.

Die Inszenierung der Berliner Mauer als deutsches Kulturgut ist zugespitzt auf der japanischen Insel Ueno zu beobachten. Für den Aufbau eines deutschen Kulturdorfes wurden Anfang der neunziger Jahre zwei Mauersegmente angekauft. Sie sind heute, ergänzt um Informationen zur deutschen Teilung, im »Kinderhaus« – Nachbildung einer norddeutschen Dorfkirche – zusammen mit einer Ausstellung über deutsche Sagen und Märchen zu sehen[29]. Hauptattraktionen des in tropischen Breiten gelegenen Kulturdorfes sind jedoch ein originalgetreuer Nachbau der mittelalterlichen Marksburg sowie eine Rekonstruktion der fachwerkhausgeprägten Innenstadt des niedersächsischen Stade zwischen Palmen und weißen Sandstränden.

Mag diese Präsentation einer offensichtlich klischeegeprägten Fremdwahrnehmung Deutschlands geschuldet sein, so bleibt doch festzuhalten, dass die Mauer als etwas typisch Deutsches oder deutsche Erfahrung oft im Ausland gezeigt wird. Dabei wird ihre historische Bedeutung als mahnendes Zeugnis der überwundenen Teilungsgeschichte herausgestellt und das Relikt als Anschauungsobjekt für die Vermittlung jüngster deutscher Geschichte genutzt. Der Aufstellung von zwei Mauerteilen in den deutschen Auslandsschulen des Alexander-von-Humboldt-Kollegiums in Mexiko-Stadt, aber auch in den Vorgärten der deutschen Botschaften von Buenos Aires oder Santiago de Chile gingen derartige Überlegungen voraus. Deutsche Minderheitenvereine, wie im australischen Canberra oder der uruguayischen Siedlung Nuevo Berlín (Neu-Berlin), bemühten sich gleichsam um ein Mauerteil. Ähnlichen Erwägungen ist auch das Mauersegment in der von deutschen Siedlern gegründeten Kolonie Lunenburg an der kanadischen Ostküste zu verdanken.

Die Mauer als offizieller »Botschafter« Deutschlands wurde während der ersten Weltausstellung nach der Wiedervereinigung 1992 ins spanische Sevilla geschafft. Dort ist sie bis heute in einem Vergnügungspark zu sehen, der auf dem ehemaligen Expo-Gelände entstand. Der Berliner Senat, der als einzige deutsche

Regierungsinstitution bis heute über ein Lager an Mauerteilen verfügt, stiftete einige Segmente als Signet der deutschen Hauptstadt beispielsweise an Partnerstädte wie Paris, Brüssel oder Los Angeles[30]. Die Übereignung eines Mauersegments durch den Regierenden Bürgermeister an den Sportler Usain Bolt anlässlich der Leichtathletik-Weltmeisterschaft 2009 in Berlin brachte ein Stück Mauer in die Karibik.

Die künstlerische Auseinandersetzung mit der Mauer trug ebenfalls zu ihrer Verbreitung auf den Kontinenten bei. Wie schon für die berühmten Kreuzberger Mauergraffiti der achtziger Jahre diente die ebene graue Oberfläche der Grenzmauer als Folie für individuelle Reflexionen. Die Bemalung der East Side Gallery im Sommer 1990 war eines der ersten künstlerischen Großprojekte, bei denen die Mauer als Grundlage diente. Fast gleichzeitig, aber von der Öffentlichkeit weniger beachtet, weilte eine Gruppe sowjetischer Maler und Grafiker in Ost-Berlin. Sie bemalten seinerzeit einhundert kleinere Platten der sogenannten hinteren Mauer, die den Grenzstreifen nach Ost-Berlin hin markierte. Die komplette Sammlung wurde 1990 an den amerikanischen Kunstsammler Cal Worthington veräußert und verschwand im Depot. Erst letztes Jahr wurden einzelne Platten in den USA versteigert und finden seitdem Eingang in private und öffentliche Kunstsammlungen[31].

Neben neu geschaffener Mauerkunst wurden auch vor 1989 aufgebrachte Graffiti Bestandteil renommierter Kunstsammlungen. So besitzt das New Yorker Museum of Modern Art ein Mauerteil mit einem Graffito von Thierry Noir. Zwei andere, inzwischen verblasste Segmente stehen in den Sammlungen zeitgenössischer Plastiken des renommierten Yorkshire Sculpture Park (Bretton Hall, Großbritannien). Weitere finden sich im Skulpturenpark des Anwesens Kentuck Knob (Chalk Hill, Pennsylvania, USA). Die weltweit größte Sammlung von Mauerkunst trug der Berliner Zahnarzt Ludwik Wasecki zusammen. Für den Anfang der siebziger Jahre in den Westen emigrierten Polen war der Mauerfall zugleich künstlerisches Erweckungserlebnis. Er schuf eigene Skulpturen, indem er Mauerteilen einen Boxhandschuh, Messer und Gabel oder einen golden lackierten Trabant beifügte. Daneben trug Wasecki die wohl umfassendste Sammlung »originaler« Mauergraffiti aus den achtziger Jahren zusammen. Von der Öffentlichkeit werden seine Werke wie auch die 42 vollständige

Mauerteile umfassende Sammlung allerdings kaum wahrgenommen: Sie befinden sich in einem kleinen Dorf unweit von Wrocław (Breslau). Eine der Skulpturen von Wasecki wurde 2009 auf dem Marktplatz der alten polnischen Königsstadt Gniezno (Gnesen)

Sammlung Wasecki, Sosnówka (Polen)

»Der Tag, an dem die Mauer fiel«, George Bush Presidential Library and Museum, College Station/Texas

als Denkmal gesetzt; sinnigerweise ein Mauersegment mit einem Zahnarztbohrer[32].

Mauerinszenierungen in den USA

Abgesehen von offizieller und künstlerischer Denkmalsetzung geht die überwiegende Mehrheit der ins Ausland verbrachten Mauerteile auf private oder institutionelle Initiativen zurück. Vor allem in den USA, wo die höchste Dichte an Mauersegmenten außerhalb Deutschlands anzutreffen ist, erfreuen sich Mauerreste als vielschichtig interpretierte Ikone großer Beliebtheit. Diese Begeisterung für die Mauer zeichnete sich schon unmittelbar nach dem 9. November 1989 ab[33]. Die Nachfrage nach Mauerbröckchen und kompletten Segmenten war so groß, dass sich ähnlich wie in Deutschland ein professionelles Mauervertriebsnetz entwickelte. Der Großteil der heute in den USA stehenden Mauerteile wurde über die »Berlin Wall Commemorative Group« des Bauunterneh-

The Ronald Reagan Presidential Library and Foundation, Simi Valley/California

mers John Scimarelli zur Verfügung gestellt[34]. Als Lizenznehmer der DDR-Regierung mit dem exklusiven Mauerkauf bedacht, belieferte sie Behörden, Universitäten und Privatleute in den USA und Kanada. Andere Unternehmer versuchten ebenfalls in das Geschäft einzusteigen, waren dabei aber weniger erfolgreich. Zuletzt initiierte ein Unternehmen in Florida anlässlich des 20. Jahrestages des Mauerfalls 2009 eine Werbekampagne für den Kauf von Mauerdenkmalen. Zu diesem Zweck waren mehrere hundert Platten der Hinterlandmauer in die USA verschifft worden, die, in Dreierblöcken zusammengesetzt, ein leicht zu installierendes Denkmal bilden[35].

Auffällig ist, dass die Deutung der Betonstelen überwiegend im Kontext der amerikanischen Geschichte erfolgt, ja die Mauer mitunter als etwas Amerikanisches gilt. Die Aufstellung von Mauersegmenten in nahezu allen Präsidentengedenkstätten, angefangen von Franklin D. Roosevelt über John F. Kennedy, Richard Nixon, Gerald Ford bis zu Ronald Reagan und George H. Bush, erfolgte weniger aus dem Bemühen um Aufklärung über die Teilungsgeschichte oder den Ost-West-Konflikt, sondern soll deutlich machen, welchen Anteil die jeweiligen Staatsoberhäupter an der Überwindung der Mauer hatten. Dieser Anspruch wird mehr oder weniger augenfällig herausgestrichen. Während das Mauersegment in der John F. Kennedy Library dezent in Szene gesetzt wurde, gilt es in der Ronald Reagan Gedenkbibliothek in Simi Valley als eine der Hauptattraktionen. Wirkungsmächtig und symbolgeladen steht es hoch über dem Pazifik, an dessen anderem Ufer Russland liegt. Diese Seite des Mauerteils wurde bei der Gestaltung grau gelassen, da dort das Reich des Kommunismus lag. Die Vorderseite zieren bunte Schmetterlinge (eine wahrscheinlich unfreiwillige Parallele zum Moskauer Mauerdenkmal), die in das Reich der Freiheit ausschwärmen. Ein weiteres, auf der Reagan-Ranch in Santa Barbara aufgestelltes Mauerteil bringt in Erinnerung, was die Mauer mit der Präsidentschaft Reagans verbindet: Sein bekannter Ausspruch »Mr. Gorbachev, tear down this wall!« 1987 vor dem Brandenburger Tor ist schräg dahinter zu lesen.

Eine zweite große Gruppe von Mauerbesitzern ist das Militär. Die in Berlin stationierten alliierten Truppen nahmen bei ihrem Abzug aus der deutschen Hauptstadt Mauerteile als Erinnerung mit. Sie sind heute in Großbritannien und Frankreich, vor allem aber in den USA ausgestellt. Das zentrale US Army Museum besitzt ebenso Mauersegmente wie das US Air Force Museum in Ohio oder die Militärbasen Fort Gordon und Fort Knox. Kontextualisiert mit Militärtechnik und der Schilderung bewaffneter Konflikte ist die Botschaft der Mauer hier einfach. Sie erinnert an den aus amerikanischer Perspektive gewonnenen Kalten Krieg.

Die Übertragung der Beendigung des Ost-West-Konflikts auf den Mauerfall geschieht dabei mitunter linear. Vor der George Bush Library sind es texanische Wildpferde, welche die Mauer zum Einsturz bringen, und nicht DDR-Bürger, die die Grenzöffnung erzwangen. Andere Gründe suggeriert ein privates Denkmal in

Mountain View, wo die Mauer durch den American Dream und die »Vision von einem besseren Leben« zu Fall gebracht wurde. Diese Interpretationen mögen nicht von der Hand zu weisen sein. Sie spiegeln aber vor allem das Weltbild ihrer Besitzer, was sicher allen Inszenierungen zu eigen ist, sich am amerikanischen Beispiel aber besonders prägnant nachvollziehen lässt[36].

Im Gegensatz zu vielen europäischen Denkmalsetzungen ist der Umgang mit den Mauerresten in Nordamerika mitunter recht unbeschwert. Die Mauer als kuriose und bekannte Ikone findet sich in Einkaufszentren, Hotelanlagen oder Vergnügungsparks. Die amerikanische Unterhaltungskette Ripley's, die in ihren Museen Kuriositäten und Rekorde aus allen denkbaren Lebensbereichen präsentiert, hat auch die Berliner Mauer im Programm. Zusammengesetzte Platten der kleineren Hinterlandmauer erzählen hier den Besuchern die Geschichte eines Grenzwalls, der einmal eine Stadt und die Welt teilte. Seit der Eröffnung einer Filiale in Malaysia ist die Mauer für Besucher auch dort zu sehen[37].

So vielfältig die Inszenierungen, Standorte und mitunter auch kontroversen Interpretationen der Mauerreste sind, sie verweisen auf ein weltweit nach wie vor anhaltendes Interesse an diesem Bauwerk. In erster Linie wird mit den Mauerteilen die Überwindung der Teilung assoziiert und die Berliner Mauer entgegen ihrer tatsächlichen Funktion als Grenzsperre zu einem universellen Freiheitssymbol umgedeutet. Dennoch verweisen die bloßen physischen Relikte des Grenzwalls unabhängig vom Interpretationskontext auf diese zweite, historische Dimension der Mauer als Teil eines menschenverachtenden Grenzregimes. Sie bieten so die Gelegenheit, sich neben der Ikone auch mit dem Bauwerk selbst und seiner Geschichte auseinanderzusetzen.

Die Verbreitung der Mauerreste auf allen Kontinenten war und ist in erster Linie ein Ergebnis ihrer Vermarktung. Diese Form der Aneignung und der Umstand, dass die Mauerteile überhaupt gekauft und verschifft werden können, machen eindringlich auf die Überwindung der Teilung aufmerksam.

LEO SCHMIDT

DIE UNIVERSELLE IKONISIERUNG DER MAUER

Die »Mauer« hat viele Gesichter. Sie war einerseits ein Bauwerk aus Beton und Stahl – ein materielles Objekt, das allerdings nie gleich blieb, sondern sich immer wieder veränderte. Von ein paar Stacheldrahtrollen im August 1961 entwickelten sich die Grenzsperren schubweise immer weiter, bis sie schließlich im Herbst 1989 zu einer hochkomplexen und riesigen materiellen Struktur herangewachsen waren. Andererseits war die Mauer immer auch mehr als nur ein Bauwerk. Sie war ein weltweit präsentes Bild, eine Metapher, sogar eine Ikone. Die Vorstellung von der Mauer verselbständigte sich, wurde zum *lieu de memoire*: zu einem Erinnerungsort auf der mentalen Landkarte nicht nur der Berliner und der Deutschen.

Materiell ist das Bauwerk heute weitgehend verschwunden (obwohl mehr übrig ist, als man glaubt), aber der Erinnerungsort existiert weiterhin – als Bild oder als Kaleidoskop von Bildern. Die Vorstellung, das Bild von der Mauer: Sie sind nicht nur dauerhafter als das physische Bauwerk, sondern letztlich auch weit wichtiger, haben sie doch seit 1961 einen prägenden Eindruck auf zahllose Menschen rund um den Erdball ausgeübt. Denn die von den Grenzanlagen verrichtete Funktion – die DDR-Bürger am Verlassen ihres Staates zu hindern – trat schnell in den Hintergrund gegenüber der Eigendynamik, die die Mauer als Bild und Vorstellung entwickelte – und zwar wegen der Emotionen, die sie auslöste.

Man kann sogar sagen: Im Anfang war das Bild. Denn der Name und damit die Vorstellung gingen der physischen Realität voraus. In einer Pressekonferenz am 15. Juni 1961 erklärte Walter Ulbricht: »Niemand hat die Absicht, eine Mauer zu errichten!« Ob das nun als Freud'sche Fehlleistung zu erklären ist oder ob Ulbricht als politischer Agitator und Propagandist nicht vielmehr instinktsicher genau die Marke gesetzt hat, die er setzen wollte: Der Begriff traf ins Schwarze, und er wirkte so suggestiv, dass die Öffentlichkeit die Mauer bald darauf auch dort sah, wo gar keine war. Denn sechs Wochen nach der Pressekonferenz, am 13. August 1961, wurde die Grenze zunächst »nur« mit Sperren aus Stacheldraht abgeriegelt. Die Militärs wären damit auch weiterhin zufrieden gewesen, denn

Stacheldraht als Mittel zur Abriegelung der Grenze einzusetzen hatte viele offenkundige Vorteile. Vor allem konnte man ihn verhältnismäßig rasch ausrollen und auf diese Weise sehr einfach ein Hindernis aufbauen, das für Flüchtlinge ohne technisches Gerät nur schwer zu überwinden war. In einer Lagebesprechung, die der zentrale Stab der DDR in Berlin am 20. September 1961 abhielt, wurde abgewogen, welche materielle Form die Grenze bekommen sollte: Stacheldrahtverhau oder Mauer? Aus dem Protokoll wird deutlich, dass sich die Militärs unter den Anwesenden durchaus vorstellen konnten, ja dass sie sogar dafür plädierten, die Stacheldrahtsperrungen an der Sektorengrenze durchgängig zur dauerhaften Lösung auszubauen[1]. Aus ihrer Sicht war klar, dass man die »Grenzverletzer« ohnehin nicht mit materiellen Hindernissen, sondern nur mit schussbereiten Soldaten aufhalten konnte. Eine Mauer brachte dabei keine Vorteile, sondern wies sogar Nachteile auf, da sie etwaigen Provokateuren aus dem Westen Deckung geben konnte. Für die »grüne Grenze« wurde deshalb auch ausdrücklich festgehalten, dass sie als »feste Drahtsperren auf zwei Pfählen mit Verspannungen« zu errichten sei; dies sei, wie Mielke in dem Protokoll zitiert wird, »haltbarer und für die Bekämpfung von Grenzdurchbrüchen geeigneter«.

Aber was das zentrale Stadtgebiet anging, hatten die pragmatischen Aspekte der Abriegelung und Sicherung der Grenze hinter die politisch-propagandistischen Gesichtspunkte zurückzutreten. Dass Mielke im Kontext der Diskussion um Mauer oder Drahtzaun betonte, »die Sicherungsmaßnahmen an der Grenze haben eine große politische Bedeutung«, hat in diesem Kontext offenbar die Funktion, zu erklären, warum Drahtsperren den Ansprüchen im Stadtzentrum nicht genügten und stattdessen eine Mauer erforderlich war: Sie war ein klares politisches Statement, ein Symbol für Entschlossenheit – und auch für eine Dauerhaftigkeit, die zu diesem Zeitpunkt aber noch keineswegs beschlossene Sache war.

Mit der Errichtung dieses Symbols hatte man zum Zeitpunkt der Mielke'schen Lagebesprechung am 20. September bereits begonnen. Für ihre zunächst geplante Funktion als Beeindruckungs- und Drohmittel genügte es, sie dort zu bauen, wo alle hinblickten: ins Zentrum von Berlin, das heißt letztlich auf der Strecke vom Brandenburger Tor über den Potsdamer Platz und Checkpoint Charlie bis zur Spree[2].

»Antifaschistischer Schutzwall«

Gegenüber dem letztlich recht prosaischen Terminus »Mauer« brachte der neue, offizielle Name, den die Mauer noch im Sommer 1961 erhielt, nicht nur eine Überhöhung und Sinngebung des Bauwerks, sondern auch eine Steigerung seines Bildwertes mit sich. »Antifaschistischer Schutzwall«: ein Name, der bei den Deutschen von 1961 eine unwillkürliche, wenngleich politisch etwas dissonante Assoziation mit anderen Befestigungslinien auslösen musste, waren doch der Westwall und der Atlantikwall von den Nationalsozialisten jahrelang in triumphalistischen Tönen beschworen worden. Heute weiß man, dass der Propagandawert von Westwall und Atlantikwall – die Projektion, die durch Namen und Bilder verbreitet wurde, und die Vorstellung, die diese bei den Adressaten erzeugte – größer war als die faktische, militärische Sperrwirkung der Bauten. Ähnliches darf man auch für die Grenze um West-Berlin vermuten, deren materielle Ausführung jedenfalls in den Anfangszeiten ihrer Existenz durchaus hinter dem zurückblieb, was die Fantasie in ihr vermutete.

Für die DDR-Bürger musste der Propagandabegriff – und das von ihm evozierte Bild – an die Stelle des tatsächlichen Bauwerks treten, denn den DDR-Führern gelang es, innerhalb ihres Machtbereiches eine totale Bildkontrolle hinsichtlich des Themas Mauer und Grenze zu etablieren. Fotografien der Grenzanlagen wurden nicht zugelassen, das Thema »Antifaschistischer Schutzwall« auf eine einzige Bildchiffre gleichsam eingedampft: nämlich das Brandenburger Tor. Dieses »Logo« der Mauer wurde immer wieder verwendet – bei Paraden, auf Briefmarken –, und es entsprach dem einzigen Foto, das von der Grenzsperrung am 13. August 1961 immer wieder publiziert wurde. Dieses zeigt eine Reihe von Angehörigen der Betriebskampfgruppen: keine jungen, drahtigen Soldaten, sondern ältere Herren mit Brillen und Bauchansatz, die mit der Maschinenpistole im Arm das Brandenburger Tor abriegeln. Die Botschaft des Bildes ist natürlich, dass es die DDR-Bürger selbst waren, die ihr Land durch die Grenzschließung verteidigt haben. Zur ironischen Brechung des Bildes gehört indessen, dass das Brandenburger Tor nach Osten und nach Westen gleich aussieht und deshalb nicht unmittelbar abzulesen ist, ob die Arbeitermilizionäre nun nach West oder nach Osten hin sichern. In der historischen Realität blickten sie nach Westen, aber der DDR-Bürger, der das Bild sah, vollzog wohl automatisch eine 180-Grad-Wendung im Kopf und bezog die Abriegelung auf sich.

Partei und Staat taten alles, um die Mitwirkung bei der Grenzsicherung, die genau betrachtet ja alles andere als ehrenhaft war, so großartig wie möglich erscheinen zu lassen. Ein Filmbericht des DDR-Fernsehens über die Feierlichkeiten zum »25. Jahrestag der Errichtung des Antifaschistischen Schutzwalls« am 13. August 1986 ist ein Musterbeispiel für die Bild-Inszenierung eines sozialistischen Massenspektakels im Allgemeinen und für die Nobilitierung des Dienstes an der Staatsgrenze im Besonderen. Nach militärischem Appell, Gruß des mit all seinen Titeln vorgestellten Staats- und Parteichefs Erich Honecker und Nationalhymne folgt ein Kameraschwenk über die angetretenen Truppen. Der Filmbericht kulminiert in einer Abfolge dreier jeweils mit unbewegter Kamera aufgenommener Bilder.

Zuerst, nach rechts blickend, die Arbeiter der Betriebskampfgruppen mit den plakativ wehenden roten Fahnen: idealtypisch den vierschrötigen, lebenserfahrenen Arbeiter verkörpernd. Ihnen gleichsam symmetrisch gegenübergestellt, folgen nach links blickend die jungen Soldaten der Grenztruppen. Gemeinsam symbolisieren sie in geradezu aufdringlich platter Weise den Staat der Arbeiter, Bauern und Soldaten. Bildlich fügen sich die beiden statuarischen Gruppenszenen vor dem geistigen Auge des Betrachters zu Seitenflügeln eines Triptychons, ja eines Flügelaltars zusammen. Dessen Zentrum wird in der letzten Einstellung als Höhepunkt vorgestellt: das monumentale, geradezu verherrlichend aufgesockelte Bildsymbol des »Antifaschistischen Schutzwalls«, eben das Brandenburger Tor.

Abstoßend, bedrohlich, aufregend: Die Mauer von Westen

Der Westen dagegen machte sich nicht *ein* Bild der Mauer, sondern unzählige. Viele davon brannten sich rasch ins kollektive Gedächtnis ein: Bilder von Verwandten, Freunden, die sich, manchmal tränenüberströmt, über die trennende Mauer hinweg zuwinken; das Bild des Unteroffiziers Conrad Schumann, der seine Maschinenpistole wegwirft und über den Stacheldraht springt; das Bild einer alten Frau, die aus dem Obergeschossfenster ihres Hauses an der Bernauer Straße geklettert ist und die ins Sprungtuch der West-Berliner Feuerwehr fällt. Das Bild der Konfrontation amerikanischer und sowjetischer Panzer am Checkpoint Charlie im Ok-

Kampfappell anlässlich des 25. Jahrestages der Errichtung des »Antifaschistischen Schutzwalls« – Standbilder aus einem Filmbericht des DDR-Fernsehens

tober 1961 hob die weltweiten Emotionen um Berlin auf die Ebene der eigenen Bedrohung durch einen möglichen Dritten Weltkrieg. Rasch fanden alle diese Themen Eingang in Literatur und Film; Hollywood machte die Berliner Mauer zum Filmstar.

Aber bei aller Vielfalt in der Bilderflut: Die Westsicht der Berliner Mauer reduzierte das Bild allein auf die dem Westen zugewandte Seite der Grenzanlagen. Rational waren sich West-Berliner, Westdeutsche und die Weltöffentlichkeit – alle diejenigen, die da Jahr für Jahr zu Millionen von den Besucherplattformen über die Grenze Richtung Ost-Berlin blickten, oder mit Bildern der Grenzanlagen in den Medien konfrontiert wurden – ja völlig der Tatsache bewusst, worin der Zweck und die Ausrichtung der Grenzanlagen lag. Es war ihnen eigentlich klar, dass die Mauer existierte, um eine von Osten nach Westen gerichtete Fluchtbewegung zu verhindern. Dennoch war die Suggestionskraft des Bildes und der Begriffe offenkundig stärker als das Bewusstsein der Fakten. Dabei spielte, so darf man wohl unterstellen, auch ein Element der Selbstbezogenheit des Westens, gar der Eitelkeit, eine Rolle, ging man doch selbstverständlich davon aus, dass die Seite der Grenze, die einem so demonstrativ und prominent zugewendet wurde, auch die Hauptseite sein musste.

So blieb das reale Bauwerk den Menschen auf beiden Seiten der Grenze letztlich hinter den jeweils erzeugten Ersatz- oder Trugbildern verborgen. Das Bild der Ostseite – funktional gesehen war die »Hinterlandsicherungsmauer« schließlich die Hauptfassade

Die Grenzanlagen von Osten – Computervisualisierung

der Grenzanlage – wurde durch die SED derart konsequent und erfolgreich unterdrückt, dass man die Ansicht von Osten heute im Computer generieren muss[3].

Mauerfall: Von der Schandmauer zum Freiheitssymbol

Der Augenblick, als am 9. November 1989 der Andrang am Grenzübergang Bornholmer Straße so groß wurde, dass der diensthabende Oberstleutnant der Staatssicherheit, von seinen Vorgesetzten im Stich gelassen, den Befehl ausgab »Wir fluten jetzt!« und der Schlagbaum aufging, wurde zum Moment einer dauerhaften Umdefinition des Grenzbauwerks. Von nun an galt eine neue Wahrnehmung: Durch ihre friedlich und freudig, ja euphorisch begangene und wahrgenommene Überwindung wurde die Mauer schlagartig zum Symbol der Befreiung – und zum Denkmal. Bilder von Trabis, die in langen Kolonnen nach West-Berlin fuhren, und Bilder von Menschen, die dicht gedrängt auf der Mauer standen und saßen, veranschaulichten und vermittelten der Weltöffentlichkeit diesen glückhaften Moment, der über die folgenden Tage und Wochen weiter zelebriert wurde. Das Glücksgefühl überlagerte die

Erinnerung an Leid, an Tod und an Kriegsgefahr, verselbständigte sich sogar teilweise, und ist doch in seiner weltweit verspürten Eindringlichkeit nur verständlich vor dem Hintergrund der Belastung, ja Bedrohung, die jahrzehntelang von diesem Bauwerk symbolisiert wurde. Das Gefühl der Freude und Befreiung war teuer erkauft worden, und nicht alle, die gelitten hatten, konnten nach dem Mauerfall auch feiern.

Wahrnehmung aus der Ferne: Mauerteile als Denkmal und Spiegel

Nichts belegt die nunmehr positive Bedeutung der Mauer besser und handgreiflicher als der Umstand, dass von diesem Moment an ein allgemeines, begeistertes Fragmentieren begann. Wer hätte vor diesem Moment ein Stück der Berliner Mauer begehrt? Es waren ja nicht nur pragmatische Erwägungen, nicht nur die Gefahr, von DDR-Grenzern gestellt zu werden, die die Leute bis dahin abgehalten hatten, sich Stücke aus der Berliner Mauer zu klopfen und zuhause in die Vitrine zu stellen: Ein solches Fragment hätte nur in einem Gruselkabinett Platz gefunden. Der Mauerfall aber lud den vorher seelenlosen Beton mit einer gänzlich neuen Bedeutung auf, machte die Fragmente zu Belegstücken der Befreiung.

Die Segmente der Berliner Mauer wurden zu Hunderten über den ganzen Erdball verteilt, und sie werden an ihren neuen Orten oft in sehr prominenter Weise präsentiert – Fakten, die einerseits die veränderte Welt des späten 20. Jahrhunderts beschreiben, vor allem aber unterstreichen, welchen herausragenden Stellenwert die Berliner Mauer im Bewusstsein der Zeitgenossen hatte und hat.

Wie sehen diese Mauer-Denkmäler aus, wie werden sie präsentiert, und was vermitteln sie? Zunächst ist auffällig, dass es sich weit überwiegend um ein und dasselbe Motiv handelt, das da präsentiert wird: um Elemente der »Grenzmauer 75«. Diese im Querschnitt L-förmigen Stahlbetonelemente, 3,60 m hoch und 1,2 m breit, konnten praktisch nahtlos aneinandergereiht werden. Nach dem Vermörteln der Fugen bildeten sie eine scheinbar endlose Betonwand. Bekrönt mit einem aufgeschlitzten Beton-Abwasserrohr, das ein Überklettern ohne Hilfsmittel fast unmöglich machte, wurde diese Version der Grenzmauer gleichsam zur Bild-Chiffre des ganzen Bauwerks. Dass die »Berliner Mauer« auch noch aus vielen anderen Bauteilen bestand, geriet aufgrund dieser Dominanz der Grenzmauer aus dem Blickfeld.

Zur selben Dominanz speziell dieses Elementes der Grenze trug sicher auch bei, dass die fugenlos-glatte Betonoberfläche der Grenzmauer geradezu dazu einlud, an ihrer von West-Berlin frei zugänglichen Seite mit Graffiti und Parolen besprüht und bemalt zu werden, ganz im Gegensatz zu ihren rauen und groben Vorgängermodellen. Die Bildchiffre »Berliner Mauer« bestand somit aus Grenzmauer-Element, Rohrbekrönung und bunten Graffiti.

Die meisten der weltweit errichteten Mauerdenkmale verwenden nur ein einzelnes Stützwandelement; manchmal allerdings treten die Elemente indessen auch paarweise oder gar in kleinen Gruppen auf. Gemeinsam ist ihnen der Habitus eines gesetzten Denkmals. Oft sind sie sogar gesockelt, und es ist ihnen eine Inschrift beigegeben, ganz so, als handele es sich um die Skulptur einer berühmten Figur der Geschichte – was in gewisser Weise ja auch zutrifft.

Obwohl es sich im Kern immer wieder um denselben materiellen Gegenstand handelt – eben die Berliner Mauer, repräsentiert durch ein authentisches Belegstück –, transportieren die einzelnen Aufstellungsformen ihre jeweils ganz eigene Bedeutung. Diese Bedeutung entsteht in erster Linie durch den Kontext, in dem das Mauer-Monument präsentiert wird, manchmal auch durch spezifische Zutaten.

Die zahlenmäßig wohl größte Gruppe von Setzungen verzichtet weitgehend auf Beiwerk, präsentiert das jeweilige Mauerstück nackt und wie in einem Vakuum. Eine solche Präsentation geht offenkundig davon aus, dass das gezeigte Objekt problemlos erkannt wird und für sich selbst spricht. Sie setzt ein stillschweigendes Einvernehmen des Präsentierenden und des Wahrnehmenden voraus – im Sinne von »Jeder weiß doch, wie die Berliner Mauer aussah und was sie bedeutete«.

Vielfältig sind dagegen die Setzungen, bei denen der Kontext zur Reflexion einlädt und Deutungsansätze durch ihn nahegelegt werden. Mauerteile im Foyer eines Verlagshauses, der Editoria Perfil in Buenos Aires, stellen die Mauer in den Kontext der Informations- und Meinungsfreiheit[4]. Auf einem Bahnhof wie in Chicago lädt ein

Mauerteil dazu ein, über die – allzu selbstverständlich genommene – Reisefreiheit nachzudenken. Einen gewissen Charme besitzt auch die Präsentation eines Mauersegments durch einen Anbieter von Sprachreisen in Boston (Massachusetts), wird hiermit doch das Abgeschnitten-Sein von der Welt, das die Berliner Mauer bedeutete, mit polyglotter Weltläufigkeit kontrastiert. Mauerteile in einem Supermarkt, wie etwa in Seattle, scheinen dagegen auf das weniger hehre Thema des freien Zugangs zu Konsumgütern verweisen zu wollen. Innerhalb der Bandbreite der Möglichkeiten stellt die Nutzung von Mauersegmenten in der Herrentoilette des *Main Street Station Casino & Hotel* in Las Vegas wohl eher einen Extremfall dar[5].

Eine vielfältige Gruppe von Setzungen bietet, aufgrund des gewählten Ortes oder durch andere Mittel, Deutungen an, die sich auf die Mauer selbst oder, spezieller, auf die Geschichte ihrer Überwindung beziehen. Vor dem NATO-Hauptquartier im belgischen Mons oder auch vor dem Imperial War Museum in London stehende Mauerteile bringt man naturgemäß mit den sicherheitspolitischen und militärischen Aspekten der Grenze und des Eisernen Vorhangs insgesamt in Verbindung. Die räumliche Collage eines Mauerteils mit der Schiffsschraube eines US-Flugzeugträgers und mit Kampfpanzern auf dem Museumsschiff *USS Intrepid* in New York drängt dem Betrachter die Deutung auf, dass die Mauer letztlich aufgrund der westlichen Überlegenheit auf dem Gebiet des Wettrüstens gefallen sei, und dass der Westen den Kalten Krieg dank einer Politik der Stärke gewonnen habe.

Wird mit den Mauer-Monumenten in Präsidentenbibliotheken und Militärmuseen immer wieder auf den staats- und machtpolitischen Kontext des Kalten Krieges verwiesen, so finden wir in Fatima (Portugal) eine etwas andere Sicht auf die Ereignisse des 9. November 1989: Dort legt die Präsentation eines Mauerelementes die Deutung nahe, dass der Mauerfall himmlischer Intervention, genauer gesagt der Jungfrau Maria zu verdanken ist.

Bei zahlreichen Setzungen wird dem Thema der Mauer als Kunstwerk, oder zumindest als Kunstträger, eine bedeutende Rolle zugemessen. Der Yorkshire Sculpture Park besitzt ein Mauerelement, das ursprünglich ein buntes Graffiti-Bild aufwies und sicherlich auch deshalb erworben worden ist, doch die Aufstellung im Freien hat über die Jahre praktisch zum Verlust des Bildes geführt.

Dieses Problem, dass die Graffiti zwar geschätzt werden, dass sie aber materiell nicht auf Dauerhaftigkeit angelegt sind, ist auch an vielen anderen Orten aufgetreten. Häufig ist man daher auf die Lösung verfallen, die Mauerelemente neu bemalen zu lassen. Die

Heute eine Touristenattraktion: Das rekonstruierte Wachhäuschen am Checkpoint Charlie aus den sechziger Jahren

Art der Bemalung verrät viel über den Reflexionsgrad der Beteiligten: Malt oder sprüht man die neuen Graffiti beispielsweise auf die »falsche«, nämlich die ursprünglich dem Todesstreifen zugewandte Seite des Mauerelements, oder trägt man sie auf einer von Mauerspechten abgepickelten Oberfläche auf, so entfernt man sich in nicht unerheblichem Maß von der Situation, in der die »echten« Graffiti entstanden. In dem Versuch, das originale Flair durch Nach- oder Neuschöpfung wieder erstehen zu lassen, sind in einigen Fällen auch namhafte Graffitikünstler aus Berlin beauftragt worden, Mauerteile an ihren neuen Orten möglichst mit vertrauten Motiven neu zu bemalen. Am erfolgreichsten war dabei wohl Thierry Noir, etwa in Paris, Dayton und Culver City.

In der ganzen Bandbreite ihrer mehr oder weniger deutlichen inhaltlichen Interpretationen sagen diese weltweit aufgestellten

Mauersegmente viel aus über die jeweiligen Orte und über die Umstände, unter denen die Mauerteile dort errichtet wurden. Vor allem aber erzählen sie davon, welche Bedeutung und welche Symbolkraft die Berliner Mauer für die dort jeweils Handelnden besaß. Sie sagen etwas über das Weltbild der Akteure und über die Rolle, die die Berliner Mauer in diesem Weltbild einnahm. Sie sind aufgeladen mit Bildern, Deutungen, mit Angst und Freude, Enthusiasmus und Gläubigkeit; sie spiegeln die Emotionen derer, die sie aufgestellt haben und ihrer jeweiligen Öffentlichkeit präsentieren.

Auch in Berlin selbst gibt es zumindest einen Ort, an dem Ähnliches geschah, indem die echte Mauer durch ihr sich selbst verstärkendes, interpretierendes Bild abgelöst wurde: den ehemaligen Grenzübergang an der Friedrichstraße, bekannt als Checkpoint Charlie.

Wohl nirgendwo war es so unklug wie hier, die Grenzbauten einfach abzuräumen, gehörte doch der Checkpoint als Grenzübergang der Alliierten und Ausländer zu den Punkten der Mauer, die weltweit fest im allgemeinen Bewusstsein verankert waren. Im Oktober 1961 hatte die Welt atemlos auf diesen Ort geblickt, wo sich amerikanische und sowjetische Panzer kampfbereit gegenüberstanden. Hollywoodfilme und Spionageromane hatten den Mythos des Checkpoints ausgeformt und gefestigt.

Der von den Touristen empfundene Kontrast zwischen ihrer Erwartung, dem mitgebrachten Bild, und der enttäuschenden Realität bewirkte einen Handlungsdruck, der zunächst dazu führte, dass das Wachhäuschen der Amerikaner rekonstruiert wurde: interessanterweise nicht in der Form, die 1989 bestanden hatte und die ins Museum transloziert worden war, sondern in der Form von 1961, komplett mit Sandsäcken an der nach Ost-Berlin weisenden Stirnseite.

Das mentale Bild, das die Besucher – geprägt von den historischen Filmberichten aus dem Jahr 1961 – mitbrachten, war demnach ausschlaggebend, nicht die weit weniger emotionale Realität aus dem Jahr des Mauerfalls. Dem Versuch, auch die Grenzmauer – wenn auch an falschem Ort – zu rekonstruieren, war indessen kein langes Leben beschieden[6].

Mauer-Sichten

Obwohl die Ersatz-Objekte am Checkpoint Charlie – anders als die auf allen Kontinenten errichteten Mauer-Denkmale – am tatsächlichen Ort des Geschehens in Berlin aufgestellt wurden, haben sie eine wesentliche Eigenschaft mit den weltweiten Inszenierungen gemein: Sie dienten und dienen dazu, das jeweils eigene Bild der Mauer physisch zu manifestieren und damit zu bestätigen. Dies ist das Gegenteil einer Herangehensweise, die sich den authentischen Orten und Überresten nähert und versucht, ihre Aussage und Bedeutung zu verstehen, so gut es geht.

Wenn man nun fragt, welche Wahrnehmung der Berliner Mauer durch die in aller Welt aufgerichteten Mauer-Denkmale transportiert wird, so ist die Antwort naheliegend: natürlich die Wahrnehmung, die aus den Jahren vor dem Mauerfall stammt, nämlich die Wahrnehmung von Westen. Die Erwartungshaltung der Interessenten, die ihre Segmente oft über die einschlägigen Auktionen im Jahr 1990 erwarben, ging dabei Hand in Hand mit den aus der DDR-Bürokratie stammenden Verkäufern, die natürlich weiterhin im Sinne der orwellianischen Grundhaltung agierten, dass die Grenzmauer schließlich die Essenz des »Antifaschistischen Schutzwalls« verkörpere.

Die weltweit gesetzten Mauer-Denkmäler basieren somit auf einer fast abstrakten, jedenfalls von der komplexen Situation in Berlin abgelösten West-Wahrnehmung der Mauer. Diejenigen, die die Denkmäler gesetzt haben, beschäftigen sich mit der eigenen Situation und der mehr oder wenigen diffusen Bedrohung, die sie empfanden und die durch die Mauer symbolisiert wurde.

Worüber die in der Welt verteilten Fragmente der Mauer jedoch *nichts* aussagen, ist die Realität der Mauer, wie sie in Berlin bestand. Sie tragen keinerlei Informationen darüber in die Welt, wie es war, in einer geteilten Stadt zu leben und was es bedeutete, im eigenen Land gefangen zu sein.

Aber auch wenn sie somit sehr wenig mit der Mauer zu tun haben, wie sie die Berliner – im Osten wie auch im Westen der Stadt – vor Augen hatten, mit der tatsächlichen, gebauten, 155 km langen und vom Grenzkommando Mitte bewachten Grenze, die ihr Leben mit prägte, so wäre es doch engstirnig und kurzsichtig, die weltweit aufgestellten Denkmale deshalb als irrelevant abzutun. Im Gegenteil: Von welchem Baudenkmal weltweit ließe sich Vergleichbares berichten? Welches andere Monument wird von Hunderten von Ablegern auf allen Kontinenten physisch repräsentiert? Welches Monument hat eine derart universelle, schillernde und vielfältige Rezeptions- und Interpretationsgeschichte?

Was somit durch die Segmente belegt und konkretisiert wird, die rund um den Erdball auf Initiative der unterschiedlichsten Personen und Institutionen aufgestellt wurden, ist nichts weniger als die unvergleichbare internationale Dimension der Mauer in ihrer Denkmalbedeutung, definiert (so die Charta von Burra) als »ästhetische, historische, wissenschaftliche, gesellschaftliche oder spirituelle Werte für vergangene, gegenwärtige oder zukünftige Generationen«[7].

Für sich genommen wirken die Fragmente gleichsam entwurzelt. Aber immerhin: Nimmt man all die Mauersegmente zusammen, die auf der Welt verteilt sind, so sind sie insgesamt wohl länger als die am Ort in Berlin verbliebenen Reste zumindest der Grenzmauer. Aber erst durch dieses ergänzende und unverzichtbare Gegenstück, nämlich die in situ verbliebenen Reste und den authentischen Ort, wächst den in der Welt verstreuten Mauerteilen eine Verbindlichkeit zu, die aus ihrer Teilhaberschaft an einer komplexen Sachgesamtheit resultiert. Die weltweiten Mauer-Monumente sind gleichsam die »Botschafter« der Berliner Mauer: Sie repräsentieren das eigentliche Monument, sie bringen es weltweit ins Bewusstsein. Sie »holen das Publikum dort ab, wo es steht« (um ein Grundprinzip jeder Vermittlungsarbeit zu zitieren) und regen letztlich dazu an, ihr unverrückbar in und um Berlin verortetes Gegenstück aufzusuchen, den authentischen Ort kennen zu lernen. Wie erfolgreich diese Anregung ist, lässt sich an den jedes Jahr steigenden Zahlen der internationalen Touristen ablesen, die die Orte der Mauer in Berlin besuchen.

ANMERKUNGEN

Die Berliner Mauer – Klaus-Dietmar Henke

1 Das Folgende stützt sich in erster Linie auf die Beiträge und weiteren Arbeiten der in diesem Band versammelten Autoren sowie auf die im Literaturverzeichnis genannten Forschungen, namentlich von Peter Bender, Roman Grafe, Hope M. Harrison, Sven Felix Kellerhoff, Patrick Major, Diethelm Prowe, Rolf Steininger, Frederick Taylor, Matthias Uhl, Gerhard Wettig, Edgar Wolfrum und Hans-Hermann Hertle, dem Pionier auf diesem Felde.

2 SED-Hausmitteilung »Übersicht über den Umfang der Pioniermaßnahmen am westlichen Außenring von Berlin«, 24.7.1961, in: SAPMO-BA, DY 30/3282.

3 Zit. nach Patrick Major, Vor und nach dem 13. August 1961. Reaktionen der DDR-Bevölkerung auf den Bau der Berliner Mauer, in: Archiv für Sozialgeschichte 39 (1999), S. 325–354, hier S. 350.

4 Mitteilung des Sohnes an den Verfasser am 4. Dezember 2010.

5 So Kennedys Pressesprecher am 13.8.1961, zit. nach Frederick Taylor, Die Mauer. 13. August 1961 bis 9. November 1989, Berlin 2009, S. 253. Das folgende Zitat ebenda, S. 268.

6 Tagebucheintrag von Wolfgang Schollwer, 13.8.1961, zit. nach Bernd Eisenfeld/Roger Engelmann, 13. August 1961: Mauerbau. Fluchtbewegung und Machtsicherung, Bremen 2001, S. 57.

7 Edgar Wolfrum, Die Mauer. Geschichte einer Teilung, München 2009, S. 45.

8 Beide Zitate in: Egon Bahr, Zu meiner Zeit, München 1996, S. 138.

9 Zit. nach Karin Schmidl, CDU will einen Reagan-Platz am Kudamm, in: Berliner Zeitung, 9.2.2011.

10 Vgl. auch den Beitrag von Hermann Wentker in diesem Band.

11 Zit. nach Taylor, Mauer, S. 422.

12 Siehe etwa den Bericht des Grenzkommandos Mitte, 18.6.1982, in: BA-MA, DVH 32–117548, oder den Bericht des Grenzkommandos Mitte, 10.11.1987, in: BA-MA, GTÜ-15633.

13 Grundlegend Leo Schmidt, Architektur und Botschaft der »Mauer« 1961–1989, in: Deutsches Nationalkomitee für Denkmalschutz (Hrsg.), Die Berliner Mauer. Vom Sperrwall zum Denkmal, Bonn 2009, S. 54–69, hier S. 68.

14 So Sebastian Richter in diesem Band, S. 260.

15 So Thomas Lindenberger in der komprimierten Darlegung seiner wegweisenden Forschungen in diesem Band, S. 115; die übrigen Zitate ebenda, S. 177 u. S. 121.

16 Als Gesamtüberblick siehe u.a. Ilko-Sascha Kowalczuk, Endspiel. Die Revolution von 1989 in der DDR, München 2009, und Klaus-Dietmar Henke (Hrsg.), Revolution und Vereinigung 1989/90. Als in Deutschland die Realität die Phantasie überholte, München 2009.
17 So Roger Engelmann in diesem Band, S. 225.
18 So Rainer E. Klemke in diesem Band, S. 377; das folgende Zitat ebenda, S. 392.

Die Berlin-Krise 1958 bis 1963 – Michael Lemke

1 Vgl. unter anderem Uwe Bahnsen/Harald Zolling, Kalter Winter im August. Die Berlin-Krise 1961/63. Ihre Hintergründe und Folgen, Oldenburg/Hamburg 1967; Harald Horn, Die Berlin-Krise 1958/61. Zur Funktion der Krise in der internationalen Politik, Frankfurt a.M. 1970; Diethelm Prowe, Weltstadt in Krisen. Berlin 1949–1958, Berlin/New York 1973; Robert M. Slusser, The Berlin Crisis of 1961. Soviet-American Relations and the Struggle for Power in the Kremlin, June-November 1961, Baltimore/London 1973; Walther Stützle, Kennedy und Adenauer in der Berlin-Krise 1961–1962, Bonn/Bad Godesberg 1973; Michael Lemke, Die Berlinkrise 1958 bis 1963. Interessen und Handlungsspielräume der SED im Ost-West-Konflikt, Berlin 1995; Burghard Ciesla/Michael Lemke/Thomas Lindenberger (Hrsg.), Sterben für Berlin? Die Berliner Krisen 1948: 1958, Berlin 2000; Rolf Steininger, Der Mauerbau. Die Westmächte und Adenauer in der Berlinkrise 1958–1963, München 2001; Hope M. Harrison, Driving the Soviets Up the Wall. Soviet-East German Relations, 1953–1961, Princeton, NJ/Oxford 2003; Gerhard Wettig, Chruschtschows Berlin-Krise 1958 bis 1963. Drohpolitik und Mauerbau, München 2006; Matthias Uhl, Krieg um Berlin? Die sowjetische Militär- und Sicherheitspolitik in der zweiten Berlin-Krise 1958 bis 1962, München 2008.
2 Vgl. zu deren Vorgeschichte Wettig, Chruschtschows Berlin-Krise, S. 7–29.
3 Vgl. Matthew Evangelista, Innovation and the Arms Race. How the United States and the Soviet Union Develop New Military Technologies, Ithaca 1988, S. 22–82.
4 Hope M. Harrison ist der von Wettig, mir und anderen nicht geteilten Ansicht, dass dessen Position schwach war und unter anderem Ulbricht ihn auch deshalb zu einer Berlinpolitik wider Willen gezwungen habe. Vgl. Harrison, Driving the Soviets, S. 96–234.
5 Aktenvermerk über ein Gespräch des DDR-Botschaftsrats Thun mit den Mitarbeitern des sowjetischen Außenministeriums Shiljakow und Rykow am 10.10.1958, in: Politisches Archiv des Auswärtigen Amtes (PAAA), Bestand Ministerium für Auswärtige Angelegenheiten (MfAA), A 149, Bl. 157.
6 Sowjetischer »Entwurf einer Antwort [auf die Note der USA vom 20.9.1958]«, in: Ebenda, Bl. 165.

7 Vgl. Wettig, Chruschtschows Berlin-Krise, S. 25.
8 Vgl. ebenda.
9 Uhl, Krieg um Berlin?, S. 102.
10 Vgl. Rolf Steininger, Deutsche Geschichte. Darstellung und Dokumente in vier Bänden, Bd. 3: 1955–1974, Frankfurt a. M. 2002, S. 46.
11 Rede Brandts vor dem Berliner Abgeordnetenhaus, in: Archiv der Gegenwart 28 (1958), S. 7407.
12 Rede Gromykos, in: Archiv der Gegenwart 28 (1958), S. 7467.
13 Udo Wetzlaugk, Die Alliierten in Berlin, Berlin 1987, S. 72f.
14 Associated Press, 26.11.1958.
15 Vgl. Steininger, Der Mauerbau, S. 56.
16 Vgl. Steininger, Deutsche Geschichte, Bd. 3, S. 48.
17 Henning Köhler, Adenauer. Eine politische Biographie, Frankfurt a. M. 1994, S. 1019.
18 Ihn trieb die Furcht an, »dass sich die Amerikaner mit den Russen eines Tages auf Kosten der Deutschen einigen würden«. Steininger, Der Mauerbau, S. 132.
19 Vgl. ebenda, S. 137–142.
20 Steininger, Deutsche Geschichte, Bd. 3, S. 48.
21 Vgl. Josef Foschepoth, Adenauers Moskaureise 1955, in: Aus Politik und Zeitgeschichte B 22 (1986), S. 30–46, hier S. 43.
22 Vgl. Wettig, Chruschtschows Berlin-Krise, S. 75, 77.
23 Ebenda, S. 76, 78.
24 Niederschrift der Unterredung Chruschtschow mit dem italienischen Ministerpräsidenten Fanfani, 2.8.1961 (Umlauf im Politbüro), in: Stiftung Archiv der Parteien und Massenorganisationen der DDR im Bundesarchiv (SAPMO-BA), J IV 2/202/329, Bl. 12.
25 Ulbricht an Chruschtschow, 3.1.1959, in: SAPMO-BA, Zentrales Parteiarchiv (DY 30), J IV 2/202/174.
26 Ulbricht an Chruschtschow, Juli oder August 1959, in: Ebenda, J IV 2/202/127, Bd. 3.
27 Berlin-Status. Fortgang der Ereignisse, in: Archiv der Gegenwart 31 (1961), S. 9418–9420, hier S. 9418.
28 Beispielsweise wenn DDR-Grenzorgane Ende Oktober 1961 am »Checkpoint Charlie« einen medienwirksamen Zwischenfall provozierten. Amerikanische Offiziere, die am Betreten des Ostsektors gehindert wurden, ließen an der Sektorengrenze Panzer auffahren, um durch diese Drohung den Zugang zu erzwingen. Die überraschten Sowjets wurden genötigt, hier nun ebenfalls Panzer aufzustellen, um die amerikanischen Tanks von einem Überrollen der Demarkationslinie abzuschrecken. Vgl. Lemke, Die Berlinkrise, S. 175.
29 Vgl. Wettig, Chruschtschows Berlin-Krise, S. 256–258, 285–287.
30 Vgl. ebenda, Kapitel 12, und Lemke, Die Berlinkrise, S. 173–232.
31 Willy Brandt, Erinnerungen, Frankfurt a. M. 1989, S. 34.
32 Abteilung Organisation und Kader der SED-BL, »Kurzinformation

über die ersten Stimmungen zur Rede des Genossen Chruschtschow«, 12.11.1958, in: LAB, C Rep. 902, Nr. 622.

33 Ebenda.

34 Ebenda, Nr. 625.

35 Chruschtschow sei zu »scharf« vorgegangen. Jetzt würden sich die Spannungen vergrößern und die Wiedervereinigung ausbleiben. Die Hauptbetroffenen seien die Deutschen und Berliner. »Es tauchen wiederholt Angststimmungen auf, daß es nun wohl doch Krieg geben wird.« Ebenda; »Stellungnahme und Maßnahmen zur Erklärung des Genossen Chruschtschow in Paris«, 1. bis 5. Bericht: 17.5.1960, 6. Bericht: 18.5.1960, in: Ebenda, Nr. 628.

36 Bezirks-Partei-Kontrollkommission Groß-Berlin, »Bericht über Feindtätigkeit, Schädlings- und Sabotagearbeit oder Verdacht darauf«, 29.6.1960, in: Ebenda, Nr. 431, Bl. 45f.

37 BL der SED, Information über Argumente und Stimmungen, 13.6.1961, in: Ebenda.

38 »Information: Abschluß des Friedensvertrages und Lösung der Westberlin-Frage«, 25.7.1961, in: Ebenda.

39 So habe ein Kollege Meinel empfohlen, nicht so viel »von der Front zwischen DDR und Westdeutschland« zu sprechen, denn die Front verlaufe »mitten in der DDR, und zwar besteht diese zwischen der Regierung der DDR und der Bevölkerung, denn 95% sind gegen die Regierung.« Ebenda.

40 Information der BL der SED, 15.3.1960, in: Ebenda.

41 Kurzinformation, 1.11.1960, in: Ebenda, Nr. 630.

42 Kurzinformation, 10.5.1961, in: Ebenda, Nr. 632.

43 Bezirks-Partei-Kontrollkommission Gross-Berlin, »Bericht über die Feindtätigkeit, über feindliche Einflüsse und Stimmungen«, 14.11.1960, in: Ebenda, Nr. 460, Bl. 71.

44 So angeblich Kadar und Gheorghiu-Dej, die ungarischen und rumänischen Parteichefs, als Ulbricht auf einer Tagung des Warschauer Paktes im März 1961 eine Stacheldrahtbarriere quer durch Berlin vorgeschlagen habe. Vgl. Jürgen Rühle/Gunter Holzweißig, 13. August. Die Mauer von Berlin, 3., erw. Aufl., Berlin 1988, S. 17.

45 Zum »Schaufenster«-Konzept der UdSSR vgl. Michael Lemke, Einheit oder Sozialismus? Die Deutschlandpolitik der SED 1949–1961, Köln u.a. 2001, S. 416f.

46 Vgl. Lemke, Die Berlinkrise, S. 173–215, und Wettig, Chruschtschows Berlin-Krise, S. 226f.

47 Aufzeichnung des Premierministers Macmillan über ein Telefonat mit Präsident Kennedy, 24.8.1962, in: Dokumente zur Deutschlandpolitik, hrsg. v. Bundesministerium für innerdeutsche Beziehungen, IV. Reihe, Bd. 8, Frankfurt a.M. 1977, S. 1356–1360, hier S. 1357.

48 Die Halbstadt habe dem Westen als »Frontstadt« und »Leuchtturm der Freiheit« sowie dem Osten als »Druckknopf« und »Hebel« gedient.

Peter Bender, Sterben für Berlin, in: Burghard Ciesla/Michael Lemke/Thomas Lindenberger (Hrsg.), Sterben für Berlin? Die Berliner Krisen 1948: 1958, Berlin 2000, S. 11–24, hier S. 14.

Ulbricht und der Mauerbau – Manfred Wilke

1 Siehe den Beitrag von Walter Süß in diesem Band.
2 Zit. nach Manfred Wilke, Der Weg zur Mauer, Berlin 2011, Kap. XVI, 1.
3 Siehe den Beitrag von Michael Lemke in diesem Band.
4 Wilke, Weg, Kap. XIV, 3.
5 Rede von Chruschtschow, in: Protokoll des V. Parteitages der Sozialistischen Einheitspartei Deutschlands, 10.–16. Juli 1958 in der Werner-Seelenbinder-Halle zu Berlin, Berlin (Ost) 1959, S. 267–303, hier S. 278.
6 Ebenda.
7 Beschluß des V. Parteitages der SED über den Kampf um den Frieden, für den Sieg des Sozialismus, für die nationale Wiedergeburt Deutschlands als friedliebender, demokratischer Staat, in: Ebenda, S. 1329–1416, hier S. 1336.
8 Referat Walter Ulbrichts auf dem V. Parteitag der SED, 10.7.1958, in: Die DDR vor dem Mauerbau. Dokumente zur Geschichte des anderen deutschen Staates 1949–1961, hrsg. v. Dierk Hoffmann/Karl-Heinz Schmidt/Peter Skyba, München 1993, S. 321–323, hier S. 322.
9 Chruschtschow an Ulbricht, 30.1.1961, in: SAPMO-BA, DY 30/3508, Bl. 114–116.
10 Ulbricht an Chruschtschow, 18.1.1961, in: SAPMO-BA, DY 30/3508, Bl. 59–73.
11 RGANI [Russian Government Archive of Contemporary History], f. 52, op. 1, d. 557, S. 113–123, Gespräch Chruschtschows mit Ulbricht, 31.3.1961, in: Dokumentation Chruschtschows Westpolitik 1955–1964. Gespräche, Aufzeichnungen und Stellungnahmen, Bd. 3: Kulmination der Berlin-Krise (Herbst 1960 bis Herbst 1962), hrsg. v. Gerhard Wettig u. a., München 2011, Dok. 4.
12 1959 verließen 143 917 Staatsbürger die DDR und Ost-Berlin, 1960 stieg die Zahl auf 199 188, 1961 waren es 207 026, die den Weg nach West-Berlin fanden. Knapp die Hälfte der Flüchtlinge in allen drei Jahren war unter 25 Jahren alt. Die dramatische Zuspitzung dieser Fluchtwelle zeigen die Zahlen von Juni bis August 1961: 19 198, 30 415 und 47 433, in drei Monaten stimmten 96 946 Menschen mit ihren Füßen gegen den SED-Staat ab. Vgl. Statistiken und Dokumente, in: Hans-Hermann Hertle/Konrad H. Jarausch/Christoph Kleßmann (Hrsg.), Mauerbau und Mauerfall. Ursachen – Verlauf – Auswirkungen, Berlin 2002, S. 312–314.
13 Niederschrift der Unterredung Chruschtschows mit Kennedy in Wien, 4.6.1961, in: SAPMO-BA, DY 30/3663.

14 Vgl. Jurij A. Kwizinskij, Vor dem Sturm. Erinnerungen eines Diplomaten, Berlin 1993, S. 179f.
15 Rede Ulbrichts auf der 13. Tagung des ZK der SED, 3./4.7.1961, in: SAPMO-BA, NY 4182/654.
16 Michael Lemke, Die Berlinkrise 1958 bis 1963. Interessen und Handlungsspielräume der SED im Ost-West-Konflikt, Berlin 1995, S. 163.
17 Ebenda.
18 Wilke, Weg, Kap. XVI, 3.
19 Vgl. Matthias Uhl, Krieg um Berlin? Die Sowjetische Militär- und Sicherheitspolitik in der Zweiten Berlin-Krise 1958 bis 1962, München 2008, S. 126f. Uhl betont, dass dieser Plan bis heute für die historische Forschung gesperrt ist.
20 Ebenda, S. 128f.
21 RGANI, f. 52, op. 1, d. 557, S. 129–147, Gespräch Chruschtschows mit Ulbricht, 1.8.1961, in: Dokumentation Chruschtschows Westpolitik 1955–1964, Bd. 3, Dok. 15.
22 Zit. nach Wilke, Weg, Kap. XVII, 1.
23 Uhl, Krieg, S. 127.
24 Vgl. Wilke, Weg, Kap. XVII, 4.
25 Rede Ulbrichts in Moskau auf dem Treffen der Ersten Sekretäre der ZKs der kommunistischen und Arbeiterparteien der sozialistischen Staaten, 3.8.1961, in: SAPMO-BA, DY 30/3478, vgl. Bernd Bonwetsch/Alexej Filitow, Chruschtschow und der Mauerbau. Die Gipfelkonferenz der Warschauer-Pakt-Staaten vom 3.–5. August 1961, in: VfZ 48 (2000), S. 155–198.
26 Rede Ulbrichts in Moskau, 3.8.1961.
27 Erklärungen der Regierungen der Warschauer Pakt-Staaten, Entwurf ohne Datum, handschriftlicher Zusatz »Streng geheim«, in: SAPMO-BA, DY 30/3386.
28 Protokoll Nr. 39/61 der außerordentlichen Sitzung des Politbüros des ZK der SED, 7.8.1961, in: Ulbricht, Chruschtschow und die Mauer. Eine Dokumentation, hrsg. und eingel. v. Matthias Uhl/Armin Wagner, München 2003, S. 94–98, hier S. 97.
29 Wortlaut eines Gesprächs von Wilfriede Otto mit Werner Eberlein am 5. September 1996 über die Beratung der Ersten Sekretäre des ZK der kommunistischen und Arbeiterparteien der Staaten des Warschauer Vertrages vom 3. bis 5. August 1961 in Moskau, dokumentiert in: Wilfriede Otto, 13. August 1961 – eine Zäsur in der europäischen Nachkriegsgeschichte. Dokumente, in: Beiträge zur Geschichte der Arbeiterbewegung 39 (1997) 2, S. 55–92, hier S. 88.
30 Armin Wagner, Stacheldrahtsicherheit. Die politische und militärische Planung und Durchführung des Mauerbaus 1961, in: Hertle/Jarausch/Kleßmann (Hrsg.), Mauerbau und Mauerfall, S. 119–137, hier S. 129.
31 Vgl. Torsten Diedrich, Die militärische Grenzsicherung an der innerdeutschen Demarkationslinie und der Mauerbau 1961, in: Bruno Thoß

(Hrsg.), Vom Kalten Krieg zur deutschen Einheit. Analysen und Zeitzeugenberichte zur deutschen Militärgeschichte 1945 bis 1995, München 1995, S. 127–143, hier S. 138.
32 Uhl, Krieg, S. 139.
33 Zit. nach Matthias Uhl/Armin Wagner, Einleitung, in: Ulbricht, Chruschtschow und die Mauer, S. 9–58, hier S. 48.
34 Siehe den Beitrag von Konrad H. Jarausch in diesem Band.
35 Bekanntmachung des Magistrats von Groß-Berlin, 12.8.1961, in: Jürgen Rühle/Gunter Holzweißig, 13. August 1961. Die Mauer von Berlin, 3., erw. Aufl., Berlin 1988, S. 98.
36 Vor dem 13. August arbeiteten circa 60 000 Ost-Berliner und Brandenburger in West-Berlin.
37 Bekanntmachung des Ministeriums für Verkehrswesen der DDR über Veränderungen im Nah- und Fernverkehr, 12.8.1961, in: Rühle/Holzweißig, 13. August 1961, S. 96 f.
38 Gerhard Kunze, Grenzerfahrungen. Kontakte und Verhandlungen zwischen dem Land Berlin und der DDR 1945–1989, Berlin 1999, S. 41.
39 Ebenda, S. 42.
40 Siehe den Beitrag von Roger Engelmann in diesem Band.
41 Siehe die Beiträge von Winfried Heinemann und Gerhard Sälter in diesem Band.
42 Lemke, Berlinkrise, S. 170.
43 Zit. nach Roman Grafe, Die Grenze durch Deutschland. Eine Chronik von 1945 bis 1990, Berlin 2008, S. 102.
44 Protokoll über die Lagebesprechung des zentralen Stabes, 20.9.1961, in: Werner Filmer/Heribert Schwan (Hrsg.), Opfer der Mauer. Die geheimen Protokolle des Todes, München 1991, S. 374–380, hier S. 374. Daraus auch die folgenden Zitate.
45 Ulbricht an Chruschtschow, 16.9.1961, in: SAPMO-BA, DY 30/3509, Bl. 95–104.
46 RGANI, f. 52, op. 1, d. 557, S. 129–147, Gespräch Chruschtschows mit Ulbricht, 2.11.1961, in: Dokumentation Chruschtschows Westpolitik 1955–1964, Bd. 3, Dok. 24.
47 Anlage zum Brief Ulbrichts an das Präsidium des ZK der KPdSU vom 8.2.1962: Zur Entwicklung der Lage vom Juli 1961 bis Januar 1962 und zu den nächsten Aufgaben, in: SAPMO-BA, DY 30/3510, Bl. 200.
48 Siehe auch den Beitrag von Hermann Wentker in diesem Band.

CIA, BND, MfS und der Mauerbau – Daniela Münkel

1 Reinhard Gehlen, Der Dienst, Mainz/Wiesbaden 1971, S. 285.
2 Vgl. dazu ausführlich Rolf Steininger, Berlinkrise und Mauerbau 1958 bis 1963, 4., überarb. und erw. Aufl., München 2009, S. 25 ff.
3 Vgl. Bernd Eisenfeld/Roger Engelmann, 13. August 1961: Mauerbau. Fluchtbewegung und Machtsicherung, Bremen 2001, S. 41.

4 Vgl. Bernd Stöver, Mauerbau und Nachrichtendienste. Die CIA und der Wandel der US-Politik in Ostmitteleuropa, in: Hans-Hermann Hertle/Konrad H. Jarausch/Christoph Kleßmann (Hrsg.), Mauerbau und Mauerfall. Ursachen – Verlauf – Auswirkungen, Berlin 2002, S. 139–146, hier S. 140.

5 Vgl. ebenda, S. 140ff.

6 Vgl. Paul Maddrell, Spying on Science. Western Intelligence in Divided Germany 1945–1961, Oxford 2006, S. 238f.

7 CIA, Special National Estimate, 13.6.1961, online unter: https://www.cia.gov/library/center-for-the-study-of-intelligence/csi-publications/books-and-monographs/on-the-front-lines-of-the-cold-war-documents-on-the-intelligence-war-in-berlin-1946-to-1961/7–4.pdf [12.11.2010].

8 Vgl. Stöver, Mauerbau, S. 140f.

9 Vgl. Matthias Uhl/Armin Wagner, »Die Möglichkeiten, aber auch die Grenzen nachrichtendienstlicher Aufklärung«. Bundesnachrichtendienst und Mauerbau, Juli-September 1961, in: VfZ 55 (2007), S. 681–725, hier S. 690; Dies., BND kontra Sowjetarmee. Westdeutsche Militärspionage in der DDR, Bonn 2007, S. 110ff.

10 Militärischer Lagebericht des Bundesnachrichtendienstes für Juli 1961, dokumentiert in: Uhl/Wagner, Möglichkeiten, S. 702–708.

11 Ebenda, S. 704.

12 Ebenda, S. 704f.

13 Vgl. Uhl/Wagner, Möglichkeiten, S. 694.

14 Fernschreiben des BND, 9.8.1961, dokumentiert in: Uhl/Wagner, Möglichkeiten, S. 709f.

15 Über den genauen Zeitpunkt der Absegnung der Pläne Ulbrichts durch Chruschtschow gibt es eine breite Diskussion in der Forschung, vgl. dazu unter anderem Armin Wagner, Walter Ulbricht und die geheime Sicherheitspolitik der SED. Der Nationale Verteidigungsrat der DDR und seine Vorgeschichte (1953–1971), Berlin 2002, S. 443ff.

16 Fernschreiben PA 90100 des BND, 13.8.1961, dokumentiert in: Uhl/Wagner, Möglichkeiten, S. 712f.

17 Vgl. dazu ausführlich unter anderem Adrian W. Schertz, Die Deutschlandpolitik Kennedys und Johnsons. Unterschiedliche Ansätze innerhalb der amerikanischen Regierung, Köln/Weimar/Wien 1992, S. 108ff.

18 Vgl. dazu ausführlich Roger Engelmann/Frank Joestel, Die Zentrale Auswertungs- und Informationsgruppe, Berlin 2009. Die Inlandsberichte werden seit 2009 sukzessive publiziert, vgl. Die DDR im Blick der Stasi. Die geheimen Berichte an die SED-Führung, hrsg. v. Daniela Münkel im Auftrag der Bundesbeauftragten für die Unterlagen des Staatssicherheitsdienstes der ehemaligen DDR, Göttingen 2009ff.

19 Vgl. Vladislav Zubok, Der sowjetische Geheimdienst in Deutschland und die Berlinkrise 1958–1961, in: Wolfgang Krieger/Jürgen Weber

(Hrsg.), Spionage für den Frieden? Nachrichtendienste in Deutschland während des Kalten Krieges, München/Landsberg am Lech 1997, S. 121–143. Zubok arbeitet heraus, dass der KGB sehr gut über die Strategien und Szenarien der Westalliierten informiert war. Er konstatiert aber auch, dass die Informationen, die der KGB lieferte, nicht unbedingt die Außenpolitik der Sowjetunion bestimmten. Es sei der Kreml gewesen, so Zubok, der die Richtung für die Informationsbeschaffung des Geheimdienstes vorgegeben habe, vgl. ebenda, S. 133f.

20 Die bisher unbekannten Berichte werden publiziert in: Die DDR im Blick der Stasi 1961, bearb. v. Daniela Münkel, Göttingen 2011.
21 Vgl. dazu ausführlich: Wagner, Walter Ulbricht, S. 431ff.
22 Information, 13.8.1961, in: BStU, MfS, ZAIG 31066, 413/61.
23 Information, 13.8.1961, in: BStU, MfS, ZAIG 31066, 414/61.
24 Information, 13.8.1961, in: BStU, MfS, ZAIG 31066, 413/61.
25 Vgl. Stöver, Mauerbau, S. 145; Uhl/Wagner, Möglichkeiten, S. 700.
26 Fernschreiben PA 90254-k des BND, 15.8.1961, dokumentiert in: Uhl/Wagner, Möglichkeiten, S. 715f.
27 Information, 13.8.1961, in: BStU, MfS, ZAIG 31066, 417/61.
28 Information, 13.8.1961, in: BStU, MfS, ZAIG 31066, 416/61.
29 Information, 14.8.1961, in: BStU, MfS, ZAIG 31066, 421/61.
30 Information, 15.8.1961, in: BStU, MfS, ZAIG 31066, 423/61.
31 Ebenda.
32 Ebenda.
33 Information, 17.8.1961, in: BStU, MfS, ZAIG 31066, 440/61.
34 Fernschreiben des BND, 18.8.1961, dokumentiert in: Uhl/Wagner, Möglichkeiten, S. 717f., hier S. 718.
35 Vgl. Stöver, Mauerbau, S. 145.
36 Fernschreiben des BND, 18.8.1961, S. 718.
37 Jurij A. Kwizinskij, Vor dem Sturm. Erinnerungen eines Diplomaten, Berlin 1993, S. 180.
38 Information, 13.8.1961, in: BStU, MfS, ZAIG 31066, 414/61.
39 Information, 13.8.1961, in: BStU, MfS, ZAIG 31066, 415/61.
40 Information, 13.8.1961, in: BStU, MfS, ZAIG 31066, 416/61.
41 Ebenda.
42 Information, 13.8.1961, in: BStU, MfS, ZAIG 31066, 415/61.
43 Information, 13.8.1961, in: BStU, MfS, ZAIG 31066, 416/61.
44 Information, 13.8.1961, in: BStU, MfS, ZAIG 31066, 417/61.
45 Information, 13.8.1961, in: BStU, MfS, ZAIG 31066, 414/61.
46 Information, 13.8.1961, in: BStU, MfS, ZAIG 31066, 417/61.
47 Information, 14.8.1961, in: BStU, MfS, ZAIG 31066, 421/61.
48 Information, 15.8.1961, in: BStU, MfS, ZAIG 31066, 414/61.
49 Information, 17.8.1961, in: BStU, MfS, ZAIG 31066, 440/61.
50 Vgl. Gerhard Sälter, Grenzpolizisten. Konformität, Verweigerung und Repression in der Grenzpolizei und den Grenztruppen 1952–1965, Berlin 2009, S. 323ff.

51 Vgl. Gehlen, Dienst, S. 285.
52 Vgl. dazu ausführlich Maddrell, Spying on Science, S. 236ff.
53 Markus Wolf, Spionagechef im Geheimen Krieg. Erinnerungen, München 1997, S. 129f.
54 Siehe auch die Beiträge von Thomas Lindenberger und Gerhard Sälter in diesem Band.

Die SED und ihre Mauer – Michael Kubina

1 Die Wahrheit über Berlin, hrsg. v. Ausschuß für Deutsche Einheit, o. O. [Ost-Berlin] o. J. [Ende 1961], unpaginiert.
2 Die Formulierung dieser Alternative geht auf Friedrich Engels zurück, wurde von Luxemburg aufgegriffen und durch ihre unter dem Pseudonym Junius geschriebene Broschüre »Die Krise der Sozialdemokratie« aus dem Jahr 1916 zur einschlägigen Parole. Hinter der Formulierung stand die Überzeugung, dass der Kapitalismus zwangsläufig Kriege hervorbringe.
3 Walter Ulbricht, Denken ist die erste Bürgerpflicht. Fernsehrede vom 15.9.1961, o. O. [Ost-Berlin] o. J. [1961], S. 12.
4 Zur Frage der Glaubwürdigkeit der Selbstlegitimation der SED und der Legitimierung des Mauerbaus vgl. grundsätzlich Lothar Fritze, Täter mit gutem Gewissen. Über menschliches Versagen im diktatorischen Sozialismus, Köln/Weimar 1998, v. a. S. 180–209.
5 Wir wissen was morgen geschieht, hrsg. v. Zentralen Wahlausschuß beim Nationalrat der Nationalen Front des demokratischen Deutschland, [Ost-]Berlin o. J. [1958].
6 Schreiben Ulbrichts an Chruschtschow, 18.1.1961, in: SAPMO-BA, DY 30/3508, Bl. 59–73.
7 »Niederschrift über die wichtigsten Gedanken, die Genosse Mikojan in einem Gespräch mit Genossen Leuschner in kleinstem Kreis (leitende sowjetische Genossen und die Genossen der deutschen Delegation) äußerte. Nicht zur Verwendung in der Öffentlichkeit! Bitte wieder abgeben!«, Protokoll der Politbürositzung vom 6.6.1961 des Zentralkomitees der SED, in: SAPMO-BA, DY 30/J IV 2/2/766, Anlage Nr. 2 (Hervorhebung im Original).
8 Vgl. Alan Dowty, Closed Borders. The Contemporary Assault on Freedom of Movement, New Haven/London 1987, S. 67ff.
9 Ulbricht, Denken ist die erste Bürgerpflicht, S. 7ff.
10 Ebenda, S. 9.
11 Werner Harenberg, »Wir sind keine Helden gewesen«. Der frühere Volkskammer-Präsident Horst Sindermann über Macht und Ende der SED, in: Der Spiegel, 7.5.1990, S. 53–64, hier S. 60; Protokoll der Politbürositzung vom 31.7.1962 (Umlaufbeschluss vom 3.8.1962), in: SAPMO-BA, DY 30/J IV 2/2/841.
12 Vgl. Leo Schmidt, Architektur und Botschaft der »Mauer« 1961–89, in: Deutsches Nationalkomitee für Denkmalschutz (Hrsg.), Die

Berliner Mauer. Vom Sperrwall zum Denkmal, Bonn 2009, S. 54–69, hier S. 62 ff.; Olaf Briese, Pfusch am Bau. Beiträge zur Baugeschichte der »Berliner Mauer«, in: Zeitschrift für Geschichtswissenschaft 57 (2009), S. 613–636, hier S. 619 ff.

13 Vgl. ebenda; für die Umgestaltungen des Bereichs um das Brandenburger Tor zum Beispiel das Schreiben Günter Schabowskis an Erich Honecker, 18.5.1987, in: SAPMO-BA, DY 30/2204, Bl. 155–157.

14 Wolfgang Rathje, »Mauer-Marketing« unter Erich Honecker. Schwierigkeiten der DDR bei der technischen Modernisierung, der volkswirtschaftlichen Kalkulation und der politischen Akzeptanz der Berliner »Staatsgrenze« von 1971–1990, Diss. Kiel 2001, S. 769 ff.

15 Vgl. Dietfried Müller-Hegemann, Die Psychologie des deutschen Faschisten, Rudolstadt 1955.

16 Vgl. Dietfried Müller-Hegemann, Die Berliner Mauer-Krankheit. Zur Soziogenese psychischer Störungen, Herford 1973.

17 Vgl. die Erklärungen der Angeklagten und Zeugen im sogenannten Politbüro-Prozess: Schlußvortrag der Staatsanwaltschaft (OStA Bernhard Jahntz), in: Der Politbüro-Prozeß. Eine Dokumentation, hrsg. v. Redaktion »Neue Justiz«, Baden-Baden 2001, S. 17–165, hier v. a. S. 100–143, Schlußwort der Angeklagten (Egon Krenz, Günter Schabowski, Günther Kleiber), in: Ebenda, S. 277–288, sowie die einschlägigen Erinnerungsbände der politischen und militärischen Führung; als Zitatensammlung vgl. Christian Jung, Geschichte der Verlierer. Historische Selbstreflexion von hochrangigen Mitgliedern der SED nach 1989, Heidelberg 2007, analytischer, aber sehr knapp Jeannette van Laak/Annette Leo, Erinnerungen der Macht, Erinnerungen an die Macht. SED-Funktionäre im autobiographischen Rückblick, in: Deutschland Archiv 41 (2008), S. 1060–1067.

18 Für ein Beispiel vgl. http://www.berlinermaueronline.de/karten/berlinkarten_03.htm [23.8.2010].

19 Vgl. Patrick Major, Behind the Berlin Wall. East Germany and the Frontiers of Power, Oxford 2010, S. 155 ff.

20 Ebenda, S. 194 ff.

21 Vgl. Briese, Pfusch am Bau, S. 629; Schmidt, Architektur und Botschaft, S. 64 ff.

22 Zit. nach ebenda, S. 62 f.

23 Vgl. Schlußvortrag der Staatsanwaltschaft, S. 41 ff.; zu den Verhandlungen vgl. Steffen Alisch, »Die Insel sollte sich das Meer nicht zum Feind machen!« Die Berlin-Politik der SED zwischen Bau und Fall der Mauer, München 2004, S. 145 ff.

24 Vgl. Bernd Eisenfeld, Die Zentrale Koordinierungsgruppe. Bekämpfung von Flucht und Übersiedlung, Berlin 1996, S. 3 ff.

25 Protokoll der Politbürositzung vom 26.10.1976, in: SAPMO-BA, DY 30/J IV 2/2A/2014, Bl. 3, 82.

26 Schlußvortrag der Staatsanwaltschaft, S. 45; Erstinstanzliches Urteil

des Landgerichts Berlin, 16.9.1993, Az. (527) 2 Js 26/90 Ks (10/92), in: Strafjustiz und DDR-Unrecht, Bd. 2: Gewalttaten an der deutsch-deutschen Grenze, hrsg. v. Klaus Marxen/Gerhard Werle, Berlin 2002, S. 501–597, hier S. 540f.

27 Schlußvortrag der Staatsanwaltschaft, S. 49f.

28 Vgl. Gerhard Kunze, Grenzerfahrungen. Kontakte und Verhandlungen zwischen dem Land Berlin und der DDR 1949–1989, Berlin 1999, S. 41ff.

29 Brief von Gerhart Eisler an Walter Ulbricht, 14.11.1962, mit einem Begleitschreiben von Paula Acker vom selben Tag, in: SAPMO-BA, DY 30/3685, Bl. 132–134.

30 Vgl. Gerhard Wettig, Chruschtschows Berlin-Krise 1958 bis 1963. Drohpolitik und Mauerbau, München 2006, S. 251ff.

31 Vgl. Kunze, Grenzerfahrungen, S. 62, 125ff.

32 Vgl. ebenda, S. 133ff.

33 Vgl. etwa die Informationen an Honecker in den Jahren 1971 bis 1989, in: SAPMO-BA, DY 30/2507.

34 Niederschrift über die am 4.5.1974 durchgeführte Sitzung des Nationalen Verteidigungsrates, in: BA-MA, DVW 1/39503, Bl. 34.

35 Die Kosten lassen sich bis heute nicht genau beziffern, da im Grunde ein Großteil des Überwachungsapparates mit einbezogen werden müsste. Nimmt man eher nur die unmittelbaren Kosten in den Blick, ist von anfangs etwa 500 Millionen DDR-Mark und in den achtziger Jahren dann von über zwei Milliarden pro Jahr auszugehen. Letzteres entspricht etwa 50 Prozent der Summe, die zu der Zeit im Staatshaushalt für Krankenhäuser eingestellt war. Vgl. Peter Joachim Lapp, Gefechtsdienst im Frieden. Das Grenzregime der DDR 1945–1990, Bonn 1999, S. 249; Hans-Hermann Hertle, Die Berliner Mauer. Monument des Kalten Krieges, Berlin 2007, S. 97.

36 Brief von Jürgen Kuczynski an Walter Ulbricht, 19.10.1962, in: SAPMO-BA, NY 4182/1385, Bl. 261f.

37 Vgl. Jan Philipp Wölbern, Die Entstehung des »Häftlingsfreikaufs« aus der DDR, 1962–1964, in: Deutschland Archiv 41 (2008), S. 856–867.

38 Matthias Judt, Häftlinge für Bananen? Der Freikauf politischer Gefangener aus der DDR und das »Honecker-Konto«, in: Vierteljahrschrift für Sozial- und Wirtschaftsgeschichte 94 (2007), S. 417–439, hier S. 422, bezieht die Summe allein auf den Freikauf von 31755 Häftlingen und 2000 Kindern bereits ausgereister beziehungsweise geflohener ehemaliger DDR-Bürger. Ludwig A. Rehlinger, Freikauf. Die Geschäfte der DDR mit politisch Verfolgten 1963–1989, Berlin 1991, S. 247, sieht die Summe als »Gegenleistung« für 33755 Häftlinge, 2000 Kinder und über 250000 Familienzusammenführungen.

39 Ulrich Schwarz/Georg Bönisch, »Ich hätte mit dem Teufel paktiert.« SPIEGEL-Interview mit dem Ost-Berliner Anwalt Wolfgang Vogel

über die deutsch-deutschen Freikäufe, in: Der Spiegel, 9.4.1990, S. 61–73, hier S. 68.

40 Vgl. Alisch, Die Insel, v.a. S. 203ff.; Kunze, Grenzerfahrungen, v.a. ab S. 286.

41 Vgl. Christian Härtel/Petra Kabus, Das Westpaket. Geschenksendung, keine Handelsware, Berlin 2000.

42 Armin Volze, Innerdeutsche Transfers, in: Materialien der Enquete-Kommission »Aufarbeitung von Geschichte und Folgen der SED-Diktatur in Deutschland«, Bd. V, Baden-Baden 1995, S. 2761–2797, hier S. 2786ff.

43 Erich Honecker, Rede vor dem Thomas-Müntzer-Komitee in Berlin, in: Neues Deutschland, 20.1.1989, S. 5.

44 Niederschrift über die Rücksprache beim Minister für Nationale Verteidigung, i.V. Generaloberst Streletz, 3.4.1989, Teichmann, in: BStU, MfS, HA I 5753, Bl. 143f.

»Antifaschistischer Schutzwall« – »Ulbrichts KZ«. Kalter Krieg der Mauer-Bilder – Elena Demke

1 Neben »Antifaschistischer Schutzwall« ist auch diese Wendung noch heute fester Terminus im Kontext von Verklärungen der SED-Diktatur, beispielhaft für diverse Websites mit »Diskussionen über sozialistische Geschichte, Gegenwart und Zukunft«, siehe http://www.forum.stalinwerke.de [8.11.2010].

2 Beispielsweise wird noch 1964 in einem Film des DDR-Fernsehens »Drei Jahre danach« (DFF 1964) mehrfach von »Mauer« gesprochen und diese auch ausführlich ins Bild gesetzt. Siehe Sonntag, 13. August 1961. Fernsehen der DDR, VHS-Video, Berlin 1998.

3 Narrative der SED-Propaganda im Zusammenspiel von Wort und Bild analysieren etwa Silke Satjukow/Rainer Gries (Hrsg.), Sozialistische Helden. Eine Kulturgeschichte von Propagandafiguren in Osteuropa und der DDR, Berlin 2002 und dies. (Hrsg.), Unsere Feinde. Konstruktionen des Anderen im Sozialismus, Leipzig 2004.

4 Vgl. Christoph Hamann, Fluchtbilder. Schlüsselbilder einer mörderischen Grenze, in: Gerhard Paul (Hrsg.), Das Jahrhundert der Bilder, Bd. II: 1949 bis heute, Göttingen 2008, S. 266–273.

5 So betitelt Erich Richter im Telegraf vom 27.8.1961 drei Fotos von DDR-Grenzpolizisten, und führt weiter aus: »Wir sollten in diesen jungen Menschen nicht um jeden Preis unsere Feinde sehen, es sind Deutsche wie wir.«

6 Vgl. Elena Demke, Mauerfotos in der DDR. Inszenierungen, Tabus, Kontexte, in: Karin Hartewig/Alf Lüdtke (Hrsg.), Die DDR im Bild. Zum Gebrauch der Fotografie im anderen deutschen Staat, Göttingen 2004, S. 89–106; hier auch Belege für die einzelnen Beispiele sowie Ausführungen zur Frage der Rezeption.

7 In Kurzfilmen z.B. in »Wie der Frieden gerettet wurde« (DFF 1961),

in: Sonntag, 13. August 1961. Fernsehen der DDR, VHS-Video, Berlin 1998, ebenso wie in ausführlichen Kompilationsfilmen, zum Beispiel »Schaut auf diese Stadt« (DEFA 1962, Regie: Karl Gass), in: Die grossen DEFA-Dokumentarfilme, DVD, o. O. 2004, und »Drei Jahre danach«, wie Anm. 2.

8 Zum Beispiel Nationalrat der Nationalen Front der DDR (Hrsg.), Berlin und die Mauer. Fragen. Probleme. Antworten, Berlin (Ost) 1966; Günter Ganßauge, Ein Schutzwall des Friedens, Dresden 1968.

9 Bildunterschrift: »Das wahre Gesicht zeigten diese Prediger der Menschlichkeit und Freiheit, als sie am 7. August 1961 im VEB Vieh- und Schlachthöfe [...] Feuer legten.«, in: Volk und Wissen. Volkseigener Verlag, Geschichte. Lehrbuch für Klasse 10, Berlin 1977 und 1983, S. 162.

10 Vgl. Nationalrat (Hrsg.), Berlin und die Mauer, S. 12; ähnlich: Hartmut Mehls/Ellen Mehls, Der 13. August 1961 (Illustrierte Historische Hefte, 17), Berlin (Ost) 1979, S. 43.

11 Magazin Stern, 20.8.1981.

12 Operativplan zur kulturellen Betreuung der zur Sicherung der Hauptstadt eingesetzten Kräfte der Nationalen Volksarmee, der Volkspolizei und der Kampftruppen Berlin, 18.8.1961, in: Landesarchiv Berlin, C-Rep. 303/26.01/229.

13 Vgl. Elena Demke, Mauerbilder – Ikonen im Kalten Krieg, in: Stiftung Haus der Geschichte der Bundesrepublik Deutschland (Hrsg.), Bilder im Kopf. Ikonen der Zeitgeschichte, Bonn 2009, S. 108–119, mit zahlreichen Bildbeispielen.

14 Vgl. Christine Brecht, Jubelparaden und Heldengedenken. Wie der Jahrestag des Mauerbaus in der DDR gefeiert wurde, in: Horch und Guck 62 (2008), S. 14–19.

15 Glosse über durch Kerzen in den Fenstern verursachte Wohnungsbrände in West-Berlin unter dem Titel »Brandstifter«, in: Neues Deutschland, 31.12.1961; Die Aktion »Licht an die Mauer« war eine Erweiterung des älteren Aufrufs des Kuratoriums Unteilbares Deutschland, als Ausdruck der Verbundenheit mit den Ostdeutschen Kerzen ins Fenster zu stellen.

16 So die Bildunterschrift unter einem Foto bewaffneter DDR-Grenzer vor der Silhouette des Reichstages, in: Neues Deutschland, 27.12.1961.

17 »Das sind gute Deutsche« wird z. B. der Kommentar unter einem Foto von Soldaten und jungen Frauen betitelt, und ausgeführt: »Die Männer und Frauen auf diesem Bild, diese Soldaten sind gute Deutsche. Wir heben das hervor, weil Westberliner Zeitungen eine Diskussion darüber anfangen, wer ein guter Deutscher ist. Ein guter Deutscher schützt sein Vaterland ...«, in: Neues Deutschland, 15.8.1961.

18 Vgl. Christoph Classen, Feindbild Faschismus. Zum Doppelcharakter einer Gegnerkategorie in der frühen DDR, in: Satjukow/Gries (Hrsg.), Unsere Feinde, S. 127–148.

19 Vgl. Michael Lemke, Kampagnen gegen Bonn. Die Systemkrise der DDR und die West-Propaganda der SED 1960–1963, in: VfZ 41 (1993), S. 153–174.
20 Bildbeispiele in: Thomas Haury, Von ›den Finanzkapitalisten‹ zu ›den Zionisten‹ – das ›werktätige Volk‹ und seine Feinde. Spezifika des Wechselspiels von kommunistischem Selbst- und Feindbild in der frühen DDR, in: Satjukow/Gries (Hrsg.), Unsere Feinde, S. 107–126, hier S. 117; Classen, Feindbild Faschismus, S. 138.
21 Vgl. Berliner Zeitung, 20.8.1961: »Verrechnet! 1961 nicht 1939«.
22 Auf diese Strategie verweisen bereits: Armin Mitter/Stefan Wolle, Untergang auf Raten. Unbekannte Kapitel der DDR-Geschichte, München 1993.
23 Vgl. Anm. 7, zur Einordnung und zur gleichnamigen SFB-Dokumentation, die die DEFA-Produktion noch 1962 kritisch sezierte: Matthias Steinle, Vom Feindbild zum Fremdbild. Die gegenseitige Darstellung von BRD und DDR im Dokumentarfilm, Konstanz 2003, S. 195–206.
24 Ansprache des Vorsitzenden des Staatsrates der Deutschen Demokratischen Republik, Walter Ulbricht, im Fernsehen und Rundfunk, in: Neues Deutschland, 19.8.1961, online unter: http://1961.dra.de/fileadmin/files/228_ND_1961-08-19_001.pdf [6.12.2010].
25 Vgl. Silke Klewin, Bautzen, in: Martin Sabrow (Hrsg.), Erinnerungsorte der DDR, München 2009, S. 43–54.
26 Vgl. Habbo Knoch, Die Tat als Bild. Fotografien des Holocaust in der deutschen Erinnerungskultur, Hamburg 2001, S. 305ff.
27 Vgl. Maren Ullrich, Geteilte Ansichten. Erinnerungslandschaft deutsch-deutsche Grenze, Berlin 2006, S. 61–66.
28 Knoch, Die Tat als Bild, S. 307.
29 Ullrich, Geteilte Ansichten, S. 77.
30 Die DDR als Gefängnis ist Kernerzählung der SFB-Produktion »Die Mauer« (1961, Regie: Matthias Walden), vgl. Steinle, Vom Feind- zum Fremdbild, S. 181ff.
31 Wolfdietrich Schnurre, Von der Mitverantwortlichkeit des Schriftstellers, in: Hans Werner Richter (Hrsg.), Die Mauer oder Der 13. August, Hamburg 1961, S. 116–119, hier S. 118.
32 Wolfdietrich Schnurre, Die Mauer des 13. August, Berlin 1962, S. 44. Der Kommentar bezieht sich auf das in der DDR häufig gezeigte Bild steinewerfender West-Berliner Jugendlicher, siehe oben.
33 Günter Grass, Offener Brief an Anna Seghers, in: Richter (Hrsg.), Die Mauer, S. 62–64, hier S. 63.
34 Walter Karsch, Der 13. August und die deutschen Intellektuellen, in: Ebenda, S. 105–109, hier S. 106.
35 Marcel Reich-Ranicki, Stallburschen, in: Ebenda, S. 136–137, hier S. 137. Hervorhebung im Original.
36 Beispielsweise übte die Filmbewertungsstelle Wiesbaden bereits 1962 entsprechende Kritik; vgl. Steinle, Vom Feind- zum Fremdbild, S. 191.

37 Illustrierte Berliner Zeitung, 4.5.1963 sowie 13.2.1963. Ich danke Sarah Bornhorst für den Hinweis auf diese Quellen.
38 Vgl. Der Tagespiegel, 13.8.1964.
39 Dieter Hildebrandt, Die Mauer ist keine Grenze. Menschen in Ostberlin, Düsseldorf/Köln 1964, S. 12.
40 Vgl. Marion Detjen, Die Mauer, in: Martin Sabrow (Hrsg.), Erinnerungsorte der DDR, München 2009, S. 389–402; Michael Diers, »Was ich von der Mauer wissen muss«. Zur Kunst- und Kulturgeschichte eines politischen Bauwerks, in: Gerhard Paul (Hrsg.), Das Jahrhundert der Bilder, Bd. II: 1949 bis heute, Göttingen 2008, S. 258–265; Edgar Wolfrum, Die Mauer, in: Étienne François/Hagen Schulze (Hrsg.), Deutsche Erinnerungsorte, Bd. 1, München 2001, S. 552–568.
41 Axel Springer, 15 Jahre Mauer in Berlin, in: Die Welt, 13.8.1976.

Grenzregime und Gesellschaftskonstruktion im SED-Staat – Thomas Lindenberger

1 Vgl. Sabine Dullin, L'invention d'une frontière de guerre froide à l'ouest de l'Union sovietique (1945–1949), in: Vingtième Siècle (2009) 102, S. 48–61.
2 Vgl. Sheila Fitzpatrick, Everyday Stalinism. Ordinary Life in Extraordinary Times: Soviet Russia in the 1930s, Oxford 1999, S. 73.
3 Vgl. Terry Martin, The Affirmative Action Empire. Nations and Nationalism in the Soviet Union, 1923–1939, Ithaka/London 2001, S. 8f., passim.
4 Vgl. Oleg Ken, L'URSS come »zone frontalière«: la projection vers l'intérieur du discours de la frontière et des méthodes de contrôle territorial dans l'URSS des années 1920–1930, in: Sophie Coeuré/Sabine Dullin (Hrsg.), Frontières du communisme. Mythologies et réalités de la division de l'Europe de la révolution d'Octobre au mur de Berlin, Paris 2007, S. 313–335; Nicholas Werth, Le »nettoyage« des frontières soviétiques dans les années 1930, in: Ebenda, S. 358–378; Nick Baron, La Révolution et ses limites. Conscience de la frontière soviétique et dynamique du développement régional en Carélie (1918–1928), in: Ebenda, S. 87–104.
5 Hannah Arendt, Elemente und Ursprünge totaler Herrschaft, Bd. III: Totale Herrschaft, Frankfurt a. M./Berlin/Wien 1975, S. 189; vgl. Muriel Blaive/Thomas Lindenberger, A dictatorship of limits: border control as a paradigmatic practice of communist governance, in: Joachim von Puttkamer/Jana Osterkamp (Hrsg.), Sozialistische Staatlichkeit, München 2011 (i. E.).
6 Vgl. Inge Bennewitz/Rainer Potratz, Zwangsaussiedlungen an der innerdeutschen Grenze. Analysen und Dokumente, 3. Aufl., Berlin 2002.
7 Vgl. zur innerdeutschen Grenze im Eichsfeld Mitte der fünfziger Jahre: Sagi Schaefer, Border-Land. Property Rights, Kinship and the

Emergence of the Inter-German Border in the Eichsfeld, in: Miriam Rürup (Hrsg.), Praktiken der Differenz. Diasporakulturen in der Zeitgeschichte, Göttingen 2009, S. 197–214; zur innerdeutschen Grenze zwischen Bayern und Thüringen: Edith Sheffer, Burned Bridge: How East and West Germans made the Iron Curtain, Oxford 2011 (i. E.).

8 Dietrich Staritz, Sozialismus in einem halben Land, Berlin 1976.

9 Vgl. Thomas Lindenberger, »Asoziale Lebensweise«. Herrschaftslegitimation, Sozialdisziplinierung und die Konstruktion eines »negativen Milieus« in der SED-Diktatur, in: Geschichte und Gesellschaft 31 (2005), S. 227–254, hier S. 232f.; Sven Korzilius, »Asoziale« und »Parasiten« im Recht der SBZ/DDR. Randgruppen im Sozialismus zwischen Repression und Ausgrenzung, Köln/Weimar/Wien 2005, S. 262–301.

10 Vgl. Thomas Lindenberger, The Fragmented Society: ›Societal Activism‹ and Authority in GDR State Socialism, in: zeitgeschichte 37 (2010) 1, S. 3–20.

11 Vgl. Detlef Pollack, Das Ende einer Organisationsgesellschaft – Systemtheoretische Überlegungen zum gesellschaftlichen Umbruch in der DDR, in: Zeitschrift für Soziologie 19 (1990), S. 292–307.

12 Vgl. Wolf Biermanns Erinnerung an die Streitgespräche mit seinem ehemaligen Philosophieprofessor Wolfgang Heise, der ihn nach Anhören der »Populärballade« tadelte: »›... nein, Biermann, das geht nicht, und du gehst zu weit!‹ Ich widersprach: ›Aber wir müssen doch ein bißchen zu weit gehn, allein schon deshalb, weil all die Feiglinge immer viel zu kurz gehn!‹ Und Heise dagegen: ›Gewiss zu weit, aber nicht zu weit zu weit!‹«, Wolf Biermann, Rede zur Verleihung der Ehrendoktorwürde, Humboldt-Universität zu Berlin, 7.11.2008, online unter: http://www.wolf-biermann.de/von-biermann/biermanntext/39-biermann-text/193-wolfgang-heise [9.11.2010].

13 Vgl. Thomas Lindenberger, Die Diktatur der Grenzen. Zur Einleitung, in: Ders. (Hrsg.), Herrschaft und Eigen-Sinn in der Diktatur. Studien zur Gesellschaftsgeschichte der DDR, Köln/Weimar/Wien 1999, S. 13–44.

14 Vgl. Günter Gaus, Wo Deutschland liegt. Eine Ortsbestimmung, München 1986.

15 Jeder Staatsapparat und jede Massenorganisation in der DDR hatte seine Fußtruppe »ehrenamtlicher« Helfer, deren tatsächliche Tätigkeit und Bedeutung bisher nur für einzelne Bereiche erforscht ist; siehe zum Beispiel Renate Hürtgen, Der Vertrauensmann des FDGB in den siebziger und achtziger Jahren: Funktionsloser Funktionär der Gewerkschaften?, in: Dies./Thomas Reichel (Hrsg.), Der Schein der Stabilität. DDR-Betriebsalltag in der Ära Honecker, Berlin 2001, S. 143–158; Thomas Lindenberger, Vaters kleine Helfer. Die Volkspolizei und ihre enge Verbindung zur Bevölkerung, 1952–1965, in: Gerhard Fürmetz/Herbert Reinke/Klaus Weinhauer (Hrsg.), Nachkriegspolizei. Sicher-

heit und Ordnung in Ost- und Westdeutschland 1945–1969, Hamburg 2000, S. 229–253. Eine institutionenübergreifende oder gar Diktaturen vergleichende (Blockwarte und Ähnliche in der Nazi-Diktatur) Untersuchung zu diesem Funktionselement diktatorischer Herrschaft steht noch aus.

16 Zit. nach Jan Palmowski, Learning the Rules: Local Activists and the Heimat, in: Mary Fulbrook (Hrsg.), Power and Society in the GDR, 1961–1979. »Normalisation of Rule«?, New York/Oxford 2009, S. 151–177, hier S. 164.

17 Vgl. ebenda.

18 Jan Palmowski, Inventing a Socialist Nation. Heimat and the Politics of Everyday Life in the GDR, 1945–1990, Cambridge 2009.

19 Horizont, Text und Musik: Udo Lindenberg, 1986, online unter: http://www.udo-lindenberg.de/horizont.57687.htm [9.11.2010]; zur Popularität Lindenbergs in der DDR vgl. Michael Rauhut, Schalmei und Lederjacke. Udo Lindenberg, BAP, Underground: Rock und Politik in den achtziger Jahren, Berlin 1996, S. 67–127.

Die Sperranlagen, oder: Der unendliche Mauerbau – Gerhard Sälter

1 Vgl. Axel Klausmeier/Leo Schmidt, Mauerreste-Mauerspuren. Der umfassende Führer zur Berliner Mauer, Berlin 2004, S. 15, mit Verweis darauf, dass »sich eigentlich nur drei deutlich unterschiedliche Phasen herausarbeiten und beschreiben lassen«; unkommentiert dagegen zuletzt bei Hans-Hermann Hertle, Die Berliner Mauer. Monument des Kalten Krieges, Berlin 2007, S. 90.

2 Vgl. Klausmeier/Schmidt, Mauerreste, S. 15–17; Ingolf Hermann/Karsten Sroka, Deutsch-Deutsches Grenzlexikon. Der Eiserne Vorhang und die Mauer in Stichworten, Zella-Mehlis 2005, S. 52f., 83.

3 So auch Polly Feversham/Leo Schmidt, Die Berliner Mauer heute. Denkmalwert und Umgang, Berlin 1999, S. 25f.; ähnlich Thomas Flemming/Hagen Koch, Die Berliner Mauer. Geschichte eines politischen Bauwerks, Berlin 1999, S. 55, die von drei »Ausbaustufen« sprechen: 1961–1968–1980–1989.

4 Befehl 009/61 des MdI, 12.8.1961, in: BA Berlin, DO 1/2.2./58300; Auskunftsbericht, 1. Mot. Brigade, 28.8.1961, in: BA-MA, VA-07/16868, Bl. 277–278; Bericht der 1. Mot. Brigade, Oberstleutnant Wahner, 19.9.1961, in: SAPMO-BA, DY 30/IV 2/12/24, Bl. 168–196, hier Bl. 188–191; Anhang zum Befehl 005/61 des MdI, in: BA Berlin, DO 1/2.2./58296.

5 Befehl 40/61 des PdVP Berlin, 14.8.1960, in: BA-MA, DVW 1/39572, Bl. 1; Planung des MfS, 24.11.1961, in: BStU, SdM, 2615, S. 381–383.

6 Planung, unfirmiert [MfS], 17.11.1961, in: BStU, SdM, 2615, S. 324; Auskunftsbericht der 1. Grenzbrigade, 13.9.1962, Oberst Tschitschke, in: BA-MA, VA-07/8427, Bl. 22–51.

7 Ausführungen von Bruno Beater, Mitte Dezember 1961, in: BStU, AS 19/82, S. 68.
8 Abt. Sicherheitsfragen beim ZK der SED an Ulbricht, 24.7.1961, in: SAPMO-BA, DY 30/3682, Bl. 110–112; Befehl 002/61 des MdI, 12.8.1961, in: BA Berlin, DO 1/2.2./58293.
9 Bilddokumentation der Grenzanlagen, GR 42, 44 und 48, 1961–1962, in: BA-MA, VA-07/9067.
10 Fotodokumentation, 1963, in: BA-MA, VA-07/9065.
11 Auskunftsbericht der 1. Grenzbrigade, 13.9.1962, in: BA-MA, VA-07/8427, Bl. 22–51, hier Bl. 28–33.
12 Vgl. Manfred Wilke, Die Berliner Mauer im Zentrum des längsten Konflikts des Kalten Krieges zwischen 1958 und 1963, Vortrag auf dem 48. Deutschen Historikertag in der Sektion »Grenzräume. Dimensionen der Berliner Mauer 1961–2010«, Berlin, 29.9.2010.
13 Protokoll der 11. Sitzung des NVR, 30.5.1962, TOP 2, in: BA-MA, DVW 1/39468, Bl. 1–3, 9–17; siehe den Brief von Ulbricht an Chruschtschow, 30.5.1962, in: SAPMO-BA, DY 30/3685, Bl. 66–68.
14 Stadtkommandant Poppe an General Hoffmann, MfNV, 29.9.1962, in: BA-MA, VA-07/9057, Bl. 247–254.
15 Oberst Tschitschke an General Poppe, 14.5.1963, in: BA-MA, VA-07/9057, Bl. 164–170.
16 Gesetzblatt der DDR II, 1963, S. 381–383; Befehl 48/63 des MfNV, 21.6.1963, Anordnung 34/63 des Stadtkommandanten, 18.6.1963, Vollzugsmeldung des Stadtkommandanten, 4.7.1963, in: BA-MA, DVW 1/12916, Bl. 111–117, 131–133; Dokumentation, undatiert [Januar 1962], in: SAPMO-BA, DY 30/3685, Bl. 38–56. Siehe Gerhard Sälter, Behind the Berlin Wall. Policing the Restricted Border Area in East Berlin, 1961–1989, Vortrag auf der 10th International Conference on Urban History in der Sektion »Geographies of transgression in the history of the city«, Gent, 2.9.2010.
17 Plan der Pioniermaßnahmen in der 3. Etappe vom 1.7. bis 30.12.1963, Stadtkommandantur, 8.7.1963, in: BA-MA, VA-07/9057, Bl. 219–226.
18 Plan der Pioniermaßnahmen in der 3. Etappe, Anhang 1 und 2, in: BA-MA, VA-07/9057, Bl. 225, 226.
19 Teilbeitrag Grenzausbau, undatiert [1970], in: BA-MA, GT 5684/5685, Bl. 47–71; Oberst Maseberg, Stadtkommandantur Berlin, Analyse des Grenzausbaus 1963/64, undatiert [Oktober 1964], in: BA-MA, VA-07/6048, Bd. 2, Bl. 19.
20 BA-MA, VA-07/3212 und 5820.
21 Die Entwicklung der Grenzsicherung von 1961 bis 1970, [unfirmiert], 15.12.1970, in: BA-MA, GT 5684/5685, Bl. 19–41; Teilbeitrag zur Studie Grenzausbau, undatiert [1970], in: Ebenda, Bl. 47–71.
22 Abschlußbericht, Erprobung des Mustergrenzsicherungsstreifens, 22.10.1964, in: BA-MA, VA-07/9051, Bl. 1–9. Siehe Flemming/Koch, Berliner Mauer, S. 58–59.

23 Stadtkommandantur Berlin, Grenzausbauprogramm bis 1970, undatiert [Dezember 1964], in: BA-MA, VA-07/3212, Bl. 47–58.
24 Teilbeiträge zur Studie Grenzausbau, 1970, in: BA-MA, GT 5684/5685, Bl. 42–71.
25 Abschlußbericht über den Grenzausbau, General Poppe, 15.12.1970, in: BA-MA, VA-07/3212, Bl. 1–6.
26 Wolfgang Rathje, »Mauer-Marketing« unter Erich Honecker. Schwierigkeiten der DDR bei der technischen Modernisierung, der volkswirtschaftlichen Kalkulation und der politischen Akzeptanz der Berliner »Staatsgrenze« von 1971 bis 1990, Diss. Kiel 2001, S. 81–86.
27 General Peter an General Geier, Kommandeur Grenzkommando Mitte, 9.5.1974, in: BA-MA, GTÜ AZN 13244, Bd. 5, Bl. 17–19.
28 General Peter, Chef der GT, an General Geier, Kdr. GKM, 9.5.1974, in: BA-MA, GTÜ AZN 13244, Bl. 17–19.
29 BA-MA, GTÜ AZN 13244, Bl. 52–60; siehe auch Feversham/Schmidt, Berliner Mauer, S. 35.
30 Erprobungsbericht, Oberst Paulsen, Mai 1975, mit Einzelprotokollen, in: BA-MA, GTÜ AZN 13244, Bl. 20–26, 63–68, 69–127.
31 Chef GT an Kdr. GKM, Aufgabenstellung zum Grenzausbau für 1976 und 1977, März 1975, in: BA-MA, GT 5691, Bl. 47–51; Kdr. GKM, Entschluß zum Grenzausbau 1976/77, Mai 1975, in: BA-MA, GTÜ AZN 8562, Bl. 4–14.
32 Befehl 3/77 des Chefs der Grenztruppen, 4.1.1977, in: BA-MA, GTÜ AZN 11417, Bl. 17–25; siehe Rathje, Mauer-Marketing, S. 101, und Flemming/Koch, Berliner Mauer, S. 82–86.
33 KGT, Stabschef, an Kdr. GKM, Aufgabenstellung für den Ausbau der Staatsgrenze 1981–1985, 30.12.1978, in: BA-MA, GTÜ ANZ 14549, Bl. 1–9; Kdr. GKM, Entschluß zum Ausbau der Staatsgrenze 1977/78, März 1976, in: BA-MA, GTÜ AZN 8563, Bl. 3–8. Siehe das Schreiben Chef GT an Kdr. GKM zum Ausbau 1977/78, 30.4.1976, in: BA-MA, GT 8563, Bl. 1–2; Entschluß zum Ausbau mit Grenzmauer 75 1977/78, Kdr. GKM, 21.10.1977, in: BA-MA, GTÜ AZN 11413, Bl. 2–5.
34 Entschluß Kdr. GKM zum Ausbau der Staatsgrenze 1975, 13.8.1974, in: BA-MA, GT 5690, Bl. 1–8.
35 Chef GT an Kdr. GKM, Aufgabenstellung für 1976 und 1977, März 1975, in: BA-MA, GT 5691, Bl. 47–51; Kdr. GKM, Entschluß zum Grenzausbau 1976/77, Mai 1975, in: BA-MA, GTÜ AZN 8562, Bl. 4–14.
36 Entschlüsse Kdr. GR 33 zum Grenzausbau 1978 und 1979, 4.3.1976 und 4.3.1977, in: BA-MA, GTÜ AZN 10589, Bl. 1–3 und 5–7; Entschluß Kdr. GKM zum Grenzausbau 1980/81, 23.1.1981, in: BA-MA, GTÜ ANZ 13952, Bl. 33–47; Katalog der Grenzsicherungsanlagen und -technik (K 752/3/001), 1988, in: BStU, HA VI, 6409, S. 453–454. Zur Errichtung der Hinterlandmauer durch die Bezirksverwaltungen siehe Gerhard Sälter, Fluchtverhinderung als Verwaltungsaufgabe. Die

Bedeutung ziviler Behörden bei der Grenzsicherung, in: Horch und Guck 66 (2009), S. 18–21.

37 Chef GT an Kdr. GKM, Bestätigung der Grenzausbaupläne 1981–1985, 7.4.1980, in: BA-MA, GTÜ ANZ 14549, Bl. 14–22; siehe Rathje, Mauer-Marketing, S. 110.

38 Vgl. ebenda, S. 102–104, 108, 125, 1324.

39 Zur Sensibilität der Ost-Berliner Führung gegenüber negativen Darstellungen der Mauer in der westlichen Presse Mitte der achtziger Jahre siehe die Korrespondenz zwischen Honecker und Verteidigungsminister Hoffmann, in: Ebenda, S. 1320–1323, 1325–1327, 1331–1338.

40 Zum Abbau der Minen seit Juni 1983 vgl. Wolfgang Grandhagen, Von der Grenzpolizei zu den Grenztruppen der DDR, Berlin 2004, S. 243–247.

41 Konzeption des GKM, 9.6.1982, in: BA-MA, GTÜ AZN 13935, Bl. 52–64, hier Bl. 63; Bericht GKM über den Stand des Grenzausbaus 1983, 5.9.1983, in: BA-MA, GTÜ ANZ 13956, Bl. 138–151; Rathje, Mauer-Marketing, S. 123, 128–130, 156–160, 169–170. Zum projektierten Beginn des Rückbaus im März 1983 siehe Entschluß Kdr. GR 35, 6.1.1984, in: BA-MA, GTÜ AZN 14553, Bl. 37–52.

42 Vgl. Jürgen Ritter/Peter J. Lapp, Die Grenze. Ein deutsches Bauwerk, 4. Aufl., Berlin 2001, S. 107–109; Dietmar Schultke, »Keiner kommt durch.« Die Geschichte der innerdeutschen Grenze und der Berliner Mauer 1945–1990, 2., verb. Aufl., Berlin 2000, S. 87.

43 Am Brandenburger Tor wurden Blumenkastensperren von Juni bis Oktober 1984 angebracht; sie waren 1,20 Meter lang, 0,70 Meter hoch, 0,90 Meter breit und wogen etwa 1,5 Tonnen; vgl. Rathje, Mauer-Marketing, S. 1338.

44 Berichte der AKG der BV Berlin, 27.6.1989, 28.3.1989 und 27.6.1988, über die Sicherung von schwerer Technik im Grenzgebiet, in: BStU, ZAIG, 16316, S. 1–14, 46–55; Rathje, Mauer-Marketing, S. 133.

45 Vgl. ebenda, S. 128–140.

46 Feversham/Schmidt, Die Berliner Mauer, S. 25.

47 Vgl. Rathje, Mauer-Marketing, S. 769–846; Flemming/Koch, Die Berliner Mauer, S. 109–113.

48 Siehe Klausmeier/Schmidt, Mauerreste, S. 14–15. Zum Abriss siehe Gerhard Sälter, Das Verschwinden der Mauer; in: Klaus-Dietmar Henke (Hrsg.), Revolution und Vereinigung 1989/90. Als in Deutschland die Realität die Phantasie überholte, München 2009, S. 353–362.

Die Sicherung der Grenze – Winfried Heinemann

1 Zur Grenzpolizei bis 1965 vgl. Torsten Diedrich, Die Grenzpolizei der SBZ/DDR (1946–1961), in: Ders./Hans Ehlert/Rüdiger Wenzke (Hrsg.), Im Dienste der Partei. Handbuch der bewaffneten Organe der DDR, Berlin 1998, S. 201–223, sowie neuer: Gerhard Sälter, Grenzpolizisten. Konformität, Verweigerung und Repression in der Grenz-

polizei und den Grenztruppen der DDR 1952–1965, Berlin 2009; zu den Grenztruppen nach 1961 Peter Joachim Lapp, Die Grenztruppen der DDR (1961–1989), in: Torsten Diedrich/Hans Ehlert/Rüdiger Wenzke (Hrsg.), Im Dienste der Partei. Handbuch der bewaffneten Organe der DDR, Berlin 1998, S. 225–252. Als Teil eines DFG-Forschungsprojekts zur Berliner Mauer erarbeitet Hauptmann Jochen Maurer, M.A., derzeit am MGFA und der Universität Potsdam eine Dissertation zu den Grenztruppen rund um Berlin.

2 Protokoll der 2. Sitzung des NVR, 15.6.1960, Anlage 4, in: BA-MA, DVW 1/39459, Bl. 47.

3 Zur »Berliner Mauer« siehe Deutsches Nationalkomitee für Denkmalschutz (Hrsg.), Die Berliner Mauer. Vom Sperrwall zum Denkmal, Bonn 2009.

4 Protokoll der 8. Sitzung des NVR, 29.11.1961, Anlagen 11 und 12, in: BA-MA, DVW 1/39465, Bl. 10, 102–106.

5 Siehe hierzu die Beiträge von Gerhard Sälter und Thomas Lindenberger in diesem Band.

6 Vgl. Gunnar Digutsch, Das Ende der Nationalen Volksarmee und der Aufbau der Bundeswehr in den neuen Ländern, Frankfurt a.M. 2004, S. 287.

7 Vgl. Manfred Wilke, Erinnerung verboten? Das Gerichtsurteil zu einem Buch über Mauerschützen-Prozesse, in: Die Politische Meinung 52 (2007) 448, S. 59–62.

8 Vgl. Peter Joachim Lapp, Gefechtsdienst im Frieden. Das Grenzregime der DDR, Bonn 1999, S. 205–226. Siehe den Beitrag von Clemens Vollnhals in diesem Band.

9 So bereits im Protokoll der 8. Sitzung des NVR, 29.11.1961, Bl. 104f., 113.

10 Protokoll der 16. Sitzung des NVR, 20.9.1963, Anlagen 2 und 3, in: BA-MA, DVW 1/39473, Bl. 34–52.

11 Protokoll der 20. Sitzung des NVR, 29.10.1964, Anlage 4, in: BA-MA, DVW 1/39477, Bl. 16–33.

12 Vgl. Martin Ahrends/Udo Baron/Hans-Hermann Hertle, Ulrich Steinhauer, in: Zentrum für Zeithistorische Forschung Potsdam/Stiftung Berliner Mauer (Hrsg.), Die Todesopfer an der Berliner Mauer 1961–1989. Ein biographisches Handbuch, Berlin 2009, S. 466–470.

13 Vgl. Ortwin Buchbender/Rolf Rothe, Hilfe für geflüchtete Soldaten aus der DDR. Die Deutsche Gesellschaft für Sozialbeziehungen e.V., 1963–1991, in: Deutschland Archiv 42 (2009), S. 1023–1032.

14 Zum Folgenden vor allem Jochen Maurer, Die Bewachung der Bewacher. Die Staatssicherheit und die Grenztruppen der DDR, in: Militärgeschichte (2008) 1, S. 10–14.

15 Politische Hauptverwaltung der NVA der DDR (Hrsg.), Vom Sinn des Soldatseins. Ein Ratgeber für den Grenzsoldaten, 17. Aufl., Berlin (Ost) 1987, S. 20, zit. nach: Hendrik Thoß, Die Grenztruppen als mili-

tärischer Verband (1961–1990), in: Ders. (Hrsg.), Europas Eiserner Vorhang. Die deutsch-deutsche Grenze im Kalten Krieg, Berlin 2008, S. 87–143, hier S. 89.

16 Vgl. Jochen Maurer, Die »Mauer« und ihre Grenztruppen oder die Grenztruppen und ihre »Mauer«?, in: Deutsches Nationalkomitee für Denkmalschutz (Hrsg.), Die Berliner Mauer. Vom Sperrwall zum Denkmal, Bonn 2009, S. 71–86, hier S. 74; Militärgeschichtliches Forschungsamt, Standortdatenbank der Nationalen Volksarmee, der Grenztruppen der DDR und der sowjetischen (russischen) Streitkräfte in der DDR, online unter: http://www.mgfa.de/html/standorte_index.php [31.10.2010].

17 Vgl. ebenda.

18 Zit. nach Lapp, Die Grenztruppen, S. 239 f.

19 Vgl. Maurer, Die »Mauer« und ihre Grenztruppen, S. 77.

20 NVA. GKM. Anordnung Nr. 37/73 des Stabschefs über die Organisation und Durchführung der Grenzaufklärung im Ausbildungsjahr 1973/1974, 26.11.1973, in: BA-MA, GT 5728, Bl. 200–209.

21 Manöver »Waffenbrüderschaft 70«. Vortrag zu den Handlungen auf dem Truppenübungsplatz Streganz, 16.10.1970, in: BA-MA, VA-01/24661.

22 Befehl Nr. 4 des Ministers für Nationale Verteidigung über die Vorbereitung der Sicherstellung der Schulung leitender Kader der Pioniertruppen der Vereinten Streitkräfte der Teilnehmerstaaten des Warschauer Vertrages vom 25.2.1977, in: BA-MA, GT 7003.

23 Siehe hierzu vor allem meinen ausführlichen Beitrag Winfried Heinemann, NVA-Pläne für eine »Berlin-Operation«, in: Rüdiger Wenzke (Hrsg.), Die Streitkräfte der DDR und Polens in der Operationsplanung des Warschauer Paktes, Potsdam 2010, S. 61–70, aber auch ältere Arbeiten: Helmut Göpel, Die Berlin-Operation, in: Klaus Naumann (Hrsg.), NVA – Anspruch und Wirklichkeit nach ausgewählten Dokumenten, Berlin 1993, S. 286–300, und: Otto Wenzel, »Einnahme von Westberlin – Einnahme von Westdeutschland«. Aus den Akten des Ministeriums für Nationale Verteidigung und des Ministeriums für Staatssicherheit der DDR, in: Politische Studien 48 (1997) 355, S. 51–66.

24 Direktive Nr. 1/85 des MfNV über die Führung der Nationalen Volksarmee und der Grenztruppen im Kriege, 13.5.1985, in: BA-MA, DVW 1/104209.

25 Kommando der Grenztruppen, Gesamtplan der Überführung der Grenztruppen der DDR vom Friedens- in den Kriegszustand, 7.12.1985, in: BA-MA, GTÜ 17412.

26 Erläuterungen zur Karte der wichtigsten militärgeographischen Objekte der Stadt MAGDEBURG [undatiert, Anfang Oktober 1986], in: BA-MA, DVH 7/45667, Bl. 27–29.

Fluchtverhinderung als gesamtgesellschaftliche Aufgabe – Gerhard Sälter

Der vorliegende Aufsatz ist hervorgegangen aus einem an der Gedenkstätte Berliner Mauer angesiedelten und von der Stiftung zur Aufarbeitung der SED-Diktatur geförderten Forschungsprojekt zum »System Grenze« und wurde auf dem 48. Deutschen Historikertag in Berlin in der Sektion »Grenzräume. Dimensionen der Berliner Mauer 1961–2010« erstmals präsentiert.

1 Vgl. Michael Lemke, Die Berlinkrise 1958 bis 1963. Interessen und Handlungsspielräume der SED im Ost-West-Konflikt, Berlin 1995, S. 36–42, 46–50; Hermann Wentker, Doppelter UNO-Beitritt. Die deutsch-deutsche Konkurrenz auf der internationalen Bühne, in: Udo Wengst/Hermann Wentker (Hrsg.), Das doppelte Deutschland. 40 Jahre Systemkonkurrenz, Berlin 2008, S. 235–258; Manfred Wilke, Der Weg zum Mauerbau. Deutschland nach 1945, Berlin-Status und zwei deutsche Staaten, in: Deutsches Nationalkomitee für Denkmalschutz (Hrsg.), Die Berliner Mauer. Vom Sperrwall zum Denkmal, Bonn 2009, S. 15–22; Gerhard Sälter, Vom Herrschaftsinstrument zum Erinnerungsort: Die Berliner Mauer, in: Michael Jeismann/Hans-Georg Knopp (Hrsg.), Mauerreise. Expedition in geteilte Welten, Göttingen 2010, S. 155–167.

2 Vgl. Patrick Major, Torschlußpanik und Mauerbau. »Republikflucht« als Symptom der Zweiten Berlinkrise, in: Burghard Ciesla/Michael Lemke/Thomas Lindenberger (Hrsg.), Sterben für Berlin. Die Berliner Krisen 1948: 1958, Berlin 2000, S. 221–243; Corey Ross, Before the Wall. East Germans, Communist Authority, and the Mass Exodus to the West, in: Historical Journal 45 (2002), S. 459–480; Dierk Hoffmann/Michael Schwartz/Hermann Wentker (Hrsg.), Vor dem Mauerbau. Politik und Gesellschaft in der DDR der fünfziger Jahre, München 2003.

3 Siehe Dierk Hoffmann, Die DDR unter Ulbricht. Gewaltsame Neuordnung und gescheiterte Modernisierung, Zürich 2003, S. 63–64.

4 Vgl. Gerhard Sälter, Grenzpolizisten. Konformität, Verweigerung und Repression in der Grenzpolizei und den Grenztruppen der DDR (1952–1965), Berlin 2009.

5 Vgl. Wolfgang Reinhard, Geschichte der Staatsgewalt. Eine vergleichende Verfassungsgeschichte von den Anfängen bis zur Gegenwart, 2., durchges. Aufl., München 2000, S. 363.

6 Vgl. Sälter, Grenzpolizisten, S. 7 f., 15–24, 437 f.

7 Bericht für das Kollegium des MfS, Mitte Dezember 1961, in: BStU, AS 19/82, S. 31–85.

8 Befehl 004/61 des Kommandeurs der 5. Grenzbrigade, Osl. Frömming, 22.8.1961, in: BA-MA, Pt 7202, Bl. 14–18.

9 Rede Albert Nordens am 30.9.1963, in: SAPMO-BA, NY 4217/56, zit. nach Lemke, Berlinkrise, S. 170.

10 Osl. Hunscha, Offizier der HA I beim Grenzkommando Süd, 23.11.1982, in: BStU, Sekr. Neiber, 113, S. 23–31, hier S. 29.
11 Grenzlagebericht, BV Magdeburg, Abt. VII, 24.1.1968, in: BStU, BV Magdeburg, Abt. VII, 1523, S. 318–332. Siehe Monika Gibas, »Bonner Ultras«, »Kriegstreiber« und »Schlotbarone«. Die Bundesrepublik als Feindbild der DDR in den fünfziger Jahren, in: Rainer Gries/Silke Satjukow (Hrsg.), Unsere Feinde. Zur Geschichte des Anderen im Sozialismus, Leipzig 2004, S. 75–106.
12 Bernd Eisenfeld, Reaktionen der DDR-Staatssicherheit auf Korb III des KSZE-Prozesses, in: Deutschland Archiv 38 (2005), S. 1000–1008, hier S. 1000; Jens Gieseke, Die hauptamtlichen Mitarbeiter der Staatssicherheit. Personalstruktur und Lebenswelt 1950–1989/90, Berlin 2000, S. 309–310, 547.
13 Befehl 6/77 des MfS, 18.3.1977, in: Die geheimen Anweisungen zur Diskriminierung Ausreisewilliger. Dokumente der Stasi und des Ministeriums des Innern, hrsg. v. Hans-Hermann Lochen/Christian Meyer-Seitz, Köln 1992, S. 23–40. Siehe Verfügung 34/77 des Vorsitzenden des Ministerrats, 8.3.1977, in: Ebenda, S. 44–51.
14 Eisenfeld, Reaktionen, S. 1001; siehe Bernd Eisenfeld, Die Ausreisebewegung – eine Erscheinungsform widerständigen Verhaltens, in: Ulrike Poppe/Rainer Eckert/Ilko-Sascha Kowalczuk (Hrsg.), Zwischen Selbstbehauptung und Anpassung. Formen des Widerstandes und der Opposition in der DDR, Berlin 1995, S. 192–223.
15 Befehl 6/77 des MfS, S. 24.
16 Anordnung 11/68 des MfNV über das Zusammenwirken mit dem MfS und dem MdI, 14.8.1968, in: BA-MA, DVW 1/5617, Bl. 160f. Siehe Anordnung AO 6/69 des Chefs der Grenztruppen, 2.3.1970, in: BA-MA, GT 28, Bl. 22–33.
17 Osl. Lehmann, Leiter der Abt. VII der BV Erfurt des MfS, 23.11.1982, in: BStU, Sekr. Neiber, 113, S. 23–31.
18 Vereinbarung zwischen MfNV, MfS und MdI über das Zusammenwirken an der Grenze, 15.12.1974, in: BA-MA, AZN (MfNV) 30093, Bl. 11–41.
19 Dienstanweisung 10/81 des MfS, 4.7.1981, in: BStU, BV Magdeburg, KD Halberstadt, 1268, S. 3–60; siehe Befehl 1/75 des MfS, 15.12.1975, in: Die geheimen Anweisungen, S. 73–85.
20 Befehl 6/77 des MfS, S. 23–40.
21 Siehe Gerhard Sälter, Denunziation. Staatliche Verfolgungspraxis und Anzeigeverhalten der Bevölkerung, in: Zeitschrift für Geschichtswissenschaft 47 (1999), S. 153–165.
22 Information der Politverwaltung der Stadtkommandantur, 17.7.1965, in: BA-MA, VA-P-07/638, Bl. 132–148.
23 Vorlage 12/64 für die Leitung der Stadtkommandantur, Oberst Herkner, [Frühjahr] 1964, in: BA-MA, VA-07/8332, Bl. 147–161.
24 Vereinbarung zwischen dem Stellvertreter für Inneres des Kreisrats

Osterburg und dem Leiter der KD des MfS Osterburg, undatiert [Mai 1969], in: BStU, BV Magdeburg, Abt. VII, 1523, S. 419–428.

25 Direktive des Sekretariats des ZK der SED, 7.4.1982, in: BA-MA, GT 17223, Bl. 160–166.

26 Beschluß, Rat des Bezirks Rostock, 17.2.1984, in: BStU, BV Rostock, KD Grevesmühlen, 386, S. 25 ff. (die folgenden Seiten ohne Paginierung).

27 Beschluß der 69. Sitzung des NVR, 25.1.1985, in: BA-MA, DVW 1/39530, Bl. 11.

28 Ordnung 97/85 des MdI, 15.10.1985, in: BStU, HA VI, 11777, S. 395–404.

29 Direktive 3/62 des MfNV, 1.6.1962, in: BA-MA, DVW 1/5008, Bl. 12–18.

30 Befehl 36/86 des MfNV, 31.3.1986, in: BA-MA, DVW 1/67062, Bl. 1–21; siehe die Vereinbarung zwischen dem MfNV, MfS und MdI, 30.1.1986, in: BA-MA, AZN (MfNV) 30968, Bl. 67–104.

31 Verfügung 34/77 des Vorsitzenden des Ministerrats, S. 44–51; siehe Eisenfeld, Reaktionen, S. 1001.

32 Vgl. Pierre Bourdieu, Politisches Kapital als Differenzierungsprinzip im Staatssozialismus, in: Ders., Die Intellektuellen und die Macht, Hamburg 1991, S. 33–39; am Beispiel der Grenzhelfer siehe Gerhard Sälter, Rituelle Inszenierung staatlicher Anerkennung: Konferenzen der freiwilligen Grenzhelfer (1956–1989), in: Horch und Guck 56 (2006), S. 15–16.

33 Vgl. Gerhard Sälter, Loyalität und Denunziation in der ländlichen Gesellschaft der DDR. Die Freiwilligen Helfer der Grenzpolizei im Jahr 1952, in: Michael Schröter (Hrsg.), Der willkommene Verrat. Beiträge zur Denunziationsforschung, Weilerswist 2007, S. 159–184.

34 Einsatzplan, 1964, in: BA-MA, GT 1189, Bl. 63–110; siehe Thomas Lindenberger, Vaters kleine Helfer. Die Volkspolizei und ihre enge Verbindung zur Bevölkerung, 1952–1965, in: Gerhard Fürmetz/Herbert Reinke/Klaus Weinhauer (Hrsg.), Nachkriegspolizei. Sicherheit und Ordnung in Ost- und Westdeutschland 1945–1969, Hamburg 2000, S. 229–253.

35 Siehe Tobias Wunschik, Hauptabteilung VII: Ministerium des Innern, Deutsche Volkspolizei, Berlin 2009.

36 Polizeiverordnung des MfS, Minister Zaisser, 26.5.1952, Plakat, in: BA-MA, Pt 7116, Bl. 24; § 225, Abs. 1, Punkt 4, StGB der DDR in der Fassung vom 12.1.1968; Verfügung 34/77 des Vorsitzenden des Ministerrats, S. 44–51.

37 Bericht der Abt. VII/2 des MfS, 14.1.1981, in: BStU, Sekr. Neiber, 113, S. 306–314.

Geglückte und gescheiterte Fluchten nach dem Mauerbau – Maria Nooke

1 Zur Begründung der SED-Führung für die Notwendigkeit des Mauerbaus siehe Schreiben von Walter Ulbricht an den sowjetischen Partei- und Staatschef Nikita Chruschtschow, 4.8.1961, in: SAPMO-BA, DY 30/3709, Bl. 108–127. Vgl. auch Patrick Major, Torschlußpanik und Mauerbau. »Republikflucht« als Symptom der zweiten Berlinkrise, in: Burghard Ciesla/Michael Lemke/Thomas Lindenberger (Hrsg.), Sterben für Berlin. Die Berliner Krisen 1948: 1958, Berlin 2000, S. 221–243.

2 Vgl. die statistischen Angaben zur Fluchtentwicklung bei Hartmut Wendt, Die deutsch-deutschen Wanderungen – Bilanz einer 40jährigen Geschichte von Flucht und Ausreise, in: Deutschland Archiv 24 (1991), S. 386–395, hier S. 389.

3 Diese und die folgende Angabe in: Ebenda, S. 390.

4 Siehe Monatsmeldungen des Bundesministerium für Vertriebene, Flüchtlinge und Kriegsgeschädigte in: Jürgen Rühle/Günter Holzweißig, Der 13. August. Die Mauer von Berlin, 3., erw. Aufl., Köln 1988, S. 154.

5 Vgl. Julius Götz, Jagd auf Grenzgänger, in: SBZ-Archiv 12 (1961), S. 234–239.

6 Vgl. zum Beispiel die biografischen Porträts von Joachim Neumann, Joachim Rudolph und Eberhard Zutz in: Maria Nooke, Der verratene Tunnel. Geschichte einer verhinderten Flucht im geteilten Berlin, Bremen 2002, S. 52–69, 109–112. Siehe auch die von der Fluchthilfegruppe um Detlef Girrmann, Dieter Thieme und Bodo Köhler gesammelten Flüchtlingsberichte, veröffentlicht in: Maria Nooke/Lydia Dollmann (Hrsg.), Fluchtziel Freiheit. Berichte von DDR-Flüchtlingen über die Situation nach dem Mauerbau, Berlin 2011 (i. E.).

7 Vgl. Bernd Eisenfeld/Roger Engelmann, 13.8.1961: Mauerbau. Fluchtbewegung und Machtsicherung, Bremen 2002.

8 Vgl. ebenda, S. 82. Ausführlich zu den Zwangsaussiedlungen an der innerdeutschen Grenze siehe Inge Bennewitz/Rainer Potratz, Zwangsaussiedlungen an der innerdeutschen Grenze, 3. Aufl., Berlin 2002.

9 Vgl. Eisenfeld/Engelmann, Mauerbau, S. 77.

10 Vgl. Ehrhart Neubert, Geschichte der Opposition in der DDR 1949–1989, 2., durchges. und erw. Aufl., Berlin 1998, S. 139. Siehe auch Manfred Gehrmann, Die Überwindung des »Eisernen Vorhangs«. Die Abwanderung aus der DDR in die BRD und nach West-Berlin als innerdeutsches Migranten-Netzwerk, Berlin 2009, S. 103.

11 Siehe Patrick Major, Vor und nach dem 13. August 1961. Reaktionen der DDR-Bevölkerung auf den Bau der Berliner Mauer, in: Archiv für Sozialgeschichte 39 (1999), S. 325–354, hier S. 353.

12 Vgl. Eisenfeld/Engelmann, Mauerbau, S. 77.

13 Vgl. ebenda, S. 92.

14 Vgl. die Flüchtlingsberichte in: Nooke/Dollmann (Hrsg.), Fluchtziel.

15 Außergewöhnliche Fluchtaktionen sind beschrieben von Bodo Müller, Faszination Freiheit. Die spektakulärsten Fluchtgeschichten, 5. Aufl., Berlin 2008. Siehe auch Hans-Hermann Hertle, Die Berliner Mauer. Monument des Kalten Krieges, Berlin 2007, S. 54–77.
16 Vgl. Müller, Faszination, S. 10–27.
17 Vgl. ebenda, S. 28–40.
18 Vgl. Hertle, Berliner Mauer, S. 74.
19 Vgl. Müller, Faszination, S. 185–206.
20 Vgl. Eisenfeld/Engelmann, Mauerbau, S. 92.
21 Zur Geschichte der Fluchthilfe siehe Marion Detjen, Ein Loch in der Mauer. Die Geschichte der Fluchthilfe im geteilten Deutschland 1961–1989, München 2005.
22 Zur Geschichte dieser Fluchthilfegruppe siehe ebenda, S. 97–121; Nooke/Dollmann (Hrsg.), Fluchtziel; eine ausführliche Darstellung in: Susanne Gieffers, Studentische Fluchthilfe 1961–1963/64. Die Girrmann-Gruppe, Magisterarbeit, Freie Universität Berlin 1997.
23 Vgl. zum Beispiel den Bericht von Joachim Neumann in: Nooke, Tunnel, S. 61–69. Weitere Berichte im Zeitzeugenarchiv der Gedenkstätte Berliner Mauer.
24 Vgl. Gieffers, Fluchthilfe, S. 46.
25 Vgl. Dietmar Arnold/Sven Felix Kellerhoff, Die Fluchttunnel von Berlin, Berlin 2008; Nooke, Tunnel.
26 Vgl. Eisenfeld/Engelmann, Mauerbau, S. 101 f. Siehe auch Arnold/Kellerhoff, Fluchttunnel, S. 38–40.
27 Vgl. ebenda, S. 48–58.
28 Vgl. ebenda, S. 59–66.
29 Vgl. »The tunnel«, NBC 1962; »Ein Tunnel«, SFB 1962; »Der Tunnel«, SWR 1999; »Der Tunnel – eine wahre Geschichte«, Spiegel-TV 2001, sowie Ellen Sesta, Der Tunnel in die Freiheit, München 2001.
30 BStU, MfS, AU 8795, Bd. 1–5. Siehe auch »Heldentod«, ZDF/Arte 2001, und Müller, Faszination.
31 Eine weitgehend seriöse Übersicht der Fluchttunnel in: Arnold/Kellerhoff, Fluchttunnel, S. 279–288.
32 Zu den verhafteten Fluchthelfern vgl. die Biografie von Uwe Rath in: Nooke, Tunnel, S. 77–83, oder die von Marion Detjen verfasste Biografie von Harry Seidel, in: Karl-Wilhelm Fricke/Peter Steinbach/Johannes Tuchel (Hrsg.), Opposition und Widerstand in der DDR. Politische Lebensbilder, München 2002, S. 340–344. Ebenso die Biografien von Heinz Jercha und Siegfried Noffke, jeweils verfasst von Christine Brecht, in: Zentrum für Zeithistorische Forschung Potsdam/Stiftung Berliner Mauer (Hrsg.), Die Todesopfer an der Berliner Mauer 1961–1989. Ein biographisches Handbuch, Berlin 2009, S. 73–75 und S. 98–100.
33 Vgl. Bernd Eisenfeld, Formen widerständigen Verhaltens in der Nationalen Volksarmee und bei den Grenztruppen, in: Ehrhart Neubert/

Bernd Eisenfeld (Hrsg.), Macht – Ohnmacht – Gegenmacht. Grundfragen zur politischen Gegnerschaft in der DDR, Bremen 2001, S. 231–256, hier S. 239.

34 Vgl. Christine Brecht, Günter Litfin, in: Zentrum für Zeithistorische Forschung Potsdam/Stiftung Berliner Mauer (Hrsg.), Todesopfer, S. 37–39.

35 Dies waren Ida Siekmann, Rudolf Urban, Olga Segler und Bernd Lünser. Vgl. die Biografien, verfasst von Christine Brecht, in: Ebenda, S. 34–36, 43–45, 46f. und 48–50.

36 Vgl. Berliner Morgenpost, Der Tagesspiegel und Spandauer Volksblatt vom 3.10.1971.

37 Vgl. hierzu und zum Folgenden Ordnung [des MfS] für die Bearbeitung von Leichenvorgängen, o. O., o. J., in: BStU, MfS, HA IX Nr. 5134, Bl. 10–16. Vergleichbare Anweisungen gab es auch für die innerdeutsche Grenze.

38 Ebenda.

39 Siehe hierzu Zentrum für Zeithistorische Forschung Potsdam/Stiftung Berliner Mauer (Hrsg.), Todesopfer.

40 Diese und folgende Angaben in: Christine Brecht/Hans-Hermann Hertle/Maria Nooke, Einleitung, in: Ebenda, S. 9–30, hier S. 18–20.

41 Vgl. Detlef Schmiechen-Ackermann, Die Todesopfer an der innerdeutschen Grenze 1945–1989, unveröffentlichte Expertise, 2006. Die von der AG 13. August alljährlich veröffentlichten Zahlen sind außerordentlich fehlerhaft und ohne nachvollziehbare Quellenangaben.

42 Vgl. Bettina Effner/Helge Heidemeyer (Hrsg.), Flucht im geteilten Deutschland, Berlin 2005; Wendt, Wanderungen, S. 387.

43 Vgl. ebenda.

44 Vgl. Monika Tantzscher, Die verlängerte Mauer. Die Zusammenarbeit der Sicherheitsdienste der Warschauer-Pakt-Staaten bei der Verhinderung von »Republikflucht«, Berlin 1998, S. 69.

45 Vgl. Bernd Eisenfeld, Gründe und Motive von Flüchtlingen und Ausreiseantragstellern aus der DDR, in: Deutschland Archiv 37 (2004), S. 89–105, hier S. 93.

46 Vgl. Wendt, Wanderungen, S. 388.

47 Diese und folgende Angaben siehe Eisenfeld, Gründe, S. 93f.

48 Vgl. Tantzscher, Mauer, S. 69.

49 Vgl. Eisenfeld, Gründe, S. 93.

50 Vgl. Wendt, Wanderungen, S. 386.

51 Vgl. Detjen, Loch, S. 14.

Checkpoint Charlie – Konrad H. Jarausch

1 John Le Carré, Der Spion, der aus der Kälte kam, Hamburg/Wien 1964; Len Deighton, Brahms vier, Stuttgart 1986.

2 Vgl. Hanno Hochmuth, HisTourism, Public History and Berlin Tourism, Manuskript, Berlin 2010.

3 Eine Google-Suche ergab 573 000 Ergebnisse mit separaten Wikipedia-Artikeln auf Deutsch und Englisch.
4 Vgl. Pierre Nora (Hrsg.), Les lieux de memoire, 3 Bde., Paris 1984–1992; Etienne François/Hagen Schulze (Hrsg.), Deutsche Erinnerungsorte, 3 Bde., München 2001; Martin Sabrow (Hrsg.), Erinnerungsorte der DDR, München 2009.
5 Siehe die Beiträge von Michael Lemke und Manfred Wilke in diesem Band.
6 Vgl. Hope M. Harrison, Driving the Soviets Up the Wall. Soviet-East German Relations, 1953–1961, Princeton, NJ/Oxford 2003; Michael Lemke (Hrsg.), Schaufenster der Systemkonkurrenz. Die Region Berlin-Brandenburg im Kalten Krieg, Köln 2006.
7 Vgl. Friedrich Jeschonnek/Dieter Ridel/William Durie, Alliierte in Berlin 1945–1994. Ein Handbuch zur Geschichte der militärischen Präsenz der Westmächte, 2., überarb. Aufl., Berlin 2007, S. 272 ff.
8 Vgl. Werner Sikorski/Rainer Laabs, Checkpoint Charlie und die Mauer. Ein geteiltes Volk wehrt sich, Berlin 1997, S. 54 ff.; Wilfried Rott, Die Insel. Eine Geschichte West-Berlins 1948–1990, München 2009, S. 171–173; Winfried Heineman/Manfred Wilke, Kein Krieg um Berlin – Sicherheitspolitische Aspekte des Mauerbaus, in: Deutsches Nationalkomitee für Denkmalschutz (Hrsg.), Die Berliner Mauer. Vom Sperrwall zum Denkmal, Bonn 2009, S. 35–51, hier S. 42 ff.
9 Vgl. E. Kiwitter und M. Wiegers, Der letzte Flüchtling vom Checkpoint Charlie, in: Bild, 25.8.2009; Alexandra Hildebrandt, Die Freiheit verpflichtet. Das Freiheitsmahnmal am Platz Checkpoint Charlie, Berlin 2005, S. 6.
10 Vgl. Christine Brecht, Peter Fechter, in: Zentrum für Zeithistorische Forschung Potsdam/Stiftung Berliner Mauer (Hrsg.), Die Todesopfer an der Berliner Mauer 1961–1989. Ein biographisches Handbuch, Berlin 2009, S. 101–104; Martin Ahrends/Udo Baron/Hans-Hermann Hertle, Burkhard Niering, in: Ebenda, S. 351–353. Vgl. Rott, Insel, S. 181 f.
11 Vgl. Jeschonnek/Ridel/Durie, Alliierte in Berlin, S. 275–281.
12 Vgl. Andreas Daum, Kennedy in Berlin. Politik, Kultur und Emotionen im Kalten Krieg, Paderborn u. a. 2003, und die von Andreas Etges gestaltete Ausstellung des Kennedy-Museums in Berlin.
13 Vgl. Hildebrandt, Freiheit verpflichtet, S. 6–8; Heinz J. Kuzdas, Berliner Mauerkunst, Berlin 1990; Ralf Gründer, Berliner Mauer-Kunst. Eine Dokumentation, Köln/Weimar/Wien 2007.
14 Vgl. Haus am Checkpoint Charlie (Hrsg.), 30 Jahre MUSEUM Haus am Checkpoint Charlie, Berlin 1993; Anne Kaminsky (Hrsg.), Orte des Erinnerns. Gedenkzeichen, Gedenkstätten und Museen zur Diktatur in SBZ und DDR, 2., überarb. und erw. Aufl., Berlin 2007, S. 54–56.
15 Vgl. Hildebrandt, Freiheit verpflichtet, S. 17–20. Da das Museum einen eigenen Verlag gründete, publizierte es zu den wechselnden Ausstellungen und Initiativen weitere Schriften.

16 Vgl. Hans-Hermann Hertle, Chronik des Mauerfalls. Die dramatischen Ereignisse um den 9. November 1989, 11., erw. Aufl., Berlin 2009, S. 170–175.

17 Vgl. Jeschonnek/Ridel/Durie, Alliierte in Berlin, S. 274; Andreas Rödder, Deutschland einig Vaterland. Die Geschichte der Wiedervereinigung, München 2009, S. 226ff.

18 Als beste Zusammenfassung der Erinnerungskontroversen siehe Sybille Frank, Der Mauer um die Wette gedenken. Die Formation einer Heritage-Industrie am Berliner Checkpoint Charlie, Frankfurt a.M. 2009, S. 160–168.

19 Vgl. Hildebrandt, Freiheit verpflichtet, S. 21–24.

20 Siehe dazu die Beiträge von Gabriele Camphausen/Manfred Fischer, Axel Klausmeier und Rainer E. Klemke in diesem Band.

21 Vgl. Verein Berliner Mauer – Gedenkstätte und Dokumentationszentrum (Hrsg.), Die Berliner Mauer. Ausstellungskatalog Dokumentationszentrum Berliner Mauer, Dresden 2002; Axel Klausmeier/Leo Schmidt, Mauerreste – Mauerspuren. Der umfassende Führer zur Berliner Mauer, Berlin 2004. Für die Neukonzeption siehe http://www.berliner-mauer-dokumentationszentrum.de/de/ [4.12.2010].

22 Vgl. Alexandra Hildebrandt, Freiheitsmahnmal am Platz Checkpoint Charlie »Sie wollten nur die Freiheit«. Gespräche mit der Bank – trotzdem soll geräumt werden, Pressekonferenz, 28.6.2005, online unter: http://www.mauermuseum.de/143rd%20Press%20Conference%20-%202005-07-02.pdf [4.12.2010]; Leo Schmidt, Vom Symbol der Unterdrückung zur Ikone der Befreiung – Auseinandersetzung, Verdrängung, Memorialisierung, in: Deutsches Nationalkomitee für Denkmalschutz (Hrsg.), Die Berliner Mauer. Vom Sperrwall zum Denkmal, Bonn 2009, S. 169–186, hier S. 182f.

23 Vgl. Thomas Flierl, Gesamtkonzept zur Erinnerung an die Berliner Mauer: Dokumentation, Information und Gedenken, Berlin 2006, online unter: http://www.berlin.de/imperia/md/content/senwfk/pdf-dateien/mauerdialog/asv2006616_1.pdf?start&ts=1258363542&file=asv2006616_1.pdf [4.12.2010]; Konrad H. Jarausch/Martin Sabrow/Hans-Hermann Hertle, Die Berliner Mauer – Erinnerung ohne Ort? Memorandum zur Bewahrung der Berliner Mauer als Erinnerungsort, Potsdam 2005, online unter: http://hsozkult.geschichte.hu-berlin.de/daten/2002/2005_mauer_memorandum.doc [4.12.2010]; siehe auch den Beitrag von Rainer E. Klemke in diesem Band.

24 Die Bildergalerie am Checkpoint Charlie wurde von Monica Geyler-von Bernus und dem Berliner Forum für Geschichte und Gegenwart in Zusammenarbeit mit dem Zentrum für Zeithistorische Forschung konzipiert, siehe http://www.bfgg.de/projekte/checkpoint-gallery.html#c113 [4.12.2010].

25 Vgl. James D. Bindenagel/Jackson Janes/Konrad H. Jarausch/Markus Meckel, Aufruf zur Gründung eines »Museums des Kalten Krieges –

Teilung und Befreiung Europas«, online unter: http://www.bfgg.de/projekte/museum-der-teilung-europas.html [4.12.2010]; Konrad H. Jarausch/Christian Ostermann/Manfred Wilke/Winfried Heinemann, Überlegungen zum Projekt: Berlin – Checkpoint Charlie: Schauplatz des Kalten Krieges, Konzeptpapier, Berlin, 22.3.2010, im Besitz des Verfassers.

26 Vgl. Rainer E. Klemke, Sachstand Zentrum Kalter Krieg – Ausstellung am Checkpoint Charlie, 26.10.2010, Vermerk der Senatsverwaltung; Rolf Lautenschläger, Der Kalte Krieg kehrt zurück, in: die tageszeitung, 11.11.2010; Harald Rohde, Museumspläne am Checkpoint Charlie, in: Mainpost, 21.10.2010.

27 Siehe den Beitrag von Maria Nooke in diesem Band.

28 Vgl. Konrad H. Jarausch/Christian Ostermann/Manfred Wilke/Winfried Heinemann, A Proposal for a »Cold War Center: Exhibition at Checkpoint Charlie«, Konzeptpapier, Berlin, 8.6.2010, im Besitz des Verfassers.

29 Vgl. Sybille Frank, Grenzwerte – Zur Formation der »Heritage Industry« am Berliner Checkpoint Charlie, in: Dorothee Hemme/Markus Tauschek/Regina Bendix (Hrsg.), Prädikat »Heritage«. Wertschöpfungen aus kulturellen Ressourcen, Münster 2007, S. 297–322.

30 Vgl. Konrad H. Jarausch, Die Teilung Europas und ihre Überwindung. Überlegungen zu einem Ausstellungskonzept für Berlin, in: Zeithistorische Forschungen/Studies in Contemporary History, Online-Ausgabe 5 (2008) 2, http://www.zeithistorische-forschungen.de/16126041-Jarausch-2-2008 [4.12.2010].

Der Westen und die Mauer – Hermann Wentker

1 Bundesminister Heinrich Windelen, Erklärung zum 25. Jahrestag der Errichtung der Mauer in Berlin, in: Texte zur Deutschlandpolitik, hrsg. v. Bundesministerium für innerdeutsche Beziehungen, Reihe III, Bd. 4, Bonn 1987, S. 341f., hier S. 341; Bundeskanzler Dr. Helmut Kohl, Gedenkansprache zum 25. Jahrestag des Mauerbaus in Berlin, in: Ebenda, S. 343–350, hier S. 344; Regierender Bürgermeister Eberhard Diepgen, Ansprache zum 25. Jahrestag des Mauerbaus in Berlin, in: Ebenda, S. 351–355, hier S. 351.

2 SPD-Vorsitzender und ehemaliger Regierender Bürgermeister Willy Brandt, Ansprache zum 25. Jahrestag des Mauerbaus in Berlin, in: Ebenda, S. 356–362, hier S. 360.

3 Erklärung des Regierenden Bürgermeisters von Berlin, Brandt, vor dem Abgeordnetenhaus, 13.8.1961, in: Dokumente zur Deutschlandpolitik (künftig: DzD), hrsg. v. Bundesministerium für innerdeutsche Beziehungen, IV. Reihe, Bd. 7, Frankfurt a. M. 1976, S. 13–18, hier S. 13.

4 Vgl. Peter Merseburger, Willy Brandt 1913–1992. Visionär und Realist, Stuttgart/München 2002, S. 393f.; Matthias Uhl/Armin Wagner, »Die Möglichkeiten, aber auch die Grenzen nachrichtendienstlicher Auf-

klärung«. Bundesnachrichtendienst und Mauerbau, Juli–September 1961, in: VfZ 55 (2007), S. 681–725, hier S. 709.

5 Vgl. dazu zusammenfassend Edgar Wolfrum, Die Mauer. Geschichte einer Teilung, München 2009, S. 43f. Axel Springer hat die Bild-Schlagzeilen zusammen mit Karl-Heinz Hagen selbst formuliert und gegenüber der ursprünglichen Fassung noch verschärft, vgl. Hans-Peter Schwarz, Axel Springer. Die Biographie, Berlin 2008, S. 348f.

6 Vgl. Hanns Jürgen Küsters, Konrad Adenauer und Willy Brandt in der Berlin-Krise 1958–1963, in: VfZ 40 (1992), S. 483–542, hier S. 527–529.

7 Vgl. Kurt L. Shell, Bedrohung und Bewährung. Führung und Bevölkerung in der Berlin-Krise, Köln/Opladen 1965, S. 41–43; Kennedy an Brandt, 16.8.1961, in: Diethelm Prowe, Der Brief Kennedys an Brandt vom 18. August 1961. Eine zentrale Quelle zur Berliner Mauer und der Entstehung der Brandtschen Ostpolitik, in: VfZ 33 (1985), S. 373–383, hier S. 380–382.

8 Ebenda, S. 381; Kennedy an Brandt, 18.8.1961, in: Ebenda, S. 383.

9 Vgl. Wolfgang Schmidt, Kalter Krieg, Koexistenz und kleine Schritte. Willy Brandt und die Deutschlandpolitik 1948–1963, Wiesbaden 2001. Schmidt widerlegt die ältere, vor allem von Diethelm Prowe vertretene Auffassung, die »Neue Ostpolitik« sei erst infolge des Mauerbaus entwickelt worden.

10 Abgeordnetenhaus von Berlin, Stenographische Berichte, III. Wahlperiode, 70. Sitzung, 22.9.1961, S. 275.

11 Vgl. Thomas Klein, SEW – Die Westberliner Einheitssozialisten. Eine »ostdeutsche« Partei als Stachel im Fleische der »Frontstadt«?, Berlin 2009, S. 62f.; Shell, Bedrohung und Bewährung, S. 345–348, 275–277, 50, 125f.

12 Vgl. Heiner Sauer/Hans-Otto Plumeyer, Der Salzgitter-Report. Die Zentrale Erfassungsstelle berichtet über Verbrechen im SED-Staat, Esslingen/München 1991, S. 23–26; das Telegramm Brandts vom 5.9.1961 im Faksimile als Dokument 5 im Anhang.

13 Vgl. Shell, Bedrohung und Bewährung, S. 382, 408.

14 Vgl. ebenda, S. 395–407, 409–411, das Zitat S. 396.

15 Erklärung des Regierenden Bürgermeisters von Berlin, Brandt, 13.8.1962, in: DzD, IV. Reihe, Bd. 8, S. 938f.

16 Rundfunk- und Fernsehansprache des Bundestagspräsidenten Gerstenmaier zum 2. Jahrestag der Errichtung der Mauer in Berlin, 13.8.1963, in: DzD, IV. Reihe, Bd. 9, S. 625f., hier S. 626.

17 Ansprache des Bürgermeisters Albertz im Hessischen Rundfunk zum 2. Jahrestag der Errichtung der Mauer in Berlin, 13.8.1963, in: DzD, IV. Reihe, Bd. 9, S. 627–630, hier S. 629.

18 Vgl. dazu Andreas W. Daum, Kennedy in Berlin. Politik, Kultur und Emotionen im Kalten Krieg, Paderborn u.a. 2003, S. 113–138; Diethelm Prowe, »Ich bin ein Berliner«. Kennedy, die Mauer und die

»verteidigte Insel« im ausgehenden Kalten Krieg im Spiegel amerikanischer Akten, in: Berlin in Geschichte und Gegenwart. Jahrbuch des Landesarchivs Berlin 1989, S. 143–167.

19 Rede des Präsidenten Kennedy in der Freien Universität Berlin, 26.6.1963, in: DzD, IV. Reihe, Bd. 9, S. 463–467, hier S. 464, 466.

20 Vgl. Shell, Bedrohung und Bewährung, S. 360–363.

21 Vgl. Christine Brecht/Hans-Hermann Hertle/Maria Nooke, Einleitung, in: Zentrum für Zeithistorische Forschung Potsdam/Stiftung Berliner Mauer (Hrsg.), Die Todesopfer an der Berliner Mauer 1961–1989. Ein biographisches Handbuch, Berlin 2009, S. 9–30, hier S. 12, 25f.

22 Vgl. Rainer Hildebrandt, Entstehung – Entwicklung – Zukunft, in: http://www.mauermuseum.de/frame-index-mauer.html [18.6.2010].

23 Vgl. Shell, Bedrohung und Bewährung, S. 357–359, 126, 129.

24 Jahrbuch der öffentlichen Meinung, 1958–1964, hrsg. v. Elisabeth Noelle/Erich Peter Neumann, Allensbach/Bonn 1964, S. 524.

25 Vgl. Simone Derix, Bebilderte Politik. Staatsbesuche in der Bundesrepublik 1949–1990, Göttingen 2009, S. 96, 102 (hier das Zitat), 106, 124–126.

26 Vgl. Hans Georg Lehmann, Mit der Mauer leben? Die Einstellung zur Berliner Mauer im Wandel, in: Aus Politik und Zeitgeschichte B 33–34 (1986), S. 19–34, hier S. 26.

27 Rundfunk- und Fernsehansprache des Regierenden Bürgermeisters von Berlin, Albertz, zum Tag des Mauerbaus, 12.8.1967, in: DzD, V. Reihe, Bd. 1, S. 1523f., hier S. 1524.

28 Vgl. Lehmann, Mit der Mauer leben?, S. 26.

29 Vgl. Rainer Hildebrandt, Ist das »Unteilbare Deutschland« teilbar? Die Herausforderung der Mauer, in: Der Tagesspiegel, 13.8.1981.

30 Zu dieser Kontroverse Shell, Bedrohung und Bewährung, S. 334f.; die Zitate aus der Regierungserklärung Brandts vom 18.3.1963, zit. ebenda.

31 Peter Bender, Wenn es West-Berlin nicht gäbe, Berlin (West) 1987, S. 68.

32 Bundeskanzler Brandt, Zehn Jahre Mauer in Berlin 13. August 1961 – 13. August 1971, Beitrag im »Stern«, in: Texte zur Deutschlandpolitik, Reihe I, Bd. 8, S. 323–329, hier S. 328f.

33 Bundesminister Franke, Verantwortung für den Frieden, Erklärung im Fernsehen und Rundfunk, 12.8.1971, in: Ebenda, S. 337f.

34 Vgl. Diethart Goos, CDU klagt Ost-Berlin bei der UNO wegen Verletzung der Menschenrechte an, in: Die Welt, 18.9.1973; Die., Bonn und Moskau würdigen den Vertrag, in: FAZ, 13.8.1975; Die., CDU: Politik der Ostverträge an der Mauer gescheitert, in: FAZ, 14.8.1975; ub., Der 13. August entzweit die Parteien, in: SZ, 13.8.1976.

35 Ebenda; Günther Bading, Was die Bonner Parteien heute zum Bau der Mauer in Berlin sagen, in: Die Welt, 10.8.1981 (hier auch das Zitat von Parteisprecher Wolfgang Clement).

36 Vgl. Manuela Glaab, Deutschlandpolitik in der öffentlichen Meinung. Einstellungen und Regierungspolitik in der Bundesrepublik Deutschland 1949 bis 1990, Opladen 1999, S. 219, 230 f.
37 Allensbacher Jahrbuch der Demoskopie, 1978–1983, hrsg. v. Elisabeth Noelle-Neumann/Edgar Piel, München u. a. 1983, S. 214.
38 So Gerald Klöpper, Was bedeutet der 13. August heute, in: Manfried Hammer u. a. (Hrsg.), Das Mauerbuch. Texte und Bilder aus Deutschland von 1945 bis heute, Berlin (West) 1981, S. 247–250, hier S. 250.
39 Helmut Kopetzky, »Wie ein Ausflug zu den Niagarafällen ...« Oder: Die Normalität des Anormalen. 25 Jahre Berliner Mauer (Sendemanuskript), S. 21. Ich danke Herrn Prof. Dr. Hans Georg Lehmann ganz herzlich für die Überlassung dieser Quelle.
40 Zit. nach Wilfried Rott, Die Insel. Eine Geschichte West-Berlins 1948–1990, München 2009, S. 290.
41 Hans-Joachim Noack, Die Mauer – und wie eine Stadt mit ihr lebt, in: FR, 13.8.1981.
42 Das Zitat aus Kurt Geisler, Soll ich etwa vor der Mauer flüchten?, in: Berliner Morgenpost, 23.12.1979; vgl. auch Horst Wenderoth, Ungeordnete Gedanken zwanzig Jahre danach, in: Hammer u. a. (Hrsg.), Das Mauerbuch, S. 244–247.
43 Klaus Hartung, Die Mauer. Ein etwas länger anhaltender Blick auf Vorhandenes, in: Freibeuter 8 (1981), S. 72–84, hier S. 83 f.
44 Zit. nach Kopetzky, »Wie ein Ausflug zu den Niagarafällen ...«, S. 18 f.
45 Marianne Heuwagen, »Die Mauer – sie ist halt einfach da«, in: SZ, 13.8.1986.
46 Vgl. Kopetzky, »Wie ein Ausflug zu den Niagarafällen ...«, S. 8; Wolfgang Kramer, Berlin. Eine Stadt auf der Suche nach ihrer Identität. Erinnerungen, Spuren, Wirkungen, München 1985, S. 87.
47 Vgl. Rainer Hildebrandt, Das Haus am Checkpoint Charlie. Ein Gespräch, in: Hammer u. a. (Hrsg.), Das Mauerbuch, S. 254–260, hier S. 257 f.; Lehmann, Mit der Mauer leben?, S. 30.
48 Ausnahme waren Kundgebungen, die nach der Aussage von Wolfgang Kaiser zwischen 1976 und 1981 von der KPD durchgeführt wurden, vgl. Wolfgang Kaiser, Aktionen im Niemandsland, in: Hammer u. a. (Hrsg.), Das Mauerbuch, S. 261–263.
49 Vgl. Mary Beth Stein, Die Politik des Erinnerns: Gedenkfeiern zum Jahrestag des Mauerbaus in Berlin (West), in: Zeitschrift für Volkskunde 88 (1992), S. 202–228, hier S. 213–216; Kramer, Berlin, S. 86.
50 Richard von Weizsäcker, Die Mauer wird keinen Bestand haben, Ansprache, 13.8.1981, in: Ders., Die deutsche Geschichte geht weiter, Berlin 1983, S. 268–281, hier S. 277.
51 Richard von Weizsäcker, Die Deutschen und ihre Identität, Ansprache auf dem 21. Deutschen Evangelischen Kirchentag, 8.6.1985, in: Ders., Von Deutschland aus, Berlin 1985, S. 37–60, hier S. 54. Geprägt hat den Satz Heinrich Lummer am 6. Dezember 1984 im Berliner Abge-

ordnetenhaus, vgl. Jens Hacker, Deutsche Irrtümer. Schönfärber und Helfershelfer der SED-Diktatur im Westen, Berlin/Frankfurt a.M. 1992, S. 481, Anm. 28.

52 Zit. nach Günther Bading, Was die Bonner Parteien heute zum Bau der Mauer in Berlin sagen, in: Die Welt, 10.8.1961.

53 Hans-Jochen Vogel, 13. August 1961–13. August 1986. Deutschlandpolitische Gedanken zum 25. Jahrestag des Mauerbaus, in: Politik und Kultur 13 (1986) 4, S. 7–19, hier S. 19; Jürgen Schmude, Nach Enttäuschungen auch Ermutigungen in der Deutschlandpolitik, in: Ebenda, S. 37–46, hier S. 43.

54 Aus der Niederschrift über das Gespräch des Vorsitzenden der SPD, Brandt, mit dem Generalsekretär des ZK der SED und Staatsratsvorsitzenden der DDR, Honecker, in Ost-Berlin, 19.9.1985, in: Willy Brandt, Berliner Ausgabe, Bd. 10: Gemeinsame Sicherheit. Internationale Beziehungen und deutsche Frage 1982–1992, bearb. v. Uwe Mai/Bernd Rother/Wolfgang Schmidt, Bonn 2009, S. 244–256, hier S. 253.

55 Vgl. Was hat die Kirche zum 13. August zu sagen? Briefwechsel der evangelischen Bischöfe von Berlin (West) Martin Kruse und Berlin (Ost) Gottfried Forck zum 25. Jahrestag der Berliner Mauer, in: Texte zur Deutschlandpolitik, Reihe III, Bd. 4, S. 311–319, hier S. 313, 317.

56 Ralf Georg Reuth, Wer nennt die Mauer noch Mauer?, in: FAZ, 6.7.1988.

57 Vgl. Stein, Politik des Erinnerns, S. 217–220 (hier auch weitere, weniger spektakuläre Beispiele von Menschen, die vor allem auf das Schicksal von Angehörigen in der DDR aufmerksam machen wollten).

58 Vgl. Werner Sikorski/Rainer Laabs, Checkpoint Charlie und die Mauer. Ein geteiltes Volk wehrt sich, Berlin 1997, S. 80f.; Thomas Flemming/Hagen Koch, Die Berliner Mauer. Geschichte eines politischen Bauwerks, Berlin 2001, S. 104.

59 Vgl. ebenda, S. 104f.; Wolfrum, Die Mauer, S. 110f.

60 Flemming/Koch, Die Berliner Mauer, S. 106 (hier auch eine Abbildung der Demonstrationen); Martin Ahrends/Udo Baron/Hans-Hermann Hertle, Cetin Mert, in: Zentrum für Zeithistorische Forschung Potsdam/Stiftung Berliner Mauer (Hrsg.), Todesopfer, S. 365–367.

61 Vgl. Flemming/Koch, Die Berliner Mauer, S. 101.

62 Die Rede in: Helmut Trotnow/Florian Weiß (Hrsg.), Tear down this wall. US-Präsident Reagen vor dem Brandenburger Tor, 12. Juni 1987 [Ausstellungskatalog], o.O.o.J. [Berlin 2007], S. 208–231, hier S. 219.

63 Vgl. Helmut Trotnow, »... an diesem Ort von Freiheit sprechen«, in: Ebenda, S. 24–61, hier S. 36; James Mann, Eine Reise und ihre Hintergründe. Ronald Reagans Berlin-Besuch 1987 aus amerikanischer Sicht, in: Ebenda, S. 82–103, hier S. 98–100, 86; Leopold-Bill v. Bredow, Die Berliner Vorbereitungen und das Programm des Präsidentenbesuches, in: Ebenda, S. 106–127, hier S. 110, 122.

64 Zit. nach Rott, Die Insel, S. 406.

»Die Mauer durchlässiger machen«: Die Politik der Reiseerleichterungen – Roger Engelmann

1 Wolfgang Schollwer, Liberale Opposition gegen Adenauer. Aufzeichnungen 1957–1961, hrsg. v. Monika Fassbender, München 1990, S. 158.

2 Schreiben des Regierenden Bürgermeisters von Berlin, Brandt, an Präsident Kennedy, 16.8.1961, in: Dokumente zur Deutschlandpolitik, hrsg. v. Bundesministerium für innerdeutsche Beziehungen, IV. Reihe, Bd. 7, Frankfurt a. M. 1976, S. 48 f., hier S. 49.

3 Vgl. Gerhard Kunze, Grenzerfahrungen. Kontakte und Verhandlungen zwischen dem Land Berlin und der DDR 1949–1989, Berlin 1999, S. 41 f.

4 Auch zu den weiteren vergeblichen Bemühungen vgl. ebenda, S. 41–62; Steffen Alisch, »Die Insel sollte sich das Meer nicht zum Feind machen!« Die Berlin-Politik der SED zwischen Bau und Fall der Mauer, München 2004, S. 81–95.

5 Aus dem Interview des Regierenden Bürgermeisters von Berlin, Brandt, für Der Spiegel, 10.1.1962, in: Willy Brandt, Berliner Ausgabe, Bd. 3: Berlin bleibt frei. Politik in und für Berlin 1947–1966, bearb. v. Siegfried Heimann, Bonn 2004, S. 359–365, hier S. 361.

6 Vgl. Bernd Eisenfeld/Roger Engelmann, 13. August 1961: Mauerbau. Fluchtbewegung und Machtsicherung, Bremen 2001, S. 105–107.

7 Egon Bahr, Zu meiner Zeit, München 1996, S. 138.

8 Vgl. Kunze, Grenzerfahrungen, S. 82–92; zur Anbindung Bergs an die HV A vgl. Hubertus Knabe, Die unterwanderte Republik. Stasi im Westen, Berlin 1999, S. 31–38.

9 Vgl. Kunze, Grenzerfahrungen, S. 134 f.

10 Vgl. Gerhard Wettig, Chruschtschows Berlin-Krise 1958 bis 1963. Drohpolitik und Mauerbau, München 2006, S. 274–277; Hermann Wentker, Außenpolitik in engen Grenzen. Die DDR im internationalen System 1949–1989, München 2007, S. 235 f.; Alisch, Die Insel, S. 94.

11 Laut Manfred Gerlach, damals Generalsekretär der Blockpartei LDPD, in einem Interview am 21.3.1991, zit. nach Roger Engelmann, Brüchige Verbindungen. Die Beziehungen zwischen FDP und LDPD 1956–1966, in: Ders./Paul Erker, Annäherung und Abgrenzung. Aspekte deutsch-deutscher Beziehungen 1956–1969, München 1993, S. 13–132, hier S. 116.

12 Zit. nach Kunze, Grenzerfahrungen, S. 121.

13 Zit. nach ebenda, S. 116.

14 Ministerium für Staatssicherheit, Abschlußbericht über die Durchführung des Berliner Abkommens, 14.1.1964 (Bericht Nr. 40/64 mit internem Verteiler: Minister, Stv. Minister Bruno Beater, Leiter der Abteilung Agitation Günter Halle), in: BStU, MfS, ZAIG 31073, Bd. 2, Bl. 376.

15 Zit. nach Kunze, Grenzerfahrungen, S. 130.

16 Ministerium für Staatssicherheit, Abschlußbericht, Bl. 377.

17 Vgl. Kunze, Grenzerfahrungen, S. 130 f.
18 Ministerium für Staatssicherheit, Abschlußbericht, Bl. 407.
19 Ebenda, Bl. 409.
20 Ebenda, Bl. 415.
21 Ebenda, Bl. 420.
22 Ebenda, Bl. 417 f.
23 Ebenda.
24 Vgl. Kunze, Grenzerfahrungen, S. 121, 133.
25 Leicht abweichende Zahlen ebenda, S. 131, und Alisch, Die Insel, S. 109.
26 Zit. nach Kunze, Grenzerfahrungen, S. 135.
27 Vgl. ebenda, S. 172.
28 Zum Kontext: Daniel Korsthorst, Sowjetische Geheimpolitik in Deutschland? Chruschtschow und die Adschubej-Mission 1964, in: VfZ 44 (1996), S. 257–293.
29 Zahlen bei Kurt Plück, Innerdeutsche Beziehungen auf kommunaler und Verwaltungsebene, in Wissenschaft, Kultur und Sport und ihre Rückwirkungen auf die Menschen im geteilten Deutschland, in: Materialien der Enquete-Kommission »Aufarbeitung von Geschichte und Folgen der SED-Diktatur in Deutschland«, Bd. V.3, Baden-Baden 1995, S. 2015–2064, hier S. 2024 f.
30 Vgl. Peter Bender, Neue Ostpolitik. Vom Mauerbau bis zum Moskauer Vertrag, München 1986, S. 93–95. Siehe auch Engelmann, Brüchige Verbindungen, S. 116 f., 120 f.
31 Vgl. Kunze, Grenzerfahrungen, S. 180–216; Alisch, Die Insel, S. 116–123; Wentker, Außenpolitik, S. 242 f.
32 Vgl. Kunze, Grenzerfahrungen, S. 203.
33 Vgl. Eisenfeld/Engelmann, 13. August, S. 78 f.
34 Vgl. Bender, Neue Ostpolitik, S. 128.
35 Vgl. Paul Erker, »Arbeit nach Westdeutschland«. Innenansichten des deutschlandpolitischen Apparates der SED 1959–1969, in: Engelmann/Erker, Annäherung, S. 133–196, hier S. 179.
36 Vgl. Wentker, Außenpolitik, S. 337 f.
37 Rede Mielkes auf der Zentralen Dienstkonferenz am 16.11.1972, zit. nach Jens Gieseke, Der Mielke-Konzern. Die Geschichte der Stasi 1945–1990, erw. u. aktual. Neuaufl., München 2006, S. 88.
38 Begriffsdefinitionen in: Siegfried Suckut (Hrsg.), Das Wörterbuch der Staatssicherheit. Definitionen zur »politisch-operativen Arbeit«, Berlin 1996, S. 219–221.
39 Zahlen bei Plück, Innerdeutsche Beziehungen, S. 2015 f. Teilweise differierende Zahlen bei Bender, Neue Ostpolitik, S. 279.
40 Vgl. Daniela Münkel, Staatssicherheit in der Region. Die geheimen Berichte der MfS-Kreisdienststelle Halberstadt an die SED, in: Deutschland Archiv 43 (2010), S. 31–38, hier S. 36 f.
41 Angaben bei Bender, Neue Ostpolitik, S. 279.

42 Vgl. Walter Süß, Die Staatssicherheit im letzten Jahrzehnt der DDR. Geschichte der Staatssicherheit, Berlin 2009, S. 78–80.
43 KD Halberstadt, Information 25/88 über Genossen B., BT-Leiter im VEB WBK, in: BStU, MfS, BV Mgdb., KD Hbs. 771, Bl. 169 f.
44 Vgl. Süß, Die Staatssicherheit, S. 80, insbes. Anm. 435.
45 Der Begriff »Sogwirkung« wird in der einschlägigen Literatur zumeist in einer engeren Bedeutung mit Bezug auf die Ausreisebewegung gebraucht. Vgl. insbesondere Manfred Gehrmann, Die Überwindung des »Eisernen Vorhangs«. Die Abwanderung aus der DDR in die BRD und Westberlin als innerdeutsches Migranten-Netzwerk, Berlin 2009, S. 295–307 und passim.
46 Anzahl der sogenannten Sperrbrecher: 901 (1970), 832 (1971), 1245 (1972), 1842 (1973), 969 (1974), 673 (1975). Vgl. DDR-Handbuch, hrsg. v. Bundesministerium für innerdeutsche Beziehungen, Bd. 1, 3., überarb. und erw. Aufl., Köln 1985, S. 419.
47 Siehe auch die Beiträge von Thomas Lindenberger und Gerhard Sälter in diesem Band.
48 Bender, Neue Ostpolitik, S. 123.
49 Deutsch-amerikanisches Regierungsgespräch in Stonewall, Texas, 28.12.1963, in: Akten zur Auswärtigen Politik der Bundesrepublik Deutschland 1963, Bd. III, hrsg. im Auftrag des Auswärtigen Amtes vom Institut für Zeitgeschichte, München 1994, S. 1680–1688, hier S. 1681.

Der 9. November 1989 – Walter Süß

1 Vgl. Walter Süß, Staatssicherheit am Ende. Warum es den Mächtigen nicht gelang, 1989 eine Revolution zu verhindern, Berlin 1999, S. 287 f., 398 f., 447 f.
2 Vgl. Ende des Wiener Folgetreffens, 15.1.1989, in: Archiv der Gegenwart 59 (1989), S. 32958–32966, hier S. 32965.
3 Rede Honeckers vor dem Thomas-Müntzer-Komitee in Berlin, in: Neues Deutschland, 20.1.1989.
4 Dies und die folgenden Zitate in: ZAIG, Vermerk vom 17.8.1989, in: BStU, MfS, ZAIG 7438, Bl. 1–3.
5 Abschließendes Dokument des Wiener Treffens 1986 der Vertreter der Teilnehmerstaaten der Konferenz über Sicherheit und Zusammenarbeit in Europa, welches auf der Grundlage der Bestimmungen der Schlußakte betreffend die Folgen der Konferenz abgehalten wurde, Wien 1989, S. 11.
6 Vgl. Oberst Hackenberg (ZAIG), Vermerk vom 23.8.1989, in: BStU, MfS, ZAIG 7438, Bl. 4 f.
7 [Egon Krenz,] Notizen, 17.9.1989, in: SAPMO-BA, IV 2/2039/77, Bl. 36–55, hier Bl. 54.
8 HA IX/AKG, Gedanken zur grundsätzlichen Lösung der aktuellen Probleme zu ständigen Ausreisen von DDR-Bürgern, 12.9.1989, in: BStU, ZA, ZAIG 7438, Bl. 7–9.

9 Dazu ausführlich: Süß, Staatssicherheit, S. 242–245, 252–275.
10 Rede von Krenz in: Wortprotokoll der 9. ZK-Tagung, 18.10.1989, in: Hans-Hermann Hertle/Gerd-Rüdiger Stephan (Hrsg.), Das Ende der SED. Die letzten Tage des Zentralkomitees, Berlin 1997, S. 103–133, hier S. 117.
11 »Gesetz über Reisen von Bürgern der Deutschen Demokratischen Republik in das Ausland – Reisegesetz – vom …«; Vermerk: »Entwurf 13. Okt. 1989«, in: BStU, MfS, ZAIG 7438, Bl. 44–48.
12 Notiz, überschrieben mit »2. Oktoberwoche«, d.h. der Zeitraum zwischen dem 8. und dem 14.10.1989, in: BStU, MfS, RS 101, Bl. 39–41.
13 Egon Krenz, Erich Mielke, Gerhard Schürer, Friedrich Dickel, Oskar Fischer, Vorlage zu »Regelungen zu Reisen von Bürgern der DDR in das Ausland«, 20.10.1989; Anlage zum Arbeitsprotokoll der Politbüro-Sitzung am 24.10.1989, in: SAPMO-BA, DY 30, J IV 2/2A/3250.
14 Vgl. Schreiben von Planungschef Gerhard Schürer an Innenminister Dickel, 27.10.1989, in: SAPMO-BA, DY 30, J IV 2/2A/3252.
15 Vgl. Beschluss des Politbüros vom 31.10.1989 zu Tagesordnungspunkt 4, in: SAPMO-BA, DY 30, J IV, 2/2/2356 u. 2/2A/2352 (Arbeitsprotokoll).
16 In: Neues Deutschland, 6.11.1989.
17 Vgl. Walter Süß, Der Untergang der Staatspartei, in: Klaus-Dietmar Henke (Hrsg.), Revolution und Vereinigung 1989/90. Als in Deutschland die Realität die Phantasie überholte, München 2009, S. 284–306, hier S. 287–289.
18 Vgl. Vorlage von Wolfgang Herger für das Politbüro des ZK der SED »Aufhebung der zeitweiligen Aussetzung des paß- und visafreien Reiseverkehrs in die CSSR«, 27.10.1989, in: BStU, MfS, SdM 664, Bl. 42–45.
19 Dazu ausführlicher: Süß, Staatssicherheit, S. 424–426.
20 Vgl. Fernschreiben des Leiters der Zentralen Koordinierungsgruppe an die Leiter der Bezirksverwaltungen für Staatssicherheit, 4.11.1989, in: BStU, MfS, BV Berlin, A 1184, Bl. 3; Hannes Bahrmann/Christoph Links, Wir sind das Volk. Die DDR im Aufbruch – eine Chronik, Berlin 1990, S. 81.
21 Vgl. »Hinweise zur Entwicklung des Verlassens der DDR«, o.D., in: BStU, MfS, Neiber 553, Bl. 10f.
22 Vgl. Hans-Hermann Hertle, Chronik des Mauerfalls. Die dramatischen Ereignisse um den 9. November 1989, Berlin 1996, S. 110f.
23 Arbeitsprotokoll der Politbüro-Sitzung am 7.11.1989, in: SAPMO-BA, J IV 2/2A/3255; vgl. Gespräch mit Wolfgang Herger am 5.3.1992, in: Hans-Hermann Hertle, Der Fall der Mauer. Die unbeabsichtigte Selbstauflösung des SED-Staates, Opladen 1996, S. 336–352, hier S. 337f.
24 Sie bestand neben Oberst Gerhard Lauter, dem Leiter der Hauptabteilung Pass- und Meldewesen, aus Generalmajor Gotthard Hubrich,

dem Leiter der Hauptabteilung Innere Angelegenheiten, vom Ministerium des Innern (MdI), Oberst Udo Lemme, dem Leiter der Rechtsstelle, und Oberst Hans-Joachim Krüger, dem stellvertretenden Leiter der Hauptabteilung VII (Überwachung des MdI) vom MfS. Vgl. Hertle, Chronik, S. 119f.

25 Gespräch mit Gerhard Lauter am 24.2.1992, in: Hertle, Fall, S. 322–335, hier S. 328.

26 Ausführlicher in: Süß, Staatssicherheit, S. 435–437; vgl. Gespräch mit Wolfgang Herger, S. 347f.

27 Ministerrat, Beschluss, 9.11.1989, in: SAPMO-BA, DC-20 I/3/2867, Bl. 44–51.

28 Ebenda. In einem Interview mit Spiegel TV hat Gerhard Lauter berichtet, es sei außerdem eine Sperrfrist 4 Uhr festgelegt worden. Auf den Exemplaren der entsprechenden Vorlagen im Bundesarchiv ist ein solcher Hinweis nicht enthalten. Vgl. Interview mit Gerhard Lauter, in: 9. November '89. Das Protokoll eines historischen Versehens, historische Dokumentation, zusammengestellt von Marc Brasse und Florian Huber, wissenschaftliche Beratung Hans-Hermann Hertle, Spiegel TV DVD Nr. 21, Hamburg 2009.

29 Vgl. Schreiben des Ministers der Justiz, i.V. Dr. Wittenbeck, an das Sekretariat des Ministerrates vom 9.11.1989, in: SAPMO-BA, DC-20 I/3/2867, Bl. 52; vgl. Hertle, Fall, S. 225f.

30 Vgl. Hertle, Chronik, S. 123f.

31 Redebeitrag von Krenz, in: Wortprotokoll der 10. ZK-Tagung, 2. Beratungstag, 9.11.1989, in: Hertle/Stephan (Hrsg.), Ende der SED, S. 242–379, hier S. 303–305.

32 Dazu ausführlich Hans-Hermann Hertle/Gerd-Rüdiger Stephan, Die letzten Tage des Zentralkomitees der SED. Einführung und historischer Überblick, in: Dies (Hrsg.), Ende der SED, S. 20–100, hier S. 59–74.

33 Vgl. Interview mit Schabowski, in: 9. November '89 (Spiegel TV).

34 Vgl. hierzu und zum Folgenden Hertle, Chronik, S. 141–148, dort ist auch eine Tonbandabschrift der entscheidenden Passage dieser Pressekonferenz zu finden.

35 Zur Frage, ob Schabowski von Krenz der Ministerratsbeschluss (mit Datum 10.11.) oder die Presseerklärung (ohne Datum) gegeben worden war, vgl. Süß, Staatssicherheit, S. 440f.

36 Alle Zitate nach Hertle, Chronik, S. 151–155.

37 Vgl. hierzu und zum Folgenden Hertle, Fall, S. 180–187, und Gespräch mit Harald Jäger, am 7.8.1995, in: Ebenda, S. 380–389.

38 Interview mit Harald Jäger, in: 9. November '89 (Spiegel TV).

39 Hans-Hermann Hertle, Gespräch mit dem stellvertretenden Leiter der PKE Invalidenstraße, in: Deutschland Archiv 32 (1999), S. 749–755, hier S. 750.

40 Vgl. Gespräch mit Harald Jäger, S. 386.

41 Interview mit Harald Jäger, in: 9. November ’89 (Spiegel TV).
42 Im Detail ist das nachzulesen bei Hertle, Fall, S. 187–202, und in der Text-Collage von Hans-Hermann Hertle/Kathrin Elsner, Mein 9. November. Der Tag, an dem die Mauer fiel, Berlin 1999.
43 Sendetext, in: Ebenda, S. 132–134.
44 Vgl. [ZAIG,] »Information über die Entwicklung der Lage an den Grenzübergangsstellen der Hauptstadt zu Westberlin sowie an den Grenzübergangsstellen der DDR zur BRD«, 10.11.1989, in: BStU, MfS, Mittig 30, Bl. 96–106.
45 Fernschreiben von Neiber an alle Bezirksverwaltungen, 9.11.1989, in: BStU, MfS, BdL-Dok 004401. Die Uhrzeit, zu der dieses Telegramm versandt wurde, ist nicht vermerkt.
46 Um 19.30 Uhr hatte der stellvertretende Innenminister, Generaloberst Wagner, die Bezirksdirektionen der Volkspolizei informiert, die neue Reiseregelung sei »mit sofortiger Wirkung in Kraft gesetzt«. Vor Reise oder Ausreise seien Visaanträge bei den Volkspolizeikreisämtern zu stellen. Fernschreiben des Ministers des Innern, i. V. Wagner, 9.11.1989, in: BStU, MfS, Neiber 553, Bl. 23–25.
47 Interview mit Radio DDR I, 4 Uhr, Abschrift, in: RIAS-Monitor, 12.11.1989.
48 [ZAIG,] »Information über die Entwicklung der Lage …«, 10.11.1989, Bl. 96f.
49 »Aus- und Einreisestatistik«, handschriftl., in: BStU, MfS, Neiber 618, Bl. 272.
50 Es waren zu diesem Zeitpunkt nach der Zählung des DDR-Innenministeriums und bundesdeutscher bzw. Westberliner Behörden etwa zehntausend. Vgl. ADN-Meldung »Weit über vier Millionen Visa für Bürger der DDR erteilt«, 12.11.1989, in: BPA/DDR-Spiegel I, 13.11.1989, S. 13.
51 Vgl. Süß, Staatssicherheit, S. 148–154.
52 Befehl Nr. 11/89 des Vorsitzenden des Nationalen Verteidigungsrates der Deutschen Demokratischen Republik über Maßnahmen zur Gewährleistung der Sicherheit und Ordnung in den Bezirken der Deutschen Demokratischen Republik, 3.11.1989, in: BStU, MfS, ZAIG 14392, Bl. 17–20.

Die strafrechtliche Ahndung der Gewalttaten an der innerdeutschen Grenze – Clemens Vollnhals

1 Vgl. Toralf Rummler, Die Gewalttaten an der deutsch-deutschen Grenze vor Gericht, Berlin 2000, S. 248ff. Zur justiziellen Problematik vgl. auch Herwig Roggemann, Systemunrecht und Strafrecht am Beispiel der Mauerschützen in der ehemaligen DDR, Berlin 1993; Henning Rosenau, Tödliche Schüsse im staatlichen Auftrag. Die strafrechtliche Verantwortung von Grenzsoldaten für den Schußwaffengebrauch an der deutsch-deutschen Grenze, 2. Aufl., Baden-Baden 1998; und die

Auswahlbibliografie bei: Strafjustiz und DDR-Unrecht, Bd. 2: Gewalttaten an der deutsch-deutschen Grenze, hrsg. v. Klaus Marxen/Gerhard Werle, Berlin 2002, S. 1003–1011, dort auch eine Verfahrensübersicht.

2 Vgl. Rummler, Gewalttaten, S. 18ff. Zu den organisatorischen Voraussetzungen vgl. auch Klaus Marxen/Gerhard Werle, Die strafrechtliche Aufarbeitung von DDR-Unrecht. Eine Bilanz, Berlin 1999, S. 157ff.

3 Erstinstanzliches Urteil des Landgerichts Berlin vom 20.1.1992, Az. (523) 2 Js 48/90 (9/91), in: Strafjustiz, Bd. 2, S. 5–68, hier S. 52f. Zum Verfahren vgl. die Reportage von Roman Grafe, Deutsche Gerechtigkeit. Prozesse gegen DDR-Grenzschützen und ihre Befehlshaber, München 2004, S. 19–23; ders., Die Prozesse wegen der Tötung des Mauerflüchtlings Chris Gueffroy. Eine Dokumentation, in: Deutschland Archiv 37 (2004), S. 977–982. Zu Gueffroy vgl. Udo Baron/Hans-Hermann Hertle, Chris Gueffroy, in: Zentrum für Zeithistorische Forschung Potsdam/Stiftung Berliner Mauer (Hrsg.), Die Todesopfer an der Berliner Mauer 1961–1989. Ein biographisches Handbuch, Berlin 2009, S. 429–433.

4 Am 25. März 1993 hob der BGH den Strafausspruch gegen den Todesschützen auf, da er in der militärischen Hierarchie ganz unten gestanden habe, und ordnete eine Neuverhandlung an; der andere Schütze wurde mangels nachweisbaren Tötungsvorsatzes freigesprochen. Mit Urteil vom 14. März 1994 verhängte das LG Berlin in letzter Instanz gegen den Todesschützen eine zweijährige Haftstrafe zur Bewährung. Vgl. Revisionsurteil des Bundesgerichtshofs vom 25.3.1994, Az. 5 StR 418/92, in: Strafjustiz, Bd. 2, S. 71–101.

5 Erstinstanzliches Urteil des Landgerichts Berlin vom 5.2.1992, Az. (518) 2 Js 63/90 KLs (57/91), in: Strafjustiz, Bd. 2, S. 105–132. Zur Biografie vgl. Udo Baron, Michael Schmidt, in: Zentrum für Zeithistorische Forschung Potsdam/Stiftung Berliner Mauer (Hrsg.), Todesopfer, S. 405–408. Weitere erstinstanzliche Urteile vor der Grundsatzentscheidung des BGH bei Rummler, Gewalttaten, S. 296f.

6 Gustav Radbruch, Gesetzliches Unrecht und übergesetzliches Recht, in: Süddeutsche Juristenzeitung 1 (1946), S. 105–108, hier S. 105.

7 Revisionsurteil des Bundesgerichtshofs vom 3.11.1992, Az. 5 StR 370/92, in: Strafjustiz, Bd. 2, S. 135–155. Zugleich bestätigte der BGH das Urteil des LG Berlin. Zur Rechtsprechung des BGH vgl. auch Rummler, Gewalttaten, S. 298–340.

8 Revisionsurteil des Bundesgerichtshofs vom 26.7.1994, Az. 5 StR 167/94 in: Strafjustiz, Bd. 2, S. 179–187, hier S. 182.

9 Beschluss des Bundesverfassungsgerichts vom 24.10.1996, Az. 2 BvR 1851/94; 2 BvR 1852/94; 2 BvR 1853/94; 2 BvR 1875/94; in: Ebenda, S. 609–640, hier S. 609, vgl. auch S. 633f.

10 Die Ergebnisse entsprechender Meinungsumfragen finden sich bei

Heiko Wingenfeld, Die öffentliche Debatte über die Strafverfahren wegen DDR-Unrechts. Vergangenheitsaufarbeitung in der bundesdeutschen Öffentlichkeit der 90er Jahre, Berlin 2006, S. 32ff.

11 Erstinstanzliches Urteil des Landgerichts Berlin vom 16.9.1993, Az. (527) 2 Js 26/90 Ks (10/92), in: Strafjustiz, Bd. 2, S. 501–594. Aus der Freiheitsstrafe für Albrecht bildete das Gericht unter Einbeziehung von Strafen aus einem Urteil des Bezirksgerichts Magdeburg (wegen Anstiftung zur Untreue im schweren Fall und unbefugten Waffenbesitzes) eine Gesamtfreiheitsstrafe von viereinhalb Jahren. Zum Verfahren vgl. Grafe, Gerechtigkeit, S. 24–31; Uwe Wesel, Der Honecker-Prozess. Ein Staat vor Gericht, Frankfurt a.M. 1994.

12 Mielke wurde jedoch in einem anderen Verfahren vor dem LG Berlin am 26. Oktober 1993 wegen der Ermordung zweier Polizisten im Jahre 1931 und versuchten Mordes zu einer Freiheitsstrafe von sechs Jahren verurteilt.

13 Vgl. Karl Wilhelm Fricke, Zwischen Rechtstaatlichkeit und Gerechtigkeit. Das Dilemma des Honecker-Prozesses, in: Deutschland Archiv 26 (1993), S. 139–141.

14 Revisionsurteil des Bundesgerichtshofs vom 26.7.1994, Az. 5 StR 98/94, in: Strafjustiz, Bd. 2, S. 599–607, hier S. 605 und 601. Gegen das Urteil legten Keßler, Streletz und Albrecht mit Berufung auf das Rückwirkungsverbot Beschwerde beim Bundesverfassungsgericht ein, das am 24. Oktober 1996 die Rechtsprechung des BGH bestätigte.

15 Erstinstanzliches Urteil des Landgerichts Berlin vom 25.8.1997, Az. (527) 25/2 Js 20/92 Ks (1/95), in: Ebenda, S. 645–884. Vgl. auch Der Politbüro-Prozeß. Eine Dokumentation, hrsg. v. Redaktion »Neue Justiz«, Baden-Baden 2001 (enthält auch den Schlussvortrag der Staatsanwaltschaft, die Plädoyers der Verteidiger und die Schlussworte der Angeklagten). Zum Verfahren vgl. die Reportage Grafes, Gerechtigkeit, S. 81ff., 90f., 98ff.,109ff., 123f., 129f., 137f., 144f., 148ff., 161ff., 167f., 180f., 183ff., 193, 196f., 201, 203f., 214, 220–247.

16 So Christian Bommarius, Gerechtigkeit für Krenz, in: Berliner Zeitung, 26.8.1997. Vgl. auch Frankfurter Allgemeine Zeitung und Süddeutsche Zeitung, 26.8.1997.

17 Revisionsurteil des Bundesgerichtshofs vom 8.11.1999, Az. 5 StR 632/98, in: Strafjustiz, Bd. 2, S. 891–908.

18 Beschluss (Nichtannahme der Verfassungsbeschwerde) des Bundesverfassungsgerichts vom 12.1.2000, Az. 2 BvQ 60/99; 2 BvR 2414/99, in: Ebenda, S. 911–913.

19 Urteil des Europäischen Gerichtshofs für Menschenrechte vom 22.3.2001, Beschwerden Nr. 34044/96, 35532/97 und 44801/98, in: Ebenda, S. 915–937.

20 Erstinstanzliches Urteil des Landgerichts Berlin vom 7.7.2000, Az. (532) 25 Js 4/94 Ks (9/96), in: Ebenda, S. 941–959.

21 Revisionsurteil des Bundesgerichtshofs vom 6.11.2002, Az. 5 StR 281/01, in: Datenbank Entscheidungen des BGH, online unter: http://juris.bundesgerichtshof.de [31.10.2010].

22 Vgl. Matthias Schlegel, Mann des Westens, in: Der Tagesspiegel, 13.5.2004. Häber hatte dem Politbüro nur für 18 Monate angehört und war nach politischen Differenzen im November 1985 ausgeschieden. Vgl. auch Peter Jochen Winters, Der Fall Herbert Häber, in: Deutschland Archiv 37 (2004), S. 562–568.

23 Vgl. Mechthild Küpper, Bewährungsstrafen im Politbüro-Prozeß, in: FAZ, 7.8.2004; AP, Bewährungsstrafen im Politbüro-Prozess, in: Süddeutsche Zeitung, 7./8.8.2004.

24 Vgl. Katja Füchsel/Kerstin Gehrke, Beihilfe zum Mord – aber die Täter bleiben straffrei, in: Der Tagesspiegel, 10.11.2004; Ws, Urteile im letzten Mauerschützenprozess, in: FAZ, 10.11.2004.

25 In diesem Exzessfall war der Flüchtling (Walter Kittel) nach seiner Gefangennahme erschossen worden. Das LG Potsdam verurteilte am 9. Dezember 1992 den Schützen lediglich wegen Totschlags zu sechs Jahren Haft und einen weiteren Grenzsoldaten zu einer Freiheitsstrafe von zwei Jahren auf Bewährung. Der BGH erkannte am 20. Oktober 1993 auf Mord und verurteilte den Täter zu der nach DDR-Recht zulässigen Mindeststrafe von zehn Jahren Gefängnis. Siehe Erstinstanzliches Urteil des Bezirksgerichts Potsdam vom 9.12.1992, Az. 3 Ks 67/92, in: Strafjustiz, Bd. 2, S. 353–377; Revisionsurteil des Bundesgerichtshofs vom 20.10.1993, Az. 5 StR 473/93, in: Ebenda, S. 379–388. Vgl. Grafe, Gerechtigkeit, S. 260f.

26 Alle Angaben nach Zentrum für Zeithistorische Forschung Potsdam/Stiftung Berliner Mauer (Hrsg.), Todesopfer, S. 24.

27 Vgl. Klaus Marxen/Gerhard Werle/Petra Schäfer, Die Strafverfolgung von DDR-Unrecht. Fakten und Zahlen, Berlin 2007, S. 41, 43. Diese Angaben korrigieren die Statistik mit Stand vom 1. Juli 2002 in: Marxen/Werle, in: Strafjustiz, Bd. 2, S. XXVII-LII, hier S. XXXVII.

28 Zu diesem Verfahren vor dem LG Berlin und dem gleichzeitig stattfindenden Verfahren gegen das Kollegium beim Minister für Nationale Verteidigung vgl. die Prozessreportage von Grafe, Gerechtigkeit, S. 40ff. Siehe auch Roman Grafe, »Niemals Zweifel gehabt«. Der Prozess gegen die Grenztruppen-Führung der DDR, in: Deutschland Archiv 29 (1996), S. 862–871; ders., »Ziele mit dem ersten Feuerstoß vernichten«. Urteile gegen die Militärführung der DDR, in: Deutschland Archiv 30 (1997), S. 525f.

29 Vgl. auch Hansgeorg Bräutigam, Die Toten an der Berliner Mauer und an der innerdeutschen Grenze und die bundesdeutsche Justiz, in: Deutschland Archiv 37 (2004), S. 969–976.

30 Joachim Käppner, Siegerjustiz sieht anders aus, in: Süddeutsche Zeitung, 7./8.8.2004.

Die Mauer in der deutschen Erinnerungskultur – Sebastian Richter

1 Vgl. Reinhard Rürup, Demokratische Erinnerungskultur, in: Materialien der Enquete-Kommission »Überwindung der Folgen der SED-Diktatur im Prozess der deutschen Einheit«, Bd. VI, Baden-Baden 1999, S. 149–156, hier S. 149. Siehe auch den Beitrag von Gabriele Camphausen und Manfred Fischer in diesem Band.

2 Vgl. Maren Ullrich, Geteilte Ansichten. Erinnerungslandschaft deutsch-deutsche Grenze, Berlin 2006; sowie den Beitrag von Rainer E. Klemke in diesem Band.

3 Vgl. Christoph Cornelißen, Was heißt Erinnerungskultur? Begriff – Methoden – Perspektiven, in: GWU 54 (2003), S. 548–563, hier S. 555.

4 Vgl. Nikolaus Wegmann, Die Mauer 1961–1989, in: Weimarer Beiträge 47 (2001), S. 104–123. Die gegenseitige Aufeinanderbezogenheit der unterschiedlichen Dimensionen von Erinnerungskultur spiegelt sich in ihren Definitionen als ein »Ober-« bzw. »Sammelbegriff« nur bedingt wider; vgl. Cornelißen, Erinnerungskultur, S. 555; Hans-Günter Hockerts, Zugänge zur Zeitgeschichte: Primärerfahrung, Erinnerungskultur, Geschichtswissenschaft, in: Konrad H. Jarausch/Martin Sabrow (Hrsg.), Verletztes Gedächtnis. Erinnerungskultur und Zeitgeschichte im Konflikt, Frankfurt a. M. 2002, S. 39–74, hier S. 41. Siehe auch die Beiträge von Lutz Henke und Anke Kuhrmann in diesem Band.

5 Edgar Wolfrum, Neue Erinnerungskultur? Die Massenmedialisierung des 17. Juni 1953, in: Aus Politik und Zeitgeschichte B40–41 (2003), S. 33–39, hier S. 36.

6 Bezirk hält nichts von Mauer-Gedenkstätte, in: Berliner Zeitung, 14.8.1990. Alle im Beitrag zitierten Presseartikel sind der Pressedokumentation (PD) »13. August« im Archiv der DDR-Opposition in der Robert-Havemann-Gesellschaft e. V. (RHG) entnommen: RHG/PD II/89b I; sowie RHG/PD II/89 b II. Siehe auch den Beitrag von Gabriele Camphausen und Manfred Fischer in diesem Band.

7 Vgl. Andrew H. Beattie, Playing Politics with History. The Bundestag Inquiries into East Germany, New York 2008; Martin Sabrow, Die DDR erinnern, in: Ders. (Hrsg.), Erinnerungsorte der DDR, München 2009, S. 11–27, hier S. 18f.

8 Für US-Außenministerin Hillary Clinton war der 9. November 2009 Anlass, den Deutschen für ihre Beteiligung im »Kampf gegen den Terrorismus in Afghanistan« zu danken; wus, Fest der Freiheit und der Einheit, in: FAZ, 10.11.2009; vgl. Damir Fras u. a., Spur der Steine, in: Berliner Zeitung, 10.11.2009; K. Schoelkopf/B. Schiemann/S. Flatau, »Der Einzelne zählte nichts«, in: Die Welt, 14.8.2009; vgl. den kritischen Beitrag von Thomas Moser, Domino und andere Spiele. Von der Boulevardisierung und Privatisierung einer Revolution. Eine Widerrede, in: Deutschland Archiv 43 (2010), S. 117–122.

9 Vgl. Anne Kaminsky (Hrsg.), Orte des Erinnerns. Gedenkzeichen, Ge-

denkstätten und Museen zur Diktatur in SBZ und DDR, Bonn 2004, S. 59f., 79–84.

10 Vgl. Arbeitsgemeinschaft 13. August. Museum am Checkpoint Charlie. Verlag Haus am Checkpoint Charlie, Unsere Arbeit, Faltblatt von 1985, in: RHG/AI/12a.

11 Vgl. how, Fast tausend Menschen starben an der DDR-Grenze, in: Der Tagesspiegel, 13.8.2002; Andreas Conrad, Die Opfer der Mauer, in: Der Tagesspiegel, 13.8.2003; Margarete Raabe, Tag des Mauerbaus: Berlin gedenkt der Opfer der Teilung, in: Die Welt, 13.8.2004.

12 Siehe den Beitrag von Konrad H. Jarausch in diesem Band.

13 Vgl. Wolfgang Templin, Mauer am Checkpoint Charlie, in: Die Welt, 25.10.2004; Nikolaus Bernau, Kreuze und Stelen, in: Berliner Zeitung, 13.1.2005; Stefan Schulz, Mauer-Mahnmal, in: Berliner Morgenpost, 4.7.2005.

14 Vgl. Hope M. Harrison, The Demise and Resurrection of the Berlin Wall. German Debates About the Wall as a Site of Memory, in: Birgit Hofmann u.a. (Hrsg.), Diktaturüberwindung in Europa. Neue nationale und transnationale Perspektiven, Heidelberg 2010, S. 195–209.

15 Stefan Berg u.a., Das rote Gespenst, in: Der Spiegel, 8.3.1999.

16 Vgl. Philipp Gessler, Erinnerung in friedlicher Nachbarschaft, in: die tageszeitung, 18.6.2001.

17 Vgl. Daniel Friedrich Sturm, Bloß keine falsche Geste, kein falsches Wort, in: Die Welt, 14.8.2001.

18 Joachim Gauck, Die Eventualdemokraten, in: Der Spiegel, 6.8.2001.

19 Zit. nach Christine Richter, Wahlkampf prägt Mauer-Gedenken der CDU, in: Berliner Zeitung, 13.8.2001.

20 Redemanuskript Klaus Wowereits bei der zentralen Gedenkveranstaltung im Berliner Roten Rathaus am 13.8.2001, Kopie, in: RHG/PD II/89b I.

21 Im August 2001 beschloss der Senat, alle Mauer-Reste unter Denkmalschutz zu stellen und dokumentieren zu lassen. Während dies zur Grundlage des späteren Gedenkkonzepts wurde, konnte die vom Berliner Politiker Michael Cramer (Bündnis 90/Die Grünen) beförderte Idee, einen Teil des Mauerstreifens in und um Berlin zu einem Mauer-Radweg umzuwidmen, 2001 bereits umgesetzt werden. Damit wurde die Sichtbarmachung von Geschichte ebenso gewährleistet, wie schon die Sanierung der bei Touristen beliebten East Side Gallery im Berliner Bezirk Friedrichshain einen an die Freizeitgepflogenheiten der Großstadt angelehnten Weg der Mauer-Erinnerung dargestellt hatte. Die zunächst lokale Idee wuchs durch den Wechsel Cramers ins Europäische Parlament 2004 weiter zum Projekt des »Iron Curtain Trail«, eines europäischen Radwanderwegs entlang des ehemaligen Eisernen Vorhangs; siehe http://www.ironcurtaintrail.eu [14.12.2010]; vgl. I. B., Strieder stellt Mauerreste unter Denkmalschutz, in: Der Tagesspiegel, 12.8.2001.

22 Vgl. Wolfrum, Erinnerungskultur.
23 Hermann Rudolph, Ein Ende, das auch ein Anfang war, in: Süddeutsche Zeitung, 9.8.1986.
24 Vgl. Ulrich Herbert, Der Historikerstreit. Politische, wissenschaftliche, biographische Aspekte, in: Martin Sabrow/Ralph Jessen/Klaus Große Kracht (Hrsg.), Zeitgeschichte als Streitgeschichte. Große Kontroversen seit 1945, München 2003, S. 94–113.
25 Vgl. Edgar Wolfrum, Geschichtspolitik in der Bundesrepublik Deutschland. Der Weg zur bundesrepublikanischen Erinnerung 1948–1990, Darmstadt 1999.
26 Otto Jörg Weis, Brombeerhecken und ein wenig Moos, in: Frankfurter Rundschau, 12.8.1986.
27 Vgl. Karl-Heinz Baum, Träume und ein bisschen Fernweh, in: Ebenda.
28 Vgl. Hans-Herbert Gaebel, Nach dem Stacheldrahttest wurden die Steine aufgetürmt, in: Ebenda.
29 Zit. nach Hans-Hermann Hertle/Konrad H. Jarausch/Christoph Kleßmann, Die fatale Stabilisierung, in: Dies. (Hrsg.), Mauerbau und Mauerfall. Ursachen – Verlauf – Auswirkungen, Berlin 2002, S. 9–18, hier S. 15.
30 Vorwort des Sonderbeauftragten des Bundeskanzlers für Berlin, Ernst Lemmer, in: Verlag Haus am Checkpoint Charlie (Hrsg.), Es geschah an der Mauer. Eine Bilddokumentation des Sperrgürtels um Berlin (West), seine Entwicklung vom »13. August« 1961 bis heute mit den wichtigsten Geschehnissen, 15. Aufl., Berlin 1986 [1969].
31 Vgl. Allensbacher Jahrbuch der Demoskopie, 1978–1983, hrsg. v. Elisabeth Noelle-Neumann/Edgar Piel, München u.a. 1983, S. 214.
32 Presse- und Informationsamt des Landes Berlin (Hrsg.), Die Mauer. 13. August 1961–1986, Berlin 1986, S. 3.
33 Peter Bender, Sind wir unschuldig an dem Monstrum?, in: Die Zeit, 8.8.1986.
34 Klaus Hartung, Perestroika überall, in: die tageszeitung, 21.1.1989.
35 Vgl. Honecker: Mauer wird in 50 und auch in 100 Jahren noch bestehen bleiben, in: Der Tagesspiegel, 20.1.1989; Hartung, Perestroika.
36 Erklärung von Dorothee Wilms, Bundesministerin für innerdeutsche Beziehungen, zum 13. August 1989, dem 28. Jahrestag der Errichtung der Mauer in Berlin, in Bonn am 11. August 1989, in: Bundesminister für innerdeutsche Beziehungen, Informationen, Nr. 15/1989, 25.8. 1989, S. 12, in: RHG/PD II/89b I.
37 Vgl. Der Spiegel 40–43/1989.
38 Presse- und Informationsamt des Landes Berlin (Hrsg.), Es begann am 13. August, Berlin 1961, S. 8; ebenso Hertle/Jarausch/Kleßmann, Stabilisierung, S. 11.
39 Zum Mauer-Legitimationsset zählten der Vorwurf der »ideologischen Diversion« und der Sabotage gegen die DDR sowie die Rede vom »Wirtschaftskrieg«; vgl. Pläne gegen die DDR und wie sie vereitelt wur-

den, in: Neues Deutschland, 6.8.1981; Erich Honecker, Rede auf dem Kampfappell bewaffneter Kräfte in Berlin anlässlich des 20. Jahrestages der Errichtung des antifaschistischen Schutzwalls, 13.8.1981, in: Ders., Reden und Aufsätze, Bd. 8, Berlin 1983, S. 219–222, hier S. 219. Siehe auch den Beitrag von Elena Demke in diesem Band.

40 Ebenda, S. 220; ders., Rede auf dem Kampfappell zum 25. Jahrestag der Errichtung des antifaschistischen Schutzwalls, 13.8.1986, in: Ders., Frieden – höchstes Gut der Menschheit. Ausgewählte Reden und Aufsätze zur Militär- und Sicherheitspolitik der SED (1982–1986), Berlin 1987, S. 396–399, hier S. 397; vgl. Edgar Wolfrum, Die Mauer. Geschichte einer Teilung, München 2009, S. 78–89.

41 Vgl. Thomas Lindenberger, Diktatur der Grenze(n). Die eingemauerte Gesellschaft und ihre Feinde, in: Hertle/Jarausch/Kleßmann (Hrsg.), Mauerbau, S. 203–213. Siehe auch den Beitrag von Thomas Lindenberger in diesem Band.

42 Vgl. Peter Jochen Winters, Ulbricht: Niemand denkt daran, eine Mauer zu errichten, in: FAZ, 12.8.1986.

43 Die DDR-CDU erklärte 1982: »Die Maßnahmen des 13. August haben in entscheidender Stunde den Frieden gesichert. Sie haben die Absicht der aggressivsten Kreise des Imperialismus durchkreuzt, und sie waren der Ausgangspunkt für Abkommen und Verträge, die sich für das Zusammenleben der Menschen als nützlich erwiesen haben«; Vor zehn Jahren, in: Die Kirche, 9.8.1982.

44 Diese Einschätzung bei Wolfrum, Mauer, S. 63, ist gleichwohl zutreffend.

45 Vgl. Patrick Major, Vor und nach dem 13. August 1961. Reaktionen der DDR-Bevölkerung auf den Bau der Berliner Mauer, in: Archiv für Sozialgeschichte 39 (1999), S. 325–354.

46 Martin Ahrends, Was falsch war, wurde richtig, in: Berliner Zeitung, 12./13.8.2006.

47 Ebenda.

48 Götz Aly, Warte nur auf bessere Zeiten, in: Berliner Zeitung, 6.8. 2001.

49 So bei Dirk Banse/Michael Behrendt, Das große Gefängnis DDR, in: Berliner Morgenpost, 8.8.2001.

50 Vgl. Christine Brecht, Jubelparaden und Heldengedenken. Wie der Jahrestag des Mauerbaus in der DDR gefeiert wurde, in: Horch und Guck 62 (2008), S. 14–19.

51 Vgl. Christof Geisel, Auf der Suche nach einem dritten Weg. Politisches Selbstverständnis der DDR-Opposition in den achtziger Jahren, Berlin 2005.

52 Vgl. das »Interview« mit einem DDR-Grenzsoldaten: Hans-Dieter Schütt/Peter Neumann, Nachtschicht zwischen Kreuzberg und Leipziger, in: Junge Welt, 13.8.1987.

53 Vgl. zu den DDR-Enquete-Kommissionen des Bundestages Beattie,

Politics, S. 228–241; vgl. zur Erinnerung an die deutsch-deutsche Grenze Ullrich, Ansichten, S. 33 f.; sowie Wolfrum, Mauer, S. 147.

54 Vgl. Robert Alexy, Mauerschützen. Zum Verhältnis von Recht, Moral und Strafbarkeit, Hamburg 1993; sowie den Beitrag von Clemens Vollnhals in diesem Band.

55 Vgl. Neuigkeiten zur Rolle der Kampfgruppen am 13. August, in: Berliner Zeitung, 10.8.1991; sowie Peter Möbius/Helmut Trotnow, Das Mauer-Komplott, in: Die ZEIT, 9.8.1991.

56 Vgl. Der Spiegel, 26–28/1991.

57 Rudolf Augstein, Vernunft vor Recht, in: Der Spiegel, 1.7.1991.

58 Vgl. Ulrich Scharlack, Geschichtsstunden im Berliner Landgericht, in: Berliner Zeitung, 30.7.1993; »Die Mauer war ein Problem, jetzt haben wir andere Probleme«, in: Thüringer Landeszeitung, 13.8. 1993.

59 Vgl. Sabine Deckwerth, Gedenken und Protest am 33. Jahrestag des Mauerbaus, in: Berliner Zeitung, 15.8.1994.

60 Vgl. Auch die PDS kam mit Kränzen zum Fechter-Mahnmal, in: Berliner Morgenpost, 14.8.1995.

61 Vgl. Tanja Laninger, »Erinnerung an die Opfer festhalten«, in: Berliner Morgenpost, 14.8.2006.

62 Vgl. Christine Richter, Diepgen: Mauergedenkstätte muß »mentaler Stolperstein« sein, in: Berliner Zeitung, 14.8.1998.

63 Reinhard Zweigler, »Die Maueropfer kommen nirgends zu Wort«, in: Berliner Morgenpost, 2.8.2001.

64 Vgl. Glienicker Brücke: Lichterkette gegen das Vergessen, in: Berliner Morgenpost, 13.8.2000; Bernd Kammer, Vom Totenfeld zum Todesstreifen, in: Neues Deutschland, 13.8.1998; Rico Wolf, »Die DDR darf nicht Kult werden«, in: Berliner Zeitung, 14.8.2003.

65 Vgl. dpa, Halbmast für die Toten der Mauer, in: FAZ, 9.8.2001.

66 Zweigler, Maueropfer.

67 Vgl. Joachim Fahrun, Verregnetes Gedenken, in: Berliner Morgenpost, 14.8.2001; Tobias Miller, »Die Narbe im Stadtkörper darf nicht verschwinden«, in: Berliner Zeitung, 14.8.2001; ders., Proteste gegen PDS und SPD überschatten Mauer-Gedenken, in: Ebenda.

68 Die Formulierung bei Frederick Taylor, Die Mauer. 13. August 1961 bis 9. November 1989, Berlin 2009, S. 529, die PDS habe es am 13. August 2005 »gewagt«, an der Gedenkstätte Berliner Mauer Blumen abzulegen, ignoriert die schon damals etablierte Selbstverständlichkeit ihrer Teilnahme.

69 Vgl. PDS: Mauerbau war Anfang vom Ende der DDR, in: Neues Deutschland, 13.8.1997; Herbert Kremp, Die SPD geht in Berlin ein hohes Risiko ein, in: Die Welt, 15.6.2001.

70 Stephan Haselberger/Martin Lutz, Vermauert, in: Die Welt, 15.6.2001.

71 Vgl. Erklärung des DKP-Parteivorstands zum 40. Jahrestag des Mauerbaus, dokumentiert in: Junge Welt, 9.8.2001.

72 Vgl. Kerstin Decker, Die Wahrheit hat viele Gesichter, in: Der Tagesspiegel, 9.8.2001.
73 Ehrhart Neubert, Die Mauer und die Gründungslegende der Berliner Republik, in: Die Welt, 13.8.2001.
74 In genereller Hinsicht betont dies auch Stefan Kettenburg, Der deutsche Vereinigungsprozess und die »innere Einheit«, Hamburg 2004, S. 283–285.
75 Hermann Rudolph, Ein Tag wird befreit, in: Der Tagesspiegel, 13.8. 2003.
76 Vgl. Harrison, Demise, S. 204–207.
77 Vgl. Protokoll der 4. Sitzung des Beirats der Stiftung Berliner Mauer, 3.7.2009, Handakten Klaus-Dietmar Henke, Berlin.

Die Mauer in der Literatur – Doris Liebermann

1 Bernd Wagner, Die Wut im Koffer. Kalamazonische Reden 1–9, Reinbek bei Hamburg 1993, S. 38f.
2 Auch bei Monika Maron taucht dieser Fehler auf: Monika Maron, Geburtsort Berlin, Frankfurt a. M. 2003, S. 98.
3 Harald Hauswald/Lutz Rathenow, Ost-Berlin. Leben vor dem Mauerfall, Berlin 2005, S. 118.
4 Ebenda, S. 118f.
5 Bernd Jentzsch, Schnitte, in: Ders., Die alte Lust, sich aufzubäumen, Leipzig 1992, S. 78.
6 Jörg Bernhard Bilke, Wegen »Republikflucht« verhaftet. Die Teilung Deutschlands in der DDR-Literatur, in: Peter Mast (Hrsg.), Einig Vaterland. »Deutschland« – ein Thema der Nachkriegsliteratur?, Meckenheim bei Bonn 1992, S. 13–30, hier S. 13.
7 Vgl. die Stellungnahmen in Hans Werner Richter (Hrsg.), Die Mauer oder Der 13. August, Reinbek bei Hamburg 1961, S. 62–72.
8 Von Wolfdietrich Schnurre erschienen zwei Fotodokumentationen zur Berliner Mauer: Die Mauer des 13. August, Berlin 1962, und Berlin. Eine Stadt wird geteilt, Olten/Freiburg i. B. 1962.
9 Dieter Thieme, Eine Tour, in: Uwe Johnson, Ich wollte keine Frage ausgelassen haben, hrsg. v. Burkhart Veigel, Berlin 2010, S. 16. Marion Detjen nennt in ihrem Buch »Ein Loch in der Mauer. Die Geschichte der Fluchthilfe im geteilten Deutschland 1961–1989«, München 2005, S. 18, als Datum der Flucht Ende 1961.
10 Uwe Johnson, Zwei Ansichten, Frankfurt a. M. 1992, S. 140–142.
11 Auch in Uwe Johnsons Erzählung »Eine Kneipe geht verloren« ist eine West-Berliner Kneipe der Ort, an dem Fluchthilfekontakte vermittelt werden. Die Erzählung ist erschienen in: Kursbuch 1, hrsg. v. Hans-Magnus Enzensberger, Frankfurt a. M. 1965, S. 47–72.
12 Brigitte Reimann, Die Geschwister, Berlin 2008, S. 59.
13 Vgl. Karl Mickel, Odysseus in Ithaka. Gedichte 1959–1974, Leipzig 1976, S. 19.

14 Vgl. Ulrich Schacht, Auf dem Kampfplatz. Die Deutsche Demokratische (Gelehrten-)Republik des Werner Mittenzwei, in: Merkur 56 (2002), S. 428–432, hier S. 431, und Gert Loschütz, Rhetorisch aufgedonnert, in: Deutschlandradio Kultur, Politisches Feuilleton, 22.1.2007.

15 Volker Braun, Die Mauer, in: Kursbuch 4, hrsg. v. Hans-Magnus Enzensberger, Frankfurt a.M. 1966, S. 64–72, hier S. 66. Die gleiche Fassung ist abgedruckt in: Volker Braun, Gedichte, Frankfurt a.M. 1979, S. 23–25. Unter dem Titel »Die Grenze« erschien es in anderer Version in: Volker Braun, Gedichte, Leipzig 1972, S. 48f.

16 Grüne Leuchtkugeln, ausgew. u. hrsg. v. Helmut Preißler, Berlin 1969, S. 5.

17 Ebenda, S. 74.

18 Ebenda, S. 162.

19 Wolf Biermann, Und als wir ans Ufer kamen, in: Ders., Alle Lieder, Köln 1991, S. 280.

20 Wolf Biermann, Biermann, Mauerbauer. Wie am 13. August 1961 der Mantel der Geschichte vor meinen Augen wehte und mir die Sicht nahm, in: Die Literarische Welt, 11.8.2001.

21 Wolf Biermann, Deutschland. Ein Wintermärchen, Berlin 1983, S. 18.

22 Wolf Biermann, Ballade vom Ernährer, in: Ders., Alle Lieder, Köln 1991, S. 114f.

23 Wolf Biermann, Ballade vom Preußischen Ikarus, in: Ders., Alle Lieder, Köln 1991, S. 284f.

24 Vgl. Biermann, Biermann, Mauerbauer, S. 1.

25 Wolf Biermann, Es senkt das deutsche Dunkel, in: Ders., Alle Lieder, Köln 1991, S. 198.

26 Vgl. Wolf Biermann, Enfant Perdu, in: Ders., Alle Lieder, Köln 1991, S. 217–220.

27 Vgl. Doris Liebermann, »Im traurigen Monat November war's«. Gespräch mit Wolf Biermann am 16. August 2006 in Hamburg, in: Deutschland Archiv 39 (2006), S. 993–1003, hier S. 995.

28 Wolf Biermann, Ballade auf den Dichter François Villon, in: Ders., Alle Lieder, Köln 1991, S. 119–124, hier S. 122.

29 Biermann, Deutschland, S. 5.

30 Vgl. Wolf Biermann, Ausbürgerung, in: Fritz Pleitgen (Hrsg.), Die Ausbürgerung. Anfang vom Ende der DDR, München 2001, S. 25–74, hier S. 58.

31 Biermann, Ballade vom Preußischen Ikarus, in: Ders., Alle Lieder, Köln 1991, S. 284f.

32 Peter Huchel, Ophelia, in: Hedwig Walwei-Wiegelmann (Hrsg.), Die Wunde namens Deutschland, Freiburg/Heidelberg 1981, S. 168.

33 Bernd Jentzsch, Studium der Germanistik und Kunstgeschichte in Leipzig und Jena; 1967 Gründung der Reihe »Poesiealbum«; 1976 bis 1986 Exil in der Schweiz; 1986 Übersiedlung in die Bundesrepublik;

1992–1998 Gründungsdirektor des Deutschen Literaturinstituts Leipzig.

34 Vgl. Bernd Jentzsch, 13. November 1976, Sonnabend, in: Fritz Pleitgen (Hrsg.), Die Ausbürgerung. Anfang vom Ende der DDR, München 2001, S. 75–85, hier S. 75ff.

35 Vgl. ebenda.

36 Jentzsch, Schnitte, S. 78.

37 Thomas Brasch, Fliegen im Gesicht, in: Ders., Vor den Vätern sterben die Söhne, Frankfurt a.M. 2002, S. 9–22. Zu nennen ist an dieser Stelle auch Reiner Kunzes Erzählung »Schießbefehl«, die 1976 in dem Band »Die wunderbaren Jahre« (Frankfurt a.M.) erschien. Kunze, der im April 1977 in den Westen ausreiste, schildert darin den Fluchtversuch eines jungen Mannes aus »P.«, der dabei ums Leben kam.

38 Die Umstände des Erscheinens von »Vor den Vätern sterben die Söhne« und die Ausreise von Thomas Brasch aus der DDR hat Friedrich Christian Delius, Braschs erster Lektor im Rotbuch Verlag West-Berlin, beschrieben: Friedrich Christian Delius, »Für meinen ersten Verleger« – Wie es zu »Vor den Vätern sterben die Söhne« und Thomas Braschs Ausreise kam, in: Julia Franck (Hrsg.), Grenzübergänge. Autoren aus Ost und West erinnern sich, Frankfurt a.M. 2009, S. 120–127.

39 Vgl. Ulrich Schacht, Lanzen im Eis. Gedichte, Stuttgart 1990, S. 25.

40 Vgl. Zentrum für Zeithistorische Forschung Potsdam/Stiftung Berliner Mauer (Hrsg.), Die Todesopfer an der Berliner Mauer 1961–1989. Ein biographisches Handbuch, Berlin 2009, S. 382f.

41 Schacht, Lanzen, S. 24. Zusammen mit dem Fotografen Jürgen Ritter gab Ulrich Schacht im März 1989 ein Buch mit dem prophetischen Titel »Nicht alle Grenzen bleiben. Gedichte und Fotos zum geteilten Deutschland« (Dortmund) heraus, in dem zahlreiche weitere Mauergedichte von Siegmar Faust, Frank Wolf Matthies, Yaak Karsunke u.a. zu finden sind.

42 Ulrich Schacht, Traumgefahr, Pfullingen 1981, S. 42.

43 Schacht, Lanzen, S. 23.

44 Den DDR-Reisepass hat Kurt Bartsch genau beschrieben in: Der Paß, in: Die Hälfte der Stadt. Ein Berliner Lesebuch, hrsg. v. Krista Maria Schädlich/Frank Werner, München 1982, S. 192–196.

45 Kurt Bartsch, Die Lachmaschine, Berlin 1973, S. 14.

46 Hergen Kicker, Wo gebratene Wörter ins Maul fliegen – Sprachchirurg: Der Berliner Autor Hans Joachim Schädlich, der heute 65 wird, hat nicht nur zum Thema Mauer die wichtigsten belletristischen Beiträge geliefert, in: Berliner Morgenpost, 8.10.2000.

47 Hans Joachim Schädlich, Satzsuchung, in: Ders., Versuchte Nähe. Prosa, Reinbek bei Hamburg 1977, S. 203–215, hier S. 214.

48 Hans Joachim Schädlich, Einseitige Ansehung, in: Ders., Versuchte Nähe. Prosa, Reinbek bei Hamburg 1977, S. 91–98.

49 Ausgeschlossen wurden auch Kurt Bartsch, Adolf Endler, Stefan Heym, Karl-Heinz Jakobs, Klaus Poche, Rolf Schneider, Dieter Schubert und Joachim Seyppel.

50 Klaus Schlesinger, Die Mauer, die Not und die Tugend, in: Ders., Von der Schwierigkeit, Westler zu werden, Berlin 1998, S. 14–19, hier S. 14.

51 Kirsten Thietz, Zwischen Auftrag und Eigensinn. Der Hinstorff Verlag in den 60er und 70er Jahren, in: Birgit Dahlke/Martina Langermann/Thomas Taterka (Hrsg.), LiteraturGesellschaft DDR. Kanonkämpfe und ihre Geschichte(n), Stuttgart 2000, S. 240–274, hier S. 262.

52 Das Motiv der Spaltung griff Schlesinger später in seinem Roman »Trug« (Berlin 2000) noch einmal auf.

53 Klaus Schlesinger, Trug, Berlin 2000.

54 Peter Schneider, Der Mauerspringer, Reinbek bei Hamburg 1995.

55 Ebenda, S. 12.

56 Caroline Fetscher, »Blind vor Wut«. Interview mit Peter Schneider, in: Der Tagesspiegel, 21.5.2008.

57 Schneider, Mauerspringer, S. 110.

58 Harald Jähner, Als es Berlin noch zweimal gab. Er erfand die »Mauer im Kopf«: Peter Schneiders »Mauerspringer« in der Berlin-Bibliothek, in: Berliner Zeitung, 12.1.2008.

59 Katja Füchsel, Mit der Teppichstange gen Westen und zurück, in: Der Tagesspiegel, 31.10.2001.

60 Friedrich Christian Delius, Der Spaziergang von Rostock nach Syrakus, Reinbek bei Hamburg 2004.

61 Martin Ahrends, Zwischenland, Wilhelmshorst 1997.

62 Ebenda, S. 5.

63 Ebenda, S. 6.

64 Vgl. Utz Rachowski, Die Stimmen des Sommers, Berlin 1992, S. 46–62.

65 Thomas Brussig, Helden wie wir, Berlin 1995.

66 Franck (Hrsg.), Grenzübergänge. Eine weitere, von Renatus Deckert herausgegebene Anthologie mit dem Titel »Die Nacht, in der die Mauer fiel. Schriftsteller erzählen vom 9. November 1989« erschien ebenfalls 2009 in Frankfurt am Main.

67 Julia Franck, Lagerfeuer, Köln 2003.

68 Vgl. auch Doris Liebermann, »Vorzimmer des Westens«. Das Notaufnahmelager Marienfelde, in: Horch und Guck 67 (2010), S. 8–11, hier S. 10.

69 Antje Rávic Strubel, Tupolew 134, München 2004.

70 In der Zweitausgabe ist dieser Fehler korrigiert.

71 Susanne Schädlich, Immer wieder Dezember. Der Westen, der Onkel, die Stasi und ich, München 2009, S. 108f.

72 Die Lektorin Krista Maria Schädlich gab 1982 gemeinsam mit Frank Werner im Münchner Athenäum Verlag die Anthologie »Die Hälfte der Stadt. Ein Berliner Lesebuch« heraus, in der zum Beispiel Uwe Johnson in dem Prosatext »Im Gespräch mit einem Hamburger« darlegt,

warum er in West-Berlin wohnen bleibe, oder Reinhard Lettau in »Der Hauptmann vom Checkpoint Charlie« eine ungewöhnliche Situation bei der Einreise nach Ost-Berlin beschreibt.

Die Mauer im Spielfilm – Annette Dorgerloh

1 Jochen Mückelberger, Generaldirektor, in: Ingrid Poss/Peter Warnecke (Hrsg.), Spur der Filme. Zeitzeugen über die DEFA, Berlin 2006, S. 163.

2 Text eines Sprechers in dem Film »Das Kleid« (DEFA 1961/91; Regie: Konrad Petzold, Drehbuch: Egon Günther nach dem Märchen »Des Kaisers neue Kleider« von Hans Christian Andersen; Szenografie: Oskar Pietsch).

3 Mückelberger, S. 163.

4 Für seinen Dokumentarfilm »Die Mauer. Demontage eines Alptraums« (Deutschland 1990) hatte Jürgen Böttcher, wie so häufig in seinem Werk, auch das Buch entwickelt. Vgl. Brigitte Tast/Hans-Jürgen Tast (Hrsg.), As I Was Moving. Kunst und Leben, Schellerten 2004.

5 Das betraf zum Beispiel den Film »Der Himmel über Berlin« von Wim Wenders und die anderen Mauerspringer-Filme.

6 Der Film besteht aus vier ineinander verwobenen Handlungssträngen, die jeweils die menschliche Intoleranz und ihre Folgen von der Antike bis zur Gegenwart zum Thema haben. Vgl. William M. Drew, D.W. Grifftith's Intolerance. Its Genesis and its Vision, Jefferson/London 1986.

7 Noch heute ist diese eminent wichtige Funktion der Filmszenografen noch immer nicht hinreichend anerkannt, wie es die verbreitete Praxis zeigt, zum Beispiel auf Internetseiten zum Film oder DVDs zwar die Schauspieler, den Regisseur und den Kameramann zu nennen, nicht aber den Szenografen. Und doch ist er es, der die Filmräume gestaltet – wenn auch nicht allein: Er steht dafür in einem ständigen Austausch mit Regie und Kamera. Die Wirkung der Filmbilder wird gleichwohl entscheidend durch seine spezifische Arbeit mitgeprägt. Vgl. hierzu Helmut Weihsmann, Gebaute Illusionen. Architektur im Film, Wien 1988; Donald Albrecht, Designing Dreams. Modern Architecture in the Movies, London 1987; Dietrich Neumann (Hrsg.), Filmarchitektur. Von Metropolis bis Blade Runner, München 1996.

8 Zit. nach pf, Tunnel mit Tanzmusik, in: Die Zeit, 26.10.1962.

9 Vgl. Günter Agde (Hrsg.), Kahlschlag. Das 11. Plenum des ZK der SED. Studien und Dokumente, Berlin 1991; Poss/Warnecke (Hrsg.), Spur der Filme.

10 »Geschichten jener Nacht«, (DEFA 1967), 4 Episoden, Regie: Karlheinz Carpentier, Ulrich Thein, Frank Vogel, Gerhard Klein.

11 Vgl. Dieter Wolf, »... ein Gespenst geht um, und das sind wir«, in: Neues Deutschland, 13.8.2009, online unter: http://www.neues-deutschland.de/artikel/153 875.ein-gespenst-geht-um-und-das-sind-wir.html [8.11.2010].

12 Vgl. Benjamin Magofsky, Berliner Mauer und Deutsche Frage im bundesrepublikanischen Spielfilm 1982–2007, Hamburg 2009.

13 Manfred geht aus betrieblicher Enttäuschung nach West-Berlin. Seine Freundin Rita besucht ihn dort, entscheidet sich aber für die Rückkehr in ihr Arbeitskollektiv. Die Grenze wird nicht gezeigt; dafür aber Westreklame und das Café Kranzler, das wohl mit versteckter Kamera aus dem Auto heraus gefilmt wurde. Als Szenograf wirkte hier Alfred Hirschmeier, einer der besten DEFA-Filmarchitekten.

14 Vgl. Bärbel Beuchler, Zu freizügig für Filmwächter! Interview mit Annekathrin Bürger und Angela Brunner, in: SUPERillu.de, 1.9.2007, http://www.superillu.de/kino-tv/_Hostess__350986.html [8.11.2010].

15 Der engagierte Arzt Dr. Schmith kann sein Forschungsprojekt zur Senkung der Frühgeburtensterblichkeit in der DDR nicht realisieren und plant mit einer westlichen Organisation seine Flucht. Kurze Zeit später findet sein Projekt doch die gewünschte Unterstützung, und Schmith wird in eine Leitungsfunktion berufen und zudem Reisekader. Auch sein Privatleben nimmt eine glückliche Wendung. Seine Freundin zeigt ihm ihre Heimat, ein Grenzgebiet in Thüringen, wo in einer langen Kameraeinstellung eine Autobahn-Grenzübergangsstelle gezeigt wird. Er will nicht mehr fliehen, wird jedoch durch die Fluchthelfer zur Einhaltung seines Vertrages gezwungen. In der Schlussszene muss der Arzt seine Fehlentscheidungen mit dem Leben bezahlen.

16 Hauptpreis auf dem Internationalen Filmfestival in Karlovy Vary 1979.

17 So wurde ein im Frühjahr 1961 fertiggestellter DEFA-Film, »Ärzte«, der sich dem Thema Arztflucht widmete, zurückgestellt. Er durfte erst 1962, nach dem Mauerbau, in den Kinos gezeigt werden. Vgl. Heinz Kersten, Das Filmwesen in der sowjetischen Besatzungszone Deutschlands, Bd. 1: Textteil, 2. grundlegend überarb. u. wesentl. erw. Aufl., Bonn/Berlin 1963, S. 115f.

18 Carl Andriessen, in: Die Weltbühne (32) 1963, zit. n. Frank-Burkhard Habel, Das große Lexikon der DEFA-Spielfilme, Berlin 2000, S. 178.

19 Die zentrale Figur ist Wolf Brandin, ein Student, der mit Frau und Kind in Ost-Berlin lebt. Er besucht regelmäßig eine Tante in West-Berlin, um Medizin für seinen Vater zu besorgen. Brandin wird hier von der CIA angeworben, offenbart sich aber der Stasi und wird in deren Auftrag zum Doppelagenten. 1961 spitzt sich die Situation schließlich zu, und Brandin kann eine wichtige Rolle bei der Sicherung der Staatsgrenze am Havelufer in der Nacht zum 13. August übernehmen.

20 http://www.filmdb.de/filmanzeige.php?filmid=Der%20Mann%20auf%20der%20Mauer [16.2.2011].

21 Peter Timm gewann mit seinem Debütfilm 1987 den Regiepreis des Bayerischen Filmpreises und den Ernst-Lubitsch-Preis. Die Grenzübergangsszenen wurden in der Lehrter Straße gedreht, in einer Nachbildung des Übergangs Chausseestraße. Für die Bornholmer Brücke

fand der Szenograf Martin Dostat ein Äquivalent in der Eiswerder Brücke in Spandau.

22 Zit. nach DVD-Cover.

23 Für das Production Design von »Octopussy« zeichnete Peter Lamont verantwortlich.

24 Wim Wenders, Muffensausen beim »Himmel über Berlin«, in: Die Welt, 2.5.2007, online unter: http://www.welt.de/kultur/kino/article846526/Muffensausen_beim_Himmel_ueber_Berlin.html [8.11.2010].

25 Das gilt zum Beispiel für den 1991 gedrehten Spielfilm »Zwischen Pankow und Zehlendorf« (DEFA/Allianz-Film 1991, Regie: Horst Seemann); frei nach Motiven des Romans »Wenn ich kein Vogel wär« von Rita Kuczynski, der das Leben eines musikalisch hochbegabten Mädchens im geteilten Berlin der Nachkriegsjahre zeigt.

26 Die Beschreibung folgt Dieter Wunderlich, Margarethe von Trotta: Das Versprechen, in: http://www.dieterwunderlich.de/Trotta_versprechen.htm [8.11.2010].

27 Benjamin Magofsky untersuchte die spezifischen erinnerungskulturellen Praktiken, die in »Sonnenallee« über das Mittel der Ironie greifen: Er stellte heraus, dass es Haußmann damit gelang, ein eigenes ostdeutsches kommunikatives Gedächtnis zu etablieren. Florian Henckel von Donnermarcks Film »Das Leben der anderen« (Deutschland 2006) hingegen, in dem die Mauer nicht vorkommt, aber ein Thema ist, nimmt zwar eine Ost-Perspektive in der Filmhandlung ein, aber nicht in deren Bewertung, denn er kehrt zur »Diktatur der Grenzen« zurück. Vgl. Magofsky, Berliner Mauer, S. 108–119.

28 Vgl. Filmpark Babelsberg, Berliner Mauer ist neues Außenset im Filmpark, in: http://www.info-potsdam.de/berliner-mauer-ist-neues-aussenset-im-filmpark-4731n.html [8.11.2010].

Die Mauer in Malerei und Grafik – Anke Kuhrmann

1 Michael Otto, Mauer im Widerschein, in: Galerie. Forum für Mitglieder und Freunde des Künstlersonderbundes 7/8 (2009) 13/14, S. 16–20, hier S. 20.

2 Siehe den Beitrag von Rainer E. Klemke in diesem Band.

3 Siehe Anke Kuhrmann, Ein Denkmal und seine Teile – die Gesamtanlage »Berliner Mauer«, in: Landesdenkmalamt Berlin (Hrsg.), Berlin im Wandel. 20 Jahre Denkmalpflege nach dem Mauerfall, Petersberg 2010, S. 121–130. Siehe auch den Beitrag von Axel Klausmeier in diesem Band.

4 Vgl. Axel Klausmeier/Leo Schmidt, Mauerreste – Mauerspuren. Der umfassende Führer zur Berliner Mauer, Berlin 2004, und auch die aktualisierte und auf den gesamten Grenzring um West-Berlin erweiterte Dokumentation: www.denkmallandschaft-berliner-mauer.de [25.11.2010]. Siehe auch den Beitrag von Axel Klausmeier und Leo Schmidt in diesem Band.

5 Der 1938 in Luckenwalde geborene Michael Otto beschäftigte sich in den siebziger und achtziger Jahren intensiv mit der (West-)Berliner Stadtlandschaft; nach dem Fall der Berliner Mauer entstanden Berlin-Bilder, die den städtischen Wandel dokumentieren und kritisch kommentieren.

6 Siehe auch den Beitrag von Lutz Henke in diesem Band.

7 Rainer Hildebrandt, Deutungen der Mauer, in: Museum Haus am Checkpoint Charlie (Hrsg.), Maler interpretieren DIE MAUER. Katalog zu der Dauerausstellung »Maler interpretieren DIE MAUER« im Museum Haus am Checkpoint Charlie, Berlin 1985, S. 8–15, hier S. 11.

8 Edgar Wolfrum, Die Mauer, in: Etienne François/Hagen Schulze (Hrsg.), Deutsche Erinnerungsorte. Eine Auswahl, München 2005, S. 385–401, hier S. 397. Für eine erste umfassendere Betrachtung der Berliner Mauer in der Kunst, die deutlich macht, wie viele Künstler sich mit der Berliner Mauer und der innerdeutschen Grenze auseinandergesetzt haben, vgl. Anke Kuhrmann, Grenzsituationen – Die »Berliner Mauer« in der Kunst, in: Deutsches Nationalkomitee für Denkmalschutz (Hrsg.), Die Berliner Mauer. Vom Sperrwall zum Denkmal, Bonn 2009, S. 117–142.

9 1978/79 den Wettbewerb »Wo Weltgeschichte sich manifestiert« zur Bemalung der 28 Meter hohen Brandwand des Museums am Checkpoint Charlie, 1983/84 den Wettbewerb »Überwindung der Mauer durch Bemalung der Mauer«, um Ideen für die Bemalung eines Abschnitts der Grenzmauer 75 zu sammeln und 1988/89 den Fotowettbewerb »DIE MAUER. Faszination der Fotokunst«. Die im Rahmen dieser Wettbewerbe entstandenen, aber auch darüber hinaus angekauften Kunstwerke sind als Dauerausstellung in verschiedenen Räumen des Hauses zu sehen. Die letzte Dokumentation dieser Sammlung erfolgte 1985: Museum Haus am Checkpoint Charlie (Hrsg.), Maler interpretieren DIE MAUER. Katalog zu der Dauerausstellung »Maler interpretieren DIE MAUER« im Museum Haus am Checkpoint Charlie, Berlin 1985.

10 Von der fast unüberschaubaren Anzahl an mauerdarstellenden Kunstwerken verschiedener Gattungen kann in diesem Beitrag nur eine kleine Auswahl an Gemälden und Grafiken besprochen und eine noch kleinere Anzahl an Arbeiten abgebildet werden. Im Rahmen des Forschungsprojektes »Die Berliner Mauer als Symbol des Kalten Krieges. Vom Instrument der SED-Innenpolitik zum Baudenkmal von internationalem Rang« der BTU Cottbus, dem Militärgeschichtlichen Forschungsamt Potsdam und dem Institut für Zeitgeschichte München/Berlin habe ich alleine weit über 200 Grafiken und Gemälde zum Thema ausfindig machen können. Hinzu kommen Skulpturen und Plastiken, Fotografien sowie die unzählbaren Kunstwerke, die direkt auf die Mauer gemalt wurden, und Kunstaktionen, die dort stattfanden. Es ist eine Publikation in Vorbereitung, die sich mit der Berliner Mauer in

Kunst, Literatur und Film beschäftigt und in der es eine umfangreiche Bildauswahl geben wird.

11 Zu den regimetreuen Arbeiten, die oft als staatliche Auftragsarbeiten entstanden und nur mit einem sehr eingeschränkten Kanon an darstellbaren Grenzmotiven agierten, siehe: Kuhrmann, Grenzsituationen, hier vor allem »Auftragskunst in der DDR: Grenzen in der Darstellungen der ›Staatsgrenze‹«, S. 119–125.

12 Siehe auch den Beitrag von Gerhard Sälter in diesem Band.

13 »Insbesondere für die Mitglieder der bundesrepublikanischen Tätergesellschaft repräsentiert der Stacheldraht weniger das Schicksal der Juden und anderer im Nationalsozialismus Verfolgter, sondern die Erinnerung an die eigene Kriegserfahrung, die für die meisten Überlebenden hinter dem Stacheldrahtzaun der alliierten Kriegsgefangenenlager zu Ende ging.« Maren Ullrich, Geteilte Ansichten. Erinnerungslandschaft deutsch-deutsche Grenze, Berlin 2006, S. 65. Siehe auch den Beitrag von Elena Demke in diesem Band.

14 Siehe auch den Beitrag von Roger Engelmann in diesem Band.

15 Leo Schmidt, Architektur und Botschaft der »Mauer« 1961–89, in: Deutsches Nationalkomitee für Denkmalschutz (Hrsg.), Die Berliner Mauer. Vom Sperrwall zum Denkmal, Bonn 2009, S. 53–69, hier S. 62.

16 Der Minister für Nationale Verteidigung Heinz Hoffmann befand bei der Besichtigung eines Probeabschnitts der dritten Mauergeneration auf dem Grenztruppen-Übungsplatz in Streganz 1965: »Mauer und Grenzzaun sind sehr kulturvoll.« Inoffizielles Protokoll des Chefs Pionierwesen der Stadtkommandantur Berlin über die Besichtigung des Mustergrenzabschnittes in Streganz durch den Minister für Nationale Verteidigung am 29.1.1965, in: BA-MA, VA-07/9061.

17 Bernd Jentzsch, Schnitte, in: Ders., Die alte Lust, sich aufzubäumen, Leipzig 1992, S. 78.

18 Doris Liebermann, Grimmlings Mauerbilder, in: Horch und Guck 69 (2010), S. 46–49, hier S. 46.

19 Vgl. Andreas Hüneke, Ikarus zu Hause?, in: Ders./Lutz Fiebig (Hrsg.), Hans-Hendrik Grimmling. Die Wucht der Bilder, Ostfildern-Ruit 1997, S. 121–132, hier S. 130.

20 Liebermann, Mauerbilder, S. 46.

21 Öffentlich präsentiert wurde Grimmlings »mauerbild« 1984 auf dem von ihm und befreundeten Malern organisierten 1. Leipziger Herbstsalon im Leipziger Messehaus – einer an der staatlichen Kunstaufsicht vorbei initiierten, halblegalen Ausstellung, die nur dadurch zustande kommen konnte, weil die Maler das vermietende Messeamt glauben machten, sie würden im Auftrag des Verbandes Bildender Künstler handeln. Die Staatssicherheit befürchtete einen »größeren politischen Schaden« von einem Verbot, so dass sie die Ausstellung nicht vorzeitig schloss. Im Hintergrund liefen jedoch Vorbereitungen zur Verhaftung und Verurteilung der Initiatoren. Repressalien, denen Grimmling in

der Folge des 1. und einzigen Leipziger Herbstsalons ausgesetzt war, führten 1986 zu seiner Ausreise.

22 Hans-Hendrik Grimmling (mit Doris Liebermann), Die Umerziehung der Vögel. Einmalerleben, Halle a. d. Saale 2008, S. 258.

23 Roger Loewig, Noch bleibt die Narbe quer durchs Land, online unter: www.roger-loewig.de/w_lyrik.html [24.11.2010].

24 Als früheste künstlerische Bemalung der Ostseite der Berliner Mauer muss die von Manfred Butzmann initiierte Malaktion »Hase bleibt Hase!« wenige Tage nach Grenzöffnung am Potsdamer Platz angesehen werden. Ungleich bekannter und heute noch in situ erhalten – wenn auch nicht im originären Zustand, sondern neu aufgemalt – ist die East Side Gallery, jener rund 1,3 Kilometer lange »Hinterlandmauer«-Abschnitt entlang der Spree zwischen Friedrichshain und Kreuzberg, der im Frühjahr 1990 von 118 internationalen Künstlern mit großformatigen Bildern bemalt wurde. Siehe auch den Beitrag von Lutz Henke in diesem Band.

25 Grimmling, Umerziehung, S. 256.

»Mauerkunst« – Lutz Henke

1 Susan Sontag, The very comical Lament of Pyramus and Thisbe, in: Wulf Herzogenrath (Hrsg.), Die Endlichkeit der Freiheit Berlin 1990. Ein Ausstellungsprojekt in Ost und West, Berlin 1990, S. 10–15, hier S. 12.

2 Zit. nach Heinz J. Kuzdas, Berliner Mauer-Kunst. Mit East Side Gallery, 9. Aufl., Berlin 2006, S. 4.

3 Leo Schmidt, Die Botschaft der Mauersegmente, in: Anna Kaminsky (Hrsg.), Die Berliner Mauer in der Welt, Berlin 2009, S. 228–235, hier S. 229; siehe auch den Beitrag von Leo Schmidt in diesem Band.

4 Zu Disneyfizierung und Authentizität vgl. Sybille Frank, Der Mauer um die Wette gedenken. Die Formation einer Heritage-Industrie am Berliner Checkpoint Charlie, Frankfurt a. M. 2009, S. 259 ff.

5 Kulturprojekte Berlin GmbH (Hrsg.), Dominobuch. Geschichte(n) mit Dominoeffekt. Eine Publikation im Rahmen des Themenjahres »20 Jahre Mauerfall«, Berlin 2009, S. 13.

6 http://www.youtube.com/watch?v=pRJ1fRmjvuQ& [28.1.2011].

7 Zit. nach Kuzdas, Berliner Mauer-Kunst, S. 4.

8 Ebenda. Viel zitierter Slogan aus einem Mauergemälde von Jürgen Große alias Indiano.

9 Michael Nungesser, Chaotisches Gesamtkunstwerk auf Zeit. »Berliner Mauer« – ästhetischer Seismograph auf der Trennlinie politischer Systeme, in: Bildende Kunst 38 (1990) 6, S. 19–24, hier S. 20.

10 Ebenda, S. 23.

11 Ein Blick in die Literatur und die unzähligen Bildbände bestätigt diesen Eindruck. Für eine umfassende Sammlung, auch der im Folgenden genannten Aktionen, vgl. Ralf Gründer, Berliner Mauerkunst. Eine Dokumentation, Köln/Weimar/Wien 2007.

12 Im Folgenden werden Graffiti als das öffentliche Schreiben von Namen im Kontext der New Yorker Hip-Hop-Subkultur im Jargon der Jugendkultur »Writing« genannt, dessen Akteure »Writer« und die Bilder »Pieces«, um diese von anderen Formen des Graffiti zu unterscheiden.

13 Jörn Rüsen, Über den Umgang mit den Orten des Schreckens. Überlegungen zur Symbolisierung des Holocaust, in: Detlef Hoffmann (Hrsg.), Das Gedächtnis der Dinge. KZ-Relikte und KZ-Denkmäler 1945–1995, Frankfurt a. M./New York 1998, S. 330–343, hier S. 332.

14 Es bleibt zu erwähnen, dass einige der bedeutendsten Namen der Kunstwelt, wie Sol LeWitt, Daniel Buren oder Eduardo Chillida, ihren Weg erst nach dem Fall als Auftragsarbeiten auf Mauerfragmente fanden. Vgl. Kaminsky (Hrsg.), Die Berliner Mauer in der Welt; Collection Verger Art Organisation, http://www.berlin1989.com [28.1.2011].

15 Vgl. Anke Kuhrmann, Grenzsituationen – Die »Berliner Mauer« in der Kunst, in: Deutsches Nationalkomitee für Denkmalschutz (Hrsg.), Die Berliner Mauer. Vom Sperrwall zum Denkmal, Bonn 2009, S. 117–142. Siehe auch den Beitrag von Anke Kuhrmann in diesem Band.

16 Zu deren künstlerischer Reaktion auf den Mauerbau vgl. Christo und Jeanne-Claude, Wall of Oil Barrels – The Iron Curtain, Rue Visconti, Paris, 1961–62, www.christojeanneclaude.net/PDF/iron_curtain.pdf [28.1.2011]; es sei darauf verwiesen, dass der Entwurf für die Verhüllung des Reichstags bereits weit vor dem Mauerfall existierte und als nah an der »Mauerkunst« bewertet werden kann.

17 Vgl. Laurence Kardish, Berlin und der Film, in: Kynaston McShine (Hrsg.), Berlinart 1961–1987, München 1987, S. 91–107, hier S. 91; siehe auch den Beitrag von Annette Dorgerloh in diesem Band.

18 Beispiele für Filme und Videoarbeiten sind Helke Sanders »Die allseitig reduzierte Persönlichkeit« von 1977, Ulrike Ottingers »Bildnis einer Trinkerin« von 1979, Rainer Fettings »R. F.s Zeitgeist« von 1983 oder das »Naturkatastrophenkonzert« der Tödlichen Doris von 1983. Shinkichi Tajiri filmte den Mauerverlauf 1972 aus einem Hubschrauber, vgl. dazu auch Shinkichi Tajiri, Bildwerk »Mauer«, in: Deutsches Nationalkomitee für Denkmalschutz (Hrsg.), Die Berliner Mauer. Vom Sperrwall zum Denkmal, Bonn 2009, S. 87–99, hier S. 87; eine ähnliche Arbeit schuf der Filmemacher und Künstler Burghard von Harder 2009 mit »Die Narbe. West-Berlin (West)«.

19 Rem Koolhaas, S, M, L, XL. Small, medium, large, extra-large, New York 1995, S. 222, 220.

20 Olaf Briese, »Wartungsarm und formschön«. Zur Ästhetik der »Berliner Mauer«, in: Weimarer Beiträge. Zeitschrift für Literaturwissenschaft, Ästhetik und Kulturwissenschaften 55 (2009), S. 430–454, hier S. 442.

21 Vgl. ebenda; Wolfgang Rathje, »Mauer-Marketing« unter Erich Honecker. Schwierigkeiten der DDR bei der technischen Modernisierung, der volkswirtschaftlichen Kalkulation und der politischen Ak-

zeptanz der Berliner »Staatsgrenze« von 1971 – 1990, Dissertation Kiel 2001; siehe auch den Beitrag von Anke Kuhrmann in diesem Band.

22 Etwa durch Stephan Elsner, Grenzregiment 38, Aufklärungssammelbericht für die Zeit vom 13.7.82 bis 12.8.82, 11.8.1982, in: BA-MA, GTÜ 11474.

23 Leiter Grenzaufklärung, Aufklärungssammelbericht für die Zeit vom 1.10.86 bis 31.10.86, 31.10.1986, in: BA-MA, DVH32–117556, Bl. 148.

24 Grenzaufklärungssammelberichte, Dezember 1981 bis November 1982, in: BA-MA, GTÜ 11564.

25 Kynaston McShine, Berlinart – Eine Einführung, in: Ders. (Hrsg.), Berlinart, S. 9–17, hier S. 17.

26 Einrichtung der Ford-Stiftung und Übernahme des Künstlerprogramms durch den DAAD. Vgl. dazu: Karl Ruhrberg, Besucher einer Stadt im Exil, in: Ebenda, S. 49–61, hier S. 51.

27 Vgl. Marshall Berman, All that's solid melts into Air. The experience of modernity, New York 1982; Jeff Chang, Can't stop, won't stop. A history of the hip-hop generation, New York 2005.

28 Für das Auffinden und den Hinweis auf eine Sammlung von über 1000 Sprüchen im Archiv der Robert Havemann Gesellschaft danke ich Johannes Mundo. Ronald Steckel veröffentlichte 2006 eine Sammlung als Audiobook unter dem Titel »Die Mauer – Die größte Wandzeitung der Welt«.

29 Chronologie. Zusammengestellt von Thomas Schulte, in: McShine (Hrsg.), Berlinart, S. 227–234, hier S. 227; Rainer E. Klemke, Zwischen Verschwinden und Gedenken. Die Erinnerung an die Berliner Mauer heute, in: Kaminsky (Hrsg.), Die Berliner Mauer in der Welt, S. 214–227, hier S. 217; in beiden Publikationen jedoch fälschlicherweise Prantel bzw. Brantel genannt.

30 Siehe den Beitrag von Rainer E. Klemke in diesem Band.

31 Hermann Raum, Die Kunst der BRD und Westberlins, Leipzig 1977, S. 130.

32 Zu Fluxus und Performance vgl. Claudia Mesch, Modern Art at the Berlin Wall. Demarcating Culture in the Cold War Germanys, New York 2009; McShine (Hrsg.), Berlinart.

33 Kunstmuseum Basel, Joseph Beuys. Werke aus der Sammlung Karl Ströher 16. November 1969 – 4. Januar 1970, Basel 1970, S. 14; René Block spricht in McShine (Hrsg), Berlinart, S. 63, und im Gespräch mit dem Autor von einer Erhöhung um 3 cm. Beuys hat hier, wohlgemerkt, noch die unregelmäßigen Anfänge der Mauer vor Augen.

34 Ebenda.

35 Es scheint auch unvermeidbar, dass diese in einigen Aktionen des Vostell'schen Happenings »Berlin – 100 Ereignisse – 100 Minuten – 100 Orte« einbezogen wurde. Vgl. dazu René Block, Fluxus und Fluxismus in Berlin 1964–1976, in: McShine (Hrsg.), Berlinart, S. 63–77, hier S. 69.

36 McShine, Berlinart – Eine Einführung, S. 12; Block, Fluxus und Fluxismus, S. 76; Mesch, Modern Art at the Berlin Wall, S. 183.

37 1976 veröffentlichte René Block das Künstlerbuch »Sweet Wall/Testimonials«, das eine Fotodokumentation und auch die Anweisungen der Activity enthält: *Berlin/empty lot/near the wall // Building a wall/ (cement blocks)/(ca 30m X 1.5) // Cementing blocks/with bread and jam // Toppling wall // Removing material/empty lot.*

38 Rainer Hildebrandt, Die Mauer spricht, 7. Aufl., Berlin 1992.

39 Vgl. Briese, »Wartungsarm und formschön«, S. 437.

40 Eine umfassende Bilddokumentation von Aktionen und Gemälden dieser Phase bei Gründer, Berliner Mauerkunst.

41 McShine (Hrsg.), Berlinart, S. 187.

42 Vgl. Elaine Scarry, Eine Brise Leben. Kunst an der Mauer, in: Karin Graf/Patricia Ferer (Hrsg.), Kunst in Berlin. Künstler, Galerien, Museen, Kunstmarkt, Kulturpolitik, Treffpunkte, Adressen, Tips, Köln 1989, S. 203–211, hier S. 203.

43 So auch in Wim Wenders »Der Himmel über Berlin«, in dem Thierry Noir malend von der Leiter winkt (Der Himmel über Berlin, 01:25:00; Ebenda, 01:30:00); siehe auch: DVD Die Mauer, Teil 2 – Trennung (1972–1988).

44 Gründer, Berliner Mauerkunst; Leiter Grenzaufklärung, Aufklärungssammelbericht für die Zeit vom 1.5.87–31.5.87, 3.6.1987, in: BA-MA, DVH32–117 557, Bl. 296.

45 Zu sehen in Fettings Film »R. F.s Zeitgeist«; siehe auch Gründer, Berliner Mauerkunst, S. 100f., und den Beitrag von Anke Kuhrmann in diesem Band.

46 Vgl. Polly Feversham/Leo Schmidt, Die Berliner Mauer heute. Denkmalwert und Umgang, Berlin 1999, S. 128.

47 Kommandeur der Grenztruppen, Bilddokumentation über das Beschmieren der Grenzmauer-75, 23.8.1985, in: BA-MA, DVH32–112 271, Bl. 118–125.

48 Vgl. Lutz Henke, Incorporate Identity. Hip-Hop in Kreuzberg zwischen Rebellion, Kontrollformat und Geschäftsidee, in: Stefan Lanz u. a. (Hrsg.), Funk the City – Sounds und städtisches Handeln aus den Peripherien von Rio de Janeiro und Berlin, Berlin 2008, S. 26–56.

49 Siehe Christian Bourguignon, Berlin Wall Graffiti – Die Mauer lebt – Graffiti sur le mur de Berlin, Berlin 1989; Kurt Ausfelder, Kunst oder Chaos? Graffiti an der Berliner Mauer, Darmstadt 1990.

50 Zit. nach Billy Hardbuck, Berlin, wie es hipt und hopt, in: Tip 2/87, S. 10.

51 Vgl. Gründer, Berliner Mauerkunst, S. 106; Johannes Stahl, Street Art, Königswinter 2009, S. 262; Johannes Stahl, Graffiti und andere Kunst an der / mit der / über die / neben der / Berliner Mauer, 2009, http://www.j-stahl.de/texte/mauer09.html [28.1.2011].

52 E-Mail an den Autor, 25.3.2009.

53 Vgl. Herrmann Waldenburg, Berliner Mauerbilder, Berlin 1990, S. 53.
54 E-Mail an den Autor, 6.1.2011.
55 Hildebrandt, Die Mauer spricht; Haus am Checkpoint Charlie (Hrsg.), Wo Weltgeschichte sich manifestiert – Ein Wettbewerb: 71 Entwürfe zur Bemalung einer Hauswand am Checkpoint Charlie in Berlin, Berlin 1980; siehe auch Edgar Wolfrum, Die Mauer. Geschichte einer Teilung, München 2009, S. 113.
56 Das Werk war eine ortspezifische abstrakte Hommage an Barnett Newman und der Titel eine Reverenz an Newmans »Who's Afraid of Red, Yellow and Blue?« mit Kommentar zur deutschen Teilungssituation. Titel des Werks war jedoch nicht etwa »Wer hat Angst vor Schwarz, Rot, Gold?«, wie fälschlich in etlichen Publikationen angegeben.
57 Vgl. Gründer, Berliner Mauerkunst, S. 307f., 72f., 324, und, aus Sicht der Grenztruppen, Fotodokumentation über Verletzung des Hoheitsgebietes der DDR im Abschnitt der Grenzübergangsstelle FRIEDRICH-/ZIMMERSTRASSE am 15.4.1989 in der Zeit von 8.00 Uhr bis 14.30 Uhr, 15.4.1989, in: BA-MA, DVH32–112274, Bl. 128–130.
58 Zur Aktion und zum Konflikt Noir – Haring siehe Gründer, Berliner Mauerkunst, S. 60f.; Kuzdas, Berliner Mauer-Kunst, S. 20.
59 Hildebrandt, Die Mauer spricht; Leiter Grenzaufklärung, Aufklärungssammelbericht für die Zeit vom 1.10.1986–31.10.1986, 31.10.1986, in: BA-MA, DVH32–117556, Bl. 148; Leiter Grenzaufklärung, Bericht über Methoden und Handlungen des Gegners gegen die Souveränität, territoriale Integrität und Unverletzlichkeit der Staatsgrenze der DDR in der Zeit vom 1.12.1985–31.10.1986, 25.11.1986 in: BA-MA, DVH32–117557, Bl. 218.
60 Special to the New York Times, Keith Haring paints Mural on Berlin Wall, in: The New York Times, 12.10.1986.
61 Zit. nach Gründer, Berliner Mauerkunst, S. 278.
62 Special to the New York Times, Keith Haring paints Mural on Berlin Wall, in: The New York Times, 12.10.1986.
63 Feversham/Schmidt, Die Berliner Mauer heute, S. 157; der Effekt wird von Scarry, Brise, S. 203ff.) als künstlerische Attraktion beschrieben.
64 Der Autor im Gespräch mit Wolfram Hasch, 25.3.2010.
65 Künstler hackte Loch in die Mauer, setzte Bild ein, in: Bildzeitung, 20.7.1982.
66 Tagesmeldung 201/82 der Landespolizeidirektion, Dezernat Lagedienst vom 20.7.1982.
67 Leiter Grenzaufklärung, Aufklärungssammelbericht für die Zeit vom 18.7.1982–17.8.1982, 18.8.1982, in: BA-MA, DVH32–117549, Bl. 166; Dokumentation über Verletzung des Hoheitsgebietes der DDR, 19.7.1982, in: BA-MA, DVH32–112268, Bl. 134–136.
68 Gründer, Berliner Mauerkunst, S. 36, 102f.
69 Grenzregiment 35, Oberoffizier Grenzaufklärung, Aufklärungssam-

melbericht, »Ausbildungsjahr 1983/84«, in: BA-MA, GTÜ-14212, Bl. 79; Kain Karawahn, Sind Sie denn verrückt geworden? Erkenntnisse über öffentliche Entzündungen im urbanalisierten Raum, in: Kunst- und Ausstellungshalle der Bundesrepublik Deutschland (Hrsg.), Feuer, Köln 2001, S. 471–488.

70 Das Kürzel steht für »paint the town red«.

71 Vgl. Bernhard van Treeck, Street-Art Berlin. Kunst im öffentlichen Raum, Berlin 1999, S. 224ff.; Marius Babias, p.t.t.red – paint the town red, in: Kunstforum international 125 (1994), S. 193–195.

72 Zur Mauerkunst nach 1989 siehe Lutz Henke, Kunst Fall Mauer – »Mauerkunst« nach 1989 zwischen Kunst, Kitsch, Politik und Marketing, in: Conny Becker u.a. (Hrsg.), Metropolitan Views. Berlin, Berlin: Kunstszenen 1989–2009, Berlin/München 2010, S. 193–204.

73 Insbesondere durch Tresor über das WMF bis hin zu Yaam und Bar 25; vgl. Senatsverwaltung für Stadtentwicklung Berlin (Hrsg.), Urban Pioneers, Berlin 2007.

74 Guido Fassbender (Hrsg.), Berlin 89/09 – Kunst zwischen Spurensuche und Utopie, Köln 2009.

75 Dominik Bartmann, Grenzüberschreitungen, in: Franziska Nentwig (Hrsg.), Fallmauerfall. Grenzüberschreitungen und Grenzerfahrungen im Spiegel der Kunst, Berlin 2009, S. 11–32, hier S. 26.

76 Fassbender (Hrsg.), Berlin 89/09, S. 108.

77 Mittels roter Positionslampen zogen sie eine gedachte (22,5 Kilometer lange) Linie zwischen Teufelsberg und Fernsehturm. Vgl. Marius Babias, p.t.t.red, in: Kunstforum international 111 (1991), S. 341; van Treeck, Street-Art Berlin, S. 224ff.

78 Herzogenrath (Hrsg.), Die Endlichkeit der Freiheit; Heinz Peter Schwerfel, Die Endlichkeit der Freiheit, Berlin 1990 (DVD).

79 Mitorganisatorin Brigitte Hammer im Gespräch mit dem Autor, 24.11.2010; Pressespiegel der Ausstellung; Herzogenrath (Hrsg.), Die Endlichkeit der Freiheit.

80 Feversham/Schmidt, Die Berliner Mauer heute, S. 159.

81 Schmidt, Die Botschaft der Mauersegmente, S. 232; Kaminsky (Hrsg.), Die Berliner Mauer in der Welt, S. 43.

82 Hier entstanden einige der wichtigsten Graffiti-Wandgemälde der neunziger Jahre, darunter aufwändige Produktionen von Mode2, Amok, Loomit, Poet und vielen mehr.

83 Projektbeschreibungen East Side Gallery GDR, vom 17.7.1990 und vom 20.8.1990, in: Landesarchiv Berlin, Rep. 104, Nr. 1893.

84 Briese, »Wartungsarm und formschön«, S. 448f.

85 Klemke, Zwischen Verschwinden und Gedenken, S. 219; Frank, Der Mauer um die Wette gedenken, S. 200ff., 275ff.

86 Vgl. Feversham/Schmidt, Die Berliner Mauer heute, S. 159ff.

87 Vgl. Henke, Kunst Fall Mauer.

88 Vgl. Ronny Heidenreich, Beton zu Geld. Das Geschäft mit der Berliner

Mauer, in: Kaminsky (Hrsg.), Die Berliner Mauer in der Welt, S. 236–249, hier S. 240.

89 Kaminsky (Hrsg.), Die Mauer in der Welt, S. 207. Siehe auch den Beitrag von Ronny Heidenreich in diesem Band.

90 Den Eigentümern der Segmente dürfte dies ebenso wenig bewusst sein wie die Bedeutung der Writernamen Esher, Duter oder Phers, die beispielsweise Mauerdenkmale in Gent und Zwevezele Wingene schmücken, außerdem die schlichtweg in der falschen Reihenfolge aufgestellten Mauerteile am Potsdamer Platz in Berlin.

91 BGH, Urteil vom 23.2.1995, Az. I ZR 68/93. Eine spätere Klage auf Schadensersatz des East Side Gallery e.V. Vorsitzenden Kani Alavi wies der BGH jedoch ab. In seinem Fall habe die »rein symbolische Übergabe« eines von Alavi 1995 ohne Zustimmung bemalten, jedoch nicht signierten Mauerstückes als Staatsgeschenk an die UNO keinen Engriff in die Verwertungsrechte dargestellt. BGH, Urteil vom 24.5.2007, Az. I ZR 42/04; BGH Pressemitteilung Nr. 63/2007.

92 Illustrierte Berliner Zeitung, 13.2.1963; siehe dazu den Beitrag von Elena Demke in diesem Band.

93 David Kalish, Ad Agency Invades East, in: Newsday, http://tagbomb2.ltvsquad.com/Graff_Images/Lib-Newsday/BerlinWallAd_Newsday_1989.jpg [28.1.2011]; siehe auch Randall Rothenberg, The Media Business: Advertising Marketing With Images Of Glasnost, in: The New York Times, 27.12.1989.

94 Thomas Moser, Domino und andere Spiele, Von der Boulevardisierung und Privatisierung einer Revolution. Eine Widerrede, in: Deutschland Archiv 43 (2010), S. 117–122, hier S. 118; Graffiti-Kampagne der Deutschen Telekom: http://www.youtube.com/watch?v=4rDzaEAqhJ8 [28.1.2011].

95 Anna Ewa Dyrko, Der Blick zurück, (Kunst-)Geschichtsproduktion 2009, in: Becker u.a. (Hrsg.), Metropolitan Views, S. 43–56.

96 Beispielsweise Elsner und Kain Karawahn, siehe dazu Fassbender (Hrsg.), Berlin 89/09; Nentwig (Hrsg.), Fallmauerfall.

97 Briese, »Wartungsarm und formschön«, S. 449.

98 Bezirksamt Friedrichshain-Kreuzberg, Drs. DS/1366/III; Drucksachen der Bezirksverordnetenversammlung Friedrichshain-Kreuzberg von Berlin, III. Wahlperiode, Drs. DS/1366/III; eine sogenannte »West Side Gallery« verfälscht die Authentizität der East Side Gallery, Pressemitteilung der Künstlerinitiative East Side Gallery e.V. vom 18.12.2009.

99 Kulturprojekte Berlin GmbH (Hrsg.), Dominobuch.

100 Ebenda, S. 13.

101 Moser, Domino und andere Spiele, S. 118.

102 Briese, »Wartungsarm und formschön«, S. 448.

103 Heiner Müller, Berlin Twohearted City, in: Herzogenrath (Hrsg.), Die Endlichkeit der Freiheit, S. 9.

104 Zur primären bis quartären Ästhetik der Berliner Mauer vgl. Briese, »Wartungsarm und formschön«.
105 E-Mail an den Autor, 1.3.2010.
106 Publius Ovidius Naso, Metamorphosen: lateinisch, deutsch, Stuttgart 2010, S. 183.
107 Sontag, The very comical Lament of Pyramus and Thisbe, S. 12.

Mauerrelikte – Axel Klausmeier/Leo Schmidt

1 Vgl. Gerhard Sälter, Das Verschwinden der Berliner Mauer, in: Klaus-Dietmar Henke (Hrsg.), Revolution und Vereinigung 1989/90. Als in Deutschland die Realität die Phantasie überholte, München 2009, S. 353–362.
2 Wortbeitrag von Helmut Trotnow in der Gesprächsrunde »Gefunden und verloren: Metamorphose von der Sperranlage zum (fast verschwundenen) Denkmal«, in: Deutsches Nationalkomitee für Denkmalschutz (Hrsg.), Tagung Mauer und Grenze – Denkmal und Gedenken, Bonn 2009, S. 51–64, hier S. 62.
3 Vgl. Ronny Heidenreich, Beton zu Geld. Das Geschäft mit der Berliner Mauer, in: Anna Kaminsky (Hrsg.), Die Berliner Mauer in der Welt, Berlin 2009, S. 236–249. Siehe auch seinen Beitrag in diesem Band.
4 Vgl. Leo Schmidt, Einführung in die Denkmalpflege, Stuttgart 2008, S. 123.
5 Vgl. Gesprächsrunde und Abschlussdiskussion: »Muss man die Mauer wieder aufbauen?«, in: Deutsches Nationalkomitee für Denkmalschutz (Hrsg.), Tagung Mauer und Grenze – Denkmal und Gedenken, Bonn 2009, S. 151–166, hier S. 158f., und Polly Feversham/Leo Schmidt, Die Berliner Mauer heute – The Berlin Wall Today, Berlin 1999, S. 177. Siehe auch den Beitrag von Gabriele Camphausen und Manfred Fischer in diesem Band.
6 Siehe den Beitrag von Rainer E. Klemke in diesem Band.
7 Zur Erneuerung der Malereien an der East Side Gallery vgl. Malte Göbel, Schluss mit Bruderkuss, online unter: www.spiegel.de/kultur/gesellschaft/0,1518615616,00.html [2.11.2010].
8 Vgl. den Beitrag von Axel Klausmeier in diesem Band.
9 Vgl. Axel Klausmeier/Leo Schmidt, Mauerreste-Mauerspuren. Der umfassende Führer zur Berliner Mauer, 3. Aufl., Berlin 2007, S. 54–71.
10 Vgl. ebenda; englische Ausgabe: Wall Remnants, Wall Traces. The comprehensive guide to the Berlin Wall, Berlin 2004.
11 Vgl. Christine Brecht/Elke Kimmel/Svenja Moor, Spurensuche im Mauerland. Ein Grenzbetrieb am Berliner Flutgraben, Berlin 2009.
12 www.denkmallandschaft-berliner-mauer.de und www.berlin-wall-map.com [2.11.2010].
13 Vgl. den Beitrag von Winfried Heinemann in diesem Band; außerdem Jochen Maurer, Die »Mauer« und ihre Grenztruppen oder die Grenztruppen und ihre »Mauer«?, in: Deutsches Nationalkomitee für Denk-

malschutz (Hrsg.), Die Berliner Mauer. Vom Sperrwall zum Denkmal, Bonn 2009, S. 71–86.

14 Näheres bei Axel Klausmeier, Das Gesamtsystem Grenze – Zur Bedeutung der Infrastruktur im Hinterland der Grenzanlagen, in: Ebenda, S. 101–115, und Axel Klausmeier/Leo Schmidt, Das »System Grenze« in Brandenburg. Vom Kontext zerstörter baulicher Strukturen und ihrer kulturellen und historischen Bedeutung, in: Brandenburgische Denkmalpflege 18 (2009) 1, S. 4–14.

15 Vgl. Maurer, Die »Mauer«, S. 84 f.

16 Vgl. Klausmeier, Das Gesamtsystem Grenze.

17 Stiftung Gedenkstätte Berlin-Hohenschönhausen (Hrsg.), Die vergessenen Opfer der Mauer. Flucht und Inhaftierung in Deutschland, 1961–1989, Berlin o. J. [2001], S. 33.

18 Heute Gedenkstätte, vgl. www.stiftung-hsh.de/ [2.11.2010].

19 Siehe den Beitrag von Ronny Heidenreich in diesem Band.

20 Vgl. Anna Kaminsky (Hrsg.), Die Mauer in der Welt, Berlin 2009, sowie www.denkmallandschaft-berliner-mauer.de bzw. www.berlin-wallmap.com.

Die bürgerschaftliche Durchsetzung der Gedenkstätte an der Bernauer Straße – Gabriele Camphausen/Manfred Fischer

1 »Die Mauer muß bleiben«, Archiv der Versöhnungsgemeinde. Gabriele Camphausen ist Fachbereichsleiterin bei der Bundesbeauftragten für die Unterlagen des Staatssicherheitsdienstes der ehemaligen DDR und war von 1998 bis 2009 Vorsitzende des Vereins Berliner Mauer e. V. Manfred Fischer ist seit 1975 Pfarrer der Evangelischen Versöhnungsgemeinde und seit 1998 Vorsitzender des Fördervereins »Gedenkstätte Berliner Mauer«.

2 Zit. nach Veranstaltungsflyer zu Mauersprung, Berlin 1987, Archiv Fischer.

3 Berlin-Info. EXTRA, hrsg. v. Verkehrsamt Berlin/Berliner Morgenpost, Archiv Versöhnungsgemeinde.

4 Wortbeitrag von Peter Goralczyk in der Gesprächsrunde »Gefunden und verloren: Metamorphose von der Sperranlage zum (fast verschwundenen) Denkmal«, in: Deutsches Nationalkomitee für Denkmalschutz (Hrsg.), Tagung Mauer und Grenze – Denkmal und Gedenken, Bonn 2009, S. 51–64, hier S. 58. Zur Denkmalschutzdiskussion um die Mauer siehe Gabi Dolff-Bonekämper, Denkmalschutz für die Mauer, in: Die Denkmalpflege 58 (2000), S. 33–40; Axel Klausmeier, Die Grenzlandschaft um Berlin. Zur denkmalkundlichen Bedeutung von baulichen Resten der Berliner Grenzanlagen, oder: Keine Grenze ohne Infrastruktur im Hinterland, in: Birgit Franz/Gabi Dolff-Bonekämper (Hrsg.), Grenzverschiebungen, Kulturraum, Kulturlandschaft. Kulturerbe in Regionen mit wechselnden Herrschaftsansprüchen, Holzminden 2009, S. 52–59; Axel Klausmeier, Interpretation as a

means of preservation policy, or: Whose heritage is the Berlin Wall?, in: Neil Forbes/Robin Page/Guillermo Pérez (Hrsg.), Europe's deadly Century. Perspectives on 20th century conflict heritage, Swindon 2009, S. 97–105.

5 Zit. nach Peter Möbius/Helmut Trotnow, Mauern sind nicht für ewig gebaut. Zur Geschichte der Berliner Mauer, Berlin 1990, S. 13.

6 Siehe den Beitrag von Ronny Heidenreich in diesem Band; außerdem Ronny Heidenreich, Beton zu Geld. Das Geschäft mit der Berliner Mauer, in: Anna Kaminsky (Hrsg.), Die Berliner Mauer in der Welt, Berlin 2009, S. 236–249.

7 Zum Abbau der Mauer siehe Gerhard Sälter, Mauerreste in Berlin. Der Abbau der Berliner Mauer und noch sichtbare Reste in der Berliner Innenstadt, 2., überarb. Aufl., Berlin 2007; Gerhard Sälter, Das Verschwinden der Mauer, in: Klaus-Dietmar Henke (Hrsg.), Revolution und Vereinigung 1989/90. Als in Deutschland die Realität die Phantasie überholte, München 2009, S. 353–362.

8 Siehe den Beitrag von Rainer E. Klemke in diesem Band.

9 Christoph Lang, Oberleutnant Menzel, Bis Ende des Jahres gibt es keine Mauer mehr, in: Berliner Morgenpost, 14.6.1990.

10 Pressedienst Berlin, Aktuelles der Woche XV, Nr. 26, 5.7.1990, S. 32–33.

11 Brief von de Maizière an Schäuble, 16.8.1990, Archiv der Versöhnungsgemeinde.

12 Beitrag von Reinhard Borgmann in der Sendung »Kontraste«: Berliner Denkmalstreit, SFB, August 1994, Archiv der Versöhnungsgemeinde.

13 Brief von Eich an Fischer, 14.9.1990, Archiv der Versöhnungsgemeinde, BI-Archiv.

14 Magistratsverwaltung für Kultur, Abt. V, Denkmalpflege, 2.10.1990, Archiv der Versöhnungsgemeinde.

15 Vgl. Jochen Metzner, Mauer-Reste. Debatte über Gedenkstätte im Kulturausschuß, in: Der Tagesspiegel, 7.5.1991.

16 Ausschreibung »Architektonisch-künstlerischer Ideenwettbewerb Gedenkstätte Berliner Mauer in der Bernauer Straße«, 1994, S. 65, Archiv Fischer.

17 Protokoll der 30. Sitzung der BVV Wedding, 13.6.1991, S. 35, 45.

18 Drucksache 169/91 der 17. Tagung der BVV Mitte, 30.5.1991, mit 40 von 61 Stimmen beschlossen.

19 Vgl. Volker Hassemer, Kompromiß für Mauer an der Bernauer Straße möglich, Pressemeldung der Senatsverwaltung für Stadtentwicklung und Umweltschutz, 17.6.1991; epd vom 19.6. und 6.8.1991.

20 Mauermuseum kann nicht an der Bernauer Straße entstehen, Landespressedienst, 15.7.1991.

21 Rüdiger Scharf, Kultur-Senator spricht Machtwort, in: Berliner Morgenpost, 7.5.1991.

22 Pressemitteilung des Deutschen Historischen Museums, 12.8.1991.

23 Ausschreibungstext von 1994, S. 64, Archiv Fischer.

24 Antwort des Senats (Schlußbericht) vom 6.2.1992 auf eine kleine Anfrage der Abgeordneten Helga Delau (CDU) vom 5.3.1991, Landespressedienst, 20.3.1992, S. 72ff.
25 Ausschreibungsunterlagen des Gestaltungswettbewerbs, S. 68ff. und 17ff., Archiv Fischer.
26 Jens Oliva, Städtebaulicher Entwurf: Bernauer Straße/Nordbahnhof Invalidenstraße, TU Berlin, Prof. R. Breit, Wintersemester 1990/91, Archiv der Versöhnungsgemeinde.
27 Sitzung des Hauptstadtausschusses »Berlin 2000« am 19.12.1994, vgl. oh, Gedenkstätte Berliner Mauer, in: Bauwelt 86 (1995), S. 1556f.
28 Ebenda, S. 1557.
29 Hilde Léon, Berliner Beiträge. Mauerseligkeit, in: Der Tagesspiegel, 31.8.1995.
30 Kleine Anfrage Nr. 13/1596 vom 19.12.1996 und Antwort (Schlußbericht) vom 9.6.1997, Landespressedienst 131/97 vom 10.7.1997.
31 »The memorial opened in 1998 presented relics of the Wall in bare bones form, in an inchoate manner, and without explanation. Other critics charged that the steel walls that now flanked segments of the Wall altered the historical substance of the border. […] Another criticism was that the memorial embraced modernist forms that encouraged a highly abstract approach to the history of the era, one that did not permit visitors to learn first-hand about what people at the time had actually experienced.« Gerhard Sälter, The Berlin Wall Explained in Context: Rebuilding the Berlin Wall Memorial, in: Emilia Fiandra/Francesco Guida (Hrsg.), C'era una volta il muro. A vent'anni dalla »svolta« tedesca, Rom 2011 (i.E.).
32 Gabi Dolff-Bonekämper, Die Reste der Berliner Mauer. Museale Installation contra Denkmalschutz, in: Neue Zürcher Zeitung, 22.10.1996.
33 Jörn Hasselmann/Lothar Heinke, Mauer-Segmente liegen jetzt auf Strieders Schreibtisch, in: Der Tagesspiegel, 24.4.1997.
34 Ausbau der Mauergedenkstätte Bernauer Straße kann beginnen, dpa-Mitteilung, 16.4.1997, 14.38 Uhr; Strieder kritisiert Mauerabriß, dpa-Mitteilung, 16.4.1997, 20.35 Uhr.
35 Zit. nach J. Jürgens/H. Nilson, In Gottes Namen – Abriß der Mauer an der »Bernauer«, in: Berliner Morgenpost, 17.4.1997.
36 Vgl. Gemeinsames Gespräch soll Streit um die Mauer beenden, dpa-Bericht, 24.4.1997; Mathias Stengel, Historische Fotos belegen: keine Massengräber an der Mauer, in: Berliner Morgenpost, 28.5.1997; Uwe Aulich, Massengräber – alles nur ein Schwindel?, in: Berliner Zeitung, 24./25.5.1997.
37 Stengel, Historische Fotos.
38 Lothar Heinke, Ensemble-Lösung mit Kohlhoff und Erhaltung des Bestandes an der Bernauer Straße, in: Der Tagesspiegel, 29.6.1997, mit Zeichnung Ensemble Mauergedenkstätte.
39 Vgl. Uwe Aulich, Senat ebnet Weg für Mauergedenkstätte, in: Berliner

Zeitung, 6.8.1997; Senat ebnet Weg für Mauergedenkstätte, Pressemitteilung, Senatsverwaltung für Wissenschaft, Forschung und Kultur, 3.11.1997.

40 Pressemitteilung, Senatsverwaltung für Stadtentwicklung, Umweltschutz und Technologie, 6.8.1997.

41 Vgl. Wolfgang Huber, Eine Gedenkstätte, die ihren Namen verdient, in: Der Tagesspiegel, 13.8.1997; Berliner Bischof: Kirche befürwortet Mauergedenkstätte, dpa-Mitteilung, 13.8.1997, 16.01 Uhr.

42 Beschluss des Gemeindekirchenrates, 12.11.1996, Archiv der Versöhnungsgemeinde; erste Schritte waren: Ausstellung »Berlin – Szenarien für den Grenzstreifen« von Claudia Knappert, 13.8.–3.10.1997, mit Film-Reihe; »Wo stand die Mauer?«, Radiofeature, SFB/ORB, 6.11.1997.

43 Kurz vor der Einweihung gab es Streit über die genaue Widmung des Denkmals. Das Bauschild bezeichnete das ganze Gelände, das Denkmal erinnert an die Teilung der Stadt und die Opfer; vgl. Mathias Stengel, Mauergedenkstätte vor Vollendung – aber Streit um neuen Tafeltext, in: Berliner Morgenpost, 27.7.1998; Christine Richter, Diepgen: Mauergedenkstätte muß »mentaler Stolperstein« sein, in: Berliner Zeitung, 14.8.1998.

44 Vereinsprotokoll 2/1998 vom 9.6.1998, Archiv der Versöhnungsgemeinde. Siehe die eingehende, das Denkmal für die ermordeten Juden Europas und das Gebäude des Jüdischen Museums mit einbeziehende Würdigung von Adam Sharr, The Sedimentation of Memory, in: The Journal of Architecture 15 (2010), S. 499–515.

45 Zur Vereinsvorsitzenden wurde Gabriele Camphausen gewählt. Zum Vorstand gehörten außerdem Manfred Fischer und Helmut Trotnow, Letzterem folgte Rudolf Prast.

46 Zum Kern des Teams gehörten Doris Liebermann (Ausstellung/Veranstaltungen), Maria Nooke (seit 1999 Projektleiterin; Zeitzeugenarbeit), Katrin Passens (politische Bildungsarbeit) und Gerhard Sälter (Forschung). Mit Beginn der Erweiterungsplanungen 2004/2005 kam Günter Schlusche (Beauftragter für die Realisierung des Wettbewerbs zur Erweiterung der Gedenkstätte) hinzu. Den Vorsitz des Fachbeirates hatte zunächst Manfred Rexin inne, ab 2002 Joachim Gauck, seit 2005 Klaus-Dietmar Henke.

47 Vgl. Helmut Trotnow, Der historische Rückblick macht die Gegenwart verständlich. Die Bernauer Straße und die Gedenkstätte Berliner Mauer, in: Verein Berliner Mauer – Gedenkstätte und Dokumentationszentrum (Hrsg.), Berliner Mauer. Gedenkstätte, Dokumentationszentrum und Versöhnungskapelle in der Bernauer Straße, Berlin 1999, S. 8–17; Gabriele Camphausen, Das Denkmal »Gedenkstätte Berliner Mauer«. Ein Entstehungsprozeß, in: Ebenda, S. 18–26, Gabriele Camphausen, Das Dokumentationszentrum Berliner Mauer, in: Ebenda, S. 27–33. Das Buch liegt auch in englischer Fassung vor.

48 Zu den konzeptionellen Überlegungen und Planungen des Trägervereins vgl. ebenda. Siehe auch: Verein Berliner Mauer – Gedenkstätte und Dokumentationszentrum (Hrsg.), Berliner Mauer – Dokumentationszentrum, Berlin 2002, sowie die folgenden Konzeptpapiere des Vereins: Verein Berliner Mauer – Gedenkstätte und Dokumentationszentrum, Bilanz und Perspektiven, August 2004; Gabriele Camphausen, Sachstand und Problemaufriss, Januar 2005; dies., Handlungsfelder – Gedenkstätte und Dokumentationszentrum Berliner Mauer, Januar 2005; AG Bernauer Straße, Konzept zum Ausbau der Erinnerungslandschaft Bernauer Straße – Gedenken und Aufklären, Oktober 2005. Diese und die im Folgenden genannten Konzeptpapiere befinden sich im Archiv des Trägervereins bzw. im Archiv Camphausen.

49 Zu den historischen Schichten vgl. ebenda, S. 15f. und 29f. Siehe auch Gabriele Camphausen, Überlegungen zum Umgang mit der Geschichte und den Relikten der Berliner Mauer, Dezember 2004. Zur Archäologie des Ortes siehe die Studie Axel Klausmeier/Leo Schmidt, Mauerreste –Mauerspuren, Berlin 2004, insbesondere S. 104–121.

50 Um diese vielfältigen Bezüge erfahrbar zu machen, war eine rege kooperative Nachbarschaft zu themennahen Einrichtungen wie den Grenzlandmuseen, der Erinnerungsstätte Marienfelde oder der Gedenkstätte Berlin-Hohenschönhausen selbstverständlich. Siehe hierzu auch Camphausen, Dokumentationszentrum, sowie Camphausen, Überlegungen zum Umgang.

51 Vgl. Verein, Bilanz und Perspektiven, S. 10f.; siehe Gerhard Sälter, Vom Herrschaftsinstrument zum Erinnerungsort: Die Berliner Mauer, in: Michael Jeismann (Hrsg.), Die Mauerreise. Grenzsituationen rund um die Welt, Göttingen 2010 (i.E.).

52 Zu der Trias aus Forschung, Vermittlung und Gedenken vgl. auch Gabriele Camphausen, in: Wohin treibt die DDR-Erinnerung? Dokumentation einer Debatte, hrsg. v. Martin Sabrow u.a., Göttingen 2007, S. 133–136.

53 Zeitweilig kursierte in der Verwaltung die Vorstellung, das Dokumentationszentrum könne ohne Fachpersonal geführt werden. Der Betrieb, reduziert auf die Öffnung und Schließung des Hauses, sollte durch einen Hausmeister gewährleistet werden.

54 Vgl. Camphausen, Denkmal.

55 Zu den beiden Ausstellungen vgl. den Katalog: Verein Berliner Mauer – Gedenkstätte und Dokumentationszentrum (Hrsg.), Die Berliner Mauer. Ausstellungskatalog Dokumentationszentrum Berliner Mauer, Dresden 2002. Siehe außerdem die ausstellungsbegleitenden Angebote in Form der sogenannten Informationsschachteln »Grenzblicke« und »Berlin, 13. August 1961« und der Dokumentations-CD »Studio am Stacheldraht«.

56 Vgl. beispielsweise entsprechende Forderungen des Regierenden Bür-

germeisters Eberhard Diepgen im April 1999 und die Auseinandersetzungen um die Kreuzinstallation am Checkpoint Charlie 2004.

57 Siehe Camphausen, Handlungsfelder, S. 2.

58 Hieraus erwuchs das Forschungsprojekt zu den Mauertoten, das der Verein in Kooperation mit dem Zentrum für Zeithistorische Forschung Potsdam durchgeführt hat. Das Projekt wurde vom Bund finanziert. Seine Ergebnisse liegen als digitales Archiv sowie als Publikation vor: Zentrum für Zeithistorische Forschung Potsdam/Stiftung Berliner Mauer (Hrsg.), Die Todesopfer an der Berliner Mauer 1961–1989. Ein biographisches Handbuch, Berlin 2009. Verwiesen sei hier auch auf die von der Evangelischen Versöhnungsgemeinde initiierten und vom Verein Berliner Mauer mitgetragenen Opferandachten. Sie finden seit dem 13. August 2005 werktags in der Kapelle der Versöhnung statt. Im Mittelpunkt steht jeweils eine individuelle Biografie – der Lebensweg eines Mauertoten.

59 In diesem Zusammenhang sei insbesondere die im März 2007 veranstaltete Klausurtagung des Vereins »Opfergedenken an der Bernauer Straße« genannt, zu der Sachverständige aus dem Bereich der Geschichtsforschung, Erinnerungsarbeit und des Denkmalschutzes eingeladen waren. Die Beiträge wurden in einem Reader von Günter Schlusche zusammengefasst. Siehe auch die intensiven Diskussionen auf der Tagung »Gedenken als gesellschaftliche Selbstfindung-Formen des öffentlichen Erinnerns an die Opfer politischer Gewalt«, die der Verein in Kooperation mit der Evangelischen Akademie Berlin-Brandenburg und der Bundesbeauftragten für die Stasi-Unterlagen im Februar 2007 durchgeführt hat.

60 Eine erste Gestaltungsanregung hierzu ergab sich aus der Zusammenarbeit mit dem Beirat der Gedenkstätte Flossenbürg. Diese sah in ihrer neuen Dauerausstellung eine Fotogalerie der KZ-Häftlinge vor – mit Fotos, die ausdrücklich nicht der KZ-Zeit verhaftet waren, sondern die betroffenen Menschen als Individuen in ihrem Alltag abbildeten. Siehe hierzu auch Petra Morawe, Thema: Gedenken. »Wir erinnern mit dem Kopf, aber wir gedenken mit dem Herzen«, Arbeitspapier, 28.6.2005, Archiv Camphausen.

61 Siehe hierzu auch die Problemskizze von Klaus-Dietmar Henke, Rekonstruktion im Kopf oder auf dem Gelände? Zum Gestaltungsproblem der Bernauer Straße, Archiv Camphausen.

62 Vgl. AG Bernauer Straße, Konzept zum Ausbau, insbesondere S. 4–8, 15–20.

63 Vorangegangen waren Anträge der Fraktion der CDU sowie der Grünen/Bündnis 90 im Abgeordnetenhaus am 11.11.2004 und ein Beschluss des Berliner Abgeordnetenhauses vom 12.5.2005. Vgl. auch den Beschluss des Deutschen Bundestages vom 15.6.2005.

64 Siehe hierzu die Planungsthesen von Gabriele Camphausen, Überlegungen zum Umgang mit der Geschichte und den Relikten der Ber-

liner Mauer. Sachstand – offene Fragen – Empfehlungen, Dezember 2004, Archiv Camphausen. Der Verein hatte beispielsweise auch die Federführung bei der Konzipierung des Mauerradwegs im Berliner Außenring 2003 sowie des Mauer-Leitsystems und des Mauer-Gütesiegels 2006.

65 Der Verein Berliner Mauer löste sich 2009 auf, und ein Förderverein Berliner Mauer gründete sich, der mit seinem Vorsitzenden im Stiftungsrat der Stiftung Berliner Mauer vertreten ist.

66 Vgl. die treffende Formel von Pfarrer Fischer: »Die Gedenkstätte darf nicht *fertig gemacht* werden.«

67 Dazu zählen nicht zuletzt das Angebot zum Dialog und die aktive Berücksichtigung von Besucher- und Bürgerreaktionen. Siehe beispielsweise im Vorfeld der Erweiterung der Gedenkstätte die Beteiligungsangebote Bürgerdialog und Bürgerversammlung 2006.

Das Gesamtkonzept Berliner Mauer – Rainer E. Klemke

1 Siehe dazu den Beitrag von Gabriele Camphausen und Manfred Fischer in diesem Band.

2 Koalitionsvereinbarung zwischen der Sozialdemokratischen Partei Deutschlands (SPD), Landesverband Berlin, und der Partei des Demokratischen Sozialismus (PDS), Landesverband Berlin, für die Legislaturperiode 2001–2006, S. 81, online unter: http://archiv.spd-berlin.de/w/files/spd-positionen/koalitionsvertrag2002.pdf [9.10.2010].

3 Pressemitteilung der CDU-Fraktion des Berliner Abgeordnetenhauses, 29.11.2004, online unter: http://www.cdu-fraktion.berlin.de/Aktuelles/Presseerklaerungen/CDU-Fraktionsvize-kritisiert-die-selbstgefaellige-Konzeptionierung-von-Flierl [11.10.2010].

4 Eine später von der Bundesregierung finanzierte wissenschaftliche Studie des Vereins Berliner Mauer und des Zentrums für Zeithistorische Forschung in Potsdam konnte nicht belegen, dass die dort gewürdigten Personen tatsächlich alle Maueropfer gewesen sind, vgl. Zentrum für Zeithistorische Forschung Potsdam/Stiftung Berliner Mauer (Hrsg.), Die Todesopfer an der Berliner Mauer 1961–1989. Ein biographisches Handbuch, Berlin 2009.

5 Vgl. Axel Klausmeier/Leo Schmidt, Mauerreste-Mauerspuren. Der umfassende Führer zur Berliner Mauer, Berlin 2004.

6 Michael Sontheimer, Zweiter Tod, in: Der Spiegel, 4.7.2005.

7 Marc Neller, Räumkommando im Morgengrauen, in: Der Tagesspiegel, 5.7.2005.

8 Vgl. sinngemäß auch Abgeordnetenhaus Berlin, Protokoll der 61. Sitzung, 9.12.2004, S. 5095.

9 Vgl. Deutscher Bundestag, Drs. 15/4795: Antrag »Gelände um das Brandenburger Tor als Ort des Erinnerns an die Berliner Mauer, des Gedenkens an ihre Opfer und der Freude über die Überwindung der

deutschen Teilung«, 28.1.2005, online unter: http://dip21.bundestag.de/dip21/btd/15/047/1504795.pdf [13.10.2010].

10 Er wurde am 30. Juni 2005 vom Plenum des Deutschen Bundestages nach einem Hearing beschlossen.

11 Hubertus Knabe/Manfred Wilke, Die Wunden der Teilung sichtbar machen. Vorschläge für ein Konzept der Erinnerung an die untergegangene SED-Diktatur, in: Horch und Guck 49 (2005), S. 70–74.

12 Späterhin als »AG Gesamtkonzept Berliner Mauer« firmierend.

13 Beauftragt wurde Monica Geyler-von Bernus vom Berliner Forum für Geschichte und Gegenwart. Das Papier wurde später in das »Gesamtkonzept Berliner Mauer«, Senatsbeschluss vom 20. Juni 2006, als Anhang in die Materialien mit aufgenommen.

14 Der Verfasser ist seit 1995 in der Berliner Kulturverwaltung unter anderem für Gedenkstätten und Zeitgeschichte zuständig.

15 Vgl. Vorbereitungspapiere zur Expertenkonferenz am 2./3. Februar 2005, Anlage zum Ergebnisvermerk, Handakte des Autors.

16 Später wurde der Begriff »Mauergedenkkonzept« durch Opfervertreter problematisiert und danach seitens der Kulturverwaltung nicht mehr verwendet, da nicht der Mauer »gedacht« wird (vielmehr daran erinnert wird), sondern deren Opfer.

17 Vgl. Vorüberlegungen vor der Tagung der Expertenrunde, Thesen für ein Mauergedenkkonzept, Vermerk V C 2 Klemke, 20.1.2005, Handakte des Autors.

18 Protokoll der Expertenanhörung der Senatsverwaltung für Wissenschaft, Forschung und Kultur vom 2. und 3. Februar 2005 im Martin-Gropius-Bau, Handakte des Autors.

19 Ebenda.

20 Ebenda.

21 Ebenda.

22 Ebenda.

23 Ebenda.

24 Vermerk Klemke vom 7. März 2005, »Expertentreffen Mauergedenken, Tagung am 2. und 3. Februar 2005, Thesen für ein Mauergedenkkonzept«, Handakte des Autors.

25 Konrad H. Jarausch/Martin Sabrow/Hans-Hermann Hertle, Die Berliner Mauer – Erinnerung ohne Ort? Memorandum zur Bewahrung der Berliner Mauer als Erinnerungsort, Potsdam 2005, online unter: http://hsozkult.geschichte.hu-berlin.de/daten/2002/2005_mauer_memorandum.doc [9.10.2010].

26 Presseerklärung der CDU, 20.6.2006.

27 »Überlegungen für ein Konzept zum Mauergedenken in Berlin«, Redemanuskript Senator Dr. Thomas Flierl, ohne Datum, Projektakte Mauerprojekt in der Berliner Kulturverwaltung.

28 Ebenda.

29 Ebenda.

30 Vgl. Protokoll der Sitzung des AK II vom 11. März 2005, verfasst vom Vorsitzenden der AK II, dem Landesbeauftragten für die Unterlagen des Staatssicherheitsdienstes der ehemaligen DDR, Martin Gutzeit, Akte des AK II in der Kulturverwaltung.
31 Ebenda.
32 Thomas Flierl, Gedenkkonzept Berliner Mauer, Bestandsaufnahme und Handlungsempfehlungen, vorgestellt bei der Veranstaltung der Stiftung zur Aufarbeitung der SED-Diktatur am 18. April 2005 im Abgeordnetenhaus von Berlin.
33 Ebenda.
34 Christine Richter, Flierl stoppt Grundstücksverkauf an Bernauer Straße, in: Berliner Zeitung, 29.4.2005.
35 Vgl. Philipp Gessler/Tina Hüttl, Flierl mauert noch ein bisschen, in: die tageszeitung, 19.4.2005.
36 Vgl. ebenda.
37 Philipp Gessler, Wieder eine Chance vertan, in: die tageszeitung, 19.4.2005.
38 »Fachleute wie der Politikwissenschaftler Manfred Wilke und der Vertreter der Opferverbände Harald Strunz sprachen Flierl ein begrenztes Lob aus. Schon am Nachmittag hatten Kulturpolitiker der Opposition in Reaktion auf Berichte über das Konzept dem Senator attestiert, er gehe ›in die richtige Richtung‹.« Werner van Bebber, Die Reste der Teilung verbinden, in: Der Tagesspiegel, 19.4.2005.
39 »Für sein Konzept zum Gedenken an die Berliner Mauer hat Kultursenator Thomas Flierl am Montagabend von Historikern, Vertretern der Opfer des SED-Regimes und aus der Politik viel Zustimmung erhalten.« Renate Oschlies, Alle wollen die Mauerreste retten, in: Berliner Zeitung, 19.4.2005.
40 Vgl. Abgeordnetenhaus Berlin, Beschlussprotokoll der 58. Sitzung des Ausschusses für Kulturelle Angelegenheiten, 25.4.2005.
41 Deutscher Bundestag, Plenarprotokoll 15/184: Stenografischer Bericht 184. Sitzung, 3.6.2005, S. 17447, online unter: http://dipbt.bundestag.de/doc/btp/15/15184.pdf [13.10.2010].
42 Mechthild Küpper, Die Mauer wird aufgebaut, in: FAZ, 26.7.2005.
43 Vgl. »Streit um Mauerabriß am Nordbahnhof«, in: B.Z., 8.7.2005.
44 Vgl. »Die Mauer in den Köpfen der CDU«, in: die tageszeitung, 8.7.2005.
45 Vgl. Senat von Berlin, Senatsbeschluss Nr. 2947/05 über Feststellung einer Fläche an der Bernauer Straße im Bezirk Mitte als Gebiet von außergewöhnlicher stadtpolitischer Bedeutung gemäß § 9 Abs. 1 Satz 1 Nr. 1 AGBauGB, 27.9.2005.
46 Senat von Berlin, Senatsbeschluss Nr. 2917/05 über Bericht zum Sachstand Gedenkkonzept Berliner Mauer, 20.9.2005.
47 Gemäß Beschluss des Abgeordnetenhauses vom 12. Mai 2005.
48 Ohne die neue Vorsitzende des Gemeindekirchenrates, Cornelie

Kunkat, sowie den Vorsitzenden des Grenzausschusses, Holger Kulick, die die Bedeutung des Projektes auch für die Gemeinde selbst erkannten und den konstruktiven Dialog über einen fairen Interessenausgleich zwischen den Belangen des Friedhofes und dem nationalen Projekt der Mauergedenkstätte ermöglichten, wäre ein Vertrag nicht zustande gekommen.

49 Rainer Eckert u. a., Empfehlungen der Expertenkommission zur Schaffung eines Geschichtsverbundes »Aufarbeitung der SED-Diktatur«, in: Wohin treibt die DDR-Erinnerung? Dokumentation einer Debatte, hrsg. v. Martin Sabrow u. a., Göttingen 2007, S. 17–45.

50 Vgl. Deutscher Bundestag, Drs. 16/9875: Fortschreibung der Gedenkstättenkonzeption des Bundes, 19.6.2008, online unter: http://www.bundesregierung.de/nsc_true/Content/DE/__Anlagen/BKM/2008–06–18-fortschreibung-gedenkstaettenkonzepion-barrierefrei,property=publicationFile.pdf/2008–06–18-fortschreibung-gedenkstaettenkonzepion-barrierefrei [13.10.2010].

51 Vgl. Dieter Hoffmann-Axthelm, Rennstrecke des Erinnerns, in: Der Tagesspiegel, 2.12.2007.

52 Sie korrespondiert mit der Gedenkstätte Berlin-Hohenschönhausen, wo mehr als 75 000 Menschen wegen gescheiterter oder geplanter Fluchten eingesessen haben.

Die Gedenkstätte Berliner Mauer an der Bernauer Straße – Axel Klausmeier

1 Vgl. Zitat von Joachim Ragnitz, ifo-Institut: Erinnerung an Leben in der DDR verblasst, in: Sächsische Zeitung, 16.9.2010, http://www.sz-online.de/Nachrichten/articles/articleid-256 3208 [16.2.2011].

2 Vgl. Artikel: Das »ostigste« Hotel Deutschlands in: Kölner Stadtanzeiger, 25.8.2010, http://www.ksta.de/html/artikel/128 265 521 1359.shtml [16.2.2011].

3 Vgl. John Ruskin, The Seven Lamps of Architecture, New York 1989 (Orig. 1849), S. 178 ff.

4 Siehe den Beitrag von Rainer E. Klemke in diesem Band.

5 Das Gedenkstättenkonzept des Berliner Senates ist einzusehen unter: http://www.berlin.de/sen/kultur/kulturpolitik/mauer/gesamtkonzept.html [2.11.2010]. Es wurde am 20. Juni 2006 beschlossen.

6 Siehe den Beitrag von Gabriele Camphausen und Manfred Fischer in diesem Band.

7 Vgl. Zentrum für Zeithistorische Forschung Potsdam/Stiftung Berliner Mauer (Hrsg.), Die Todesopfer an der Berliner Mauer 1961–1989. Ein biographisches Handbuch, Berlin 2009.

8 Gabi Dolff-Bonekämper, Denkmalschutz für die Mauer, in: Die Denkmalpflege 58 (2000), S. 33–40, hier S. 38.

9 Die Stiftung Berliner Mauer – Gedenkstätte Berliner Mauer und Erinnerungsstätte Notaufnahmelager Marienfelde war mit dem am 17. Sep-

tember 2008 in Kraft getretenen Berliner Landesgesetz über die Errichtung der Stiftung Berliner Mauer gegründet worden.

10 Siehe hierzu ausführlicher: Axel Klausmeier, Ein Memorialort neuer Prägung. Die Erweiterung der »Gedenkstätte Berliner Mauer« an der Bernauer Straße, in: Deutschland Archiv 42 (2009), S. 892–900, hier S. 895 ff.

11 Jörn Rüsen, Über den Umgang mit den Orten des Schreckens. Überlegungen zur Symbolisierung des Holocaust, in: Dieter Hoffmann (Hrsg.), Das Gedächtnis der Dinge, Frankfurt a. M. 1998, S. 330–344, hier S. 334. Er macht in diesem Zusammenhang deutlich, dass die Qualität der Tatsächlichkeit, die die authentischen Reste haben, eine existenzielle Dimension eröffnet, in die hinein das Geschehnis erinnert werden kann. Zugleich wird es als eines erinnert, das sich der Präsenz des Tatsächlichen entzieht und nur als abwesend erfahrbar ist.

12 Einzige Ausnahme ist die Rekonstruktion eines originalen Wachturmes vom Typ BT-9, der aus einer NVA-Kaserne im brandenburgischen Spreenhagen stammt und an den einstigen Standort eines baugleichen Turms an der Ackerstraße gesetzt wurde. Selbstverständlich wird auch diese Maßnahme ausführlich erklärt.

13 Gesetz über die Errichtung der Stiftung Berliner Mauer – Gedenkstätte Berliner Mauer und Erinnerungsstätte Notaufnahmelager Marienfelde (Mauerstiftungsgesetz – MauStG) vom 17.9.2008, hier § 2, online unter: http://www.stiftung-berliner-mauer.de/de/uploads/test/maustg.pdf [2.11.2010].

14 Gabi Dolff-Bonekämper entwickelte im Umgang mit »unbequemen Denkmalen« und analog der traditionellen Denkmalwerte den sogenannten »Streitwert«. Sie misst damit Denkmalen, die aufgrund ihrer politischen, historischen und/oder emotionalen Verfasstheit immer wieder zur Auseinandersetzung anregen, besondere Bedeutung zu. Siehe hierzu: Gabi Dolff-Bonekämper, Der Streitwert der Denkmale. Vortrag auf der Jahrestagung der Vereinigung der Landesdenkmalpfleger, Wiesbaden, 17.-21.6.2002.

15 Jörg Haspel, Ergebnisse der Tagung »Erhaltungsstrategien für die Berliner Mauer. Status – Beispiele – Konzepte«, Besucherzentrum der Gedenkstätte Berliner Mauer, 25./26.2.2010.

16 Siehe dazu auch Wolf Kaiser, Herausforderungen. Zur pädagogischen Arbeit in Gedenkstätten für die Opfer des Nationalsozialismus, in: Politisches Lernen 21 (2003) 1/2, S. 13–20, hier S. 17.

17 Vgl. Jan Philipp Reemtsma, Wozu Gedenkstätten?, in: Mittelweg 36, 13 (2004) 2, S. 49–63, hier S. 54.

18 Vgl. ebenda.

Stadtentwicklung im geteilten Berlin – Günter Schlusche

Ich danke Harald Bodenschatz, Dorothee Dubrau, Wulf Eichstädt, Bruno Flierl, Jutta Kalepky, Friedemann Kunst, Annalie Schön, Gerhard Sälter, Heinrich Suhr und Manfred Zache für die intensiven und offenen Gespräche zum Thema dieses Beitrags.

1 Hans Scharoun, Zur Ausstellung »Berlin plant«, in: Neue Bauwelt 1 (1946) 10, S. 3–6, hier S. 3.

2 Vgl. Johann Friedrich Geist/Klaus Kürvers, Das Berliner Mietshaus, Bd. 3: 1945–1989. Eine dokumentarische Geschichte der Ausstellung »Berlin plant/Erster Bericht« 1946 und der Versuche, auf den Trümmern der Hauptstadt des Großdeutschen Reiches ein NEUES BERLIN zu bauen, aus dem dann zwei geworden sind, München 1989.

3 Vgl. Senatsverwaltung für Stadtentwicklung (Hrsg.), Berliner Pläne 1862–1994, Berlin 2002, S. 22, online unter: http://www.stadtentwicklung.berlin.de/planen/fnp/pix/historie/Berliner_Plaene_1862_bis_1994.pdf [17.12.2010].

4 Vgl. Jörn Düwel/Niels Gutschow, Städtebau vom Ersten Weltkrieg bis zu den »Grenzen des Wachstums« in den frühen siebziger Jahren. 1918–1975, in: Architekten- und Ingenieur-Verein zu Berlin e. V. (Hrsg.), Berlin und seine Bauten, Teil I – Städtebau, Berlin 2009, S. 113–345.

5 Dokumentiert in: Geist/Kürvers, Mietshaus, Bd. 3, S. 312–317.

6 Vgl. Bruno Flierl, Die Stalinallee in Berlin, in: Ders., Gebaute DDR – Über Stadtplaner, Architekten und die Macht. Kritische Reflexionen 1990–1997, Berlin 1998, S. 12–33.

7 Rede des West-Berliner Senators für Bau- und Wohnungswesen, Karl Mahler, 1952, zit. nach Geist/Kürvers, Mietshaus, Bd. 3, S. 357.

8 Vgl. Gabi Dolff-Bonekämper, Das Hansaviertel. Internationale Nachkriegsmoderne in Berlin, Berlin 1999.

9 Zit. nach Carola Hein, Die Vorbereitungen des Wettbewerbs »Hauptstadt Berlin«, in: Berlinische Galerie (Hrsg.), Hauptstadt Berlin. Internationaler städtebaulicher Ideenwettbewerb 1957/58, Berlin 1990, S. 41–54, hier S. 48.

10 1956 wurde für das Planungsgebiet Fennpfuhl in Ost-Berlin noch ein Wettbewerb mit Preisrichter- und Teilnehmerbeteiligung aus Ost- und Westdeutschland durchgeführt, bei dem der 1. Preis an den Architekten Ernst May aus Frankfurt a. M. ging.

11 Die Tatsache, dass mit Egon Hartmann ein Architekt den 2. Preis gewann, der auch 1951 beim Wettbewerb Stalinallee zu den 1. Preisträgern gehörte, verdeutlicht die fachliche Nähe vieler der in Ost- und West-Berlin beteiligten Architekten.

12 Vgl. Düwel/Gutschow, Städtebau, S. 207.

13 Vgl. Friedrich Bergmann, Zur Bauplanung Stadtzentrum Berlin – Hochhaus oder Turm?, in: Deutsche Architektur 8 (1959), S. 13–24.

14 Vgl. Dorothea Tscheschner, Der Wiederaufbau des historischen Zentrums in Ost-Berlin, in: Berlinische Galerie (Hrsg.), Hauptstadt Berlin – Internationaler städtebaulicher Ideenwettbewerb 1957/58, Berlin 1990, S. 217–248.

15 Vgl. Berliner Mauer – Gedenkstätte und Dokumentationszentrum

(Hrsg.), Die Berliner Mauer. Ausstellungskatalog Dokumentationszentrum Berliner Mauer, Dresden 2002, S. 86f.

16 Vgl. Harald Bodenschatz, Platz frei für das Neue Berlin! Geschichte der Stadterneuerung in der »größten Mietskaserne der Welt« seit 1871, Berlin 1987, S. 171ff.

17 Vgl. Geist/Kürvers, Mietshaus, Bd. 3, S. 582.

18 Siehe den Beitrag von Gerhard Sälter in diesem Band.

19 Siehe den Beitrag von Winfried Heinemann in diesem Band.

20 Vgl. Manfred Zache, Stadtplanerische Dokumentation zum ehemaligen Grenzstreifen der Mauer in Berlin, Gutachten im Auftrag der Senatsverwaltung für Stadtentwicklung, Berlin 2000.

21 Vgl. Hans-Hermann Hertle, Die Berliner Mauer. Monument des Kalten Krieges, Berlin 2007, S. 18.

22 Vgl. Manfred Zache, Modernisierungsgebiet Arnimplatz im Stadtbezirk Prenzlauer Berg, in: Deutsche Architektur 22 (1973), S. 354–357, und Düwel/Gutschow, Städtebau, S. 294f.

23 Vgl. Hans Stimmann, Stadterneuerung in Ost-Berlin, Berlin 1985, S. 11ff.

24 Deutsche Bauakademie (Hrsg.), Probleme des Städtebaus und der Architektur im Siebenjahrplan, Berlin 1960, zit. nach Düwel/Gutschow, Städtebau, S. 214.

25 Harald Bodenschatz/Hans-Joachim Engstfeld/Carsten Seifert, Berlin auf der Suche nach dem verlorenen Zentrum, Hamburg 1995, S. 101ff.

26 Vgl. Senatsverwaltung für Stadtentwicklung, Pläne, S. 43ff.

27 Vgl. Internationale Bauausstellung Berlin 1987 – Projektübersicht, 2. Aufl., Berlin 1990.

Die Mauer als politische Metapher – Marion Detjen

1 Die Seite wurde als ›Social Media Aktion‹ im Rahmen des Berliner Themenjahres 20 Jahre Mauerfall auf Initiative der Kulturprojekte Berlin GmbH eingerichtet und erreichte nach eigenen Angaben mit den Twitter-Nachrichten über 1,4 Millionen User. Von den rund 7500 Kommentaren, die auf der Seite gepostet wurden, waren 40 Prozent auf Chinesisch, 31 Prozent auf Englisch und 13 Prozent auf Deutsch verfasst. Seit der Schließung des Projektes kann die Seite als ›Onlinemonument‹ im Internet besucht werden. Siehe die ›Dokumentation‹ auf der Webseite, http://www.berlintwitterwall.com/de/?l=de [16.9.2010].

2 Vgl. ebenda.

3 Vgl. Herfried Münkler, Politische Bilder. Politik der Metaphern, Frankfurt a.M. 1994, S. 7ff.

4 Als eines von vielen Beispielen für den rhetorischen Einsatz der Berliner Mauer zur Diskreditierung der Mauer in Israel siehe Arafa, Israel building Berlin Wall, in: BBC News, 4.1.2003, http://news.bbc.co.uk/2/hi/not_in_website/syndication/monitoring/media_re-

ports/262 7187.stm [16.9.2010]; als Beispiel zur Diskreditierung der Sperranlagen zwischen Marokko und der West-Sahara siehe Ericka Anderson, Polisario »Berlin Wall« must be demolished, in: Human Events, 19.5.2008, http://findarticles.com/p/articles/mi_qa3827/is_20080519/ai_n25499729 [16.9.2010].

5 José Ortega y Gasset, Die beiden großen Metaphern, zit. nach Münkler, Politische Bilder, S. 7.

6 Ebenda, S. 9.

7 Timothy Garton Ash, Berlin's moment of freedom that turned world history, in: The Guardian, 9.9.2009, http://www.guardian.co.uk/world/2009/nov/09/berlin-wall-anniversary-celebrations [16.9.2010].

8 Vgl. wiederum Münkler, Politische Bilder, S. 23: »Die Selbstregierung der Bürger, also die Demokratie im klassischen Sinne, ist notwendig verbunden mit der entschiedenen Ablehnung derer, die aufgrund von Reichtum, physischer Stärke oder Herkunft das Monopol der Machtausübung für sich beanspruchen. […] Bürger können sich nicht als Bürger entwerfen ohne die Feindschaft zu denen, die sich als Herren entwerfen. Im spezifischen Selbstbild einer politischen Ordnung sind danach Feindbild wie Freundbild immer schon enthalten.«

9 Friedrich Schiller, Wilhelm Tell, in: Ders., Sämtliche Werke in 5 Bänden, Bd. II, München 1968, S. 335–439, hier S. 426.

10 Münkler, Politische Bilder, S. 32.

11 Egon Bahr, Zu meiner Zeit, München 1996, S. 134.

12 Vgl. Marion Detjen, Ein Loch in der Mauer. Die Geschichte der Fluchthilfe im geteilten Deutschland 1961–1989, München 2005.

13 So in seiner Parteitagsrede »Wer rostet, der rastet – Dynamische Politik als deutsche Gemeinschaftsaufgabe«, in: Protokoll der Verhandlungen und Anträge vom Parteitag der Sozialdemokratischen Partei Deutschlands in Köln, 26. bis 30. Mai 1962, hrsg. v. Vorstand der Sozialdemokratischen Partei Deutschlands, Bonn 1962, S. 56–86, hier S. 82; Abschrift der Rede Willy Brandts auch als pdf-Datei herunterladbar unter: http://www.ena.lu/rede_willy_brandt_uber_dynamische_politisch_deutsche_gemeinschaftsaufgabe_koln_1962-3-27894 [16.9.2010].

14 Eine Formulierung, die Bahr für den Entwurf der Rede Willy Brandts an die erregte Menschenmenge vor dem Schöneberger Rathaus am 15. August 1961 wählte, siehe Bahr, Zu meiner Zeit, S. 135.

15 Egon Bahrs Kontaktmann Bodo Köhler, selbst SPD-Mitglied und später als Redenschreiber in der Senatskanzlei aktiv an der Formulierung der Neuen Ostpolitik beteiligt, schwieg eisern über diese Zusammenhänge. Erst nach Köhlers Tod 2007 offenbarten seine Witwe und seine damaligen Mitstreiter Dieter Thieme und Detlef Girrmann die engen Verbindungen der Gruppe insbesondere zu Egon Bahr, siehe: Fluchthelfer Thieme: Egon Bahr wußte vom Maueranschlag 1962, in: Deutschlandradio Kultur, 13.6.2007, http://www.dradio.de/dkultur/sendungen/thema/635274/ [16.9.2010]; Bahr gab, nachdem

er auf mehrere Nachfragen jede Erinnerung an die damaligen Vorfälle geleugnet hatte, am 5. Juni 2007 in einem Telefonat mit d. Verf. über seine Beziehung zu Köhler Auskunft, den er als »einen bescheidenen, zurückhaltenden, verschwiegenen, auf die Sache gerichteten Menschen« sehr geschätzt habe und dessen »erstklassige Analysen« für die Formulierung der Neuen Ostpolitik »genauso würdigenswert wie die Fluchthilfe« gewesen seien.

16 Brandt, Wer rostet, der rastet, S. 83.

17 Egon Bahr im Interview mit d. Verf., 15.7.2002.

18 Bahr, Zu meiner Zeit, S. 141.

19 Für diesen grundsätzlichen Hinweis danke ich Herrn Professor Martin Sabrow.

20 Nur im Ausnahmefall bedeutet die Mauer auch die Versperrung des Wegs zum Heil, vgl. Gerlinde Baumann, »Er hat mir den Weg mit Quadersteinen vermauert« (THR, 3,9). Ein Vorschlag zur Auslegung einer ungewöhnlichen Metapher, in: Pierre van Hecke (Hrsg.), Metaphor in the Hebrew Bible, Leuven 2005, S. 139–143.

21 Insofern konnte auch die chinesische Führung durchaus auf positive Assoziationen in der Bevölkerung hoffen, als sie ihre Internetzensur »Great Firewall« taufte.

22 Münkler, Politische Bilder, S. 51.

23 In den Maximen und Reflexionen, Aus dem Nachlass: Johann Wolfgang Goethe, Sämtliche Werke, Bd. 17, München 1991, S. 907f.; auch Klopstocks Ode »Wingolf« nennt im Ersten Lied die »Mauren Amphion«, die Mauern der Griechenstadt Theben, deren Steine der lockenden Leier des Amphion folgten, siehe Friedrich Gottlieb Klopstock, Wingolf, in: Ders., Oden, Stuttgart 1966, S. 20–23, hier S. 23.

24 Vgl. Michael Petrow, Der Dichter als Führer? Zur Wirkung Stefan Georges im »Dritten Reich«, Marburg 1995; Ulrich Raulff, Kreis ohne Meister. Stefan Georges Nachleben, München 2009.

25 Vgl. Maximilian Steinbeis/Marion Detjen/Stephan Detjen, Die Deutschen und das Grundgesetz. Geschichte und Grenzen unserer Verfassung, München 2009, S. 46ff., 77ff.

26 Siehe den Beitrag von Elena Demke in diesem Band.

27 Vgl., mit zahlreichen besonders skurrilen Beispielen garniert, Dirk-Arne Walckhoff, Der 13. August 1961 in der Traditionsarbeit der Grenztruppen der DDR, Hamburg 1996.

28 Jens Reich, Rückkehr nach Europa. Bericht zur neuen Lage der deutschen Nation, München 1991, S. 13.

29 Der Entwicklungszusammenhang zwischen der Fluchthilfebewegung 1961/62 und der Studentenprotestbewegung in West-Berlin wird immer wieder von Zeitzeugen erwähnt; vgl. auch Arnold Sywottek, Nationale Politik als Symbolpolitik. Die westdeutsche Deutschland- und Außenpolitik in gesellschaftsgeschichtlicher Perspektive, in: Axel Schildt/Detlef Siegfried/Karl Christian Lammers (Hrsg.), Dynamische

Zeiten. Die 60er Jahre in den beiden deutschen Gesellschaften, Hamburg 2000, S. 342–361, hier S. 350.

30 Siehe Olaf Briese, Pfusch am Bau. Beiträge zur Baugeschichte der »Berliner Mauer«, in: Zeitschrift für Geschichtswissenschaft 57 (2009), S. 613–636, hier S. 628ff.; seit Anfang 1989 arbeitete die NVA an Plänen für eine »Grüne Grenze«, deren Absperranlagen möglichst hinter Hecken und Hügeln verborgen werden sollten.

31 Als Pink Floyd 1988 zum ersten Mal an der Mauer auftrat, wurde die Band auf Druck der DDR-Regierung vom Senat verpflichtet, leiser zu spielen und die Lautsprecher nur in Richtung Westen aufzustellen.

32 Der Ruf »Die Mauer muß weg!« wird der SED noch lange in den Ohren klingen. Aus Ost-Berlin berichtet Peter Jochen Winters, in: Frankfurter Allgemeine Zeitung, 10.6.1987, Artikel als pdf-Datei herunterladbar unter: http://www.faz.net/s/RubE219BC35AB30426197C224F193F54B1B/Doc~ED1355FF4D5574DBB8127F7E33FCBB51C~ATpl~Ecommon~Scontent.html [17.9.2010].

33 Aus den Akten lassen sich die Urheberschaft und die Entstehungsgeschichte der berühmten Sätze nicht zweifelsfrei belegen. Zwar beansprucht auch John C. Kornblum, damals US-Gesandter in West-Berlin und ranghöchster US-Diplomat in Berlin, die Idee gehabt zu haben, Gorbatschow in der Rede direkt anzusprechen, siehe John C. Kornblum, »Reißen Sie diese Mauer nieder!«, in: Die Welt, 9.6.2007. Doch der damalige Redenschreiber Peter Robinson ist in der Schilderung der Beobachtungen und Begegnungen, die ihm die Sätze eingaben, sehr viel detaillierter. Ihm zufolge gab es sowohl von Kornblum als auch im State Department und im National Security Council erbitterten Widerstand gegen die Formulierung, siehe: Peter Robinson, »Tear down this Wall!«. How Top Advisors Opposed Reagan's Challenge to Gorbachev – but Lost, in: Prologue 39 (2007) 2, S. 12–17, http://www.archives.gov/publications/prologue/2007/summer/berlin.html [17.9.2010].

34 Francis Fukuyama, The End of History?, in: The National Interest 16 (1989), S. 3–18, http://www.wesjones.com/eoh.htm [17.9.2010].

35 Für diesen Hinweis danke ich Antonia von Karaisl.

36 Siehe exemplarisch die Kommentare auf http://blogs.telegraph.co.uk/news/tobyharnden/100 016 207/not-enough-about-him-barack-obama-skips-berlin-wall-ceremonies/ [17.9.2010], http://www.freerepublic.com/focus/f-news/238 2491/posts [17.9.2010] und http://www.foxnews.com/politics/2009/11/08/obama-draws-criticism-sitting-berlin-wall-anniversary/ [17.9.2010].

37 Die Mauer fiel uns auf die Köpfe. Deutsche Einheit in den Wahrnehmungen von türkischen MigrantInnen dreier Altersgruppen. Vortrag von Nevim Cil am 12. März 2010 im Kreuzbergmuseum Berlin im Rahmen einer Veranstaltungsreihe des AK Einstürzende Mauern und des Bildungswerks der Heinrich-Böll-Stiftung, siehe http://www.

freiheitpur.i-networx.de/ddrreihe.html [17.9.2010]; Nevim Cil geht souverän darüber hinweg, dass erst das Ende der Teilung eine Abkehr von dem die Einwanderer diskriminierenden deutschen Staatsangehörigkeitsrecht ermöglicht hat.

38 Umfrage: Jeder achte Deutsche will die Mauer zurück, in: Der Spiegel, 8.11.2009.

39 Joseph Stiglitz, The Fall of Wall Street is to Market Fundamentalism What the Fall of the Berlin Wall Was to Communism, in: The Huffington Post, 16.9.2009, http://www.huffingtonpost.com/nathan-gardels/stiglitz-the-fall-of-wall_b_126911.html [17.9.2010].

40 Jorge Semprún, La crise de l'ésprit européen, in: Philosophie Magazine, Nr. 40, juin 2010, zit. nach Jürg Altwegg, Europas Grenze ist einzig die Demokratie, in: Frankfurter Allgemeine Zeitung, 28.6.2010.

Eine Mauer für die Welt. Inszenierungen außerhalb Deutschlands nach 1989 – Ronny Heidenreich

1 Vgl. Gerhard Sälter, Das Verschwinden der Mauer; in: Klaus-Dietmar Henke (Hrsg.), Revolution und Vereinigung 1989/90. Als in Deutschland die Realität die Phantasie überholte, München 2009, S. 353–362.

2 Vgl. Anna Kaminsky (Hrsg.), Die Berliner Mauer in der Welt, Berlin 2009.

3 Zur Symbolik der Berliner Mauer siehe den Beitrag von Leo Schmidt in diesem Band.

4 Zur Kommerzialisierung der Berliner Mauer vgl. Ronny Heidenreich, Beton zu Geld. Das Geschäft mit der Berliner Mauer, in: Anna Kaminsky (Hrsg.), Die Berliner Mauer in der Welt, Berlin 2009, S. 236–249.

5 Die US-amerikanische Kaufhauskette Bloomingdale's soll nach Zeitungsberichten zum Jahreswechsel 1989/90 grammweise zwei Millionen vermeintlich echte Mauerbröckchen zum Verkauf angeboten haben. Vgl. Fred Grimm/Gerald Praschl, Großes Mauerspektakel im New Yorker Hafen, in: Berliner Morgenpost, 4.2.1990.

6 Bei den DDR-Behörden gingen Beschwerden ein, dass die Vermarktung von Mauerresten im In- und Ausland unrechtmäßig sei, da dies einerseits moralisch anrüchig und andererseits die unkontrollierte Veräußerung von »Volkseigentum« sei. Vgl. Offener Brief der DSU an Modrow, 12.12.1989, in: BA [Bundesarchiv Berlin], DE 10/21, und Peter Raue, Wenn der Specht das Volkseigentum zerhackt, in: Berliner Morgenpost, 11.2.1990.

7 Der Schriftsteller Matthias Hoppe veröffentlichte am 11. November 1989 einen offenen Brief an das damalige Staatsoberhaupt der DDR, Egon Krenz, und schlug vor, die Mauer nun »stückweise« zu verkaufen. Vgl. Ein Stück Mauer bestellt, in: Der Tagesspiegel, 12.11.1989.

8 Telegramm der Handelspolitischen Abteilung New York an das Ministerium für Außenhandel, 15.11.1989, in: BA, DE 10/21.

9 Brief des Groß- und Außenhandels C.R. an MHA, 23.11.1989, in: Ebenda.

10 Telex der M. A. Unternehmensberatung an die Ständige Vertretung der DDR in Bonn, 14.11.1989, in: Ebenda.

11 Beschluss zur kommerziellen Nutzung von kompletten Segmenten/ Einzelstücken der Grenzsicherungsanlagen (»Mauer«) zu Westberlin, 28.12.1989, in: Ebenda. Die Entscheidung zum Mauerverkauf wurde anschließend in der Tagespresse bekannt gegeben. Vgl. DDR verkauft Teile der Berliner Mauer, in: Neues Deutschland, 28.12.1989.

12 Mit Beginn des offiziellen Abrisses der Grenzanlagen in Berlin am 13. Juni 1990 gelangten Baufirmen, Pioniereinheiten der NVA und später der Bundeswehr sowie andere an der Beseitigung der Mauer beteiligte Firmen in den Besitz von Mauerteilen und veräußerten diese auf Nachfrage. Der überwiegende Teil der Sperrelemente wurde jedoch zu Bauschutt zermahlen.

13 Zit. nach Barbara Bückmann, Statt Mauer jetzt ein Metallgitterzaun, in: Berliner Morgenpost, 24.1.1990.

14 Wie verfestigt diese Vorstellung der senkrecht stehenden Sperrelemente ist, zeigt sich an einigen Mauerdenkmalen, für die nur Platten der eigentlich horizontal montierten Hinterlandmauer zur Verfügung standen. Diese wurden kurzerhand aufrecht gestellt, mit Graffiti versehen und imitieren so die vordere Grenzmauer. Zur Wahrnehmung der Mauer als Ikone siehe den Beitrag von Leo Schmidt in diesem Band.

15 Vermerk für Minister Beil, 15.12.1989, in: BA, DE 10/21.

16 Ein deutsches Immobilienauktionshaus bot 2009 mehrere ursprünglich unbemalte Mauersegmente an, die 1990 für den Bau von Futtersilos von einem landwirtschaftlichen Betrieb in Mecklenburg-Vorpommern gekauft worden waren. Nach Demontage der einzelnen Teile wurden diese von örtlichen Jugendlichen mit Graffiti versehen und kamen so zum Ausruf.

17 Zur Auktion in Monaco vgl. Peter Thomann, Eine Mauer für die ganze Welt, in: Stern, Ausgabe 56/1990, und Alexander Smoltczyk, Ein Stück Waldemarstraße für die Hennessy-Kids, in: Die Tageszeitung, 25.6.1990.

18 Zu den Einzelheiten des Mauerverkaufs vgl. Heidenreich, Beton zu Geld.

19 In Deutschland wurde im Sommer 1990 in der thüringischen Gemeinde Sonneberg ein erstes Mauerdenkmal eingeweiht. Es erinnert allerdings nicht an die Berliner Mauer, sondern übergreifend an die deutsche Teilung. In Berlin wurde am 9. November 1990 am ehemaligen Grenzübergang Bornholmer Straße/Bösebrücke ein Denkmal zum Mauerfall eingeweiht. Der hierfür verwendete obere Teil eines Mauersegments wurde schräg auf einen Sockel montiert, so dass sich für den unkundigen Besucher nicht erschließt, dass es sich hier um einen Teil

der Grenzanlagen handelt. Vgl. Anna Kaminsky (Hrsg.), Orte des Erinnerns, 2., überarb. u. erw. Aufl., Berlin 2007.

20 In einem Vermerk für den Außenhandelsminister der DDR, Gerhard Beil, wurde festgelegt, dass die Mauerteile für Sandys eigens im Auftrag des Kulturministeriums aus der noch stehenden Mauer demontiert werden mussten. Die von Limex zum Verkauf bereitgehaltenen Mauerteile sollten für das Projekt nicht zur Verfügung stehen. Vgl. Vorlage von Staatssekretär Neubert an Minister, Gerhard Beil, 28.2.1990, in: BA, DE 10/21.

21 Brief der Szabad Demokraták Szövetsége (SZDSZ) an Ministerpräsident Modrow, undatiert (Februar 1990), in: BA, DC 20/I/32940. 101.

22 Beschluss des Ministerrates der DDR, 18/I.56/90, 6.4.1990, in: BA, DC 20/I/32940.

23 Vgl. Robert Tiesler, Der Westen beginnt hinter den Sonnenblumen, in: Märkische Allgemeine, 13.8.2009, online unter: http://www.dpa.de/Detailansicht-80er-Jahre.543+M5edf8c097f0.0.html [20.8.2010].

24 Eigentlich erklomm Wałęsa nicht die Mauer des Werftgeländes, sondern stand auf einem Zaun.

25 Vgl. Rainer Hildebrandt, Auch Moskau will ein Stück Mauer, in: Der Tagesspiegel, 8.8.1990.

26 Vgl. Beschluss des Ministerrates der DDR über die kostenlose Übereignung eines symbolischen Stücks der »Berliner Mauer« an den Europarat, 15.3.1990, in: BA, DC 20/I/32938.

27 Ähnlich erging es dem dänischen Künstler Jens Galschiøt, der 1990 ebenfalls Mauerteile für ein großes Denkmal erwarb, dessen Entwurf aber mangels Interesse nicht verwirklicht werden konnte.

28 Vgl. http://www.peacemuseum.co.kr [20.8.2010].

29 Siehe die Darstellung des deutschen Kulturdorfes: http://www.hakuaiueno.com [13.7.2010].

30 Der Landkreis Oberhavel, nördlich von Berlin, beschenkte seine Partnergemeinden ebenfalls mit Mauersegmenten. Auf diese Weise kamen Segmente nach Hudson County (USA), Tampere (Finnland), Biala Podlaska (Polen) und Taipeh (Taiwan).

31 Vgl. http://outdoorartsfoundation.org/berlinart.html [20.8.2010].

32 Die Aufstellung erfolgte im Rahmen des Projektes »Weg der Freiheit«. Vgl. http://www.fundacjamury.pl [20.10.2010].

33 Bereits am 21. November 1989 wurden nach Medienberichten zehn Tonnen Mauerschutt nach Chicago geflogen und dort als Souvenirs verkauft. Vgl. Zehn Tonnen der Berliner Mauer fliegen in die USA, in: Berliner Morgenpost, 21.11.1989.

34 Unter anderem bezogen alle Präsidentengedenkstätten ihr Mauerteil von Scimarelli. Vgl. http://www.berlin-wall.com/company.html [20.10.2010].

35 Vgl. http://outdoorartsfoundation.org/bwmonument.html [20.8.2010].

36 Eine andere Einbeziehung von Mauersegmenten in die amerikanische

Geschichte zeigt sich in den Memorial Parks von Rapid City oder dem Hawaii Community College. Dort stehen die Mauerteile neben Denkmalen zum amerikanischen Bürgerkrieg oder zu den Anschlägen vom 11. September 2001.

37 Vgl. http://www.ripleyoddcast.com/tag/berlin-wall/ [20.8.2010].

Die universelle Ikonisierung der Mauer – Leo Schmidt

1 Vgl. Protokoll über die Lagebesprechung des zentralen Stabes, 20.9.1961, in: Werner Filmer/Heribert Schwan (Hrsg.), Opfer der Mauer. Die geheimen Protokolle des Todes, München 1991, S. 374–380.

2 Leo Schmidt, Architektur und Botschaft der »Mauer« 1961–89, in: Deutsches Nationalkomitee für Denkmalschutz (Hrsg.), Die Berliner Mauer. Vom Sperrwall zum Denkmal, Bonn 2009, S. 53–70, hier S. 56f.

3 Siehe auch den als DVD und bei YouTube verfügbaren computeranimierten Film der Deutschen Welle, Eingemauert. Wie die innerdeutsche Grenze wirklich war, o. O. 2009.

4 Die meisten der genannten Beispiele sind abgebildet bei Anne Kaminsky (Hrsg.), Die Mauer in der Welt, Berlin 2009.

5 Vgl. Hartmut Jahn, Die neuen Besitzer der Berliner Mauer, Mainz 2009.

6 Vgl. Axel Klausmeier/Leo Schmidt, Mauerreste – Mauerspuren, 3. Aufl., Berlin 2007, S. 5f., und Leo Schmidt, Vom Symbol der Unterdrückung zur Ikone der Befreiung – Auseinandersetzung, Verdrängung, Memorialisierung, in: Nationalkomitee (Hrsg.), Berliner Mauer, S. 169–186, hier S. 182f.

7 Die Definition fährt fort: »Träger kultureller Bedeutung sind das Objekt an sich, seine Substanz, sein Umfeld, sein Gebrauch, seine Assoziationen, Bedeutungen, Quellen sowie mit ihm in Beziehung stehende Gegenstände. Objekte können für unterschiedliche Personen und Gruppen unterschiedliche Bedeutung besitzen.« Charta von Burra, in: Leo Schmidt, Einführung in die Denkmalpflege, Stuttgart 2008, S. 156-161, hier S. 157.

LITERATURVERZEICHNIS ZUR GESCHICHTE DER BERLINER MAUER

Kai-Axel Aanderud/Guido Knopp (Hrsg.), *Die eingemauerte Stadt. Die Geschichte der Berliner Mauer*, Recklinghausen 1991.

Manfred Abelein, *Die Verhandlungen über die Internationalisierung der Zufahrtswege nach Berlin seit dem Herbst 1961*, in: Europa Archiv 16 (1961), S. 444–450.

Volker Ackermann, *Die nicht ausgebliebene Radikalisierung. Jugendliche DDR-Flüchtlinge nach dem Bau der Berliner Mauer und in der Studentenrevolte 1968*, in: Thomas Grosser/Sylvia Schraut (Hrsg.), *Die Flüchtlingsfrage in der deutschen Nachkriegsgesellschaft*, Mannheim 1996, S. 329–348.

Pertti Ahonen, *Victims of the Berlin Wall*, in: William John Niven (Hrsg.), *Germans as victims. Remembering the past in contemporary Germany*, Basingstoke/New York 2006, S. 130–146.

Francesco Alacevich/Alessandro Alacevich, *Scritto sul muro. I graffiti del muro di Berlino*, Rom 1991.

Robert Alexy, *Mauerschützen. Zum Verhältnis von Recht, Moral und Strafbarkeit*, Hamburg 1993.

Steffen Alisch, *»Es ist darauf zu achten, daß alle warm angezogen sind!« Passierscheinstellen und Besucherbüros in West-Berlin zur Mauerzeit*, in: Zeitschrift des Forschungsverbundes SED-Staat 16 (2004), S. 17–25.

Steffen Alisch, *»Die Insel sollte sich das Meer nicht zum Feind machen!« Die Berlin-Politik der SED zwischen Bau und Fall der Mauer*, München 2004.

Peter Alter, *13. August 1961: Mauerbau in Berlin*, in: Dirk Blasius/Wilfried Loth (Hrsg.), *Tage deutscher Geschichte im 20. Jahrhundert*, Göttingen 2006, S. 105–122.

Carl G. Anthon, *The Berlin crisis and Atlantic Unity*, in: Current History 42 (1962) 245, S. 20–27.

Reinhard Appel (Hrsg.), *9. November 1989. Als die Mauer fiel. Menschen, Schicksale, Erinnerungen*, Köln 2009.

Joachim Arenth, *Der Westen tut nichts! Transatlantische Kooperation während der zweiten Berlin-Krise (1958–1962) im Spiegel neuer amerikanischer Quellen*, Berlin/Bern/Frankfurt a. M. 1993.

Anne Armstrong, *Berliners. Both Sides of the Wall*, New Brunswick 1973.

Dietmar Arnold/Felix Sven Kellerhoff, *Die Fluchttunnel von Berlin*, Berlin 2008.

Ludwig Auerbach, *Der 13. August 1961 und seine bevölkerungspolitischen Hintergründe*, München 1962.

Kurt Ausfelder (Hrsg.), *Kunst oder Chaos. Graffiti an der Berliner Mauer*, Darmstadt 1990.

John C. Ausland, *The Berlin wall*, in: Foreign Service Journal (1971) 7, S. 12–16.

John C. Ausland, *Kennedy, Khrushchev, and the Berlin-Cuba crisis 1961–1964*, Oslo u.a. 1996.

Ausschuß für deutsche Einheit (Hrsg.), *Was geschah am 13. August?*, Berlin o.J.

Franz Josef Bach, *Gegen die Mauer-Version von Willy Brandt. Adenauer, die Alliierten und der 13. August 1961*, in: Die Politische Meinung 16 (1971) 138, S. 13–22.

Uwe Bahnsen/Hermann Zolling, *Kalter Winter im August. Die Berlin-Krise 1961/63, ihre Hintergründe und Folgen*, Hamburg/Oldenburg 1967.

Christian Bahr, *Geteilte Stadt. Die Berliner Mauer. Fotos und Fakten – Zeitzeugen berichten – Spurensuche heute*, Berlin 2002.

Christian Bahr, *Berlin. Die Mauer/The Wall/Le Mur/Il Muro/El Muro*, Berlin 2003.

Christian Bahr, *Mauerstadt Berlin. Brennpunkt Bernauer Straße*, Berlin 2009.

George Bailey, *Der Mauerbau: Hintergründe und Fakten*, in: Heiner Timmermann (Hrsg.), *1961 – Mauerbau und Außenpolitik*, Münster 2002, S. 133–142.

Frederick Baker, *Mauerspechte*, in: Tübinger Vereinigung für Volkskunde (Hrsg.), *Wörter, Sachen, Sinne. Eine kleine volkskundliche Enzyklopädie*, Tübingen 1992, S. 113–115.

Frederick Baker, *The Berlin Wall. Production, preservation and consumption of a 20th-century monument*, in: Antiquity 67 (1993) 257, S. 709–733.

Frederick Baker, *The Berlin Wall and the Bastille. Tearing down walls and building myths*, in: European Review of History 1 (1995) 2, S. 157–167.

Elisabeth Barker, *The Berlin Crisis 1958–1962*, in: International Affairs 39 (1963) 1, S. 59–73.

Dominik Bartmann, *Grenzüberschreitungen*, in: Franziska Nentwig (Hrsg.), *Fallmauerfall: Grenzüberschreitungen und Grenzerfahrungen im Spiegel der Kunst*, Berlin 2009, S. 11–32.

Peter Bender, *Neue Ostpolitik. Vom Mauerbau zum Moskauer Vertrag*, München 1986.

Peter Bender, *Wenn es West-Berlin nicht gäbe*, Berlin (West) 1987.

Peter Bender, *Die Öffnung der Berliner Mauer am 9. November 1989*, in: Ders./Johannes Willms (Hrsg.), *Der 9. November. Fünf Essays zur deutschen Geschichte*, München 1994, S. 66–82.

Peter Bender, *Die »Neue Ostpolitik« und ihre Folgen. Vom Mauerbau bis zur Vereinigung*, 3., überarb. und erw. Neuausg., München 1995.

Peter Bender, *Sterben für Berlin*, in: Burghard Ciesla/Michael Lemke/

Thomas Lindenberger (Hrsg.), *Sterben für Berlin? Die Berliner Krisen 1948: 1958*, Berlin 2000, S. 11–24.

Alfred Berger, *Berlin 1945–1963. A postwar history of Berlin, Excerpts from authoritative sources*, 4. Aufl., München 1964.

The Berlin Crisis 1958–1962, hrsg. v. National Security Archive, Alexandria, VA 1992.

Berliner Geschichtswerkstatt (Hrsg.), *Wahnsinn. Erinnerungen an den Berliner Mauerfall vom 9. November 1989*, Berlin 1999.

Michael R. Beschloss, *The Crisis Years. Kennedy and Khrushchev, 1960–1963*, New York 1991.

Michael Bienert, *Stille Winkel an der Berliner Mauer*, Hamburg 2009.

Jörg Bernhard Bilke, *Wegen »Republikflucht« verhaftet. Die Teilung Deutschlands in der DDR-Literatur*, in: Peter Mast (Hrsg.), *Einig Vaterland. »Deutschland« – ein Thema der Nachkriegsliteratur?*, Meckenheim bei Bonn 1992, S. 13–30.

Muriel Blaive/Thomas Lindenberger, *A dictatorship of limits: border control as a paradigmatic practice of communist governance*, in: Joachim von Puttkamer/Jana Osterkamp (Hrsg.), *Sozialistische Staatlichkeit*, München 2011 (i. E.).

Falk Blask/Thomas Scholze, *Halt! Grenzgebiet! Leben im Schatten der Mauer*, 3., durchges. u. erw. Aufl., Berlin 2006.

Thomas Blees, *Glienicker Brücke. Schauplatz deutscher Geschichte*, 3., aktual. Aufl., Berlin 2010.

Harald Bodenschatz/Hans-Joachim Engstfeld/Carsten Seifert, *Berlin auf der Suche nach dem verlorenen Zentrum*, Hamburg 1995.

Bernd Bonwetsch/Alexej Filitow, *Chruschtschow und der Mauerbau. Die Gipfelkonferenz der Warschauer-Pakt-Staaten vom 3.–5. August 1961*, in: VfZ 48 (2000), S. 155–198.

Herbert von Borch, *Austauschpositionen für die Berlin-Krise*, in: Außenpolitik 12 (1961) 8, S. 511–514.

Christian Bourguignon, *Berlin Wall Graffiti – Die Mauer lebt – Graffiti sur le mur de Berlin*, Berlin 1989.

Oliver Boyn, *Berlin 1945–1990. Der historische Reiseführer*, Berlin 2011.

Brandenburger Verein für politische Bildung »Rosa Luxemburg« (Hrsg.), *Vom Mauerbau zum Mauerfall*. Broschürenreihe des Brandenburger Vereins für politische Bildung »Rosa Luxemburg« e. V., Potsdam 1994–1999.

Willy Brandt, *Berliner Ausgabe*, Bd. 3: *Berlin bleibt frei. Politik in und für Berlin 1947–1966*, bearb. v. Siegfried Heimann, Bonn 2004.

Volker Braun, *Die Mauer*, in: Kursbuch 4, hrsg. v. Hans-Magnus Enzensberger, Frankfurt a. M. 1966, S. 64–72.

Hansgeorg Bräutigam, *Die Toten an der Berliner Mauer und an der innerdeutschen Grenze und die bundesdeutsche Justiz. Versuch einer Bilanz*, in: Deutschland Archiv 37 (2004), S. 969–976.

Christine Brecht, *Jubelparaden und Heldengedenken. Wie der Jahrestag des Mauerbaus in der DDR gefeiert wurde*, in: Horch und Guck 62 (2008), S. 14–19.

Christine Brecht/Elke Kimmel/Svenja Moor, *Spurensuche im Mauerland. Ein Grenzbetrieb am Berliner Flutgraben*, Berlin 2009.

Christine Brecht/Hans-Hermann Hertle/Maria Nooke, *Einleitung*, in: Zentrum für Zeithistorische Forschung Potsdam/Stiftung Berliner Mauer (Hrsg.), *Die Todesopfer an der Berliner Mauer 1961–1989. Ein biographisches Handbuch*, Berlin 2009, S. 9–30.

Christian Bremen, *Die Eisenhower-Administration und die zweite Berlin-Krise 1958–1961*, Berlin/New York 1998.

Willy Bretscher, *Lessons of the Berlin crisis*, in: Swiss Review of world affairs 11 (1962) 11, S. 1–3.

Der Briefwechsel zwischen Bundeskanzler Adenauer und Ministerpräsident Chruschtschow zum Berlin-Problem, in: Europa-Archiv 18 (1963) 2, S. 33–37.

Olaf Briese, *Pfusch am Bau. Beiträge zur Baugeschichte der »Berliner Mauer«*, in: Zeitschrift für Geschichtswissenschaft 57 (2009), S. 613–636.

Olaf Briese, *»Wartungsarm und formschön«. Zur Ästhetik der »Berliner Mauer«*, in: Weimarer Beiträge. Zeitschrift für Literaturwissenschaft, Ästhetik und Kulturwissenschaften 55 (2009), S. 430–454.

Olaf Briese, *Kitsch o Arte? Progretti artictici all'ombra del Muro di Berlino*, in: Cultura Tedesca 38 (2010), S. 127–142.

Olaf Briese, *Steinzeit. Mauern in Berlin*, Berlin 2011.

Cyril Buffet, *»Declaration of love on celluloid«. The depiction of the Berlin Wall in GDR film, 1961–62*, in: Cold war history 9 (2009) 4, S. 469–487.

Cyril Buffet, *»RDA – mon amour« de la représentation du mur de Berlin dans le cinéma est-allemand*, in: Allemagne d'aujourd'hui (2009) 189, S. 189–204.

Bundesministerium für gesamtdeutsche Fragen (Hrsg.), *Berlin, 13. August: Sperrmaßnahmen gegen Recht und Menschlichkeit*, Bonn 1961.

Bundesministerium für gesamtdeutsche Fragen (Hrsg.), *Die Flucht aus der Sowjetzone und die Sperrmaßnahmen des kommunistischen Regimes vom 13. August 1961 in Berlin*, Bonn 1961.

Bundesministerium für gesamtdeutsche Fragen (Hrsg.), *Zur Situation in der Sowjetzone nach dem 13. August 1961. Berichte und Dokumente*, Bonn/Berlin 1961.

Bundesministerium für gesamtdeutsche Fragen (Hrsg.), *Ulbrichts Mauer. Zahlen, Fakten, Daten*, Bonn/Berlin 1962.

Bundesministerium für gesamtdeutsche Fragen (Hrsg.), *Verletzungen der Menschenrechte. Unrechtshandlungen und Zwischenfälle an der Berliner Sektorengrenze seit Errichtung der Mauer*, Bonn/Berlin 1962.

Bundesministerium für innerdeutsche Beziehungen (Hrsg.), *Der Bau der Mauer durch Berlin. Die Flucht aus der Sowjetzone und die Sperrmaßnahmen des kommunistischen Regimes vom 13. August 1961 in Berlin*, Faksimilierter Nachdruck der Denkschrift von 1961, Bonn 1986.

Bündnis 90/Die Grünen (Hrsg.), *Berliner Mauerstreifzüge. Auf politisch-historischen Spuren entlang des Grenzstreifens*, 7., veränd. Aufl., Berlin 2008.

William Burr, *Avoiding the Slippery Slope. The Eisenhower Administration and the Berlin Crisis, November 1958–January 1959*, in: Diplomatic History 18 (1994), S. 177–205.

Wolfgang Buschfort/Wilfriede Otto, *Zwischen Mauerbau und Mauerfall. Spannungsfeld 13. August 1961. Die Schicksale der Ostbüros von SPD, CDU und FDP*, 2., veränd. u. erw. Aufl., Berlin 2001.

Wolfgang Buschfort, *Die Ostbüros und der Mauerbau*, in: Heiner Timmermann (Hrsg.), *Die DDR zwischen Mauerbau und Mauerfall*, Münster 2003, S. 529–542.

Gabriele Camphausen, *Das Denkmal »Gedenkstätte Berliner Mauer«. Ein Entstehungsprozeß*, in: Verein Berliner Mauer (Hrsg.), *Berliner Mauer. Gedenkstätte, Dokumentationszentrum und Versöhnungskapelle in der Bernauer Straße*, Berlin 1999, S. 18–26.

Gabriele Camphausen, *Das Dokumentationszentrum Berliner Mauer*, in: Verein Berliner Mauer (Hrsg.), *Berliner Mauer. Gedenkstätte, Dokumentationszentrum und Versöhnungskapelle in der Bernauer Straße*, Berlin 1999, S. 27–33.

Gabriele Camphausen, *Berliner Mauer*, in: Mitteilungen des Vereins für die Geschichte Berlins 97 (2001) 3, S. 232–237.

Gabriele Camphausen/Christian Bahr/Günter Schneider, *Wo stand die Mauer in Berlin?*, 2. Aufl., Berlin 2008.

Curtis Cate, *Riss durch Berlin. Der 13. August 1961*, Hamburg 1980 [*The Ides of August. The Berlin Wall Crisis, 1961*, New York 1978].

Honoré M. Catudal, *Kennedy in der Mauer-Krise. Eine Fallstudie zur Entscheidungsfindung in USA*, Berlin 1981 [*Kennedy and the Berlin Wall Crisis. A Case Study in U.S. Decision Making*, Berlin 1980].

Honoré M. Catudal, *Was wußten die westlichen Geheimdienste von der Mauer? Dokumentation*, in: Deutschland Archiv 14 (1981), S. 880–892.

Stefano Cavazza/Gustavo Corni (Hrsg.), *Vent'anni dopo. Il muro di Berlino*, Bologna 2009.

Ch. Charrison [H. Harrison], *Politika Sovetskogo Sojuza i Vostočnoj Germanii v period berlinskogo krizisa 1958–1961gg.*: novye archivnye dokumenty iz Moskvy i Vostočnogo Berlina [*Die Politik der Sowjetunion und Ostdeutschlands in der Periode der Berlin-Krise 1958–1961: Neue Archivdokumente aus Moskau und Ost-Berlin]*, in: M.M. Narinskij (Hrsg.), *Cholodnaja vojna. Novye podchody, novye dokumenty* [*Der Kalte Krieg. Neue Forschungsansätze, neue Dokumente*], Moskau 1995, S. 275–293.

Burghard Ciesla/Michael Lemke/Thomas Lindenberger (Hrsg.), *Sterben für Berlin? Die Berliner Krisen 1948: 1958*, Berlin 2000.

Götz von Coburg, *Die Mauer und ihr Fall. Sonderausgabe zum 5. Jahrestag des Mauerfalls*, 6., erw. Aufl., Berlin 1994.

Sophie Coeuré/Sabine Dullin (Hrsg.), *Frontières du communisme. Mythologies et réalités de la division de l'Europe de la révolution d'Octobre au mur de Berlin*, Paris 2007.

Eckart Conze, *Cold war crises and public opinion: West European public opinion and the Berlin Wall, 1961*, in: Wilfried Loth (Hrsg.), *Europe, Cold War and Coexistence. 1953–1965*, London u.a. 2004, S. 80–97.

Johannes Cramer u. a., *Berliner Mauer. Die Baugeschichte*, Petersberg 2009.

Michael Cramer, *Berliner Mauer-Radweg. Eine Reise durch die Geschichte Berlins*, 5., überarb. Aufl., Rodingersdorf 2009.

Alfons Dalma, *Hintergründe der Berlin-Krise*, Karlsruhe 1962.

Robert Darnton, *Der letzte Tanz auf der Mauer. Berliner Journal 1989–1990*, Frankfurt a.M. 1993.

Anita Dasbach Mallinckrodt, *Propaganda hinter der Mauer. Die Propaganda der Sowjetunion und der DDR als Werkzeug der Außenpolitik im Jahre 1961*, Stuttgart 1971.

Andreas W. Daum, *Kennedy in Berlin. Politik, Kultur und Emotionen im Kalten Krieg*, Paderborn u.a. 2003.

Thomas Davey, *Generation Divided. German Children and the Berlin Wall*, 2. Aufl., Durham 1994.

Die DDR vor dem Mauerbau. Dokumente zur Geschichte des anderen deutschen Staates 1949–1961, hrsg. v. Dierk Hoffmann/Karl-Heinz Schmidt/Peter Skyba, München 1993.

Renatus Deckert (Hrsg.), *Die Nacht, in der die Mauer fiel. Schriftsteller erzählen vom 9. November 1989*, Frankfurt a.M. 2009.

Elena Demke, *Mauerfotos in der DDR. Inszenierungen, Tabus, Kontexte*, in: Karin Hartewig/Alf Lüdtke (Hrsg.), *Die DDR im Bild. Zum Gebrauch der Fotografie im anderen deutschen Staat*, Göttingen 2004, S. 89–106.

Elena Demke, *Mauerbilder – Ikonen im Kalten Krieg*, in: Stiftung Haus der Geschichte der Bundesrepublik Deutschland (Hrsg.), *Bilder im Kopf. Ikonen der Zeitgeschichte*, Bonn 2009, S. 108–119.

Marion Detjen, *Fluchthelfer nach dem Mauerbau. Grenzgänger im deutsch-deutschen Beziehungsgeflecht*, in: Deutschland Archiv 35 (2002), S. 799–806.

Marion Detjen, *Ein Loch in der Mauer. Die Geschichte der Fluchthilfe im geteilten Deutschland 1961–1989*, München 2005.

Marion Detjen, *Die Mauer*, in: Martin Sabrow (Hrsg.), *Erinnerungsorte der DDR*, München 2009, S. 389–402.

Deutsches Nationalkomitee für Denkmalschutz (Hrsg.), *Die Berliner Mauer. Vom Sperrwall zum Denkmal*, Bonn 2009.

Deutsches Nationalkomitee für Denkmalschutz (Hrsg.), *Tagung Mauer und Grenze – Denkmal und Gedenken*, Bonn 2009.

Die Deutschlandfrage nach dem 13. August 1961, hrsg. v. Arbeitskreis für Ostfragen, Leer 1962.

Torsten Diedrich, *Die militärische Grenzsicherung an der innerdeutschen Demarkationslinie und der Mauerbau 1961*, in: Bruno Thoß (Hrsg.),

Vom Kalten Krieg zur deutschen Einheit. Analysen und Zeitzeugenberichte zur deutschen Militärgeschichte 1945 bis 1995, München 1995, S. 127–143.

Torsten Diedrich, *Die Grenzpolizei der SBZ/DDR (1946–1961)*, in: Ders./Hans Ehlert/Rüdiger Wenzke (Hrsg.), *Im Dienste der Partei. Handbuch der bewaffneten Organe der DDR*, Berlin 1998, S. 201–223.

Torsten Diedrich/Ilko-Sascha Kowalczuk (Hrsg.), *Staatsgründung auf Raten? Zu den Auswirkungen des Volksaufstandes 1953 und des Mauerbaus 1961 auf Staat, Militär und Gesellschaft der DDR*, Berlin 2005.

Kai Diekmann/Ralf Georg Reuth (Hrsg.), *Die längste Nacht, der größte Tag. Deutschland am 9. November 1989*, München 2009.

Eberhard Diepgen, *Annäherung (Zum Tag des Mauerbaus vor 25 Jahren)*, in: Politik und Kultur 13 (1986) 4, S. 59–63.

Michael Diers, *»Was ich von der Mauer wissen muss«. Zur Kunst- und Kulturgeschichte eines politischen Bauwerks*, in: Gerhard Paul (Hrsg.), *Das Jahrhundert der Bilder*, Bd. II: *1949 bis heute*, Göttingen 2008, S. 258–265.

Günther Dittmann/Hans Lazai, *13. August 1961*, in: von-Hinckeldey-Stiftung (Hrsg.), *Berliner Polizei von 1945 bis zur Gegenwart*, 2. Aufl., Berlin 1999, S. 67–84.

Documents on the Intelligence War in Berlin, 1946 to 1961, hrsg. v. Donald P. Steury, Washington 1999.

Dokumentation Chruschtschows Westpolitik 1955–1964. Gespräche, Aufzeichnungen und Stellungnahmen, Bd. 3: *Kulmination der Berlin-Krise (Herbst 1960 bis Herbst 1962)*, hrsg. v. Gerhard Wettig u. a., München 2011.

Dokumentationszentrum Berliner Mauer (Hrsg.), *Topographie der Berliner Mauer 1973–1990. Fotografien Karl-Ludwig Lange*, Berlin 2005.

Dokumente zur Berlin-Frage 1944–1966, hrsg. v. Forschungsinstitut der deutschen Gesellschaft für Auswärtige Politik/Senat von Berlin, 3., erw. Aufl., München 1987.

Gabi Dolff-Bonekämper, *Denkmalschutz für die Mauer*, in: Die Denkmalpflege 58 (2000), S. 33–40.

Gabi Dolff-Bonekämper, *The Berlin Wall: An archaeological site in progress*; in: John Schofield/William Gray Johnson/Colleen M. Beck (Hrsg.), *Matériel culture. The archaeology of twentieth-century conflict*, London 2002, S. 236–248.

Der 13. August 1961. Seminarmaterial zur deutschen Frage, hrsg. v. Gesamtdeutschen Institut, 2., überarb. Aufl., Bonn 1986.

13. August 1961. Die DDR rettete den Frieden, Berlin (Ost) 1962.

Jost Dülffer, *Berlin-Politik zwischen zweiter Berlin-Krise und Viermächte-Abkommen*, in: Neue Politische Literatur 20 (1975), S. 225–235.

Eleanor Lansing Dulles, *Berlin. The wall is not for ever*, Chapel Hill 1967.

Eleanor Lansing Dulles, *The Wall. A tragedy in three acts*, Columbia 1972.

Bettina Effner/Helge Heidemeyer (Hrsg.), *Flucht im geteilten Deutschland. Erinnerungsstätte Notaufnahmelager Marienfelde*, Berlin 2005.

Bernd Eisenfeld, *Die Ausreisebewegung – eine Erscheinungsform widerständigen Verhaltens*, in: Ulrike Poppe/Rainer Eckert/Ilko-Sascha Kowalczuk (Hrsg.), *Zwischen Selbstbehauptung und Anpassung. Formen des Widerstandes und der Opposition in der DDR*, Berlin 1995, S. 192–223.

Bernd Eisenfeld, *Die Zentrale Koordinierungsgruppe. Bekämpfung von Flucht und Übersiedlung*, 2. Aufl., Berlin 1996.

Bernd Eisenfeld/Roger Engelmann, *13. August 1961: Mauerbau. Fluchtbewegung und Machtsicherung*, Bremen 2001.

Bernd Eisenfeld, *Gründe und Motive von Flüchtlingen und Ausreiseantragstellern aus der DDR*, in: Deutschland Archiv 37 (2004), S. 89–105.

Hans Ehlert/Hans-Hermann Hertle (Hrsg.), *Der Schatten der Mauer. Die zementierte Spaltung*, Berlin 2001.

Jeffrey A. Engel (Hrsg.), *The fall of the Berlin Wall. The revolutionary legacy of 1989*, Oxford 2009.

Julia Franziska Engels, *Helden an der Mauer. Die propagandistische Aufbereitung von Republikfluchten in der deutschen Presse*, Münster 2004.

David Ensikat, *Kleines Land, große Mauer. Die DDR für alle, die (nicht) dabei waren*, München 2007.

Entwicklung der Berlin-Frage 1944–1971, hrsg. v. Ferdinand Matthey u. a., Berlin 1972.

Volker Erhard, *Adenauers deutschlandpolitische Geheimkonzepte während der zweiten Berlin-Krise 1958–1962. Eine Studie aus den Akten der westlichen Diplomatie*, Hamburg 2003.

Marie-Therese Escaut-Marquet, *Die Mauer/The Berlin Wall. Special Auction*, Monte Carlo 1990.

Gianluca Falanca, *Non si puo dividere il cielo. Storie dal Muro di Berlino*, Rom 2009.

Guido Fassbender (Hrsg.), *Berlin 89/09 – Kunst zwischen Spurensuche und Utopie*, Köln 2009.

Polly Feversham/Leo Schmidt, *Die Berliner Mauer heute. Denkmalwert und Umgang*, Berlin 1999.

Alexej Filitov, *Die Entscheidung zum Mauerbau als die Folge der inneren Spannungen im »sozialistischen Lager«*, in: Heiner Timmermann (Hrsg.), *1961 – Mauerbau und Außenpolitik*, Münster 2002, S. 57–69.

Werner Filmer/Heribert Schwan (Hrsg.), *Opfer der Mauer. Die geheimen Protokolle des Todes*, München 1991.

Thomas Flemming/Hagen Koch, *Die Berliner Mauer. Grenze durch eine Stadt*, aktual. Aufl., Berlin 2006.

Thomas Flemming/Hagen Koch, *Die Berliner Mauer. Geschichte eines politischen Bauwerks*, aktual. Aufl., Berlin 2008.

Thomas Flemming, *Berlin im Kalten Krieg. Der Kampf um die geteilte Stadt*, Berlin 2008.

Foreign relations of the United States, 1958–1960, Bd. VIII: *Berlin Crisis 1958–1959*, bearb. v. Glenn W. LaFantasie/Charles S. Sampson, Washington D.C. 1993.

Foreign relations of the United States, 1958–1960, Bd. IX: *Berlin Crisis 1959–60. Germany, Austria*, bearb. v. David M. Baehler/Glenn W. LaFantasie, Washington D.C. 1993.

Foreign relations of the United States, 1961–1963, Bd. XIV: *Berlin Crisis 1961–1962*, bearb. v. Charles S. Sampson, Washington D.C. 1993.

Foreign relations of the United States, 1961–1963, Bd. XV: *Berlin Crisis 1962–63*, bearb. v. Charles S. Sampson, Washington D.C. 1994.

Adriane D. Fowler, *Mauerlandschaft: Die Berliner Mauer als Kulturlandschaft*, in: Henriette von Preuschen/Leo Schmidt (Hrsg.), *On both Sides of the Wall. Preserving Monuments and Sites of the Cold War Era*, Bad Münstereifel 2005, S. 44–46.

Julia Franck (Hrsg.), *Grenzübergänge. Autoren aus Ost und West erinnern sich*, Frankfurt a.M. 2009.

Sybille Frank, *Grenzwerte – Zur Formation der »Heritage Industry« am Berliner Checkpoint Charlie*, in: Dorothee Hemme/Markus Tauschek/Regina Bendix (Hrsg.), *Prädikat »Heritage«. Wertschöpfungen aus kulturellen Ressourcen*, Münster 2007, S. 297–322.

Sybille Frank, *Der Mauer um die Wette gedenken. Die Formation einer Heritage-Industrie am Berliner Checkpoint Charlie*, Frankfurt a.M. 2009.

Jochen Franke, *Zur Reaktion von CDU-Führung und CDU-Basis (Ost) auf den Mauerbau am 13. August 1961*, in: Deutschland Archiv 23 (1990), S. 1242–1251.

Birgit Frech, *Die Berliner Mauer in der Literatur. Eine Untersuchung ausgewählter Prosawerke seit 1961*, Pfungstadt 1992.

Lawrence Freedman, *Kennedy's Wars. Berlin, Cuba, Laos, and Vietnam*, New York 2000.

Gilles Freissinier, *La chute du mur de Berlin à la télévision française. De l'événement à l'histoire, 1961–2002. L'image du mur de Berlin à la télévision francaise, étude de magazines d'actualité et de documentaires*, Paris 2005.

Karl Wilhelm Fricke, *Anmerkungen zum Fall der Berliner Mauer*, in: Heiner Timmermann (Hrsg.), *Die DDR in Deutschland. Ein Rückblick auf 50 Jahre*, Berlin 2001, S. 909–916.

Klaus-Peter Friedrich, *Zwei Mauern – eine Geschichte? Zu historischen Parallelen bei den Warschauer Gettomauern und der Berliner Mauer*, in: Tribüne 45 (2006) 179, S. 139–144.

Thomas Friedrich/Harry Hampel, *Wo die Mauer war*, 4., überarb. und aktual. Aufl., Berlin 2003.

Kurt Frotscher/Wolfgang Krug (Hrsg.), *Die Grenzschließung 1961. Im Spannungsfeld des Ost-West-Konfliktes*, Schkeuditz 2001.

Kurt Frotscher/Horst Liebig, *Opfer deutscher Teilung. Beim Grenzschutz getötet*, Schkeuditz 2005.

Wieland Führ, *Berliner Mauer und innerdeutsche Grenze 1945–1990*, Petersberg 2008.

Kara S. Fulcher, *Walling in and Walling out. The Politics and Propaganda of the Second Berlin Crisis, 1958–1962*, Princeton 1997.

Anna Funder, *Stasiland. Stories from behind the Berlin Wall*, London 2003.

Aleksandr A. Fursenko, *Kak byla postroena berlinskaja stena [Wie die Berliner Mauer gebaut wurde]*, in: Istoričeskie zapiski 4 (2001) 122, S. 73–90.

Pierre Galante/Jack Miller, *The Berlin Wall, August 12/13th, 1961*, London 1965.

Tamara Ganda, *Sowjetisches Archivmaterial über die Entscheidung zum Mauerbau 1961*, in: Ost-West-Informationsdienst des Katholischen Arbeitskreises für Zeitgeschichtliche Fragen (1994) 183, S. 48–52.

Carsten Gansel, *Die »Grenze als literarische Kategorie« oder Bilder einer geteilten Stadt in der deutschen Literatur nach dem Mauerbau*, in: Thomas Bredohl/Michael Zimmermann (Hrsg.), *Berlin's culturescape in the twentieth century*, Regina 2008, S. 129–163.

Günter Ganßauge, *Ein Schutzwall des Friedens*, Dresden 1968.

Raimo Gareis, *Berliner Mauer. Die längste Leinwand der Welt*, Leichlingen 1998.

John P. S. Gearson, *British Policy and the Berlin Wall Crisis, 1958–61*, in: Contemporary Record. The Journal of Contemporary British History 6 (1992) 1, S. 107–177.

John P. S. Gearson, *Harold Macmillan and the Berlin Wall Crisis, 1958–62. The Limits of Interests and Force*, Basingstoke u. a. 1998.

John P. S. Gearson/Kori Schake (Hrsg.), *The Berlin Wall Crisis. Perspectives on Cold War Alliances*, London/New York 2002.

Anke Gebert (Hrsg.), *Im Schatten der Mauer. Erinnerungen, Geschichten und Bilder vom Mauerbau bis zum Mauerfall*, München 1999.

Die geheimen Anweisungen zur Diskriminierung Ausreisewilliger. Dokumente der Stasi und des Ministeriums des Innern, hrsg. v. Hans-Hermann Lochen/Christian Meyer-Seitz, Köln 1992.

Manfred Gehrmann, *Die Überwindung des »Eisernen Vorhangs«. Die Abwanderung aus der DDR in die BRD und nach West-Berlin als innerdeutsches Migranten-Netzwerk*, Berlin 2009.

Norman Gelb, *The Berlin Wall. Kennedy, Khrushchev and a Showdown in the Heart of Europe*, New York 1986.

Heribert Gerlach, *Die Berlinpolitik der Kennedy-Administration. Eine Fallstudie zum außenpolitischen Verhalten der Kennedy-Regierung in der Berlinkrise 1961*, Frankfurt a. M. 1977.

Susanne Gieffers, *Studentische Fluchthilfe 1961–1963/64. Die Girrmann-Gruppe*, Magisterarbeit, Freie Universität Berlin 1997.

Günther Glaser, *Über den Beitrag der NVA und der Grenzsicherungs-*

kräfte zum Schutz der Staatsgrenze der DDR im Sommer und Herbst 1961, in: Zeitschrift für Militärgeschichte 5 (1966), S. 517–536.

Helmut Göpel, *Die Berlin-Operation*, in: Klaus Naumann (Hrsg.), *NVA – Anspruch und Wirklichkeit nach ausgewählten Dokumenten*, Berlin 1993, S. 286–300.

Manuel Gottlieb, *The German peace settlement and the Berlin crisis*, New York 1960.

Julius Götz, *Jagd auf Grenzgänger*, in: SBZ-Archiv 12 (1961), S. 234–239.

Roman Grafe, *»Niemals Zweifel gehabt«. Der Prozess gegen die Grenztruppen-Führung der DDR*, in: Deutschland Archiv 29 (1996), S. 862–871.

Roman Grafe, *»Ziele mit dem ersten Feuerstoß vernichten«. Urteile gegen die Militärführung der DDR*, in: Deutschland Archiv 30 (1997), S. 525 f.

Roman Grafe, *»Die Politbüro-Beschlüsse waren Bedingungen der tödlichen Schüsse«. Der Prozeß gegen sechs Mitglieder des SED-Politbüros (1996–1999)*, in: Deutschland Archiv 33 (2000), S. 19–25.

Roman Grafe, *»Ein Akt barbarischer Unmenschlichkeit«. Der Tod des Mauerflüchtlings Peter Fechter vor 40 Jahren*, in: Deutschland Archiv 35 (2002), S. 793–798.

Roman Grafe, *Die Grenze durch Deutschland. Eine Chronik von 1945 bis 1990*, 2. Aufl., Berlin 2002.

Roman Grafe, *Deutsche Gerechtigkeit. Prozesse gegen DDR-Grenzschützen und ihre Befehlshaber*, München 2004.

Roman Grafe, *Die Prozesse wegen der Tötung des Mauerflüchtlings Chris Gueffroy. Eine Dokumentation*, in: Deutschland Archiv 37 (2004), S. 977–982.

Wolfgang Grandhagen, *Von der Grenzpolizei zu den Grenztruppen der DDR*, Berlin 2004.

Karl Greese, *Der 13. August 1961 – ein Erfolg der Sicherheits- und Militärpolitik der SED*, in: Militärgeschichte 20 (1981), S. 389–398.

Oleg Grinevskij, *Berlinskij krizis 1958–1959*gg., in: Zvezda 2 (1996), S. 126–156.

Ralf Gründer, *Aus der Sicht der »Grenzsicherungsorgane«. Die Berliner Mauer und die innerdeutsche Grenze – Ein Projekt*, in: Zeitschrift des Forschungsverbundes SED-Staat 16 (2004), S. 70–71.

Ralf Gründer, *Kunst an der Berliner Mauer. Mauermalerei im sogenannten Unterbau der »Grenzmauer-75«*, in: Deutschland Archiv 40 (2007), S. 630–637.

Ralf Gründer, *Berliner Mauerkunst. Eine Dokumentation*, Köln/Weimar/Wien 2007.

Jan Gympel/Ingolf Wernicke, *Die Berliner Mauer. Entstehung, Verlauf, Spuren im heutigen Stadtbild*, Berlin 1998.

Franz Haas, *La perdita del muro di Berlino*, in: Belfagor 64 (2009), S. 659–666.

Gerhard Haase-Hindenberger, *Der Mann, der die Mauer öffnete. Warum Oberstleutnant Harald Jäger den Befehl verweigerte und damit Weltgeschichte schrieb*, München 2007.

Christian Halbrock, *Zwischen Himmel und Mauer. Geteilte Berliner und Brandenburger Kirchgemeinden nach dem Mauerbau vom 13. August 1961*, in: Deutschland Archiv 40 (2007), S. 621–629.

Christian Halbrock, *Falsches Gedenken an die Kirche im Todesstreifen? Die Zerstörung der Berliner Versöhnungskirche und die Gedenkstätte Berliner Mauer*, in: Horch und Guck 60 (2008), S. 68–71.

Die Hälfte der Stadt. Ein Berliner Lesebuch, hrsg. v. Krista Maria Schädlich/Frank Werner, München 1982.

Christoph Hamann, *Fluchtbilder. Schlüsselbilder einer mörderischen Grenze*, in: Gerhard Paul (Hrsg.), *Das Jahrhundert der Bilder*, Bd. II: *1949 bis heute*, Göttingen 2008, S. 266–273.

Manfried Hammer u.a. (Hrsg.), *Das Mauerbuch. Texte und Bilder aus Deutschland von 1945 bis heute*, Berlin (West) 1981.

Hope M. Harrison, *Ulbricht and the Concrete »Rose«. New archival evidence on the dynamics of Soviet-East German relations and the Berlin Crisis, 1958–1961*, Washington D.C. 1993.

Hope M. Harrison, *Ulbricht, Khrushchev, and the Berlin Wall, 1958–1961*, in: Gustav Schmidt (Hrsg.), *Ost-West-Beziehungen. Konfrontation und Détente 1945–1989*, Bd. 2, Bochum 1993, S. 333–348.

Hope M. Harrison, *Die Berlin-Krise und die Beziehungen zwischen der UdSSR und der DDR*, in: Gerhard Wettig (Hrsg.), *Die sowjetische Deutschland-Politik in der Ära Adenauer*, Bonn 1997, S. 105–122.

Hope M. Harrison, *The Berlin Crisis and the Khrushchev-Ulbricht Summits in Moscow, 9 and 18 June 1959*, in: Cold War International History Project Bulletin 11 (Winter 1998), S. 204–217.

Hope M. Harrison, *Driving the Soviets up the wall. A Super-Ally, a Superpower, and the Building of the Berlin Wall, 1958–1961*, in: Cold War History 1 (2000), S. 53–74.

Hope M. Harrison, *Wie die Sowjetunion zum Mauerbau getrieben wurde. Ein Superalliierter, eine Supermacht und der Bau der Berliner Mauer*, in: Hans-Herrmann Hertle/Konrad H. Jarausch/Christoph Kleßmann (Hrsg.), *Mauerbau und Mauerfall. Ursachen – Verlauf – Auswirkungen*, Berlin 2002, S. 77–96.

Hope M. Harrison, *Driving the Soviets up the wall: Soviet-East German Relations, 1953–1961*, Princeton, NJ/Oxford 2003.

Hope M. Harrison, *The Berlin Wall – An Icon of the Cold War Era?*, in: Henriette von Preuschen/Leo Schmidt (Hrsg.), *On both Sides of the Wall. Preserving Monuments and Sites of the Cold War Era*, Bad Münstereifel 2005, S. 18–27.

Hope M. Harrison, *The Demise and Resurrection of the Berlin Wall. German Debates About the Wall as a Site of Memory*, in: Birgit Hofmann u.a. (Hrsg.), *Diktaturüberwindung in Europa. Neue nationale und transnationale Perspektiven*, Heidelberg 2010, S. 195–209.

Rainer Hartmann, *Berlin. Ein Rundgang vor und nach dem Mauerfall*, Berlin 2008.

Klaus Hartung, *Die Mauer. Ein etwas länger anhaltender Blick auf Vorhandenes*, in: Freibeuter 8 (1981), S. 72–84.

Michael Haupt, *Die Berliner Mauer – Vorgeschichte, Bau, Folgen: Literaturbericht und Bibliographie zum 20. Jahrestag des 13. August 1961*, München 1981.

Haus am Checkpoint Charlie (Hrsg.), *Wo Weltgeschichte sich manifestiert. Ein Wettbewerb: 71 Entwürfe zur Bemalung einer Hauswand am Checkpoint Charlie in Berlin*, Berlin 1980.

Haus am Checkpoint Charlie (Hrsg.), *30 Jahre MUSEUM Haus am Checkpoint Charlie*, Berlin 1993.

Robert Häusser, *Die Berliner Mauer. Fotografien und Zitate*, Heidelberg 2009.

Harald Hauswald/Lutz Rathenow, *Ost-Berlin. Leben vor dem Mauerfall*, Berlin 2005.

Wolfgang Heidelmeyer, *Die zweite Berlinkrise bis zur Absperrung des Sowjetsektors am 13. August 1961*, in: Walther Hubatsch (Hrsg.), *Die deutsche Frage*, 2., erw. Aufl., Würzburg 1964, S. 165–172.

Helge Heidemeyer, *Flucht und Zuwanderung aus der SBZ/DDR 1945/1949–1961. Die Flüchtlingspolitik der Bundesrepublik Deutschland bis zum Bau der Berliner Mauer*, Düsseldorf 1994.

Helge Heidemeyer, *»Antifaschistischer Schutzwall« oder »Bankrotterklärung des Ulbricht-Regimes«? Grenzsicherung und Grenzüberschreitung im doppelten Deutschland*, in: Udo Wengst/Hermann Wentker (Hrsg.), *Das doppelte Deutschland. 40 Jahre Systemkonkurrenz*, Berlin 2008, S. 87–109.

Ronny Heidenreich, *Beton zu Geld. Das Geschäft mit der Berliner Mauer*, in: Anna Kaminsky (Hrsg.), *Die Berliner Mauer in der Welt*, Berlin 2009, S. 236–249.

Winfried Heinemann/Manfred Wilke, *Kein Krieg um Berlin – Sicherheitspolitische Aspekte des Mauerbaus*, in: Deutsches Nationalkomitee für Denkmalschutz (Hrsg.), *Die Berliner Mauer. Vom Sperrwall zum Denkmal*, Bonn 2009, S. 35–51.

Winfried Heinemann, *NVA-Pläne für eine »Berlin-Operation«*, in: Rüdiger Wenzke (Hrsg.), *Die Streitkräfte der DDR und Polens in der Operationsplanung des Warschauer Paktes*, Potsdam 2010, S. 61–70.

Joachim Heise/Helmar Kreysig (Hrsg.), *Leben in Berlin – mit und ohne Mauer. Gespräche und Betrachtungen*, Berlin 2003.

Deane Heller/David Heller, *The Berlin Wall*, 2. Aufl., New York 1963.

Deane Heller/David Heller, *The Berlin Crisis. Prelude to World War III?*, 3. Aufl., New York 1963.

Hans-Joachim Helwig-Wilson, *Die andere Sicht auf die Mauer*, in: Daniel

Küchenmeister (Hrsg.), *Der Mauerbau. Krisenverlauf – Weichenstellung – Resultate*, Berlin 2001, S. 88–92.

Lutz Henke, *Kunst Fall Mauer – »Mauerkunst« nach 1989 zwischen Kunst, Kitsch, Politik und Marketing*, in: Conny Becker u.a. (Hrsg.), *Metropolitan Views. Berlin, Berlin: Kunstszenen 1989–2009*, Berlin/München 2010, S. 193–204.

Ingolf Hermann/Karsten Sroka, *Deutsch-deutsches Grenzlexikon. Der Eiserne Vorhang und die Mauer in Stichworten*, Zella-Mehlis 2005.

Hans-Hermann Hertle, *Der Fall der Mauer aus der Sicht der NVA und der Grenztruppen der DDR*, in: Deutschland Archiv 28 (1995), S. 901–919.

Hans-Hermann Hertle, *Der 9. November 1989 in Berlin*, in: Materialien der Enquete-Kommission »Aufarbeitung von Geschichte und Folgen der SED-Diktatur in Deutschland«, Bd. VII.1, Baden-Baden 1995, S. 787–872.

Hans-Hermann Hertle/Kathrin Elsner, *Mein 9. November. Der Tag, an dem die Mauer fiel*, Berlin 1999.

Hans-Hermann Hertle, *Der Fall der Mauer. Die unbeabsichtigte Selbstauflösung des SED-Staates*, 2., durchges. Aufl., Opladen 1999.

Hans-Hermann Hertle, *Gespräch mit dem stellvertretenden Leiter der PKE Invalidenstraße*, in: Deutschland Archiv 32 (1999), S. 749–755.

Hans-Hermann Hertle/Konrad H. Jarausch/Christoph Kleßmann (Hrsg), *Mauerbau und Mauerfall. Ursachen – Verlauf – Auswirkungen*, Berlin 2002.

Hans-Hermann Hertle/Konrad H. Jarausch/Christoph Kleßmann, *Die fatale Stabilisierung*, in: Dies. (Hrsg.), *Mauerbau und Mauerfall. Ursachen – Verlauf – Auswirkungen*, Berlin 2002, S. 9–18.

Hans-Hermann Hertle/Maria Nooke, *Todesopfer an der Berliner Mauer. Kooperationsprojekt des Vereins Berliner Mauer und des ZZF*, in: Potsdamer Bulletin für Zeithistorische Studien 34/35 (2005), S. 46–49.

Hans-Herrmann Hertle/Gerhard Sälter, *Die Todesopfer an Mauer und Grenze. Probleme einer Bilanz des DDR-Grenzregimes*, in: Deutschland Archiv 39 (2006), S. 667–676.

Hans-Hermann Hertle, *Die Berliner Mauer. Monument des Kalten Krieges*, Bonn 2007.

Hans-Hermann Hertle, *Chronik des Mauerfalls. Die dramatischen Ereignisse um den 9. November 1989*, 11., erw. Aufl., Berlin 2009.

Hans-Hermann Hertle, *Wie das SED-Regime Gewalttaten an der Berliner Mauer verschleierte*, in: Potsdamer Bulletin für Zeithistorische Studien 45/46 (2009), S. 37–44.

Hans Herzfeld, *Berlin in der Weltpolitik 1945–1970*, Berlin 1973.

Petra Heß/Christoph Kloft (Hrsg.), *Der Mauerfall – 20 Jahre danach. 09.10.1989, 09.11.1989, 03.10.1990*, Zell/Mosel 2009.

Alexandra Hildebrandt, *Die Mauer. Zahlen, Daten*, Berlin 2001.

Alexandra Hildebrandt, *Die Freiheit verpflichtet. Das Freiheitsmahnmal am Platz Checkpoint Charlie*, Berlin 2005.

Dieter Hildebrandt, *Die Mauer ist keine Grenze. Menschen in Ostberlin*, Düsseldorf 1964.

Dieter Hildebrandt/Ulrich Schneider/Gerhard Ullmann, *Die Mauer. Berliner Ansichten 1961–1993*, Aachen 1995.

Rainer Hildebrandt, *Das Haus am Checkpoint Charlie. Ein Gespräch*, in: Manfried Hammer u.a. (Hrsg.), *Das Mauerbuch. Texte und Bilder aus Deutschland von 1945 bis heute*, Berlin (West) 1981, S. 254–260.

Rainer Hildebrandt, *Deutungen der Mauer*, in: Museum Haus am Checkpoint Charlie (Hrsg.), *Maler interpretieren DIE MAUER. Katalog zu der Dauerausstellung »Maler interpretieren DIE MAUER« im Museum Haus am Checkpoint Charlie*, Berlin 1985, S. 8–15.

Rainer Hildebrandt, *Die Mauer spricht*, 7. Aufl., Berlin 1992.

Rainer Hildebrandt, *Die deutsche Teilung. Tödliche Grenzzwischenfälle und Schwerverletzte. Zahlen, Todesarten und dokumentarische Berichte der DDR-Grenzschutzkommandos*, Berlin 1993.

Rainer Hildebrandt, *Es geschah an der Mauer. Eine Bilddokumentation des Sperrgürtels um Berlin (West), seine Entwicklung vom »13. August« 1961 bis zum »9. November« 1989 mit den wichtigsten Geschehnissen*, 24. Aufl., Berlin 2010.

Hans-Peter Hinrichsen, *Das Krisenmanagement der USA und UdSSR auf dem Höhepunkt der 2. Berlin-Krise*, in: Historische Mitteilungen 2 (1989), S. 117–177.

Erika M. Hoerning, *Memories of the Berlin Wall. History and the Impact of Critical Life Events*, in: International Journal of Oral History 8 (1987), S. 95–111.

Hans Wolfgang Hoffmann/Philipp Meuser, *Luftbildatlas entlang der Berliner Mauer. Karten, Pläne und Fotos*, Berlin 2009.

Matthias Hoffmann, *Leben mit der Mauer*, Berlin 2002.

Gunter Holzweißig, *Grenzregime und Mauerbau*, in: Anne Kaminsky (Hrsg.), *Orte des Erinnerns. Gedenkzeichen, Gedenkstätten und Museen zur Diktatur in SBZ und DDR*, 2. Aufl., Berlin 2007, S. 527–530.

Harald Horn, *Die Berlin-Krise 1958/61. Zur Funktion der Krise in der internationalen Politik*, Frankfurt a.M. 1970.

Susanne Hornberger, *13.8.1961. Der Bau der Berliner Mauer*, Augsburg 2005.

Gregor Horstkemper/Alessandra Sorbello Staub, *Rund um die ehemalige deutsch-deutsche Grenze. Quellen und Online-Angebote zur Berliner Mauer*, in: GWU 60 (2009), S. 742–743.

Florian Huber, *Schabowskis Irrtum. Das Drama des 9. November*, Berlin 2009.

Jürgen Hübner-Kosney, *Berlins Wandel zwischen Mauerzeit und Jahrtausendwende. Das alte und neue Gesicht der östlichen Stadtbezirke. Dreihundert Bilder zum Vergleich*, 2. Aufl., Berlin 1999.

Johann-Friedrich Huffmann (Hrsg.), *Glückssuche im Schatten der Mauer. Die 60er-Jahre in Berlin und Brandenburg*, Berlin 2008.

Geneviève Humbert, *Le général de Gaulle et le »Mur de Berlin«. La crise du 13 août 1961*, in: *De Gaulle et l'Allemagne (1958–1965). Actes du 6e colloque international des Cercles universitaires d'études et de recherches gaulliennes*, Paris/Strasbourg 1978, S. 39–47.

Marlene Hürdum Sveistrup, *Das Wesen der unsichtbaren Mauer. Ein Versuch den Begriff »die Mauer in den Köpfen« zu konzeptualisieren*, in: Text & Kontext 28 (2006), S. 138–162.

Yi-Chun Hwang, *Raumproduktion in der Spätmoderne am Beispiel des ehemaligen Berliner Mauerstreifens in der Bernauer Straße*, Diplomarbeit TU Berlin 2006.

Im Schatten der Mauer. Dokumente, 12. August bis 29. September 1961, hrsg. v. Hartmut Mehls, Berlin 1990.

Alessandra Jaforte, *Die Mauer in der literarischen Prosa der DDR*, Frankfurt a. M. 1991.

Hartmut Jahn, *Die neuen Besitzer der Berliner Mauer*, Mainz 2009.

Martin Jander, *Berliner Mauer*, 2. Aufl., Berlin 2008.

Godehard Janzing, *Der Fall der Mauer. Bilder von Freiheit und/oder Einheit*, in: Gerhard Paul (Hrsg.), *Das Jahrhundert der Bilder*. Bd. 2: *1949 bis heute*, Göttingen 2008, S. 574–581.

Friedrich Jeschonnek/Dieter Ridel/William Durie, *Alliierte in Berlin 1945–1994. Ein Handbuch zur Geschichte der militärischen Präsenz der Westmächte*, 2., überarb. Aufl., Berlin 2007.

Eckhard Jesse, *Mauerbau 1961 und Mauerfall 1989. Die innen- und außenpolitische Bedeutung*, in: Heiner Timmermann (Hrsg.), *1961 – Mauerbau und Außenpolitik*, Münster 2002, S. 45–56.

Uwe Johnson, *Berliner Sachen. Aufsätze*, Frankfurt a. M. 1975.

Peter Jung (Hrsg.), *Aufbruch – 9. November 1989. Leserbriefe aus der DDR*, Köln 2009.

Jens Kafka, *Berliner Mauer und innerdeutsche Grenze 1961 bis 1989. Handreichung für die politische Bildung*, Sankt Augustin 2003.

Wolfgang Kaiser, *Aktionen im Niemandsland*, in: Manfried Hammer u. a. (Hrsg.), *Das Mauerbuch. Texte und Bilder aus Deutschland von 1945 bis heute*, Berlin (West) 1981, S. 261–263.

Stephan Kaluza, *Die unsichtbare Mauer*, Köln 2009.

Anna Kaminsky (Hrsg.), *Die Berliner Mauer in der Welt*, Berlin 2009.

Walter Karsch, *Der 13. August und die deutschen Intellektuellen*, in: Hans Werner Richter (Hrsg.), *Die Mauer oder Der 13. August*, Hamburg 1961, S. 105–109.

Marianna S. Katona, *Nicht bedient, sondern abgefertigt. Geschichten um die Berliner Mauer*, Frankfurt a. M. 1999.

Gerhard Keiderling, *Die Westberlin-Frage in der historischen Forschung der DDR*, in: Heiner Timmermann (Hrsg.), *Die DDR – Erinnerungen an einen untergegangenen Staat*, Berlin 1999, S. 413–428.

John Wendell Keller, *Germany, the Wall and Berlin. International politics during an international crisis*, New York 1964.

Sven Felix Kellerhoff, *»Alles Burra, oder was?« Das falsche Gedenken der Stiftung Berliner Mauer. Eine Polemik*, in: Deutschland Archiv 42 (2009), S. 589–593.

John Fitzgerald Kennedy, *The Berlin Crisis. Report to the Nation*, in: The Department of State Bulletin 45 (1961) 1155, S. 267–273.

John Fitzgerald Kennedy, *Die Berlin-Krise. Erklärung über Deutschland und Berlin, 19. Juli 1961*, in: John William Gardner (Hrsg.), *Dämme gegen die Flut*, Berlin u.a. 1962, S. 237–241.

Werner Kilian, *Der Mauerbau und seine Auswirkungen auf die Außenpolitik der Bundesrepublik Deutschland*, in: Heiner Timmermann (Hrsg.), *1961 – Mauerbau und Außenpolitik*, Münster 2002, S. 309–331.

Elke Kimmel, *»... war ihm nicht zuzumuten, länger in der SBZ zu bleiben«. DDR-Flüchtlinge im Notaufnahmelager Marienfelde*, Berlin 2009.

Axel Klausmeier, *Strategien zur Vermittlung eines unbequemen Denkmals am Beispiel der Berliner Mauer*, in: Henriette von Preuschen/Leo Schmidt (Hrsg.), *On Both Sides of the Wall. Preserving Monuments and Sites of the Cold War Era*, Bad Münstereifel 2005, S. 50–52.

Axel Klausmeier/Leo Schmidt, *Commemorating the Uncomfortable: The Berlin Wall*, in: John Schofield/Axel Klausmeier/Louise Purbrick (Hrsg.), *Re-mapping the Field. – New Approaches in Conflict Archaeology*, Berlin/Bad Münstereifel 2006, S. 22–27.

Axel Klausmeier/Leo Schmidt, *Mauerreste – Mauerspuren. Der umfassende Führer zur Berliner Mauer*, 3. Aufl., Berlin 2007 [*Wall Remnants, Wall Traces. The comprehensive guide to the Berlin Wall*, Berlin 2004].

Axel Klausmeier, *Das Gesamtsystem Grenze – Zur Bedeutung der Infrastruktur im Hinterland der Grenzanlagen*, in: Deutsches Nationalkomitee für Denkmalschutz (Hrsg.), *Die Berliner Mauer. Vom Sperrwall zum Denkmal*, Bonn 2009, S. 101–115.

Axel Klausmeier, *Die Grenzlandschaft um Berlin. Zur denkmalkundlichen Bedeutung von baulichen Resten der Berliner Grenzanlagen, oder: Keine Grenze ohne Infrastruktur im Hinterland*, in: Birgit Franz/Gabi Dolff-Bonekämper (Hrsg.), *Grenzverschiebungen, Kulturraum, Kulturlandschaft. Kulturerbe in Regionen mit wechselnden Herrschaftsansprüchen*, Holzminden 2009, S. 52–59.

Axel Klausmeier, *Interpretation as a means of preservation policy, or: Whose heritage is the Berlin Wall?*, in: Neil Forbes/Robin Page/Guillermo Pérez (Hrsg.), *Europe's deadly Century. Perspectives on 20th century conflict heritage*, Swindon 2009, S. 97–105.

Axel Klausmeier, *Ein Memorialort neuer Prägung. Die Erweiterung der »Gedenkstätte Berliner Mauer« an der Bernauer Straße*, in: Deutschland Archiv 42 (2009), S. 892–900.

Axel Klausmeier/Leo Schmidt, *Das »System Grenze« in Brandenburg. Vom Kontext zerstörter baulicher Strukturen und ihrer kulturellen und historischen Bedeutung*, in: Brandenburgische Denkmalpflege 18 (2009) 1, S. 4–14.

Axel Klausmeier/Günter Schlusche (Hrsg.), *Denkmalpflege für die Berliner Mauer. Die Konservierung eines unbequemen Bauwerks*, Berlin 2011.

Jürgen Kleindienst (Hrsg.), *Mauer-Passagen. Grenzgänge, Fluchten und Reisen, 1961–1989, 46 Berichte und Geschichten von Zeitzeugen*, Berlin 2004.

Rainer E. Klemke, *Der 13. August. Der Mauerbau vor vierzig Jahren*, in: Museumsjournal 15 (2001), S. 68–71.

Rainer E. Klemke, *Zwischen Verschwinden und Gedenken. Die Erinnerung an die Berliner Mauer heute*, in: Anna Kaminsky (Hrsg.), *Die Berliner Mauer in der Welt*, Berlin 2009, S. 214–227.

Gerald Klöpper, *Was bedeutet der 13. August heute*, in: Manfried Hammer u.a. (Hrsg.), *Das Mauerbuch. Texte und Bilder aus Deutschland von 1945 bis heute*, Berlin (West) 1981, S. 247–250.

Hertha Kludas, *Ein Schandmal im Urteil der Welt. Äußerungen ausländischer Politiker angesichts der Mauer*, Bonn/Berlin 1962.

Hubertus Knabe (Hrsg.), *Die vergessenen Opfer der Mauer. Inhaftierte DDR-Flüchtlinge berichten*, Berlin 2009.

Guntram König (Hrsg.), *Frontstadt Berlin. Vom Potsdamer Abkommen bis zum Mauerbau. Dokumente, Fakten, Zeugnisse und Bilder*, Aachen 2010.

Volker Koop, *Der Bau der Mauer. Bei der Teilung Berlins vor 35 Jahren war die SED die treibende Kraft. Der Blick in die Archive fördert neue Einzelheiten zutage*, in: Die politische Meinung 41 (1996) 321, S. 18–27.

Thilo Kößler, *13. August und Mauerbau im Rias Berlin. Rundfunkreportage als historische Quelle*, in: Deutschland Archiv 19 (1986), S. 856–872.

Wolfgang Kramer, *Berlin. Eine Stadt auf der Suche nach ihrer Identität. Erinnerungen, Spuren, Wirkungen*, München 1985.

Egon Krenz, *Anmerkungen zur Öffnung der Berliner Mauer im Herbst 1989*, in: Osteuropa 42 (1992), S. 365–369.

Jens Kreuter, *Die »Mauerschützenprozesse« als Versuch der Bewältigung diktatorischen Unrechts*, in: Ilona Riedel-Spangenberger (Hrsg.), *Die Aufhebung diktatorischer Unrechtsurteile*, Freiburg/Basel/Wien 2001, S. 42–64.

Michael Kubina/Manfred Wilke, *Von Schlussstrich keine Spur. Die Gedenkstättenlandschaft zum SED-Unrecht*, in: Deutschland Archiv 40 (2007), S. 776–783.

Michael Kubina, *Die SED und ihre Mauer. Ein Denkmal und wir. Ein Beitrag zur Diskussion*, in: Zeitschrift des Forschungsverbundes SED-Staat 25 (2009), S. 93–119.

Daniel Küchenmeister/Detlef Nakath/Gerd-Rüdiger Stephan (Hrsg.), *»... sofort unverzüglich.« Der Fall der Mauer am 9. November 1989*, Schkeuditz 2000.

Daniel Küchenmeister (Hrsg.), *Der Mauerbau. Krisenverlauf – Weichenstellung – Resultate*, Berlin 2001.

Alois Kuhn, *Mauerbuch – 20 Jahre Mauerfall*, Stammbach 2009.

Anke Kuhrmann, *Die »Berliner Mauer« – eine Herausforderung für die Denkmalpflege*, in: Landesdenkmalamt im Ministerium für Umwelt Saarbrücken (Hrsg.), *Denkmalpflege an Grenzen – Patrimoine sans frontières? Denkmalpflege im Saarland*, Arbeitsheft 1, Saarbrücken 2007, S. 108–114.

Anke Kuhrmann, *Grenzsituationen – Die »Berliner Mauer« in der Kunst*, in: Deutsches Nationalkomitee für Denkmalschutz (Hrsg.), *Die Berliner Mauer. Vom Sperrwall zum Denkmal*, Bonn 2009, S. 117–142.

Anke Kuhrmann, *Ein Denkmal und seine Teile – die Gesamtanlage »Berliner Mauer«*, in: Landesdenkmalamt Berlin (Hrsg.), *Berlin im Wandel. 20 Jahre Denkmalpflege nach dem Mauerfall*, Petersberg 2010, S. 121–130.

Kulturprojekte Berlin GmbH (Hrsg.), *Dominobuch. Geschichte(n) mit Dominoeffekt. Eine Publikation im Rahmen des Themenjahres »20 Jahre Mauerfall«*, Berlin 2009.

Gerhard Kunze, *Grenzerfahrungen. Kontakte und Verhandlungen zwischen dem Land Berlin und der DDR 1949–1989*, Berlin 1999.

Hanns Jürgen Küsters, *Konrad Adenauer und Willy Brandt in der Berlin-Krise 1958–1963*, in: VfZ 40 (1992), S. 483–542.

Heinz J. Kuzdas, *Berliner Mauer-Kunst. Mit East Side Gallery*, 10. Aufl., Berlin 2009.

Rainer Laabs/Werner Sikorski, *Checkpoint Charlie und die Mauer. Ein geteiltes Volk wehrt sich*, Berlin 1997.

Jeannette van Laak/Annette Leo, *Erinnerungen der Macht, Erinnerungen an die Macht. SED-Funktionäre im autobiographischen Rückblick*, in: Deutschland Archiv 41 (2008), S. 1060–1067.

Landesarchiv Berlin (Hrsg.), *Die Berliner Mauer 1961–1989. Fotografien aus den Beständen des Landesarchivs Berlin, ausgewählt und erläutert von Volker Viergutz*, Berlin 2007.

Christiane Landgrebe, *Der Tag, an dem die Mauer fiel. Prominente Zeitzeugen erinnern sich*, Berlin 1999.

Karl-Ludwig Lange, *Topographie der Berliner Mauer 1973–1990*, Berlin 2005.

Karl-Ludwig Lange, *Die Berliner Mauer. Fotografien 1973–2007*, Berlin 2007.

Peter Joachim Lapp, *Die Grenztruppen der DDR (1961–1989)*, in: Torsten Diedrich/Hans Ehlert/Rüdiger Wenzke (Hrsg.), *Im Dienste der Partei. Handbuch der bewaffneten Organe der DDR*, Berlin 1998, S. 225–252.

Peter Joachim Lapp, *Gefechtsdienst im Frieden. Das Grenzregime der DDR 1945–1990*, Bonn 1999.

Peter Joachim Lapp/Jürgen Ritter, *Die Grenze. Ein deutsches Bauwerk*, 7. Aufl., Berlin 2009.

Ulrich Lappenküper, *»Eine versteinerte Absage an die Menschlichkeit«. Bau der Berliner Mauer vom 13. August 1961*, in: Information für die Truppe (1991) 8, S. 20–24.

Bernard Larsson, *Berlin. Hauptstadt der Republik. Fotografien aus einer geteilten Stadt, 1961–1968*, Göttingen 1998.

Sabine Lee, *Perception and Reality: Anglo-German Relations during the Berlin Crisis 1958–1959*, in: German History 13 (1995) 1, S. 47–69.

Hans Georg Lehmann, *Mit der Mauer leben? Die Einstellung zur Berliner Mauer im Wandel*, in: Aus Politik und Zeitgeschichte 36 (1986) B 33/34, S. 19–34.

Michael Lemke, *Kampagnen gegen Bonn. Die Systemkrise der DDR und die West-Propaganda der SED 1960–1963*, in: VfZ 41 (1993), S. 153–174.

Michael Lemke, *Die Berlinkrise 1958 bis 1963. Interessen und Handlungsspielräume der SED im Ost-West-Konflikt*, Berlin 1995.

Michael Lemke, *Die SED und die Berlin-Krise 1958 bis 1963*, in: Gerhard Wettig (Hrsg.), *Die sowjetische Deutschland-Politik in der Ära Adenauer*, Bonn 1997, S. 123–137.

Michael Lemke, *Sowjetische Interessen und ostdeutscher Wille. Divergenzen zwischen den Berlinkonzepten von SED und UdSSR in der Expositionsphase der zweiten Berlinkrise*, in: Burghard Ciesla/Michael Lemke/Thomas Lindenberger (Hrsg.), *Sterben für Berlin? Die Berliner Krisen 1948: 1958*, Berlin 2000, S. 203–219.

Michael Lemke, *Einheit oder Sozialismus? Die Deutschlandpolitik der SED 1949–1961*, Köln u. a. 2001.

Michael Lemke (Hrsg.), *Schaufenster der Systemkonkurrenz. Die Region Berlin-Brandenburg im Kalten Krieg*, Köln 2006.

Michael Lemke, *Die Berlinkrisen von 1948/49 und 1958 bis 1963*, in: Bernd Greiner/Christian Th. Müller/Dierk Walter (Hrsg.), *Krisen im Kalten Krieg*, Hamburg 2008, S. 204–243.

Michael Lemke (Hrsg.), *Konfrontation und Wettbewerb. Wissenschaft, Technik und Kultur im geteilten Berliner Alltag 1948–1973*, Berlin 2008.

Michael Lemke, *Vor der Mauer. Berlin in der Ost-West-Konkurrenz 1948 bis 1961*, Köln/Weimar/Wien 2011.

Wolfgang Leonhard, *Erich Honecker und die Berliner Mauer*, in: Kursbuch (1993) 111, S. 125–132.

Debbie Levy, *The Berlin Wall*, Detroit 2004.

Doris Liebermann, *»Vorzimmer des Westens«. Das Notaufnahmelager Marienfelde*, in: Horch und Guck 67 (2010), S. 8–11.

Doris Liebermann, *Grimmlings Mauerbilder*, in: Horch und Guck 69 (2010), S. 46–49.

Thomas Lindenberger, *Die Diktatur der Grenzen. Zur Einleitung*, in: Ders. (Hrsg.), *Herrschaft und Eigen-Sinn in der Diktatur. Studien zur Gesellschaftsgeschichte der DDR*, Köln/Weimar/Wien 1999, S. 13–44.

Thomas Lindenberger, *Diktatur der Grenze(n). Die eingemauerte Gesellschaft und ihre Feinde*, in: Hans-Hermann Hertle/Konrad H. Jarausch/Christoph Kleßmann (Hrsg), *Mauerbau und Mauerfall. Ursachen – Verlauf – Auswirkungen*, Berlin 2002, S. 203–213.

Thomas Lindenberger, *Volkspolizei. Herrschaftspraxis und öffentliche Ordnung im SED-Staat, 1952–1968*, Köln/Weimar/Wien 2003.

Thomas Lindenberger, *»Asoziale Lebensweise«. Herrschaftslegitimation, Sozialdisziplinierung und die Konstruktion eines »negativen Milieus« in der SED-Diktatur*, in: Geschichte und Gesellschaft 31 (2005), S. 227–254.

Thomas Lindenberger, *Divided, but not disconnected. Germany as a Border Region of the Cold War*, in: Tobias Hochscherf/Christoph Laucht/Andrew Plowman (Hrsg.), *Divided, but not disconnected. German experiences of the Cold War*, New York 2010, S. 11–33.

Thomas Lindenberger, *The Fragmented Society: ›Societal Activism‹ and Authority in GDR State Socialism*, in: zeitgeschichte 37 (2010) 1, S. 3–20.

Michael Lindinger/Monika Sommer (Hrsg.), *Die Augen der Welt auf Wien gerichtet: Gipfel 1961 Chruschtschow – Kennedy*, Innsbruck 2005.

Jürgen Litfin, *Tod durch fremde Hand. Das erste Maueropfer in Berlin und die Geschichte einer Familie*, Husum 2006.

Bernard Ludwig, *Le mur de Berlin, dernier rempart de l'antifascisme et ultime frontière du communisme en Europe*, in: Sophie Coeuré/Sabine Dullin (Hrsg.), *Frontières du communisme. Mythologies et réalités de la division de l'Europe de la révolution d'Octobre au mur de Berlin*, Paris 2007, S. 286–309.

Monro MacCloskey, *The infamous Wall of Berlin*, Berlin 1967.

Iwona Maczka, *Pictures of the Fall of the Berlin Wall in German Cinema*, in: Thomas Bredohl/Michael Zimmermann (Hrsg.), *Berlin's culturescape in the twentieth century*, Regina 2008, S. 183–200.

Benjamin Magofsky, *Berliner Mauer und Deutsche Frage im bundesrepublikanischen Spielfilm 1982–2007*, Hamburg 2009.

Dieter Mahncke, *Berlin im geteilten Deutschland*, München/Wien 1973.

Dieter Mahncke, *Das Berlin-Problem – die Berlin-Krise 1958–1961/62*, in: Materialien der Enquete-Kommission »Aufarbeitung von Geschichte und Folgen der SED-Diktatur in Deutschland«, Bd. V.2, Baden-Baden 1995, S. 1766- 1821.

Hans-Heinrich Mahnke, *Der Zugang nach Berlin. Historische Entwicklung, Teil I und II*, in: Deutschland Archiv 5 (1972), S. 140–148 und S. 364–387.

Patrick Major, *»Mit Panzern kann man doch nicht für den Frieden sein«. Die Stimmung der DDR-Bevölkerung zum Bau der Berliner Mauer am 13. August 1961 im Spiegel der Parteiberichte der SED*, in: Jahrbuch für historische Kommunismusforschung 1995, S. 208–223.

Patrick Major, *Vor und nach dem 13. August 1961. Reaktionen der DDR-Bevölkerung auf den Bau der Berliner Mauer*, in: Archiv für Sozialgeschichte 39 (1999), S. 325–354.

Patrick Major, *Torschlußpanik und Mauerbau. »Republikflucht« als Symptom der zweiten Berlinkrise*, in: Burghard Ciesla/Michael Lemke/

Thomas Lindenberger (Hrsg.), *Sterben für Berlin? Die Berliner Krisen 1948: 1958*, Berlin 2000, S. 221–243.

Patrick Major, *Innenpolitische Aspekte der zweiten Berlinkrise (1958–1961)*, in: Hans-Hermann Hertle/Konrad H. Jarausch/Christoph Kleßmann (Hrsg), *Mauerbau und Mauerfall. Ursachen – Verlauf – Auswirkungen*, Berlin 2002, S. 97–110.

Patrick Major, *The Rise and Fall of the Berlin Wall. A concrete History*, Oxford 2009.

Patrick Major, *Behind the Berlin Wall. East Germany and the frontiers of power*, Oxford 2010.

John Mander, *Großbritannien und die Berlin-Krise*, in: Ansgar Skriver (Hrsg.), *Berlin und keine Illusion. 13 Beiträge zur Deutschlandpolitik*, Hamburg 1962, S. 42–49.

Ulf Mann, *Tunnelfluchten. Grenzgänger, Wühlmäuse, Verräter*, Berlin 2005.

Reiner Marcowitz, *Charles de Gaulle und die Westdeutschen in der Berlin-Krise 1958–1963. Über die Wirkmächtigkeit eines nationalen Stereotyps und die operative Außenpolitik*, in: Harm Klueting (Hrsg.), *Nation – Nationalismus – Postnation. Beiträge zur Identitätsfindung der Deutschen im 19. und 20. Jahrhundert*, Köln/Weimar/Wien 1992, S. 203–218.

Lyn Marven, *»Berlin ist bekannt (...) für die Mauer, die es aber nicht mehr gibt«. The Persistence of East Berlin in the Contemporary City*, in: Oxford German Studies 38 (2009), S. 299–309.

Victor Mauer, *Macmillan und die Berlin-Krise 1958/59*, in: VfZ 44 (1996), S. 229–256.

Jochen Maurer, *Die Bewachung der Bewacher. Die Staatssicherheit und die Grenztruppen der DDR*, in: Militärgeschichte (2008) 1, S. 10–14.

Jochen Maurer, *Die »Mauer« und ihre Grenztruppen oder die Grenztruppen und ihre »Mauer«?*, in: Deutsches Nationalkomitee für Denkmalschutz (Hrsg.), *Die Berliner Mauer. Vom Sperrwall zum Denkmal*, Bonn 2009, S. 71–86.

Jochen Maurer, *Dienst an der Mauer. Der Alltag der Grenztruppen rund um Berlin*, Berlin 2011.

Kynaston McShine (Hrsg.), *Berlinart 1961–1987*, München 1987.

Markus Meckel, *La portée historique du la chute du Mur de Berlin*, in: Stephan Martens (Hrsg.), *L' Allemagne, vingt ans après la fin de la guerre froide et son unification*, Pessac 2010, S. 15–22.

Hartmut Mehls/Ellen Mehls, *Der 13. August 1961* (Illustrierte Historische Hefte, 17), Berlin (Ost) 1979.

Bruce W. Menning, *The Berlin Crisis of 1961 from the Perspective of the Soviet General Staff*, in: William W. Epley (Hrsg.), *International Cold War Military Records and History*, Washington D.C. 1996, S. 49–62.

Richard L. Merritt, *A Transformed Crisis. The Berlin Wall*, in: Roy Con-

stantine Macridis (Hrsg.), *Modern European Governments. Cases in Comparative Policy Making*, Englewood Cliffs 1968, S. 140–173.
Richard L. Merritt, *The Berlin Wall. What was it all about?*, in: American Journal of Political Science 17 (1973), S. 189–195.
Richard L. Merritt/Anna J. Merritt (Hrsg.), *Living with the Wall. West Berlin, 1961–1985*, Durham 1985.
Claudia Mesch, *Modern Art at the Berlin Wall: Demarcating Culture in the Cold War Germanys*, New York 2009.
Michel Meyer, *Histoire secrète de la chute du mur de Berlin*, Paris 2009.
Armin Mitter, *Brennpunkt 13. August 1961. Von der inneren Krise zum Mauerbau*, Berlin 2001.
Peter Möbius/Helmut Trotnow (Hrsg.), *Mauern sind nicht für ewig gebaut. Zur Geschichte der Berliner Mauer*, Frankfurt a. M./Berlin 1990.
Andreas Mosbacher, *Recht als Unrecht. Mauerschützenprozesse und anderes*, in: Diethelm Klescewski/Steffi Müller-Mezger/Frank Neuhaus (Hrsg.), *Strafrecht in der Zeitenwende*, Paderborn 2010, S. 89–107.
Thomas Moser, *Domino und andere Spiele. Von der Boulevardisierung und Privatisierung einer Revolution. Eine Widerrede*, in: Deutschland Archiv 43 (2010), S. 117–122.
Bodo Müller, *Faszination Freiheit. Die spektakulärsten Fluchtgeschichten*, 5. Aufl., Berlin 2008.
Ernst F. Mueller, *Mauerbau und »Neues Deutschland«. Die Vorgeschichte des Baus der Berliner Mauer in der Parteipresse der Deutschen Demokratischen Republik*, Bielefeld 1969.
Rudolf Müller, *Tunnelflucht in Berlin*, Norderstedt 2007.
Werner Müller, *Die DDR und der Bau der Berliner Mauer im August 1961*, in: Aus Politik und Zeitgeschichte 36 (1986) B 33/34, S. 3–18.
Dietfried Müller-Hegemann, *Die Berliner Mauer-Krankheit. Zur Soziogenese psychischer Störungen*, Herford 1973.
Christof Münger, *Kennedy, die Berliner Mauer und die Kubakrise. Die westliche Allianz in der Zerreißprobe 1961–1963*, Paderborn u. a. 2003.
Museum Haus am Checkpoint Charlie (Hrsg.), *Maler interpretieren DIE MAUER. Katalog zu der Dauerausstellung »Maler interpretieren DIE MAUER« im Museum Haus am Checkpoint Charlie*, Berlin 1985.
Norbert Nail, *Handeln und Sprachhandeln an der Berliner Mauer. Zur frühen Dekonstruktion einer Staatsgrenze*, in: Muttersprache 106 (1996), S. 302–307.
Detlef Nakath, *Zur Geschichte der deutsch-deutschen Handelsbeziehungen. Die besondere Bedeutung der Krisenjahre 1960/61 für die Entwicklung des innerdeutschen Handels*, Berlin 1993.
Nationalrat der Nationalen Front der DDR (Hrsg.), *Berlin und die Mauer. Fragen. Probleme. Antworten*, Berlin (Ost) 1966.
Joachim Nawrocki, *Brennpunkt Berlin. Politische und wirtschaftliche Realitäten*, Köln 1971.
Nikolaus Neumann/Jörn Voss, *Es geschah in Deutschland. 30 Jahre Frie-*

den, Krisen und Katastrophen in der Bundesrepublik. Eine Bild- und Textdokumentation, München/Wien 1979.

Bernard Newman, *Behind the Berlin Wall*, London 1964.

Kitty Newman, *Macmillan, Khrushchev and the Berlin crisis: 1958–1960*, London 2007.

Clemens Niedenthal, *Nahaufnahme. Fotografierter Alltag in West-Berliner Flüchtlingslagern*, Berlin 2011.

Gospodinka Nikova, *Berlinskata kriza ot 1961 g. i Bălgarija*, in: Bulgarian Historical Review 34 (2006) 1/2, S. 398–421.

Maria Nooke, *Der verratene Tunnel. Geschichte einer verhinderten Flucht im geteilten Berlin*, Bremen 2002.

Maria Nooke/Katrin Passens, *»Die Mauer will jeder sehen«. Angebote im Dokumentationszentrum Berliner Mauer*, in: Heidi Behrens/Andreas Wagner (Hrsg.), *Deutsche Teilung, Repression und Alltagsleben. Erinnerungsorte der DDR-Geschichte*, Leipzig 2004, S. 234–239.

Maria Nooke, *Erfahrungen und Herausforderungen im gesellschaftlichen Aufarbeitungsprozess in Gedenkstätten zur zweiten deutschen Diktatur*, in: Stiftung Haus der Geschichte der Bundesrepublik Deutschland (Hrsg.), *Gedenkstätten und Besucherforschung*, Bonn 2004, S. 155–178.

Maria Nooke, *Gedenkstätte Berliner Mauer. Konzeption und Rezeption*, in: Henriette von Preuschen/Leo Schmidt (Hrsg.), *On both Sides of the Wall. Preserving Monuments and Sites of the Cold War Era*, Bad Münstereifel 2005, S. 47–49.

Maria Nooke, *Die Berliner Mauer 1961 bis 1989*, in: Peter Birle (Hrsg.), *Urbane Erinnerungskulturen im Dialog: Berlin und Buenos Aires*, Berlin 2009, S. 125–133.

Maria Nooke, *Vom Mauerbau zum Mauerfall. Kurze Geschichte der Teilung*, in: Anna Kaminsky (Hrsg.), *Die Berliner Mauer in der Welt*, Berlin 2009, S. 8–23.

Maria Nooke/Lydia Dollmann (Hrsg.), *Fluchtziel Freiheit. Berichte von DDR-Flüchtlingen über die Situation nach dem Mauerbau*, Berlin 2011 (i. E.).

Faina I. Novik, *SSSR I načalo berlinskogo krizisa* [*Die UdSSR und der Beginn der Berlin-Krise*], in: Russische Akademie der Wissenschaften (Hrsg.), *Rossija i Germanija. Russland und Deutschland*, Moskau 2004, S. 331–345.

Michael Nungesser, *Chaotisches Gesamtkunstwerk auf Zeit. »Berliner Mauer« – ästhetischer Seismograph auf der Trennlinie politischer Systeme*, in: Bildende Kunst 38 (1990) 6, S. 19–24.

Gerdi Nützel, *Auf der Mauer, auf der Lauer – Grenzerfahrungen. Die Versöhnungsgemeinde in den Jahren nach dem Mauerbau*, in: Evangelische Versöhnungsgemeinde (Hrsg.), *Von der richtigen Seite betrachtet konnte man sie regelrecht schön finden. 100 Jahre Versöhnungskirche*, Berlin 1994, S. 107–120.

Michael Otto, *Mauer im Widerschein*, in: Galerie. Forum für Mitglieder und Freunde des Künstlersonderbundes 7/8 (2009) 13/14, S. 16–20.

Wilfriede Otto, *13. August 1961 – eine Zäsur in der europäischen Nachkriegsgeschichte*, in: Beiträge zur Geschichte der Arbeiterbewegung 39 (1997) 1, S. 40–74.

Wilfriede Otto, *13. August 1961 – eine Zäsur in der europäischen Nachkriegsgeschichte. Dokumente*, in: Beiträge zur Geschichte der Arbeiterbewegung 39 (1997) 2, S. 55–92.

Wilfriede Otto, *Spannungsfeld 13. August 1961*, in: Daniel Küchenmeister (Hrsg.), *Der Mauerbau. Krisenverlauf – Weichenstellung – Resultate*, Berlin 2001, S. 6–43.

Wilfriede Otto, *Weichenstellung für den Mauerbau. Unterredung zwischen Nikita S. Chruschtschow und John F. Kennedy am 3. und 4. Juni 1961 in Wien*, in: Daniel Küchenmeister (Hrsg.), *Der Mauerbau. Krisenverlauf – Weichenstellung – Resultate*, Berlin 2001, S. 116–142.

Petra Pau, *Geh doch rüber – bleib doch hier!*, in: Daniel Küchenmeister (Hrsg.), *Der Mauerbau. Krisenverlauf – Weichenstellung – Resultate*, Berlin 2001, S. 111–115.

Wolfgang Paul, *Mauer der Schande*, München 1961.

Werner Paulsen, *13. August 1961. Ereignisse und Zusammenhänge*, Schkeuditz 2001.

Robert Peck, *Nachrichtenagenturen in der Bundesrepublik Deutschland. Eine vergleichende Analyse von Associated Press, Deutscher Presse-Agentur und United Press International anhand ihrer die Berlin-Krise betreffenden Meldungen im August-September 1961*, Berlin 1967.

Jirí Pernes, *»Droht wieder ein Krieg wegen der Deutschen?« Die Tschechoslowakei und der Mauerbau 1961*, in: Hans-Hermann Hertle/Konrad H. Jarausch/Christoph Kleßmann (Hrsg), *Mauerbau und Mauerfall. Ursachen – Verlauf – Auswirkungen*, Berlin 2002, S. 173–188.

Wolfgang Petro, *Die Berliner Mauer. Ihr wahres Gesicht*, Berlin 2010.

Jürgen Petschull, *Die Mauer. August 1961. Zwölf Tage zwischen Krieg und Frieden*, Hamburg 1981.

Jürgen Petschull, *Die Mauer. August 1961–November 1989. Vom Anfang und vom Ende eines deutschen Bauwerks*, 3., aktual. u. erw. Aufl., Hamburg 1990.

Horst Philipp, *Sicherung der Staatsgrenze der DDR. Zum 13. August 1961*, in: Deutsche Außenpolitik 26 (1981) 8, S. 13–16.

David L. Pike, *Wall and Tunnel. The Spatial Metaphorics of Cold War Berlin*, in: New German critique 37 (2010) 110, S. 73–94.

Elizabeth Pond, *Beyond the Wall. Germany's Road to Unification*, 3. Aufl., Washington D.C. 1993.

Mauro Ponzi, *Il cinema del muro*, Mailand 2010.

Der Präsident des Abgeordnetenhauses von Berlin (Hrsg.), *Der Tunnel über der Mauer. Deutsch-deutsche Kontakte, Initiativen und Projekte von unten vor 1989 in Berlin*, Berlin 2007.

Presse- und Informationsamt des Landes Berlin (Hrsg.), *Es begann am 13. August*, Berlin 1961.

Presse- und Informationsamt des Landes Berlin (Hrsg.), *13. August 1961. Dokumentation – 13. August 1971*, Berlin 1971.

Presse- und Informationsamt des Landes Berlin (Hrsg.), *Die Mauer. 13. August 1961–1986*, Berlin 1986.

Henriette von Preuschen/Leo Schmidt (Hrsg.), *On both Sides of the Wall. Preserving Monuments and Sites of the Cold War Era/Auf beiden Seiten der Mauer. Denkmalpflege an Objekten aus der Zeit des Kalten Krieges*, Bad Münstereifel 2005.

Siegfried Prokop, *Unternehmen »Chinese Wall«. Die DDR im Zwielicht der Mauer*, 2., überarb. Aufl., Frankfurt a. M. 1993.

Siegfried Prokop, *Die Berliner Mauer (1961–1989). Fakten, Hintergründe, Probleme*, Berlin 2009.

Diethelm Prowe, *Weltstadt in Krisen. Berlin 1949–1958*, Berlin 1973.

Diethelm Prowe, *Der Brief Kennedys an Brandt vom 18. August 1961. Eine zentrale Quelle zur Berliner Mauer und der Entstehung der Brandtschen Ostpolitik*, in: VfZ 33 (1985), S. 373–383.

Diethelm Prowe, *»Ich bin ein Berliner«. Kennedy, die Mauer und die »verteidigte Insel« West-Berlin im ausgehenden Kalten Krieg im Spiegel amerikanischer Akten*, in: Berlin in Geschichte und Gegenwart. Jahrbuch des Landesarchivs Berlin 1989, S. 143–167.

Francesco Radice, *Il muro di Berlino*, Rom 2001.

Wolfgang Rathje, *»Mauer-Marketing« unter Erich Honecker. Schwierigkeiten der DDR bei der technischen Modernisierung, der volkswirtschaftlichen Kalkulation und der politischen Akzeptanz der Berliner »Staatsgrenze« von 1971 bis 1990*, Dissertation Kiel 2001.

Leland Rice, *Up Against It. Photographs of the Berlin Wall*, Albuquerque 1991.

James L. Richardson, *Germany and the Atlantic alliance. The interaction of strategy and politics*, Cambridge 1966.

Hans Werner Richter (Hrsg.), *Die Mauer oder Der 13. August*, Reinbek bei Hamburg 1961.

Dominique de Rivaz, *Endlosschleife – der Berliner Mauerweg*, Benteli 2009.

Peter Robinson, *»Tear down this Wall!« How Top Advisors Opposed Reagan's Challenge to Gorbachev – but Lost*, in: Prologue 39 (2007) 2, S. 12–17.

Milena Rogowska, *Die Berliner Mauer von der Teilung bis zur Vereinigung. Die Behandlung des Sozialismus in der deutschen Literatur*, München 2010.

Herwig Roggemann, *Systemunrecht und Strafrecht am Beispiel der Mauerschützen in der ehemaligen DDR*, Berlin 1993.

Henning Rosenau, *Tödliche Schüsse im staatlichen Auftrag. Die strafrechtliche Verantwortung von Grenzsoldaten für den Schußwaffengebrauch an der deutsch-deutschen Grenze*, 2. Aufl., Baden-Baden 1998.

Corey Ross, *Before the Wall. East Germans, Communist Authority, and the Mass Exodus to the West*, in: Historical Journal 45 (2002), S. 459–480.

Corey Ross, *East Germans and the Berlin Wall. Popular Opinion and Political Authority before and after the Border Closure of August 1961*, in: Journal of Contemporary History 39 (2004), S. 25–43.

Wilfried Rott, *Die Insel. Eine Geschichte West-Berlins 1948–1990*, München 2009.

Hermann Rudolph, *9. November 1989: Ein Sprung der Geschichte*, in: François Etienne (Hrsg.), *Erinnerungstage. Wendepunkte der Geschichte von der Antike bis zur Gegenwart*, München 2010, S. 371–388.

Rolf Rudolph, *Der 13. August 1961 und der Friedensvertrag. Geschichtliche Erfahrungen und Lehren*, in: Zeitschrift für Geschichtswissenschaft 9 (1961), S. 1457–1469.

Jürgen Rühle/Gunter Holzweißig, *13. August 1961. Die Mauer von Berlin*, 3., erw. Aufl., Köln 1988.

Toralf Rummler, *Die Gewalttaten an der deutsch-deutschen Grenze vor Gericht*, Berlin 2000.

Gerhard Sälter, *Zur Restrukturierung von Polizeieinheiten der DDR im Kontext des Mauerbaus*, in: Archiv für Polizeigeschichte 13 (2002), S. 66–73.

Gerhard Sälter, *Rituelle Inszenierung staatlicher Anerkennung: Konferenzen der freiwilligen Grenzhelfer (1956–1989)*, in: Horch und Guck 56 (2006), S. 15–16.

Gerhard Sälter, *Mauerreste in Berlin. Der Abbau der Berliner Mauer und noch sichtbare Reste in der Berliner Innenstadt*, 2., überarb. Aufl., Berlin 2007.

Gerhard Sälter, *Fluchtverhinderung als Verwaltungsaufgabe. Die Bedeutung ziviler Behörden bei der Grenzsicherung*, in: Horch und Guck 66 (2009), S. 18–21.

Gerhard Sälter, *Grenzpolizisten. Konformität, Verweigerung und Repression in der Grenzpolizei und den Grenztruppen der DDR (1952–1965)*, Berlin 2009.

Gerhard Sälter, *Das Verschwinden der Mauer*, in: Klaus-Dietmar Henke (Hrsg.), *Revolution und Vereinigung 1989/90. Als in Deutschland die Realität die Phantasie überholte*, München 2009, S. 353–362.

Gerhard Sälter, *Vom Herrschaftsinstrument zum Erinnerungsort: Die Berliner Mauer*, in: Michael Jeismann/Hans-Georg Knopp (Hrsg.), *Mauerreise. Expedition in geteilte Welten*, Göttingen 2010, S. 155–167.

Gerhard Sälter, *The Berlin Wall Explained in Context: Rebuilding the Berlin Wall Memorial*, in: Emilia Fiandra/Francesco Guida (Hrsg.), C'era una volta il muro. A vent'anni dalla »svolta« tedesca, Rom 2011 (i. E.).

Gerhard Sälter/Tina Schaller/Anne Kaminsky (Hrsg.), *Weltende – Die Ostseite der Berliner Mauer. Mit heimlichen Fotos von Detlef Matthes*, Berlin 2011.

Heiner Sauer/Hans-Otto Plumeyer, *Der Salzgitter-Report. Die Zentrale Erfassungsstelle berichtet über Verbrechen im SED-Staat*, Esslingen/München 1991.

Elaine Scarry, *Eine Brise Leben. Kunst an der Mauer*, in: Karin Graf/Patricia Ferer (Hrsg.), *Kunst in Berlin. Künstler, Galerien, Museen, Kunstmarkt, Kulturpolitik, Treffpunkte, Adressen, Tips*, Köln 1989, S. 203–211.

Martin Schaad, *»Dann geh doch rüber«. Über die Mauer in den Osten*, Berlin 2009.

Günter Schabowski, *Der Fall der Mauer am 9. November 1989*, in: Heiner Timmermann (Hrsg.), *Die DDR in Deutschland. Ein Rückblick auf 50 Jahre*, Berlin 2001, S. 917–934.

Jack M. Schick, *The Berlin Crisis of 1961 and U. S. military strategy*, in: Orbis 8 (1965) 4, S. 816–831.

Jack M. Schick, *The Berlin Crisis, 1958–1962*, Philadelphia 1971.

Georg Schild, *Die Kennedy-Administration und die Berlin-Krise von 1961*, in: Zeitschrift für Geschichtswissenschaft 42 (1994), S. 703–711.

Günter Schlusche, *Gedenkstätte Berliner Mauer*, Regensburg 2008.

Serge Schmemann, *When the Wall Came Down. The Berlin Wall and the Fall of Soviet Communism*, London 2006.

Leo Schmidt, *Architektur und Botschaft der »Mauer« 1961–89*, in: Deutsches Nationalkomitee für Denkmalschutz (Hrsg.), *Die Berliner Mauer. Vom Sperrwall zum Denkmal*, Bonn 2009, S. 53–69.

Leo Schmidt, *Die Botschaft der Mauersegmente*, in: Anna Kaminsky (Hrsg.), *Die Berliner Mauer in der Welt*, Berlin 2009, S. 228–235.

Leo Schmidt, *Vom Symbol der Unterdrückung zur Ikone der Befreiung – Auseinandersetzung, Verdrängung, Memorialisierung*, in: Deutsches Nationalkomitee für Denkmalschutz (Hrsg.), *Die Berliner Mauer. Vom Sperrwall zum Denkmal*, Bonn 2009, S. 169–186.

Peter Schneider, *Der Mauerspringer*, Reinbek bei Hamburg 1995.

Wolfdietrich Schnurre, *Berlin. Eine Stadt wird geteilt*, Freiburg 1962.

Wolfdietrich Schnurre, *Die Mauer des 13. August*, Berlin 1962.

Joachim Scholtyseck, *Mauerbau 1961. Zwei Welten in Deutschland*, in: Andreas Rödder (Hrsg.), *Deutschland in der Welt. Weichenstellungen in der Geschichte der Bundesrepublik*, Göttingen 2010, S. 29–45.

Arno Scholz, *Stacheldraht um Berlin*, 5. Aufl., Berlin 1962.

Michael F. Scholz, *Innerdeutsche Grenze und Berliner Mauer im Spiegel der DDR-Comics*, in: Deutschland Archiv 42 (2009), S. 1011–1022.

Jens Schöne, *Ende einer Utopie. Der Mauerbau in Berlin 1961*, Berlin 2011 (i. E.).

Dietmar Schultke, *»Keiner kommt durch.« Die Geschichte der inner-*

deutschen Grenze und der Berliner Mauer, 1945–1990, erw. Neuaufl., Berlin 2008.

Gunna Schupelius/Magdalena Schupelius, *»Die Mauer war immer wie ein Schnitt in meinem Herzen …«. Die Geschichte der Teilung Berlins*, Berlin 2010.

Ernst Schürer (Hrsg.), *The Berlin Wall. Representations and Perspectives*, New York 1996.

Hans-Peter Schwarz (Hrsg.), *Berlinkrise und Mauerbau*, Bonn 1985.

Selected Documents on Germany and the Question of Berlin, 1944–1961, hrsg. v. Foreign Office, London 1961–1975.

Douglas Selvage, *The End of the Berlin Crisis: New Evidence From the Polish and East German Archives*, in: Cold War International History Project Bulletin 11 (1998), S. 218–229.

Ellen Sesta, *Der Tunnel in die Freiheit. Berlin, Bernauer Straße*, München 2001.

Alan Shadrake, *The Yellow Pimpernels. Escape Stories of the Berlin Wall*, London 1974.

Edith Sheffer, *On Edge: Building the Border in East and West Germany*, in: Central European History 40 (2007), S. 307–339.

Edith Sheffer, *Burned Bridge: How East and West Germans made the Iron Curtain*, Oxford 2011.

Kurt Leo Shell, *Bedrohung und Bewährung. Führung und Bevölkerung in der Berlin-Krise*, Köln 1965.

Hanno Siekmann, *Das Unrechtsbewußtsein der DDR-»Mauerschützen«*, Berlin 2005.

Roswitha Skare, *Mauer und Grenzerfahrung in Texten junger ostdeutscher Autoren und Autorinnen in den neunziger Jahren*, in: Heiner Timmermann (Hrsg.), *Die DDR zwischen Mauerbau und Mauerfall*, Münster 2003, S. 543–556.

Robert Melville Slusser, *The Berlin Crisis of 1961. Soviet-American Relations and the Struggle for Power in the Kremlin, June–November 1961*, Baltimore/London 1973.

Robert Melville Slusser, *The Berlin crisis 1958–59 and 1961*, in: Barry M. Blechmann (Hrsg), *Force without war. U. S. Armed Forces as a political instrument*, Washington 1978, S. 343–439.

Jean Edward Smith, *The Defense of Berlin*, Baltimore 1963.

Jean Edward Smith, *Germany beyond the wall. People, politics and prosperity*, Boston 1969.

William R. Smyser, *Zwischen Erleichterung und Konfrontation. Die Reaktionen der USA und der UdSSR auf den Mauerbau*, in: Hans-Herrmann Hertle/Konrad H. Jarausch/Christoph Kleßmann (Hrsg.), *Mauerbau und Mauerfall. Ursachen – Verlauf – Auswirkungen*, Berlin 2002, S. 147–158.

William R. Smyser, *Kennedy and the Berlin Wall. »A hell of a lot better than a war«*, Lanham 2009.

Susan Sontag, *The very comical lament of Pyramus and Thisbe*, in: Wulf Herzogenrath (Hrsg.), *Die Endlichkeit der Freiheit Berlin 1990. Ein Ausstellungsprojekt in Ost und West*, Berlin 1990, S. 10–15.

Kurt Sontheimer, *Der Bau der Berliner Mauer und seine Folgen*, in: Dierk Hoffmann/Michael Schwartz/Hermann Wentker (Hrsg.), *Vor dem Mauerbau. Politik und Gesellschaft in der DDR der fünfziger Jahre*, München 2003, S. 331–336.

Hans Speier, *Divided Berlin. The anatomy of Soviet political blackmail*, London 1961.

Hans Speier, *Die Bedrohung Berlins. Eine Analyse der Berlin-Krise von 1958 bis heute*, 2. Aufl., Berlin/Köln 1964.

Jochen Staadt, *Die Mauerbauer. Am »Tag X« waren Männer mit einer totalitären Prägung Herr der Lage*, in: Zeitschrift des Forschungsverbundes SED-Staat 16 (2004), S. 3–16.

Stadtkommandantur Berlin (Hrsg.), *Die Bedeutung des antifaschistischen Schutzwalls für die Sicherung des Friedens und die Vollendung des Sozialismus in der DDR. Die enge Verbundenheit der Grenzsoldaten mit der Bevölkerung*, Berlin (Ost) 1967.

Mary Beth Stein, *Die Politik des Erinnerns: Gedenkfeiern zum Jahrestag des Mauerbaus in Berlin (West)*, in: Zeitschrift für Volkskunde 88 (1992), S. 202–228.

André Steiner, *Auf dem Weg zur Mauer? Ulbricht an Chruschtschow im November 1960*, in: Utopie kreativ (1993) 31/32, S. 94–111.

André Steiner, *Politische Vorstellungen und ökonomische Probleme im Vorfeld der Errichtung der Berliner Mauer. Briefe Walter Ulbrichts an Nikita Chruschtschow. Einführung*, in: Hartmut Mehringer (Hrsg.), *Von der SBZ zur DDR. Studien zum Herrschaftssystem in der SBZ und in der DDR*, München 1995, S. 233–268.

André Steiner, *Eine wirtschaftliche Bilanz der Mauer*, in: Hans-Hermann Hertle/Konrad H. Jarausch/Christoph Kleßmann (Hrsg), *Mauerbau und Mauerfall. Ursachen – Verlauf – Auswirkungen*, Berlin 2002, S. 189–202.

Rolf Steininger, *Der Mauerbau. Die Westmächte und Adenauer in der Berlinkrise 1958–1963*, München 2001.

Rolf Steininger, *Die Berlin-Krise und der 13. August 1961*, in: Rainer Eppelmann/Bernd Faulenbach/Ulrich Mählert (Hrsg.), *Bilanz und Perspektiven der DDR-Forschung*, Paderborn u.a. 2003, S. 60–68.

Rolf Steininger, *Berlinkrise und Mauerbau 1958–1963*, 4., überarb. und erw. Aufl., München 2009.

Matthias Steinle, *Reaktion auf den Mauerbau. Die »Ost-West-Redaktion« des ARD-Fernsehens*, in: Rundfunk und Geschichte 27 (2001) 3/4, S. 128–135.

Stiftung Gedenkstätte Berlin-Hohenschönhausen (Hrsg.), *Die vergessenen Opfer der Mauer. Flucht und Inhaftierung in Deutschland, 1961–1989*, Berlin o.J. [2001].

Bernd Stöver, *Mauerbau und Nachrichtendienste. Die CIA und der Wandel der US-Politik in Ostmitteleuropa*, in: Hans-Hermann Hertle/Konrad H. Jarausch/Christoph Kleßmann (Hrsg), *Mauerbau und Mauerfall. Ursachen – Verlauf – Auswirkungen*, Berlin 2002, S. 139–146.

Bernd Stöver, *Glocal: Der Checkpoint Charlie als globaler und lokaler Ort des Kalten Krieges*, in: ZeitRäume (2006), S. 193–203.

Strafjustiz und DDR-Unrecht, Bd. 2: *Gewalttaten an der deutsch-deutschen Grenze*, hrsg. v. Klaus Marxen/Gerhard Werle, Berlin 2002.

Söhnke Streckel, *Die Berliner Mauer. Architektur der Gewalt*, Essen 1992.

Walther Stützle, *Kennedy und Adenauer in der Berlin-Krise 1961–1962*, Bonn 1973.

Shinkichi Tajiri, *Bildwerk »Mauer«*, in: Deutsches Nationalkomitee für Denkmalschutz (Hrsg.), *Die Berliner Mauer. Vom Sperrwall zum Denkmal*, Bonn 2009, S. 87–99.

Monika Tantzscher, *Die verlängerte Mauer. Die Zusammenarbeit der Sicherheitsdienste der Warschauer-Pakt-Staaten bei der Verhinderung von »Republikflucht«*, Berlin 1998.

Frederick Taylor, *The Berlin Wall. A world divided, 1961–1989*, New York 2008.

Frederick Taylor, *Die Mauer. 13. August 1961 bis 9. November 1989*, Bonn 2009 [*The Berlin Wall. 13 August 1961–9 November 1989*, London 2006].

Tillmann Terry, *The Writings on the Wall: Peace at the Berlin Wall*, Santa Monica 1990.

Themenheft *»Berliner Mauer«*, Bauwelt 93 (2002) 24.

Hendrik Thoß, *Die Grenztruppen als militärischer Verband (1961–1990)*, in: Ders. (Hrsg.), *Europas Eiserner Vorhang. Die deutsch-deutsche Grenze im Kalten Krieg*, Berlin 2008, S. 87–143.

Manfred Tietzel/Marion Weber, *Autokratische Mobilitätspolitik. Zur politischen Ökonomie der Berliner Mauer und des Eisernen Vorhangs*, in: Ordo 44 (1993), S. 291–305.

Heiner Timmermann (Hrsg.), *1961 – Mauerbau und Außenpolitik*, Münster 2002.

Heiner Timmermann (Hrsg.), *Die DDR zwischen Mauerbau und Mauerfall*, Münster 2003.

Bernhard van Treeck, *Street-Art Berlin. Kunst im öffentlichen Raum*, Berlin 1999.

Helmut Trotnow, *Der historische Rückblick macht die Gegenwart verständlich. Die Bernauer Straße und die Gedenkstätte Berliner Mauer*, in: Verein Berliner Mauer (Hrsg.), *Berliner Mauer. Gedenkstätte, Dokumentationszentrum und Versöhnungskapelle in der Bernauer Straße*, Berlin 1999, S. 8–17.

Helmut Trotnow, *Sag mir, wo die Spuren sind ... Berlin und der Umgang mit der Geschichte der Mauer*, in: Bernd Faulenbach/Franz-Josef Jelich (Hrsg.), *»Asymmetrisch verflochtene Parallelgeschichte?« Die Geschichte der Bundesrepublik und der DDR in Ausstellungen, Museen und Gedenkstätten*, Essen 2005, S. 157–167.

Helmut Trotnow/Florian Weiß (Hrsg.), *Tear down this wall. US-Präsident Reagen vor dem Brandenburger Tor, 12. Juni 1987* [Ausstellungskatalog], o. O. o. J. [Berlin 2007].

Peter Trzeciok, *Die Mauer um West-Berlin. Grenzerkundungen 1986–2003*, Berlin 2004.

Ann Tusa, *The Last Division. Berlin and the Wall*, London 1996.

Gabri van Tussenbroek, *Bauforschung an der Berliner-Mauer*, in: Koldewey-Gesellschaft (Hrsg.), *Bericht über die 43. Tagung für Ausgrabungswissenschaft und Bauforschung vom 19.–23. Mai 2004 in Dresden*, Stuttgart 2006, S. 72–76.

Matthias Uhl, *»Westberlin stellt also ein großes Loch inmitten unserer Republik dar«. Die militärischen und politischen Planungen Moskaus und Ost-Berlins zum Mauerbau*, in: Dierk Hoffmann/Michael Schwartz/Hermann Wentker (Hrsg.), *Vor dem Mauerbau. Politik und Gesellschaft in der DDR der fünfziger Jahre*, München 2003, S. 311–330.

Matthias Uhl, *»Für die Sicherung der Sektorengrenze und des Rings um Berlin wird durch den Stab der Gruppe der sowjetischen Streitkräfte in Deutschland […] ein Plan ausgearbeitet«. Die militärischen Planungen Moskaus und Ost-Berlins für den Mauerbau*, in: Heiner Timmermann (Hrsg.), *1961 – Mauerbau und Außenpolitik*, Münster 2002, S. 81–99.

Matthias Uhl/Armin Wagner, *»Die Möglichkeiten, aber auch die Grenzen nachrichtendienstlicher Aufklärung«. Bundesnachrichtendienst und Mauerbau, Juli–September 1961*, in: VfZ 55 (2007), S. 681–725.

Matthias Uhl, *Krieg um Berlin? Die Sowjetische Militär- und Sicherheitspolitik in der zweiten Berlin-Krise 1958–1962*, München 2008.

Ulbricht, Chruschtschow und die Mauer. Eine Dokumentation, hrsg. und eingel. v. Matthias Uhl/Armin Wagner, München 2003.

Maren Ullrich, *Geteilte Ansichten. Erinnerungslandschaft deutsch-deutsche Grenze*, Berlin 2006.

Verein Berliner Mauer – Gedenkstätte und Dokumentationszentrum (Hrsg.), *Das Dokumentationszentrum Berliner Mauer im Rahmen des Ensembles »Gedenkstätte und Dokumentationszentrum Berliner Mauer« in der Bernauer Straße. Rahmenkonzeption*, Typoskript, Berlin 1998.

Verein Berliner Mauer – Gedenkstätte und Dokumentationszentrum (Hrsg.), *Berliner Mauer. Gedenkstätte, Dokumentationszentrum und Versöhnungskapelle in der Bernauer Straße*, Berlin 1999.

Verein Berliner Mauer – Gedenkstätte und Dokumentationszentrum (Hrsg.), *Grenzblicke. Werkschau des Dokumentationszentrums Berliner Mauer*, Berlin 1999.

Verein Berliner Mauer – Gedenkstätte und Dokumentationszentrum (Hrsg.), *Berlin, 13. August 1961. Werkschau des Dokumentationszentrums Berliner Mauer*, Berlin 2001.

Verein Berliner Mauer – Gedenkstätte und Dokumentationszentrum (Hrsg.), *Die Berliner Mauer. Ausstellungskatalog. Dokumentationszentrum Berliner Mauer*, Dresden 2002.

Verein Berliner Mauer – Gedenkstätte und Dokumentationszentrum (Hrsg.), *Berliner Mauer. Dokumentationszentrum*, Berlin 2002.

Dirk Verheyen, *United City, Divided Memories? Cold War Legacies in Contemporary Berlin*, Lanham 2008.

Hans-Jochen Vogel, *13. August 1961–13. August 1986. Deutschlandpolitische Gedanken zum 25. Jahrestag des Mauerbaus*, in: Politik und Kultur 13 (1986) 4, S. 7–19.

Hans Voß, *Der Mauerbau und seine Auswirkungen auf die Außenpolitik der DDR*, in: Heiner Timmermann (Hrsg.), *1961 – Mauerbau und Außenpolitik*, Münster 2002, S. 333–337.

Viktor Nikolaevič Vysockij, *Der 13. August 1961*, in: Dokumentation der Zeit (1970) 16, S. 9–18.

Armin Wagner, *Stacheldrahtsicherheit. Die politische und militärische Planung und Durchführung des Mauerbaus 1961*, in: Hans-Herrmann Hertle/Konrad H. Jarausch/Christoph Kleßmann (Hrsg.), *Mauerbau und Mauerfall. Ursachen – Verlauf – Auswirkungen*, Berlin 2002, S. 119–137.

Helmut Wagner, *Die Innerdeutschen Grenzen*, in: Alexander Demandt (Hrsg.), *Deutschlands Grenzen in der Geschichte*, München 1990, S. 235–276.

Dirk-Arne Walckhoff, *Der 13. August 1961 in der Traditionsarbeit der Grenztruppen der DDR*, Hamburg 1996.

Hermann Waldenburg, *The Berlin wall book*, London 1990.

Hermann Waldenburg, *Berliner Mauerbilder. Fotografien und einleitender Essay von Hermann Waldenburg*, 4. Aufl., Berlin 1991.

Jan Robert Weber, *Gescheitert an der »Baukunst langem Unbau«. Junge Lyriker in der DDR und die Berliner Mauer*, in: Zeitschrift des Forschungsverbundes SED-Staat 16 (2004), S. 26–36.

Nikolaus Wegmann, *Die Mauer 1961–1989*, in: Weimarer Beiträge 47 (2001), S. 104–123.

Horst Wenderoth, *Ungeordnete Gedanken zwanzig Jahre danach*, in: Manfried Hammer u. a. (Hrsg.), *Das Mauerbuch. Texte und Bilder aus Deutschland von 1945 bis heute*, Berlin (West) 1981, S. 244–247.

Hartmut Wendt, *Die deutsch-deutschen Wanderungen – Bilanz einer 40-jährigen Geschichte von Flucht und Ausreise*, in: Deutschland Archiv 24 (1991), S. 386–395.

Otto Wenzel, *»Einnahme von Westberlin – Einnahme von Westdeutschland«. Aus den Akten des Ministeriums für Nationale Verteidigung und des Ministeriums für Staatssicherheit der DDR*, in: Politische Studien 48 (1997) 355, S. 51–66.

Gerhard Wettig, *Transformation des Berlin-Konflikts seit dem Inkrafttreten des Vier-Mächte-Abkommens*, in: Deutsche Studien 17 (1979), S. 317–331.

Gerhard Wettig, *Die sowjetische Deutschlandpolitik während der Berlinkrise 1958 bis 1962. Stand der Forschungen*, in: Deutschland Archiv 30 (1997), S. 383–398.

Gerhard Wettig, *Das Berlin-Ultimatum Chruschtschows vom November 1958*, in: Heiner Timmermann (Hrsg.), *1961 – Mauerbau und Außenpolitik*, Münster 2002, S. 29–44.

Gerhard Wettig, *Beweggründe für den Mauerbau*, in: Hans-Herrmann Hertle/Konrad H. Jarausch/Christoph Kleßmann (Hrsg.), *Mauerbau und Mauerfall. Ursachen – Verlauf – Auswirkungen*, Berlin 2002, S. 111–118.

Gerhard Wettig, *Chruschtschow und der Bau der Berliner Mauer*, in: Heiner Timmermann (Hrsg.), *Die DDR zwischen Mauerbau und Mauerfall*, Münster 2003, S. 508–514.

Gerhard Wettig, *Chruschtschows Berlin-Krise 1958–1963. Drohpolitik und Mauerbau*, München 2006.

Udo Wetzlaugk, *Berlin und die deutsche Frage*, Köln 1985.

Irmgard Wilharm, *Deutsch-deutsche Selbst- und Fremdbilder im Umfeld des Mauerbaus*, in: Franz-Josef Jelich (Hrsg.), *Geschichte als Last und Chance. Festschrift für Bernd Faulenbach*, Essen 2003, S. 365–374.

Manfred Wilke, *Erinnerung verboten? Das Gerichtsurteil zu einem Buch über Mauerschützen-Prozesse*, in: Die Politische Meinung 52 (2007) 448, S. 59–62.

Manfred Wilke, *Der 9. November: Fall der Berliner Mauer*, in: Klaus-Dietmar Henke (Hrsg.), *Revolution und Vereinigung 1989/90. Als in Deutschland die Realität die Phantasie überholte*, München 2009, S. 224–237.

Manfred Wilke, *Der Weg zum Mauerbau. Deutschland nach 1945, Berlin-Status und zwei deutsche Staaten*, in: Deutsches Nationalkomitee für Denkmalschutz (Hrsg.), *Die Berliner Mauer. Vom Sperrwall zum Denkmal*, Bonn 2009, S. 15–22.

Manfred Wilke, *Der Weg zur Mauer. Stationen der Teilungsgeschichte*, Berlin 2011.

Heinrich Windelen, *Der 13. August 1961 aus innerdeutscher Sicht*, in: Politik und Kultur 13 (1986) 4, S. 3–6.

Philip Windsor, *The Berlin crisis*, in: History Today 12 (1962), S. 375–384.

Christopher Winkler, *Die U. S. Military Liaison Mission im Vorfeld der 2. Berliner Krise. Der Hubschrauberzwischenfall von 1958*, in: Michael Lemke (Hrsg.), *Schaufenster der Systemkonkurrenz. Die Region Berlin-Brandenburg im Kalten Krieg*, Köln 2006, S. 65–83.

Marek Wittbrot, *Die Berliner Mauer, Johannes Paul II., Höhen und Tiefen des europäischen Geistes*, in: Forum für osteuropäische Ideen- u. Zeitgeschichte 14 (2010), S. 157–170.

Edgar Wolfrum, *Die Mauer*, in: Etienne François/Hagen Schulze (Hrsg.), *Deutsche Erinnerungsorte*, Bd. I, München 2001, S. 552–568.

Edgar Wolfrum, *Die Mauer. Geschichte einer Teilung*, München 2009.

Peter Wyden, *Wall. The Inside Story of Divided Berlin*, New York 1989.

Peter Wyden, *Die Mauer war unser Schicksal*, Berlin 1995.

Manfred Zache, *Stadtplanerische Dokumentation zum ehemaligen Grenzstreifen der Mauer in Berlin, Gutachten im Auftrag der Senatsverwaltung für Stadtentwicklung*, Berlin 2000.

Mathilde Zeidler, *Mauerlieben. 28 Berliner Liebesgeschichten – vom Mauerbau bis zum Mauerfall*, Frankfurt a. M. 2010.

Zentrum für Zeithistorische Forschung Potsdam/Stiftung Berliner Mauer (Hrsg.), *Die Todesopfer an der Berliner Mauer 1961–1989. Ein biographisches Handbuch*, Projektleiter: Hans-Hermann Hertle/Maria Nooke, Mitarbeiter: Udo Baron/Christine Brecht/Martin Ahrends/Lydia Dollmann, Berlin 2009 [*The Victims at the Berlin Wall 1961–1989. A Biographical Handbook*, Berlin 2011].

Hermann Zolling, *Kalter Winter im August. Die Berlin-Krise 1961/63. Ihre Hintergründe und Folgen*, Oldenburg 1967.

Vladislav M. Zubok, *Khrushchev and the Berlin crisis (1958–1962)*, Washington, D. C. 1993.

Vladislav M. Zubok, *Der sowjetische Geheimdienst in Deutschland und die Berlinkrise 1958–1961*, in: Wolfgang Krieger/Jürgen Weber (Hrsg.), *Spionage für den Frieden? Nachrichtendienste in Deutschland während des Kalten Krieges*, München u. a. 1997, S. 121–143.

BILDNACHWEIS

Tafeln

Gedenkstätte Berliner Mauer, Bild 01194 – Foto: Hans-Joachim Helwig-Wilson | Gabriele Helwig – Foto: Hans-Joachim Helwig-Wilson | Ullstein-Bild, Nr. 152926 | akg-images, 8-1961-10-8-A1-1 | Archiv des Lazarus-Stifts | Landesarchiv Berlin, F Rep. 290, 88666 – Foto: Bert Saß | BStU, MfS, Sekr. Neiber 263, Bl. 150/2 | Haus am Checkpoint Charlie (Hrsg.), Wo Weltgeschichte sich manifestiert. Ein Wettbewerb: 71 Entwürfe zur Bemalung einer Hauswand am Checkponit Charlie in Berlin, Berlin (West) 1980, S. 17 | photonet.de, Nr. 0000210 – Foto: Klaus Lehnartz | Ullstein-Bild, Nr. 8490 – Foto: Bernd Kammerer | Associated Press | Privat – Foto: Leo Schmidt | Privat – Foto: Axel Klausmeier | Kunstverein Artitude e.V. Berlin – Screenshots von www.writethewall.net

Münkel

Donald P. Steury (Hrsg.), On the Front Lines of the Cold War. Documents on the Intelligence War in Berlin, 1949–1961, Washington D.C. 2001, S. 550ff. | BA, B 206/822 | BStU, MfS, ZAIG 31066, Bl. 344

Demke

Presse- und Informationsamt des Landes Berlin | Stiftung Stadtmuseum Berlin | Aufruf Neues Deutschland zum 13.8.1981 – Foto: Peter Heinz Junge | BA, Bild 183–1987–0704–057 – Foto: Rainer Mittelstädt | Aus: Wolfdietrich Schnurre, Die Mauer des 13. August, Berlin 1962, S. 44 | DHM, Bild F65/166 | Tagesspiegel, 14.9.1961 – Zeichnung: Fritz Behrendt | Illustrierte Berliner Zeitung, 13.2.1963 | Tagesspiegel, 13.8.1964 | Umbruch Bildarchiv – Foto: Olaf Ramcke

Sälter

Landesarchiv Berlin, Bild 7097 | BA, VA-07/9067, Bild 9705 – Foto der Grenztruppen | photonet.de, Nr. 4025 – Foto: Klaus Lehnartz | BA, VA-07/9057, Plan P-187 | Ullstein-Bild, Nr. 534 – Foto: Dieter Lohse | Landesarchiv Berlin, Bild 586 – Foto: Karl-Heinz Schubert

Heinemann

www.photo-durie.com, BW 051189_5 – Foto: William Durie | www.photo-durie.com, BW 051182_3 – Foto: William Durie | Ullstein-Bild, Nr. 1072366 – Foto: Hans-Peter Stiebing | www.photo-durie.com, BW 051158_1 – Foto: William Durie | BA, GTÜ AZN 13244 – Foto der Grenztruppen

Nooke

Ullstein-Bild, Nr. 00219737 – Foto: Jacoby | Ullstein-Bild, Nr. 00220066 – Foto: Männlig | Ullstein-Bild, Nr. 00093247 – Foto: Auer | Landesarchiv Berlin F Rep. 290–0102921 – Foto: J. Jung | Gedenkstätte Berliner Mauer, Bild 108 | BA, DVH 58/8461, Bl. 58 | BStU, MfS, AU 5040/65, Bd. 1, Bild 9 – Foto des MfS | BStU, MfS, HA IX 967 – Foto des MfS | Frankenpost Hof – Foto: Bruno Herprich

Jarausch

Polizeihistorische Sammlung beim Polizeipräsidenten in Berlin, Bild 375/31 | Bildagentur für Kunst, Kultur und Geschichte, Nr. 30001741 | akg-images, 5-B1-J5–1982–8 | Ullstein-Bild, Nr. 01068345 – Foto: Hans-Peter Stiebig | Ullstein-Bild, Nr. 00153680 – Foto: Ralf Succo

Süß

BA, Bild 183–1989–1109–030 – Foto: Thomas Lehmann | www.schoelzel.net – Foto: Andreas Schoelzel | Bundespressestelle, B 145 Bild 00014788 – Foto: Heiko Specht

Dorgerloh

DEFA-Stiftung | Filmstill Autorin | Filmstill Autorin | Filmstill http://www.google.de/imgres?imgurl= http://aroundtheedges.files.wordpress.com/2010/10/goodbye-lenin.jpg | Filmstill aus: Kulturfalter Halle, www.kulturfalter.de/index.php?id=890

Kuhrmann

Museum Haus am Checkpoint Charlie | Dennis Molchan | Werner Brunner | Sammlung Marx, Nationalgalerie Hamburger Bahnhof, Berlin | Manfred Butzmann | Roger Loewig Gesellschaft | Kunstforum Ostdeutsche Galerie Regensburg | Antje Marczinowski | Werner Brunner | Hans-Hendrik Grimmling | Stadtmuseum Berlin | Roger Loewig Gesellschaft

Henke

Foto: Archiv Block | Archiv der Versöhnungsgemeinde, 114-40-017a | Privat – Foto: John Fekner | Privat – Foto: Thomas Panter (www.panter-design.com) | Privat – Foto: SOME | Privat – Foto: Kain Karawahn | Privat – Foto: Kain Karawahn | Privat – Fotos: galerie son & Stephan Elsner | Privat – Fotos: p.t.t.red | Privat – Foto: Werner Zellien | Privat – Foto: Stefan Micheel | Privat – Foto: Reiko Kammer | Privat – Foto: Lutz Henke | Ullstein-Bild, Nr. 01109354 – Foto: Giribas | Privat – Fotos: SOME

Klausmeier/Schmidt

Privat – Foto: Axel Klausmeier | Privat – Foto: Axel Klausmeier | Privat – Foto: Axel Klausmeier | Privat – Foto: Axel Klausmeier

Camphausen/Fischer
Archiv der Versöhnungsgemeinde I Archiv der Versöhnungsgemeinde I Gedenkstätte Berliner Mauer, P-085 I Archiv der Versöhnungsgemeinde – Foto: Rainer Just I Archiv der Versöhnungsgemeinde I Ullstein-Bild, 00443607 – Berlin-Bild I Ullstein-Bild, 00361753 – Foto: Christian Bach I Archiv der Versöhnungsgemeinde – Foto: Michael Jungeblodt

Klemke
Privat – Foto: Rainer E. Klemke I Privat – Foto: Rainer E. Klemke I Privat – Foto: Rainer E. Klemke

Klausmeier
Zeitort Dokumentarfotografie, Berlin – Foto: Jürgen Hohmuth I Privat – Foto: Axel Klausmeier I Zeitort Dokumentarfotografie, Berlin – Foto: Jürgen Hohmuth I Zeitort Dokumentarfotografie, Berlin – Foto: Jürgen Hohmuth

Schlusche
Gedenkstätte Berliner Mauer, Bild 9604 – Foto: Roger Cobigo I Ullstein-Bild, Nr. 00383187 I Gedenkstätte Berliner Mauer, Bild 6633 I photonet.de, Bild 585 – Foto: Klaus Lehnartz I Senatsverwaltung für Stadtentwicklung, Berlin I Senatsverwaltung für Stadtentwicklung, Berlin, Luftbildservice Nr. 524/83 I Landesarchiv Berlin, Sign. F, Rep. 290, 262451 – Foto: Karl-Heinz Schubert

Heidenreich
The Winston Churchill Memorial and Library, Fulton/Missouri I Fundacija Centrum Solidarności, Gdańsk I Privat – Foto: Ronny Heidenreich I Deutsche Botschaft, Seoul I Ullstein-Bild, Nr. 01091970 I George Bush Presidential Library and Museum, College Station/Texas I Ronald Reagan Presidential Foundation

Schmidt
Deutsches Rundfunkarchiv, IDNR 19399 I Daniel Lordick, Brandenburgische Technische Hochschule Cottbus I Privat – Foto: Leo Schmidt

Anhang
Gedenkstätte Berliner Mauer, Bild 08049 – Foto: Michael Reiner Ernst I Ullstein-Bild, Nr. 179688 – Foto: Günter Schneider

DIE AUTORINNEN UND AUTOREN

GABRIELE CAMPHAUSEN, geb. 1957, Dr. phil., Fachbereichsleiterin für Politische Bildung bei der Bundesbeauftragten für die Unterlagen des Staatssicherheitsdienstes der ehemaligen DDR; Mitglied des Fachbeirates der KZ-Gedenkstätte Flossenbürg und des Beirats Gesellschaftliche Aufarbeitung der Bundesstiftung zur Aufarbeitung der SED-Diktatur; 2009 Verdienstorden des Landes Berlin.

Studium der Osteuropäischen Geschichte, Neueren Geschichte und Slawistik an der Westfälischen Wilhelms-Universität Münster und der Freien Universität Berlin; 1990 bis 1992 wissenschaftliche Mitarbeiterin der »Topographie des Terrors« für die Ausstellung »Der Krieg gegen die Sowjetunion 1941–1945«; anschließend Mitarbeit beim Neuaufbau des deutsch-russischen »Museum Berlin-Karlshorst«; 1995 bis 1997 wissenschaftliche Leiterin der Gedenkstätte Berlin-Hohenschönhausen; 1998 bis 2001 Geschäftsführende Direktorin der Stiftung Topographie des Terrors, Berlin; 1998 bis 2009 Vorsitzende des Vereins »Berliner Mauer – Gedenkstätte und Dokumentationszentrum e. V.«.

Veröffentlichungen u. a.: Die wissenschaftliche historische Russlandforschung im »Dritten Reich«, 1990; Krieg gegen die Sowjetunion 1941–1945 (zus. mit Reinhard Rürup), 1991; Stasi. Die Ausstellung zur DDR-Staatssicherheit, hrsg. von der Bundesbeauftragten für die Stasi-Unterlagen, 2011.

ELENA DEMKE, geb. 1968, M.A., Referentin beim Berliner Landesbeauftragten für die Unterlagen des Staatssicherheitsdienstes der ehemaligen DDR.

Studium der Germanistik in Leipzig und der Modern History an der University of Oxford, Cecil-Rhodes-Scholar; 1997–1999 für die Gedenkstätte Berlin-Hohenschönhausen tätig; seit 1999 beim LSTU Berlin für die historisch-politische Bildung zuständig; Lehrbeauftragte an der Humboldt-Universität Berlin.

Veröffentlichungen zur Visual History, zur Erinnerungspolitik und zur Didaktik der historisch-politischen Bildung, u. a.: Jugendliche in der Ära Honecker – vereinnahmt oder eigensinnig? Fachdidaktische Unterrichtsbausteine zur Geschichte der DDR (zus. mit J. Kayser), 2002; Der staatsfeindliche Blick. Bilder aus der DDR von Hans-Joachim Helwig-Wilson, 2004; Indoktrination als Code in der SED-Diktatur, in: Henning Schluss (Hrsg.), Indoktrination und Erziehung. Einblicke in die Rückseite der Pädagogik, 2007; »Die Macht der Ohnmächtigen« im Bild. Die Ikone des Prager Frühlings aus Bratislava, in: Gerhard Paul (Hrsg.), Das Jahrhundert der Bilder, 2008; Hoch komplex und ganz banal: Der Alltag, in: Heidi Behrens u.a. (Hrsg.), Lernfeld DDR-Geschichte, 2009; Die Friedliche Revolution. Quellen, Fragen, Kontexte, 2009.

MARION DETJEN, geb. 1969, Dr. phil., freischaffende Publizistin und Lehrbeauftragte an der Humboldt-Universität Berlin.

Studium der Geschichte und Literaturwissenschaften an den Universitäten Berlins und in München; 1994–1999 im Ausstellungswesen, seitdem Sachbuchautorin zu zeithistorischen Themen.

Veröffentlichungen u.a.: »Zum Staatsfeind ernannt...«. Widerstand, Resistenz und Verweigerung gegen das NS-Regime in München, 1998; Ein Loch in der Mauer. Die Geschichte der Fluchthilfe im geteilten Deutschland 1961–1989, 2005; Die Deutschen und das Grundgesetz. Geschichte und Grenzen unserer Verfassung (zus. mit Stephan Detjen und Maximilian Steinbeis), 2009; derzeit Arbeit an einer Biografie über die deutsch-amerikanische Verlegerin Helen Wolff.

ANNETTE DORGERLOH, geb. 1961, Dr. phil., Privatdozentin am Institut für Kunst- und Bildgeschichte der Humboldt-Universität zu Berlin; 1996–2006 Mitherausgeberin von »kritische berichte – Zeitschrift für Kunst- und Kulturwissenschaften«.

Studium der Kunstgeschichte, klass. Archäologie und Kulturtheorie an der Humboldt-Universität zu Berlin, 1987–1991 wiss. Mitarbeiterin am Institut für Ästhetik und Kunstwissenschaften an der Akademie der Wissenschaften der DDR, nach deren Auflösung gefördert im Wissenschaftler-Integrationsprogramm. Seit 1994 an der Humboldt-Universität, zunächst am Lehrstuhl für Neuere und Neueste Kunstgeschichte; 1996 Promotion mit einer Arbeit über das Künstlerpaar Reinhold und Sabine Lepsius und die Berliner Porträtmalerei um 1900; 1997–2005 wiss. Assistentin am Lehrstuhl für Städtebau und Architektur, seit 2005 wiss. Mitarbeiterin am SFB 644 »Transformationen der Antike« mit einem Projekt zur Herausbildung des »Englischen« Gartens in Mitteleuropa (Leitung: Prof. Dr. Horst Bredekamp); 2008 Habilitation (»Strategien des Überdauerns. Das Grab und Erinnerungsmal im frühen deutschen Landschaftsgarten«). Forscht, lehrt und publiziert über Kunst und Architektur seit der frühen Neuzeit; Arbeitsschwerpunkte sind Künstlermythen, Geschlechterkonstruktionen, Kunst in Brandenburg-Preußen, Geschichte der europäischen Gartenkunst, Kunst in der DDR, Geschichte der Filmszenografie.

ROGER ENGELMANN, geb. 1956, Dr. phil., Projektleiter in der Abt. Bildung und Forschung der Stasi-Unterlagen-Behörde.

Studium der Geschichte, Germanistik und Sozialwissenschaften an der Ludwig-Maximilians-Universität München; 1985–1989 Stipendiat und freier Mitarbeiter am Deutschen Historischen Institut in Rom; 1990–1992 wissenschaftlicher Mitarbeiter am Institut für Zeitgeschichte München.

Veröffentlichungen zur Geschichte des 20. Jahrhunderts, als Autor und

Herausgeber u.a.: Provinzfaschismus in Italien, 1992; »Konzentrierte Schläge«. Staatssicherheitsaktionen und politische Prozesse in der DDR 1953–1956 (zus. mit Karl Wilhelm Fricke), 1998; Justiz im Dienste der Parteiherrschaft. Rechtspraxis und Staatssicherheit in der DDR (zus. mit Clemens Vollnhals), 1999; Der »Tag X« und die Staatssicherheit. 17. Juni 1953 – Reaktionen und Konsequenzen im Machtapparat (zus. mit Karl Wilhelm Fricke), 2003; Volkserhebung gegen den SED-Staat. Eine Bestandsaufnahme zum 17. Juni 1953 (zus. mit Ilko-Sascha Kowalczuk), 2005; Kommunismus in der Krise. Die Entstalinisierung und die Folgen (zus. mit Thomas Großbölting und Hermann Wentker), 2008.

MANFRED FISCHER, geb. 1948, seit 1975 Pfarrer der Evangelischen Versöhnungsgemeinde in Berlin-Wedding; Mitglied des Stiftungsrates der Stiftung Berliner Mauer; Vorsitzender des Fördervereins Gedenkstätte Berliner Mauer e.V.; Vorstand des Vereins Schrippenkirche e.V. und der Hotel Grenzfall gGmbH (Integrationshotel); Vorsitz in Gremien des Kirchenkreises Berlin Nord-Ost.

1967–1969 Studium der Theologie, der Philosophie und Kirchensoziologie an der Johann-Wolfgang-Goethe-Universität in Frankfurt a.M.; 1969–1973 Studium der Theologie und Kirchensoziologie an der kirchlichen Hochschule in Berlin; u.a. Mitarbeit im Forschungsseminar ›Kirchenbindung und Kirchenaustritte‹ bei Prof. Strohm und im ›Berliner Arbeitskreis für Religionspädagogik‹ bei Prof. Bloth; 1973–1975 Vikar am Praktisch-Theologischen-Ausbildungsinstitut der Evangelischen Kirche Berlin-Brandenburg (Berlin West); u.a. Koordinator des Synodalen Arbeitskreises Kirchlicher Ausbildungsstätten und Berufsgruppen (AKAB), mit der Erarbeitung eines Modells für ein zentrales Ausbildungsinstitut (ZAI) aller kirchlichen Berufsgruppen beauftragt; 1985 Studienurlaub in den USA; seit 1991 Mentoren- und Dozententätigkeit.

Seit Januar 1990 Engagement für die Gedenkstätte Berliner Mauer (2007 Juror im Realisierungswettbewerb); seit 1996 Planung und Realisierung der Kapelle der Versöhnung (2000 Einweihung); 2008 Verdienstorden des Landes Berlin.

RONNY HEIDENREICH, geb. 1980, Doktorand an der University of Reading (Großbritannien).

Studium der Neueren und Neuesten Geschichte, Osteuropastudien und Politikwissenschaften in Leipzig und Berlin; 2007 bis 2009 Mitarbeiter der Stiftung zur Aufarbeitung der SED-Diktatur; 2009 bis 2010 wissenschaftlicher Mitarbeiter der Gedenkstätte Berliner Mauer im Rahmen der Vorbereitung der Außenausstellung. Forschungen und Projekte zur Erinnerungskultur in postkommunistischen Gesellschaften, DDR-Geschichte im Kontext von politischer Verfolgung und Haft sowie zur Friedlichen Revolution 1989/90 in Ostsachsen.

Veröffentlichungen u.a.: Aufruhr hinter Gittern. Das »Gelbe Elend« im

Herbst 1989, 2009; Bearbeitung der Reihe »Erinnerungsorte« der Stiftung zur Aufarbeitung der SED-Diktatur und Beiträge zur Erinnerungskultur in Russland, 2007, der Ukraine, 2008, und Belarus, 2010, sowie Die Berliner Mauer in der Welt (hrsg. v. Anna Kaminsky), 2009.

WINFRIED HEINEMANN, geb. 1956, Dr. phil., Oberst i. G. und Leiter der Abteilung Ausbildung – Information – Fachstudien am Militärgeschichtlichen Forschungsamt in Potsdam.

Studium der Geschichte und Anglistik an der Ruhr-Universität Bochum und am King's College London; 1986–1998 Wiss. Mitarbeiter am Militärgeschichtlichen Forschungsamt, Geschäftsführender Redakteur der Zeitschrift »Militärgeschichte«; 1998 Kriegstagebuchführer beim NATO-Oberkommando Europa (SHAPE) in Mons, Belgien; 1998–2001 Referent für Militärgeschichte, Historische Bildung und Tradition im Bundesministerium der Verteidigung, Führungsstab der Streitkräfte; seit 2001 erneut am Militärgeschichtlichen Forschungsamt, u. a. als Leiter des Forschungsbereichs »Militärgeschichte der DDR im Bündnis« und als komm. Leiter der Abteilung Forschung.

Zahlreiche Veröffentlichungen zur deutschen Militärgeschichte im 20. Jahrhundert, als Autor und Herausgeber u. a.: Vom Zusammenwachsen des Bündnisses. Die Funktionsweise der NATO in ausgewählten Krisenfällen 1951–1956, 1998; Der militärische Widerstand und der Krieg, in: Das Deutsche Reich und der Zweite Weltkrieg, Band 9/1, 2004; Der Warschauer Pakt. Von der Gründung bis zum Zusammenbruch (1955–1991) (zus. mit Torsten Diedrich), 2009; Die DDR und ihr Militär, in Vorbereitung (2011).

KLAUS-DIETMAR HENKE, geb. 1947, Dr. phil., Universitätsprofessor für Zeitgeschichte an der Technischen Universität Dresden; Vorsitzender des Beirats der Stiftung Berliner Mauer; Stv. Vorsitzender des vom Deutschen Bundestag bestellten Wissenschaftlichen Beratungsgremiums bei der Bundesbeauftragten für die Unterlagen des Staatssicherheitsdienstes der ehemaligen DDR.

Studium der Geschichte und Politikwissenschaft an der Ludwig-Maximilians-Universität München; 1979–1992 Wiss. Mitarbeiter am Institut für Zeitgeschichte in München (ab 1986 Stv. Chefredakteur der Vierteljahrshefte für Zeitgeschichte); 1992–1996 Abteilungsleiter Bildung und Forschung beim Bundesbeauftragten für die Unterlagen des Staatssicherheitsdienstes der ehemaligen DDR; 1997–2002 Direktor des Hannah-Arendt-Instituts für Totalitarismusforschung an der Technischen Universität Dresden.

Zahlreiche Veröffentlichungen zur deutschen Geschichte im 20. Jahrhundert, zuletzt als Autor und Herausgeber u. a.: Die Dresdner Bank im Dritten Reich (4 Bände, zus. mit Johannes Bähr, Harald Wixforth, Dieter Ziegler), 2006; Tödliche Medizin im Nationalsozialismus. Von der Rassenhygiene zum Massenmord, 2008; Geschichte der Sozialpolitik in Deutschland seit 1945, Band 10: Deutsche Demokratische Republik 1971–1989 (zus. mit Christoph Boyer und Peter Skyba), 2008; Revolution und Vereinigung 1989/90. Als in Deutschland die Realität die Phantasie überholte, 2009.

LUTZ HENKE, geb. 1981, Kulturwissenschaftler und Kurator; Vorsitzender des Kreuzberger Kunstvereins Artitude e.V. und Leiter des Ausstellungsraumes (im ehemaligen) Senatsreservenspeicher Berlin.

Studium der Kulturwissenschaften mit den Schwerpunkten Stadtforschung, Kunst und Subkultur sowie Zeitgeschichte in Frankfurt (Oder), Buenos Aires und Berkeley; seit 2001 Projekte zu urbaner Kunst und Kommunikation, etwa »Planet Prozess – Zwischen Raum und Kunst«, 2007, oder »Write the Wall –Temporäres Denkmal Berliner Mauer«, 2009.

Veröffentlichungen als Autor und Herausgeber u.a.: Das polnische Breslau als europäische Metropole. Erinnerung und Geschichtspolitik aus dem Blickwinkel der Oral History (zus. mit Philipp Ther und Tomasz Królik, auch poln.), 2005; Eine neue Gesellschaft in einer alten Stadt. Erinnerung und Geschichtspolitik in Lemberg anhand der Oral History (zus. mit Philipp Ther und Grzegorz Rossolinski, auch ukrain.), 2007; Incorporate Identity. Hip-Hop in Kreuzberg zwischen Rebellion, Kontrollformat und Geschäftsidee, in: Stephan Lanz u.a. (Hrsg.), Funk The City. Sounds und städtisches Handeln aus den Peripherien von Rio de Janeiro und Berlin, 2009; Misery Pop. Von der Faszination der Einfachheit im Brasilianischen Ghetto-Glamour in Berlin, in: Ebenda; Kunst Fall Mauer – »Mauerkunst« nach 1989 zwischen Kunst, Kitsch, Politik und Marketing, in: Conny Becker u.a. (Hrsg.), Metropolitan Views. Berlin, Berlin: Kunstszenen 1989–2009, 2010.

KONRAD H. JARAUSCH, geb. 1941, PhD, Lurcy Professor of European Civilization an der University of North Carolina in Chapel Hill, NC, und Senior Fellow am Zentrum für Zeithistorische Forschung in Potsdam.

Aufgewachsen in Deutschland, akademische Ausbildung in den USA; Promotion an der University of Wisconsin; Forschungsaufenthalte und Gastprofessuren u.a. in Saarbrücken, Göttingen, Leipzig und Berlin; Forschungsaufenthalte u.a. in Princeton, Wassenaar, Stanford, Uppsala und am Wissenschaftszentrum Berlin.

Forschungen u.a. zur deutschen Rolle beim Ausbruch des Ersten Weltkrieges, zur internationalen Reaktion auf Hitlers Machtergreifung, zur Geschichte der Bundesrepublik und der DDR sowie zu methodologischen Fragen der Zeitgeschichtsschreibung; Veröffentlichungen als Autor und Herausgeber zuletzt u.a.: Die unverhoffte Einheit. 1989–1990, 1995; Mauerbau und Mauerfall. Ursachen – Verlauf – Auswirkungen (zus. mit Hans-Hermann Hertle und Christoph Kleßmann), 2002; Die Umkehr. Deutsche Wandlungen 1945–1995, 2004; Das Ende der Zuversicht? Die siebziger Jahre als Geschichte, 2008; »Das stille Sterben ...«. Feldpostbriefe von Konrad Jarausch aus Polen und Russland 1939–1942, 2008; Gebrochene

Wissenschaftskulturen. Universität und Politik im 20. Jahrhundert (zus. mit Michael Grüttner u. a.), 2010.

AXEL KLAUSMEIER, geb. 1965, Dr. phil., Direktor der Stiftung Berliner Mauer.

Studium der Kunstgeschichte, Neueren und Mittelalterlichen Geschichte in Bochum, München und Berlin; 1999 Dissertation über den englischen Architekten Thomas Ripley (1682–1758); 1999–2001 wissenschaftlicher Volontär bei der Stiftung Preußische Schlösser und Gärten Berlin-Brandenburg; 2001–2006 Assistent am Lehrstuhl Denkmalpflege der BTU Cottbus; 2006–2007 Oberassistent am Institut für Denkmalpflege der ETH Zürich; 2007/2008 wissenschaftlicher Mitarbeiter im DFG-Forschungsprojekt »Die Berliner Mauer als Symbol des Kalten Krieges« am Lehrstuhl Denkmalpflege der BTU Cottbus.

Zahlreiche Publikationen zur Dokumentation, zum Umgang mit und zur Vermittlung von historischer Bausubstanz und historischen Kulturlandschaften, insbesondere zur Berliner Mauer. Darunter u. a.: Ein Memorialort neuer Prägung. Die Erweiterung der »Gedenkstätte Berliner Mauer« an der Bernauer Straße, in: Deutschland Archiv, 2009; Das Gesamtsystem Grenze – Zur Bedeutung der Infrastruktur im Hinterland der Grenzanlagen, in: Deutsches Nationalkomitee für Denkmalschutz (Hrsg.), Die Berliner Mauer. Vom Sperrwall zum Denkmal, 2009; Re-mapping the Field – New Approaches in Conflict Archaeology (hrsg. zus. mit John Schofield und Louise Purbrick), 2006; Mauerreste – Mauerspuren. Der umfassende Führer zur Berliner Mauer (zus. mit Leo Schmidt), 2004.

RAINER E. KLEMKE, geb. 1948, Staatsexamen Studienrat für Sozialkunde und Geografie, Dipl. pol., Leiter der AG Museen mit Bundesbeteiligung, Gedenkstätten und Zeitgeschichte in der Senatskanzlei des Regierenden Bürgermeisters von Berlin; Mitglied des wissenschaftlichen Beirats des Instituts für Museumsforschung der Staatlichen Museen zu Berlin – PK; Mitglied des wissenschaftlichen Beirats für Bestandserhaltung der GSK; Mitglied des Stiftungsrates der Stiftung Brandenburgische Gedenkstätten und der Gedenkstätte Deutscher Widerstand; u. a. Aufsichtsreferent der Berliner Gedenkstätten und zeitgeschichtlichen Museen mit Bundesbeteiligung und der Stiftung Preußischer Kulturbesitz seit 1996, Vorsitzender der Referenten- und Baukommission der Stiftung Preußische Schlösser und Gärten.

Studium an der Freien Universität Berlin Staatsrecht, Volkswirtschaft, Politische Wissenschaften und Geografie; 1991–2008 Dozent an der Universität der Künste; seit 2007 Dozent an der Berliner Journalistenschule.

Veröffentlichungen u. a.: Der 13. August. Der Mauerbau vor vierzig Jahren, in: Museumsjournal, 2001; Zwischen Verschwinden und Gedenken – Die Erinnerung an die Berliner Mauer heute, in: Anna Kaminsky (Hrsg.),

Die Berliner Mauer in der Welt, 2009; Hochschule und Öffentlichkeit – Spezielle Aspekte des Hochschulmarketings, in: Michael Krzeminski (Hrsg.), Praxis des Social Marketing, 1994; Alzheimer im Gedächtnis unserer Museen. Bestandserhaltung von Papiergut als Aufgabenfeld für Museen zur Sicherung des historischen Erbes von Kulturgütern und Bestandsdokumentationen, in: Museumskunde, 2004.

MICHAEL KUBINA, geb. 1958, Dr. phil., wiss. Mitarbeiter am Institut für Zeitgeschichte München/Berlin, Redaktionsmitglied der Zeitschrift des Forschungsverbundes SED-Staat.

1980–1983 Studium der Theologie am Sprachenkonvikt in Ost-Berlin; 1984–1991 Studium der ost- und südosteuropäischen Geschichte, Slawistik und Politologie an der Freien Universität Berlin; 1989–1991 freier Mitarbeiter bei Rias-2-special: Dokumente aus Osteuropa; 1991–1992 postgraduales Studium der Informations- und Dokumentationswissenschaften an der Humboldt-Universität zu Berlin; 1992–2002 wiss. Mitarbeiter beim Forschungsverbund SED-Staat an der Freien Universität Berlin; 2002–2003 wiss. Assistent an der Stiftung Gedenkstätte Berlin-Hohenschönhausen; 2003–2005 Projektleiter beim Bundesarchiv; 2005–2006 Projektleiter am Forschungsverbund SED-Staat.

Zahlreiche Veröffentlichungen zur Geschichte des Kommunismus und der deutschen Teilung, u.a.: »Hart und kompromißlos durchgreifen«. Die SED contra Polen 1980/81 (zus. mit Manfred Wilke), 1995; Von Utopie, Widerstand und Kaltem Krieg. Das unzeitgemäße Leben des Berliner Rätekommunisten Alfred Weiland (1906–1978), 2001; Przed i po 13 grudnia. Państwa bloku wschodniego wobec kryzysu w PRL 1980–1982, 2 Bde. (zus. mit Łukasz Kamiński u.a.), 2006/07; FDGB-Lexikon. Funktion, Struktur, Kader und Entwicklung einer Massenorganisation der SED. 1946–1990 (Bearbeiter, hrsg. v. Dieter Dowe, Karlheinz Kuba, Manfred Wilke; http://library.fes.de/FDGB-Lexikon), 2009.

ANKE KUHRMANN, geb. 1974, Dr. phil., Wissenschaftliche Mitarbeiterin am Lehrstuhl Denkmalpflege der Brandenburgischen Technischen Universität, Cottbus; seit 2007 Mitglied des DFG-Forschungsprojektes »Die Berliner Mauer als Symbol des Kalten Krieges. Vom Instrument der SED-Innenpolitik zum Baudenkmal von internationalem Rang«.

Studium der Kunstgeschichte, Film- und Fernsehwissenschaften und Germanistik an der Ruhr-Universität Bochum; 2003 Volontariat im Westfälischen Industriemuseum, Zeche Zollern II/IV in Dortmund-Bövinghausen; 2004–2006 Volontariat am Landesdenkmalamt in Berlin.

Veröffentlichungen u.a.: Der Palast der Republik. Geschichte und Bedeutung des Ost-Berliner Parlaments- und Kulturhauses, 2006; Grenzsituationen – Die »Berliner Mauer« in der Kunst, in: Deutsches Nationalkomitee für Denkmalschutz (Hrsg.), Die Berliner Mauer. Vom Sperrwall zum Denkmal, 2009; Ein Denkmal und seine Teile – die Gesamtanlage »Berliner

Mauer«, in: Landesdenkmalamt Berlin (Hrsg.), Berlin im Wandel. 20 Jahre Denkmalpflege nach dem Mauerfall, 2010.

MICHAEL LEMKE, geb. 1944, Dr. phil. habil., apl. Professor für Zeitgeschichte an der Humboldt-Universität Berlin; Mitglied der Historischen Kommission zu Berlin.

Studium der Geschichte und Germanistik an der Pädagogischen Hochschule Potsdam; 1971 Promotion; 1981 Habilitation; langjähriger Wiss. Mitarbeiter, Forschungsgruppenleiter und (1989–1991) Bereichsleiter an der Akademie der Wissenschaften der DDR, Zentralinstitut für Geschichte (ab 1985 im Institut für Allgemeine Geschichte); seit 1992 Mitarbeiter am Forschungsschwerpunkt Zeithistorische Studien Potsdam (seit 1996 Zentrum für Zeithistorische Forschung Potsdam); hier von 1996–2009 Projektbereichsleiter sowie 2001–2002 und 2004–2006 gleichzeitig Vertreter des Lehrstuhls Zeitgeschichte an der Martin-Luther-Universität Halle/Wittenberg; nach 2009 Lehrverpflichtungen an der Universität Leipzig.

Als Autor und Herausgeber zahlreiche Publikationen zur deutschen Nachkriegsgeschichte, zur Geschichte der DDR sowie Berlins und Brandenburgs im Ost-West-Konflikt, u.a.: Die Berlinkrise 1958 bis 1963. Interessen und Handlungsspielräume der SED im Ost-West-Konflikt, 1995; Sowjetisierung und Eigenständigkeit der SBZ/DDR (1945–1953), 1999; Einheit oder Sozialismus? Die Deutschlandpolitik der SED 1949–1961, 2001; Schaufenster der Systemkonkurrenz. Die Region Berlin-Brandenburg im Kalten Krieg, 2006; Konfrontation und Wettbewerb. Wissenschaft, Technik und Kultur im geteilten Berliner Alltag 1948–1973, 2008.

DORIS LIEBERMANN, geb. 1953, M.A., Autorin, Osteuropahistorikerin und Slavistin; stellv. Vorsitzende des Fördervereins Berliner Mauer; Mitglied des PEN-Zentrums deutschsprachiger Autoren im Ausland und der Menschenrechtsorganisation Memorial; 2004 bis 2007 Vorstandsmitglied der Bundesstiftung zur Aufarbeitung der SED-Diktatur.

Studium der Theologie an der Friedrich-Schiller-Universität Jena; nach der Ausbürgerung Wolf Biermanns 1976 vorübergehende Festnahme durch das MfS; 1977 Ausbürgerung zusammen mit der sog. »staatsfeindlichen Jenaer Gruppe« um den Schriftsteller Jürgen Fuchs nach West-Berlin; Studium der Osteuropäischen Geschichte und Slavistik an der Freien Universität Berlin; 1988–1993 wissenschaftliche Mitarbeiterin am Fachbereich Politik der FU Berlin.

Zahlreiche Veröffentlichungen und Feature-Produktionen zur Geschichte und Aufarbeitung der kommunistischen Diktaturen in Osteuropa und der DDR, u.a.: Dissidenten, Präsidenten und Gemüsehändler. Tschechische und ostdeutsche Dissidenten 1968–1998, 1998; Die Umerziehung der Vögel. Ein Malerleben (zus. mit Hans-Hendrik Grimmling), 2008; Herausgeberin des Hörbuchs: Jürgen Fuchs. Das Ende einer Feigheit, mit einer Einführung von Herta Müller und einem Lied von Wolf Biermann, 2010.

THOMAS LINDENBERGER, geb. 1955, Dr. phil., Direktor des Ludwig Boltzmann Instituts für Europäische Geschichte und Öffentlichkeit, Wien; apl. Prof. für Neuere Geschichte an der Universität Potsdam; Mitglied des vom Deutschen Bundestag bestellten Wissenschaftlichen Beratungsgremiums bei der Bundesbeauftragten für die Unterlagen des Staatssicherheitsdienstes der ehemaligen DDR.

Studium der Geschichte und Philosophie an der Freien Universität Berlin; 1981–1984 Mitgründer und Organisator von Geschichtswerkstätten; 1984–1991 Wiss. Mitarbeiter am Institut für Politische Wissenschaft der FU Berlin; 1992 Promotion an der TU Berlin; 1993–2009 Forscher am Zentrum für Zeithistorische Forschung Potsdam, zuletzt als stellv. Direktor; Mitgründer und -herausgeber von »WerkstattGeschichte«; Mitglied des internationalen Herausgeberkreises von »Genèses« und »Critique Internationale«.

Zahlreiche Veröffentlichungen zur deutschen und europäischen Sozialgeschichte im 20. Jahrhundert mit den Schwerpunkten Alltagsgeschichte, Geschichte der Gewalt und der öffentlichen Ordnung, Geschichte der DDR und Filmgeschichte, u. a.: Volkspolizei. Herrschaftspraxis und öffentliche Ordnung im SED-Staat, 1952–1968, 2003; Conflicted Memories: Europeanizing Contemporary Histories, (zus. mit Konrad H. Jarausch), 2007; Divided, but not disconnected. Germany as a Border Region of the Cold War, in: Tobias Hochscherf u. a. (Hrsg.), Divided but not disconnected. German experiences of the Cold War, 2010; Clashes in European Memory. The Case of Communist Repression and the Holocaust (zus. mit Muriel Blaive und Christian Gerbel), 2011.

DANIELA MÜNKEL, geb. 1962, Dr. phil., Forschungsprojektleiterin in der Abteilung Bildung und Forschung des Bundesbeauftragten für die Unterlagen des Staatssicherheitsdienstes der ehemaligen DDR; apl. Professorin für Neuere und Neueste Geschichte an der Leibniz-Universität Hannover.

Studium der Mittleren und Neueren Geschichte, Politikwissenschaft und Wirtschafts- und Sozialgeschichte an der Georg-August-Universität Göttingen; Wissenschaftliche Mitarbeiterin an der Georg-August-Universität Göttingen und der Leibniz-Universität Hannover; Lehrstuhlvertretung an der Universität des Saarlandes.

Zahlreiche Veröffentlichungen vor allem zur Geschichte des 20. Jahrhunderts, u. a. zuletzt als Autorin und Herausgeberin: Geschichte als Experiment. Studien zu Politik, Kultur und Alltag im 19. und 20. Jahrhundert (zus. mit Jutta Schwarzkopf), 2004; Willy Brandt und die »Vierte Gewalt«: Politik und Massenmedien in der Bundesrepublik der 50er bis 70er Jahre, 2005; Bemerkungen zu Willy Brandt, 2005; Freiheit, Gerechtigkeit und Solidarität. Die Programmgeschichte der Sozialdemokratischen Partei Deutschlands seit 1863, 2007; Das Ermächtigungsgesetz 1933 (zus. mit Peter Struck), 2008; Medien und Imagepolitik im 20. Jahrhundert. Deutschland, Europa, USA (zus. mit Lu Seegers), 2008; Die DDR im Blick der Stasi

1961. Die geheimen Berichte an die SED-Führung, 2011 (Herausgeberin der Reihe »Die DDR im Blick der Stasi. Die geheimen Berichte an die SED-Führung 1953–1989«).

MARIA NOOKE, geb. 1958, Dr. phil., Stellvertretende Direktorin der Stiftung Berliner Mauer; Mitglied im Fachbeirat der Gedenk- und Begegnungsstätte Leistikowstraße Potsdam; Vorstandsmitglied im Verein Gegen Vergessen – Für Demokratie e.V.

Religionspädagogische Ausbildung, 1982–1991 Tätigkeit in der kirchlichen Kinder- und Jugendarbeit; ab 1985 Engagement in einer kirchlichen Friedens- und Umweltgruppe in der DDR; 1988–1990 Mitherausgeberin des Oppositionsblattes »Aufbruch«; Studium der Soziologie, Psychologie und Erziehungswissenschaften an der TU Berlin; Mitarbeit in zeitgeschichtlichen Projekten zur NS- und DDR-Geschichte; seit 1999 wissenschaftliche Mitarbeiterin für Zeitzeugenarbeit und Biografieforschung und leitende Tätigkeit in der Gedenkstätte Berliner Mauer.

Zeitgeschichtliche und biografiegeschichtliche Veröffentlichungen zur Berliner Mauer, zur DDR-Opposition und zur Diktaturaufarbeitung, u.a.: Der verratene Tunnel. Geschichte einer verhinderten Flucht im geteilten Berlin, 2002; Die Berliner Mauer. Ausstellungskatalog (zus. mit Gabriele Camphausen), 2003; Für Umweltverantwortung und Demokratisierung. Die Forster Oppositionsgruppe in der Auseinandersetzung mit Staat und Kirche, 2008; Die Todesopfer an der Berliner Mauer 1961–1989 (zus. mit Hans-Hermann Hertle u.a.), dt. 2009, engl. 2011; Fluchtziel Freiheit. Berichte von DDR-Flüchtlingen über die Situation nach dem Mauerbau (zus. mit Lydia Dollmann), 2011.

SEBASTIAN RICHTER, geb. 1976, M.A., Wiss. Mitarbeiter am Lehrstuhl für Zeitgeschichte an der TU Dresden.

Studium der Geschichte, Politik- und Rechtswissenschaft an der Humboldt-Universität Berlin, Université Libre de Bruxelles und TU Dresden; 2001 freier Mitarbeiter der Gedenkstätte Bautzen; laufendes Dissertationsprojekt zum Thema »Deutsche Demokratische Erinnerung. Die geschichtspolitische Selbstverständigung über die DDR-Vergangenheit nach 1989/90«; 2009 Wiss. Mentor der Ausstellung »brüche. DRESDEN 1989 DRESDEN« im Rahmen des transnationalen Projekts »Himmelweit gleich – Europas 1989«.

Veröffentlichungen zur Geschichte der DDR-Opposition, zur Geschichte der DDR und Sachsens 1989/90 sowie zur deutschen Erinnerungskultur nach 1989, u.a.: Norm und Eigensinn. Die Selbstlegitimation politischen Protests in der DDR 1985–1989, 2007 (Absolventenpreis der Philosophischen Fakultät der TU Dresden); Der Weg zur freien Volkskammerwahl am 18. März 1990, in: Klaus-Dietmar Henke (Hrsg.), Revolution und Vereinigung 1989/90. Als in Deutschland die Realität die Phantasie überholte, 2009; Himmelweit gleich? Europas '89. 4 Ausstellungen in Dresden, Prag,

Wrocław und Bratislava/Žilina (zus. mit Peter Skyba und Stefan Schönfelder), 2010; Der Umgang mit »1989« im vereinigten Deutschland (dt./ eng.), in: Ebenda.

GERHARD SÄLTER, geb. 1962, Dr. phil., Leiter des Arbeitsbereichs Forschung und Dokumentation an der Gedenkstätte Berliner Mauer.

Studium der Geschichte, Philosophie und Politikwissenschaft an der Freien Universität Berlin; 1999–2001 freier wissenschaftlicher Mitarbeiter der Gedenkstätte Bautzen; 2000–2001 freier wissenschaftlicher Mitarbeiter des Landesbeauftragten für die Unterlagen des Staatssicherheitsdienstes der ehemaligen DDR in Sachsen; seit 2001 an der Gedenkstätte Berliner Mauer. Mitherausgeber der Schriftenreihe »Geschlossene Häuser – Historische Studien zu Institutionen und Orten der Separierung, Verwahrung und Bestrafung«.

Zahlreiche Veröffentlichungen zur vormodernen Herrschaftspraxis und Gesellschaft, zur Geschichte von Devianz, Polizei, Denunziation, Justiz und Inhaftierung, zum MfS, zum Grenzregime der DDR und zur Berliner Mauer, zuletzt als Autor und Herausgeber u.a.: Grenzpolizisten. Konformität, Verweigerung und Repression in der Grenzpolizei und den Grenztruppen der DDR (1952–1965), 2009; Repräsentationen von Kriminalität und öffentlicher Sicherheit. Bilder, Vorstellungen und Diskurse vom 16. bis zum 20. Jahrhundert (zus. mit Karl Härter und Eva Wiebel), 2009; Hinter Gittern. Zur Geschichte der Inhaftierung zwischen Bestrafung, Besserung und politischem Ausschluss vom 18. Jahrhundert bis zur Gegenwart (zus. mit Silke Klewin und Herbert Reinke), 2010; Weltende – Die Ostseite der Berliner Mauer. Mit heimlichen Fotos von Detlef Matthes (zus. mit Anna Kaminsky und Tina Schaller), 2011.

GÜNTER SCHLUSCHE, geb. 1950, Dr.-Ing., Projektleiter für die Erweiterung der Gedenkstätte Berliner Mauer.

1969–1975 Studium der Architektur an der Technischen Universität Berlin; 1976–1977 Studium der Stadt- und Regionalplanung an der London School of Economics and Political Science; 1980 Große Staatsprüfung zum Höheren Technischen Verwaltungsdienst; 1981–1987 Projektkoordinator der Internationalen Bauausstellung Berlin; 1991–1996 Koordination des Stadtforums Berlin; 1996 Promotion zum Dr.-Ing. an der Technischen Universität Berlin; 1988–2005 freiberuflicher Stadtplaner und Architekt u.a. für die Bundesstiftung Denkmal für die ermordeten Juden Europas (Planungs- und Baukoordination des Denkmals für die ermordeten Juden Europas 1996–2005), für die Stiftung Brandenburgische Gedenkstätten, für die Akademie der Künste Berlin, für den Senat von Berlin und für das Bundesministerium der Verteidigung.

Zahlreiche Veröffentlichungen zur Stadtentwicklung und Stadtforschung, darunter als Autor und Herausgeber u.a.: Die Internationale Bauausstellung Berlin – eine Bilanz, 1997; Der Denkmalstreit – das Denkmal?

Die Debatte um das Denkmal für die ermordeten Juden Europas – Eine Dokumentation (zus. mit Ute Heimrod und Horst Seferens), 1999; Die Parlaments- und Regierungsbauten des Bundes im Kontext der Berliner Stadtentwicklung, 2001; Architektur der Erinnerung. NS-Verbrechen in der europäischen Gedenkkultur, 2006; Gedenkstätte Berliner Mauer, 2008.

LEO SCHMIDT, geb. 1953, Dr. phil., seit 1995 Universitätsprofessor für Denkmalpflege an der Brandenburgischen Technischen Universität Cottbus; Mitglied des Beirates der Stiftung Berliner Mauer; 1998–2007 Vorsitzender des Landesdenkmalbeirates von Brandenburg, seither stellv. Vors.

Studium der Kunstgeschichte, Klassischen Archäologie und Geschichte an den Universitäten München und Freiburg i. Br.; von 1980–1995 Denkmalinventarisator beim Landesdenkmalamt Baden-Württemberg, zuletzt als Leiter der Denkmalerfassung in Baden; 1998 Gastprofessur an der University of York, Institute of Archaeology, Mitglied des International Council of Monuments and Sites (ICOMOS); 2006 Wahl zum Fellow der Society of Antiquaries of London; 1998–2005 Leitung des Holkham Hall Research Project; seit 2007 Leitung (mit Manfred Wilke und Winfried Heinemann) des DFG-Projektes »Die ›Berliner Mauer‹ als Symbol des Kalten Krieges. Vom Instrument der SED-Innenpolitik zum Baudenkmal von internationalem Rang«.

Veröffentlichungen zu Themen der Architekturgeschichte und Denkmalpflege. Forschungsschwerpunkte: Britische Landhäuser sowie Unbequeme Denkmale. Monographien: Die Berliner Mauer heute (zus. mit Polly Feversham), 1999; Mauerreste – Mauerspuren (zus. mit Axel Klausmeier), 2004; Holkham (zus. mit Polly Feversham und Christian Keller), 2005; Einführung in die Denkmalpflege, 2008.

WALTER SÜSS, geb. 1947, Dr. phil., Leiter eines Forschungsprojektes zu KSZE und Staatssicherheit in der Abteilung Bildung und Forschung des Bundesbeauftragten für die Unterlagen des Staatssicherheitsdienstes der ehemaligen DDR.

Studium der Politikwissenschaften, der Soziologie und der osteuropäischen Geschichte an der Friedrich-Alexander-Universität Erlangen/Nürnberg und an der Freien Universität Berlin; 1974–1977 Wissenschaftlicher Mitarbeiter am Osteuropa-Institut der FU Berlin; 1979–1982 Wissenschaftlicher Mitarbeiter in dem Projekt »Industrialisierung und Stalinisierung« an der FU Berlin; 1984–1989 Wissenschaftlicher Mitarbeiter im Arbeitsbereich DDR-Forschung und -Archiv am Zentralinstitut für sozialwissenschaftliche Forschung der FU Berlin; 1989–1992 Redakteur bei der »tageszeitung«; seit 1992 Wissenschaftlicher Mitarbeiter mit Leitungsfunktionen beim BStU.

Zahlreiche Veröffentlichungen zur Geschichte der DDR, u.a.: Staatspartei und Staatssicherheit (hrsg. mit Siegfried Suckut), 1997; Staatssicherheit am Ende, 1999; Von der Ohnmacht des Volkes zur Resignation der Mächtigen. Ein Vergleich des Aufstandes 1953 mit der Revolution von 1989, 2004; Militär und Staatssicherheit im Sicherheitskonzept der Warschauer-Pakt-Staaten (hrsg. zus. mit Torsten Diedrich), 2010.

CLEMENS VOLLNHALS, geb. 1956, Dr. phil., M.A., Stv. Direktor am Hannah-Arendt-Institut für Totalitarismusforschung e.V. an der Technischen Universität Dresden, Lehrbeauftragter für Zeitgeschichte.

Studium der Geschichte und der Politischen Wissenschaften an der Ludwig-Maximilians-Universität München; 1989–1992 Wiss. Mitarbeiter am Institut für Zeitgeschichte, Lehrbeauftragter an der TU München; 1992–1997 Fachbereichsleiter in der Abteilung Bildung und Forschung des BStU.

Veröffentlichungen u.a.: Evangelische Kirche und Entnazifizierung, 1989; Entnazifizierung. Politische Säuberung und Rehabilitierung in den vier Besatzungszonen, 1991; Hitler. Reden, Schriften, Anordnungen. Bd. 1: Die Wiedergründung der NSDAP (Hrsg.), 1992; Die Kirchenpolitik von SED und Staatssicherheit (Hrsg.), 2. Aufl. 1997; Der Fall Havemann. Ein Lehrstück politischer Justiz, 2. Aufl. 2000; Justiz im Dienste der Parteiherrschaft. Rechtspraxis Staatssicherheit in der DDR (hrsg. zus. mit Roger Engelmann), 2. Aufl. 2000; William L. Shirer: This is Berlin. Rundfunkreportagen aus Deutschland 1939–1940 (Hrsg.), 1999; Der Schein der Normalität. Herrschaft und Alltag in der SED-Diktatur (hrsg. zus. mit Jürgen Weber), 2002; Sachsen in der NS-Zeit (Hrsg.), 2002; Sowjetisierung oder Neutralität? Optionen sowjetischer Besatzungspolitik in Deutschland und Österreich 1945–1955 (hrsg. zus. mit Andreas Hilger und Mike Schmeitzner), 2006.

HERMANN WENTKER, geb. 1959, Dr. phil., Leiter der Abteilung Berlin des Instituts für Zeitgeschichte München-Berlin und außerplanmäßiger Professor für Neuere und Neueste Geschichte an der Universität Leipzig; Mitglied in zahlreichen Beiräten, u.a. des Deutschland Archivs, der Stiftung Berliner Mauer, der Stiftung Gedenkstätte Berlin-Hohenschönhausen und der Stiftung Gedenkstätte Buchenwald und Mittelbau-Dora.

Studium der Geschichte und Germanistik an der Friedrich-Alexander-Universität Erlangen-Nürnberg und an der Rhein. Friedrich-Wilhelms-Universität Bonn; 1990–1993 Assistent am Lehrstuhl für Neuere und Neueste Geschichte an der Universität Bayreuth; 1994–1998 Stv. Leiter der Abteilung Berlin des Instituts für Zeitgeschichte München-Berlin.

Zahlreiche Veröffentlichungen zur deutsch-deutschen Geschichte nach 1945, zuletzt als Autor und Herausgeber u.a.: Außenpolitik in engen Grenzen. Die DDR im internationalen System, 2007; Kommunismus in der Krise. Die Entstalinisierung 1956 und die Folgen (zus. mit Roger Engelmann, Thomas Großbölting), 2008; Das doppelte Deutschland. 40 Jahre Systemkonkurrenz (zus. mit Udo Wengst), 2008; Der KSZE-Prozess. Vom Kalten Krieg zu einem neuen Europa 1975–1990 (zus. mit Helmut Altrichter), 2011.

MANFRED WILKE, geb. 1941, Dr. rer. pol., Professor em. für Soziologie, Zeithistoriker; Mitherausgeber des »Jahrbuch für Historische Kommunismusforschung«.

1967–1970 Studium an der Hochschule für Wirtschaft und Politik, Hamburg (Sozialwirt grad.); danach Studium der Pädagogik, Politologie und Soziologie an der Universität Hamburg; 1976 Dissertation zum Dr. rer. pol. an der Universität Bremen; 1974–1976 wissenschaftlicher Angestellter an der HWP; 1976–1980 Assistent an der TU Berlin; 1980–1981 Landesgeschäftsführer der GEW in Nordrhein-Westfalen; 1981 Habilitation an der FU Berlin im Fach Soziologie und damit Privatdozent; 1982–1985 wissenschaftlicher Mitarbeiter an der FU Berlin; 1985–2006 Professor für Soziologie an der FHW, Berlin; 1992–2006 einer der wissenschaftlichen Leiter des Forschungsverbundes SED-Staat an der FU Berlin; Sachverständiges Mitglied der beiden Enquete-Kommissionen zur Aufarbeitung der SED-Diktatur.

Zahlreiche Veröffentlichungen, u. a.: Nach Hitler kommen wir. Dokumente zur Programmatik der Moskauer KPD-Führung im Nachkriegsdeutschland (zus. mit and.), 1992; Die Anatomie der Parteizentrale. Die KPD/SED auf dem Weg zur Macht, 1995; Der SED-Staat, 2006; Prager Frühling. Das internationale Krisenjahr 1968 (zus. mit anderen), 2 Bände 2008; Der Weg zur Mauer – Stationen der Teilung, 2011.